Bertrand
DU GUESCLIN
ET SON ÉPOQUE

Sceaux. — Imprimerie E. Dépée.

Duguesclin Bertrand
Connétable de france + 1380

Bertrand
DU GUESCLIN
ET SON ÉPOQUE

PAR

D. F. JAMISON

TRADUIT DE L'ANGLAIS PAR ORDRE

DE

S. Exc. LE Maréchal Comte RANDON

MINISTRE DE LA GUERRE

PAR

J. BAISSAC

Avec Introduction, Notes originales, Portrait, Plans de bataille, etc.

PARIS

J. ROTHSCHILD, ÉDITEUR

43, Rue Saint-André-des-Arts, 43

—

1866

AVERTISSEMENT DU TRADUCTEUR.

Dans une traduction, qui avait surtout pour objet de reproduire le jugement si digne, si hautement impartial d'une plume anglaise sur les hommes et les choses de l'époque où notre histoire se fond avec celle de l'Angleterre, il importait de suivre pas à pas l'auteur, autant que pouvait le permettre le génie de notre langue. Le traducteur s'est donc tout-à-fait effacé lui-même, évitant de paraître avec son style, pour conserver à l'auteur l'originalité même de sa forme. Néanmoins, comme, dans le cours du récit, les autorités sur lesquelles M. Jamison s'appuie sont françaises pour la plupart, toutes les fois qu'il se contente de citer en anglais, soit nos chroniqueurs, soit d'autres documents de notre langue, au lieu de le traduire, il nous a paru plus naturel de reproduire les textes originaux eux-mêmes dans toute leur simplicité archaïque. Les passages ainsi reproduits ne sont jamais, du reste, que ceux qui se trouvent cités dans l'auteur. En faisant intervenir directement, avec le style qui leur est propre, Froissart, Guillaume de Saint-André, Cuvelier, d'Orronville, Du Tillet, Dom Morice, Secousse, Joinville, Du Cange, Sainte-Palaye, le chroniqueur anonyme de Bertrand Du Guesclin, etc., etc., nous aurons obtenu, d'ailleurs, croyons-nous, le double avantage de relever l'intérêt de la narration et de satisfaire aux exigences des esprits plus critiques. D'autre part, les nuances d'expressions qui auraient pu échapper à M. Jamison sont par là restituées. Quand il nous est arrivé, cependant, de le corriger, nous avons eu soin de l'indiquer en note.

J. BAISSAC.

J'ai entrepris de sauver de l'oubli le nom d'un homme dont les exploits sont presque entièrement inconnus des Anglais, contre lesquels il lutta toute sa vie, et n'apparaissent guère que sous le faux jour du mythe à la masse du peuple français, que défendit son épée; d'un homme dont la renommée, durant une grande partie du quatorzième siècle, ne fut inférieure, si tant est qu'elle le fut, qu'à celle d'Edouard III d'Angleterre et de son héroïque fils le Prince-Noir.

Sorti des forêts sauvages de la Bretagne, sans aucun des avantages de l'éducation ni de la naissance, car il était fils d'un pauvre et obscur chevalier, il devint chef d'une troupe d'aventuriers pendant les guerres de Jean de Montfort et de Charles de Blois au sujet de la succession du duché, et à force de bravoure personnelle, de courage et d'habileté, étendit d'abord sa réputation au-delà des limites de sa province natale ; et ensuite, ayant attiré sur lui l'attention du roi de France par son intrépidité au siége de Melun et sa brillante victoire de Cocherel, conduisit en Espagne les grandes conpagnies, détrôna Pierre le Cruel et plaça sur le trône de Castille Henri de Transtamare ; puis, de retour dans son pays, il fut fait connétable, élevé au-dessus des plus hauts barons du royaume, et, par sa prudence, sa fermeté, son talent militaire, chassa peu à peu les Anglais de toutes leurs vastes possessions de France, ne leur laissant plus enfin que la ville de Bordeaux au midi, et celle de Calais au nord. Tels furent les hauts faits de Bertrand Du Guesclin.

Aux grandes qualités de l'esprit et du cœur, qui lui assurèrent le succès, il joignit la générosité, la bonne foi et la loyauté, vertus qui lui concilièrent l'estime; et personne de son temps ne fut plus considéré durant sa vie ni plus regretté après sa mort. Il m'a donc semblé que c'était œuvre digne que de secouer la poussière, dont le temps a presque couvert sa mémoire, et de rappeler, pour notre âge et pour les âges suivants, les événements d'une vie qui tira son principal lustre des austères vertus de l'homme, sans devoir rien à ces avantages extérieurs de la fortune que nous estimons d'ordinaire si haut.

Aucune époque, dans le passé, ne m'a paru plus intéressante ni plus instructive que la partie de l'histoire du moyen-âge comprise dans les limites de ce livre. Ce fut une période de transition d'un état à un autre, devant laquelle les anciens éléments sociaux commencèrent à se replier, pour faire place à de nouvelles formes ou revêtir de nouvelles fonctions. Ce fut l'époque où le système féodal, qui avait atteint son plus haut point durant les onzième, douzième et treizième siècles, se vit forcé, avec ses traditions, son isolement, sa puissance de fait, de céder à l'autorité croissante du prince, à l'influence grandissante des communes et d'hommes agissant sur les masses. Les croisades, qui, pour la délivrance du Saint-Sépulcre, avaient précipité tout un continent sur un autre, n'étaient déjà plus guère qu'un souvenir, et l'Europe ne se sentait plus soulevée d'enthousiasme à la voix de l'Église. Le chef même de cette Église, qui, pendant des siècles, avait eu un empire si grand sur les peuples de race germanique transplantés sur le sol latin, maintenant chassé de Rome par le schisme et les factions de l'Italie, dans sa « captivité de soixante-dix ans » à Avignon, était à peine respecté des souverains et peu honoré des peuples. L'institution de la chevalerie, qui avait eu si longtemps sur l'homme, pris individuellement, une action civilisatrice, et qui avait adouci les mœurs d'un âge barbare, avec tous ses romans, ses tournois et ses parades, commençait à décliner ; et la femme, qui, avant le mariage, avait été beaucoup trop idolâtrée, et, après le mariage beaucoup trop séquestrée, exerçait déjà une influence plus salutaire sur la société, parce qu'elle était plus répandue. D'autre part, grâce à la découverte de la poudre, la lance et la hache d'armes commençaient à céder la place au canon et au mousquet, et le système des armées permanentes se substituait à celui des levées irrégulières de milice féodale; la littérature romantique disparaissait avec les chants des troubadours; la langue latine devenait d'un usage moins fréquent dans la rédaction des actes publics ou même des archives historiques, et Chaucer, en Angleterre, Froissart, en France, employaient leurs langues maternelles pour publier les productions de leur muse et raconter les événements des temps passés.

C'était mon dessein de faire précéder l'ouvrage que j'offre aujourd'hui au public, d'un tableau succinct de l'État de l'Europe dans toute la première moitié du quatorzième siècle ; d'exposer, notamment, le caractère général de féodalité, son influence sur la société et les mœurs; de montrer comment elle isola l'individu, détruisit toute unité politique, divisa les populations, qu'elle parqua par petits groupes sous une multitude de chieftains, et manqua absolument de direction centrale; de faire voir enfin que l'époque féodale, qui peut être comprise entre le règne de Hugues Capet et celui de Philippe de Valois, en France, fut marquée par des guerres privées, distinctes des guerres nationales, entre un seigneur et l'autre, pour un accroissement de pouvoir ou une extension de territoire, et par les croisades qui la terminèrent; comment la féodalité finit par disparaître devant l'influence toujours croissante de la couronne et des communes. Mais ni les circonstances ni les exigences de ma propre situation ne m'ont permis d'exécuter ce projet.

La rédaction de l'ouvrage, à laquelle j'ai employé sept ou huit ans d'un travail assidu pendant les intervalles de loisir que me laissaient d'autres occupations absorbantes, était achevée depuis deux ans environ, et je m'étais mis à récrire le tout, lorsque, arrivé à la 120ᵉ page, le service du pays m'obligea à interrompre ma besogne, dans le courant de décembre 1860. Vers le 1ᵉʳ juin de l'année suivante, je repris l'œuvre de révision, qui fut terminée il y a juste un an, au plus sombre moment de la lutte entre le sud et le nord (États-Unis d'Amérique), alors que le fort Donelson succombait et que Nashville était occupé par nos ennemis. Au milieu des préoccupations de ces événements, j'essayai d'écrire l'introduction que j'avais projetée; mais les temps ne se prêtaient pas à une étude du passé; mes pensées étaient toutes absorbées par le présent. Et maintenant que l'horizon est moins chargé, mes occupations publiques ne me laissent pas le loisir d'exécuter mon dessein.

VII

Après avoir achevé la révision, je serrai mon manuscrit dans mon secrétaire, attendant des temps plus tranquilles et meilleurs, et l'ouvrage n'aurait pas vu le jour encore, n'eussent été les aimables offres d'un homme que je suis heureux d'appeler mon ami, M. Théodore Wagner, de la patriotique et noble maison John Fraser et comp., de Charleston, et Fraser, Trenholm et comp., de Liverpool.

Je sais que je cours deux risques sérieux en abandonnant l'ouvrage à des chances de capture par un ennemi toujours en éveil, qui fait en ce moment le blocus de notre port et infeste les mers entre cette ville et le lieu de destination de mon livre, comme aussi en m'en remettant à d'autres yeux que les miens de la correction des épreuves. Ce dernier danger surtout est grand, car, à peu d'exceptions près, on verra que je ne me suis servi que de documents originaux pour la composition de l'ouvrage ; et comme les notes, auxquelles j'ai consacré un soin tout spécial, reportent à des autorités en vieux français et en vieil espagnol du quatorzième siècle, en latin du moyen âge et parfois en gascon, je puis craindre que bien des erreurs ne se glissent dans l'impression. Tous ces risques étant inévitables, pour publier aujourd'hui, je dois confier le produit de bien des années de veille au sein de l'Atlantique et le livrer en des mains étrangères, dans l'espoir de voir se réaliser ce que Salomon considère comme le résultat des actes de bienfaisance faits à l'aventure : « Jette ton pain sur les eaux ; car tu le trouveras au bout d'un certain temps. »

Charleston, 14 février 1863.

LIVRE PREMIER.

CHAPITRE PREMIER.

Naissance, extraction et première éducation de Bertrand Du Guesclin. Son premier exploit dans un tournoi donné à Rennes.

Bertrand Du Guesclin, qui était destiné à jouer un rôle si considérable dans les affaires de l'Europe durant une grande partie du quatorzième siècle, naquit vers l'an 1320 au château de la Mothe-Broon, à six lieues environ de la ville de Rennes, dans la province de Bretagne. Il était fils de Regnault Du Guesclin (1) et de Jeanne de Malemains, dame de Sens près de Fougères, et

(1) « Regnault Du Guesclin fu le père à l'enfant,
« D'une moult gentil dame et de moult bel semblant. »

Chronique de Bertrand Du Guesclin, par Cuvelier, trouvère du xive siècle, publiée par E. Charrière, dans la *Collection des documents inédits sur l'histoire de France*, vv. 52 et 53. — La chronique en vers de Cuvelier a été publiée par M. Charrière d'après deux manuscrits. De ces deux manuscrits, il a donné le premier, provenant de la Bibliothèque impériale et composé de 22,790 vers, numérotés par ordre de cinq en cinq, intégralement, et il n'a donné du second que des parties, imprimées en notes comme variantes du premier. Ce second manuscrit est celui de la *Bibliothèque de l'Arsenal*. Dans nos citations, la simple indication de la *Chronique* devra s'entendre du manuscrit de la Bibliothèque impériale ; le renvoi aux variantes sera indiqué par ces mots : *Ms. de l'Arsenal.*

l'aîné de quatre fils et six filles. De ses frères, Olivier fut le seul qui atteignit l'âge mûr et qui lui survécut (1).

Le défaut d'attraits personnels chez l'enfant, défaut dont Bertrand paraît avoir eu tout à fait conscience plus tard, au point de faire de sa laideur un objet de plaisanterie, a été donné comme la principale cause du peu d'affection que lui témoignèrent ses parents : leur aversion allait si loin, « son père et sa mère, dit le chroniqueur, le détestaient de telle façon, que souvent, en leur cœur, ils souhaitèrent le voir mort ou noyé. »

La privation de caresses produit inévitablement dans un enfant d'esprit l'obstination, la désobéissance, la révolte. C'est aussi ce qui arriva pour le jeune Bertrand. Lorsqu'il s'aperçut qu'il était pour ses parents un objet de répulsion ; que les valets le traitaient sans égards, et que l'on affectait souvent les plus mortifiantes différences entre lui et ses frères et sœurs, l'injustice flagrante du procédé souleva les violentes passions de sa forte nature, et il laissa de bonne heure entrevoir cet esprit batailleur et indomptable, dont les événements de cette époque agitée étaient si bien faits pour favoriser dans la suite le développement. N'étant encore âgé que de six ans environ, il fit une tentative hardie et, grâce à la manière dont elle tourna, heureuse, pour venger les affronts qui lui étaient faits et reprendre dans la famille la place qui lui était due. L'incident eut lieu à dîner : sa mère et les autres enfants étaient assis, comme d'ha-

---

(1) *Histoire de Bertrand Du Guesclin*, par Paul Hay, seigneur du Chastelet. Paris, 1666, in-folio. Page 4. Dans cet ouvrage, l'auteur a renchéri sur les extravagances des chroniqueurs contemporains et ajouté beaucoup de fables de sa propre invention. Il n'y a pas eu de conte qui ait paru trop exagéré à sa crédulité, et il rapporte gravement, comme un fait historique, la réalisation d'une des prophéties de Merlin. Comme il ne renvoie jamais à ses autorités, le principal mérite de l'ouvrage est dans l'Appendice, qui a pour titre : *Preuves et remarques servant à l'histoire de messire Bertrand Du Guesclin*, et qui contient quelques pièces originales intéressantes.

bitude, autour de la table, tandis que Bertrand était à part sur une chaise basse. Tout à coup, il prend un bâton et, sautant sur la table, il s'écrie avec feu :

« Faut-il que tout le monde soit assis ici ! Vous mangez les premiers, et je suis obligé d'attendre, moi, comme un vilain. Je veux être à table avec vous, et si vous dites un mot, je renverse tout, pain, viandes, vin. »

Son frère Olivier, intimidé peut-être par son regard et ses gestes menaçants, l'invita doucement à prendre place parmi eux ; mais à peine à table, comme il portait la main sur les viandes qui étaient devant lui, sa mère s'écria avec humeur :

« Bertrand, si vous ne vous retirez, vous serez fouetté. »

A cette menace, Bertrand se lève soudainement, renverse la table et détruit tout ce qu'il y avait dessus, « de sorte qu'il n'y demeura ni pain, ni vin, ni chapon. »

« Par Dieu ! s'écrie la mère ébahie, quel grossier charretier ! Plût au ciel qu'il fût mort ! Je vois bien qu'il ne fera pas honneur à sa famille ; car il n'y a en lui ni sens, ni convenances, ni raison. »

Une autre fois, le jour de la fête de l'Ascension, comme son père avait avec lui des gens de marque et que Bertrand était seul dans un coin, par terre, tandis que ses frères avaient place à table, une religieuse (1) d'un couvent voisin fut introduite parmi les convives. Cette personne était fort considérée pour sa

---

(1) Une converse, peut-être une juive convertie ; car Cuvelier, v. 91, dit :

« Juise avait esté en sa renacion. »

Du Chastelet dit, de son côté, mais sans l'appuyer d'aucune autorité, qu'elle était la fille d'un savant médecin juif, après la mort duquel elle s'était convertie au christianisme ; que, outre la médecine, qu'elle connaissait, elle possédait encore la cabale ou l'art de la divination, tel que le pratiquaient les Hébreux et les Chaldéens. *Histoire de Du Guesclin*, p. 5.

sagesse, son habileté en médecine et sa connaissance de la chiromancie. Elle ne tarda pas à s'apercevoir de la position de Bertrand, assis en dehors du cercle des convives sur sa petite chaise. Après l'avoir observé quelque temps ; après avoir entendu les dures qualifications qui lui étaient données, quelques-uns le traitant de pâtre, d'autres de charretier, la religieuse lui dit :

« Mon enfant, que celui qui a souffert la passion vous bénisse ! »

Bertrand, peu accoutumé aux paroles affectueuses et pensant que, comme les autres, elle voulait se moquer de lui, répondit avec rudesse :

« Laissez-moi tranquille ! Si vous dites du mal de moi, je vous frappe de ce bâton.

— Ne soyez pas en colère ! répondit doucement la sœur ; je n'ai rien dit pour vous offenser ; au contraire, je veux vous annoncer quelque chose qui vous fera plaisir. Montrez-moi votre main, et je vous dirai les honneurs et la haute destinée qui vous attendent.

— Par ma foi, répliqua l'enfant, je sais bien que je n'ai ni joie, ni honneurs à attendre ; car mon père et ma mère me repoussent toujours durement, sans que je sache pourquoi (1).

— Madame, demanda la sœur, en s'approchant de la mère de Bertrand, n'est-ce pas là votre fils ?

— Oui, répondit la mère ; mais mon mari ne l'a jamais aimé. C'est un enfant bien grossier et bien méchant ; il bat les autres et les roule à terre, car rien ne peut lui résister. Si quelqu'un, tout grand soit-il, lui déplaît, Bertrand tombe aussitôt sur lui. C'est un vilain rustre, qui n'a ni sens, ni savoir-vivre : j'ai souvent désiré sa mort. »

La religieuse reprocha à la mère la mauvaise opinion qu'elle avait de son enfant et la rigueur avec laquelle elle le traitait ; et,

---

(1) Cuvelier, *Ms. de l'Arsenal*, t. I, pp. 6,7.

après avoir examiné Bertrand avec plus d'attention, elle prédit qu'il serait sage et heureux, et que personne, dans tout le royaume de France, ne serait plus considéré que lui.

Bertrand fut vaincu par cette sympathie inaccoutumée, et il changea subitement de conduite. Il prit, au même moment, des mains d'un domestique un plat contenant un paon, que l'on servait à table, et le plaçant devant la religieuse, il fit ses petites excuses pour la manière dont il avait accueilli ses caresses, et remplit ensuite un verre de vin, qu'il lui offrit. Le père, toujours incrédule, sourit de la prédiction de la religieuse et lui dit qu'elle entendait parfaitement son art trompeur ; mais la mère, après avoir remarqué le changement que quelques paroles affectueuses venaient de produire dans les manières de son enfant, fut attendrie, peut-être persuadée par la prophétie, et dans la suite traita Bertrand avec plus de bonté (1).

La jeunesse de Bertrand ne se passa point dans les écoles. A cette époque, tout le savoir était du domaine à peu près exclusif des couvents, et si l'on apprenait quelque chose, c'était de la bouche des hommes, non dans les livres. On pourrait s'étonner que le fils d'un propriétaire foncier, en un temps où la possession du sol assurait toujours à l'homme position et rang, grandît ainsi dans une profonde ignorance des éléments les plus simples de la science, de ce qui s'enseigne aujourd'hui au moindre paysan ; mais cet étonnement cessera, si l'on veut se rappeler que, au commencement du quatorzième siècle, l'éducation, comme on l'entend et qu'on l'estime aujourd'hui, était à peine regardée comme un avantage et ne pouvait point être, en effet, un besoin, puisque les livres étaient inabordables et que, lors même qu'on pouvait s'en procurer, comme ils traitaient en général de théologie ou des questions philosophiques de l'époque et qu'ils étaient écrits pour la plupart dans une langue ancienne

(1) Cuvelier, vv. 78-153 ; *Ms. de l'Arsenal*, t. I, pp. 7-9.

et hors de l'usage commun, l'intelligence n'en était possible qu'aux clercs. C'est à un contemporain de Du Guesclin, au fameux Froissart, avec sa curiosité éclairée, sa candeur et sa facile crédulité, que la France est redevable de cette chronique, devenue, depuis, la source obligée où l'on viendra puiser toujours, quand on voudra écrire l'histoire de la majeure partie de l'Europe en ces temps-là. Mais le jeune Bertrand ne jouit d'aucun de ces avantages. A la grossière école où il fut élevé, sa volonté ne dut être pliée à aucune discipline, son esprit ne fut point assoupli par des règles ni son goût formé par l'art ou par la sagesse thésaurisée des temps. Un récit informe de quelque aventureux croisé ou d'un preux chevalier, un simple incident de la vie de tous les jours, un fait d'armes ou un conte d'amour chanté par quelque ménestrel ambulant, tels étaient, pour la plupart des gens, les moyens principaux, sinon les seuls, d'acquérir des connaissances.

Un de ses jeux accoutumés, lorsqu'il eut atteint l'âge de neuf ans, était de réunir les enfants des domaines de son père au nombre de quarante ou cinquante, de les disposer comme en un tournoi et de les faire battre les uns contre les autres. Il prenait à ces luttes la part la plus active, et lorsque la victoire paraissait pencher d'un côté, il rétablissait d'ordinaire le combat en se jetant de l'autre. Ces batailles enfantines se terminaient rarement sans force nez maltraités ou habits en loques, mais Bertrand, pour son compte, s'en souciait peu. Souvent il excitait jusqu'à la fureur l'ardeur des jeunes combattants, en poussant son cri de guerre : Guesclin ! nom que ni lui ni ses compagnons ne prévoyaient guère alors devoir être un jour si redouté dans les grandes luttes de la patrie.

Lorsque ces combats avaient assez duré, Bertrand y mettait fin par son commandement, qui était toujours écouté. Il menait ensuite ses jeunes camarades dans quelque cabaret, payant l'écot de chacun de tout l'argent qu'il avait ; et si l'hôte lui faisait crédit du solde, il ne tardait pas à le payer, mettant pour cela en gage quelque coupe d'argent ou vendant à Rennes un des chevaux de son père (1).

Ces durs passe-temps de Bertrand, qui en eussent dégoûté d'autres, étaient amusement pour lui. Sa mère, toutefois, ne le prenait pas de même ; car, lorsqu'elle le voyait revenir le visage couvert de sang et les habits en lambeaux, elle le grondait sévèrement sur la vie qu'il menait, vie si peu digne de l'enfant d'un gentilhomme. Elle lui rappelait avec moquerie la prophétie de la religieuse sur sa grandeur future, et le menaçait de son vif mécontentement, s'il renouvelait de pareilles scènes. « Mais Bertrand, dit le chroniqueur, lendemain faisait pis la moitié. » Il dressait des *quintaines* (2) pour l'exercice à la lance et formait des lices pour jouter avec ses camarades, comme en un tournoi, offrant un prix à l'heureux vainqueur en récompense de son adresse et de son courage. Les violents amusements du jeune Bertrand attirèrent, à la fin, l'attention de son père, qui, pour y mettre un terme, défendit aux enfants de ses fermiers de venir chercher son fils, et imposa une amende aux parents de ceux qu'il trouverait avec lui. Mais lorsque les enfants le fuyaient, pour obéir à cet ordre, il allait à eux et les attaquait, qu'ils le voulussent ou non. Sur la plainte des parents, Bertrand fut en-

---

(1) Cuvelier, vv. 154-212.

(2) « Quittaines fist drecier et joustes y faisoit. »

Cuvelier, v. 214. Dans la *Chronique* de Mathieu de Westminster, t. II, p. 324, *Bohn's Ant. Library*, le jeu est appelé *quintain*. Du Cange le dépeint comme un passe-temps équestre consistant à charger avec la lance un mannequin mobile sur pivot, habillé et armé d'une épée ou d'un bâton. Quand il le frappait autrement qu'en pleine poitrine, l'assaillant recevait, en passant, un coup de bâton ou d'épée sur le dos. *Glossarium mediæ et infimæ Latinitatis.* Voir au mot *Quintana*. — En français, le mannequin porte le nom de *quint*, et le jeu celui de *quintaine*.

fermé dans une chambre du château de son père, où il demeura quatre mois prisonnier.

La sévérité d'une telle punition aurait certainement réduit l'esprit de tout autre enfant ; mais elle eut sur Bertrand un effet contraire ; car, fatigué d'attendre sa délivrance, il saisit un jour la bonne qui lui apportait sa nourriture, lui enleva les clefs de sa prison, l'enferma à sa place et s'enfuit du château. Après avoir erré quelque temps, il aperçut un paysan qui labourait avec deux chevaux appartenant à son père ; il en prit un, quoi que le paysan objectât, monta dessus et courut chez son oncle, à Rennes, où il fut reçu avec froideur par sa tante, qui ne lui ménagea pas les réprimandes, mais par son oncle, au contraire, avec une indulgence qu'il ne méritait pas. Celui-ci reprocha à sa femme la dureté de son accueil, excusa comme excès de jeunesse pardonnables les fautes de Bertrand et lui dit avec bonté que, tant que dureraient ses provisions de vieux vin et de viande salée, il ne manquerait de rien chez lui.

Pendant le séjour qu'il fit à Rennes, survint un incident qui montre que Bertrand n'avait rien perdu de sa passion pour les durs amusements d'autrefois, passion que son exil de la maison paternelle ne lui permettait plus de satisfaire, et qu'il aimait mieux combattre que prier. Il avait alors dix-sept ans (1), et comme ses principales distractions consistaient en promenades à cheval avec son oncle et sa tante, ce qui ne l'amusait peut-être pas toujours de même, il fut tout heureux un jour d'apprendre que, le dimanche suivant, devait avoir lieu une lutte avec prix. Or, ce dimanche-là, la tante de Bertrand désira que son neveu l'accompagnât à l'église : force fut donc à celui-ci de s'exécuter, quelque répugnance qu'il y eût. Mais, après avoir conduit sa tante à sa place, Bertrand, qui n'y tenait plus d'impatience et

---

(1) « N'eust que XVIII ans, se l'histoire ne ment. » Cuvelier, *Ms. de l'Arsenal*, t. I, p. 14.

qui, du reste, comptait bien être de retour avant que l'office fût terminé, quitta tout doucement l'église, à peine le sermon commencé, et gagna l'endroit où la lutte venait de s'engager. Il fut reçu avec joie de toutes ses connaissances, qui lui prédirent le triomphe ; mais il ne voulut consentir à prendre part à leurs jeux qu'à condition que la chose fût tenue secrète à sa tante. Quoique jeune, il était homme fait, nerveux et solidement bâti. Il était de taille moyenne ; il avait la peau brune, le nez camard, des yeux gris-clair, de larges épaules, les bras longs et les mains petites (1). Le sort voulut qu'il eût à lutter contre un Breton qui en avait déjà jeté douze à terre ; mais Bertrand était aussi adroit que fort, et à la fin il renversa son adversaire, quoique dans la chute il se fit beaucoup de mal au genou en se heurtant contre une pierre pointue. Il fut porté par ses compagnons de jeu chez sa tante, qui manifesta un très-grand mécontentement de le voir en cet état et surtout au milieu de ce monde, lui disant qu'il ne convenait pas au fils d'un gentilhomme de lutter ainsi avec des gens de basse extraction, au lieu de s'amuser en des tournois au combat à la lance. Il reçut ces reproches avec une humilité qui ne lui était pas ordinaire et promit solennellement que, dès qu'il pourrait remonter à cheval, il rechercherait les tournois et les joutes et ne faillirait plus comme il avait fait (2).

Bertrand passa une année chez son oncle, avant de recouvrer les bonnes grâces de son père. Rentré dans la maison paternelle, il se montra assidu aux joutes et aux tournois, où il ne manquait aucune occasion d'assister, monté sur un des chevaux du château. Il était le bienvenu partout, et il se fit beaucoup d'amis par sa grande libéralité ; car, s'il rencontrait un mendiant de-

---

(1) *Chronique* (anonyme) *de sire Bertrand Du Guesclin*, ch. I, p. 2, publiée par Buchon dans son *Panthéon littéraire*. Paris, 1842.
(2) Cuvelier, *Ms. de l'Arsenal*, t. I, pp. 14, 15.

mandant l'aumône pour l'amour de Dieu, et qu'il n'eût pas de quoi l'assister autrement, il se dépouillait de ses habits et les lui donnait. « Ce est li fait, dit le chroniqueur, pourquoi son père plus l'amait (1). »

En l'année 1338, Bertrand ayant atteint l'âge de dix-huit ans, la province de Bretagne fut mise tout entière en grand émoi par le mariage de Jeanne la Boiteuse, comtesse de Penthièvre, et nièce du duc de Bretagne, avec Charles de Châtillon, fils du comte de Blois. La fête donnée en l'honneur de cet événement se célébra dans la ville de Rennes, où un tournoi fut annoncé entre un nombre de nobles chevaliers et de preux gentilshommes. Bertrand Du Guesclin s'y rendit; mais, au milieu de ces brillants chevaliers et des belles dames « aussi blanches que *fleur de lis*, » il se sentit très-humilié de se voir lui-même si modestement équipé. Il n'avait, en effet, point d'armure, et le coursier qu'il montait n'était qu'un misérable petit *roncin*, « dont personne n'eût voulu pour quatre *florins petits*. » Pour comble de mortification, il eut à essuyer de la part de la populace les plus grossières plaisanteries. « Fils est de chevalier, disait celui-ci, et si va chevauchant le cheval d'un meunier. — Se ressemble un bouvier ! disait un autre. — Chut ! ajoutait un troisième ; car, j'ai ouï telle chose de lui raconter que, si le duc le connaissait, de Bretagne le ferait panetier. »

Lorsque Bertrand arriva à la place du marché, où avait été disposée la lice, et qu'il vit les dames assises sur leurs siéges, richement habillées de soie brodée et de *cendal* (2); les chevaliers bien armés et montés sur des coursiers superbes, et les bons écuyers parfaitement pourvus pour les joutes, tandis que

---

(1) Cuvelier, *Ms. de l'Arsenal*, vv. 309, 310.
(2) *Cendal* ou *sendal* est ce que nous appelons taffetas, dit Du Cange dans ses *Observations sur les Mémoires du sire de Joinville*, p. 353. — Bohn's Ant. Library. — Voir aussi Du Cange, *Glossarium*, au mot *Cendalum*.

lui, dans un accoutrement des plus mesquins, était à califourchon sur son poney à nu, il s'écria piteusement : « Eh ! Dieu ! si j'avais seulement un bon cheval et que je fusse bien armé, à tous les mieux montés irais-je faire assaut et j'acquerrais honneur plus que Roland, Gauvain, Arthur ou Perceval. Mon père a grand tort d'en user envers moi si vilainement. Il ne me traite pas comme son fils. Il est riche, et pourtant je ne puis avoir de lui quatre fétus ; il va même jusqu'à mettre ses *argus* à mes trousses et à dire partout que je ne suis qu'un *bobus !* »

Bertrand, toutefois, ne tarda pas à être tiré de son extase pour les belles dames, qu'avait réunies là le désir d'assister au plus grand spectacle de l'époque, et des tristes réflexions, que lui suggérait la vue de tous ces brillants costumes opposés à la pauvreté du sien, par le son des fanfares donnant le signal des joutes (1). Tous les yeux se portèrent dès lors avec une âpre curiosité sur les aventureux jeunes hommes qui allaient prendre part à ce dangereux exercice. Variés et nombreux furent les incidents de cette grande journée, différentes aussi les fortunes des combattants ; mainte lance fut brisée, mainte tête décoiffée de son casque, maint chevalier et écuyer démontés et couchés à terre avec leurs chevaux. De tous ces braves chevaliers heureux ou malheureux, l'histoire n'a conservé que le nom de messire Regnault Du Guesclin, le père de notre héros, qui, de l'avis de tout le monde, fut tenu pour le meilleur jouteur de la journée et qui, la lance baissée, resta le maître incontesté du champ de bataille.

Tandis que ces événements se passaient, événements dont la plupart ne purent être vus de Bertrand, qui brûlait du désir

(1) « Joute, dit Sainte-Palaye, était proprement le combat à la lance seul à seul : on a étendu la signification de ce mot à d'autres combats, suivant l'abus de nos anciens écrivains, qui, en confondant ainsi tous les termes, ont souvent mis de la confusion dans nos idées. » *Mémoires sur l'ancienne chevalerie*, n. 56 du second Mémoire.

d'y prendre part, un écuyer fut aperçu sortant de la lice et regagnant sa demeure en ville, soit qu'il eût assez du divertissement ou que peut-être sa mauvaise chance l'eût découragé. Bertrand se leva aussitôt pour suivre cet homme, qui se trouva être un parent de sa mère. Entrant dans la chambre où l'écuyer se débarrassait de son armure, notre héros se jeta à ses genoux et le supplia, avec une éloquence touchante, malgré sa rudesse, de lui prêter son équipement pour fournir trois courses avec la lance. L'écuyer reconnut immédiatement Bertrand et lui répondit avec obligeance : « Ah ! beau cousin, vous ne devriez pas le demander, mais en user comme vous appartenant. » Il arma ensuite Bertrand à la hâte, lui prêta son cheval et lui donna un valet pour l'accompagner.

Le cœur plein de joie, Bertrand courut aux joutes. C'était une bonne fortune trop inespérée; son triomphe était au comble. Il avait changé son misérable poney pour un coursier superbement harnaché, et caché son pauvre vêtement sous une armure complète. Il se recommanda d'abord à Dieu, franchit la barrière et avança hardiment dans la lice. A peine y était-il entré, qu'un chevalier vint à lui et le défia.

L'institution de la chevalerie déclinait évidemment pour qu'un simple écuyer pût jouter avec un chevalier. *Personne, à moins d'être chevalier, ne devait se permettre d'offrir le combat à un chevalier*, disait une vieille maxime; et la loi confirmait le principe, car elle n'accordait pas à l'écuyer le duel ni le gage du combat contre un chevalier. Mais, avec le temps, les chevaliers perdirent beaucoup de leurs prérogatives, et depuis le commencement du XIVe siècle, ils n'avaient plus sur les écuyers une telle prééminence, qu'il ne leur fût possible, sans déroger, de se mesurer avec eux.

Bertrand, à peine provoqué, s'empressa de faire signe de la main qu'il acceptait le défi, et au même instant les deux jouteurs lancèrent leurs chevaux l'un contre l'autre. En voyant son adversaire s'approcher de lui, notre jeune héros pointa sa lance avec tant de justesse, que le fer, pénétrant dans la visière, fit sauter le casque du chevalier; et le choc fut si violent, que cavalier et cheval roulèrent dans la poussière. Le cheval fut tué du coup, et le chevalier en perdit connaissance, au point que tous les assistants le crurent mort. Bertrand, lui, ne broncha pas, et les hérauts, voyant cette habile manœuvre et ne sachant ni le nom ni le cri de guerre du vainqueur, se mirent tous à crier : « Bon écuyer ci a ! »

Le chevalier désarçonné fut vivement relevé par ses servants, et son cheval emporté hors de la lice. On le loua beaucoup de la manière dont il s'était comporté dans le combat, et en reprenant ses sens il s'écria :

« Dieu ! par qui donc ai-je été attaqué ? Jamais lance ne visa mieux. Va, dit-il ensuite à un servant, va demander à l'écuyer son nom et sa famille. »

Le messager fit la commission, et au retour dit à son maître :

« Vous ne découvrirez qui il est, que s'il est décoiffé par vous ou par un autre; alors seulement vous le saurez.

— Amène-moi tout de suite un autre cheval, reprit le chevalier. Je n'aurai de cesse que je n'aie reconnu par qui j'ai été désarçonné. Quel qu'il soit, c'est un gentilhomme et d'un noble sang.

La brusque apparition et la vaillante conduite du jeune cavalier, que personne ne connaissait, jeta quelque trouble parmi les combattants, et il y en eut peu qui n'hésitassent à croiser la lance avec lui. Ils se consultèrent entre eux pour savoir qui ce pouvait être, mais aucun ne put le dire. Messire Regnault Du Guesclin, maître, avec son parti, du champ de bataille, en voyant les chevaliers se retirer devant l'étranger, voulut le défier lui-même, pour venger la défaite du chevalier désarçonné, qui appartenait à son côté. En conséquence, il donne de l'éperon à son cheval et se met en mesure d'attaquer Bertrand, qui ne désirait pas moins que lui d'engager le combat ; mais au moment où il allait s'élancer, reconnaissant son père à la devise de son écusson, il abaissa la pointe de sa lance, passa outre et regagna sa place. Un autre chevalier, pensant que Bertrand n'avait refusé le combat avec messire Regnault Du Guesclin, que par crainte, s'avança vers lui et lui porta un défi. Bertrand l'accepte aussitôt, et du premier choc il frappe son adversaire au casque avec tant de force, que la coiffure vola à plus de dix pieds de là. Les hérauts, en voyant de nouveau la précision de ses coups, crièrent encore : « A cet aventureux venu nouvellement ! »

Au bout de quinze courses, dans lesquelles bien des lances furent rompues et où Bertrand fut vainqueur, messire Regnault Du Guesclin, qui ne comprenait pas que le vaillant étranger refusât de se mesurer avec lui, réunit les chevaliers de son parti et tint conseil pour aviser au moyen de découvrir quel pouvait être cet écuyer qui joutait si bravement. Il fut décidé dans ce conseil qu'un chevalier normand d'une grande prouesse l'attaquerait et essaierait de faire sauter sa visière. La chose eut lieu en effet, et Bertrand fut reconnu, au grand étonnement et à la joie de ses amis. Quand son père le vit, il vint à lui tout rayonnant et lui dit : « Gentil fils, je vous donne l'assurance que je ne vous traiterai plus désormais aussi vilainement que je l'ai fait jusqu'ici. Vous aurez des chevaux, de l'or et de l'argent à souhait ; et pour la vaillance que vous avez montrée aujourd'hui, vous pouvez aller où vous voudrez acquérir de la gloire. »

Le prix du tournoi fut adjugé à Bertrand, et la cérémonie du décernement termina les fêtes de la journée. Il accompagna son père à la maison, et lorsque sa mère apprit qu'il avait remporté le prix des joutes, elle en eut une très-grande joie et se rappela la prophétie de la religieuse. Il obtint de son père les moyens

… prendre part aux tournois à sa portée, et de faire de beaux cadeaux …

… période de sa vie …
agitées dans lesquelles …
jouer un rôle si considérable.

Il est nécessaire d'entrer …
du jeune homme …
qui remplirent …
se trouva engagé …
comte de M… …
cession du duché de Bretagne, pendant … longues
années, divisa cette province en factions rivales … et
la plongea dans toutes les horreurs de la guerre civile.

(1) Cuvelier, vv. 311-336. — Chron. …

de prendre part aux tournois à sa portée, et de faire de beaux cadeaux aux hérauts et aux ménestrels (1).

Cette période de sa vie fut une bonne préparation aux scènes agitées dans lesquelles il allait entrer et où il était destiné à jouer un rôle si considérable.

Il est nécessaire d'interrompre ici pour un moment l'histoire du jeune homme, afin de raconter les importants événements qui occupèrent l'homme fait. De ces événements, le premier où se trouvât engagé Bertrand fut la malheureuse querelle du comte de Montfort et de Charles de Blois relativement à la succession du duché de Bretagne, querelle qui, durant de longues années, divisa cette province en factions rivales et hostiles et la plongea dans toutes les horreurs de la guerre civile.

(1) Cuvelier, vv. 311-536. — *Chron. anon.*, ch. 1, pp. 3, 4.

CHAPITRE II.

État de la Bretagne. — Prétentions rivales du comte de Montfort et de Charles de Blois au duché.

Dans la première partie de l'année 1341, Jean III surnommé le Bon, duc de Bretagne, assista avec Philippe de Valois, comme étant un des grands vassaux de la couronne de France, au siége de Tournai, que faisait en ce moment Edouard III, roi d'Angleterre. Par l'entremise de Jeanne de Valois, comtesse douairière de Hainaut, sœur du roi de France et belle-mère d'Edouard III, une trêve d'un an fut conclue entre la France et l'Angleterre. En conséquence, le siége fut levé et les troupes se retirèrent. Le duc de Bretagne reprit donc le chemin de ses États; mais il tomba malade en route et mourut à Caen en Normandie, le 30 avril 1341 (1).

Comme Jean ne laissait pas d'enfants, sa mort fut une cause de nombreuses calamités, non-seulement pour la Bretagne, mais encore pour la France. Son père, Arthur II, avait été marié deux fois. De son premier mariage avec Marie, fille de Guy, comte de Limoges, il avait eu deux fils, le duc défunt Jean

---

(1) *Les Chroniques de sire Jean Froissart*, publiées par Buchon, 3 vol. in-8°. T. I, liv. I, part. I, p. 127.

et Guy de Bretagne, comte de Penthièvre. Ce dernier avait épousé Jeanne d'Avangour, dont il eut seulement une fille, qui fut mariée à Charles de Châtillon, le plus jeune fils de Guy, comte de Blois, et de Marguerite, sœur de Philippe de Valois, roi de France. De son second mariage avec Yolande de Dreux, Arthur eut un fils, qui fut Jean de Bretagne, comte de Montfort (1).

Charles de Blois prétendit à la succession du duché, comme devant lui revenir du chef de sa femme et par droit de représentation (2); mais Jean de Montfort lui opposa sa qualité de plus propre parent (3). Le duc défunt avait craint les prétentions de ce dernier, et c'était pour cela qu'il avait marié sa nièce à Charles de Blois, dans l'espérance que son oncle, le roi de France, l'aiderait à soutenir ses droits contre son rival (4).

Les craintes qu'avait eues le feu duc de Bretagne ne tardèrent pas à se réaliser; car le comte de Montfort, à peine informé de la mort de son frère, se rendit à Nantes, où, par son influence sur les habitants, il se fit reconnaître comme souverain

---

(1) *Histoire ecclésiastique et civile de Bretagne*, par dom Pierre-Hyacinthe Morice, 2 vol. in-folio. Paris, 1750. T. I, pp. 229, 242, 243.

(2) L'auteur anonyme de la *Chronique de Bertrand Du Guesclin* ajoute que telle avait été aussi la volonté expressément déclarée du feu duc, d'accord en cela avec les barons et avec le comte de Montfort lui-même; mais ceci demande confirmation, le testament du duc n'ayant pu être retrouvé, et, d'autre part, le prince de Montfort ayant déclaré, en posant son droit à la couronne ducale, que, lorsque les amis de Charles de Blois pressèrent le duc, à son lit de mort, de faire Charles son héritier, il s'écria : « *Par Dieu, qu'on me laisse en paix, je ne vueil pas charger mon âme.* » — *Mémoires pour servir de preuves à l'histoire de Bretagne*, par Morice, t. I, col. 1419. Ces *Mémoires* sont ordinairement cités sous le nom d'*Actes de Bretagne*.

(3) *Guillaume de Saint-André*, v. 125, dans les *Actes de Bretagne*, t. II, col. 306, et à la fin du second volume de Cuvelier, édit. Charrière.

(4) Froissart, liv. I, part. I, p. 128.

et reçut de la population foi et hommage en qualité de duc de Bretagne.

Lorsque les habitants de Nantes et ceux des environs lui eurent prêté serment, et après s'être concerté lui-même avec la comtesse, sa femme, sœur du comte Louis de Flandre, il résolut de tenir une cour et de soumettre ses prétentions à une assemblée plus nombreuse et plus autorisée. En conséquence, il adressa aux barons et chevaliers de Bretagne, aux conseils des villes et cités, et à tous ceux qu'il désirait voir assister à l'assemblée, l'invitation de venir lui prêter foi et hommage comme à leur souverain légitime.

En attendant le terme fixé pour la réunion de la cour, le comte de Montfort, avec un certain nombre de gens d'armes, se rendit à Limoges, pour prendre possession des trésors du feu duc, qui y étaient conservés. Il entra dans la ville en grande pompe et fut bien reçu du clergé et des habitants, qui lui firent hommage.

Les trésors lui furent livrés sans difficulté, et après avoir passé quelques jours dans l'endroit et gagné les bonnes grâces de la population par des présents et des promesses, il retourna à Nantes, afin de se trouver en mesure avant la réunion de l'assemblée, pour laquelle on avait fait de grands préparatifs.

Lorsque le jour fixé pour la réunion fut arrivé, personne de rang ou de marque ne s'étant présenté, pour répondre à l'invitation, si ce n'est un simple chevalier, messire Hervey de Léon, le désappointement, la colère et la mortification du comte de Montfort furent à leur comble. Malgré son dépit contre ceux qui avaient dédaigné de se rendre à son appel, il donna trois jours de fêtes aux habitants de Nantes et aux gens du voisinage, et il se mit activement ensuite à rassembler des soldats, cavaliers et fantassins, pour soutenir son droit par les armes et châtier les rebelles à son autorité. Il fut appuyé de toutes les personnes présentes, du clergé, des chevaliers et des bourgeois; et il engagea à son service et paya libéralement quiconque se présenta, soit noble ou roturier, jusqu'à ce qu'il eût réuni de plusieurs contrées une force considérable de cavalerie et d'infanterie (1).

Tandis que le comte de Montfort parcourait la Bretagne, prenant des villes et des châteaux et gagnant des adhérents à sa cause, Charles de Blois ne faisait absolument rien, confiant qu'il était dans l'aide de son oncle, le roi de France. Le comte de Montfort, ayant rassemblé de grandes forces, résolut de diriger une attaque sur Brest, château très-fort situé sur la côte et commandé par un vaillant chevalier, messire Gauthier de Clisson, cousin d'Olivier, seigneur de Clisson. Le château fut vigoureusement attaqué, en effet; mais il fut énergiquement défendu, et le brave châtelain repoussa avec indignation toutes les propositions qu'on lui fit de se rendre.

L'attaque se prolongea plusieurs jours avec des chances douteuses, jusqu'à ce qu'enfin messire Gauthier de Clisson fût mortellement blessé à la herse du château. La garnison, nonobstant la perte de son chef, défendit intrépidement les murs, dont les assaillants s'étaient approchés en jetant de forts madriers à travers les fossés qui entouraient le château. Les assiégés répondirent à cette attaque en lançant sur l'ennemi des pierres, du feu et des vases remplis de chaux vive; mais à la fin ils durent se rendre, sur la promesse du pardon et l'assurance que leurs personnes et leurs biens resteraient saufs.

Après s'être emparé du château et y avoir établi pour commandant un châtelain de son parti, le comte de Montfort vint mettre le siége devant Rennes, qui était en ce moment commandé par messire Henri de Spinefort (1). Cet officier, tandis

---

(1) Froissart, liv. I, part. I, pp. 128, 129.

que le comte de Montfort était campé près de la ville, fit une sortie, au point du jour, contre les quartiers des assiégeants ; mais l'attaque fut doublement malheureuse, car le chevalier fut pris et ce fut par lui que le comte de Montfort parvint à se rendre maître de la ville (1). En effet, Henri de Spinefort étant très-populaire auprès de la bourgeoisie de Rennes, le comte menaça de le pendre devant les portes de la ville, si celle-ci ne se rendait sur-le-champ. Cette menace fut cause de grandes discussions parmi les différentes classes de la population. Le peuple qui aimait beaucoup son capitaine et qui, d'ailleurs, était trop mal pourvu pour soutenir un siége, adhéra tout de suite à la proposition ; mais les habitants aisés, beaucoup mieux approvisionnés que les autres, refusèrent leur assentiment et se réunirent avec leurs partisans, au nombre de deux mille, pour s'opposer à la reddition de la place. Le peuple, voyant cela, les attaqua d'abord d'épithètes injurieuses, puis en vint aux voies de fait, chassa les bourgeois de leurs propriétés et en massacra plusieurs. La basse classe ouvrit ensuite les portes de la ville et la livra au comte de Montfort, à qui tous les habitants, grands et petits, rendirent foi et hommage, le reconnaissant pour leur seigneur.

Le comte de Montfort réussit encore à s'emparer de beaucoup d'autres places importantes. Il mit le siége devant Hennebon, ville située à l'embouchure du Bavet, et l'une des mieux fortifiées de toute la Bretagne ; mais ne pouvant la prendre de force, il y arriva par la ruse. En cela il fut secondé par Henri de Spinefort, dont le frère, Olivier, était gouverneur de la ville et du château. Feignant d'appartenir toujours au parti de Charles de Blois, messire Henri de Spinefort obtint d'être introduit dans la place avec une troupe armée de six cents hommes ; il fit son

(1) *Histoire de Bretagne*, par Morice, t. I, p. 247. Froissart, liv. I, part. I, p. 130, l'appelle *Pennefort*.

frère prisonnier, et par ce moyen s'empara de la ville et du château. Les châteaux d'Auray et de Guy-la-Forêt, et les villes de Vannes et de Carhaix (1) tombèrent aussi entre les mains du comte, qui s'en empara de vive force ou par stratagème. Près de la dernière de ces villes, il fit camper ses troupes, qui désolèrent tout le pays d'alentour, emportant toute chose, « si il n'était trop chaud ou trop pesant (2). »

Le comte de Montfort, tirant avantage de l'indolence de son rival, infesta et soumit toute la province, se faisant partout proclamer duc de Bretagne. Après avoir placé des garnisons dans les villes et les forteresses, il s'en vint sur la côte et s'embarqua à Coredou (3) pour l'Angleterre. A son arrivée, il se rendit d'abord à Windsor, où il trouva Edouard III, à qui il offrit de lui faire hommage de son duché de Bretagne et de le tenir de lui comme de son suzerain contre le roi de France et toutes autres personnes. Édouard fut ravi de cette offre, car il comprit tout de suite que la possession de la Bretagne comme fief serait pour lui d'un grand avantage dans l'attaque qu'il méditait contre Philippe, « et qu'il ne pourrait avoir plus belle entrée au royaume de France (4) » que par ce point-là, quoique les prétentions du comte de Montfort au duché de Bretagne fussent précisément le contre-pied de celles qu'il élevait lui-même à la couronne de France. Édouard s'empressa donc d'accepter l'offre du comte de Montfort et reçut son hommage pour le duché (5).

---

(1) Le texte anglais porte *Craais*, mais c'est une vieille dénomination aujourd'hui perdue.
(2) Froissart, t. II, chap. CL (édit. de 1824).
(3) Froissart dit *Credo*, mais Buchon conjecture avec beaucoup de vraisemblance que c'est *Coredou*, village sur le bord d'une petite anse à l'ouest de Saint-Pol de Léon. Le texte anglais que nous traduisons porte par erreur *Coredon*.
(4) Froissart, t. II, chap. CLI (édition de 1824).
(5) Froissart, t. II, chap. CLI (édition de 1824). — Quelques doutes existent sur l'époque où eut lieu cet hommage; mais Froissart le ra-

Lorsque Charles de Blois, qui se considérait comme l'héritier légitime du duché de Bretagne, du chef de sa femme, eut appris que le comte de Montfort avait envahi toute la province et mis garnison dans les villes et les forteresses, il se plaignit à son oncle, le roi de France. Le roi Philippe tint, en conséquence, conseil avec les douze pairs pour aviser à ce qu'il y aurait à faire, et d'après leur avis il cita le comte de Montfort à comparaître à Paris un jour donné, pour répondre aux charges élevées contre lui. Le comte hésita d'abord à obéir à la citation, mais à la fin il se décida à partir, et, avec une troupe de plus de quatre cents hommes à cheval, il alla à Paris, où le roi de France, les douze pairs, Charles de Blois et un grand nombre de barons étaient réunis pour le recevoir. Le comte de Montfort plaida sa cause avec beaucoup d'à-propos devant l'assemblée et nia le fait, dont l'accusait le roi de France, d'avoir relevé le duché de Bretagne du roi d'Angleterre. A l'issue de cette entrevue, le roi de France lui ordonna d'attendre quinze jours à Paris, jusqu'à ce que les pairs et les barons eussent jugé la cause. Il y consentit; mais appréhendant que le jugement ne fût contre lui et craignant d'être retenu prisonnier jusqu'à ce qu'il eût livré les villes et châteaux de Bretagne, dont il s'était emparé, il sella son cheval et, suivi de peu de monde, il quitta Paris avec tant de mystère, qu'il était arrivé dans le duché avant que le roi eût avis de son départ. Il alla d'abord à Nantes, où il avait laissé la comtesse; et comme la guerre paraissait maintenant inévitable, il visita ses

conte avec beaucoup de détails, et Du Tillet dit que ce fut là le motif pour lequel le roi de France somma celui d'Angleterre d'avoir à comparaître devant les douze pairs à Paris. *Recueil des Traictez d'entre les roys de France et d'Angleterre*, p. 52, verso. — Rymer cite un traité entre Edouard III et le comte de Montfort et un don conditionnel du comté de Richmond à ce dernier; mais l'acte est daté du 24 septembre 1341 et, par conséquent, postérieur à la décision du parlement de Conflans. *Fœdera, conventiones, litteræ,* etc., *cura Thomæ Rymer, Londini,* 1821, vol. II, part. II, p. 1176.

forteresses, fortifia les garnisons, mit à la tête des capitaines sûrs, et réunit les approvisionnements nécessaires pour un siége de durée (1).

Le roi de France fut très-contrarié de la fuite du comte de Montfort, car il en prévit toutes les conséquences ; mais il n'y fut fait aucune allusion dans les débats du parlement. Les deux parties furent pleinement entendues devant cette assemblée. Il fut représenté, du côté du comte de Montfort, qu'il était le plus proche parent de Jean III, dernier duc de Bretagne, et par conséquent son légitime héritier ; que la comtesse de Penthièvre, femme de Charles de Blois, n'étant qu'une nièce, était d'un degré plus éloigné ; que la Bretagne était soumise à la coutume générale du royaume de France, et qu'en conséquence les duchés, comtés ou baronies ne pouvaient échoir à des femmes, tant qu'il existait des descendants mâles. A l'appui de ces principes, on invoqua l'autorité des lois divine, morale et naturelle ; la loi civile, le digeste et le code ; le droit féodal et le droit canonique ; la coutume de France et les décisions des cours.

Il fut répliqué, du côté de Charles de Blois, que, d'après la coutume de Bretagne, l'aîné succédait à tous les fiefs ; que, si l'aîné mourait sans enfants, les droits de l'aîné passaient au frère cadet ; que les enfants de l'aîné, soit mâles ou femelles, représentaient leurs parents, à l'exclusion des oncles, et que cette coutume régnait, non-seulement en Bretagne, mais encore en Anjou, dans le Maine, la Touraine, le Berry et en d'autres provinces. La cour, après avoir pleinement entendu les plaidoiries des deux parts, rendit à Conflans, le 7 septembre 1341, un arrêt, par lequel elle statuait « que la demande de Charles était admise, et la demande du comte non admise (2). »

(1) Froissart, liv. I, t. I, pp. 134, 135.
(2) *Extrait de l'escrit de Jean de Montfort contre Charles de Blois*, dans les *Actes de Bretagne*, t. I, col. 1415 ; et *Arrest de Conflans*, t. I, col. 1421.

Fort de cet arrêt en sa faveur, et avec l'appui du duc de Normandie, fils aîné du roi de France, d'une foule de princes du sang et autres barons, et de leurs gens, Charles de Blois quitta Paris pour aller reprendre la province de Bretagne sur son rival. En atteignant la frontière du duché, les forces du duc de Normandie se montaient à cinq mille hommes pesamment armés, et trois mille Génois, commandés par Antonio Doria et Charles Grimaldi, sans compter un corps considérable de troupes légères. Avec cette armée, le duc mit le siége devant Châteauceaux (1), château très-fort situé sur la Loire et regardé comme la clef de la Bretagne de ce côté. Il était bien approvisionné, et défendu par une forte garnison d'hommes d'armes. A ce siége, le duc de Normandie perdit beaucoup de monde, surtout de Génois, qui, pour faire montre de bravoure au début de leur engagement, s'exposèrent témérairement au danger ; et durant plusieurs jours on ne fit aucun progrès, car la garnison repoussa avec une égale habileté et une égale bravoure les assauts sur tous les points. Les assiégeants, voyant que, dans les décharges de flèches et autres traits, ils s'exposaient sans résultat suffisant, réunirent quantité de fascines et de planches épaisses, pour combler les fossés du château, ce qui leur permit d'avancer jusque près des murs. La garnison repoussa ce genre d'attaque en lançant des flèches sur les assiégeants et en leur versant des masses de chaux vive et des tisons enflammés. Enfin, les assaillants dressèrent des *chats* (2), pour se garantir des projectiles lancés d'en haut, et ainsi à couvert, ils purent faire brèche aux murs. Les assiégés, pensant qu'il ne leur était plus possible de résister avec chances de succès, rendirent le château,

(1) Froissart, t. II, chap. cl.i, écrit *Chantoceaux*.
(2) Joinville dit, dans ses *Mémoires* sur saint Louis, *seconde partie :* « Le roy eut conseil en lui de faire faire une chaussée par à travers la rivière, pour passer aux Sarrazins. Et pour garder ceux qui feraient la dite chaussée, il fit faire deux baffraiz (beffrois) qu'on appelle *chaschateils.* » Et Du Cange, dans la note au passage précédent, fait obser-

à la grande joie des chefs français, qui regardèrent cela comme un début de bon augure pour leur entreprise (1).

Après la reddition de Châteauceaux, le duc de Normandie et Charles de Blois attaquèrent Quonquefon, ville située à cinq lieues environ de Nantes, qui, après une courte résistance, fut prise, pillée, brûlée, et dont les habitants furent passés au fil de l'épée. Ils assiégèrent ensuite la ville de Nantes, et « plantèrent tout autour leurs tentes et pavillons aussi bellement et ordonnément que vous savez que Français savent faire. » Le comte de Montfort, qui commandait alors dans la ville, la défendit avec sa bravoure ordinaire, mais non pas avec sa bonne fortune accoutumée ; car les bourgeois, craignant que la ville ne pût pas résister à l'attaque des assiégeants et ne fût ensuite livrée au pillage, ouvrirent traîtreusement leurs portes au duc de Normandie, et le comte de Montfort fut fait prisonnier. De Nantes le comte fut envoyé à Paris et enfermé dans la tour du Louvre (2).

ver que « le *chat* était proprement une machine faite à guise de galerie couverte, que l'on attachait aux murailles, et sous laquelle ceux qui les devaient sapper étaient à couvert. » Dans son *Glossarium*, au mot *Catus*, le même Du Cange définit ainsi cette machine : *Catti sunt vineæ, sive plutei, sub quibus miles in morem felis, quem cattum vulgo dicimus, in subessis aut insidiis latet.* »

(1) Froissart, liv. I, t. I, p. 136.

(2) Froissart affirme, liv. I, t. I, p. 138, qu'il mourut en prison; mais il a été évidemment trompé. — Du Tillet dit que, en vertu d'une des clauses du traité conclu entre les rois de France et d'Angleterre, il fut mis en liberté le 1ᵉʳ septembre 1343, à certaines conditions, entre autres, de ne pas retourner en Bretagne, conditions qu'il n'observa pas; qu'il mit le siége devant Quimper-Corentin et fut obligé de le lever, et qu'il mourut bientôt après. *Recueil des traictez*, etc., p. 54, verso, et *Inventaire*, p. 62, *verso*. — Guillaume de Saint-André, vv. 285-288, dit qu'il s'évada du Louvre, déguisé en pauvre marchand; qu'il passa en Angleterre, où il fit un traité avec les Anglais et mourut bientôt après.

« Mais toutes foiz par pouvres gens
« Fut-il mis hors de ses liens
« Et délivré moult sagement
« En guise d'un poure marchant. »

CHAPITRE III.

Continuation de la guerre de Bretagne. — La comtesse de Montfort. — Edouard III et la comtesse de Salisbury. — Messire Robert d'Artois.

La captivité du comte de Montfort ne fut d'aucun profit pour ses ennemis et n'abattit point la confiance de ses amis; car les armes qu'il ne pouvait plus porter, l'épée dont il ne pouvait plus se servir, Jeanne, son héroïque femme, les prit incontinent, et, sans s'abandonner aux larmes, montra jusqu'à quel point les mœurs chevaleresques de l'époque avaient gagné le sexe le plus délicat. La comtesse était à Rennes quand elle eut la première nouvelle de la prise de son mari, et, bien que chagrine et courroucée, elle ne fut point abattue; mais elle mit en œuvre tous les moyens en son pouvoir pour ranimer le courage languissant de ses amis et de ses soldats, leur présentant son jeune fils Jean et les exhortant à ne point se laisser intimider par la perte de leur maître. Ce n'était, au bout du compte, leur dit-elle, qu'un homme de moins. Son jeune fils, avec l'aide de Dieu, serait leur libérateur, et elle partagerait avec eux ses richesses et leur donnerait un autre chef, qui les protégerait et les gouvernerait (1).

(1) Voici les paroles que Froissart lui prête : « *Ha, 'seigneurs, ne*

Elle parcourut de même les autres villes et places fortes, distribuant partout des paroles d'encouragement et d'espérance, renforçant les garnisons et les approvisionnant des armes et de toutes autres choses nécessaires. Mais la vaillante comtesse ne devait pas avoir longtemps repos; car son compétiteur Charles de Blois, maintenant en alerte, poursuivant les avantages qu'il pensait devoir tirer de la captivité du comte de Montfort, mit le siége devant la ville de Rennes, et la prit après une courte résistance. Il alla ensuite assiéger Hennebon sur la côte sud-ouest de la Bretagne, grand et fort château dans lequel la comtesse s'était jetée avec un corps considérable d'archers et de gens d'armes (1).

Ce fut à la défense de cette forteresse que la comtesse de Montfort montra cet héroïsme et cette habileté qui émerveillèrent même ses ennemis et justifièrent si bien la remarque que Froissart aimait à répéter : « Qu'elle avait le courage d'un homme et le cœur d'un lion. » Lorsque Charles de Blois fut près de la ville, il y eut entre les assiégés et les assiégeants plusieurs escarmouches dans lesquelles les premiers eurent l'avantage; mais le troisième jour, de bonne heure, une attaque parfaitement combinée ayant été donnée à la barrière, la garnison la soutint bravement et défendit le poste avec tant de succès, que les assaillants furent contraints, dès l'heure de midi, de battre en retraite, emportant une quantité de camarades blessés et laissant beaucoup de morts derrière eux.

Cet avantage partiel des assiégés irrita tellement les chefs du

---

vous déconfortez mie, ni ébahissez pour monseigneur que nous avons perdu; ce n'était que un seul homme; véez ci mon enfant, qui sera, si Dieu plaît, son restorier et qui vous fera des biens assez. Et je ai de l'avoir en planté (abondance); *si vous en donnerai assez, et vous pourchasserai tel capitaine et tel mainbour* (gouverneur), *par qui vous serez tous réconfortés.* » Froissart, *Chron.*, chap. CLVIII.

(1) Froissart, liv. I, t. I, pp. 138, 147, 149.

côté opposé, qu'ils ramenèrent immédiatement leurs hommes à l'assaut. L'attaque fut plus impétueuse encore que la première fois; mais la garnison y résista avec une égale opiniâtreté. Durant le combat, la comtesse, montée sur un cheval de guerre bardé de fer, courait de rue en rue par la ville et invitait les hommes à faire bonne défense, ordonnant aux femmes, vieilles et jeunes, et à toutes autres personnes, de porter des pierres aux créneaux, des bombardes (1) et des pots de chaux vive à jeter sur les assaillants.

La comtesse, voyant que l'assaut continuait toujours, descendit de cheval et monta sur une tour, d'où elle put mieux reconnaître les dispositions de l'ennemi et observer en même temps la contenance que faisaient ses soldats dans la lutte. A peine a-t-elle jeté un coup d'œil sur le champ qu'elle avait devant elle, que tout à coup elle se résout à un exploit hasardeux qui fut exécuté avec la même hardiesse. Elle avait observé que les assiégeants, chefs et soldats, avaient tous quitté leurs tentes pour se porter à l'assaut. Descendant de la tour, elle remonta à cheval, et avec trois cents hommes d'armes, à cheval comme elle, elle sortit par une porte qui n'avait pas encore été attaquée, courut au camp de Charles de Blois, gardé seulement par des servants d'armée, et mit le feu à toutes les tentes et à tous les pavillons. Lorsque les assiégeants virent leurs tentes en flammes, ils quittèrent immédiatement l'assaut pour venir combattre ce danger inattendu. La comtesse, ayant exécuté son projet, s'aperçut qu'elle ne pourrait rentrer dans la ville sans courir de grands risques; elle rassembla donc vivement son monde et se retira vers un château voisin (2), situé à trois lieues

---

(1) Il y avait différentes sortes de machines à lancer les pierres en usage au xive siècle, depuis la *bombarde* portative, dont il est ici question, jusqu'à la lourde machine qui lançait d'énormes pierres par l'emploi de la poudre à canon. Du Cange, *Gloss.*, au mot *Bombarda*.

(2) Froissart dit le château de Brest; mais c'est plus probablement

environ d'Hennebon, sans autre perte que celle de quelques hommes de sa suite moins bien montés que le reste.

Après être restée cinq jours dans le château où elle avait cherché un refuge, craignant les conséquences que son absence pourrait avoir parmi ses partisans de la ville assiégée, elle partit vers minuit avec cinq cents hommes armés et bien montés, parut, au lever du soleil, en vue de l'ennemi, et, faisant ouvrir les portes du château d'Hennebon, elle entra dans le fort, saluée par les tambours (1) et les trompettes, à la grande joie de ses partisans et à la profonde stupéfaction de ses ennemis.

Lorsque Charles de Blois vit que la ville ne pouvait être emportée d'assaut, il résolut de faire un effort pour la prendre par un siége régulier. En conséquence, il partagea son armée et en laissa une portion sous le commandement de Louis d'Espagne, avec ordre de continuer le siége, tandis que lui-même, avec l'autre partie, alla attaquer le château d'Auray. Messire Louis, s'accommodant mal d'un simple blocus, envoya chercher douze grandes machines de guerre qui avaient été laissées à Rennes, pour battre les murs de la ville d'Hennebon. Les murs, ébranlés par ces puissants engins, commençaient à crouler, et les habitants étaient grandement disposés à prêter l'oreille aux propositions qui leur avaient été faites de se rendre; mais la comtesse, suspectant la bonne foi de l'évêque Guy de Léon, qui prenait une part active dans l'affaire et qui avait traité en secret de la reddition de la place avec son neveu messire Hervey de

---

Auray, comme le pense Morice, *Histoire de Bretagne*, t. I, p. 256; car Brest est beaucoup plus éloigné d'Hennebon que ne le porte le texte.

(1) Froissart, liv. I, t. I, p. 154, emploie le mot de *nacaires*, et d'après Du Cange, qui s'appuie sur l'autorité de Pietro della Valle, « on appelle ainsi une espèce de tambour, qui est en usage parmi la cavalerie allemande et que nous appelons vulgairement *tymbales*. » *Mémoires de Joinville*, observations sur la seconde partie, note 63. Voir le même Du Cange, *Gloss.*, au mot *Nacara*.

Léon, un des chefs distingués du parti opposé, conjura les seigneurs bretons, pour l'amour du ciel, de ne pas l'abandonner, les assurant qu'elle recevrait du renfort dans trois jours.

Le secours que la comtesse avait tous les jours attendu d'Angleterre arrivait, sous le commandement de messire Amaury de Clisson et du « gentil chevalier » sir Walter Manny ; mais les vents contraires l'avaient retenu plusieurs semaines en mer. L'évêque, poursuivant ses efforts, fit valoir aux seigneurs bretons tant de motifs de se rendre, qu'ils furent toute la nuit dans une grande perplexité. Le lendemain, il les avait presque tous ralliés à son avis, et messire Hervey de Léon s'était déjà approché des murs pour savoir ce que les habitants avaient résolu, quand la comtesse, regardant vers la mer par une fenêtre du château, s'écria avec transport : « Je vois le secours que j'ai tant désiré ! » Ce renfort, venu si à propos, sauva Hennebon, et, avec l'aide de ses auxiliaires anglais, non-seulement la comtesse put faire lever le siége, mais encore prendre la campagne contre son adversaire sur le pied d'une plus grande égalité (1).

Cette guerre de la succession au duché de Bretagne, comme toutes les guerres civiles, fut violente et cruelle. Son histoire, pour la majeure partie, n'est qu'un douloureux tableau de villes et châteaux pris et repris, de hameaux et de villages pillés, d'églises incendiées, d'hommes, de femmes et d'enfants égorgés sans pitié ; et ces tristes péripéties justifient pleinement la pathétique observation de Guillaume de Saint-André : « Que les « cimetières étaient encombrés de morts ; veuves et orphelins « se voyaient de tous côtés par chemins, et robe noire était « commune livrée (2). »

(1) Froissart, liv. I, t. I, pp. 149-152.

(2)   « Les cimeters en sont boçuz ;
   « Femmes vueves et orffelins
   « Encombroint forment les chemins ;

Les hostilités ayant été momentanément interrompues, vers [...] jeune roi était alors dans sa [...] et il débarrassé de la pernicieuse influence d'[...] mauvais conseil, et il inaugurait [...] d'autant plus brillants, que [...] Édouard avait [...] time et comme [...] heure [...] sens et de vertu, qui lui avait déjà donné [...] trône ne manqueraient jamais [...] d'une [...] vaillante race. Quoique heureusement marié, il [...] cessible à de plus tendres sentiments, et il se laissa détourner du sentier de l'honnêteté et de la vertu par les grâces et les charmes d'une de ses belles sujettes, la célèbre comtesse de Salisbury (1).

Durant [...] qu'Édouard III a [...] hâte [...] une invasion soudaine des [...] le nord de l'Angleterre, il apprit que David, roi d'[...] assiégeait en ce moment Wark-Castle sur la frontière du Northumberland. En l'absence de son mari, la comtesse de Salisbury défendit vail-

« Robe noire estoit bien parée,
« C'estoit bien connues livrée. »
 Guillaume de Saint-André, v. 366.

(1) Barnes, qui se considère comme spécialement chargé de défendre la réputation d'Édouard III, affirme avec la plus constante assurance qu'il n'y a pas de preuve [...] prétendu d'Édouard pour la comtesse de Salisbury. Il montre que Jeanne Plantagenet ne fut jamais mariée au comte de Salisbury, mais il ne prouve pas, ce qui était essentiel pour sa conclusion, qu'Édouard n'a pu aimer la [...]

Les hostilités ayant été momentanément interrompues, vers la fin de l'année 1342, la comtesse de Montfort passa en Angleterre, à l'effet d'obtenir de nouveaux secours d'Edouard III. Le jeune roi était alors dans sa trentième année. Il s'était débarrassé de la pernicieuse influence d'une mère méchante et de mauvais conseil, et il inaugurait un nouveau règne sous des auspices d'autant plus brillants, que le passé avait été plus honteux. Édouard avait tous les avantages extérieurs qui concilient l'estime et commandent le respect, et il s'était uni de très-bonne heure avec Philippe de Hainaut, jeune femme de beaucoup de sens et de vertu, qui lui avait déjà donné la garantie qu'à son trône ne manqueraient jamais les étais d'une nombreuse et vaillante race. Quoique heureusement marié, il ne fut pas inaccessible à de plus tendres sentiments, et il se laissa détourner du sentier de l'honnêteté et de la vertu par les grâces et les charmes d'une de ses belles sujettes, la célèbre comtesse de Salisbury (1).

Durant la première période de cette même époque, tandis qu'Édouard III, à la tête d'une nombreuse armée, allait en toute hâte repousser une invasion soudaine des Écossais, dans le nord de l'Angleterre, il apprit que David, roi d'Ecosse, assiégeait en ce moment Wark-Castle sur la frontière du Northumberland. En l'absence de son mari, la comtesse de Salisbury défendait vail-

« Robe noire estoit bien portée,
« C'estoit bien commune livrée. »
Guillaume de Saint-André, v. 368.

(1) Barnes, qui se considère comme spécialement chargé de défendre la réputation d'Edouard III, affirme avec la plus confiante assurance qu'il n'y a pas de preuve de l'attachement prétendu d'Edouard pour la comtesse de Salisbury. Il montre que Jeanne Plantagenet ne fut jamais mariée au comte de Salisbury, mais il ne prouve pas, ce qui était essentiel pour sa conclusion, qu'Edouard n'a pu aimer la belle Catherine de Grandison, qui était la femme de Guillaume, comte de Salisbury. *Hist. of Edward III*, by Joshua Barnes, fol., London, 1688, p. 251.

lamment ce château depuis deux jours, lorsque l'arrivée du roi d'Angleterre vint à propos forcer les Écossais de lever le siége et de reprendre le chemin de leur pays. Édouard, en voyant que, malgré toute la hâte qu'il avait mise, ses ennemis lui avaient échappé, cantonna ses troupes dans le voisinage du château, et, après s'être désarmé, il alla, suivi de dix ou douze chevaliers, faire une visite à la comtesse, qu'il n'avait pas vue depuis son mariage, pour la complimenter de sa belle défense.

Dès que la comtesse sut que le roi approchait, elle fit ouvrir toutes grandes les portes du château, et se porta elle-même au-devant d'Édouard, « si richement vêtue et atournée, que chacun s'en émerveillait et ne se pouvait tenir de la regarder et de remirer à la grande noblesse de la dame, avec la grant beauté et le gracieux maintien qu'elle avait. » En abordant le roi, elle lui fit une profonde révérence, le remercia de sa bonté et de l'appui qu'il lui avait prêté. Elle l'introduisit ensuite dans le château, où elle se proposait « de le fêter et honorer, comme celle qui très-bien le savait faire. » Tout le monde la regardait avec admiration, et le roi ne put, en la contemplant, s'empêcher de faire la réflexion qu'il n'avait jamais vu jusque-là si noble ni si belle dame. « Si le férit tantôt, dit Froissart, une étincelle de fine amour au cœur, que madame Vénus lui envoya par Cupido, le dieu d'amour, et qui lui dura par longtemps. »

Le roi et la comtesse entrèrent au château ensemble, et la comtesse le mena d'abord dans la salle, puis dans la chambre qu'on avait préparée exprès pour le roi. Durant tout l'entretien, les regards d'Édouard restèrent fixés sur la noble dame avec tant d'attention, qu'elle en devint toute confuse. Après l'avoir considérée quelque temps, il alla à la fenêtre, comme pour respirer, et parut abîmé dans ses pensées. La comtesse retourna alors à ses autres hôtes et salua les seigneurs et les chevaliers, chacun selon son rang. Elle ordonna ensuite de préparer le dîner, et puis, quand le moment serait venu, de mettre les tables et de décorer la salle.

Quand elle eut donné tous ses ordres et fait toutes choses nécessaires, elle revint auprès du roi, qu'elle trouva toujours plongé dans de profondes réflexions, et lui dit d'un air souriant :

« Cher sire, pourquoi pensez-vous si fort? Tant penser n'affiert pas à vous, ce m'est avis, sauve votre grâce : ainsi dussiez faire fête et bonne chère, quand vous avez enchassé vos ennemis, qui ne vous ont osé attendre, et dussiez les autres laisser penser du remenant.

— Ha chère dame, sachez que depuis que j'entrai céans, m'est un songe survenu, de quoi je ne me prenais pas garde : si m'y convient penser, et ne sais qu'avenir m'en pourra; mais je n'en puis mon cœur ôter.

— Cher sire, reprit la comtesse, vous dussiez toujours faire bonne chère pour vos gens conforter, et laisser le penser et le muser. Dieu vous a si bien aidé jusqu'à maintenant en toutes vos besognes et donné si grande grâce, que vous êtes le plus redouté et honoré prince des chrétiens; et si le roi d'Écosse vous a fait dépit et dommage, vous le pourrez bien amender quand vous voudrez, ainsi qu'autrefois avez fait. Si laissez le muser et venez en la salle, s'il vous plaît; tantôt sera prêt pour dîner.

— Ha ma chère dame, dit le roi, autre chose me touche et gît en mon cœur que vous ne pensez; car certainement le doux maintien, le sens parfait, la grande noblesse, la grâce et la fine beauté que j'ai vue et trouvée en vous m'ont si surpris et entrepris, qu'il convient que je sois de vous aimé; car nul escondit (refus) ne m'en pourrait ôter.

— Ha gentil sire, répliqua la fière dame, ne me veuillez moquer, essayer ni tenter : je ne pourrais cuider que ce fût sérieux que vous dites, ni que si noble, si gentil prince que vous êtes dût quérir tour ni penser pour déshonorer moi et mon mari, qui est si vaillant chevalier, et qui tant vous a servi que vous savez, et encore est pour vous emprisonné (1). Certes, vous seriez de tel cas peu prisé et amendé; certes, telle pensée oncques ne me vint en cœur, ni jà n'y viendra, si Dieu plaît, pour homme qui soit né; et si je le faisais, vous m'en devriez blâmer, non pas blâmer seulement, mais mon corps justicier et démembrer, pour donner exemple aux autres d'être loyales à leurs maris. »

A ces mots, la comtesse quitta le roi, qui demeura tout déconcerté, et alla hâter le dîner. Elle retourna ensuite auprès du monarque, amenant avec elle quelques chevaliers. En entrant dans sa chambre, elle lui dit :

« Sire, venez en la salle, les chevaliers vous attendent pour laver; car ils ont trop jeûné, aussi avez-vous. »

Le roi sortit donc de la chambre et suivit la comtesse dans la salle, où il se lava, et se mit ensuite à table avec ses chevaliers et son hôtesse; mais il mangea peu; « car autre chose lui touchait que manger et boire. » Pendant le dîner, il demeura absorbé dans ses pensées, « et parfois, quand il osait la dame et son maintien regarder, il jetait ses yeux cette part. »

Le roi passa au château le reste de la journée; mais il ne cessa d'être pensif et inquiet; car la délicatesse et l'honnêteté lui défendaient de mettre à exécution un dessein qui eût pu déshonorer une aussi noble dame que son hôtesse et un aussi loyal chevalier que son mari. Ce combat se continua en lui le reste du jour et toute la nuit. Le lendemain matin, il se leva de bonne heure, et ordonna à ses troupes de se préparer pour la poursuite des Ecossais. En prenant congé de la comtesse, il lui dit :

(1) Le comte fut fait prisonnier en 1340 par la garnison de Lille, en Flandre, et échangé cette même année contre le comte de Moray. Froissart, liv. I, t. II, pp. 95 et 147.

« Ma chère dame, à Dieu vous recommande jusqu'au revenir : si vous prie que vous veuillez autrement être conseillée que vous ne m'avez dit.

— Cher sire, répondit la comtesse, le Père glorieux vous veuille conduire et vous ôter de mauvaise et vilaine pensée et déshonorable; car je suis et serai toujours appareillée de vous servir à votre honneur et à la mienne (1). »

Quoiqu'il eût les affaires les plus graves sur les bras, en France comme à l'intérieur de son royaume, quand la comtesse de Montfort vint lui demander de l'assister dans sa lutte avec Charles de Blois, Edouard III était encore tout entier à sa passion pour la comtesse de Salisbury, en l'honneur de qui il venait de faire proclamer un tournoi à Londres, et il avait invité la comtesse de Montfort à y assister, en lui promettant le secours matériel qu'elle était venue solliciter. Le roi d'Angleterre avait appelé à cette parade, une des plus grandes qu'il y ait jamais eues en aucun temps, des chevaliers et des écuyers de Flandre, de Hainaut, de Brabant, et même de France, leur donnant un sauf-conduit pour aller et venir. Il y avait convoqué aussi les seigneurs, barons, chevaliers et écuyers, et les belles dames de toutes les parties de son royaume. Il commanda notamment au comte de Salisbury d'y venir avec la comtesse, qui pourrait amener toutes les dames qu'elle voudrait. Le comte s'empressa d'obéir, car il ne supposait pas qu'il y eût rien de malséant dans les intentions du roi; mais la comtesse, quoiqu'elle ne pût refuser, se rendit aux ordres du roi avec répugnance, parce qu'elle savait très-bien ce que cela signifiait; sans oser, pour-

---

(1) Froissart, liv. I, t. II, pp. 145, 146. Cette conversation entre Édouard III et la comtesse de Salisbury peut être vraie comme ne pas l'être. Dans tous les cas, elle reproduit parfaitement les mœurs de l'époque, et l'on ne saurait attribuer à une simple fiction un charmant passage de l'œuvre du grand chroniqueur, qui doit avoir été tout à fait au courant de ce qui s'est passé de son temps.

tant rien manifester à son mari, elle résolut fermement, comme elle disait, « de détourner de telles pensées l'esprit du roi. »

On vit à ce tournoi le comte Guillaume de Hainaut, son oncle Jean de Hainaut, et un grand nombre de barons et de chevaliers de ce pays. Il y eut, en outre, douze comtes, huit cents chevaliers, et cinq cents dames de haut rang. Les joutes et les danses se prolongèrent l'espace de quinze jours. Les dames étaient toutes mises dans leurs plus riches atours, suivant leur condition, excepté la comtesse de Salisbury, dont la toilette était des plus simples ; car elle désirait que « le roi ne s'abandonnât point trop à la regarder, n'ayant ni le vouloir ni la pensée de lui obéir en aucune chose vilaine qui pût tourner à déshonneur d'elle ou de son mari (1). »

A l'issue de ce grand tournoi, Édouard se disposa à remplir la promesse qu'il avait faite à la comtesse de Montfort et lui donna en conséquence une force de 4,000 gens d'armes sous le commandement de Robert d'Artois, homme très-considérable de cette époque, qui, par ses aptitudes extraordinaires, son énergie et son habileté, avait acquis une influence prépondérante dans les conseils d'Édouard, conseils qu'il dirigea dans les voies les plus pernicieuses, tant pour l'Angleterre que pour la France. Ce fut surtout à son instigation qu'Édouard se laissa persuader de faire valoir contre Philippe de Valois ses droits fort douteux à la couronne de France. De là naquit une guerre sanglante entre les deux pays, qui se prolongea non-seulement pendant tout le temps du long règne d'Édouard III, mais encore, après une interruption temporaire, sous ses deux successeurs immédiats ; qui se ranima avec un redoublement d'acharnement le siècle d'après, durant la brillante administration de Henri V, et donna naissance à cette profonde antipa-

(1) Froissart, liv. I, t. I, p. 164.

.thie nationale, qui s'est conservée vivace à travers les générations depuis ce moment jusqu'aujourd'hui.

Robert d'Artois, seigneur de Beaumont le Roger, était de sang royal et lié aux plus grandes familles de France. Il était fils de Philippe d'Artois, seigneur de Conches, qui mourut avant son père, laissant Robert et d'autres enfants en bas âge. A la mort du comte d'Artois, Mathilde, comtesse de Bourgogne, tante de Philippe, revendiqua le comté, comme étant le parent le plus proche de son frère ; mais Robert lui opposa son droit de représentation. Philippe le Bel, roi de France, dont les deux fils, Philippe le Long et Charles le Bel, avaient été mariés, l'un à Jeanne et l'autre à Blanche, filles de Mathilde, adjugea le fief, en 1309, à la comtesse de Bourgogne, et cet arrêt fut confirmé en 1318 par Philippe le Long, qui avait épousé Jeanne, l'aînée des filles (1).

Robert d'Artois, qui se considérait comme injustement dépouillé par ces arrêts de ses droits héréditaires, renouvela ses prétentions au comté d'Artois peu après l'avénement de Philippe de Valois, qu'il avait défendu plus efficacement par son éloquence et son énergie qu'aucun autre noble de France contre les réclamations d'Édouard III, tant pour la régence que pour la succession à la couronne. Outre l'intérêt plus général qu'il pouvait avoir au triomphe de Philippe, dont il avait épousé la sœur, Robert avait un intérêt particulier à défendre la loi salique, parce qu'il espérait tirer avantage de ce précédent pour appuyer ses prétentions à un grand fief de la couronne. En conséquence, il obtint du roi de France, en 1329, l'autorisation de faire reviser le procès, et des commissaires furent nommés pour entendre les témoignages que Robert dé-

---

(1) Froissart, liv. I, t. I, p. 47. — *Hist. de Bretagne,* par Morice, t. I, p. 239. — Du Tillet, *Recueil de traictez,* etc., p. 46, *verso.* — Rapin's *History of England,* fol., t. I, p. 416, où l'on peut voir la généalogie de la famille d'Artois à partir de Louis VIII, roi de France.

sirait produire. On avait entendu un certain nombre de témoins, quand la procédure fut suspendue par la mort de Mathilde, comtesse d'Artois, et de sa fille Jeanne, veuve de Philippe le Long, dont la fille, à son tour, qui avait épousé le duc de Bourgogne, revendiqua le comté. Pour défendre son droit contre ce nouveau compétiteur, Robert d'Artois produisit certaines pièces qu'il prétendit avoir été trouvées miraculeusement; mais, en les examinant, on reconnut qu'elles avaient été fabriquées, et le procès fut en conséquence jugé contre lui. Immédiatement après la découverte de la fraude, Robert, tout couvert de confusion, s'enfuit du royaume, abandonnant à son sort sa malheureuse complice, une jeune fille de l'Artois du nom de Jeanne de Divion, qui, ayant avoué le faux, fut jugée, condamnée et brûlée vive en place publique à Paris (1).

Robert d'Artois, après avoir subi cette honte, se réfugia chez son parent le duc de Brabant, à Bruxelles, et refusa d'obéir à plusieurs citations des pairs de France le requérant d'avoir à comparaître et répondre aux charges élevées contre lui. Après la troisième sommation, tous ses biens furent confisqués par arrêt du 19 mars 1332, et lui-même fut banni du royaume. La grandeur de sa chute et la sévérité du châtiment, de la part d'un beau-frère, au service duquel il s'était si entièrement dévoué, exaspérèrent tout à fait Robert; et quelques expressions menaçantes, qu'il laissa imprudemment échapper contre Philippe de Valois, irritèrent tellement ce monarque, que depuis il ne cessa de le poursuivre avec acharnement, le faisant chasser tour à tour de la cour du duc de Brabant et de celle du comte de

---

(1) *Continuator Chronici Guillelmi de Nangiaco*, sub annis 1331 et 1332, pp. 124, 126. La Chronique latine de Guillaume de Nangis et de ses continuateurs, publiée d'abord par Luc d'Achery dans son *Spicilegium*, t. XI, p. 405 de la première édition, et t. III, p. 1 de la seconde, a été revue et publiée pour la seconde fois par H. Gérard, en 2 vol. in-8°, Paris, 1843.

Namur, et le contraignant à chercher un refuge auprès d'Édouard III d'Angleterre (1).

La confiscation de ses biens et l'emprisonnement de sa femme et de ses enfants, sous l'inculpation de sorcellerie (2), ne laissaient à un homme aussi violent et aussi méchant que l'était Robert d'Artois d'autre choix que la vengeance; et quoiqu'il ne vécût pas assez pour voir l'entier effet de son ressentiment, il fit essuyer à son persécuteur, Philippe de Valois, et à ses successeurs jusqu'à la quatrième génération, tous les maux réunis de la guerre, de la famine et de la peste, dans leur plus hideuse forme, contraignant le peuple de France à souffrir toutes les misères imaginables qu'une nation puisse endurer pendant plus de cent ans.

Edouard III, ayant traversé les dangers d'une longue minorité, était probablement peu disposé dès le principe à soutenir par les armes ses prétentions à la couronne de France, et il était naturel qu'il hésitât à mesurer ses forces avec la colossale puissance de son rival. Afin de le pousser à une prompte résolution, Robert d'Artois eut donc recours à un expédient tout à fait caractéristique des mœurs grossières de l'époque.

Un jour, vers la fin de septembre, « alors que les gais oiseaux avaient perdu leur ramage; que les raisins étaient mûrs et que les vignes commençaient à jaunir; que les arbres se dépouillaient de leur feuillage et que les feuilles sèches jonchaient les chemins, » Robert d'Artois sortit pour se distraire à la chasse au faucon. « En volant par rivière, » l'oiseau favori prit un héron, que, après un moment de réflexion, Robert résolut d'utiliser en un conte comme instrument des projets de vengeance qu'il nourrissait depuis si longtemps contre son propre pays. Il

---

(1) *Cont. Nang.*, t. III, pp. 129-132. — Froissart, liv. I, t. I, p. 47.
(2) *Quarumdam invultationum suspecta. Contin. Nang.*, t. II, p. 142. — Pour la signification du mot *invultatio*, voir Du Cange, *Gloss.*, aux mots *Invultor* et *Vultivoli*.

emporte aussitôt l'oiseau chez lui, à Londres, le fait plumer, farcir et rôtir ; ensuite, accompagné de deux maîtres de vielle et d'un joueur de guitare, il met l'oiseau entre deux plats d'argent dans les mains de deux jeunes chanteuses, et le porte au palais du roi d'Angleterre, où le monarque, libre de tout souci ambitieux, était tranquillement à table entouré de son conseil, « tenant le chef enclin, » et absorbé seulement dans des pensées d'amour (1).

En paraissant avec ceux de sa suite devant Edouard III, Robert s'adresse d'abord aux chevaliers réunis près du roi et les invite à faire sur le héron des vœux dignes de leur vaillance, le héron étant le plus vil et le plus timide des oiseaux, attendu qu'il a peur même de son ombre ; c'est pourquoi, disait-il, il l'avait apporté comme un digne présent à leur roi, qui avait eu la pusillanimité de faire abandon de ses justes droits sur la couronne de France.

Edouard, piqué au vif à cette audacieuse insulte de son hôte, frémit d'abord de colère ; mais bientôt se recueillant, il jura de passer la mer avant un mois et de provoquer son ennemi Philippe de Valois, fût-il, lui, un contre dix. Robert sourit d'un malin plaisir à cet heureux résultat de son expédient, et fit ensuite lui-même le vœu de venger les graves injures qu'il avait reçues de Philippe, dont il avait si loyalement servi les intérêts. Les musiciens accompagnèrent de leurs instruments les voix des jeunes filles, qui chantèrent une *chanson* commençant ainsi : « Je vais à la verdure, car amours me l'aprent. » Robert traversa ensuite la salle et présenta le plat au comte de Salisbury, qui, d'abord, pria une dame assise à côté de lui de lui fermer un œil, et puis fit serment de ne l'ouvrir que lorsqu'il

---

(1) Tout ce récit est tiré d'un vieux poëme fort curieux, écrit dans le français du xive siècle et intitulé : *Veus du Hairon* (Vœu du Héron), que Sainte-Palaye a publié dans ses *Mémoires sur l'ancienne chevalerie*, t. II de l'édition Nodier.

serait entré en France, pour venger les griefs de son maître et qu'il aurait combattu contre l'armée de Philippe de Valois en bataille rangée.

Le héron fut également présenté aux comtes de Derby et de Suffolk, au sire de Fauquemont, aventurier mercenaire, alors à la cour d'Edouard, et au sire de Beaumont, oncle de la reine d'Angleterre, qui firent, chacun de son côté, le vœu d'aider Edouard de tout leur pouvoir dans la défense de ses droits. Il fut ensuite présenté à la reine Philippe, dont l'épouvantable vœu fit frémir toute l'assemblée. Le roi, frappé d'horreur à ce serment, ordonna à Robert de ne pas passer outre (1).

Lorsqu'Edouard III, à l'instigation de Robert d'Artois, eut résolu de faire valoir ses droits à la couronne de France, il s'allia avec le comte de Hainaut et d'autres princes des Pays-Bas, et avec Jacques d'Artevelde, le chef des Flamands révoltés, et

(1) Voici ce vœu, tel qu'on le trouve dans le poëme :

« Adonc, dist la royne, je sais bien que pièça,
« Que sui grosse d'enfant, que mon corps senti l'a...
« Et je voue et promet à Dieu qui me créa...
« Que jà le fruit de moi de mon corps n'istera,
« Si m'en arés menée ou pays par delà
« Pour avanchier le vœu que vo corps voué a ;
« D'un grand coutel d'achier le mien corps s'ochira,
« Serai m'asme perdue, et li fruis périra. »
Veu du Héron.

La plupart des circonstances de ce récit, sinon toutes, peuvent bien avoir été tirées de l'imagination de l'écrivain; mais, quelque exagérés que puissent être quelques-uns des incidents qui y sont rapportés, ils n'en sont pas moins dans les mœurs de l'époque. Froissart cite vers le même temps un vœu semblable à celui qui est attribué dans le poëme au comte de Salisbury, comme ayant été fait par plusieurs chevaliers qui accompagnèrent l'évêque de Lincoln à Valenciennes, dans son ambassade auprès de Guillaume, comte de Hainaut, en 1337. Liv. I, t. I, pp. 57, 58. Et Rymer mentionne le comte de Salisbury parmi ceux qui accompagnèrent l'évêque de Lincoln et signèrent avec lui et le comte de Huntingdon, le 14 mai 1337, le traité passé avec le comte de Hainaut. *Fœdera*, t. II, p. 970.

tenta d'envahir la France par la Flandre. Néanmoins, de tous ces préparatifs et de toutes ces dépenses il ne résulta, dans l'année 1341, que la victoire navale de l'Ecluse, dans laquelle les Français furent défaits (1), le roi d'Angleterre s'étant laissé persuader par sa belle-mère, la comtesse de Hainaut, de lever le siége de Tournai et de consentir à une trêve d'un an avec Philippe de Valois. Ce fut donc avec plaisir qu'Edouard suivit les progrès de la lutte entre le comte de Montfort et Charles de Blois, et comme une alliance avec celui des deux qui était maître des ports de la Bretagne pouvait lui ouvrir aisément l'entrée de la France, il se montra tout disposé à accorder le secours que la comtesse de Montfort était venue chercher.

(1) On rapporte que le roi de France fut tenu dans l'ignorance de cette défaite jusqu'à ce que, ses soupçons ayant été éveillés par un mot échappé par hasard à son bouffon, il demanda ce que cela signifiait. « Sire, dit le bouffon, les Anglais sont des lâches; ils n'ont pas le courage de se jeter à la mer comme les Français et les Normands. »

CHAPITRE IV.

Mort de Messire Robert d'Artois. — Bertrand Du Guesclin reparait. — Son aventure avec le chevalier anglais. — Edouard III recommence la guerre avec la France. — Messire Godefroy de Harcourt.

Messire Robert d'Artois se trouva bientôt en mesure de prendre le commandement des forces qui lui avaient été confiées par le roi d'Angleterre ; et suivi de la comtesse de Montfort, des comtes de Salisbury, de Suffolk, de Pembroke et d'Oxford, du baron de Stafford, des lords Despencer (Spencer) et Bouchier, et de beaucoup d'autres seigneurs, il s'embarqua à Southampton pour la Bretagne. L'expédition, après avoir été retardée quelques jours par des vents contraires, avançait avec une brise favorable vers sa destination, lorsque arrivée, dans l'après-midi, à la hauteur de Guernesey, elle aperçut à distance une grande flotte, que l'on reconnut bientôt pour être une force combinée d'Espagnols et de Génois, sous le commandement de messire Louis d'Espagne. Les Anglais sonnèrent aussitôt de la trompette, se mirent en ordre de bataille, hissèrent leurs pennons et leurs bannières aux armes de saint Georges et marchèrent à pleines voiles sur leurs ennemis. Ils avaient environ quarante navires, grands et petits ; mais le plus considérable était de beaucoup inférieur en volume et en force à neuf de ceux de la flotte de messire Louis. Parmi ces neuf vaisseaux, il y avait trois galères qui surpassaient tous les autres et qui étaient commandées, l'une par messire Louis lui-même, une autre par Charles Grimaldi, et la troisième par Antoine Doria. Quand les navires furent près les uns des autres, les Espagnols et les Génois commencèrent à tirer de leurs arbalètes avec beaucoup de succès, et les archers anglais répondirent à cette décharge avec le plus grand entrain ; mais quand on se fut approché au point de se toucher, et que seigneurs, barons, chevaliers et écuyers, purent faire usage de leurs lances et de leurs épées, le combat devint acharné et sanglant, car de part et d'autre on soutenait vaillamment le choc. Du côté des Anglais, messire Robert d'Artois justifia sa réputation du plus brave des chevaliers, et la comtesse de Montfort armée, « qui bien valait un homme, car elle avait cœur de lion, » se précipita résolûment l'épée haute dans la mêlée. De l'autre côté, messire Louis d'Espagne accomplit maint vaillant fait d'armes, et les Espagnols et les Génois qui étaient dans les galères lancèrent d'une position plus élevée des javelines et de lourdes barres de fer, qui firent un grand mal aux Anglais.

La lutte se prolongea avec des chances douteuses jusqu'à ce que la nuit séparât les combattants ; car il commençait déjà à se faire tard et l'obscurité ne permettait guère aux deux partis de se distinguer l'un l'autre. On se retira donc de part et d'autre et l'on jeta l'ancre, quoique sans désarmer, attendu qu'on avait intention de renouer le combat, si c'était possible ; mais un peu avant minuit, il s'éleva une tempête si épouvantable, « que n'y avait si hardi ni si outrageux de l'une partie, ni de l'autre, qui ne voulût bien être à terre. » Cette tempête sépara effectivement les deux flottes ennemies. Lorsque le jour arriva, les Anglais s'aperçurent qu'ils avaient dévié à cent lieues de l'endroit où l'on s'était battu, et ils entrèrent dans un petit port sur la côte sud de la Bretagne, près de Vannes, tandis que les autres, après avoir erré deux jours, se trouvèrent sur la côte de Navarre (1).

La comtesse de Montfort ne retira des secours anglais aucun avantage matériel. Une partie de la province de Bretagne fut saccagée et pillée par les troupes de messire Robert d'Artois ; Rennes fut assiégé et Vannes pris ; mais la première de ces villes fut secourue à temps, et la seconde reprise par le parti opposé. Pour comble de disgrâce, messire Robert, au siége de Vannes, reçut une blessure, qu'il ne put se faire soigner par les chirurgiens de la Bretagne et qui le força de retourner en Angleterre, où il termina bientôt après son inquiète et malheureuse carrière.

La mort de messire Robert d'Artois, tout en causant beaucoup de chagrin à la comtesse de Montfort, ne fit qu'exciter l'activité d'un auxiliaire plus puissant pour elle ; car à peine Edouard III fut-il informé de cette mort, qu'il jura de n'écouter aucune proposition de paix avant de l'avoir vengée, et d'aller lui-même en Bretagne ravager le pays de telle façon qu'il ne pût s'en relever de quarante ans. Il se hâta, en conséquence, de faire de grands préparatifs, rassemblant des hommes et des navires, et au bout d'un mois il fit voile des côtes d'Angleterre pour la Bretagne, où il aborda non loin de Vannes ; mais, malgré tout ce mouvement, le monarque anglais ne put rien faire qui justifiât tant de vaine assurance. Il assiégea successivement les villes de Vannes, de Rennes (2) et de Nantes, sans pouvoir en prendre aucune : la seule conquête qu'il fit fut celle de Dinan, place mal fortifiée et seulement défendue par une palissade.

A l'arrivée d'un grand corps de troupes françaises sous le commandement du duc de Normandie, Edouard III fut contraint de réunir ses forces et de pourvoir à son propre salut ; car, en y comprenant les troupes de la comtesse de Montfort, il pouvait à

(1) Froissart, liv. I, t. I, pp. 166-168.
(2) C'est à ce siége de Rennes que Froissart, liv. I, t. I, p. 176, fait pour la première fois mention de Bertrand Du Guesclin en ces

peine disposer de vingt-deux mille gens d'armes, six mille archers et quatre mille hommes d'autres troupes, tandis que le duc de Normandie avait avec lui quatre fois plus de monde. La situation du monarque anglais était d'autant plus critique, qu'il manquait de subsistances et que l'intempérie de la saison lui causait de grandes pertes et beaucoup de contrariétés. Il fut tiré de là, comme du danger probable qu'il courait de tomber, lui et son armée, entre les mains de l'ennemi, par l'intervention du pape Clément VI, qui conclut entre les parties belligérantes, le 19 janvier 1343, une trêve de trois ans, par l'intermédiaire de ses légats (1).

Tandis que ces importants événements se passaient en Bretagne, Bertrand Du Guesclin était devenu homme et n'était pas demeuré spectateur oisif et désintéressé de la lutte ; car il n'était pas dans sa nature de se tenir tranquille, quand tout s'agitait autour de lui. Il avait pris parti de bonne heure pour le prétendant légitime, et il s'attacha à son opinion avec tant de fidélité et de constance, qu'aucune séduction n'eût pu l'en détourner ni aucune crainte le faire plier. Aussi, dès qu'il crut être certain que Charles de Blois avait légalement droit au duché de Bretagne, se mit-il en devoir de rassembler des troupes pour son service, jusqu'à ce qu'il eût réuni autour de lui environ six mille partisans. Avec cette bande, il saisit toutes les occasions de faire du mal au parti opposé, et il jura de servir toujours de bon cœur Charles de Blois et de combattre le comte de Montfort, jusqu'à entier épuisement de ses forces. Pendant le jour, il se

---

termes : « Il y avait dedans de bons chevaliers et écuyers de Bretagne, le baron d'Ancenis, le baron du Pont, messire Jean de Malestroit, Yvain Charruel et Bertrand Du Guesclin. »

(1) Froissart, liv. I, t. I, pp. 171-177. — Du Tillet, *Recueil des traictez*, etc., p. 53, *verso*, et *Inventaire*, p. 62, *verso*. — Raynaldi, **Annal. ecclés.**, 1343, § 24. — Rymer, t. II, part. II, p. 1219, dit que le traité fut signé à Londres, le 20 février 1343. — *Histoire de Bretagne*, par Morice, t. I, p. 267 et note IX.

tenait caché dans les forêts avec son monde ; la nuit, il courait le pays, ne laissant échapper aucune occasion de tomber sur l'ennemi, toutes les fois que le hasard en jetait quelqu'un sur son chemin. Il partageait avec ses compagnons, quels qu'ils fussent : aux uns il donnait des armures, aux autres des chevaux ; et un jour que l'argent lui manquait, il pénétra secrètement dans la chambre de sa mère, força un coffre, qui contenait un écrin où elle mettait ses bijoux, son or et son argent, et s'emparant du tout, le distribua à ses partisans. Sa mère fut très-courroucée en s'apercevant du vol et en apprenant qui en était l'auteur. Elle se rappela la prophétie de la religieuse sur la grandeur future de son fils; mais elle regarda sa conduite récente comme un mauvais début pour une carrière de renommée. Cependant, une de ses servantes, qui avait plus de confiance que la mère dans l'avenir de Bertrand, conjura sa maîtresse de ne pas en vouloir à son fils, car, disait-elle, il placerait son argent à bon intérêt et avant la fin de l'année le lui rendrait au double (1).

Bertrand, en distribuant son butin à ses compagnons, après leur avoir appris de quelle manière il se l'était procuré, déclara que, dans peu, pour un denier qu'il avait pris il en rendrait cent : le hasard, en effet, ne tarda pas à lui faciliter les moyens de remplir sa promesse. L'aventure lui survint en traversant un bois, près de Fougeray, pour aller rejoindre sa bande. Il était suivi d'un seul serviteur à pied : tous les deux étaient armés. Bertrand montait un grand et fort cheval, portait une hache d'armes sur l'épaule et avait au côté une bonne épée et un large bouclier. Son valet Orriz le suivait à pied :

« Sire, dit le valet, je ne veux point courir après vous plus longtemps ; si vous ne me donnez un cheval ou un mulet, je vous quitterai bientôt.

(1) Cuvelier, vv. 638-672.

— Paix ! répondit Bertrand. Je te jure que, si je vis, dans peu tu seras bien monté. »

Tandis que la conversation allait son train, Bertrand aperçut un chevalier armé de pied en cap qui venait de son côté. Le chevalier montait un cheval fringant (1) ; il avait bassinet (2) en tête et portait une lance et un bouclier reluisant. Bertrand ayant jugé à son armure que c'était un Anglais, lui cria :

« Sire, qui êtes-vous ? Vous me semblez Anglais à votre *ordonnement*. Êtes-vous venu ici pour nuire à Charles de Blois, mon honoré seigneur ?

— Oui, par ma foi, reprit le chevalier ; et parce que vous avez ainsi parlé de votre seigneur, je vais vous mettre à mort à l'instant. »

Le chevalier abaisse ensuite sa lance et charge impétueusement Bertrand, qui lève sa hache d'armes et, à l'approche de son adversaire, en frappe sa lance, qu'il brise en deux. Levant de nouveau sa hache, il frappe le chevalier au casque, et redoublant ses coups, il le renverse de cheval. Bertrand met aussitôt pied à terre, pour profiter de l'avantage qu'il avait obtenu. A cette vue, l'écuyer servant du chevalier fond sur lui avec fureur et cherche à le percer de son épieu ; mais Bertrand, d'un coup de sa formidable hache, brise l'arme de l'écuyer, et d'un second coup frappe le cheval à la tête : cheval et cavalier roulent dans la poussière. Il revient ensuite au chevalier, qui ne pouvait se lever, et, enfonçant son épieu entre les plaques d'acier de son armure, il le tue. Il expédie de même ensuite l'écuyer. Cepen-

---

(1) Cuvelier, v. 700, dit un *destrier*. « Des chevaux de bataille, dit Sainte-Palaye, *Mémoires sur l'ancienne chevalerie, premier mémoire*, c'est-à-dire des chevaux d'une taille élevée, étaient, dans le cours d'une route, menés par des écuyers, qui les tenaient à leur droite, d'où on les a appelés *destriers*. » — Voir aussi Du Cange, *Gloss.*, au mot *Destrarii*.

(2) Le bassinet était un casque ou heaume en fer de la forme d'un petit bassin. Voir Du Cange, *Gloss.*, aux mots *Bacca* et *Bacinetum*.

dant Orriz ne restait pas oisif; car, dès qu'il vit son maître aux prises avec le chevalier, il tomba de bonne grâce sur le valet de celui-ci; mais le valet, apercevant son maître à terre, pique son cheval et essaie de s'esquiver avec le trésor dans la forêt. Bertrand voit ce mouvement, saute sur le coursier du chevalier tombé, atteint le valet et le tue d'un coup de sa hache (1).

Le chevalier anglais, son écuyer et son valet ayant été tués en la manière décrite, Bertrand procéda à l'examen des valises que portait le cheval de somme, et il y trouva un riche butin, consistant en argent, en or et en bijoux. Non-seulement il se l'appropria, mais encore il dépouilla le chevalier mort de son armure et s'en revêtit, suivant la coutume du temps et les lois de la chevalerie; et son serviteur en ayant fait autant des dépouilles de l'écuyer, ils prirent le chemin de la Mothe-Broon, le château de messire Regnault Du Guesclin. En apercevant sa mère, Bertrand descendit de cheval, et, arrivé près d'elle, il se mit à genoux et pria ainsi : « Mère de Dieu ! veuillez garder ma mère de tout mal et péril, et lui donner la volonté, la science et le conseil de me pardonner mes fautes. » Puis, s'adressant à sa mère : « Je vous ai pris l'autre jour vos précieux joyaux; aujourd'hui je veux vous les rendre.

— Bertrand, dit la dame, vous êtes moult poli. Êtes-vous chevalier devenu puis mardi ?

— Nenni, reprit Bertrand ; mais ains l'an accompli, chevalier deviendrai; car qui hante les bons à honneur vient toujours, et qui les chétifs suit devient bientôt chétif. »

Bertrand distribua ensuite son butin et rendit à sa mère au

(1) Cuvelier, vv. 673-764. L'auteur anonyme de la *Chronique de sire Bertrand Du Guesclin*, en rapportant cette aventure, parle de sept personnes du côté de l'Anglais et de quatre du côté de Bertrand. Chap. IV, pp. 5-6.

centuple ce qu'il lui avait pris (1). Il resta deux jours à la maison; le troisième jour, il partit, recommandant sa mère à Dieu, et lui laissant, pour qu'elle les lui gardât, quelques bijoux et les éperons dorés du chevalier anglais. Il emporta avec lui dans la forêt le reste du butin et le distribua entre ses compagnons (2).

Durant la trêve de Malestroit qui fut conclue, comme nous l'avons dit, le 19 janvier 1343, et qui comprenait non-seulement les royaumes de France et d'Angleterre, mais encore le duché de Bretagne, les hostilités se continuèrent entre les deux factions rivales dans ce dernier pays, quoique, à l'exception d'une bataille entre les troupes de la comtesse de Montfort et Charles de Blois dans la lande de Cadoret, pendant le cours de l'année 1345 (3), elles se bornassent probablement à des actes de brigandage dans le genre de ceux que commettaient Bertrand Du Guesclin et sa bande. Ce traité avait été arraché à Édouard par la nécessité, et il n'était, par conséquent, pas destiné à durer longtemps entre les royaumes de France et d'Angleterre. Le prétexte qu'il cherchait pour reprendre les hostilités, Édouard III le trouva dans l'exécution de messire Olivier de Clisson et de quatorze autres chevaliers bretons, décapités par ordre du roi de France, comme suspects de trahison. Ce supplice, qu'Édouard III regarda comme une insulte qui s'adressait à lui-même, l'irrita tout à fait, et il ne fut détourné d'infliger le même châtiment à messire Hervey de Léon, alors son prisonnier, que par les pacifiques conseils du comte de Derby ; mais, en renonçant à venger sur un sujet les torts de son maître, il ré-

---

(1)   « . . . . La chose tant ala,
       « Que Bertrand li gentilz à sa mère donna
       « Pour un denier vingt sols de ce qu'il emprunta. »
Cuvelier, v. 804.
(2) Cuvelier, vv. 772-820.
(3) Guil. de Saint-André, v. 395.

solut d'obtenir satisfaction de l'insulte, vraie ou supposée. En conséquence, il chargea messire Hervey de Léon lui-même, d'aller informer le roi de France, qu'il considérait l'exécution d'Olivier de Clisson et des autres nobles Bretons comme une infraction au traité conclu entr'eux et dont il ne se tenait plus pour lié (1).

Après avoir différé bien des fois encore, Edouard III envoya en Guienne une armée de neuf cents gens d'armes et deux mille archers sous le commandement d'Henri, comte de Derby, seigneur brave et généreux, qui fut accompagné des comtes de Pembroke et d'Oxford, du baron Stafford, de sir Walter Manny et de beaucoup d'autres. Le comte de Derby débarqua à Bayonne dans l'été de 1345 et se dirigea immédiatement sur Bordeaux, où il resta quelque temps. Il alla ensuite mettre le siége devant Bergerac, ville très-forte sur la Dordogne, qui fut prise, quoique défendue par une nombreuse garnison et secourue par le comte de Lille.

Le comte de Derby réussit également à s'emparer de beaucoup de places importantes du Périgord et de l'Agénois, ce que l'ennemi essaya en vain d'empêcher. S'apercevant qu'on ne pourrait combattre avec succès le général anglais en rase campagne, on se contenta de fortifier les garnisons des différentes forteresses de la Guienne. Le comte revint donc à Bordeaux, et là il apprit que le comte de Lille, après avoir réuni une autre armée, faisait le siége d'Auberoche (2). Le comte de Derby résolut de secourir

(1) Froissart, liv. I, t. I, pp. 178-180. — Le roi de France déclara que la décapitation des seigneurs bretons n'avait point eu lieu en infraction de la trêve, mais qu'elle était un juste châtiment des crimes d'assassinat et de brigandage commis par eux. Raynaldus, Annal. ecclés., 1344, § 61.

(2) Durant le siége d'Auberoche, les bourgeois de la ville envoyèrent un *varlet* avec des lettres au comte de Derby, pour l'informer de leur situation, mais il fut pris par les assiégeants, « qui lui pendirent les lettres au cou et le mirent tout en un monten la fronde dans un

la garnison et combina en même temps une expédition avec le comte de Pembroke, qui était à Bergerac, pour attaquer le comte de Lille ; mais le comte de Pembroke n'ayant point paru au jour et à l'endroit, le comte de Derby, après s'être consulté avec le comte d'Oxford, sir Walter Manny et d'autres officiers de son armée, se décida à exécuter l'attaque sans lui, quoique ses forces ne se montassent qu'à trois cents lances et six cents archers, et que celles des Français fussent dix fois plus nombreuses. Après avoir concerté leur mode d'attaque, les Anglais se mirent en marche, longeant la lisière d'un bois qui les cachait à leurs ennemis, et arrivèrent sans être vus jusqu'à une faible distance de leur camp. Ils déploient ensuite leurs bannières, donnent de l'éperon à leurs chevaux et fondent sur les Français, en poussant leur cri de guerre. La surprise fut complète. Comme il n'avait été pris aucune mesure pour prévenir cette attaque, il n'y fut opposé non plus aucune résistance. Le comte de Lille fut blessé et fait prisonnier dans sa tente, avec un grand nombre de seigneurs français. Le comte de Comminges, avec une troupe considérable, alla ensuite prendre position sur le côté opposé de la ville, et de là attaqua bravement les Anglais victorieux ; mais à la fin les Français furent tous tués ou faits prisonniers, à l'exception de ceux qui, profitant de l'obscurité de la nuit, purent échapper. Après avoir pris le château de La Réole, la ville d'Angoulême et d'autres places importantes, le comte de Derby rentra à Bordeaux pour y passer l'hiver (1).

Au commencement de l'année 1346, Jean, duc de Normandie, fils aîné du roi de France, fut envoyé en Guyenne avec une armée de cent mille hommes, pour combattre les Anglais ; mais il ne fit rien qui répondît à de si grands préparatifs. Il reprit la

engin, et puis le renvoyèrent dedans Auberoche. Le *varlet* chéit tout mort devant les chevaliers qui là étaient, et qui furent moult ébahis et déconfortés quand ils le virent. » Froissart, liv. I, t. I, p. 191.

(1) Froissart, liv. I, t. I, pp. 183-203.

ville d'Angoulême, il est vrai; mais il en laissa échapper la garnison, qui fut sauvée par un stratagème de sir John Norwich, le gouverneur, et il consuma la plus grande partie de son temps, depuis le 1ᵉʳ mai jusqu'à la dernière quinzaine d'août, en efforts inutiles pour s'emparer du château d'Aiguillon, forteresse presqu'imprenable, située au confluent du Lot et de la Garonne, contre laquelle il épuisa en vain toutes les ressources imaginables de la science militaire d'alors. Il fut distrait de ce siége par la nouvelle de la fatale bataille de Crécy, et le duc de Derby put compléter ses conquêtes en Guyenne et les étendre ensuite jusqu'à Poitiers, d'où il revint à Bordeaux, avec le dessein d'aller rejoindre le roi d'Angleterre, alors occupé au siége de Calais (1).

Tandis que l'armée anglaise sous les ordres du comte de Derby pressait activement le siége de Guyon, Edouard III avait rassemblé une grande armée pour venir combattre le duc de Normandie en Guyenne. Il s'était embarqué à Southampton, le 2 juillet 1346. Le vent, qui d'abord avait été favorable, le jeta, le troisième jour, sur la côte de Cornouailles, où il fut forcé de rester à l'ancre six jours. Là, il se rendit au conseil de messire Godefroy de Harcourt, seigneur français exilé, qui avait été chassé de France par Philippe de Valois. Ce gentilhomme, un des barons les plus considérables de Normandie, et frère du comte d'Harcourt, avait, l'année précédente, encouru la disgrâce du roi de France, et par suite il avait été banni du royaume (2). Ce fut le tort ou la mauvaise fortune de

(1) Froissart, liv. 1, t. I, pp. 208, 216, 251.
(2) Froissart, liv. I, t. I, p. 203, mentionne la disgrâce de messire Godefroy d'Harcourt sans en faire connaître la cause. — Voici ce que dit Fabyan : « En la XVIᵉ année de son règne (Philippe de Valois), une grande querelle s'éleva parmi les nobles de Normandie, les uns prenant parti pour messire Jean d'Harcourt et les autres pour messire Robert Berthram, alors maréchal de France, pour des conventions de mariage arrêtées entre le fils du dit messire Robert, d'un côté, et la

Philippe de Valois de convertir en ennemis ardents et acharnés quelques-uns de ses sujets les plus influents par la sévérité de ses châtiments et la manière arbitraire dont ils furent infligés. En persécutant sans relâche messire Robert d'Artois, son vieil ami et un de ses partisans dévoués, il l'avait poussé à chercher la protection de son plus puissant ennemi, et avait attiré sur son pays une guerre fatale, qui se prolongea bien au delà du terme de sa propre vie. En faisant décapiter les seigneurs bretons, non-seulement sans jugement, mais sans cause déterminée, il avait soulevé contre lui la haine de leurs amis et de leurs partisans, et notamment celle de Jeanne de Belleville, la fière épouse du sire de Clisson, qui, non-seulement consacra sa vie entière à la poursuite de sa vengeance, mais qui encore éleva et nourrit un vaillant fils dans cette même pensée. Par la rigueur de ses procédés à l'égard de messire Godefroy d'Harcourt, il jeta un sujet puissant et vindicatif du continent en Angleterre, où il reprit à la cour et dans la confiance d'Edouard III la place qu'avait occupée naguère messire Robert d'Artois; et quoique sa méchanceté ne fût pas plus grande, ses conseils furent aussi fatals à son pays; car sa haine contre Philippe coûta si cher au royaume de France et notamment à la province de Normandie, que les effets s'en voyaient encore plus de cent ans après.

fille de sir Roger Bacon, dont la femme ou mère de la jeune fille était remariée à Godefroy d'Harcourt, frère du susdit messire Jean, d'autre part, lesquelles conventions étant changées, une grande guerre s'en serait suivie, si le roi n'eût envoyé aussitôt un ordre exprès que chaque parti gardât sa paix, et de comparaître devant lui et ses seigneurs à Paris, pour y avoir leur dissident réglé par lui et son conseil. Auquel jour de comparution le dit messire Godefroy ne parut point, ni personne pour lui, mais, contre l'ordre du roi, assiégea messire Guillaume Berthram, évêque de Bayonne et frère du susdit messire Robert, alors étant dans un château. Et quand il vit qu'il ne pouvait pas l'emporter sur lui, il passa aux Anglais et les aida contre le roi de France. » *New Chronicles of England and France*, by Robert Fabyan. Réimprimé sur l'édition de Pynson de 1816, par Henry Ellis, in-4°, Londres, 1811.

Messire Godefroy d'Harcourt conseilla donc à Edouard d'abandonner son expédition de Guyenne, et d'envahir la France par la Normandie, lui disant que c'était le plus riche pays du monde; que la province serait à sa merci; qu'il n'y trouverait personne pour lui résister, car le peuple de Normandie n'avait pas l'habitude des armes et la fleur de sa noblesse était au siége de Guyon; qu'il y trouverait en outre les villes sans murailles, et que sa flotte pourrait le suivre jusqu'à Caen. Ce conseil détermina la conduite d'Edouard, qui, en conséquence, fit voile vers les côtes de Normandie, et arriva à la Hogue, dans le Cotentin, le 12 juillet 1346. En abordant, il divisa son armée en trois corps : l'aile droite, sous le commandement de messire Godefroy d'Harcourt; la gauche, sous celui du comte de Warwick. Lui-même prit le commandement du centre, accompagné de son fils Edouard, si connu de son temps et des âges suivants sous le nom de Prince-Noir.

La flotte, sous les ordres du comte de Huntingdon, cotoya de près le rivage et s'empara de tous les vaisseaux, grands et petits, qu'elle put trouver. En même temps, un corps d'archers et de troupes légères suivait la flotte sur la côte, aussi près de la mer que possible. Ces troupes prirent et pillèrent les villes de Barfleur, Cherbourg, Carentan, et d'autres de moindre importance. Le butin qu'elles firent en étoffes, or, argent et joyaux, fut si riche, que « garçons n'avaient cure de draps fourrés de vair (hermine). »

Le gros de l'armée, divisé comme il vient d'être dit, en trois corps, commença ensuite son mouvement de destruction. Par ordre du roi, l'aile droite et l'aile gauche devaient à la nuit rejoindre le centre, à quelque distance qu'elles s'en fussent éloignées pendant le jour; et ce fut dans cet ordre qu'elles mirent le Cotentin à feu et à sang, brûlant et saccageant tout ce qu'elles rencontraient sur leur chemin. « Les Anglais trouvèrent le pays gras et plantureux de toutes choses : les granges pleines de blés, les maisons pleines de toutes richesses, riches bourgeois, chars, charrettes et chevaux, pourceaux, brebis, moutons et les plus beaux bœufs du monde. »

Edouard III avançait par petites journées à travers ce riche pays, car il n'avait point à se préoccuper de ses approvisionnements, « excepté le vin. » Les malheureux habitants fuyaient dans une sauvage épouvante à son approche, heureux de pouvoir au moins sauver leur vie. L'armée anglaise continua ainsi sa marche jusqu'à Saint-Lô, sur la rivière de Vire, ville de huit ou neuf mille habitants, qui fut prise et pillée sans aucune résistance. De Saint-Lô, Edouard marcha sur Caen, où le comte d'Eu, connétable de France, essaya de s'opposer à sa marche; mais les troupes françaises, composées surtout de bourgeois de la ville, s'enfuirent à l'approche des Anglais sans tirer un seul trait. La ville fut prise après un combat de courte durée dans les rues, et le comte d'Eu fait prisonnier. Edouard se porta ensuite sur Louviers, ville riche, mais sans défense, qu'il prit sans combat, et il entra ensuite dans le comté d'Evreux, laissant derrière lui toutes les forteresses, car il voulait surtout épargner ses troupes. Après avoir mis le feu aux villes de Vernon et de Verneuil, et saccagé toute la campagne autour de Rouen, il étendit ses ravages par Poissy jusqu'aux faubourgs de Paris (1).

(1) Froissart, liv. I, t. I, pp. 217-227.

CHAPITRE V.

Bataille de Crécy. — Défaite et captivité de Charles de Blois. — Jeanne la Boiteuse. — La grande peste. — Tentative infructueuse des Français pour reprendre Calais.

Philippe de Valois rassembla à la hâte de différents points une grande et tumultueuse armée de plus de cent mille hommes pour combattre cette invasion des Anglais. Edouard III, dont les forces, lorsqu'il aborda en Normandie, ne dépassaient guère trente mille hommes (1), jugea en conséquence prudent d'opérer sa retraite. Il releva donc le pont sur la Seine, qui avait été coupé, et s'avança par le Beauvoisis jusqu'à la Somme, où il trouva tous les passages gardés et soigneusement défendus par les Français. Le roi de France, qui avait constamment présents devant les yeux et dans l'esprit le sang et les ruines que laissaient derrière eux les Anglais, désirait impatiemment leur livrer bataille; et il suivait Edouard de si près, qu'à Airaines, à quelques lieues d'Abbeville, il trouva le camp, que les Anglais avaient précipitamment abandonné la nuit précédente, rempli encore de leurs provisions: viande à la broche, pain au four,

(1) Froissart, liv. I, t. I, p. 234, estime à beaucoup moins l'effectif des troupes engagées à la bataille de Crécy. Il fait l'armée de Philippe huit fois plus forte que l'armée anglaise.

vin en barriques et table mise. Edouard, après avoir tenté vainement à plusieurs reprises de passer la Somme, trompé par un prisonnier français du nom de Gobain Ajace, à qui il avait promis sa liberté, découvrit le gué de Blanchetache, au-dessous d'Abbeville, qu'il traversa après un vif combat avec un corps de troupes françaises commandées par Godemar du Fay et prit position près de Crécy, où il résolut de résister et de livrer bataille à Philippe.

Le roi d'Angleterre se prépara avec le plus grand calme aux douteux événements du lendemain. Le soir il invita les comtes et les barons de son armée à souper, et puis il les envoya de bonne heure se reposer. Il se retira ensuite dans son oratoire, et, après avoir fait une dévote prière pour l'heureuse issue de la bataille attendue, il se coucha lui-même vers minuit. Le lendemain de bon matin il entendit la messe avec son fils, le Prince-Noir ; et la plus grande partie de son monde se confessa et communia, comme une préparation convenable pour le grand péril qui les menaçait. Le roi prit ensuite ses dispositions pour la bataille avec beaucoup d'habileté. Il plaça ses chariots et ses chevaux dans un enclos à l'abri d'un bois, sur ses derrières, et rangea son infanterie en trois divisions, la première sous le commandement de son fils le prince Edouard, assisté du comte de Warwick, de messire Godefroy d'Harcourt, de sir John Chandos et autres ; la seconde, sous celui du comte de Northampton. Lui-même commandait la troisième. Lorsqu'il eut mis ses troupes en bataille, avec ses maréchaux à sa droite, il parcourut les rangs, monté sur un petit palefroi, un bâton blanc à la main, et conjura les comtes, barons et chevaliers, de sauver son honneur et de défendre son droit. « Et leur disait ces langages en riant doucement et de si liée chère, que qui fut tout déconforté si se put-il reconforter en lui oyant et regardant. »

Après avoir ainsi passé en revue tous ses bataillons et exhorté ses soldats à faire leur devoir, il leur ordonna de prendre de la nourriture et de boire un verre de vin, car c'était environ midi. Cela fait, et les pots, barils et autres ustensiles dont ils s'étaient servis ayant été remis dans les chariots à bagage, les soldats retournèrent à leur poste, s'assirent à terre avec leurs armes et attendirent tranquillement l'approche des Français. Edouard avait placé les archers de la division commandée par son fils sur la ligne de front disposée en forme de flèche, avec les gens d'armes sur leurs derrières ; la division du comte de Northampton appuyait cette première ligne, tandis que lui-même tenait la sienne en réserve. Le sang-froid d'Edouard et ses savantes dispositions faisaient un contraste frappant avec le manque de quoi que ce soit qui ressemblât à de l'habileté militaire dans les officiers et à de la discipline dans les soldats, du côté opposé (1).

Philippe de Valois, qui avait pris ses quartiers à Abbeville, quitta cette cité le samedi matin, 26 août 1346, avec l'intention de livrer bataille sans délai ; mais il se rendit à l'avis de quelques-uns de ses conseillers et envoya trois chevaliers reconnaître les dispositions de l'ennemi. A leur retour, les chevaliers conseillèrent au roi de différer l'engagement jusqu'au jour suivant, quand toutes ses forces seraient arrivées ; qu'elles se seraient refaites des fatigues d'une longue marche, et que l'on pourrait prendre de bonnes dispositions pour la bataille. Philippe suivit encore ce conseil, et ordonna immédiatement à ses troupes de faire halte. Ceux de front obéirent, mais les autres, qui étaient sur le derrière, poussèrent en avant, déclarant qu'ils ne s'arrêteraient que lorsqu'ils seraient sur la même ligne que les rangs de front, de sorte que les premiers continuèrent à avancer quand les autres approchèrent, jusqu'à ce qu'enfin la bataille fût forcée par une multitude indisciplinée, sans qu'il y eût

(1) Froissart, liv. I, t. I, pp. 229-234.

eu aucune formation ; le résultat fut la conséquence toute naturelle d'un pareil début.

L'engagement étant devenu inévitable, Philippe de Valois fit avancer un corps de quinze mille Génois, pour commencer la bataille ; mais ces hommes, fatigués d'une marche longue et forcée sous le poids des armes, déclarèrent à leurs officiers qu'ils n'étaient « mie ordonnés de faire nul grand exploit de bataille. » Ces paroles furent entendues du comte d'Alençon, frère du roi, qui s'écria avec mépris : « On se doit bien charger de telle ribaudaille qui faillent au besoin ! » Les Génois, néanmoins, marchèrent à l'attaque ; mais ils ne tardèrent pas à lâcher pied devant la visée si précise des archers anglais, et ils se replièrent sur un corps de gens d'armes à cheval, auxquels le roi cria : « Or, tôt, tuez toute cette ribaudaille, car ils nous empêchent la voie sans raison (1). » Sur ce champ de bataille sanglant, nulle part on ne vit de l'ordre du côté des Français ; nulle part la moindre discipline, le moindre mouvement organisé. » Rois, ducs, comtes, barons français ne vinrent mie tous ensemble, mais l'un devant, l'autre derrière, sans arroy et sans ordonnance. » Bien des traits de valeur mal dirigée et d'héroïsme individuel se produisirent en ce jour désastreux ; mais de tels efforts ne pouvaient refaire ce qui avait été perdu par le défaut de discipline et l'absence de la plus ordinaire tactique. Il en résulta que les Français furent effroyablement massacrés et complétement défaits, et qu'Edouard resta maître incontesté du champ de bataille. De Crécy, le roi d'Angleterre alla faire le siège de l'importante ville de Calais, qui céda enfin à ses armes

(1) Le dernier continuateur de Nangis, t. II, pp. 201, 202, attribue l'inefficacité des archers génois à cette bataille au tort qu'ils eurent de ne pas garantir les cordes de leurs arcs, qui furent mouillées par une ondée un peu avant le commencement du combat, tandis que les archers anglais avaient eu la précaution de placer les leurs dans leurs coiffures sur leurs têtes.

après une défense courageuse et opiniâtre de près d'une année (1).

Le monarque anglais, qui était alors dans la fleur de l'âge, fut toujours très-heureux dans ses entreprises militaires. Il fut heureux dans la guerre de Guienne, conduite par le comte de Derby ; il fut heureux dans son invasion de la France ; il fut également heureux à l'intérieur, où les Ecossais furent défaits par sa femme, la reine Philippe, près de Newcastle sur Tyne ; et tandis qu'il assiégeait Calais, il eut la joie d'apprendre le triomphe de son alliée, la comtesse de Montfort. Le traité de Malestroit, qui ne fut jamais observé que partiellement des deux côtés, était maintenant expiré, et les deux parties, soutenues par leurs alliés respectifs, les rois de France et d'Angleterre, reprirent les hostilités plus ouvertement et sur une plus grande échelle. La comtesse de Montfort avait reçu d'Edouard, alors devant Calais, un secours de deux cents gens d'armes et de quatre cents archers sous les ordres de deux preux chevaliers, sir Thomas Daggeworth et sir John Hartwell, rejoints ensuite par un chevalier breton, messire Tanguy du Châtel, et ces trois chevaliers firent contre les troupes de Charles de Blois plusieurs attaques, que celui-ci soutint avec une égale valeur et un égal succès. « Une heure perdaient les uns, autre heure perdaient les autres ; et était le pays par ces gens d'armes couru, gâté, ravagé et rançonné ; et tout payaient les pauvres gens. » Après différentes alternatives de succès et de revers, les chevaliers nommés plus haut mirent le siége devant la Roche-Derrien dans le diocèse de Tréguier, défendue par une garnison du parti de Charles de Blois, que commandait un écuyer du nom de Tassart de Guines. Mais les habitants, dont les deux tiers tenaient plus pour les Anglais que pour les Français, demeurant inactifs durant le siège, menacèrent leur capitaine de le mettre à mort, s'il persistait plus

---

(1) Froissart, liv. I, t. I, pp. 235, 241, 272.

longtemps à résister aux Anglais. A cette menace, Tassard rendit la ville et obtint qu'on lui conservât son poste en récompense de sa trahison. En apprenant cette nouvelle, Charles de Blois quitta la ville de Nantes avec une troupe de seize cents gens d'armes, quatre cents chevaliers, vingt-trois bannerets et douze mille hommes de pied, pour aller reprendre la Roche-Derrien. La comtesse de Montfort envoya, pour combattre ces troupes, un corps de mille gens d'armes et huit mille hommes d'infanterie sous le commandement de sir Thomas Daggeworth.

Dès que le chevalier anglais fut arrivé à une petite journée de marche de la position occupée par Charles de Blois, il résolut de la surprendre par une attaque de nuit, et prenant avec lui à peu près la moitié de ses troupes, il tomba vers minuit sur le camp de Charles. Mais ce coup de main ne lui réussit pas : il fut lui-même blessé et pris, et il perdit la plupart de ses soldats, qui furent massacrés ou faits prisonniers. Tandis que ceux qui n'avaient pas été du combat et ceux qui avaient échappé au massacre délibéraient ensemble sur ce qui restait à faire, survint tout à coup le sire de Cadoudal, qui conseilla immédiatement une nouvelle attaque. Cette seconde attaque, exécutée au lever du jour, fut plus heureuse qu'on n'aurait osé l'espérer ; Charles de Blois, à son tour, fut fait prisonnier, et quelques-uns des seigneurs bretons les plus distingués, entr'autres le vicomte de Rohan et les sires de Laval et de Chateaubriand, furent tués. Cette victoire décisive, remportée le 20 juin 1347 par les troupes de la comtesse de Montfort, donna à celle-ci un avantage que son adversaire ne recouvra dès lors jamais entièrement (1).

(1) Froissart, liv. I, t. I, pp. 259-262. — Bien des circonstances de cette affaire sont diversement racontées par les différents historiens, qui ne sont pas non plus d'accord pour la date. Le combat eut lieu, suivant une inscription qu'on lit sur la tombe de Messire Guy de Laval dans l'église collégiale de Vitré, le 18 juin 1347. *Histoire de Bretagne*,

La comtesse de Montfort avait ainsi vengé la captivité de son mari ; mais elle ternit sa belle renommée en montrant, par la manière dont elle traita son captif, qu'elle manquait de la vertu de générosité. Elle le traîna après elle par toute la Bretagne, le laissa manquer des choses les plus nécessaires, l'abreuvant des plus amères mortifications, et après avoir satisfait sa vengeance en exposant les malheurs de son ennemi vaincu, dans la crainte, peut-être, qu'il ne lui échappât, elle le mena en Angleterre, et il fut enfermé dans la tour de Londres, où il resta prisonnier pendant plusieurs années (1).

La cause de Charles de Blois ne fut pourtant pas vaincue par sa captivité. Jeanne de Montfort trouva dans Jeanne la Boiteuse, femme de Charles, une rivale digne d'elle par le courage et la conduite, et tout aussi capable de manier une épée et de commander une armée avec une volonté inflexible et autant d'intrépidité. Ce dut être un spectacle saisissant de voir deux femmes courageuses et belles échanger les commodités et la paix de vie de famille pour les privations du camp et la vie de soldat ; et, si ce spectacle excitait la sympathie, le zèle des partisans respectifs de l'une et de l'autre dut probablement s'en accroître, quand on vit que le motif de leur conduite, au fond, était la recouvrance d'un époux ou le triomphe d'un enfant.

Après la reddition de Calais, une trêve de six mois à partir du 28 septembre 1347 fut arrêtée, grâce à l'intervention du pape Clément VI, entre les rois de France et d'Angleterre, et cette trêve se prolongea par atermoiements jusqu'au mois de

t. I, p. 276. — *Guil. de Saint-André*, v. 401, dit le 20 juin, comme dans le texte, et en cela il est appuyé par sir Thomas Daggeworth dans une lettre au chancelier d'Angleterre. Note de Buchon sur Froissart, p. 260. D'autres autorités placent le siége de la Roche-Derrien au mois de décembre de l'an 1345. *Contin. Nang.*, t. II, p. 194.

(1) Voir le témoignage de maître George Lesneu, rendu dans l'*Enqueste faite à Angers pour la canonisation de Charles de Blois*, dans les *Actes de Bretagne*, t. II, p. 6.

juin 1350 (1). En Guienne, dans le Poitou et la Saintonge, elle fut peu respectée, et la Bretagne fut plutôt le théâtre de maraudages que d'hostilités ouvertes. Dans l'intervalle, Charles de Blois fut relâché de prison, moyennant une forte rançon et la susbtitution de ses deux fils, Jean et Guy, comme prisonniers à sa place (2).

Durant ces entrefaites, l'Europe entière était tenue dans la terreur par la grande peste, qui, venant de l'Asie et avançant dans sa marche irrésistible, enleva, d'après les calculs, plus d'un tiers de l'espèce humaine partout où elle se montra ; et, suivant les expressions d'un contemporain, « il mourut dans les années 1348 et 1349 une multitude de monde, comme on n'a jamais ouï, ni vu, ni lu dans les temps passés (3). »

Le mal était contagieux : il débutait par des bubons sous les aisselles, et l'accroissement de la tumeur était un indice certain de mort. Il attaquait les jeunes plutôt que les vieux, et passait rapidement son chemin, séjournant rarement plus de deux ou trois jours. Souvent, des personnes en bonne santé la veille étaient emportées le lendemain au cimetière. Beaucoup fuyaient dans une sauvage épouvante, et les prêtres peu courageux laissaient à leurs collègues plus hardis le soin d'enterrer les morts.

Cette épidémie était originaire de l'Orient. Elle avait fait d'abord son apparition en Italie, et de là, passant les monts, elle s'était abattue sur Avignon et propagée ensuite en Gascogne, en Espagne, en France, en Allemagne et dans le nord de l'Europe. En recherchant les causes de ce terrible fléau, beaucoup l'attri-

---

(1) Du Tillet, *Recueil des traictez*, etc., p. 55, verso. — Rymer, t. III, part. 1, p. 136. — *Annales ecclesiastici, ab anno 1198, ubi Card. Baronius desinit, auctore* Odorico Raynaldo, Romæ, t. XVI, 1347, § 24.

(2) *Cont. Nang.*, t. II, p. 194. — *Actes de Bretagne*, t. I, col. 1487, 1488. — Rymer, t. III, part. I, p. 255.

(3) *Cont. Nang.*, t. II, p. 211.

buèrent à l'infection de l'air et de l'eau par le poison, et des soupçons ayant été portés sur les juifs, qu'on accusa de cette méchanceté, des milliers de ces malheureux furent massacrés et brûlés par les chrétiens en Allemagne et partout ailleurs, excepté à Avignon, où le pape Clément VI eut le bon sens et l'humanité de prendre sous sa sauvegarde tous ceux de ses Etats (1).

Quelqu'étendus que fussent les ravages de cette épouvantable peste, il paraît qu'elle borna ses attaques en grande partie aux classes moyennes et aux basses classes de la société; car on ne cite, parmi ses victimes les plus distinguées, que Jean Villani, l'historien, Jean d'Andrea, jurisconsulte célèbre d'Italie, la belle Laure du poëte Pétrarque, et Alphonse XI, roi de Castille (2).

Pendant la durée de la trêve entre la France et l'Angleterre, une tentative infructueuse, pour recouvrer le château de Calais, fut faite par un chevalier français, messire Geoffroy de Chargny, qui, en sa qualité de gouverneur de Saint-Omer, ville de la province voisine d'Artois, était particulièrement chargé de la défense des frontières septentrionales du royaume. Comptant sur la cupidité du gouverneur de Calais, messire Aimery de Pavie, chevalier lombard, « et Lombards de leur nature sont convoiteux, » le sire de Chargny offrit à ce personnage vingt mille écus, s'il voulait lui livrer ce poste important. Cette somme,

---

(1) On donna aussi pour cause de la grande peste qui désola Athènes, peste si bien décrite par Thucydide, liv. II, ch. XLVII et suiv., et par Lucrèce, *De Nat. Rer.*, liv. VI, vers la fin, le poison jeté dans les puits par les Péloponnésiens. — *Contin. Nang.*, t. II, pp. 211-214. — Raynaldus, *Annal. Eccles.*, 1348, § 30, 33. — Froissart, liv. I, t. II, p. 287, parle aussi de cette peste, mais sans entrer dans aucun détail. Il dit, néanmoins, « que la tierce partie du monde en mourut. » — Une des plus admirables descriptions de ce fléau est celle qu'en donne Boccace dans son *Décaméron*.

(2) Sismondi, *Histoire des Républiques italiennes du moyen âge*, t. IV, pp. 97, 98. — Ayala, *Cronica del Rey Don Pedro*, p. 9.

au jugement du chevalier français, était quelque chose de trop séduisant, pour que la vertu d'un Lombard y résistât; aussi celui-ci promit-il, à un jour convenu, de recevoir le présent et d'abandonner le château; mais Édouard III, ayant découvert par quelque moyen la trahison projetée du gouverneur, lui envoya l'ordre de venir en Angleterre. Arrivé devant le roi, messire Aimery confessa tout; Édouard lui offrit son pardon, à la condition qu'il l'aiderait à déjouer le projet. En conséquence, le gouverneur s'en retourna, et Édouard, ayant réuni une troupe de trois cents gens d'armes et de six cents archers, débarqua secrètement à Calais, et mit le commandement de l'expédition entre les mains de sir Walter Manny.

« Messire Gauthier, lui dit le roi, je veux que vous soyez de cette besogne chef; car moi et mon fils nous combattrons dessous votre bannière (1). »

Messire Geoffroy de Chargny, avec cinq cents lances, parut, au temps et à l'endroit convenus, à minuit, près de Calais, et dépêcha messire Édouard de Renty, un de ses officiers, avec douze chevaliers et cent gens d'armes, pour payer le prix stipulé et prendre possession du château. Lorsque les sacs contenant l'argent eurent été remis à messire Aimery de Pavie, messire Édouard de Renty et sa suite furent conduits dans la tour principale où le roi d'Angleterre était caché avec deux cents hommes armés qui, en apercevant les Français, se précipitèrent aussitôt, brandissant leurs épées et leurs haches, et criant : « Manny, Manny, à la rescousse ! Croient donc ces Français avoir reconquis à si peu de fait le châtel et la ville de Calais ? »

Messire Édouard de Renty et ses hommes, voyant bien que toute résistance serait vaine, se rendirent presque sans coup férir, et ils furent tous renfermés dans une tour du château. Édouard III réunit ensuite ses troupes et sortit, pour aller

(1) Froissart, *Chron.*, chap. cccxxvii.

attaquer messire Geoffroy de Chargny, qui attendait impatiemment le retour de son détachement et s'étonnait du retard.

« Que ce Lombard la fait longue ! dit-il aux chevaliers qui étaient près de lui. Il nous fait cy mourir de froid.

— En nom Dieu, répondit messire Pepin de Were, Lombards sont malicieuses gens ; ils regardent vos florins s'il en y a nuls faux et peut-être aussi s'ils y sont tous. »

Tandis qu'ils devisaient de la sorte, les Anglais approchaient. Messire Geoffroy de Chargny, s'apercevant qu'il avait été dupé, résolut de ne pas fuir, et dans un petit discours il releva le courage de ses gens, en leur disant que par la fuite ils perdraient plus qu'ils ne gagneraient, et que la journée pouvait être pour eux. Ensuite il les rangea, leur fit mettre de côté leurs chevaux, qui étaient trop fatigués, et en bon ordre, les rangs serrés et les lances de ses soldats ramenés à cinq pieds devant eux, il attendit le choc des ennemis. Les Anglais, sous la conduite de sir Walter Manny, descendirent, eux aussi, de cheval, et se portèrent à l'attaque. Le choc fut dur, et il y eut de part et d'autre maint vaillant fait d'armes.

Le roi d'Angleterre, qui combattait sous un déguisement, eut la bonne fortune de rencontrer un puissant et brave chevalier français du nom d'Eustache de Ribeumont, qui, dans la lutte, se montra partie trop forte pour Édouard, car celui-ci fut mis deux fois à genoux. Mais le roi fut aidé, ces deux fois, par sir Walter Manny et sir Reginald Cobham, qui combattaient à ses côtés. A la fin les Anglais furent victorieux, et les Français furent tous tués ou faits prisonniers. Parmi ces derniers se trouva Eustache de Ribeumont, qui, voyant que la résistance était désormais inutile, rendit son épée au roi, sans savoir encore qui il était, et lui dit :

« Chevalier, je me rends votre prisonnier. »

Après le combat, le roi rentra tout joyeux à Calais avec

ses prisonniers, et le soir il les convia à souper avec ses propres chevaliers. Quand le souper fut servi, le roi prit place à table et fit asseoir à côté de lui ses hôtes, qui, au premier mets, furent servis par le prince de Galles et par les chevaliers anglais. Après le souper, on leva les tables, et le roi resta dans la salle avec les chevaliers. Il était tête nue, mais avec un chapelet de perles fines qui lui couronnait le front. Il alla de l'un à l'autre de ses hôtes, entrant familièrement en conversation avec eux. Il aborda messire Geoffroy de Chargny un peu froidement, et lui dit entr'autres choses :

« Messire Geoffroy, si suis moult liez (joyeux) quand je vous ai pris à l'épreuve : vous en vouliez avoir meilleur marché que je n'en ai eu, qui pensiez avoir Calais pour vingt mille écus. »

A ces mots, le roi passa outre et laissa messire Geoffroy, qui n'avait rien répondu. Arrivé auprès de messire Eustache de Ribeumont, il lui dit d'un ton de bonne humeur :

« Messire Eustache, vous êtes le chevalier du monde que je visse oncques mieux ni plus vaillamment assaillir ses ennemis ni son corps défendre; ni ne trouvai oncques en bataille là ou je fusse qui tant me donnât à faire corps à corps que vous avez huy fait; si vous en donne le prix, et aussi font tous les chevaliers de ma cour par droite sentence. »

Le roi prit ensuite le riche chapelet qu'il portait, et, le plaçant sur la tête de messire Eustache, il ajouta :

« Messire Eustache, je vous donne ce chapelet pour le mieux combattant de toute la journée de ceux de dedans et de dehors, et vous prie que vous le portiez cette année pour l'amour de moi. Je sais bien que vous êtes gai et amoureux et que volontiers vous vous trouvez entre dames et demoiselles : si dites partout là où vous irez que je le vous ai donné. Et parmi tant vous êtes mon prisonnier, je vous quitte votre prison et vous pouvez partir demain s'il vous plaît. »

Messire Eustache s'empressa d'accepter le riche présent, et, s'inclinant très-bas devant le roi, il dit :

« Gentil sire, vous me faites plus d'honneur que je ne vaille, et Dieu vous puisse rendre les courtoisies que vous me faites. Je ferai, cher sire, liément et appareillement tout ce dont vous me chargez et, après le service de mon très-cher et très-redouté seigneur le roi, je ne sais nul roi que je servirais si volontiers ni de si cœur comme je ferais vous. »

On apporta ensuite du vin et des épices, après quoi le roi se retira dans sa chambre. Le lendemain, il donna à messire Eustache de Ribeumont deux chevaux de guerre et vingt écus, comme un nouveau témoignage de son estime pour la valeur qu'il avait montrée. Le chevalier, après avoir pris congé de ses camarades moins heureux, qui furent amenés en Angleterre, s'en retourna chez lui (1).

(1) Froissart, liv. I, part. I, p. 276-281.

CHAPITRE VI.

Mort de Philippe de Valois. — Avènement de Jean duc de Normandie. — Combat des Trente. — Bertrand Du Guesclin est fait chevalier. — Il prend le château de Fougeray. — Il passe en Angleterre.

Le principal événement de l'année 1350 en France fut la mort du roi Philippe de Valois, qui rendit le dernier soupir le 22 août à Nogent-le-Roi. Son règne peut être regardé comme un des plus désastreux des annales françaises. Il commença par une contestation de droit, qui dégénéra en des guerres sanglantes et désastreuses; entraîna, pour y subvenir, à des impôts extraordinaires et à des exactions, et aboutit enfin à toutes les horreurs d'un pillage effréné, à des désordres irrémédiables dans le gouvernement et à des calamités sans nombre pour le peuple. Philippe était d'un caractère emporté, d'une volonté arbitraire, opiniâtre dans ses haines, et son administration financière fut entachée de deux grands vices : une excessive rigueur dans l'imposition des charges et une criminelle déprédation dans la perception des revenus; car ses employés s'enrichirent, tandis que le roi fut appauvri (1). Il laissa son royaume

(1) *Contin. Nang.*, t. II, pp. 204, 205. — « En ce temps, dit Du Tillet, les bénéfices étaient en vente; toutes choses obéissaient à l'argent. Au commencement du règne furent levées grandes exactions et

sans frontières à l'ouest, depuis Bayonne sur les confins de l'Espagne jusqu'à Calais; mais il légua surtout à la France cette guerre à mort avec la nation anglaise, qui se prolongea cent ans encore après sa mort et engendra des sentiments d'animosité qui se sont perpétués jusqu'à ce jour.

Philippe eut pour successeur son fils aîné, Jean, duc de Normandie, qui, immédiatement après son couronnement, fit des préparatifs pour défendre son royaume contre les Anglais, la trêve entre les deux pays étant expirée. Il envoya d'abord un corps de troupes dans le voisinage de Calais, et il partit ensuite lui-même de Paris avec une forte armée, pour visiter les provinces méridionales de la France. Après avoir passé quelque temps à Avignon auprès du pape, il traversa le Languedoc et vint à Poitiers, dans l'intention de mettre le siége devant Saint-Jean d'Angély, ville très-fortifiée de la Saintonge, sur la Charente. En même temps, Edouard III envoyait un corps composé de Gascons et d'Anglais, sous le commandement de messire Beauchamp, pour faire lever le siége; mais leurs efforts furent vains, et la ville se rendit au roi de France le 7 août 1351 (1).

Vers cette même époque, survint en Bretagne un incident, qui fut tout à fait remarquable, même pour ces temps-là, où la guerre, soit publique ou privée, n'était pas seulement une occupation grave, mais encore un passe-temps ordinaire. Cette province était comprise dans une trêve arrêtée entre les royaumes de France et de l'Angleterre, et qui devait durer un an, à partir du 11 septembre 1351 (2); néanmoins elle fut, dans cet inter-

imposts, et tout premièrement ici commença l'imposition sur le sel, qu'on appelle gabelle. » *Chronique abrégée des roys de France*, édit. de 1618, p. 106. — Edouard III ne fit pas un mauvais calembour, en appelant Philippe de Valois l'auteur de la *loi salique*.

(1) Froissart, liv. I, part. II, pp. 289-292.
(2) Du Tillet, *Recueil des traictez*, etc., p. 65 et *verso*. — Rymer, vol. III, part. I, p. 232.

valle, le théâtre de fréquents engagements entre les partisans de factions rivales de Montfort et de Blois, surtout de la part des garnisons des villes et châteaux ennemis. Or, il arriva que messire Robert de Beaumanoir, brave et vaillant chevalier du parti de Charles de Blois et gouverneur de Châtel-Josselin, se présenta un jour avec un corps de gens d'armes et autres soldats devant le château de Ploërmel, dont le gouverneur, appelé Bembro (1), avait avec lui un certain nombre de soldats anglais, bretons et allemands, appartenant au parti de la comtesse de Montfort.

Messire Robert de Beaumanoir s'avança avec ses troupes en face des barrières du château, dans la pensée de provoquer la garnison à une attaque; mais il fut déçu dans son espérance. Messire Robert, voyant cela, s'approcha de plus près, et demanda qu'on fît venir le gouverneur. Celui-ci parut à la porte, et, lorsqu'on se fut donné de part et d'autre des assurances, messire Robert ajouta :

« Bembro, a-t-il là dedans nul homme d'armes, vous autres, deux ou trois, qui voulussent jouter de fer contre autres trois pour l'amour de leurs amies. »

Bembro répondit que les amies ne voudraient point que personne se fît tuer de la sorte en une seule joute; car c'était aventure de fortune trop tôt passée, et l'on encourait plutôt par là le reproche de folie qu'on ne gagnerait le prix d'honneur. « Mais, ajouta-t-il, je vous dirai que nous ferons, si il vous plaît. Vous prendrez vingt ou trente de vos compagnons de votre garnison, et j'en prendrai autant de la nôtre. Si allons en un bel champ, là où nul ne nous puisse empêcher ni destourber, et comman-

---

(1) Froissart l'appelle Brandebourg; mais les chroniqueurs bretons lui donnent le nom de Bembro ou Brambro. De son côté, Buchon, dans une note aux *Chroniques de Froissart, Fragment restitué*, 7ᵉ édition, l'appelle Bramborough. Cette dernière orthographe nous paraît la plus exacte.

dons, sur la hart, à nos compagnons d'une part et d'autre, et à tous ceux qui nous regarderont, que nul ne fasse à homme combattant confort ni aide; et là nous éprouvons et faisons tant qu'on en parle au temps avenir en salles, en palais, en places et en autres lieux par le monde; et en aient la fortune et l'honneur ceux à qui Dieu l'aura destiné.

— Par ma foi, dit messire Robert, je m'y accorde, et moult parlez bravement. Or, soyez vous trente, et nous serons nous trente aussi, et le promets ainsi par ma foi.

— Aussi le promets-je, répondit Bembro; car là acquerra plus d'honneur qui bien s'y maintiendra qu'à une joute. »

Le combat fut donc arrêté; on convint ensuite du lieu (1), et la rencontre fut fixée à quatre jours de là. Dans l'intervalle, chacun des capitaines choisit ses trente combattants comme il l'entendit, et tous se pourvurent de bonnes armes.

Au jour fixé, Bembro et ses trente compagnons qu'il avait choisis entendirent la messe, s'armèrent ensuite et se rendirent à l'endroit désigné pour le combat. Là ils mirent pied à terre, et enjoignirent expressément aux spectateurs de n'avoir à se mêler de rien, quoi qu'il arrivât. Lorsque messire Robert de Beaumanoir et ses trente compagnons, qu'on appelait les Français, pour les distinguer des autres, qui furent appelés les Anglais (2), parurent sur le terrain, ils descendirent aussi de

(1) Le rendez-vous fut fixé au *Chêne de Mi-Voie*, qui était à mi-chemin de Josselin et de Ploërmel, et le jour convenu fut le 27 mars, quatrième dimanche du carême, de l'an 1351. *Hist. de Bretagne*, par Morice, t. I, p. 280. — « A la place du chêne de Mi-Voie, tombé de vétusté depuis deux cents ans, selon la tradition, on a élevé de nos jours une pyramide. » Note de M. Charrière au poëme de Guillaume de Saint-André, v. 945.

(2) Le parti de messire de Beaumanoir se composait de neuf chevaliers français et bretons et de vingt-un écuyers bretons. Bembro ne put trouver dans sa garnison que vingt Anglais; le reste était Allemand et Breton. *Hist. de Bretagne*, t. I, p. 280.

cheval et firent à leurs amis la même injonction de ne point intervenir dans la lutte. Après avoir parlementé quelques instants, les combattants se reculèrent à une petite distance, après quoi, sur un signal donné, ils fondirent tous les uns sur les autres : un combat mêlé s'ensuivit, furieux, parfaitement égal, corps à corps. Au premier choc, un des hommes de Beaumanoir fut tué. Les Français ne s'en laissèrent point décourager : la lutte fut soutenue de part et d'autre avec une grande valeur, « aussi bien que tous fussent Rolands et Oliviers, » et elle se prolongea longtemps avec la même habileté et la même persistance des deux côtés, jusqu'à ce que tous les combattants, épuisés, hors d'haleine, fussent devenus incapables de continuer le combat. Ils convinrent donc d'un commun accord de cesser un instant, pour se reposer, après quoi un de chaque parti donnerait le signal pour recommencer. En ce moment, il y avait quatre Français et deux Anglais tués. On se reposa quelques instants : les uns burent du vin, qu'on leur apporta dans des bouteilles ; d'autres pansèrent leurs blessures ou réparèrent leurs armes endommagées.

Lorsqu'ils furent tous restaurés et en état de recommencer, le premier qui se leva donna le signal et appela les autres. Le combat reprit, aussi acharné qu'auparavant, et dura longtemps encore. Les combattants faisaient usage d'épées courtes de Bordeaux, roides et aiguës, de lances, de dagues, tandis que d'autres se battaient avec des haches d'armes. Avec ces instruments, ils se firent les uns aux autres de terribles blessures. « Vous pouvez bien croire qu'ils firent entre eux mainte belle appertise d'armes, gens pour gens, corps à corps et mains à mains. Ainsi se combattirent comme bons champions et se tinrent cette seconde fois moult vaillamment. » Dans cet engagement, le sire de Beaumanoir, capitaine des Français, fut blessé. La perte de son sang et les fatigues du combat lui donnèrent soif, et il demanda de l'eau. « Beaumanoir, bois ton sang, lui

dit Geoffroy du Bois, et ta soif se passera. » Cette raillerie le rendit honteux d'avoir voulu quitter la lice, et il revint au combat (1).

Les Anglais, à la fin, furent battus, et Bembro, leur capitaine, tué avec huit de ses compagnons : le reste, voyant qu'il ne lui était plus possible de se défendre, se rendit ; car personne n'eût voulu ni pu fuir. Messire Robert de Beaumanoir et ses compagnons survivants emmenèrent leurs prisonniers à Chastel-Josselin, et ensuite les mirent courtoisement en liberté, dès que leurs blessures furent guéries, car il n'y eut personne, d'un côté comme de l'autre, qui n'eût été blessé.

Après avoir raconté le « Combat des Trente, » — incident si hautement caractéristique des mœurs d'une époque, où l'on ne trouvait pas de meilleur prétexte à une batterie sanglante que la vanterie de celui qui possédait la plus belle maîtresse, — Froissart ajoute qu'il a vu plus tard à la table de Charles, roi de France, un chevalier breton, appelé messire Yvon Charuel, qui avait pris part à l'affaire, et que ce chevalier avait le visage tellement taillé de cicatrices, qu'il offrait la preuve vivante de l'acharnement de la lutte. Un bon chevalier de Picardie, messire Enguerrant d'Eudin, se vantait également d'y avoir été, aussi bien qu'un écuyer du nom de Hues de Raincevans (2). « Si fut en plusieurs lieux cette avenue contée et recordée. Les uns la tenaient à pauvreté et les aucuns à outrage et grand outrecuidance (3). »

Le 6 décembre 1352, le pape Clément VI mourut à Avignon

---

(1) *Hist. de Bretagne*, t. I, p. 281.
(2) Ces deux derniers noms ne figurent pas dans la liste de combattants donnée par Morice, *Histoire de Bretagne*, t. I, p. 280, ni dans celle de Jules Janin, dans la *Bretagne*, où l'on peut voir, à la p. 246, les cottes d'armes de chacun des chevaliers et écuyers du parti français.
(3) Froissart, liv. I, part. II, pp. 293, 194.

et eut pour successeur Etienne Aubert, évêque de Clermont, qui prit le nom d'Innocent VI. Le nouveau pape, après avoir vainement essayé de mettre la paix entre les rois de France et d'Angleterre, réussit seulement à leur faire accepter une trêve, qui se prolongea jusqu'en octobre de l'année suivante. Durant cette suspension des hostilités, la paix du royaume de France fut troublée par des dissensions intestines, que provoquèrent la conduite arbitraire du roi et le pouvoir non contenu des nobles. Jean, dont le caractère était irascible et violent, avait fait décapiter, de sa seule autorité, le comte d'Eu et de Guines, connétable de France (1), accusé de trahison, sans observer à l'égard d'un si haut personnage aucune des formes de la justice, et il avait nommé à sa place messire Charles d'Espagne, lui donnant, en outre, non-seulement des terres et de l'argent en quantité, mais encore certains fiefs revendiqués par Charles le Mauvais, roi de Navarre, qui, cachant son ressentiment jusqu'à ce qu'une occasion propice se présentât, suivit plus tard, aidé de ses frères Louis et Philippe, le connétable en Normandie et l'y tua (2).

Cette action exaspéra au dernier point le roi de France, qui ne voulut entendre aucune des excuses ni des moyens de justification produits par les auteurs. Aussi, pour le soustraire aux effets de sa vengeance, le roi de Navarre et ses frères firent-ils alliance avec le roi d'Angleterre, toujours prêt à saisir le moindre prétexte de reprendre les hostilités. Edouard, en conséquence, fit de grands préparatifs pour envahir de nouveau la France. Il leva trois armées : la première, sous son commandement direct, devait opérer en Normandie ; la seconde, sous les

---

(1) Le dernier continuateur de Nangis place cet événement en l'année 1350, t. II, p. 223.

(2) Froissart, liv. I, part. II, pp. 298-302. — *Contin. Nang.*, t. II, p. 227. — *Mémoires pour servir à l'histoire de Charles le Mauvais*, par M. Secousse, in-4°, Paris, 1758, pp. 28-32.

ordres du comte de Derby, qui avait été fait duc de Lancastre, était destinée à soutenir en Bretagne la comtesse de Montfort ; la troisième enfin devait agir en Gascogne sous le commandement d'Edouard, surnommé le Prince-Noir (1).

Le roi d'Angleterre s'embarqua à Southampton pour les côtes de Normandie ; mais il fut forcé par les vents contraires de relâcher à l'île de Guernesey, où il séjourna sept semaines, attendant des nouvelles des mouvements du roi de Navarre. Cependant le roi de France, de l'avis de son conseil, contenant son ressentiment et agissant par des motifs de pure politique, avait réussi à détacher Charles le Mauvais de l'alliance d'Edouard III. En sa qualité de comte d'Evreux, le roi de Navarre pouvait, en effet, introduire l'ennemi presque jusqu'aux portes de Paris.

Lorsqu'Edouard sut que Charles avait fait sa paix avec le roi de France, il s'en retourna en Angleterre ; mais il n'y demeura que peu de temps : il remit bientôt à la voile à Douvres et débarqua à Calais. De Calais, il envahit sans résistance la plus grande partie du comté d'Artois, et campa devant le fort château de Blangis, situé à deux lieues environ de la ville d'Hesdin. De là il envoya dire au roi de France par un vaillant chevalier français du nom de Boucicault, prisonnier sur parole et en ce moment occupé à se racheter, qu'il attendrait huit jours en cet endroit, prêt à lui livrer bataille. Jean, qui était alors à Amiens avec une armée de beaucoup supérieure à celle des Anglais, fit peu attention au message ; mais, lorsqu'il vit qu'Edouard, les huit jours étant expirés, était retourné à Calais à la nouvelle que les Ecossais avaient envahi l'Angleterre et pris la ville de Berwick, il avança avec son armée jusqu'à Saint-Omer et envoya un défi à Edouard, le provoquant au combat « cent contre cent, mille contre mille ou armée contre armée. » A ce défi, Edouard

(1) Froissart, liv. I, t. II, pp. 303, 304.

répondit froidement qu'il l'avait attendu huit jours devant Blangis, ne désirant rien tant que de se battre; mais qu'il avait reçu d'autres nouvelles, et qu'il livrerait bataille, non à la demande de ses ennemis, mais à la volonté de ses amis. Edouard retourna ensuite précipitamment en Angleterre, décidé à infliger aux Ecossais un châtiment dont ils se souvinssent; mais il ne fit guère plus que prendre Berwick; et le roi de France, après le départ des Anglais, licencia son armée et rentra à Paris (1).

Durant la trêve entre les rois de France et d'Angleterre, trêve qui avait été renouvelée le 6 avril 1353, Charles de Blois, n'ayant pu lever en Bretagne la somme qu'il avait promise pour sa rançon, retourna en Angleterre à l'expiration du terme fixé pour le payement. Comme le traité n'avait pas arrêté les hostilités privées entre les partisans des deux prétendants, Charles de Blois se plaignit à Édouard III des ravages commis par ses troupes en Bretagne, et il obtint, pour cette province, une suspension d'armes du roi d'Angleterre, qui envoya un commissaire annoncer la trêve et en requérir la stricte observation (2).

A la faveur de cette trêve, les Bretons passèrent un hiver tranquille; mais les actes d'hostilité recommencèrent avec le printemps. Hugues Calverly, officier anglais entreprenant, ayant su que le maréchal d'Audencham avait été invité au château de Montmuran par Jeanne de Combourg, dame de Tinteniac, résolut de le faire prisonnier; mais Bertrand Du Guesclin, qui accompagnait le maréchal et que les chances diverses de la guerre de Bretagne avaient rendu circonspect et rusé, mit trente hommes en embuscade sur le chemin qui conduisait au château. Le festin était à peine commencé, que Calverly arriva; mais il fut arrêté par les archers et les gens d'armes postés sur le côté

---

(1) Froissart, liv. I, part. II, pp. 304-310. — *Contin. Nang.*, t. II, p. 229.

(2) *Actes de Bretagne*, t. I, col. 1489. — Rymer, vol. III, part. I, p. 269.

du chemin. D'Audenoham et Du Guesclin, apprenant le danger de leurs hommes, courent à leurs armes et sortent du château à la tête de leurs compagnies. Du Guesclin voulut, avant le combat, être fait chevalier, et il reçut cet honneur des mains d'Élatre du Marais, chevalier normand. La victoire fut vivement disputée; et, quoique Calverly eût un plus grand nombre d'hommes que ses adversaires, il fut démonté et fait prisonnier par Enguerrand d'Hesdin, et ses troupes mises en fuite (1).

Peu après l'échec d'Hugues Calverly au château de Montmuran, Bertrand Du Guesclin, cherchant quelque nouvelle aventure « dont il pût acquérir honneur, » se trouvait un jour avec soixante compagnons dans le voisinage du château de Fougeray. Là, il apprit d'un valet qu'il venait de faire prisonnier, que Robert Blanchbourg, gouverneur du château, en était sorti avec la majeure partie de la garnison, dans l'espérance de surprendre quelques-unes des troupes sous les ordres de Charles de Blois. Bertrand résolut aussitôt de prendre le château par ruse, et immédiatement il mit son projet à exécution. Il divisa son monde en deux parts, dont il posta l'une dans un bois près du château, et avec l'autre, tous ses hommes étant déguisés en bûcherons, leurs armes secrètement cachées, il s'avança jusqu'aux portes de la forteresse. Lui-même marchait devant, portant sur ses épaules, comme le reste de ses compagnons, une grande charge de bois. Plusieurs de ses hommes, s'apercevant qu'ils étaient observés par la sentinelle, qui sonna de la trompette à leur approche, « eussent voulu être en la mer salée (2). » Mais Bertrand s'avança imperturbablement, chantant à mesure qu'il approchait, et, par son air comme par ses manières, il trompa tellement les sentinelles que, après un court pourparler,

---

(1) Morice, *Hist. de Bretagne*, t. I, pp. 283, 284.
(2) Cuvelier, vv. 830-1037. — *Ms. de l'Arsenal*, t. I, p. 38. — *Chron. anonyme*, chap. v.

les portes furent ouvertes, les chaînes détendues et le pont-levis abaissé. Il passe le pont, et, jetant sa charge sur la voie pour empêcher que les portes ne pussent être fermées, il tire son épée, d'un coup abat le guichetier, et pousse son cri de guerre : « Guesclin ! »

Bertrand fut vaillamment secondé par les hommes qui l'avaient suivi aux portes, et qui furent promptement soutenus par ceux qu'il avait embusqués dans le bois voisin. La garnison courut aux armes pour défendre l'entrée de la place, et il s'engagea un combat acharné et sanglant. Comme les deux partis étaient à peu près d'égale force, la lutte durait depuis longtemps, quand les hommes de Bertrand virent venir vers le château un corps nombreux de cavaliers. A l'approche de ces étrangers, il leur cria : « N'entrez point ici, à moins que vous ne soyez venus pour soutenir Charles de Blois. Si vous êtes Anglais, vous feriez mieux de fuir; fuyez donc, ou vous êtes des hommes morts; car le brave Bertrand, avec six cents Français, est là confessant les Anglais (1). » Or, il arriva que les nouveaux venus étaient des amis. Quand ils entrèrent, ils virent Bertrand dans le plus fort de la mêlée, son armure rompue en maint endroit, et tout ruisselant de sang. Quelques-uns le reconnurent; d'autres dirent : « Voyez la ragerie ! Oncques tel écuyer ne fut au monde ! » Bertrand continua toujours à combattre, quoique aveuglé par son propre sang, et repoussa les efforts qui furent faits pour l'arracher de là ; mais la victoire penchait déjà de son côté quand le secours arriva, et bientôt après le château était rendu. Les vainqueurs fermèrent les portes, et,

(1) « . . . N'alez céans entrant,
« Se vous n'estez à Charles de Blois vray confortant.
« Se vous estes Englois, alez-vous en fuyant,
« Car vous seriez morts, s'estiez encore autant;
« Car le ber de Claquin, c'on appelle Bertrand,
« O lui vc François vont Anglois confessant. »
Cuvelier, *Vie vaillant Bertrand Du Guesclin*, p. 38.

ayant fait apporter du vin, ils le buvaient ensemble, quand ils furent informés que Blancbourg, le gouverneur, revenait et qu'il approchait même du château. Bertrand résolut aussitôt de l'attaquer, et il sortit avec une forte troupe. Dans le combat qui se livra, Blancbourg fut tué et ses hommes mis en déroute. Bertrand retourna ensuite au château, dont il devint gouverneur.

Après avoir mis une garnison suffisante dans le château de Fougeray, Bertrand Du Guesclin, en compagnie d'un certain nombre de principaux seigneurs de Bretagne, passa en Angleterre, avec un sauf-conduit du 10 novembre 1354, pour traiter de la rançon de Charles de Blois. Édouard III, pendant la négociation, exprima quelque crainte que les conditions du traité ne fussent pas fidèlement remplies par les Bretons. A ce soupçon, Bertrand Du Guesclin répondit durement : « Nous l'observerons, comme vous l'observerez vous-mêmes. » Cette audace blessa tellement le monarque anglais, qu'il allait en faire arrêter l'auteur, quand un des nobles bretons dit tout bas au roi que Du Guesclin était une tête fêlée et qu'ils ne le traitaient que comme un fou amusant. Grâce à cette adroite entremise, la colère du roi fut détournée de son objet, et il fut permis à Bertrand de se retirer et de s'en retourner en sûreté dans son pays (1).

(1) Rymer, vol. III, part. 1, p. 291. — *Actes de Bretagne*, t. I, col. 1496. — Note de Charrière sur Cuvelier, t. II, p. 333 (9). — Du Chastelet, *Hist. de Du Guesclin*, p. 14.

CHAPITRE VII.

Expédition du Prince-Noir en Languedoc. — Convocation des États-Généraux. — Arrestation du roi de Navarre, et exécution du comte d'Harcourt et autres par ordre du roi de France — Conséquences de cette mesure. — Bataille de Poitiers.

La trêve conclue à Malestroit en 1343 entre les rois de France et d'Angleterre, et renouvelée plusieurs fois par l'intervention des légats du Pape, expira le 1er avril 1355. Tandis qu'Edouard III occupait l'attention du roi Jean dans les provinces septentrionales de la France, ainsi qu'il a été déjà dit, le Prince-Noir poursuivait dans le Languedoc une expédition de maraudage. Ce prince avait quitté l'Angleterre avec une armée de mille gens d'armes et onze mille archers, à laquelle il adjoignit en Guyenne cinq cents lances et trois mille hommes de troupes légères. Comme il n'était pas pourvu des moyens propres à l'attaque des places fortes, le seul résultat qu'obtint l'expédition fut un immense butin, qu'il recueillit avec peu ou pas de résistance des villes riches et sans défense qu'il trouva sur son chemin.

Tout le pays autour de Carcassonne, de Toulouse et de Narbonne, compris aujourd'hui dans les départements de la Haute-Garonne et de l'Aude, était alors un des plus riches du monde ; les habitants ne connaissaient pas la guerre, et ils avaient prospéré à la faveur d'une longue paix ; leurs appartements étaient ornés de tapisseries, et leurs coffres remplis de joyaux précieux. Dans ces opulentes contrées, les étoffes les plus riches tentèrent peu la cupidité des envahisseurs ; la vaisselle d'argent et les bons florins pouvaient seuls satisfaire l'avarice des Anglais et des Gascons. Le riche butin extorqué aux habitants aisés fut le prix de leur rançon. Le Prince-Noir, en arrivant à Toulouse, qui à cette époque n'était guère moins peuplée que Paris, vit que les faubourgs en avaient été détruits par ordre du comte d'Armagnac, qui avait modéré avec peine l'ardeur des bourgeois, au nombre de quarante-neuf mille, tous impatients de marcher contre les Anglais, en leur disant qu'ils ignoraient la pratique des armes et qu'ils n'avaient rien de mieux à faire qu'à garder leur ville.

Le Prince-Noir, ne pouvant l'emporter d'assaut, passa outre sans l'inquiéter, et s'empara, sur son chemin, des villes de Montgiscard, Avignon et Castelnaudary, qui n'avaient aucune sorte de fortifications ou n'étaient défendues que par des murs en terre. Il marcha ensuite sur Carcassonne, ville très-forte, dont il trouva les faubourgs non fortifiés, sauf quelques chaînes jetées à travers les rues et qui n'offrirent pas aux Anglais de résistance sérieuse. De Carcassonne, il se porta sur la ville de Narbonne, qui était aussi bien fortifiée que Toulouse. Et là également, après avoir essayé en vain de prendre la ville, il en incendia les faubourgs, et se prépara ensuite à revenir sur ses pas avec son armée chargée de butin. Il retourna à Carcassonne par un chemin différent de celui qu'il avait pris pour venir, et il s'empara en route de la ville de Limoux, qu'il pilla d'abord et détruisit ensuite si complètement qu'il n'y laissa rien debout qui pût servir d'abri même à un cheval, et que le malheureux propriétaire ne put, à son retour, découvrir la place où avait été sa maison et dire avec certitude : là était mon patrimoine.

Tandis que les Anglais ravageaient ainsi, sans rencontrer de résistance, la province de Languedoc, le comte d'Armagnac rassemblait des forces pour leur couper la retraite ; mais il perdit tant de temps à attendre messire Jacques de Bourbon, alors lieutenant de la province, que les Anglais purent repasser la Garonne sans obstacle et rentrèrent en Guyenne chargés de dépouilles (1).

Le roi de France, afin d'obtenir les moyens nécessaires de faire la guerre aux Anglais, convoqua les États généraux, qui se réunirent en novembre 1355. Il obtint de cette assemblée, après quelques débats, un vote décrétant un impôt sur le sel (2). Cet impôt fut levé, mais non sans difficulté. A Arras, en Picardie, il provoqua une insurrection du peuple, dans laquelle beaucoup d'entre les bourgeois aisés furent tués ; en Normandie on y résista ouvertement, et les ordonnances furent bravées par le roi de Navarre, le comte d'Harcourt et leurs partisans.

Le roi de France, qui était aussi prompt dans ses résolutions que tenace dans ce qu'il avait une fois arrêté, résolut de punir tous ceux qui auraient résisté à son autorité, et notamment le roi de Navarre, déclarant qu'il ne voulait pas avoir en France d'autre maître que lui-même ; il ajouta encore qu'il n'aurait jamais de joie parfaite tant que le roi de Navarre vivrait. Un in-

---

(1) Froissart, liv. I, part. II, pp. 313-321.

(2) « Les trois États n'accédèrent aux demandes pécuniaires de la couronne que sous la condition que les receveurs seraient des gens à eux; une réunion des trois États fut stipulée pour l'année suivante; le roi s'obligea à ne plus faire fabriquer de mauvaise monnaie; et, enfin, parmi plusieurs règlements d'utilité publique, il fut arrêté que le *droit de prise*, exercé d'une manière si arbitraire par le plus mince officier de la couronne serait aboli. » Note de Buchon (liv. I, part. II des *Chron.*), qui cite à l'appui le *Recueil des ordonnances*, où l'ordonnance dont parle Froissart se trouve en entier dans le t. III. Le *droit de prise* était le droit des officiers de la couronne de prendre, pour l'usage du roi, des bestiaux, du blé, etc.

cident inattendu lui fournit bientôt l'occasion de satisfaire son ressentiment.

Le dauphin Charles (1), qui avait été fait récemment duc de Normandie, et avait été prendre possession du duché, ne connaissait pas les desseins que méditait son père contre le roi de Navarre et le comte d'Harcourt ; sans soupçonner de danger, il les invita donc à dîner chez lui, dans son château de Rouen, le samedi qui suivit le jour de son arrivée. Ils acceptèrent l'invitation avec quelques autres. Le roi de France, ayant été informé de tout, quitta secrètement Paris le vendredi, et arriva au château de Rouen, où il trouva son fils à table avec ses hôtes.

Le duc de Normandie et ses conviés furent terrifiés à cette apparition et à la vue de l'air courroucé du roi de France, que l'on n'attendait pas, et quelques-uns même craignirent tellement pour leur sûreté, qu'ils s'esquivèrent de la salle. Le roi Jean, en entrant, alla droit à la table, où le roi de Navarre était assis, et le prenant par la peau (2), il le tira brusquement, en lui disant : « Or sus, traître ! Tu n'es pas digne de seoir à la table de mon fils. Par l'âme de mon père, je ne pense jamais à boire ni à manger tant comme tu vives. »

A ces mots du roi de France, un écuyer du nom de Nicolas Duplet (3), qui appartenait au roi de Navarre, voyant son maître

---

(1) Charles, fils du roi Jean, est le premier prince français qui ait porté le titre de dauphin. Le dauphiné de Viennois fut cédé par Humbert à Philippe de Valois en 1349, à condition que l'aîné des rois de France porterait le nom de dauphin. Du Tillet, *Recueil des roys de France*, p. 212, et *Chronique abrégée*, p. 64, verso. — Raynaldus, *Annal. eccles.*, 1344, § 60, et 1350, § 39.

(2) Le texte que nous traduisons porte : *by the queue;* mais il est probable que l'auteur aura été trompé par une faute typographique dans le texte de Froissart. Ce chroniqueur, en effet, dit que le roi de France prit celui de Navarre par la *quene* ou *kuene*, qui signifie la *peau*, et qu'on peut fort bien avoir imprimé *queue*.

(3) C'est probablement le même que Froissart appelle Colinet de Bleville.

si rudement traité, tira son poignard et menaça de tuer le roi, qui, devant cet acte téméraire, lâcha le roi de Navarre, et, se tournant vers ses sergents, leur dit : « Prenez-moi ce garçon, et son maître aussi. »

Le roi de Navarre fut en conséquence arrêté sur-le-champ. Il comprit le danger de sa position et chercha par ses paroles et par ses manières à calmer le courroux du roi de France ; mais ni sollicitations, ni excuses, ni raisons d'aucune sorte ne parurent servir de rien. Le dauphin, alors, les mains jointes, tomba aux genoux de son père, et le supplia instamment d'épargner ses hôtes :

« Ah ! monseigneur, pour Dieu merci, vous me déshonorez ; car, que pourra-t-on dire ni recorder de moi, quand j'avais le roi et ses barons prié de dîner avec moi, et vous les traitez ainsi ; on dira que je les aurai trahis. Et si ne vis oncques en eux que tout bien et toute courtoisie.

— Souffrez-vous, Charles, répondit le roi, ils sont mauvais traîtres, et leurs faits les découvriront temprement (bientôt). Vous ne savez pas tout ce que je sais. »

A ces mots, le roi Jean passa outre, et, prenant la masse d'arme d'un des sergents, il s'approcha du comte d'Harcourt et lui en donna un violent coup entre les épaules, en lui disant :

« Avant, traître orgueilleux, passez en prison à mal étrenne. Par l'âme de mon père, vous saurez bien chanter, quand vous m'échapperez. Vous êtes du lignage du comte de Guines. Vos forfaits et vos trahisons se découvriront temprement (bientôt). »

Après ces paroles, le roi de Navarre, le comte d'Harcourt, le sire de Graville, Maubué et Nicolas Duplet furent arrêtés par ordre du roi de France et, à l'exception du roi de Navarre, tous conduits hors du château dans une campagne près de Rouen, et immédiatement exécutés, sans qu'on leur donnât même le temps de se confesser. Le roi de Navarre fut emmené prisonnier à Paris (1).

Le roi de France, par cet acte violent et arbitraire, s'attira la haine des parents et des autres partisans de Charles le Mauvais et du comte d'Harcourt, parmi lesquels étaient Philippe et Louis de Navarre, frères de Charles ; Guillaume, fils aîné du comte d'Harcourt ; messire Godefroy d'Harcourt, son oncle, et autres, au nombre de vingt, qui lui envoyèrent immédiatement des cartels. Jean traita d'abord ces démonstrations d'hostilité avec dédain ; mais il s'aperçut bientôt qu'elles ne se bornaient point à des paroles, et que les frères de Navarre et les seigneurs normands avaient fait alliance avec le roi d'Angleterre, pour lui faciliter l'invasion du royaume.

Edouard III n'hésita point à accepter l'invitation que lui faisaient ses nouveaux alliés d'exécuter des projets depuis si longtemps nourris, et il ordonna au duc de Lancastre, alors à Pontorson, sur les frontières de la Bretagne, de joindre toutes les troupes sous ses ordres à celles des nobles normands et d'envahir la France par la Normandie. En conséquence, le duc de Lancastre rejoignit les seigneurs normands à Évreux. Leurs forces réunies se montaient à douze cents gens d'armes, seize mille archers et deux mille *brigands* (1), qui parcoururent et pillèrent les domaines du roi de France jusqu'à Rouen ; mais Jean rassembla une armée de quarante mille hommes pour combattre cette invasion, et le duc de Lancastre et ses alliés, n'étant point en état de tenir tête à des forces si considérables en rase campagne, se replièrent sur Cherbourg dans le Cotentin.

(1) Froissart, liv. I, part. II, pp. 322-325. — *Cont. Nang.*, t. II, pp. 230, 231.

(2) C'étaient des troupes d'infanterie armées de lances et de boucliers, et qui portaient une sorte de cotte de maille appelée *brigandine*. Du Cange, *Gloss.*, aux mots *Brigandina* et *Brigancii*.

Après la retraite du duc de Lancastre, le roi de France, suivant le conseil de ses maréchaux et des comtes de Bourbon et d'Artois, abandonna la poursuite des Anglais et des Navarrois, et mit le siége devant la ville d'Evreux, qui appartenait au roi de Navarre. Non-seulement la ville et le château, mais les faubourgs eux-mêmes étaient parfaitement fortifiés ; tout céda, cependant, après une assez longue défense ; et Jean alla ensuite assiéger Breteuil, une des plus fortes places de Normandie, que défendait une garnison nombreuse et bien préparée. Les assiégeants, ne pouvant d'abord agir contre les murs, furent contraints d'élever de grandes machines avec lesquelles ils inquiétèrent la garnison nuit et jour ; et par ordre du roi, on employa un nombre considérable de charpentiers à la construction d'un grand beffroi (1) de trois étages, destiné à être traîné sur quatre roues, et dont chaque étage pouvait contenir deux cents hommes. Le tout devait être couvert de cuir. « Et l'appelaient les plusieurs un chat (2), et les autres un atournement d'assaut. »

Quand la tour fut terminée et que les fossés entourant le château eurent été comblés de bois et de paille, un grand nombre de gens y entrèrent, et elle fut avancée jusque près des murs. La garnison, qui avait observé tous ces préparatifs pour dominer ses remparts, était munie de canons (3) vomissant le feu et

---

(1) Au sujet de ces *beffrois* ou tours en bois, voir Froissart, liv. I, part. 1, pp. 197, 198, où il est dit que les Anglais firent usage d'une de ces machines au siége de la Réole. — Note de Du Cange sur les *Mémoires* de Joinville, pp. 402, 403. — Du Cange, *Gloss.*, au mot *Belfredus*, et Geoffroy Vinsauf, *Itinéraire de Richard I*er, ch. xxxvi. — Oderic attribue l'invention du beffroi, qui daterait de l'an 1091, à Robert de Belesme, fils de Roger, comte de Montgommery. Liv. VIII, ch. xvi et xvii.

(2) Voir la note à la fin du chap. II.

(3) C'est la première fois que Froissart mentionne l'emploi du canon. On prétend toujours, néanmoins, sur l'autorité de Jean Villani, qu'on en fit usage à la bataille de Crécy, en 1346. Si cela est, on doit trouver étonnant que Froissart ait omis d'en parler, quand, d'un autre

pourvus de grandes flèches triangulaires. D'abord, avant de tirer le canon, elle combattit corps à corps avec les gens d'armes dans le beffroi, et après avoir accompli mainte belle action, elle se mit à faire feu de ses pièces et à lancer des flèches, qui tuèrent ou blessèrent beaucoup de monde. Le feu, qui était un feu grégeois (1), gagna le toit du beffroi et en chassa ceux qui y

côté, il décrit tous les incidents de la bataille avec une si grande particularité de détails. D'autre part, il n'est pas du tout probable qu'Édouard III se soit embarrassé, dans une expédition de maraudage, de machines aussi gênantes que le canon, à peine inventé, et les ait traînées dans une périlleuse retraite jusqu'à Crécy, dans l'unique dessein « d'effrayer les chevaux. »

(1) Du Cange dit de ce feu, dans sa note 104 sur la première partie des *Mémoires* de Joinville : « Ce feu était ainsi appelé à cause qu'il fut inventé premièrement chez les Grecs par Callinique, architecte, natif d'Héliopolis, ville de Syrie, sous Constantin le Barbu (Pogonat), et aussi parce que les Grecs furent longtemps les seuls d'entre tous les peuples qui en conservèrent l'usage, lequel ils ne communiquèrent que rarement à quelques-uns de leurs alliés. Anne Comnène dit que ce feu était composé de poix et autres gommes qui se tirent des arbres, mêlées avec du soufre, et le tout broyé ensemble. Abbon, au liv. 1 des *Guerres de Paris*, en a aussi donné la composition en ces vers :

« Addit eis oleum, ceramque, picemque ministrans,
« Mixta simul liquefacta foco ferventia valde,
« Quæ Danis cervice comas uruntque trahuntque. »

Les Grecs se servaient de ce feu en deux façons : la première était dans les brûlots, qu'ils emplissaient de ce feu et qu'ils faisaient voguer dans les armées navales des ennemis, qu'ils embrasaient en cette manière. L'autre usage des feux artificiels sur la mer était dans les navires de course qu'ils nommaient δρώμονες, mettant sur la proue de grands tuyaux de cuivre avec lesquels ils soufflaient ce feu dans les vaisseaux des ennemis... Quant à l'usage du feu grégeois dans les batailles sur terre, il était différent ; car il y avait des soldats qui, avec des tuyaux de cuivre, le soufflaient dans les armées ennemies. C'est ce que dit Anne Comnène au liv. XIII de son *Alexiade*. Quelquefois on jetait des épieux de fer aigus, environnés d'huile, de poix, d'étoupes, etc., avec lesquels on brûlait les machines. Joinville parle ailleurs de ce feu en ces termes : « Et commencèrent à tirer à nous grand foison de piles avec feu grégeois. » Quelquefois on jetait du feu dans des fioles et des pots ; enfin, on le jetait avec des pierres et des arbalètes étaient. En voyant cela, la garnison poussa des vivats énergiques, criant : « Saint-George ! Loyauté et Navarre ! » et ajoutant : « Seigneurs français, vous ne nous aurez pas ainsi que vous croyez. »

Tandis que le roi de France était occupé du siége de Breteuil, il apprit que le Prince-Noir avait quitté Bordeaux avec une force de deux mille gens d'armes et de six mille archers, sans compter ses troupes légères ; qu'il avait passé la Dordogne à Bergerac et était entré en Auvergne ; qu'il saccageait le pays sans rencontrer de résistance, et qu'il se disposait à passer dans la riche province de Berry, dans l'intention d'opérer sa jonction avec le duc de Lancastre et le Navarrois en Normandie. Jean n'en était donc que plus impatient d'avoir le château par force ou par capitulation ; mais, ne pouvant y réussir par le premier moyen, il se montra disposé à adhérer aux conditions de capitulation proposées par la garnison, qui, épuisée par la durée du siége, demanda à se retirer la vie sauve et en emportant tout ce qu'elle pourrait.

Le roi de France, non-seulement retint les troupes qu'il avait avec lui devant Breteuil, mais il envoya à tous ses nobles et aux autres vassaux de la couronne l'ordre exprès de venir le joindre sans délai et prêts à marcher immédiatement contre les Anglais. L'appel fut entendu, et le roi, en passant en revue à Chartres toutes ses forces sous le commandement de ses maréchaux, messire Jean de Clermont et messire Arnoul d'Audeneham, se trouva à la tête d'une armée nombreuse et bien équipée, aussi

---

à tour. Albert d'Aix, liv. VII, dit que « ce genre de feu était inextinguible par l'eau. » Mais il y avait d'autres matières avec lesquelles on l'éteignait, savoir : le vinaigre et le sable. Jacques de Vitry, liv. III, ch. LXXXVII, y ajoute l'urine, et Cinnamus, page 308, écrit que « souvent on couvrait les navires de draps trempés dans du vinaigre pour s'en garantir. » — Voir aussi Geoffroy de Vinsauf, *Itinéraire de Richard I*er*, ch. XXXIV.

impatiente qu'il l'était lui-même de se mesurer avec l'ennemi.

Tandis que le roi de France faisait ses préparatifs, le Prince-Noir était entré en Berry, et après avoir pris la ville de Vierzon, il passait dans l'Orléanais, où il s'empara de la ville et du château de Romorantin, dont la défense avait été opiniâtre (1). Là, apprenant que le roi avait rassemblé une grande armée pour venir le combattre, le prince jugea prudent de commencer son mouvement de retraite vers la Guienne; mais il était trop tard, car Jean avait déjà traversé la Vienne à Chauvigny, lui coupant ainsi la retraite. Quand le prince se fut assuré que l'armée française était devant lui, il comprit qu'une bataille devenait inévitable. Il suivit le roi de France jusqu'à près de deux lieues de la ville de Poitiers, où ce dernier avait établi son camp, et il y prit ses dispositions avec un grand sang-froid et beaucoup d'intelligence. Il campa cette nuit-là dans des vignes et au milieu de haies, et plaça des sentinelles pour garder le camp. La même précaution fut également prise du côté des Français.

Le lendemain, qui était un dimanche, le roi de France, brûlant du désir de livrer bataille aux Anglais, entendit la messe dans sa tente et communia avec ses quatre fils. Après la messe, il réunit un conseil, composé des capitaines les plus distingués de toute son armée, dans lequel il fut résolu que chaque seigneur déploierait sa bannière, ferait sortir ses hommes et les rangerait immédiatement en bataille. Les trompettes sonnèrent, tout le monde courut aux armes, on monta à cheval et l'on partit, les bannières du roi flottant à tous les vents, notamment l'oriflamme (2), que portait messire Geoffroy de Chargny.

(1) Froissart assure que le Prince-Noir fit usage de canons au siége de ce château. « Si ordonnèrent, dit-il, à apporter canons avant et à traire carreaux et feu grégeois dedans la basse cour. » Et plus loin : « Adonc fut le feu apporté avant et trait par bombardes et par canons en la basse cour. » Liv. I, part. II, p. 337.

(2) On lit dans Du Tillet, part. I, p. 331, au sujet de cet étendard : « L'oriflamme, ainsi que récite Guillaume le Breton, était de simple

L'armée française fut formée en trois grandes divisions par les soins du connétable Gauthier de Brienne, duc d'Athènes, assisté des maréchaux. Chaque division se composait de seize mille gens d'armes. La première était commandée par le duc d'Orléans ; la seconde par le dauphin Charles et la troisième par le roi. Tandis que le connétable disposait les hommes en ordre de bataille, le roi Jean envoya messire Eustache de Ribeumont avec ordre de s'approcher le plus près possible de l'armée du Prince-Noir, de reconnaître ses dispositions et de lui faire un rapport sur le meilleur mode d'attaquer l'ennemi, soit à pied ou à cheval. Pendant que messire Eustache et ses compagnons exécutaient cet ordre, le roi Jean, monté sur un grand cheval blanc, parcourut les rangs de son armée et dit à haute voix à ses hommes : « Entre vous quand vous étiez à Paris, à Chartres, à Rouen ou à Orléans, vous menaciez les Anglais et vous souhaitiez le bassinet en tête devant eux ; or y êtes-vous, je les vous montre ; si leur veuilliez contrevenger les ennuis et les dépits qu'ils vous ont faits ; car sans faute nous les battrons. »

cendal (taffetas) de couleur de flamme d'or, qui a splendeur rouge et la forme semble à celle des bannières des églises que l'on porte ès processions. La *Chronique de France*, décrivant l'oriflamme portée en la bataille du mont de Cassel devant le roy Philippes de Valois, dit qu'il était attaché au bout d'une lance d'un vermeil fort aiguisé de gonffanon à deux queues, ayant à l'entour houppes de soye verde, qui manifeste qu'il y en a eu de diverses formes, qui rend douteuse la voix commune que l'oriflamme ait été envoyée du ciel au roy Clovis 1er après son baptême. » — Voir aussi Du Cange, *Glossar.*, au mot *Auriflamma*. — Le père Doublez, un des moines de l'abbaye de Saint-Denis, où l'oriflamme était gardée, rapporte qu'elle fut comprise dans l'inventaire du trésor de l'église fait en 1534 par les commissaires de la Chambre des comptes, et qu'elle y est ainsi désignée : « *Etendard d'un cendal fort espais, fendu par le milieu en façon d'un gonfanon, fort caduque, enveloppé autour d'un bâton, couvert d'un cuivre doré et un fer longuet aigu au bout.* »

Le roi parlait encore, quand messire Eustache de Ribeumont revint avec son escorte et rapporta qu'il avait examiné l'ordre de bataille des Anglais, et qu'il évaluait leur nombre à environ deux mille gens d'armes, quatre mille archers et quinze cents *brigands* (1). Il les représenta comme fortement retranchés, et dit que tous leurs arrangements avaient été faits avec beaucoup d'art ; qu'ils avaient pris une position le long d'une route, l'avaient fortifiée par des haies et des buissons, et qu'ils avaient placé leurs archers des deux côtés de la haie, de sorte que personne ne pouvait suivre la route sans passer au milieu d'eux ; qu'il n'y avait place entre les haies que pour quatre cavaliers de front, au plus, et enfin qu'ils avaient mis leurs gens d'armes à pied derrière les archers, disposés en forme de flèche, des deux côtés de la haie, parmi les vignes et les halliers. Cet ordre de bataille ne permettait donc pas d'approcher à cheval. Le roi ayant demandé comment il pourrait mieux convenir de les attaquer, messire Eustache lui conseilla de faire avancer à pied tous ses gens d'armes, excepté trois cents hommes d'élite, qui, montés sur leurs meilleurs chevaux, essaieraient de forcer la ligne des archers ; de faire avancer ensuite ses gens d'armes à pied, pour attaquer l'ennemi corps à corps. Le roi suivit le conseil du sire de Ribeumont : ayant donné à vingt combattants des armes semblables aux siennes (2), il commanda à tous ses gens d'armes de mettre pied à terre et d'ôter leurs éperons, à l'exception

(1) Soldats à pied ou fantassins.
(2) C'était alors une coutume ordinaire, qui se conserva longtemps encore, d'armer un certain nombre de combattants de la même manière que le commandant de l'armée ou de quelque détachement important. « Et était, ajoute en effet Froissart, messire Regnault de Cervolle, dit Archiprêtre, armé des armures du jeune comte d'Alençon. » Shakespeare fait allusion à cette coutume dans le V° acte de la première partie de *Roi Henri IV*, scène III :

« *Hotspur* : Le roi a beaucoup de combattants habillés comme lui.
« *Douglas* : Eh bien ! par mon épée, je pourfendrai tous ses habits ;

des trois cents qu'on avait choisis pour exécuter la charge sur les archers anglais.

Quand tout fut prêt pour l'engagement immédiat du combat, le cardinal de Périgord s'approcha du roi et lui demanda très-instamment de différer l'ordre de commencer la bataille, afin qu'il pût aller trouver le prince et l'informer du grand péril qu'il courait. Le roi y consentit de mauvaise grâce. Il dit au cardinal de hâter sa mission et de revenir aussitôt. Celui-ci courut immédiatement à l'armée anglaise, et trouva Edouard à pied, à la tête de ses troupes, attendant le signal du combat. Le prince écouta patiemment les pacifiques raisons du cardinal et répondit brièvement : « Sauf mon honneur et celui de mes gens, je suis prêt à écouter toute proposition raisonnable. » Le cardinal revint ensuite au camp du roi et obtint de lui une suspension d'hostilités jusqu'au lendemain matin au lever du soleil ; mais tous ses autres efforts furent sans résultat ; or, quoique le prince consentît à rendre toutes les villes et les châteaux qu'il avait pris, à relâcher tous ses prisonniers et à jurer de ne pas prendre de sept ans les armes contre le royaume de France, le roi ne voulut rien entendre, à moins que le prince et cent de ses chevaliers ne se rendissent prisonniers de guerre (1).

Dans l'intervalle de la suspension d'armes, certains jeunes chevaliers des deux armées s'étaient détachés des rangs pour aller examiner la position et l'ordre de bataille de l'ennemi. Dans une de ces visites, sir John Chandos, noble et preux chevalier du Prince-Noir, rencontra par hasard messire Jean de Clermont, un des maréchaux de France, et un incident en appa-

---

je massacrerai toute sa garde-robe, pièce à pièce, jusqu'à ce que je rencontre le roi. »

Et dans la dernière scène de *Richard III*, le roi s'écrie :

« Il faut qu'il y ait six Richmonds dans l'affaire ; j'en ai aujourd'hui tué cinq, au lieu de lui. »

(1) Froissart, liv. I, part. II, pp. 337-343.

rence insignifiant leur fournit le prétexte d'un combat acharné. Chacun de ces chevaliers, qui étaient jeunes et amoureux, portait au bras gauche la même devise : « D'une bleue dame ouvrée de bordure aux rayons du soleil, qui toujours était dessus leurs plus hauts vêtements. »

Messire Jean de Clermont, choqué de voir sa devise portée par le chevalier anglais, s'arrête tout court et lui dit brusquement :

« Chandos! depuis quand avez-vous empris à porter ma devise?

— Et vous la mienne, répondit John Chandos; car autant bien est-elle mienne comme vôtre?

— Je le vous nie, reprit l'autre; et si la souffrance (trêve) ne fût entre les nôtres et les vôtres, je le vous montrasse tantôt que vous n'avez nulle cause de la porter.

— Ha! s'écria John Chandos; demain au matin vous me trouverez tout appareillé de défendre et de prouver par faits qu'aussi bien est-elle mienne comme vôtre. »

A ces mots ils se séparèrent ; mais le maréchal français, en s'éloignant, dit d'un ton superbe :

« Chandos, Chandos! Ce sont bien des pompes de vous Anglais qui ne savent aviser rien de nouvel, mais tout ce qu'ils voient leur est beau. »

Le lendemain, au lever du soleil, le cardinal de Périgord fit un nouvel effort inutile pour empêcher une bataille entre les deux armées; mais, voyant que le roi de France était inexorable, il alla voir une seconde fois le Prince-Noir, et, en se séparant de lui, il lui dit :

« Beau-fils, faites ce que vous pourrez; il vous faut combattre ni je ne puis trouver nulle grâce d'accord ni de paix devers le roi de France.

— C'est bien l'intention de nous et des nôtres, répondit le prince; et Dieu veuille aider le droit! »

La position et l'effectif de l'armée du Prince-Noir avaient été très-exactement décrits par Eustache de Ribeumont dans le rapport de sa reconnaissance, si ce n'est que le prince avait mis à profit le répit obtenu par l'entremise du cardinal de Périgord, et que, dans l'intervalle, il avait fortifié la position de ses archers au moyen d'un fossé; en outre, il avait ordonné à un corps de trois cents gens d'armes et d'autant d'archers de traverser une colline à sa droite et de se mettre en mesure d'attaquer le flanc gauche de la division commandée par le Dauphin Charles. Les chevaux de son armée furent placés dans une enceinte formée des chariots et des harnais, et assez près pour pouvoir être montés en cas de besoin. Ayant pris toutes ses dispositions pour la bataille, le prince attendit résolùment avec sa petite armée, qui ne se composait de guère plus de huit mille combattants, tandis que celle du roi de France s'élevait à cinquante mille hommes, parmi lesquels il y avait plus de trois mille chevaliers.

Au moment où la bataille allait commencer, sir James Audley, brave chevalier anglais de l'armée d'Edouard, s'approcha du prince et lui dit qu'il l'avait toujours loyalement servi, lui et son père, et qu'il continuerait de les bien servir; qu'il avait fait le vœu, à la première bataille où serait le roi d'Angleterre, ou quelqu'un de ses fils, d'attaquer le premier et d'être le meilleur combattant à ses côtés ou de mourir à la peine; il supplia donc le prince de lui donner, comme récompense de ses services, la permission de quitter les rangs et de se placer de manière à accomplir son vœu. Edouard lui accorda sans hésitation ce qu'il demandait, et le chevalier vint se placer au front de l'armée, suivi seulement de quatre braves écuyers, qu'il avait toujours eus autour de lui comme gardes du corps.

Le roi de France, assuré de triompher, grâce à la supériorité de ses forces, et impatient d'engager la lutte, donna le signal du combat. L'attaque commença par les trois cents gens d'armes d'élite sous les ordres des deux maréchaux, messire Jean de Clermont et messire Arnoult d'Audeneham, qui chargèrent impétueusement les archers anglais et essayèrent de se frayer un chemin au travers ; mais ils furent pris de flanc par les archers des deux côtés de la haie, et leurs chevaux, percés des longues flèches à barbe des Anglais, n'ayant pu avancer, ils furent bientôt jetés dans la plus grande confusion. Sir James Audley, soutenu par ses braves écuyers, les attaqua en même temps avec une grande bravoure, et à la fin les gens d'armes français furent mis en déroute, et de leurs deux capitaines, l'un fut pris, le sir d'Audeneham, et l'autre tué. Ce détachement, ainsi culbuté, se replia sur la division commandée par le Dauphin, qui fut attaquée de flanc tout à la fois par les archers et les gens d'armes placés par le prince sous le couvert du coteau ; et les Français furent si cruellement traités par les flèches habilement dirigées des Anglais, qu'une foule de ceux qui étaient sur les derrières remonta à cheval et prit la fuite. A l'approche des troupes sous les ordres du prince de Galles, toute la division plia et abandonna le champ de bataille, entraînant avec elle le Dauphin (1) et ses deux frères, les comtes de Poitiers et de Touraine. La division sous les ordres du duc d'Orléans quitta aussi le terrain sans avoir pris part à l'action, de sorte que le roi de France resta seul, avec la sienne, pour soutenir tout le poids de la lutte. Quoique n'ayant presque aucune des qualités qui font un général d'armée, Jean n'était pas dépourvu de courage, et il montra qu'il était bon chevalier ; car il combattit à pied sous l'oriflamme, une hache d'armes à la main, jusqu'à ce que l'étendard fût perdu ; que messire Geoffroy de Chargny, qui le portait, fût tué en le défendant, et que la plus grande

(1) Le dernier continuateur de Nangis dit que le Dauphin, avec la division sous ses ordres, ne quitta le champ de bataille que lorsqu'il vit que son père avait été fait prisonnier. T. II, p. 240.

partie de ses chevaliers eussent été massacrés ou pris autour de lui. Il se rendit enfin, avec Philippe (1), son plus jeune fils, et fut emmené prisonnier dans la tente du Prince-Noir.

Cette bataille, si désastreuse pour les Français, se livra dans les champs de Maupertuis, près de Poitiers, le lundi 19 septembre 1356. Parmi les morts se trouvèrent beaucoup de seigneurs de la plus haute noblesse de France, au nombre desquels le connétable Gauthier de Brienne et le maréchal Jean de Clermont, outre cinq à six cents gens d'armes et six mille autres soldats. La poursuite fut continuée jusqu'aux portes de Poitiers, et le nombre des Français faits prisonniers fut tel, que beaucoup d'archers anglais et d'autres soldats particuliers en avaient jusqu'à cinq ou six. Les pertes des Anglais furent évaluées à dix-neuf cents gens d'armes et quinze cents archers (2).

La bataille de Crécy commença vers le coucher du soleil, et

---

(1) Philippe, plus tard duc de Bourgogne, acquit le surnom de *Hardi* pour être resté sur le champ de bataille avec son père, quand ses frères s'enfuirent tous sans coup férir. Pendant sa captivité en Angleterre, il frappa un échanson d'Edouard III, qui servait son maître avant le roi de France, en disant : « Qui t'a appris à servir le vassal avant le seigneur? — Vous êtes bien, en vérité, Philippe le Hardi! » dit Edouard, qui eut toujours la magnanimité d'admirer une action généreuse, même dans un ennemi. — Barante, *Hist. des ducs de Bourgogne*, t. I, p. 102.

(2) L'auteur que nous traduisons, dans sa description de la bataille de Poitiers, a suivi Froissart, qui, du reste, est le seul chroniqueur qui entre dans quelques détails à ce sujet. Néanmoins, comme, au point de vue militaire, le récit de l'historien laisse à désirer, nous avons obtenu de M. le capitaine Vinet, du corps d'état-major, qu'il voulût bien nous permettre d'ajouter à ce travail, pour l'expliquer, les notes prises par lui sur l'emplacement même de la bataille et le plan inédit qu'il a dressé de l'action, telle qu'elle a dû nécessairement se livrer. M. le capitaine Vinet, en commentant Froissart et en s'éclairant de l'inspection des lieux et des traditions du pays, a réussi à déterminer l'emplacement véritable du combat. Voir ces notes et le plan en question à la fin du volume.

l'arrivée de la nuit sauva les Français d'un plus grand massacre ; mais à Poitiers elle commença au lever du soleil et se prolongea jusqu'à midi. A aucune époque, paraît-il, les Français ne furent aussi malheureux en guerre ou ne montrèrent moins de connaissance de l'art militaire que sous les règnes de Philippe de Valois et de son successeur. Les Anglais leur furent partout supérieurs en tactique ; mais leur supériorité serait attribuée en grande partie à un corps d'archers bien exercés, qui, à Crécy, décida évidemment de la victoire et, à Poitiers, leur donna un avantage que leurs adversaires ne purent jamais reprendre. Cette sorte de troupe paraît avoir été peu estimée des Français (1) ; et quoiqu'à la bataille de Crécy ils eussent eux-mêmes un corps considérable d'archers, ce n'étaient que des mercenaires, et la flèche de l'arc des Génois fut loin de rivaliser avec le trait de l'arbalète anglaise.

(1) Du Cange, parlant d'une époque plus ancienne de cent ans que celle dont il s'agit ici, dit : « On n'a jamais réputé parmi les Français, pour une action de valeur, de tuer son ennemi avec l'arc, l'arbalète ou autre artillerie. On ne faisait état que des coups de main, d'épée et de lance, où on rendait des marques d'adresse. Et c'est pour cela qu'on interdit avec le temps l'usage des arbalètes, comme encore des flèches et des traits empoisonnés, et parce qu'il ne suffit pas de se défaire de son ennemi par quelque voie que ce soit, mais il importe, pour le vaincre, d'employer la belle force et de se servir des armes qui marquent la dextérité de celui qui les emploie. Il est constant que ces armes ont été défendues par les papes de temps en temps, et particulièrement au concile tenu à Rome sous le pape Innocent II, l'an 1139, c. 29. L'empereur Conrad fut un des princes chrétiens qui en interdirent l'usage pour cette même raison, ainsi que nous l'apprenons de Guillaume de Dôle, qui vivait avant l'an 1200... D'où il est aisé de juger qu'il faut interpréter favorablement les termes du poëte breton, au liv. II de sa *Philippide*, lorsqu'il dit que Richard Ier, roi d'Angleterre, inventa les arbalètes, ce que l'on doit interpréter de l'usage de cette forme d'armes, qu'il fit revivre de son temps. Ce qui est tellement vrai, que nous lisons à toutes rencontres dans les histoires des premières guerres saintes qu'on se servait des arcs et des arbalètes. » *Mémoires de Joinville*, part. I, *Observations* de Du Cange, n° 113.

Le prince de Galles, grâce à son triomphe inespéré, eut occasion de montrer qu'il possédait d'autres vertus que le courage et le talent militaire. Il traita son prisonnier, le roi de France, avec tous les égards dus à son âge et à son rang, et il n'oublia point ceux de ses soldats, qui, sur le champ de bataille, avaient donné de hautes preuves de valeur. A sir James Audley, qui avait été grièvement blessé dans le combat, il accorda, comme au plus brave, une pension de cinq cents marcs, que le chevalier, cependant, distribua généreusement aux quatre écuyers qui avaient combattu à ses côtés et l'avaient emporté en lieu sûr, quand ses blessures l'eurent mis dans l'incapacité de continuer la lutte. Le prince, en apprenant dans la suite que sir James Audley avait abandonné la gratification qu'il lui avait accordée, envoya savoir auprès du chevalier si le présent ne lui avait pas été agréable. Le chevalier répondit que les quatre écuyers, qui l'avaient fidèlement servi et l'avaient mis à même d'accomplir son vœu, l'avaient jusqu'alors suivi sans récompense, et qu'il avait cru ne pouvoir faire un meilleur usage de l'argent que de les en gratifier. Il ajouta qu'il n'avait aucun désir d'amasser des richesses, attendu qu'il en avait assez pour lui-même. Edouard, frappé d'admiration devant la générosité et le désintéressement du chevalier, lui donna une nouvelle pension sur certaines terres qu'il avait en Angleterre. Il emmena ensuite le roi de France avec lui à Bordeaux, où il passa l'hiver en fêtes au milieu de ses soldats anglais et gascons.

CHAPITRE VIII.

Conséquences désastreuses de la bataille de Poitiers. — Convocation des Etats-Généraux. — Dissentiments entre le Dauphin et l'Assemblée. — Bertrand Du Guesclin au siége de Rennes. — Il accepte le défi de messire Guillaume Blancbourg. — Combat avec Troussel.

La bataille de Poitiers eut pour conséquence désastreuse de conduire la monarchie française sur le bord de l'abîme. Le roi était prisonnier, la fleur de la noblesse avait péri dans le combat ou avait été faite prisonnière, tandis que la plus grande partie de ce qui en restait s'était déshonorée en abandonnant lâchement le monarque ou en fuyant à la débandade, presque sans coup férir. Le dauphin Charles était alors âgé de vingt ans. Il ne pouvait, en conséquence, paraître un soutien suffisant pour le trône ébranlé, sans compter que, dans l'opinion du peuple, il ne valait guère mieux que le reste de la noblesse. Lui aussi, il avait fui du champ de bataille avec plus de huit cents lances, sans même approcher l'ennemi. L'armée vaincue était démoralisée et dans une complète désorganisation, et le trésor était vide.

Pour apporter remède à cet état de choses, tous les prélats de la sainte Église, les évêques et les abbés, tous les nobles, seigneurs et chevaliers, le prévôt des marchands de Paris et les bourgeois de cette capitale, avec les conseils des bonnes villes du royaume de France, s'assemblèrent à Paris le 15 octobre

1356 (1). Heureusement pour la France, le royaume n'était point attaqué alors par des ennemis étrangers, quoiqu'en Normandie messire Godefroy d'Harcourt, l'ennemi acharné et implacable de la maison de Valois, ravageât le pays autour de Saint-Lô et les faubourgs d'Evreux et d'Avranches. Un des premiers actes des États-généraux fut d'envoyer, pour arrêter ses incursions, une troupe de huit cents lances. Messire Godefroy, avec des forces de beaucoup inférieures, ne refusa pas le combat, et quoique accablé par le nombre, il ne voulut ni fuir ni se rendre et succomba, la hache d'armes à la main, avec une résolution et un courage que personne ne surpassa dans ce siècle guerrier.

Les Etats, une fois rassemblés, commencèrent par rechercher de quelle manière, en l'absence du roi, le royaume serait gouverné, et, en second lieu, à l'exemple surtout des anciens parlements anglais, comment il serait procédé à un redressement des griefs. Pour exécuter leur premier objet, ils décidèrent que le clergé choisirait douze (2) personnes dans son propre sein, avec un nombre égal pris dans chacun des deux autres ordres, et que ce conseil ainsi formé serait investi des pouvoirs les plus étendus pour le gouvernement du royaume. Par ce partage de l'autorité entre le clergé, la noblesse et la bourgeoisie, l'égalité des ordres était consacrée; mais dans la suite, bien que tout se fît au nom des trois Etats, le clergé et le Tiers profitèrent du mépris et de la haine du peuple contre la noblesse pour se

---

(1) Froissart, liv. I, part. II, p. 363. — « Le duc de Normandie, dit Secousse, en convoquant les états pour le 15 d'octobre, ne fit qu'avancer de six semaines l'assemblée, qui avait été indiquée, il y avait près d'un an, par le roi, pour la saint André suivante. » *Hist. de Charles le Mauvais*, t. I, part. I, p. 107.

(2) D'après les *Chroniques de France*, ch. XX, le clergé ne nomma que quatre députés. Note de Buchon dans Froissart, liv. I, part. II, p. 363. — Voir Secousse, *Hist. de Charles le Mauvais*, part. I, p. 112.

rendre seuls maîtres des délibérations du corps entier (1). En constituant ce comité, les Etats généraux parurent avoir été mus par le désir de contrarier le Dauphin Charles; car, au nombre des députés élus par le clergé, se trouvait Robert le Cocq, évêque de Laon, prélat intrigant et ambitieux, qui, malgré tous les bienfaits dont il avait été comblé par Philippe de Valois et son successeur, n'hésita point à se mettre à la tête du parti qui se forma contre le Dauphin. Etienne Marcel, le prévôt des marchands de Paris, homme intéressé, ambitieux, violent et cruel, et ennemi implacable du prince, fut aussi nommé membre du conseil par le Tiers-Etat (2).

Avec ces éléments d'opposition dans l'assemblée contre le gouvernement du Dauphin, les Etats généraux commencèrent par rechercher « ce que le grand trésor qu'on avait levé au royaume en temps passé, en dixièmes, en maltôtes, en subsides et en forces de monnoyes, et en toutes autres extorsions, dont leurs gens avaient été formenés et triboulés, et les soldats mal payés, et le royaume mal gardé et défendu, était devenu (3). »

Après de longs débats à huis clos, les Etats décidèrent qu'un subside serait accordé, mais qu'en même temps on représenterait au Dauphin les très-nombreux abus qu'ils disaient s'être introduits dans le royaume ; et ils lui demandèrent de porter à tous ces maux un remède efficace. Ils dénoncèrent sept officiers du roi, à la tête desquels étaient le chancelier, Pierre de Laforest, archevêque de Rouen, et Simon de Bucy, premier président du parlement de Paris, comme les auteurs de tous les

---

(1) Secousse, *Hist. de Charles le Mauvais*, part. I, p. 109.
(2) Secousse, *Hist. de Charles le Mauvais*, part. I, pp. 109-111.
(3) La maltôte, dit Buchon, *Chroniques de Froissart*, t. XII, p. 254, *note*, était un impôt extraordinaire levé pour la première fois en 1296 par Philippe le Bel. C'était d'abord le centième, puis le cinquantième des biens des laïques et du clergé. — Voir aussi Du Cange, *Gloss.*, au mot *Tolta*.

désordres existants; ils requirent l'arrestation des accusés et l'examen des charges élevées contre eux par des commissaires que nommeraient les Etats. Le Dauphin rejeta d'une manière absolue toutes ces demandes, non-seulement comme autant d'atteinte à l'honneur du roi son père, attaqué dans ses officiers, mais comme des actes ayant pour objet de le dépouiller lui-même de toute autorité. En conséquence, le 2 novembre, il dissout les Etats et ordonne aux députés de retourner chez eux.

Le Dauphin, n'ayant pu obtenir un subside des Etats généraux, publia un ordre pour la fabrication d'une nouvelle monnaie, cet expédient ordinaire des princes faibles et dans le besoin, qui espèrent par là faire quelque profit. Le projet, néanmoins, échoua tout à fait d'avance par l'opposition obstinée d'Etienne Marcel, le prévôt des marchands de Paris et le prince se vit bientôt dans la nécessité de convoquer une seconde fois les trois ordres, qui se réunirent à Paris, le 3 mars 1357. Les Etats, dans cette nouvelle session, réussirent à faire admettre toutes les demandes qui avaient été repoussées dans l'autre, et le Dauphin acquiesça même à de nouvelles, qui lui furent faites. Par cette victoire des Etats généraux, un fort élément démocratique fut introduit dans le gouvernement, et le prince ne garda guère plus qu'une ombre vaine de pouvoir.

Trois semaines après l'ajournement des Etats généraux, une trêve fut conclue à Bordeaux, le 25 mars, entre les royaumes de France et d'Angleterre, pour la durée de deux ans. Le duché de Bretagne fut compris dans la trêve; mais le duc de Lancastre, que le roi de France avait laissé derrière lui quand il marcha à la rencontre du prince de Galles, alors occupé à saccager ses provinces, essaya de suivre le roi et de joindre ses forces à celles du Prince-Noir. Toutefois, n'ayant pu traverser la Loire au pont de Cé, le duc descendit le fleuve et vint mettre le siége devant Rennes, le 3 octobre 1356. La ville fut défendue par le Boiteux du Penhoët, un des plus braves capitaines au service de Charles de Blois, et le siége se prolongea jusqu'après la conclusion du traité de Bordeaux, au printemps de 1357.

C'est à ce siége de Rennes que Bertrand Du Guesclin paraît pour la première fois comme un personnage historique. Voici, en effet, en quels termes Froissart l'introduit sur la scène, dans ces pages qui ont donné l'immortalité à tant de noms : « Et y était adonc un jeune bachelier qui s'appelait messire Bertrand Du Guesclin, qui depuis fut moult renommé au royaume de France et au royaume d'Espagne par ses grandes prouesses. » Jusque-là il n'avait point attiré l'attention du grand chroniqueur, quoiqu'il ne fût pas resté inactif depuis l'heureuse attaque du château de Fougeray.

Au siége de Rennes, Bertrand Du Guesclin, par sa bravoure et sa belle conduite, se fit d'abord remarquer de Charles de Blois, et bientôt après fixa sur lui les regards de toute la France. Il n'était pas dans la ville quand le duc de Lancastre se présenta devant les murs, et il fit de nombreux et inutiles efforts pour y pénétrer, afin d'assister les assiégés et de visiter ses parents; mais elle était si étroitement investie de toutes parts, que la garnison ne put obtenir ni secours ni approvisionnements du dehors. Bertrand tint avec ses hommes la forêt près de la ville, et il fit de fréquentes attaques de jour et de nuit contre le camp du duc, en poussant son cri de guerre accoutumé : « Guesclin! » Il fut ainsi utile à la garnison, en détournant l'attention de l'ennemi, surveillant ses mouvements et coupant ses convois. Le duc fut fortement inquiété par ces fréquentes attaques, et il demanda qui est-ce qui réveillait si souvent son armée. Il apprit d'un chevalier breton que son ennemi était « un jeune homme de moult grand parentez, qui s'était jà aventuré en plus de besognes que tous les chevaliers oncques firent en ce pays, à son âge. » Le chevalier lui raconta ensuite comment ce jeune homme avait attaqué et pris le château de Fougeray, dont il fut nommé sire. Le duc répondit « que, puisqu'il avait pris le château, il avait bien desservi (mérité) d'en être le sire; mais qu'il le voudrait bien ailleurs. »

Après un assaut général, où il perdit plus qu'il ne gagna, le duc se décida à employer la mine. Ce genre d'attaque avait été appréhendé par Penhoët, le gouverneur, qui ordonna à tous ceux dont les maisons touchaient aux remparts, de suspendre dans leur intérieur des vases de cuivre, afin de pouvoir se rendre compte, par la vibration, du progrès de la mine. Bertrand, qui eut connaissance de ce nouveau mode d'attaque par un prisonnier qu'il avait fait, n'en désira que plus vivement de pénétrer dans la ville. Afin d'y réussir, il fit contre le camp du duc une attaque de nuit, dans laquelle il prit quatre chevaliers, dont un fut dépêché par lui au chef ennemi avec ordre de lui dire qu'on le laisserait dormir, lui et ses hommes, si le duc voulait lui permettre, ainsi qu'à ses gens, d'entrer dans la ville. Non-seulement le duc refusa, mais il n'en pressa que plus activement le siége de la place.

Penhoët, par le moyen qu'il avait employé pour découvrir la mine, sut de quel côté diriger ses opérations, et dans peu de temps la mine de l'ennemi fut arrêtée par une contre-mine. Il en résulta un combat souterrain des plus opiniâtres entre les Anglais et la garnison de Rennes; mais, à la fin, cette dernière triompha, et tous les Anglais furent repoussés ou tués, et la mine détruite. Ce genre d'attaque ayant échoué, le duc eut recours à un autre expédient pour attirer la garnison hors de la place. Il savait que les habitants souffraient du manque de provisions, surtout de vivres; il fit donc lâcher un troupeau d'environ deux mille porcs en un pré voisin de la ville, dans l'espérance que la population sortirait pour les prendre et les emmener; mais le gouverneur, soupçonnant le dessein de son ennemi, usa du stratagème suivant pour avoir les porcs sans courir de risque. Il ordonna à un boucher de pendre près des portes de la ville une truie, qui, par ses cris aigus, ne tarda pas à attirer de ce côté tous les porcs de la prairie. Le pont-levis ayant été abaissé, la truie fut dépendue et elle entra aussitôt dans la place, suivie de tout le troupeau.

Ces provisions, quoique d'un très-grand secours dans une ville à demi morte de faim, furent bientôt épuisées, et le duc, échouant dans toutes ses tentatives pour la prendre de ruse, pressa le siége si étroitement de tous côtés, que les habitants se trouvèrent bientôt réduits, par le manque de vivres, à une grande extrémité. Penhoët proposa d'envoyer informer de leur situation Charles de Blois, alors à Nantes, et réunit un conseil à ce propos; mais la difficulté était de traverser sans danger les lignes du duc de Lancastre. Enfin, un des bourgeois, qui avait un grand nombre d'enfants et pas de pain à leur donner, proposa aux autres bourgeois, s'ils voulaient se charger de ses enfants, de tenter la chose à travers les lignes ennemies, en se faisant passer pour déserteur. Le gouverneur envoya un détachement en apparence à la poursuite de cet homme, comme pour faire croire à une désertion, et le stratagème réussit au comble de leurs vœux. Le bourgeois fut arrêté, conduit à la tente du duc de Lancastre, et ayant été questionné, il dit que les habitants étaient sur le point de mourir de faim; mais qu'ils attendaient pour le lendemain un grand convoi de provisions, escorté de quatre mille Allemands. Le duc tomba aussitôt dans le piége qui lui était tendu, et il envoya la plus grande partie de ses forces du côté par lequel devaient venir les prétendus approvisionnements. Les habitants de la ville eurent l'air de confirmer le récit du faux transfuge, en sonnant des instruments et faisant d'autres démonstrations de joie. A la nuit, le bourgeois de Rennes quitta le camp du duc de Lancastre, et le lendemain matin, de bonne heure, il s'avançait sur la route de Nantes, quand il fut arrêté par les vedettes de Bertrand Du Guesclin, à qui il fit connaître son véritable caractère et qu'il informa du succès de sa ruse. Bertrand fut ravi d'aise à cette nouvelle, et il prit immédiatement des mesures pour en profiter. Il rassembla ses gens, et au lever du soleil il attaqua le camp du duc, dont l'effectif avait été considérablement réduit par le détachement envoyé à la rencontre du prétendu convoi. Bertrand éprouva donc peu de résistance, et non-seulement il mit le feu aux tentes et aux baraques de l'ennemi, mais il eut le temps de ramasser une bonne provision de viande salée, de vin et de blé, qu'il introduisit avec lui dans la ville affamée. Il réunit ensuite les charretiers et autres personnes qui avaient amené les provisions du camp du duc, et, après en avoir payé le prix en entier, il leur rendit leurs chariots et leurs chevaux, et les renvoya avec un message de courtoisie pour le duc, lui proposant de le visiter en temps opportun et lui offrant les vins de la ville « pour radoucir son cuer. »

La généreuse conduite de Bertrand à l'égard des vivandiers de son armée fit une impression si vive sur le duc de Lancastre, qu'il désira grandement voir le chevalier breton ; et, de l'avis du comte de Pembroke, il lui envoya par un héraut l'invitation polie de visiter son camp, avec un sauf-conduit pour lui-même et quatre suivants. Le héraut fut admis dans la ville par le gouverneur, auprès duquel il s'enquit de Bertrand Du Guesclin. Bertrand, en ce moment, se promenait par les rues de la ville, vêtu d'une jaquette toute noire (1), suivi de six écuyers appartenant à sa compagnie, et portant sur l'épaule une grande hache d'armes. Le gouverneur montra Bertrand au héraut, qui s'écria, en le voyant, lui et sa compagnie :

« Par ma foi ! bien ressemblent brigands !

— Héraut, dit le gouverneur, je vous prie, ne lui dites fors

---

(1) « A celle jaque noire comme une crameillie. »

Cuvelier, v. 1580.

que grand'courtoisie, ou tost vous aurait assis sa hache sur l'oreille. »

Le gouverneur appela ensuite Bertrand, et l'informa qu'un héraut du duc de Lancastre désirait le voir. Le héraut, s'inclinant profondément, lui fait part du message de son maître et lui remet le sauf-conduit. Bertrand accepta aussitôt l'invitation et reçut le passeport, qu'il se fit lire; « car lire ne savait, n'escrire ne compter. »

Bertrand, sans perdre de temps, se rendit au camp du duc de Lancastre, où tout ce qu'il pouvait avoir de vanité personnelle dut se trouver pleinement satisfait; car, de toutes les tentes et de tous les pavillons, les soldats anglais coururent pour voir passer le partisan redouté, contempler sa carrure, deviser sur sa bonne mine et sur son air. Le duc le reçut avec beaucoup de bonté et le remercia d'avoir accepté son invitation sans défiance. Pendant l'entrevue, son hôte lui ayant demandé qui était son suzerain, Bertrand répondit « que le duc savait assez bien que c'était Charles de Blois, qui, du chef de sa femme, possédait le duché de Bretagne. »

« Charles n'aura le duché de Bretagne, reprit vivement le duc, qu'auparavant il n'y ait cent mille hommes tués.

— Monseigneur, dit Bertrand en souriant, bien crois je qu'on en tuera assez; mais davantage en auront ceux qui seront sauvés. »

Le duc fut charmé de la réponse de Bertrand et le pressa vivement d'entrer à son service, lui offrant les plus belles perspectives de position et de fortune qui pussent tenter la cupidité d'un pauvre chevalier: mais Bertrand, ayant écouté ses propositions, répondit, après avoir réfléchi un instant :

« Sire, jà ne plaise à Dieu que je la fasse ainsi; mais s'entre vous et monseigneur le duc Charles bonne paix était, adonc volontiers vous servirais-je. Vous savez, sire, se tout premièrement je vous avais servi et vous quittais pour autre servir qui serait votre ennemi, je vous aurais vilainement trahi et serais déloyal. »

Cette réponse ne satisfit pas seulement le duc, elle grandit encore Du Guesclin dans son estime. On apporta du vin et des confitures, et tous les chevaliers présents à l'entrevue en prirent.

Parmi les personnes de la suite du duc de Lancastre, qui se trouvaient là, il y avait messire Guillaume Blancbourg (1), frère du gouverneur de Fougeray, tué par Du Guesclin, comme il a été dit plus haut, après la reddition du château. Il s'approcha de Bertrand, et, en présence du duc, le provoqua au combat, lui offrant une joute en trois coups à la pointe de la lance. Bertrand, sans hésiter, s'en vient au chevalier, et, le prenant par la main, lui dit :

« Beau sire, grands mercis; par mon sacrement, je ne vous en faudrai. Vous en demandez trois, et, se Dieu plaît, vous en aurez six, si besoin vous en prend. »

Le duc sourit à cette saillie du chevalier breton et fixa le combat au lendemain. En ce moment, le héraut d'armes, qui avait remis le sauf-conduit à Bertrand, à Rennes, parut et, se mettant à genoux, raconta à son maître de quelle manière il avait été reçu, disant que le chevalier breton lui avait fait présent d'un *jupon* de soie et de cent florins d'or. Le duc fut si charmé de la générosité avec laquelle avait été traité son héraut, que, pour ne pas rester en arrière de Bertrand, il lui donna un

---

(1) Cuvelier, dans sa chronique en vers, l'appelle Brambore. L'auteur anonyme de la *Chronique de Bertrand Du Guesclin* écrit Brambrock, et les historiens bretons disent Blancbourg. Froissart nomme l'auteur du défi messire Nicolas d'Angourne (Daggeworth); mais Buchon, dans une note sur ce passage, dit : « On ne saurait nier le duel de Du Guesclin contre Blancbourg ou Brembroc; mais de l'humeur dont était le chevalier breton il est très-possible qu'il se soit battu aussi contre Daggeworth et que les deux récits soient également véritables. »

fort et beau coursier. Le cadeau fut accepté avec empressement; et, en recevant le cheval, Bertrand dit au duc :

« Sire, oncques ne trouvai duc, comte ne prince qui me donnât du sien la valeur d'un denier. Service n'ai dont eussiez mestier; mais, sauve mon honneur, je vous le rendrai, voire sans varier. Le cheval est beau, et ne sais s'il est bon, mais demain le voudrai devant vous essayer. »

Bertrand prit ensuite congé du duc et retourna à Rennes, où il fit part immédiatement au gouverneur de l'engagement qu'il avait pris pour une joute avec messire Guillaume Blancbourg, le lendemain, près du camp anglais. Penhoët essaya de le dissuader de tenir son engagement, par la raison que le parti ennemi voulait le prendre au piége; mais Bertrand manifesta la plus grande confiance dans la parole de chevalier du duc de Lancastre et déclara que la joute aurait lieu.

Le lendemain il se vêtit d'un « bon jupon, » étroitement boutonné, et d'un haubergeon ou cotte de mailles, sur laquelle il passa une « jacque. » Le gouverneur lui offrit un pectoral d'acier, qu'il refusa. Un fort bouclier et une lance complétaient son équipement. Il se rendit ensuite à l'église, où il entendit la messe et fit sa communion. Ses préparatifs étant terminés, il allait sortir de la ville, quand il rencontra sa tante, qui le cherchait et qui mit tout en œuvre, larmes et prières, pour le détourner de sa périlleuse entreprise.

« Otez votre heaume, dit-elle, et je vous irai baisant.

— Allez-en en l'hôtel baiser votre mari, répondit Du Guesclin, et préparez le dîner; car, si Dieu plaît, je reviendrai bientôt, avant qu'ayez le feu allumé. »

La confiance de Bertrand n'était partagée par aucun des bourgeois de Rennes; car, au moment où il quittait la ville, ils s'assemblèrent, chevaliers et gens du peuple, pour le voir, craignaient-ils, une dernière fois, se dirigeant vers les tentes de ses ennemis. A son arrivée, le duc de Lancastre fit publier que personne, armé ou non, n'eût à s'approcher des combattants de plus près qu'à la distance de vingt lances, ni à prêter aide à aucun d'eux. Lui seul, avec le comte de Pembroke, resta pour garder la lice. Bertrand et Blancbourg reçurent chacun leur bouclier et leur lance, et se mirent sur-le-champ en position d'attaque.

A la première course, Bertrand frappe le bouclier de son adversaire, et la lance, faisant voler des étincelles, perce sa cotte de mailles, sans lui faire de blessure; celle de Blancbourg, de son côté, frappe le bassinet de Bertrand, mais sans lui faire de mal non plus. Deux autres courses ont encore lieu à la lance, mais sans avantage pour personne. Bertrand s'approche alors de son adversaire, et lui dit :

« Blancbourg, vous en avez assez pour votre livraison. Se ne fût pour le duc, je vous en donnasse jà une autre.

— Recommençons, » répondit aigrement Blancbourg.

Les parties se préparèrent donc à une quatrième course. Au premier choc, la lance de Bertrand, frappant le bouclier de Blancbourg au-dessous du blason, perce sa cotte de mailles, lui entre dans le corps et le renverse de cheval. Bertrand épargna la vie de son ennemi, par déférence pour le duc de Lancastre, qui envoya un héraut le féliciter de la manière heureuse dont il avait rempli son engagement et lui dire qu'il pouvait quitter le terrain sans obstacle, quand il lui plairait. Bertrand offrit au héraut le coursier du chevalier vaincu et retourna à Rennes. Il y fut reçu avec des acclamations de joie par toute la population, et conduit au château, où un somptueux festin avait été servi pour lui.

Le soir du jour même où Bertrand avait quitté le camp anglais, le duc de Lancastre commanda une attaque contre la ville, vers l'heure de vêpres, au moyen d'une haute tour, que les assaillants traînèrent près des murs. L'assaut cessa à la nuit; mais un certain nombre de gens d'armes et d'archers furent laissés dans la tour pour la garder, le dessein du duc étant de recommencer l'attaque le lendemain de bonne heure. Cependant, dès le point du jour, par le conseil de Bertrand, un fort détachement de la garnison de Rennes, conduit par le gouverneur Penhoët et par Du Guesclin, sortit de la ville, attaqua la tour, tua les gardes et mit le feu à la machine. Après un vif combat au pied des murs, entre les Anglais et les Rennois, ces derniers rentrèrent dans la ville sans avoir éprouvé de pertes. Le duc de Lancastre, ayant échoué de cette manière comme dans tous les genres d'attaque qu'il avait essayés jusque-là, était très-disposé à lever le siége, d'autant plus qu'il avait reçu, à cet effet, un ordre formel d'Édouard III, daté du 28 avril, et qui ne lui parvint, toutefois, que le 30 juin 1357; mais il avait fait serment de n'abandonner la ville que lorsqu'il aurait planté son drapeau sur les portes. Pour le tirer de cet embarras, Bertrand, qui connaissait le serment du duc, proposa, dans une assemblée des barons et des chevaliers, de laisser arriver le duc de Lancastre aux portes avec dix hommes d'escorte, pour qu'il pût se dégager de son serment en plantant son pennon sur la porte d'entrée, s'il voulait immédiatement après lever le siége. Cet avis ayant été adopté, Bertrand fit part de la proposition au duc, qui demanda trois jours pour y réfléchir. Le lendemain, de bonne heure, par ordre de Bertrand, tout le monde fut invité à prendre les armes et à mettre sur les devantures et aux fenêtres des boutiques de la ville les provisions de pains, de blé, de viande et de poisson qui restaient encore. Ce jour-là, le duc entra dans Rennes, comme on le lui avait accordé, suivi de dix de ses hommes, et parcourut la ville pour en examiner les moyens de résistance et voir s'il y aurait lieu, d'après tout ce qu'il aurait pu constater, d'adhérer aux conditions proposées. Il fut reçu aux portes par Penhoët et Bertrand, qui le conduisirent par toutes les rues. Lorsque le duc vit, non-seulement « en la boucherie foison de chair de bœuf, bons agneaux, moutons gras, et dessus maint étal le mouton salé et le lard, et le pain et le blé, » mais encore la quantité d'hommes armés qu'il y avait dans la ville, il envoya chercher au camp une bannière par un héraut, monta lui-même sur les remparts et la planta sur les portes. Quand il fut descendu, on lui offrit du vin, qu'il but, et ensuite il quitta la ville avec son escorte. Quand il eut passé les portes, les bourgeois déchirèrent la bannière et la mirent à leurs pieds. Quoique grandement irrité de l'affront qu'on lui avait fait en traitant ainsi son drapeau, le duc plia ses tentes, mit le feu à ses baraques, et leva le siège le 3 juillet 1357. De là, il alla rejoindre le comte de Montfort à Auray.

Charles de Blois, ayant appris que le siège était levé, se rendit à Rennes pour remercier le gouverneur et les bourgeois de leur attachement à sa personne et pour exprimer à Du Guesclin sa satisfaction des efforts qu'il avait faits afin de lui conserver la capitale de son duché. Pour montrer que sa reconnaissance ne se bornait pas seulement à des paroles, Charles lui accorda la seigneurie de la Roche-Derrien, dans le comté de Penthièvre, afin de l'indemniser des dépenses qu'il avait faites à son service. Il le créa aussi chevalier d'armes, dignité supérieure qui ne doit pas être confondue avec le titre militaire dont il avait été gratifié au combat de Montmuran. Charles profita de la trêve de Bordeaux pour réparer ses pertes ; reconstruire ses forteresses et lever de l'argent pour sa rançon ; car il était toujours prisonnier sur parole.

Malgré la défense que le duc de Lancastre avait faite aux chevaliers anglais de se battre avec Bertrand Du Guesclin, ils recherchaient toutes les occasions de le provoquer en combat singulier. Un de ces chevaliers, du nom de Guillaume Troussel, dont le parent avait été fait prisonnier par Bertrand, adressa à celui-ci une lettre, le priant de donner la liberté à son cousin et lui envoyant en même temps une obligation comme garantie de la rançon qui serait stipulée ; mais Du Guesclin, pour des motifs particuliers, n'ayant pas cru devoir accéder à cette demande, Troussel, piqué du refus, lui envoie un cartel et lui propose trois lances et trois coups d'épée. Bertrand accepta, à condition que le vaincu payerait trois cents écus, pour régaler les spectateurs du combat. Le maréchal d'Audeneham fournit le champ à Pontorson, et fixa le jour de la bataille. Bertrand était en ce moment malade de la fièvre, et lorsque le duc de Lancastre connut cette circonstance, il réprimanda sévèrement Troussel d'avoir provoqué en duel un malade; mais Troussel répondit qu'il ignorait la chose, et il fit dire à Bertrand que le cartel était différé jusqu'à ce qu'il fût remis de son indisposition. Mais Bertrand répondit qu'il se portait assez bien et avait assez de force pour remplir son engagement; que, du reste, un chevalier n'était pas libre de retirer sa parole une fois qu'il l'avait donnée.

Le jour fixé, le maréchal d'Audeneham choisit deux vieux gentilshommes, qu'on ne pouvait suspecter de vouloir favoriser l'un ou l'autre des combattants, et les établit juges du combat. Il avait désigné deux hérauts pour la circonstance, et chacun des deux champions était assisté de deux parrains, deux écuyers, deux coutiliers et deux trompettes. Un pavillon fut dressé à chaque extrémité de la lice pour les combattants. Leurs armes furent apportées dans le milieu du champ, où un prêtre les bénit. Les motifs du cartel furent lus à chacune des deux parties, qui les approuvèrent et les ratifièrent; ensuite, leurs mains entrelacées les unes dans les autres, ils firent serment sur les saints Évangiles que la cause qu'ils défendaient était juste; que leurs armes n'étaient pas enchantées; qu'ils n'employaient, pour la garde de leur personne, ni charme ni sorcellerie, et qu'ils se comporteraient comme preux et nobles chevaliers. Après cela, ils reçurent leur armure. Les parrains leur ceignirent les épées, les écuyers leur amenèrent leurs chevaux et leur mirent leurs boucliers, et les coutiliers leur présentèrent la lance et la dague. Les champions se retirèrent un moment dans leurs tentes, et les hérauts publièrent qu'aucune assistance ne devait être donnée à l'une ou l'autre des parties, soit de regard, de parole ou de geste. Les trompettes sonnèrent ensuite le signal, et les combattants montèrent à cheval et se mirent en garde.

A la première charge, Troussel, par une maladresse, frappa l'arçon de Bertrand, ce qui donna beaucoup d'inquiétude à ses amis; mais Bertrand se remit, et il porta à son adversaire un si rude coup, qu'il lui traversa l'épaule de part en part. Troussel fut jeté à terre par la violence du choc. Il se rendit aussitôt, et paya les cent écus. Les écuyers des deux chevaliers reprirent ensuite le combat; mais, à la fin, ceux de Bertrand remportèrent l'avantage sur les écuyers de Troussel, « et l'on ne songea plus qu'à se bien divertir aux dépens des vaincus. »

CHAPITRE IX.

Nouveaux dissentiments entre le Dauphin et les États-Généraux. — Contraste entre les Français et les Anglais dans la formation de leurs constitutions respectives. — Mise en liberté de Charles le Mauvais. — Insolence d'Etienne Marcel. — Insurrection de la Jacquerie. — Mort de Marcel.

Tandis que ces événements se passaient en Bretagne, le Dauphin Charles, ou, comme on l'appelait alors, le duc de Normandie, s'efforçait de surmonter les difficultés dont il était environné de toutes parts. Les États-Généraux, sans fournir à ses besoins, l'avaient dépouillé de toute son autorité et de toute son influence. Ils n'eurent point égard non plus et firent même opposition à la volonté expresse de son père, le roi captif. Jean, apprenant à Bordeaux cette conduite des États-Généraux, fut très-irrité que l'on poursuivît ses fidèles conseillers et que l'assemblée usurpât tous les pouvoirs du gouvernement, au préjudice de son fils; en conséquence, il envoya un ordre, destiné à être publié à Paris, pour défendre la levée des subsides votés par les États et interdire aux députés de se réunir à l'époque fixée par l'assemblée précédente. La publication de cet ordre produisit dans Paris le plus grand trouble, et le mécontentement de la population monta à un tel point, grâce aux manœuvres de l'évêque de Laon, aidé d'Etienne Marcel, que le Dauphin fut forcé d'annuler l'ordre de son père et d'en publier un autre, le 8 avril 1357, à l'effet d'autoriser la levée du subside et de convoquer les États pour les premiers jours après Pâques (1).

Rien ne fait ressortir d'une manière plus frappante le contraste qu'il y a entre la nation française et la nation anglaise, comme la direction différente prise par les deux pays, dans la formation de leurs constitutions respectives. Dès l'avénement des rois normands, l'élément monarchique s'était considérablement affaibli en Angleterre, et l'on n'avait laissé passer aucune occasion, soit de faiblesse ou de mauvaise conduite du prince, sans en profiter pour étendre les priviléges et garanties du peuple aux dépens des prérogatives de la couronne. En France, ce fut précisément le contraire. Là, le pouvoir du monarque se fit d'abord à peine sentir. Il crût ensuite, cependant, en force et en crédit, surtout sous l'active administration de Philippe Auguste et de Philippe le Bel, jusqu'à devenir tout-à-fait absolu. S'il y avait eu dans l'esprit du peuple français quelque tendance à introduire l'élément populaire dans la constitution, l'occasion n'en pouvait être meilleure qu'à cette époque, où le roi était prisonnier, le dauphin un mineur sans popularité, et les nobles sans influence ; et il n'y eut jamais un règne, sous lequel il fût plus nécessaire de mettre une limite à l'exercice du pouvoir arbitraire et d'apporter quelque correctif au gaspillage des deniers publics, que celui où le roi par un acte de sa volonté propre faisait décapiter le comte d'Eu, arrêter et emprisonner le roi de Navarre, exécuter sur l'heure le comte d'Harcourt et d'autres ; où les trésors amassés pour les besoins publics étaient dissipés par le monarque en vaines parades, en

---

(1) M. Secousse a réuni et critiqué tous les passages des *Chroniques* qui éclairent cette période de l'histoire de France, et rectifié le récit de Froissart, en rangeant les événements dans leur véritable ordre de succession. *Histoire de Charles le Mauvais*, première partie, pp. 131-137.

prodigalités sans mesure faites à ses courtisans, et dilapidés par la négligence criminelle et la malversation de ses ministres. Mais il ne fut tiré aucun avantage de cet état de choses. Aucune tentative ne fut faite pour fixer la tenue des États-Généraux à des époques déterminées, et l'idée d'une charte ou garantie constitutionnelle quelconque, définissant les limites de la puissance royale, ne paraît s'être présentée à l'esprit d'aucun des législateurs de cette époque. Les membres de l'assemblée de 1357 ne semblent surtout avoir visé qu'à irriter et humilier le Dauphin. Ce but, ils l'atteignirent pleinement; car ils le forcèrent de revenir sur toutes les mesures qu'il avait prises en opposition avec leur volonté. Il dut donc être agréable à Charles de voir s'amoindrir dans la suite l'influence de ce corps, qui fut tellement assujetti aux caprices de Marcel et des bourgeois de Paris, que les nobles, et même les prélats, se dégoûtèrent des actes faits en leur nom par les états et refusèrent de prendre part plus longtemps aux délibérations (1).

(1) Froissart, chap. CCCLXXXII. — L'évêque de Laon, parmi le clergé, et Jean de Pequigny, parmi les nobles, restèrent encore attachés au parti populaire. Voici les raisons données par Secousse, *Histoire de Charles le Mauvais*, t. I, p. 140, du discrédit des députés :

« 1. Les gens d'église et les nobles ne purent souffrir que des bourgeois se fussent emparés presque seuls d'une autorité qui aurait dû être partagée également entre les députés des trois ordres.

« 2. Les députés de presque toutes les villes du royaume reconnurent l'iniquité des projets ambitieux des bourgeois de Paris, qui voulaient se rendre les seuls maîtres du gouvernement.

« 3. L'aide accordée par les États produisait peu d'argent; non-seulement parce que le clergé et la noblesse ne voulaient pas la payer, mais encore parce que les États avaient fixé des gages si exorbitants à ceux qu'ils avaient choisis pour lever cette aide, que ces gages absorbaient presque entièrement l'argent qu'on en retirait.

« 4. Enfin, Marcel et les autres chefs de sa faction, peu touchés du bien public et ne songeant qu'à leurs intérêts particuliers, abusaient de leur pouvoir pour piller le royaume, et amassaient des richesses immenses. »

Charles essaya de profiter du discrédit dans lequel étaient tombés les députés des Etats, et fit d'utiles efforts pour gouverner le royaume sans eux. Après avoir énergiquement signifié à Marcel et aux autres bourgeois de Paris qu'il ne voulait plus de curateurs, et leur avoir défendu de se mêler davantage du gouvernement du royaume, il quitta Paris et s'adressa personnellement, pour avoir un aide, à plusieurs des villes du royaume. Mais il ne paraît pas qu'il ait obtenu de succès. Il semblerait, au contraire, par sa conduite subséquente, que ces démarches ne produisirent pas de résultats utiles; car il rentra bientôt à Paris, se mit plus complètement que jamais sous l'influence de la faction dirigée par Marcel, et ordonna une nouvelle session des Etats-Généraux pour le 7 novembre. Comme surcroît d'humiliation, il se trouva trop faible pour contenir l'insolence de Marcel, qui continua à écrire aux députés des lettres, dans lesquelles le nom du Dauphin était joint au sien propre (1).

A la réunion des Etats-Généraux, qui eut lieu le jour indiqué, rien ne fut fait pour subvenir aux nécessités ou alléger les difficultés du Dauphin. Par le fait de quelques-uns des membres de cette assemblée, les embarras du prince s'étaient considérablement accrus; car, le second jour, Jean de Pequigny, à l'instigation et avec l'aide d'Etienne Marcel (2), tira de la prison, où il était enfermé depuis vingt mois, Charles, roi de Navarre, l'ennemi acharné de la maison de Valois, qui, par son ambition déréglée, son inconstance, sa mauvaise foi, ses trahisons, sa cruauté et ses crimes, acquit parmi ses contemporains l'odieux surnom de *Mauvais*, que l'histoire a perpétué. Les partisans du

---

(1) Secousse, *Hist. de Charles le Mauvais*, t. I, p. 144. — Secousse ne dit pas précisément ce que porte le texte anglais que nous traduisons. A l'endroit auquel renvoie notre auteur, on lit seulement ceci : « Marcel eut l'insolence d'écrire aussi aux députés des lettres qu'il joignit à celles du duc de Normandie. »

(2) Froissart, chap. CCCLXXXIII.

Dauphin manifestèrent la crainte que l'élargissement du roi de Navarre ne fût préjudiciable à la chose publique, en livrant le royaume à un ennemi irréconciliable et peu scrupuleux du prince, et en donnant un chef puissant et actif à la faction populaire dirigée par Marcel. Ces appréhensions ne tardèrent pas à se réaliser; car Charles le Mauvais se hâta, sans perdre de temps, de venir à Paris, où il fut bien reçu, et bientôt après, « dans une assemblée de toutes manières de gens, prélats, chevaliers, clercs de l'Université de Paris, et tous ceux qui y voulurent être, il prêcha et remontra d'abord en latin, moult courtoisement et moult sagement, présent le duc de Normandie (1), en lui complaignant des griefs et des villenies qu'on lui avait faites à tort et sans raison... Et sachez que ses sermons et ses langages furent volontiers ouis et moult recommandés; et ainsi petit à petit entra en l'amour de ceux de Paris, et tant qu'ils avaient plus de faveur et d'amour à lui qu'ils n'avaient au régent, le duc de Normandie; et ainsi de plusieurs autres bonnes villes et cités du royaume de France (2). »

Charles le Mauvais, par ses discours et avec l'aide des partisans qu'il avait à Paris, gagna tant de monde à sa cause, que le Dauphin fut forcé de se ménager une réconciliation avec lui; mais ni traité ni promesse ne lièrent jamais un homme sans foi comme le roi de Navarre qu'autant qu'il y avait son intérêt, ainsi que le régent s'en aperçut bientôt aux intrigues que Charles noua avec les turbulents bourgeois de Paris. De tous, le plus inquiet et le plus dangereux était le prévôt des marchands,

---

(1) Buchon, *Chronique de Froissart*, chap. ccclxxxv, *note*, doute avec raison de l'exactitude du fait, dont ne parle pas le chroniqueur de Saint-Denis, et qui, du reste, paraît invraisemblable.

(2) Froissart, chap. ccclxxxv. — Le dernier continuateur de Nangis, t. II, p. 250, dit que Charles le Mauvais prit pour texte du sermon en question ces paroles du psaume X, v. viii : » *Justus Dominus et justitias dilexit; æquitatem vidit vultus ejus.* » — *Cont. Chron. Guil. de Nangiaco*, t. II, p. 250.

Etienne Marcel. Plein de confiance dans le pouvoir et l'influence du roi de Navarre, Marcel s'enhardit jusqu'à pousser à ses dernières limites l'insolence avec le Dauphin, et il satisfit son ressentiment contre le représentant de son souverain en trempant ses mains dans le sang de ses plus intimes conseillers. Répandant parmi ses partisans que le Dauphin n'entendait apporter aucun remède efficace aux grands maux qui pesaient alors si lourdement sur la France, et que cette inertie était le résultat des gens de son entourage, Marcel et certains autres bourgeois de Paris concertèrent ensemble les moyens d'éloigner sûrement de la cour du prince les personnes suspectes. Comme marque distinctive de la ligue formée entre eux pour l'exécution de leur audacieux projet, ils se coiffèrent tous de chaperons mi-partie rouges et mi-partie bleus. Après avoir arrêté leur plan, ils s'assemblèrent en un grand corps, se rendirent au palais et montèrent sans cérémonie jusqu'à l'appartement où était le prince. Cette tumultueuse visite, tout à fait inattendue, surprit singulièrement le Dauphin et ceux de sa cour; mais Marcel ne les tint pas longtemps en suspens, car, allant droit au Dauphin, il dit avec mépris :

« Seigneur mon duc, ne vous effrayez point; nous avons une exécution à faire ici. »

Puis, se retournant vers ses hommes, il ajouta :

« Oh ! mes chers, faites en bref ce pourquoi vous êtes venus. »

Sans autre commandement, les complaisants séides de Marcel tirent leurs épées et se jettent comme des forcenés sur deux des conseillers du Dauphin, Robert de Clermont, maréchal de Normandie, et Jean de Conflans, maréchal de Champagne, qui furent massacrés aux pieds mêmes de leur maître (1). Les assassins

---

(1) *Contin. Nangis*, t. II, p. 249, note 2; et Secousse, *Hist. de Charles le Mauvais*, t. I, p. 192.

trainent ensuite les corps mutilés de leurs victimes par le grand escalier du palais jusque dans la cour, où ils les laissèrent exposés aux regards de tout le monde. Les autres conseillers du prince fuirent, dans un sauvage effroi, cette scène sanglante. L'un d'eux, Regnault d'Acy, éloquent avocat de Paris, fut poursuivi et massacré dans une rue voisine de sa demeure.

Cet horrible attentat, commis en sa présence, le prince était alors trop faible pour le châtier; content pour le moment de sauver sa propre vie, il fut forcé de subir l'humiliation de se coiffer du bonnet révolutionnaire de ses sujets révoltés, et de pardonner aux auteurs du meurtre sur la place même où il avait été commis (1).

La dernière session des Etats-Généraux, qui avait été convoquée pour le 13 janvier 1358, ne commença que le 24 de ce mois; mais elle ne fut d'aucune aide au Dauphin. Ce corps avait maintenant perdu presque toute influence. Il était à peu près exclusivement formé de membres du Tiers-Etat; « il y avait quelques gens d'église, mais il ne s'y trouvait pas un seul noble (2). » Le jeune prince, voyant qu'il ne pouvait espérer ni aide ni sympathie de la part des Etats-Généraux, et craignant pour sa sûreté personnelle de l'insolence audacieuse de Marcel, sans

(1) *Contin. Nang.*, t. II, pp. 247-249. — Froissart, liv. I, part. II. — Cet incident est rapporté avec certaines variantes sans importance dans les *Chroniques de Saint-Denis*, fol. 277, verso, col. 1. Après avoir décrit le massacre des deux conseillers, le moine de Saint-Denis ajoute : « Le prince, effrayé de ce qui venait de se passer sous ses yeux et se voyant abandonné, conjura le prévôt des marchands de le sauver. Marcel répondit qu'il n'avait rien à craindre, et en même temps lui donna son chaperon, qui était composé de rouge et de bleu, le bleu du côté droit, comme en portaient ceux de son parti à Paris; et il prit le chaperon du duc, qui était brun foncé, et il le porta tout le jour, tandis que monseigneur le duc porta celui du prévôt. » — Voir Secousse, *Hist. de Charles le Mauvais*, part. I, pp. 181, 182.

(2) *Chroniques de Saint-Denis*, fol. 176, verso, col. 2. — Secousse, *Hist. de Charles le Mauvais*, t. 1, p. 172.

compter que sa propre impopularité ne faisait que grandir auprès des factieux bourgeois de Paris, résolut de s'éloigner de cette ville et de lever des troupes pour la réduire à l'obéissance. D'autres graves embarras l'attendaient. Outre les incursions des grandes compagnies, dont nous aurons occasion de parler longuement ci-après, il y eut un vaste et inquiétant soulèvement de la populace sur beaucoup de points du royaume de France, « si comme en Beauvoisis, en Brie, et sur la rivière de Marne, en Valois, en Laonnois, en la terre de Coucy et entours Soissons (1). »

Ce mouvement formidable, qui ne fut probablement que le résultat naturel des malheurs de l'époque, et qui est connu dans l'histoire de France sous le nom de *Jacquerie*, tendait à la destruction de la noblesse, et avait pour chef un homme « qui était le pire des mauvais, et ce roi on appelait Jacques Bonhomme (2). » Cette insurrection de la *Jacquerie*, décrite par Froissart d'une manière si simple, pourtant si énergique, et qualifiée par lui de « grand'merveilleuse tribulation, » produisit la plus grande consternation par toute la France. Dans ses impitoyables ravages, elle n'eut rien de sacré ; ni âge ni sexe ne furent épargnés, et l'église partagea le sort du château.

Froissart, dont les sympathies semblent toujours avoir été pour ceux de sa propre condition, n'assigne pas d'autre cause à une insurrection si étendue que la raison donnée par quelques-uns des malheureux eux-mêmes, qui, interrogés sur le motif

---

(1) Froissart, liv. I, part. II, p. 375.

(2) Froissart, liv. I, part. II, p. 376. — Jacques Bonhomme ne fut probablement que le sobriquet de ce fameux brigand. Le dernier continuateur de Nangis dit, cependant, que *Jacques Bonhomme* était un terme de dérision appliqué par les nobles aux paysans, en 1356, deux ans avant l'insurrection de la jacquerie. Tome II, p. 238. Le chef de cette insurrection est appelé Guillaume Callet par les vieux chroniqueurs français, et *Karle* par le dernier continuateur de Nangis, t. II, p. 262.

de leur conduite, répondaient : « Qu'ils ne savaient, mais ils le voyaient aux autres faire, si le faisaient aussi, et pensaient qu'ils dussent en telle manière détruire tous les nobles et gentilshommes du monde, par quoi nul n'en pût être. »

D'un autre côté, le dernier continuateur de Nangis, qui ne cache pas ses sympathies pour Etienne Marcel et le parti populaire, assigne des causes plus réelles à une insurrection qui s'étendit à cent mille hommes (1). « Dans l'été de 1358, dit-il, les paysans, qui habitaient autour de Saint-Leu de Cherunt et de Clermont, dans le diocèse de Beauvais, voyant les malheurs qui les accablaient de tous côtés, et que leurs seigneurs, loin de les défendre, les opprimaient et leur faisaient plus de mal que les ennemis, *crurent que les lois de la justice leur permettaient de se soulever contre les nobles de France* (2). »

Le sort de la *Jacquerie* n'est qu'un exemple de plus de l'issue misérable qu'ont toujours eue les insurrections de la populace. Leur ignorance de l'usage des armes et leur manque de moyens convenables, la difficulté d'exécuter leurs desseins par une action de concert et le défaut de confiance entre eux font de ces gens-là un faible ennemi en présence de quoi que ce soit qui ressemble à de la discipline, et les excès auxquels les entraînent toujours leurs passions brutales réunissent contre eux en une commune entente toutes les autres classes. Après avoir

---

(1) C'est l'évaluation de Froissart, liv. II, part. II. — Le dernier continuateur de Nangis ne parle que de cinq mille, *quinque millia*; mais cette estimation peut s'être rapportée à quelque bande particulière, ou bien ne faut-il voir là qu'une erreur de copiste.

(2) Les lignes entre guillemets sont les paroles mêmes du second continuateur de Nangis, telles qu'on les trouve traduites dans Secousse, *Hist. de Charles le Mauvais*, t. I, p. 236. Notre auteur paraît les avoir reproduites d'après Buchon, et il a changé la dernière phrase en celle-ci : *résolurent de se soulever contre les nobles de France.* Nous avons cru devoir restituer le texte, quoi qu'on doive penser des expressions soulignées. *Cont. Nang.*, t. II, p. 263.

commis les actions les plus atroces, ces paysans se rassemblèrent dans la ville de Meaux, et, avec l'aide d'un corps considérable d'individus venus de Paris, assiégèrent la place fortifiée du marché, où s'étaient réfugiés la duchesse de Normandie, femme du Dauphin, le duc et la duchesse d'Orléans et d'autres dames, au nombre de trois cents. Ici la Jacquerie fut combattue par le courage discipliné du fameux Gaston Phœbus, comte de Foix, et du captal de Buch, revenant en ce moment de Prusse avec une suite de quarante lances seulement. Ces vaillants chevaliers, apprenant que plusieurs nobles dames étaient assiégées dans la place du marché par une tourbe infâme, s'y jetèrent sans hésiter un instant, avec tout leur monde, et, aidés du duc d'Orléans, ils tombèrent sur ces paysans mal armés et sans discipline, en précipitèrent une foule dans la rivière, en « abattirent à grands monceaux, » jusqu'à ce que la troupe victorieuse fût fatiguée de tuer, et dispersèrent le reste aisément. Après leur déroute de Meaux, les misérables créatures ne se rassemblèrent plus, et l'insurrection céda partout (1).

La Jacquerie étouffée, le Dauphin se trouva délivré d'un de ses plus grands embarras; car les grands vassaux de la couronne, ne craignant plus désormais pour leurs personnes et leurs propriétés, purent se joindre à leur prince pour réduire la ville de Paris à l'obéissance. Etienne Marcel, dont le pouvoir et l'influence auprès des habitants de cette ville avaient été jusque-là illimités, s'apercevait maintenant que sa popularité commençait à décroître; et, comme ses méfaits et son insolence envers le Dauphin ne lui laissaient aucun espoir de pardon de ce côté, il s'unit plus étroitement au roi de Navarre, qu'il fit nommer capitaine de la ville de Paris (2). Marcel espérait par

---

(1) Froissart, liv. I, part. II, pp. 377, 378, et le récit du Bascon de Mauléon à Froissart, liv. III, p. 407.

(2) La nomination du roi de Navarre comme capitaine de la ville de Paris paraît avoir été oubliée par Froissart. Elle est mentionnée par le

là travailler pour sa propre sûreté et accroître en même temps
les difficultés du Dauphin. Celui-ci, qui avait établi son quartier
général dans les environs de Paris, au pont de Charenton, avançait peu dans son œuvre de réduction de la capitale. Il écouta donc
les propositions d'accord avec le roi de Navarre qui lui furent faites; mais tous les efforts pour arriver à une réconciliation avortè-
rent, par la mauvaise foi de ce dernier. Toutefois, un incident en
apparence peu important fit pour le Dauphin ce qu'il n'aurait
pu obtenir ni par la force ni par les négociations.

Une rixe entre un corps de soldats anglais à la solde de
Marcel, au nombre de trois cents, et les bourgeois de Paris,
aboutit à un conflit dans lequel il y en eut une quantité considérable de tués. Les soldats furent arrêtés et emprisonnés par les autorités, pour apaiser l'irritation des bourgeois de Paris; mais ils
furent relâchés la nuit suivante par Marcel, qui désirait surtout de
ne pas se mettre mal avec ses alliés anglais. Dans le même temps,
les camarades des soldats anglais massacrés, qui étaient hors
de la ville, résolurent de venger la mort des leurs. Ils provo-
quent, en conséquence, une sortie de la garnison de Paris, et
l'attirent dans une embuscade, où près de mille hommes de
cette garnison furent tués dans le combat ou dans la poursuite.
Marcel ne fut pas seulement soupçonné de complicité avec les
soldats anglais dans ce massacre de ses concitoyens, mais on
lui prêta encore le dessein de vouloir introduire des soldats
étrangers dans la ville pour imposer à ses ennemis personnels
ou s'en débarrasser. Tandis qu'il était sous le coup de ce
soupçon, il se trouva impliqué, un soir, dans une querelle avec
certains partisans du Dauphin, à la porte Saint-Antoine, où il
cherchait à réduire l'effectif de la garde et voulait reprendre les

---

dernier continuateur de Nangis, t. II, p. 259, et dans les *Chroniques de
Saint-Denis*, fol. 185, recto, col. 1. — Voir Secousse, *Hist. de Charles
le Mauvais*, part. I, p. 258.

clés aux guichetiers, comme il l'avait fait en d'autres endroits : la dispute s'animant, il fut frappé par une des sentinelles et resta sur le carreau. Son escorte, composée de cinquante-quatre hommes, fut immédiatement attaquée, et tous y périrent. Avec Marcel, expira la faction dont il était l'âme, et le lendemain, 3 août 1358, le Dauphin rentra dans Paris, non-seulement sans opposition, mais avec toutes sortes de démonstrations de joie de la part de ses habitants (1).

La mort de Marcel débarrassa le Dauphin des menées d'un ennemi aussi audacieux que peu scrupuleux, et livra entièrement entre ses mains la ville de Paris ; mais elle raviva les machinations du roi de Navarre, qui en vint à jeter dans le dernier désordre tout le royaume. Non-seulement il envoya un défi au prince, mais il rassembla de tous les côtés une grande force, qu'il paya libéralement avec l'argent qui lui avait été procuré par Marcel. Il envahit et pilla la Picardie et le voisinage de Paris, prit de vive force ou par artifice une quantité de villes fortifiées et de châteaux, et causa partout où il parut la plus grande consternation et les plus grands maux. Le Dauphin semble avoir été spectateur oisif de tous ces actes d'hostilité, car il ne fit rien d'efficace pour les combattre. Il paraissait atterré par les difficultés réelles de sa situation. Sans conseil, d'aucune part, dans lequel il pût avoir confiance, il en était réduit à ne compter que sur lui-même, et il était incapable de rien entreprendre d'important, faute de moyens ; car il fut forcé de recourir, comme à sa seule source de revenu, à l'impôt du sel, qui, toujours payé à contre-cœur, n'offrait pas de garantie certaine de rentrée.

(1) Froissart, liv. I, part. II, pp. 378-385. — Le dernier continuateur de Nangis, t. II, pp. 270-272, rapporte avec beaucoup de détails les circonstances relatives à la mort d'Etienne Marcel, et diffère matériellement de Froissart sur quelques points.

CHAPITRE X.

Traité de Londres entre les rois d'Angleterre et de France. — Rejet du traité par les États-Généraux. — Dépit d'Édouard III. — Invasion de la Bretagne par le duc de Lancastre. — Siége de Dinan. — Combat à vie et à mort entre Bertrand Du Guesclin et Thomas de Cantorbéry. — Résultat de ce combat.

La durée de deux ans fixée pour la trêve de Bordeaux était sur le point d'expirer, quand le roi de France, fatigué de sa captivité, adhéra aux dures conditions d'Édouard, à qui il livrait en toute souveraineté près des deux tiers de son royaume, en échange de guère plus que d'une renonciation par le roi d'Angleterre à ses prétentions à la couronne de France. Ce traité fut signé à Londres le 24 mars 1359 (1), et envoyé au Dauphin pour qu'il le ratifiât; mais il s'en défendit, et, sur le conseil du roi de Navarre (2), il le soumit à une réunion des États-Géné-

(1) On a exprimé quelque doute sur la date de ce traité; mais Du Tillet dit qu'il fut signé « le xxIIII mars M.III.LVIII, selon la supputation de France, et cinquante-neuf, selon celle de Rome, laquelle y est suyvie. » *Recueil des traictez*, etc., p. 68, *recto et verso*. — Le seul traité de cette période entre la France et l'Angleterre publié par Rymer est daté de Londres, le 18 mars 1358 (vieux style) et intitulé : *De Treugis Burdigalæ concordatis usque ad festum sancti Joannis Baptistæ continuandis.* — *Fœdera*, vol. III, part. I, p. 422.

(2) Le roi de Navarre était probablement venu à Paris pour assister aux noces du comte d'Harcourt avec la sœur du duc de Bourbon. Voir Froissart, liv. I, part. II, p. 403, et Secousse, *Hist. de Charles le Mauvais*, part. I, p. 401.

raux, convoquée le 19 mai 1359. Cette assemblée, après mûre délibération, décida que le traité paraissait trop dur, « et répondirent d'une voix qu'ils auraient plus cher à endurer et porter encore le grand meschef et misère où ils étaient que le noble royaume de France fût ainsi amoindri ni défraudé ; et que le roi Jean demeurât en Angleterre jusqu'à quand il plairait à Dieu y pourvoir de remèdes. » Ce fut la seule réponse que purent obtenir les ambassadeurs, le comte de Tancarville et messire Arnoul d'Audeneham ; et cette réponse fut aussi désagréable au roi de France qu'au roi d'Angleterre. Jean, en l'apprenant, s'écria :

« Ha ! Charles, beau-fils, vous vous conseillez au roi de Navarre, qui vous déçoit, et décevrait tels soixante que vous êtes. »

Le roi Édouard, de son côté, fut grandement exaspéré, et il déclara « que, avant qu'hiver fût entré, il entrerait au royaume de France si puissamment et y demeurerait tant qu'il aurait fin de guerre ou bonne paix à son honneur et plaisir. »

Le roi d'Angleterre fit voir que ses menaces n'étaient point une vaine fanfaronnade. Il se mit immédiatement à faire des préparatifs pour envahir la France, et, en attendant, il envoya le duc de Lancastre en Bretagne avec un corps de troupes pour commencer la guerre, de concert avec le comte de Montfort. Charles de Blois, ayant été informé de l'arrivée du duc de Lancastre dans le duché, députa deux ambassadeurs en Angleterre pour traiter de la paix avec les deux rois, Jean et Édouard ; mais, avant le retour des envoyés, le duc de Lancastre avait mis le siége devant la ville de Dinan. Les habitants, dans la prévision de cet événement, avaient déjà demandé assistance à Charles de Blois, qui leur envoya de cinq à six cents hommes, sous le commandement de Bertrand Du Guesclin. Le boiteux de Penhoët et Olivier Du Guesclin, frère cadet de Bertrand, étaient à la tête de la garnison, et ils espéraient défendre la ville avec le même succès que le premier avait défendu Rennes. Ils la défendirent, en effet, avec beaucoup d'habileté et de persévérance ; mais le duc de Lancastre pressa le siége avec tant de vigueur que la garnison fut forcée de demander une trêve de quarante jours, promettant de se rendre, si, à l'expiration de ce délai, elle ne recevait pas de secours du comte de Blois. Le duc accéda à cette demande (1).

Ce fut pendant cette suspension d'armes qu'Olivier Du Guesclin, étant sorti à cheval de la ville pour respirer l'air frais de la campagne, rencontra messire Thomas Cantorbéry, chevalier anglais de beaucoup de morgue, qui vint au jeune Breton, le saisit rudement et, d'un ton arrogant, lui demanda son nom.

« Quand savoir le voulez, répondit celui-ci, on m'appelle Olivier Du Guesclin, et suis frère cadet de Bertrand.

— Par saint Thomas, dit l'autre, vous ne m'échapperez ! Vous êtes mon prisonnier, et se tost ne vous rendez, je vous taurai la tête, en dépit de Bertrand. »

Le chevalier s'irrita davantage encore aux observations que lui fit le jeune Olivier, et, tirant son épée, il s'avança pour mettre sa menace à exécution. Olivier, qui était sans armes et sans suite, tandis que l'autre avait avec lui quatre écuyers, ne crut pas devoir braver l'insolence du chevalier anglais ; il répondit donc :

« Je me rends, puisque vous le voulez ; mais je crois vraiment que vous me rendrez sans avoir du mien deux deniers de monnaie.

— Au contraire, reprit vivement le chevalier, vous me payerez mille florins comptant, où jà n'en partirez. Ce n'est guère d'argent ; Bertrand en a assez. »

(1) Morice, *Histoire de Bretagne*, t. I, p. 293. — Cuvelier, vv. 2030-2152 ; et *Chronique* (anonyme) *de Bertrand Du Guesclin*, chap. xv. Cuvelier dit que la trêve convenue fut de quinze jours, tandis que les historiens bretons et l'auteur de la chronique en prose affirment qu'elle fut de quarante jours.

Olivier Du Guesclin fut amené par l'Anglais dans ses tentes comme prisonnier; mais la scène eut pour témoin un chevalier breton qui connaissait Olivier et sir Thomas Cantorbéry, et qui, sans perdre de temps, courut à Dinan informer Bertrand Du Guesclin de la captivité de son frère. Le chevalier trouva Bertrand sur la place du marché, regardant nonchalamment un jeu de paume.

Dès que Bertrand eut appris que son frère avait été arrêté et fait prisonnier par sir Thomas Cantorbéry, contrairement aux conditions de la trêve, il s'écria :

« Par saint Yves! il me le rendra : jamais si mal prisonnier n'aura pris. »

Sans perdre un moment à délibérer, Bertrand monte à cheval et court au camp anglais. Il demande le duc de Lancastre, et on le conduit à un pavillon où il trouve le duc jouant une partie aux échecs avec le célèbre Jean Chandos, en présence du comte de Montfort, de Robert Knolles, le fameux chef des grandes compagnies, du comte de Pembroke et d'autres seigneurs. Le chevalier breton salua les seigneurs et mit respectueusement un genou à terre devant le duc de Lancastre, qui, abandonnant aussitôt la partie qu'il jouait, reçut Bertrand avec beaucoup d'empressement, et, le prenant par la main, le releva de son humble posture. Messire Jean Chandos s'avança vers lui et lui dit gracieusement :

« Bien venez-vous, Bertrand; de mon vin boirez ains que vous partiez de là.

— Sire, répondit vivement Bertrand, je n'en boirai jà de ci jusques à tant que droit me sera fait.

— Beau sire, reprit Chandos, s'en notre hoste (armée) a chevalier si grand qui vous fasse nul tort, il vous sera amendé tôt et incontinent. »

Bertrand exposa ensuite sa plainte contre sir Thomas Cantorbéry, et demanda qu'il fût cité en la présence du duc. Lorsque le chevalier fut arrivé, conformément à l'ordre qu'il en avait reçu, le duc de Lancastre lui dit :

« Voici Bertrand, qui vous vient accuser que, sur le bon répit qu'avons fait accorder, vous avez huy pris son frère et le voulez rançonner comme votre prisonnier. Se n'est mie bien fait, qui prouver le pourra ?

— Sire, répondit le chevalier anglais avec beaucoup de sang-froid, si ce Bertrand, que je vois cy, voulait soutenir que j'ai chose faite dont je sois à blâmer ne que bon chevalier ne pût faire, voici mon gage, que je suis prêt à prouver en un champ de bataille, corps à corps, pair à pair.

— J'accepte votre défi, dit Bertrand, en levant le gage : et devant les barons je vous combattrai, avant qu'il soit nuit. Faux chevalier ! traître ! je vous ferai avouer devant tous les seigneurs, ou à honte mourrai.

— Jà ne vous en faudrai, reprit le chevalier anglais ; jamais en nul jour en lit ne dormirai de ci jusques à tant que serai combattu.

— Et moi, dit Bertrand, jamais ne mangerai trois soupes en vin (1), au nom de la sainte Trinité, qu'auparavant je sois armé.

— Je vous ferai bien armer, dit Chandos s'interposant ; et un riche destrier, le meilleur que j'ai, vous prêterai ; car je veux de vous deux tantôt voir l'essai. »

Il est digne de remarque qu'aucune des institutions des temps passés n'a pénétré plus profondément dans les mœurs et les préjugés des temps modernes que la pratique du duel. Prenant son origine dans les habitudes des nations germani-

---

(1) *Soupe en vin* : morceau de pain trempé dans le vin. Voir *Chaucer*, *Canterbury Tales*, v. 336, et *Gloss.* au mot *Sop*. Au sujet des vœux faits par les chevaliers, voir les *Mémoires sur l'ancienne chevalerie*, par Saint-Palaye, t. I, pp. 156-157, et les notes v et vi. Voir aussi le *Vœu du Héron* dans le second volume des *Mémoires* de Saint-Palaye, et à la fin du tome X de la *Collection des Chroniques nationales françaises*, de Buchon.

ques antérieurement à leur transplantation sur le sol romain, elle se propagea, grâce à l'insuffisance des garanties qu'offrait la justice à une époque barbare, et elle fut entretenue et développée par l'influence civilisatrice de la chevalerie. Durant tout le moyen âge des sociétés européennes, il n'y eut pas de loi ou de coutume qui fût plus universellement ni plus largement répandue; aucune position n'était assez élevée, aucun sexe assez faible, aucune profession assez sacrée, pour demeurer hors de son atteinte; car le juge lui-même descendait de son tribunal pour offrir le combat à quiconque aurait traité avec mépris ses assignations, et la femme, l'ecclésiastique paraissaient sur le terrain à côté de leurs champions. L'ancien chevalier avait appris à regarder la mort comme de beaucoup préférable au déshonneur, et cette opinion, sanctionnée par des siècles d'exploits chevaleresques, s'est perpétuée jusqu'à nos jours. Il n'y a donc pas lieu d'être surpris que la pratique du duel soit si profondément enracinée dans les mœurs et les sentiments de notre époque; que les efforts pour le supprimer aient été jusque-là si difficiles et, comme ses avocats le soutiennent, n'aient eu aucun résultat avantageux.

Néanmoins, tout homme grave et sérieux, qui reconnaît les hautes sanctions du commandement de l'Ancien-Testament : « Tu ne tueras pas, » et l'obligation également impérative de ce précepte du Nouveau : » Quiconque te frappera sur la joue gauche, présente-lui l'autre joue, » comprendra et avouera que ce sont des raisons difficiles à combattre; elles seraient, en effet, irrésistibles, si les lois d'un peuple étaient faites pour une communalité de croyants, où la force du sentiment religieux pût contenir le penchant à faire le mal, empêcher la vengeance et détruire la soif du sang; mais, comme toute législation préventive doit instituer des lois pour le gouvernement des hommes tels qu'ils sont, et non tels qu'ils devraient être, ce qui serait un frein pour l'un ne le serait pas pour l'autre, et la législation serait inefficace, sinon tout à fait nuisible.

La question à résoudre, pour un légiste sage, n'est pas de savoir si la pratique du duel devrait être sanctionnée par la législation, mais si une plus grande somme de bien résulterait pour une société de l'abolition d'un mal par la substitution d'un autre; car il a été soutenu, avec beaucoup d'apparence de raison, que partout où le duel a été interdit par la loi sur une grande échelle ou complètement, d'autres formes de redressement des torts se sont substituées à sa place; que, au lieu du duel pour lequel il y a le temps de réfléchir, l'intervention des amis et des règles destinées à éviter une inutile effusion de sang, on a le révolver et le couteau-poignard, sous l'excitation des passions, et ce ne sont certainement pas des progrès; et que s'il y a çà ou là un individu qui succombe par le premier procédé, des milliers périssent par le second. En outre, il a été avancé, comme fait universellement reconnu, que, partout où le duel a été aboli par la loi, le ton de la société est descendu, et le caractère a baissé d'un degré correspondant; car il ne peut pas exister de noblesse ni de moralité élevée dans une nation, où les hommes sont mus par des passions mauvaises et par le désir de la vengeance, et, cependant, plient mollement sous les efforts qui dégradent leur caractère et s'attaquent à leur courage.

Ç'a été beaucoup trop la tendance de la législation moderne de protéger l'individu, tandis que les intérêts plus grands de la société ¦ont été négligés. Comme l'aumône, quelque bien faite qu'elle soit, tend à engendrer la pauvreté, et que le crime s'est accrû par tous les essais tentés pour améliorer la condition du criminel, ainsi l'assassinat a invariablement suivi tout ce qui a été fait pour abolir le duel, et un mal plus grand est résulté pour la société des efforts mis en œuvre pour en comprimer un moindre. Sous la salutaire influence existante d'une opinion publique éclairée et d'une haute morale chrétienne, les duels sont et doivent être d'une rare occurrence; mais, tant que les hommes se battront, la prudence semblerait devoir inviter un sage législateur à négliger ces cas accidentels de violence, résultat de mœurs qui ne sont pas sans avoir leur avantage pour la société, plutôt que de chercher à abolir une coutume que l'expérience a montré comme presque impossible à déraciner, et quand d'autres formes de redressement des torts n'ont pas encore été trouvées propres à y être substituées.

L'impatience qu'éprouvait Jean Chandos d'être témoin du combat entre Bertrand Du Guesclin et sir Thomas Cantorbéry n'était point partagée par les bourgeois de Dinan, qui furent fort inquiets en apprenant que leur héros favori allait engager une lutte à mort avec le chevalier anglais. Il y avait, cependant, dans les murs de Dinan une belle demoiselle, au cœur de laquelle Bertrand avait fait naître un sentiment plus tendre que l'admiration pour sa grande hardiesse et sa vaillance, et qui n'appréhendait point comme tout le monde l'issue du combat.

Tiphaine Ravenel, fille de messire Robin Ravenel (1), un des champions de la célèbre bataille des Trente, aussi distinguée par sa naissance que par sa beauté et ses talents, prédit à Bertrand un heureux succès. Elle avait alors vingt-quatre ans, « du sens d'astronomie et de philosophie était bien écolée, et c'était la plus sage et la mieux doctrinée qui fût dans tout le pays. » Sa prédiction donna beaucoup de confiance aux amis de Bertrand, et l'un d'eux, un écuyer du nom d'Amauriz, crut la chose trop importante pour la lui tenir

---

(1) Elle était fille de Robin Ravenel et de Jeanne de Dinan, héritière de Bellière. Cuvelier écrit Ranguenel, v. 2381. Dans l'*Histoire de Bretagne*, de Morice, t. I, p. 294, on lit Raguenel. La *Chronique* (anonyme) *de Du Guesclin* dit Ravenel, comme dans le texte, et c'est cette lecture qui a été adoptée généralement.

secrète; mais la confidence fut reçue avec mépris, et il y fit une réponse brutale et peu galante, qui, probablement, n'avait pour objet que de cacher sa propre foi dans les assurances de la belle prophétesse : « Va, fol, lui dit Bertrand, qui en femme se fie n'est mie sage ; car en femme n'a de sens ne plus qu'en la brebis (1). »

Penhoët, le gouverneur de Dinan, n'essaya pas d'empêcher le combat ; mais, comme il n'avait pas confiance dans la bonne foi des Anglais, il envoya prévenir Bertrand que la lice serait disposée sur la place du marché de la ville, et que, si le duc de Lancastre désirait être présent, il pourrait venir et amener avec lui vingt ou trente hommes d'escorte, pour lesquels il serait donné un nombre suffisant d'otages en garantie de leur retour. Bertrand acquiesça à cet arrangement, non sans exprimer la foi entière qu'il avait dans le caractère et la parole de chevalier du duc, qui, de son côté, accepta le lieu proposé pour la rencontre par le gouverneur de Dinan. Dès que les otages eurent été livrés, le duc, suivi de vingt hommes d'escorte, entra dans la ville, où il fut reçu avec de grands honneurs, et se rendit sur la place du marché, où la lice avait été dressée (2).

Bertrand Du Guesclin ne tarda pas à paraître armé de pied en cap, à la manière des chevaliers, la poitrine et les jambes bardées de fer, le bassinet en tête et les gantelets aux mains, avec l'épée, la dague et la lance pour jouter. Il monta à cheval; reçut sa lance et courut à la place du marché, où le champ avait été préparé. Le gouverneur de Dinan, qui était le gardien du champ, avait fait publier que personne n'eût à intervenir en aucune façon entre les combattants sous peine de la vie et de l'honneur.

Sir Thomas Cantorbéry parut s'apercevoir alors dans quelle

---

(1) Cuvelier, vv. 2325-2389.
(2) Cuvelier, Ms. de l'Arsenal, t. I, p. 89.

affaire sérieuse il allait s'engager, et, espérant que la chose pourrait s'arranger encore, il employa les bons offices de deux de ses amis, sir Robert Knolles et sir Thomas Grandison, pour proposer un accommodement. Ils s'approchèrent tous les deux de Bertrand, et sir Robert Knolles lui dit :

« Sire Bertrand, nul de nous ne voudrait que mal vous advînt en cette occasion ; car, combien que vous ayez été heureux avec ceux de votre extraction, vous avez ore un fier champion à combattre. Mieux vaudrait bonne paix que mauvaise dispute; se vous volez croire, nous mettrons à paix cette dissension et ferons quitter votre frère sans rançon.

— Comment! s'écria Bertrand : il ne doit un bouton; et il est, ce m'est avis, coutume et bien raison que, si un homme est à tort mis en prison, il en doive purement avoir délivrance. Et j'ai Dieu et la Vierge Marie à témoins que le faux chevalier ne m'échappera, que je ne lui ai montré ma force et maistrie. Ou je le détruirai, ou j'y laisserai la vie, se devant la compagnie ne me veut rendre son épée en ma main par la pointe aigue, en disant : Je me rends à votre commandement.

— Il ne le fera mie, répondit vivement sir Robert Knolles.

— Certes, dit Bertrand, ce serait grand' folie, car on doit plus redouter vilenie que mort. »

Sir Robert Knolles informa ensuite sir Thomas Cantorbéry qu'il ne pouvait espérer, de la part de son adversaire, ni accord, ni répit, ni parole aimable, à moins qu'il n'acceptât le déshonneur. Le chevalier anglais se prépara donc au combat, après avoir arraché à ses amis la promesse que, s'il obtenait l'avantage, ils ne l'empêcheraient point de mettre son ennemi à mort, mais que, s'il était vaincu, ils s'entremettraient pour lui avoir des conditions de paix (1).

(1) Cuvelier, vv. 2417-2484. Cette accusation ne saurait être admise que sous réserve, attendu qu'elle ne s'appuie que sur la seule autorité du chroniqueur français, grand partisan du chevalier breton.

Les deux champions se mirent en position d'attaque, et, la lance en arrêt, ils se regardèrent fièrement l'un l'autre pendant un moment. Puis, au signal donné, ils piquent de l'éperon et se rencontrent sur le milieu du champ. « Par-dessus les écus, les lances sont froissées et le feu est sailli ; mais ne l'un ne l'autre ne clina. » Ils se passent dans la course, et, revenant sur eux, ils tirent leurs épées, et une lutte corps à corps s'engage, acharnée, longue et sanglante, jusqu'à ce qu'enfin le chevalier anglais lâche son épée, ce qui donne à Bertrand un avantage dont il ne manque pas de profiter. Il descend de cheval, prend l'épée de son adversaire et la jette hors du champ. Sir Thomas Cantorbéry, n'ayant plus d'autre arme que sa dague, évita les approches de Bertrand et dédaigna ses invitations répétées de descendre de cheval pour combattre à pied. Quand Bertrand vit qu'il ne pouvait atteindre son adversaire, il retira l'armure de ses jambes, qui avait empêché ses mouvements, et résolut d'attendre l'attaque de son ennemi. Le chevalier anglais s'élance, en effet, sur lui ; mais Bertrand, esquivant la charge, frappe à son passage le cheval, qui, se cabrant avec effort, jette son cavalier à terre. Bertrand fond alors sur lui « comme lion crêté » et lui porte sur la figure et la tête de tels coups avec son épée et son gantelet de fer, que le chevalier est bientôt aveuglé par son propre sang. Penhoët, le gouverneur, s'interpose et dit :

« Ha ! Bertrand, vous en avez l'honneur ; fait en avez assez. »

Bertrand ne tint pas compte de cet appel ; mais, aux deux amis de sir Thomas Cantorbéry qui s'avancèrent, il dit :

« Beaux seigneurs, laissez-moi terminer ma bataille ; car, par la foi que dois à Dieu le droiturier, ou il se rendra mon prisonnier, comme il a fait mon frère Olivier, ou il sera tout mort enmy ce sable.

— Bertrand, dit avec prière Robert Knolles, je vous requiers que vous vouliez bailler votre champion au duc ; bon gré vous en aura. Vous en avez fait assez ; il est en votre pouvoir.

— Je l'octroie, répondit Bertrand, tout à votre désir. »

Bertrand s'avance ensuite vers le duc, et, s'agenouillant, il lui dit :

« Noble duc, je vous prie et requiers, ne me veuillez haïr ni blâmer, si j'ai presque occis ce meurtrier. Ne fût pour votre amour, il eût été occis.

— Il ne mérite guère mieux, répondit le duc, et de tant qu'en avez fait on vous doit bien priser. Votre frère Olivier aurez hors de prison, et il aura mille livres pour se harnacher : vous, vous aurez les armes du félon chevalier, et son cheval aussi ; ne jamais à ma cour ne pourra reparaître, car je n'ai cure de traîtres. »

Le duc prit ensuite congé, après avoir bu du vin qu'on lui offrit, et il retourna à ses tentes. L'heureuse issue du combat donna beaucoup de contentement aux bourgeois de Dinan, et Tiphaine Ravenel, avec sa prédiction réalisée, ne fut point oubliée. Le gouverneur Penhoët donna un somptueux repas, auquel tous les bourgeois furent invités. « On y carola main à main et chanta hautement ; grands furent les ébats et longuement durèrent (1). »

(1) Cuvelier, vv. 2486-2613.

CHAPITRE XI.

Affaires de Bretagne. — Mariage de Du Guesclin. — Ses exploits au siège de Melun. — Traité de Vernon entre le Dauphin et Charles le Mauvais. — Invasion de la France par Edouard III. — Traité de Bretigny. — Retour du roi de France. — Traité de la Lande d'Evrard entre Charles de Blois et le comte de Montfort. — Défi.

Tandis que le duc de Lancastre était occupé du siège de Dinan, le roi d'Angleterre faisait de très-grands préparatifs pour envahir le royaume de France, et, pour pouvoir disposer de tous ses moyens, il ordonna au duc de lever le siége et de venir le rejoindre immédiatement avec toutes ses forces. Le duc de Montfort, incapable de continuer la guerre sans l'aide du duc de Lancastre, se montra disposé à traiter et convint avec Charles de Blois d'une trêve jusqu'au 1ᵉʳ mai 1361 (1). Cette suspension d'armes, en Bretagne, laissa sans emploi beaucoup d'esprits inquiets de ce duché, dont l'unique occupation était la guerre, et parmi eux Bertrand Du Guesclin. Ce fut pendant un court intervalle de relâche de cette vie agitée des combats, que Bertrand se souvint de Tiphaine Ravenel, la jolie fille de Dinan, qui lui avait prédit l'heureuse issue de son duel avec sir Thomas Cantorbéry. Il fit sa cour et obtint de Charles de Blois, son

(1) Cuvelier, vv. 2645-2663; et Morice, *Histoire de Bretagne*, t. I, p. 295.

suzerain, comme la plus haute récompense de ses services, la main « de cette dame jolie, la plus sage qui fût en France, » en dépit de maint chevalier de qui elle était aimée.

Mais les séductions de l'amour ne pouvaient retenir longtemps notre héros éloigné des événements excitants qui s'agitaient à sa portée; car, quoique les hostilités fussent suspendues en Bretagne, par suite de la trêve entre le comte de Montfort et Charles de Blois, et qu'Édouard n'eût point encore terminé ses préparatifs d'invasion, le Dauphin n'en était pas moins toujours tenu en éveil par les complots et la haine si active de Charles le Mauvais, roi de Navarre. Au mois de juin 1359, avec les troupes qui avaient été accordées par les États-Généraux convoqués pour la discussion du traité de Londres, le Dauphin mit le siége devant Melun, ville située sur la Seine, au-dessus de Paris, et occupée par le roi de Navarre. Ce fut ici pour la première fois que Bertrand Du Guesclin porta les armes au service de la France. Sa réputation n'avait guère dépassé jusque-là les limites de la Bretagne; son nom était à peine connu dans l'armée française, et lorsque ses talents et son audace au siége de Melun attirèrent sur lui l'attention du prince, celui-ci s'écria, en entendant répéter le nom du chevalier breton : « Par mon chef! de lui me souviendra (1) ! »

La partie de la ville de Melun occupée par les troupes du roi de Navarre était très-bien fortifiée et parfaitement défendue, du reste, par le bascon (2) de Mareuil, chevalier de renom et d'habileté dans la défense des places, connu surtout pour sa dextérité à lancer avec effet de grosses pierres du haut des remparts sur l'ennemi. Lorsque le Dauphin eut fait les préparatifs

---

(1) Froissart, liv. I, part. II, pp. 401, 402; Morice, *Histoire de Bretagne*, t. I, pp. 295, 296; Cuvelier, vv. 2660 et 3505; et *Ms. de l'Arsenal*, t. I, p. 130.

(2) Le mot de *bascon*, en vieux français, paraît vouloir dire communément *bâtard*.

qu'exigeait l'attaque de la ville, il ordonna un assaut général, vivement exécuté par les chevaliers, les écuyers et les autres, armés de lances, d'écus et de boucliers, d'arcs et d'arbalètes, qui avancèrent dans un tel ordre, « que c'était grand beauté de voir l'assemblement (1). » Plus de quatre cents hommes entrèrent dans les fossés avec des échelles pour escalader les murs ; mais les pierres du haut des remparts et les flèches, qui « plus dru volaient que pluie en hiver, » firent reculer les assiégeants. Ce fut alors que Bertrand Du Guesclin saisit une échelle, l'appuya contre le mur et, se couvrant d'un bouclier, commença sa périlleuse escalade. Le bascon de Mareuil, qui avait remarqué cet acte d'audace, ordonna à ses hommes d'apporter immédiatement les plus grosses pierres qu'ils pussent trouver. A quoi ils répondirent :

« Vous voyez devant vous tout ce que demandez, et grands beaux traversins (traverses de bois) et casques pleins de cailloux. Vous ne pouvez faillir : boutez de tous côtés sur ce vilain qui est si faitement monté. Regardez comme il est gros, et menu, et carré, et comme il est enflé pour ses armes. Ay Dieu ! qu'il serait bon ès fossés tombé ! Au tomber le cœur tantôt lui crèverait. Faites qu'il ait bon fait; car, en la vérité, ce semble un porteur de Paris, avec la casaque; il est tout boursouflé. »

Bertrand, méprisant ces insultes, continua de monter l'échelle, en invitant le bascon de Mareuil à venir se mesurer avec lui sur les remparts ou dans les fossés ; car il pourrait lui prouver, par la force des armes, qu'il avait offensé le Dauphin. Mareuil ne répondit rien, mais il lança sur Bertrand un plein grand casque de pierres : l'échelle en fut rompue, et Bertrand roula dans le fossé la tête la première. Le Dauphin, qui remarqua l'incident, ordonna qu'on allât tirer le chevalier breton de cette situation dangereuse, et un écuyer, le prenant par les pieds, le

(1) Cuvelier, voir p. 126 de l'édition de Charrière.

sortit de l'eau. Bertrand avait été tellement étourdi du coup, qu'il paraissait plus mort que vif. Il fut emporté et posé sur un tas de fumier chaud, où il ne tarda pas à revenir à lui-même. Dès qu'il eut recouvré la parole, il regarda autour de lui ceux qui le veillaient et dit :

« Quel vil diable m'a porté cy! Est jà l'assaut failli? Il convient qu'on y voie.

— Hé! dit un écuyer, qui avait été témoin de ses exploits au rempart, vous avez la part bonne, et vous devrait suffire. »

Mais Bertrand n'était pas encore satisfait. Il se leva, fit préparer ses armes, et retourna à l'assaut. Chemin faisant, il rencontra quelques hommes de son propre parti qui revenaient des murs et qui lui dirent que l'assaut serait bientôt terminé. Néanmoins, il monta aux barrières et poussa plus avant que n'avaient osé faire même les plus hardis. Il repoussa l'ennemi de vive force et en abattit beaucoup avec sa lance. Les assiégés, à la fin, furent obligés de fermer les barrières et de lever le pont-levis. L'assaut avait duré longtemps, et ce ne fut qu'à la nuit qu'on ordonna de sonner la retraite, dans le dessein de recommencer l'attaque le lendemain ; mais, pendant la nuit, des pourparlers eurent lieu entre les parties belligérantes, et il en résulta un traité de paix. Par ce traité, la ville et le château de Melun furent rendus au Dauphin, qui retourna ensuite à Paris. Toutefois, il ne partit point sans avoir manifesté le cas qu'il faisait de la valeur et des services de Bertrand Du Guesclin, qu'il nomma gouverneur de Pontorson en Normandie. Bertrand accompagna le Dauphin jusqu'à Paris, où il ne resta que peu de temps, impatient qu'il était d'aller joindre son poste contre les Anglais et le Navarrois, qui ravageaient en ce moment tout le pays d'alentour (1).

(1) Cuvelier, vv. 3305-3664; et le *Ms. de l'Arsenal*, t. I, pp. 225-233.

Le traité conclu à Vernon (1) entre le Dauphin et le roi de Navarre ne fit point cesser les maux de la France. Tandis que le royaume était désolé par la famine et ravagé par le brigandage, une sanglante guerre étrangère, conduite par le roi d'Angleterre en personne, était sur le point de succéder aux discordes domestiques à peine apaisées avec le roi de Navarre; car la trêve de Bordeaux expira vers le même temps où le Dauphin signait la paix de Vernon.

Édouard, depuis le rejet du traité de Londres, avait résolu de prendre une large satisfaction de l'affront : et « le roi d'Angleterre, dit Froissart, si fit commencer à faire le plus grand appareil que on eût oncques vu faire en Angleterre pour guerroyer. » Sans parler des troupes sous les ordres du duc de Lancastre, ni des mercenaires d'Allemagne, de Bohême, de Brabant, de Flandre et de Hainaut, qui vinrent en foule sous les drapeaux d'Édouard à Calais, le chroniqueur ajoute : « Et il y avait si grand multitude de gens d'armes que tout le pays en était couvert, et si richement armés et parés que c'était merveille et grand déduit au regarder les armes luisant, leurs bannières ventillant, leur conroy par ordre le petit pas chevauchant, ni on n'eût su qu'amender. »

Outre ses immenses préparatifs de conquête, le roi d'Angleterre avait fait des provisions, sur une aussi grande échelle, pour le bien-être et la commodité de son armée; car « les seigneurs anglais et les riches hommes menaient sur leurs chars tentes, pavillons, moulins, fours pour cuire et forges pour forger les fers de chevaux et toutes autres choses nécessaires ; et pour tout cet étoffe, il menait bien huit mille chars tous attelés chacun de quatre roncins bons et forts, qu'ils avaient mis hors

---

(1) Froissart, liv. I, part. II. — Le dernier continuateur de Nangis, t. II, p. 285, et les *Chroniques de Saint-Denis* disent que le traité fut conclu à Pontoise. Voir Secousse, *Hist. de Charles le Mauvais*, t. I, p. 390.

d'Angleterre. Et avaient encore sur ces chars plusieurs nacelles et batelets faits et ordonnés si subtilement de cuir bouilli que c'était merveille à regarder; et si pouvaient bien trois hommes dedans, pour aider à naviguer parmi un étang ou un vivier, tant grand qu'il fût, et pêcher à leur volonté. De quoi les seigneurs et les gens d'état eurent grand'aise tout le temps et tout le carême; mais les communs se passaient de ce qu'ils trouvaient. Et avec ce le roi avait bien pour lui trente fauconniers à cheval chargés d'oiseaux et bien soixante couples de forts chiens et levriers, dont il allait chaque jour ou en chasse ou en rivière, ainsi qu'il lui plaisait; et si y avait plusieurs des seigneurs qui avaient leurs chiens et leurs oiseaux aussi bien comme le roi. »

Ainsi équipé, Édouard partit d'Angleterre le 28 octobre 1359 et débarqua à Calais le même jour (1). Il envahit l'Artois, la Picardie et la Champagne, commettant les plus grands ravages dans un pays déjà dévasté par la famine et la guerre.

Le Dauphin, qui n'avait pas les moyens de tenir la campagne contre une armée si nombreuse et qui se souvenait, du reste, des fatales journées de Crécy et de Poitiers, jeta la meilleure partie de ses troupes dans les villes de frontière. Cette politique déjoua les plans d'Édouard, qui avait évité toutes les places fortes sur sa route. Enfin, ne pouvant rencontrer nulle part les Français en rase campagne, il mit le siége devant Reims, qu'il tint bloquée pendant sept semaines, dans l'espérance de le prendre et d'y être couronné roi de France; mais il fut forcé, par le manque de provisions de toute espèce, de renoncer à son entreprise. En quittant Reims, il marcha sur la frontière de Bourgogne; mais il n'entra pas dans la province, ayant reçu deux cent mille francs du duc pour

---

(1) Le dernier acte d'Edouard, avant de quitter l'Angleterre, est daté de Sandwich, le 28 octobre, et son premier acte à Calais, le 30 octobre. Rymer, vol. III, part. ı, p. 453.

épargner le duché (1). Edouard revint ensuite sur Paris, et, après quelques aventures personnelles de son monde, tout-à-fait indignes de tant de préparatifs et de menaces, il adhéra aux conditions de la paix qui fut signée à Bretigny, le 8 mai 1360 (2).

Par ce traité, non-seulement les différends étaient réglés entre les rois d'Angleterre et de France, mais il était avisé au moyen de concilier les prétentions opposées de Charles de Blois et du comte de Montfort au duché de Bretagne. Les rivaux acceptèrent la médiation des deux rois, et de fréquentes conférences eurent lieu à l'effet d'entendre leurs raisons et de mettre fin au conflit; mais les difficultés furent trouvées insurmontables, et les conférences se terminèrent sans avoir abouti à aucun bon résultat.

Quoique le traité de Bretigny, qui lui rendait la liberté, fût daté du 8 mai 1360, le roi de France n'arriva pas à Paris avant la dernière quinzaine de décembre. En quittant l'Angleterre, il alla à Calais, où il fut retenu, à cause de la difficulté qu'on eut

(1) Le dernier continuateur de Nangis, t. II, pp. 297, 298, fait allusion à cette démarche du duc de Bourgogne, pour acheter l'éloignement du roi d'Angleterre, comme à un simple ouï-dire, trop déshonorant pour être cru; mais Rymer donne le traité en entier. *Fœdera*, vol. III, part. I, p. 474.

(2) Durant les négociations de paix, l'armée d'Edouard fut exposée à une tempête si épouvantable, « qu'on eût dit véritablement que c'était la fin du monde. » Edouard s'était réfugié dans l'église Notre-Dame de Chartres, et ce fut là que, croyant voir dans ce déchaînement de la nature un avertissement de la Providence, il promit d'accepter les propositions de paix. Cuvelier, v. 2684, décrit ainsi, à son tour, cette tempête :

  « Seigneur, à icel temps que je vous vais contant,
  « Que le roi d'Angleterre allait France serchant,
  « Une tempeste vint sur leur ost descendant
  « De pierres, qui allaient en leur ost reversant,
  « Si grandes, si horribles, si rudes, si pesant,
  « Que par ces pierres-ci dont je vous vais contant
  « Etaient les plusieurs navrés et tout sanglant,
  « Et s'allaient partout mussant et quatissant. »

de réunir le premier terme de sa rançon. Tandis qu'il était à Calais, il fit un pèlerinage à pied à l'église de Notre-Dame de Boulogne, accompagné du Prince-Noir et de ses deux frères, Lionel et Edmond. Avant de partir de Calais, le roi put conclure un traité avec l'inquiet et intrigant Charles le Mauvais, qui, cette fois, tint sa parole avec une fidélité inusitée et respecta le repos du royaume de France jusqu'à la fin du règne de Jean. La France commença dès lors à respirer un peu, après les plus effroyables calamités, résultat de plusieurs années de guerres intestines ou étrangères, et, en dehors de la province de Bretagne, jusqu'à fort peu de temps avant l'avénement de Charles, la paix du royaume ne fut troublée que par les ravages des grandes compagnies, composées surtout des garnisons anglaises licenciées par suite du traité de Bretigny. La province de Bretagne n'en fut pas moins toujours tenue en agitation par les rivalités des comtes de Montfort et de Blois; mais, comme aucun des partis ne pouvait mettre en campagne de grands corps de troupes, les opérations, des deux côtés, se bornaient à des attaques de châteaux et de villes de second ordre.

L'année 1361 se passa en inutiles efforts pour amener une réconciliation entre Charles de Blois et le comte de Montfort; mais ils convinrent enfin d'une trêve à Châteauneuf de la Noë, au mois d'août 1362, trêve qui devait se prolonger jusqu'à la Saint-Michel de l'année suivante. Le but de Charles, en adhérant à cette trêve, semble n'avoir été que de gagner du temps, afin de réunir ses forces et de se mettre en meilleure position de défense; car, lorsque le comte de Montfort, se fiant trop légèrement aux déclarations de son rival, eut licencié ses troupes (1), ce dernier se hâta de demander l'aide du roi de France et de

(1) Le comte de Montfort avait rassemblé une force considérable, grâce à la somme de soixante mille souverains, qu'il avait empruntée au roi d'Angleterre. *Actes de Bretagne*, par Morice, t. I, col. 1553, 1554.

faire de nouvelles levées de tous les nobles chevaliers de la province, ses partisans, parmi lesquels était Bertrand Du Guesclin. Dès les premiers jours de l'année suivante, Charles put mettre en campagne des forces considérables, et il assiégea en même temps Carhaix et la Roche-aux-Anes, qu'il prit pendant la durée de la trêve ; puis, réunissant toutes ses troupes, il alla mettre le siége devant Becherel, place importante par ses fortifications et par sa situation dans le voisinage de Dinan.

Pour faire face à ces attaques insidieuses de Charles de Blois, le comte de Montfort rassembla un corps considérable de troupes, et parmi les chefs étaient John Chandos, Robert Knolles, Jean Harpeden et Gauthier Huet, avec une quantité de chevaliers et une forte division d'archers anglais. Avec ses forces, il entra en campagne, et, grâce à une supériorité de commandement, il eut bientôt l'avantage sur son adversaire, qu'il enferma entre le château de Becherel et son armée. Charles, par ce mouvement, se trouva réduit à une grande détresse, faute de provisions; c'est pourquoi il envoya offrir la bataille à son rival, comme seul moyen de se tirer d'embarras. Montfort accepta la proposition; mais, comme l'endroit où étaient alors campées les deux armées ne paraissait pas propre à un engagement, on convint des deux côtés que le différend serait vidé dans la Lande d'Evran.

Les deux armées étaient sur le point de livrer bataille dans l'endroit arrêté, quand survint un évêque, qui s'interposa heureusement pour prévenir l'effusion du sang. Une conférence eut lieu par son entremise, et l'on passa un accord, d'après lequel la province de Bretagne aurait été divisée en deux parts égales entre les deux prétendants : certaines villes devaient être rendues des deux côtés, et, pour garantir la pleine et entière exécution du traité, des otages devaient être livrés des deux parts. Parmi ces otages, du côté de Charles de Blois, était Bertrand Du Guesclin. Les parties contractantes jurèrent de se réunir au Chêne de mi-chemin, entre le château de Joscelin et Ploermel, afin d'exécuter les conditions du traité, mais elles ne s'y trouvèrent point, et cette fois encore, comme dans toutes les autres tentatives faites pour pacifier la Bretagne, les choses se terminèrent sans avoir produit de résultat durable.

Une des conséquences, pourtant, du traité de la Lande d'E-vran, ce fut la grave dispute dont il fournit l'occasion entre Bertrand Du Guesclin et un chevalier anglais, sir William Felton, un des arbitres qui avaient rédigé le traité pour le comte de Montfort. Sir William Felton affirmait que Bertrand, comme un des otages donnés par Charles de Blois au comte de Montfort, avait promis de rester sur parole dans l'endroit désigné par le comte jusqu'à ce que la ville de Nantes eût été rendue, conformément au traité ; que, par l'effet d'une indulgence de son gardien sir Robert Knolles, Du Guesclin avait la faculté d'aller et de venir pendant le jour où bon lui semblait, quoiqu'il fût tenu de rentrer à la nuit ; mais qu'il avait abusé de la tolérance et violé sa foi, en allant avec un écuyer de sir Robert Knolles à Vitré, village appartenant au sire de Laval, et en refusant de revenir.

Bertrand Du Guesclin, en apprenant de quoi il était accusé, manda son écuyer, Jean de Bigot, pour dire à sir William Felton que, si quelqu'un affirmait qu'il n'avait pas tenu fidèlement et loyalement sa parole d'otage, ainsi qu'il l'avait promis, il était prêt à se défendre de l'accusation par combat judiciaire. Sur ce démenti, sir William Felton envoya à Du Guesclin un cartel en forme, dont voici la teneur :

« Mons Bertran Du Guesclin,
« J'ai entendu par Jean le Bigot, votre écuyer, que vous avez
« ou devez avoir dit que si nul homme voudrait dire que vous
« n'aurez bien et loyalement tenu vos otages à cause du traité
« de la paix de Bretagne, en la manière que vous l'aviez promis

« le jour que monsieur de Montfort, duc de Bretagne, et mon-
« sieur Charles de Blois avaient empris de combattre ensemble
« sur la querelle de Bretagne, et que vous n'étiez tenu de tenir
« otages fors un mois seulement, vous voudriez défendre de-
« vant vos juges, sur quoi je vous fais à savoir que vous pro-
« mettiez au dit jour, par la foi de votre corps, et entrâtes otage,
« que vous deviez demeurer sans y départir, jusques à tant que
« la ville de Nantes serait rendue au dit monsieur de Montfort
« duc de Bretagne ou que vous auriez congé de mon dit sei-
« gneur : laquelle foi et otage vous n'avez bien loyalement
« tenue, ains faussement l'avez faillie, et de ce suis prêt, à
« l'aide de Dieu, par mon corps de prouver contre vous, comme
« chevalier doit faire devant mons le roi de France. Témoin
« notre scel à cette cédule apposé et mis le 23e jour de novem-
« bre de l'an mil trois cent soixante-trois.

« Guillaume de Feltonn. »

A ce défi Du Guesclin opposa la réponse suivante :

« A Monsieur Guillaume de Feltonn,

« Si vous fais savoir que, à l'aide de Dieu, je serai devant le
« roi de France, notre sire, dedans le mardi avant la mi-carême
« prochain venant, s'il est au royaume de France, et au cas qu'il
« n'y serait, je serai, à l'aide de Dieu, devant mons le duc de
« Normandie celle journée : et quant est de ce que vous dites
« ou avez dit que je dusse être otage jusques à tant que la ville
« de Nantes fût rendue au comte de Montfort et que j'ai ma foi
« et mes otages faussement faillis et tenus, en cas que le vou-
« driez maintenir contre moi, là je dirai et maintiendrai en ma
« loyale défense que mauvaisement avez menti, et y serai, si
« Dieu plaît, tout prêt pour y garder et défendre mon honneur.
« Et pour ce que je ne veux longuement être en ce débat avec

« vous, je vous le fais à savoir cette fois pour toutes, par ces
« lettres scellées de mon scel, le 9ᵉ jour de décembre l'an mil
« trois cent soixante-trois.

« Bertran Du Guesclin. »

L'affaire fut portée devant le parlement de Paris, qui, en l'absence du roi Jean, alors en Angleterre, se composait du Dauphin, du roi de Chypre et d'une quantité de prélats, de ducs, de barons et de chevaliers, « et aussi de beaucoup de clercs et laïques appartenant au conseil du roi, ainsi que d'autres personnes. »

Les plaidoiries, reproduites ensuite en latin, furent conduites par les avocats des deux parties. Du côté de sir William Felton, les charges énoncées dans son cartel furent renouvelées et développées ; on y ajouta que Bertrand Du Guesclin, en violant sa parole, avait rompu la paix de Bretagne ; que le meurtre, l'incendie, le vol de personnes et de maisons religieuses et une infinité de maux irréparables en avaient été la conséquence, et que, Bertrand étant la cause et l'occasion de toutes ces calamités, il devait mourir, « attendu qu'il est expressément statué par la loi civile qu'un chevalier (*miles*), qui trouble la paix, est puni de la peine capitale (1). » Et l'on concluait en déclarant

---

(1) L'avocat de sir William Felton cita exactement, dans sa plaidoirie, le passage de la loi civile de Paul le jurisconsulte, *lib. V Sententiarum* : « *Miles turbator pacis capite punitur.* » Voir le *Corpus juris civilis*, dig. XLIX, tit. XVI, *De re militari*, cap. XVI. Cette invocation du droit civil, comme d'une règle existante reconnue, est un argument à l'appui de ce que Savigny a consacré tant de travail et de recherches à prouver, à savoir que le droit romain ne fut point *ravivé* par la découverte d'un exemplaire des Pandectes à Amalfi ; qu'il n'avait pas cessé d'exister et qu'il fut en vigueur pendant tout le moyen âge ; qu'il était cité dans les tribunaux et tenu par les cours comme droit public de cette époque. *Hist. du droit romain au moyen âge*, t. I et II, *passim*, et t. III, chap. XVIII.

que, si Bertrand reconnaissait les charges énoncées, il devait être puni de mort; mais que, s'il les niait, l'appelant, en bon et loyal chevalier, comparaîtrait de sa propre personne, en un jour déterminé et au lieu qu'aurait désigné le Dauphin, avec armes et cheval, pour défier au combat Bertrand Du Guesclin. Sir William Felton jeta ensuite son gage devant la cour, en ajoutant que, s'il n'avait le duel, on lui accordât, au moins, la guerre comme entre nobles.

Du côté de Du Guesclin, il fut reparti que sa vie s'était passée en actions honorables et dignes d'éloges, et qu'il souffrirait plutôt tout genre de mort que de violer sa parole pour quoi que ce fût au monde; que, lorsqu'il avait juré d'observer le traité entre Charles de Blois et le comte de Montfort, il n'était pas seul, mais qu'il y avait plus de deux cents chevaliers et écuyers présents; que lorsqu'il fut choisi pour otage, il avait dit expressément au comte de Montfort, en présence de son conseil, que, quelques stipulations que les autres pussent faire, il ne resterait, lui, qu'un mois; qu'il avait été accepté à cette condition; qu'il était resté comme otage le mois entier, et qu'il était parti, non pas en compagnie d'un simple écuyer, comme on l'avançait, mais avec une quantité de chevaliers, comme un homme qui a rempli tous ses engagements, et non pas en secret, mais ouvertement.

Quant au gage de duel, il fut soutenu que, en vertu des ordonnances de Philippe le Bel, avant que quelqu'un, quel que fût son état ou son rang, pût être autorisé à le demander, il lui fallait le concours de quatre conditions expresses : 1° Que l'acte imputé à l'accusé fût une offense capitale et que, prouvé ou avoué, il entraînât la peine de mort; 2° que l'acte fût constant et démontré avoir été commis; 3° qu'il ne pût être prouvé par témoins; 4° enfin, que la personne accusée de l'offense en fût notoirement et publiquement soupçonnée. Or, non-seulement ces conditions n'existaient pas toutes dans le cas présent, mais il ne s'en trouvait pas une seule des quatre. En conséquence, conformément à l'usage et coutume des parlements, aucun gage de combat ne pouvait être adjugé dans la cause. On soutenait encore que la différence entre le gage de combat (*duellum*) et la guerre (*bellum*), mise en avant du côté de sir William Felton, était chose qui n'avait été jusque-là ni proposée, ni vue, ni entendue, et qui, en conséquence, ne devait être maintenant ni entendue ni admise ; que le duel, selon sa véritable signification et acceptation, était un combat entre deux personnes seulement, judiciairement autorisées à se battre ; mais qu'il était appelé *guerre*, lorsque des rois, des ducs, des comtes, des barons et autres nobles, autorisés par privilége royal ou par des coutumes anciennes ou approuvées, se combattaient pour la défense d'un pays ; qu'il ne refusait pas le duel par crainte de la mort ni parce qu'il n'osait point engager une lutte personnelle avec sir William Felton, ce qui était, au contraire, un mode d'arrangement auquel son esprit inclinait beaucoup, mais parce que, de l'avis d'hommes plus sages que lui, contenant ses premières émotions, il avait préféré, dans une affaire de cette importance, soumettre sa conduite à Dieu, pour servir de règle à ses amis ; que sir William Felton devait être obligé à rétracter de sa propre bouche les faussetés qu'il avait proférées contre lui, et condamné à payer cent livres parisis de dommages et intérêts ; que, dans le cas où ces demandes ne seraient pas agréées et où le gage de duel serait accordé par le conseil du roi et la cour du parlement, il affirmait que sir William Felton, dans les accusations portées contre lui, avait faussement et méchamment menti, et que, le jour et au lieu qui seraient fixés par le parlement, il se défendrait par duel ou par guerre contre son accusateur, avec armes et cheval, en bon et loyal chevalier qu'il avait toujours été. En concluant, Du Guesclin en personne déclara que tout ce qui avait été avancé pour lui était la vérité ; qu'il pouvait le confirmer par noble et fidèle témoignage, et qu'il était prêt à le soutenir par gage de duel ou par tout autre moyen que le roi ou le Dauphin déterminerait.

Les plaidoiries terminées, le parlement décréta que le gage de duel ou la guerre ne tombait point sur une affaire de cette nature, et que Bertrand Du Guesclin n'avait pas droit à des dommages-intérêts contre William Felton (1).

(1) Voir le *Jugement rendu par Charles le Dauphin de Viennois sur le différend meu entre Bertrand Du Guesclin et Guillaume Felton*, dans les *Actes de Bretagne*, t. I, col. 1566, ou *Mémoires pour servir de preuves à l'histoire de Bretagne*, par D.-Hyac. Morice. — Cuvelier et l'auteur anonyme de la *Chronique de Du Guesclin* entrent dans de longs détails sur le différend en question ; mais ils sont tellement en désaccord avec les faits résultant de la procédure suivie devant le parlement de Paris, que l'on ne saurait compter sur leur récit.

CHAPITRE XII.

Bertrand Du Guesclin prend les châteaux de Pestivieu et de Trougof en Bretagne. — Le roi de France retourne en Angleterre, où il meurt. — Caractère de Jean. — Charles le Mauvais déclare la guerre au roi de France. — Du Guesclin prend les villes de Mantes et de Meulan sur le Navarrais et le château de Rilleboise.

Quand le jugement sur le duel, qui fut rendu le 28 février 1364, eut été prononcé par le parlement de Paris, Bertrand Du Guesclin retourna en Bretagne pour mettre ordre à ses affaires, avant d'aller en Normandie prendre le gouvernement de Pontorson. A Guingamp, où il séjourna quelques instants pour se refaire, ainsi que ses hommes, il fut reçu par la population avec les plus grandes démonstrations de joie, et vivement pressé de rester pour délivrer la ville des incessantes attaques des garnisons de Pestivieu et de Trougof, dont ils avaient à souffrir des maux intolérables. Bertrand fut grandement touché de leurs prières; mais il n'était point disposé alors à adhérer à leur requête, parce qu'il désirait ne pas perdre de temps à arrêter les ravages des Anglais et des Navarrois en Normandie. Néanmoins, les bourgeois de Guingamp ne furent pas aisément distraits d'un objet qu'ils avaient tant à cœur, et, à peine Bertrand et ses hommes furent-ils remontés à cheval pour quitter la ville, qu'on ferma les portes et leva les ponts. Surpris d'un pareil traitement de la part de ses amis, Bertrand demanda avec humeur le motif de cette conduite. Les bourgeois lui répondirent en le conjurant de nouveau de ne pas les abandonner; car, telle était, disaient-ils, leur confiance dans son habileté et sa bonne fortune, que, avec son aide, la garnison anglaise serait bientôt défaite, et ils terminèrent en lui proposant 60,000 livres comme récompense de ses services.

Bertrand céda enfin à leurs sollicitations et retourna à son auberge au milieu de l'allégresse générale des habitants, à qui il ordonna de préparer immédiatement leurs tentes et leurs arcs et de faire d'amples provisions de viande fraîche, de pain et de bon lard salé, avec de la bière et du vin. Il réunit une force de 6000 hommes tant à pied qu'à cheval, et commanda pour le lendemain un assaut contre le château de Pestivieu. L'ordre fut exécuté du meilleur cœur, et, quoique la garnison fît une vaillante défense, toute résistance fut inutile contre l'habileté et l'impétuosité de l'attaque : le châtelain offrit de se rendre, à condition d'avoir la vie sauve. Non-seulement Bertrand lui accorda sa demande, contre les remontrances des bourgeois de Guingamp, mais il le maintint encore comme gouverneur du château, qu'il tint de son vainqueur en récompense de la valeur qu'il avait montrée à le défendre.

Le château voisin de Trougof, dès qu'on sut que Bertrand Du Guesclin devait l'attaquer, fut déjà conquis, par l'effet des superstitions du châtelain. Il était commandé par un Anglais du nom de Thomelin, qui, en apprenant que Pestivieu avait été pris par Bertrand, se tint tout pour perdu et déclara que c'en était fait de son château, où il avait gouverné durant quinze années consécutives. Le grossier châtelain avait trouvé, entre autres choses, dans le trésor du château, une copie des « Prophéties de Merlin, » et il avait coutume de récréer de cette fréquente lecture les heures de loisir de sa vie de manoir. Lorsqu'il fut sur le point d'être assiégé, il se souvint d'avoir lu dans les Prophéties qu'un chevalier, né en Bretagne, viendrait portant un aigle sur son écusson, qui commanderait en maître sur tout le pays où il résidait. L'aigle que Du Guesclin portait sur ses armes fournit à l'esprit superstitieux de Thomelin une interprétation toute trouvée de la prophétie, et le château fut rendu, à la première sommation, sans qu'il eût été absolument rien fait pour le défendre.

Le roi de France n'était pas présent, ainsi qu'il a déjà été dit, au procès de Du Guesclin avec sir William Felton. Jean trouva probablement dans l'état de son royaume peu d'encouragement à y prolonger son séjour. La masse du peuple avait été déçue des espérances de soulagement fondées sur son retour de captivité ; car Jean était incapable ou n'avait pas la volonté de lutter contre les difficultés qui s'offraient à lui de toutes parts, et il semblait disposé à se soustraire au spectacle des maux auxquels il ne pouvait remédier. Dans le courant de l'année 1363, ces maux atteignirent un point, où ils ne paraissaient plus supportables ; car les grandes compagnies avaient été laissées maîtresses d'étendre leurs brigandages sur presque toutes les parties de la France ; le défaut de sécurité des personnes et des propriétés avait amené une disette générale, et une effrayante mortalité, résultat du besoin, de la misère et de la détresse, avait enlevé des flots de population à Paris et partout ailleurs.

Dans les premiers jours de l'année 1364, Jean eut la pensée de retourner en Angleterre pour faire une visite à Edouard III, et il réunit une partie de son conseil pour délibérer avec lui sur l'opportunité de la démarche. Tous les membres du conseil, sans exception, conjurèrent instamment leur maître de ne pas se replacer sous le pouvoir du roi d'Angleterre ; mais Jean, qui, dès le commencement de son règne, avait déclaré qu'il ne voulait pas d'autre maître que lui en France, résolut de ne rien écouter qui contrariât ses désirs et répondit qu'il avait une entière confiance dans la loyauté, l'honneur et la courtoisie du roi d'Angle-

Peint par Ziegler — Gravé par Blanchard fils

JEAN II

DIT LE BON, ROI DE FRANCE

1350.   1364.

terre et de sa famille. Il prétexta encore, comme motif de son voyage, le désir de faire des excuses pour son fils le duc d'Anjou, qui avait violé sa parole et était revenu en France (1); et ce serait à cette occasion qu'il aurait prononcé ces nobles paroles : « Si la justice et la bonne foi étaient bannies du reste du monde, elles devraient se trouver toujours dans la bouche et le cœur des rois. » Jean, arrivé en Angleterre, ne tarda pas, cependant, à y tomber malade, et il mourut au palais de Savoie, à Londres, le 8 avril de la même année (2).

Le règne de ce prince ne fut guère qu'une succession non interrompue de calamités. La paix du royaume fut constamment troublée, et le royaume lui-même mis à deux doigts de sa ruine par de désastreuses guerres avec l'étranger, de fatales discordes civiles, par la famine, la trahison, les soulèvements de la populace et les ravages des grandes compagnies; et, pour ajouter encore à cette confusion générale, le roi passa en captivité un bon quart de son règne, et le régent n'était qu'un jeune homme sans expérience et sans autorité. Comme prince, Jean ne fut remarquable ni par de grandes vertus ni par de grands vices. Dans son caractère, il était vif et irascible ; dans ses résolutions, absolu et inflexible ; dans sa personne, grand et bien fait. Il était brave, quoiqu'il n'eût aucune des qualités d'un général d'armée; et il était juste, franc et loyal.

Peu de temps avant la mort du roi de France, et tandis qu'il était en Angleterre, Charles le Mauvais, alors en Navarre, après avoir fait alliance avec le roi d'Aragon et quelques-uns des hauts barons et seigneurs qui possédaient une grande partie de la Normandie, défia le roi de France et le Dauphin, et leur déclara la

---

(1) Le dernier continuateur de Nangis assigne comme une des causes du retour de Jean en Angleterre le défaut de paiement de sa pension, et il ajoute : « *Aliqui vero dicebant quod illuc iverat causa joci,* » t. II, p. 333.

(2) Froissart, liv. I, part. II, pp. 468-470.

guerre. Le prétexte de cette déclaration vint de ce que Jean retenait la Bourgogne, dont il avait pris possession à la mort de Philippe de Rouvre, le dernier duc. Dès que le Dauphin eut appris que le roi de Navarre le menaçait, il envoya en Normandie quelques nobles armés, parmi lesquels étaient le comte d'Auxerre, accompagné de ses propres vassaux, et Bertrand Du Guesclin, avec des troupes composées à peu près également de Français et de Bretons. Les capitaines, après avoir combiné leurs forces, marchèrent sur Mantes, ville agréablement située sur la Seine et entourée de murs très-forts, avec un haut château et un pont (1).

Bertrand Du Guesclin, avec une nombreuse troupe, essaya d'abord d'emporter Rolleboise d'assaut, avant d'aller assiéger Mantes (2). Rolleboise était un château fort sur la Seine, à une lieue environ de cette ville, et avait alors pour garnison un corps de gens d'armes appartenant aux grandes compagnies, qui faisait la guerre pour son propre compte, sous les ordres d'un chef originaire de Bruxelles, nommé Gauthier Van Straten, homme entendu dans son métier, lequel les gardait à solde fixe. Lui et ses hommes avaient pillé tout le pays d'alentour, « et n'osait nul aller de Paris à à Mantes, ni de Mantes à Rouen ou à Pontoise, pour ceux de la garnison de Rolleboise. » Ces audacieux brigands ne regardaient pas qui ils attaquaient. Ils traitaient les sujets du roi de Navarre de la même manière que les Français, et ils tenaient les bourgeois de Mantes si étroitement enfermés, qu'ils n'osaient pas sortir de chez eux et redoutaient plus leur garnison que les troupes françaises (3).

Tandis que Bertrand Du Guesclin était devant Rolleboise,

---

(1) *Cont. Nang.*, t. II, pp. 335-337.

(2) Cuvelier dit que dix mille hommes vinrent de Rouen, v. 3698, et dans la *Chronique* (anonyme) *de Bertrand Du Guesclin* il est dit que plus de dix mille hommes firent le siége de Rolleboise, chap. XXVI, p. 17.

(3) Froissart, liv. I, part. II, p. 471.

messire Guillaume de Launoy combina pour Mantes un plan d'attaque, qui pût le rendre maître de la ville sans beaucoup de difficulté et sans grandes pertes. Le projet fut approuvé de Bertrand et mis immédiatement à exécution. Guillaume de Launoy prit trente de ses hommes, et les habilla comme les vignerons du pays, avec leurs cottes de mailles, leurs épées, leurs dagues cachées sous de grossiers habits de dessus. Les hommes eurent ordre de se tenir prêts à entrer dans la ville le lendemain de bonne heure, dès que les portes seraient ouvertes, tandis que de Launoy se mettrait en embuscade, mais assez près pour les secourir ; et Bertrand, une fois les hommes entrés, devait amener ses troupes et s'emparer de la ville. En même temps, par ordre de Du Guesclin, un autre détachement de trente lances, bien armé, pénétra dans la ville à cheval, disant appartenir à l'armée du roi de Navarre. Ils descendirent tous à la même auberge, payèrent argent comptant ce qu'ils prirent, et, pour mieux tromper leur monde, proférèrent d'énergiques menaces contre le Dauphin. Un peu après minuit, de Launoy se leva, s'arma, ainsi que ses hommes, et partit à pied pour mettre son plan à exécution. Il tombait une pluie fine, qui rendait la nuit très-obscure, et qui fit que, même après l'aube, on ne distinguait point encore les objets (1).

C'était en ce temps-là la coutume, dans la ville de Mantes, de renvoyer le guet au lever du soleil, et quatre bourgeois, après avoir ouvert les portes pour laisser sortir le gros bétail, les brebis et les porcs qui allaient paître dans une prairie voisine, étaient chargés de les refermer. Il n'y avait alors qu'un guichet d'ouvert, et la porte restait à demi close. Au lever du soleil, quand les quatre bourgeois vinrent ouvrir les portes de

---

(1) « Et environ soleil levant approuchèrent Mantes, où grand vignoble siet. » *Chronique* (anonyme) *de Bertrand Du Guesclin*, chap. XXVII, p. 17.

la ville, qui était entourée de vignes, ils aperçurent les faux vignerons, qui avançaient par la grande route, leurs serpes à la main ; mais, sans rien soupçonner et rassurés du reste par leur air et leur costume, les bourgeois se retirèrent dans le corps-de-garde pour déposer leurs armes, et ensuite ouvrirent les portes aux bestiaux. Dix des assiégeants effectuèrent leur entrée sans obstacle, et ils ne tardèrent pas à être suivis du reste de la troupe. Tandis que l'un d'eux sonnait du cornet (1) pour prévenir par ce signal messire Guillaume de Launoy de l'heureuse entrée de son monde, les autres, tirant leurs épées, fondent sur les quatre citoyens de la porte, qui prennent aussitôt la fuite, en criant de toutes leurs forces : « Trahison ! trahison ! » afin de réveiller les habitants encore endormis de la ville. De Launoy, entendant le signal, sort de sa cachette et passe les portes avec ses troupes, sans rencontrer de résistance. Vers le même temps, les trente lances qui se trouvaient dans la ville viennent rejoindre leurs camarades, pendant que les bourgeois épouvantés couraient, dans la terreur, se réfugier dans une église fortifiée à l'intérieur des murs.

Bertrand Du Guesclin, le comte d'Auxerre, et d'autres chevaliers avec environ cinq cents hommes, en apprenant d'un messager que les portes étaient ouvertes, montent à cheval, entrent dans la ville et courent à l'église, en pousssant le cri de guerre convenu : « Launoy ! Launoy ! » Les bourgeois jetaient des fenêtres sur leurs ennemis, à mesure qu'ils passaient,

(1) Cuvelier dit que ce cornet était appelé *turelure* en bien des pays.

« Un cornet y avoit d'une œuvre manovrée,
« Qui turelure a nom en tant maintes contrées :
« Icelle turelure fut haultement sonnée. »

On a pensé que le mot *turelure* était peut-être l'origine du refrain *Robin turelure* de tant de vaudevilles. Voir Secousse, *Histoire de Charles le Mauvais*, part. II, p. 21, note 2.

des mortiers et des pilons. La ville n'en fut pas moins bientôt livrée, et elle fut pillée par une partie des envahisseurs. Bertrand attaqua ensuite l'église, où s'était réfugié beaucoup de monde, et, ayant repoussé les occupants dans le clocher, il les contraignit de se rendre (1).

Mantes fut prise le 7 avril 1364 (2). Immédiatement après la reddition, Bertrand Du Guesclin réunit les bourgeois et leur dit que ceux qui n'étaient point disposés à prêter serment de fidélité au Dauphin devaient immédiatement quitter la ville avec leurs femmes et leurs enfants, sans rien emporter de leurs biens avec eux; mais ils consentirent tous à prêter le serment prescrit, à la condition que Meulan serait assiégé aussi. Bertrand proposa de mettre sans délai le siége devant cette ville; mais il dut céder aux autres chefs, et il fut décidé que l'on attaquerait d'abord le château de Rolleboise. Ce château n'offrit pas de résistance aux Français; car le châtelain redoutant, après la chute de Mantes, de courir le risque d'un assaut, se rendit contre le paiement d'une certaine somme d'argent (3).

La ville de Meulan fut ensuite assiégée. La défense fut vive; mais la garnison ne put résister à l'impétuosité de l'attaque. Bertrand abattit les portes de ses propres mains, et entra dans la

(1) Cuvelier, vv. 3698-3868, et *Ms. de l'Arsenal*, pp. 136, 138, 139. — *Chronique de Bertrand Du Guesclin*, chap. xxvii. — Froissart raconte d'une manière toute différente la prise de la ville, liv. I, part. ii, p. 472. — Le dernier continuateur de Nangis dit qu'elle fut prise, non par la force des armes, mais par ruse, t. II, p. 336.

(2) Secousse, *Histoire de Charles le Mauvais*, part. ii, p. 15, où sont citées les *Chroniques de Saint-Denis*, fol. 199, col. 1. — *Cont. Nang.*, t. II, p. 357.

(3) *Cont. Nang.*, t. II, p. 357. — L'auteur anonyme de la *Chronique de Bertrand Du Guesclin* dit que les bourgeois de Mantes insistèrent pour que Meulan fût assiégé « parce qu'ils avaient la plus grande partie de leurs biens dans cette ville. » Il diffère du dernier continuateur de Nangis, de Cuvelier et de Froissart, en disant que Rolleboise fut prise d'assaut, chap. xxvii, p. 18.

ville à la tête de ses troupes. Une partie des habitants se réfugia dans la tour, qui était parfaitement fortifiée et fournie de provisions pour un siége de quinze mois. Le châtelain avait une telle confiance dans la force de la place, que, sur l'invitation que lui adressa Bertrand de la rendre, il répondit froidement : « Avant qu'en cette tour vous puissiez loger, vous faudra, je crois, apprendre à voler haut. » Irrité du ton de mépris du châtelain, Bertrand ordonna immédiatement l'assaut ; mais, comme ce fut sans succès, il résolut de miner les murs de la tour. Les mineurs, protégés par les soldats, travaillèrent sans être aperçus des assiégés, jusqu'à ce qu'on atteignît les fondements de l'édifice. La terre ayant été retirée de dessous les murs, on soutint la tour avec de forts étais et de grosses poutres, que l'on graissa de lard, pour les rendre plus combustibles, et, sur l'ordre de Bertrand, on y mit le feu. Quand les charpentes eurent brûlé en partie, et que la tour commença à pencher d'un côté, les assiégés, voyant le danger de leur position, se constituèrent prisonniers de guerre. Tandis que Bertrand était occupé à réduire la tour, le comte d'Auxerre emportait un pont fortifié, où s'étaient réfugiés beaucoup d'habitants de la ville. Après la reddition de la place, la tour fut démolie, et le pont, fortifié à nouveau, reçut une garnison nombreuse. Les capitaines se retirèrent ensuite avec leurs troupes, et Bertrand alla voir sa femme à Pontorson, où il passa la morte saison.

CHAPITRE XIII.

Bataille de Cocherel entre les Français, sous les ordres de Bertrand Du Guesclin, et les Navarrois commandés par le captal de Buch. — Victoire des Français.

Bertrand Du Guesclin ne devait pas rester longtemps tranquille à Pontorson ; car, immédiatement après la reddition de Mantes et de Meulan, il fut invité à prendre la campagne contre le célèbre Jean de Grailly, captal ou seigneur de Buch (1), qui venait de débarquer à Cherbourg avec une force de quatre cents gens d'armes, dans le dessein de commencer les hostilités en Normandie, pour le compte de Charles le Mauvais, contre le jeune roi de France. La mort de Jean avait ravivé l'ambition du roi de Navarre, qui haïssait et méprisait tout à la fois son successeur ; et les opérations militaires qui allaient avoir lieu en Normandie devaient être de la plus haute conséquence pour l'un et l'autre, mais surtout pour Charles V ; car le succès ou l'échec des premiers actes de son gouvernement devait confirmer ou détruire l'idée qu'on s'était faite de sa mauvaise fortune et de son

---

(1) « D'Achery (dans son *Spicilegium*) imprime en marge *capital de Buch*. Froissart et les *Grandes chroniques* écrivent captal de Buch. Le nom de ce personnage était Jean de Grailly. Il possédait la seigneurie de Teste de Buch, village appartenant aujourd'hui au département de la Gironde. C'est de là qu'il tira le surnom sous lequel il est plus généralement connu, *Dominus capitis de Buch.* » Note de H. Géraud, éditeur de la *Chronique de Guillaume de Nangis*, t. II, p. 341, note 1.

défaut d'énergie, idée qui ne se bornait pas seulement à Charles le Mauvais. Pensant donc que le roi serait aussi facile à combattre que l'avait été le régent, Charles leva des troupes de tous les côtés, et engagea notamment à son service sir John Jouel, chevalier anglais de renom, alors en Normandie, où il avait avec lui deux ou trois cents gens d'armes.

Le roi de Navarre fut extrêmement chagriné de la perte de Mantes et de Meulan, et il exprima le dépit qu'il ressentait contre le jeune roi de France au captal de Buch, qui lui promit, non-seulement de recouvrer ces villes, mais d'en prendre d'autres encore, ajoutant que, le roi de France devant bientôt aller se faire couronner à Reims, il le suivrait et harcellerait sa marche. Pour exécuter son projet, le captal réunit ses troupes à Evreux, où il rassembla la plus grande partie de ses archers et de ses hommes d'infanterie. Après avoir pris toutes ses mesures, il quitta la ville afin d'aller reconnaître la position et la force de l'armée française. Dans une revue de ses troupes, il trouva qu'il avait sous les armes sept cents lances, trois cents archers, et cinq cents autres combattants.

Tandis qu'il marchait d'Evreux sur Pacy, cherchant par tous les moyens à se renseigner sur les mouvements des Français, le captal rencontra par hasard un héraut appelé le roi Faucon, qui avait quitté l'armée française dans la matinée. Dès qu'il le vit, il le reconnut pour le héraut du roi d'Angleterre et lui demanda d'où il venait et s'il avait des nouvelles des Français :

« En nom Dieu, monseigneur, oui ! répondit le héraut ; je me partis huy matin d'eux et de leur troupe ; et vous cherchent aussi et ont grand désir de vous trouver.

— Et quelle part sont-ils ? demanda le captal ; sont-ils deçà le Pont-de-l'Arche ou delà ?

— En nom Dieu ! reprit Faucon, ils ont passé le Pont-de-l'Arche et Vernon, et sont maintenant, je crois, assez près de Pacy.

— Et quels gens sont-ils? demanda encore le captal; et quels capitaines ont-ils?

— En nom Dieu, sire, dit le héraut, ils sont bien mille et cinq cents combattants, et toutes bonnes gens d'armes. Si y sont messire Bertrand Du Guesclin qui a la plus grande troupe de Bretons, le comte d'Auxerre, le vicomte de Beaumont, messire Louis de Châlons, le sire de Beaujeu, messire le maître des arbalétriers, messire l'Archiprêtre, messire Oudart de Renty. Et si y sont de Gascogne, votre pays, les gens du seigneur d'Albret, messire Petiton de Curton et messire Perducas d'Albret; et si y est messire Aymon de Pommiers, et messire le souldich (1) de l'Estrade.

— Faucon! Faucon! dit le captal, rougissant de colère, en entendant nommer les Gascons; est-ce à bonne vérité que tu dis que ces chevaliers de Gascogne que tu nommes sont là, et les gens du seigneur d'Albret?

— Sire, dit le héraut, par ma foi, oui.

— Et où est le sire d'Albret? demanda le captal.

— En nom Dieu, sire, répondit Faucon, il est à Paris près le régent, le duc de Normandie, qui s'appareille fort pour aller à Reims; car on dit partout communément que dimanche qui vient il se fera sacrer et couronner.

— Par le cap Saint-Antoine! dit le captal, en mettant la main sur la tête, comme avec dépit; Gascons contre Gascons s'éprouveront. »

Faucon, faisant ensuite allusion à Pierre, un héraut que l'Archiprêtre envoyait là, dit au captal :

« Monseigneur, assez près de ci m'attend un héraut que l'Ar-

---

(1) Souldich était une dignité près de Bordeaux, en Aquitaine. Du Cange dit que Soldicus était synonyme de *Syndicus, defensor, patronus, advocatus*. Ce titre était particulier seulement aux deux familles de L'Estrade et de La Trau. *Gloss.*, au mot *Syndicus*.

chiprêtre envoie devers vous, lequel Archiprêtre, à ce que j'entends par le héraut, parlerait volontiers à vous.

— Faucon ! reprit vivement le captal, dis à ce héraut français qu'il n'a que faire plus avant, et qu'il dise à l'Archiprêtre que je ne veux nul parlement à lui. »

En ce moment, messire Jean Jouel s'avança et dit :

« Sire, pourquoi ? Peut-être est-ce pour notre profit ?

— Jean, Jean ! non est, reprit le captal avec humeur ; mais est l'Archiprêtre si rusé, que, s'il venait jusques à nous en nous contant jongles et bourdes, il aviserait et imaginerait notre force et nos gens : si nous pourrait tourner à grand dommage et à grand contraire ; si n'ai cure de ses grands parlements. »

Faucon retourna ensuite vers Pierre, son compagnon, qui l'attendait au coin d'une haie, et « il excusa bien et sagement le captal, » au point que le héraut français en fut tout content et alla rapporter à l'Archiprêtre ce que Faucon lui avait dit.

Le captal de Buch, en apprenant par le récit de Faucon que les forces des Français se montaient bien à quinze cents gens d'armes, dépêcha immédiatement des messagers au gouverneur d'Evreux, à qui il signifia d'envoyer tout ce qu'il aurait de compagnons armés et de les diriger sur Cocherel, où il pensait rencontrer les Français. Dès que le gouverneur les eut rassemblés et préparés, il les fit partir, au nombre de cent vingt jeunes compagnons (1).

Tandis que le captal réunissait ses troupes à Evreux, Bertrand Du Guesclin partait de Rouen avec une force bien équipée d'archers et de gens d'armes, et il traversait la Seine à Pont-de-l'Arche, où il fit halte quelques instants, pour donner à ses hommes le temps de ferrer leurs chevaux. En cet endroit, les marchands apportèrent des provisions d'armes, comme haches, épées et dagues, qui furent promptement vendues à ceux

---

(1) Froissart, liv. I, part. II, pp. 475, 476.

qui en manquaient. De là, on envoya des courriers dans tout le pays, pour reconnaître où étaient le captal de Buch et les Navarrais, avec ordre de venir en rendre compte à Cocherel.

Après avoir quitté Pont-de-l'Arche, Bertrand passa la revue de ses troupes (1), et, avant de les renvoyer, il leur adressa ces paroles : « Mes enfants, ayez souvenance d'acquérir tout du commencement la gloire des saints cieux ; car qui meurt en bataille pour son seigneur et sa terre défendre, Dieu a de lui pitié. Si, donc, il y en a nul de vous qui se sente être en péché mortel, je vous prie bonnement s'en aille confesser. »

Cette pieuse exhortation de leur capitaine produisit sur les soldats l'effet attendu ; car beaucoup se rendirent à l'église des Cordeliers, près de Pont-de-l'Arche, et se confessèrent. Après la revue, les servants d'armée, qui avaient été fourrager, rapportèrent au camp une quantité de haches, comme celles dont faisaient usage les bûcherons du pays. Les soldats s'en saisirent en disant : « Par les saints de Saint-Omer ! mieux vaut de telles haches que d'épées frapper ! »

De Pont-de-l'Arche, Bertrand Du Guesclin fit avancer son armée sur la Croix-Saint-Lieuffroy, et logea ses troupes dans l'abbaye. Ce fut là qu'il reçut de ses courriers l'avis que le captal de Buch, avec treize cents gens d'armes, avait quitté Evreux ; mais ils ne purent pas lui donner d'autres renseignements. Bertrand les renvoya, en leur ordonnant, d'une manière impérative, de trouver l'ennemi et de venir lui rendre compte, comme précédemment, à Cocherel sur l'Eure, où il avait dessein de se jeter sur le chemin des Navarrais, et les empêcher de passer cette

---

(1) D'après Cuvelier, les forces des Français montaient à 1100 hommes. Ce chiffre ne renferme, cependant, que les gens d'armes, sans les autres armes, comme archers et infanterie. *Ms. de l'Arsenal*, t. I, p. 152. — L'auteur anonyme de la *Chronique de sire Bertrand Du Guesclin* estime les forces des Français à 6000 combattants, et celles des Navarrais à un tiers en sus, chap. XXX, XXXII.

rivière pour traverser ensuite la Seine et tomber sur l'Ile-de-France. Avant de quitter l'abbaye de Saint-Lieuffroy, Bertrand s'adressa encore à ses troupes en ces termes (1) : « S'il y a nul couard qui doute de sa peau, je lui donne congé d'aller en sa maison ; car brièvement, sais de vrai que nous aurons combat. Et s'y a tel, vieil ou jouvencel, qui se mette à fuir, je le ferai encrouer (accrocher) par le col.

— Nenni, nenni, Bertrand, s'écrièrent ces hommes ; nous n'avons pas cœur de veau ; nous mourrons ou vivrons avec vous sur le pré. »

Bertrand quitta ensuite l'abbaye et se dirigea sur Cocherel, petit hameau sur la rivière d'Eure, entouré de vignes et de grandes prairies, où il rangea ses hommes en bataille près du pont, sachant que les Navarrais devaient passer par là. Ses courriers vinrent lui rapporter en cet endroit qu'ils n'avaient pu trouver l'ennemi. Quand Bertrand, calculant depuis quelle époque le captal de Buch était parti d'Evreux, jugea que les Navarrais ne devaient pas être très-loin, il dit avec raillerie à ses courriers : « Si j'eusse couru moi-même, je ne me doute mie que je n'eusse trouvé la compagnie du captal ; mais vous savez mieux trouver une grand'huche remplie ou coffre, pour piller les joyaux qui vôtres ne sont mie, que trouver les Anglais ; car j'oserais bien jurer qu'Anglais ne sont pas loin plus de lieue et demie. »

L'Archiprêtre, qui était peu désireux de combattre les Navarrais (2), prit occasion de ce nouvel insuccès des courriers

---

(1) La Croix de Saint-Leufroi, entre Evreux et Gaillon, dans le diocèse d'Evreux, était un « monastère appelé la *Croix d'Helton*, où on lit que Leudfred, le glorieux confesseur du Christ, servit le Seigneur quarante-huit ans, sous les règnes de Childebert et de Chilpéric. » *Ordericus Vitalis*, lib. IV, cap. VIII, note 1.

(2) Messire Arnold de Cervole, communément appelé l'Archiprêtre, était un chef mercenaire de *grandes compagnies*, qui, ayant servi tous

français pour obtenir des chefs de l'armée leur consentement à ce qu'il partît avec ses hommes, promettant d'avoir des renseignements plus certains sur la position et les forces de l'ennemi ; mais à peine était-il dehors, qu'un héraut vint annoncer au camp français que les Navarrais approchaient (1). Dès que les Navarrais furent en vue des Français, ils prirent avantage d'une éminence avec un petit bois à leur droite, et s'y formèrent en trois batailles, ayant leur front sur le bord de la colline. La première de ces batailles était commandée par messire Jean Jouel, qui avait avec lui les archers et gens d'armes anglais ; la seconde par le captal de Buch, et la troisième par le bascon de Mareuil. Le pennon du captal fut placé sur un fort buisson épineux, avec soixante hommes pour le défendre, afin qu'il servît d'étendard pour rallier ses hommes, s'ils venaient à être éparpillés dans le combat.

Quoique préparés à résister à l'attaque des Navarrais, les Français n'avaient point encore choisi leur commandant pour la journée, ni convenu de leur cri de guerre ou de la bannière à laquelle ils devraient se rallier. Dans le choix du capitaine, toutes les voix se portèrent sur le jeune comte d'Auxerre, à raison de sa naissance et de son rang ; mais celui-ci, avec une modestie mêlée de beaucoup de fermeté, s'excusa en disant « qu'il était trop jeune pour encharger si grand faix et tel honneur ; que c'était la première journée arrêtée où il fût oncques ; que là étaient plusieurs bons chevaliers, comme monseigneur Bertrand et autres, qui avaient été en plusieurs grosses besognes et savaient mieux comment telles choses se doivent gouverner qu'il ne faisait ; qu'il serait leur compagnon, et vi-

les partis, était peu disposé à se battre avec certains des chefs du parti opposé, notamment avec le captal de Buch, duquel il tenait plusieurs terres. Voir Froissart, liv. I, part. II, p. 480, et *Chronique* (anonyme) *de sire Bertrand Du Guesclin*, chap. XXX.

(1) Cuvelier, vv. 4157-4263 ; et le *Ms. de l'Arsenal*, t. 1, pp. 154-156.

vrait ou mourrait avec eux; mais de souveraineté n'en voulait point avoir. » Ils choisirent alors pour capitaine messire Bertrand Du Guesclin, « regardé pour le meilleur chevalier de la place, et qui plus s'était combattu de la main et mieux savait aussi comment telles choses se devaient maintenir. » Il fut alors décidé d'un commun accord que l'on crierait : Notre-Dame, Guesclin! et que tout serait ordonné ce jour-là par lui.

Les Français se rangèrent en bataille, comme leurs adversaires, par trois divisions. La première était commandée par Bertrand Du Guesclin; la seconde par le comte d'Auxerre; la troisième par le chevalier Vert, messire Louis de Châlons, en l'absence de l'Archiprêtre. Les Gascons, sous le commandement de capitaines de leur nation, furent tenus en réserve.

Les Navarrais, en sûreté dans leur position avantageuse sur la montagne, et abondamment fournis de provisions, résolurent d'attendre l'attaque des Français, tandis que ces derniers, qui s'étaient jetés sur le chemin de leurs adversaires et se trouvaient en pays ennemi, avaient à souffrir du manque de subsistances et désiraient par conséquent beaucoup d'en venir aux mains. Quand le capitaine français vit quel serait le résultat probable d'une attaque contre les Navarrais dans leur forte position, il tint ses hommes sous les armes toute la journée, comme disposé à rester sur la défensive, dans l'espérance que l'ennemi descendrait sur lui; mais, ayant attendu en vain, il assembla les chefs de son armée vers le coucher du soleil, et, après avoir conféré avec eux, il envoya dire au captal de Buch par un héraut que Bertrand Du Guesclin désirait savoir si les Navarrais voulaient avoir bataille ou non; que, s'ils le voulaient, un endroit propice serait choisi le lendemain, à trois portées d'arc de la rivière, mais que, s'ils ne voulaient pas fixer le moment ni le lieu du combat, le héraut ajouta qu'il avait ordre de Bertrand Du Guesclin de provoquer en un duel à la lance de trois courses soit le captal, soit Pierre de Sequainville ou messire Jean Jouel ; que le vaincu choisirait un endroit pour la bataille entre les deux armées ou abandonnerait le champ et retournerait chez lui. A ce défi, le captal répondit : « Je connais bien Bertrand et le vouloir qu'il a, et vous dis que bataille sera quand viendra le jour, et si descendrai aussi quand me plaira ; mais il n'est mie temps. »

Bertrand fut bien forcé de se contenter de cette réponse, ne pouvant en obtenir d'autre, et les deux armées restèrent dans la même position deux jours entiers, jusqu'à ce qu'enfin le général français dût faire quelques changements, ses troupes étant réduites à une telle extrémité par le manque de nourriture, qu'elles étaient obligées de manger de la viande de cheval au lieu de mouton. On adopta donc sans hésiter un expédient que suggéra Bertrand pour attirer les Navarrais en bas de la montagne. Par son ordre, les Français s'armèrent tous et montèrent à cheval, comme s'ils avaient le dessein de passer la rivière à la fuite ; mais disposés à revenir sur leurs pas, à un signal convenu, avec bannières déployées, pour attaquer leurs adversaires dès qu'ils seraient descendus du coteau. Cette manœuvre fut exécutée comme l'avait ordonné Bertrand, et elle réussit à tromper complètement le captal de Buch, qui, en apprenant que les Français s'étaient retirés du champ, demanda avec surprise : « S'en vont-ils ? Oncques n'ouïs conter que Bertrand se daignât détourner de place. » Et quand il vit les Français passer la rivière : « Il nous faut aller aval, dit-il, et Bertrand Du Guesclin verrai aujourd'hui déshonorer et mettre en tel parti, que plus ne s'osera devant prince montrer. »

Grande fut la joie au camp des Navarrais, quand on s'aperçut que Bertrand fuyait d'un champ de bataille qu'il avait lui-même choisi ; mais Mancion de Blancbourg, un Breton qui haïssait et redoutait Du Guesclin, parce qu'il avait tué un de ses parents au château de Fougeray, et qu'il en avait vaincu un autre dans une joute à Rennes, dit à messire Jean Jouel :

« Jamais ne me croyez, se Bertrand ne retourne tantôt que serons approchés.

— Trop avez folie, qui ainsi parlez, reprit l'Anglais avec colère. Se de lui vous doutez, ci ne mettez le pied. Celui qui n'a point d'argent n'a que faire au marché. »

D'un autre côté, Bertrand Du Guesclin fut également enchanté de constater le succès de son stratagème, et il dit à Thibault du Pont, un fidèle écuyer : « Nous tendons les rêts ; voici les oiseaux pris ; ils avolent tout droit. » Il fit ensuite sonner les trompettes, et ses hommes firent immédiatement volte-face en poussant des cris. Ils eurent bientôt mis pied à terre, et se rangèrent en bataille.

Le captal de Buch fut complètement trompé par la manœuvre, et il aurait bien voulu regagner sa première position sur le coteau ; mais il était trop tard. Il résolut donc de faire la meilleure contenance possible, exhorta ses hommes à ne point se laisser décourager, mais à combattre bravement, car ils dépassaient leurs adversaires de plus de cent hommes, et il leur dit en terminant : « Prenons la soupe au vin, car nous ne savons quand nous boirons encore ensemble. Mais je vous assure que j'irai, se puis, ma vie disputant. Pas ne me prendront comme lièvre à la fuite. »

Lorsque les chefs, de part et d'autre, eurent mis leurs troupes à pied et les eurent rangées en bataille, le captal de Buch, voyant que le moral de ses hommes avait été affecté de la perte de leur position première, et que le coteau derrière eux leur coupait la retraite en cas de besoin, envoya dire par un héraut à Bertrand Du Guesclin que le captal de Buch et les autres chefs navarrais lui faisaient offrir de leur vin à volonté, car ils savaient que lui et ses hommes avaient peu à manger et à boire ; que du reste, il n'y avait pas nécessité de se battre, et que, par conséquent, s'il le voulait, il pouvait se retirer tranquillement, et qu'ils en feraient autant de leur côté. A cela le héraut ajouta :

« Beaux seigneurs, veuillez sur ce fait vous conseiller; car ici bien pouvez plus perdre que gagner.

— Gentil héraut, dit Du Guesclin, moult bien savez prêcher, et pour ces nouvelles-ci vous donnerai un coursier et cent florins; mais direz par de là que nous irons à eux, s'ils ne viennent premier (1). »

Tandis que ces événements se passaient, une lutte acharnée avait lieu entre les valets des deux armées, lutte à coups de dague, de couteau et de bâton, qui se termina par la défaite des valets du parti Navarrais, ce que Bertrand considéra comme de bon augure pour l'issue de la bataille. Lorsque les deux armées furent en ordre et prêtes à engager la lutte, un écuyer anglais sortit des rangs, du consentement du captal de Buch, et demanda s'il y avait dans l'armée française quelqu'un qui voulût courir trois courses à la lance contre lui. Le défi fut accepté avec empressement par une quantité de chevaliers et d'écuyers; mais Bertrand choisit, pour l'aventure, un écuyer du nom de Roland du Bois, habile homme d'armes. Les deux champions sont bientôt à cheval et prêts pour l'attaque. Ils ne coururent qu'une course, car, dès cette première, ils furent blessés l'un et l'autre. Du Bois fut frappé sous le bras, mais sa botte avait été si bien dirigée et

(1) Cuvelier ajoute à cette réponse de Bertrand les étranges paroles qui suivent :

« Que du castal de Buef mangerai un quartier,
« Ne je ne pense anuit autre char à mengier; »

Ce qui surprit beaucoup le héraut, qui pensa que cela voulait dire :

« Que tous les fraiz Bertran et ses hommes de puis
« Paieroit le capstal s'il pouvoit estre pris. »

Bertrand Du Guesclin n'aurait-il pas voulu jouer sur le nom du captal, *buef* pour *bœuf*, ainsi qu'il paraît avoir prononcé le mot qu'on écrit généralement Buch? Cuvelier, v. 4568; et *Ms. de l'Arsenal*, t. I, p. 169.

donnée avec tant de force, que sa lance traversa le bouclier, le haubert et le haqueton de bougran de l'écuyer anglais, qui fut précipité de cheval, avec une grave blessure. Il fut emporté hors du champ par les servants d'armée, et Roland du Bois retourna à son rang avec le cheval de l'écuyer vaincu. La bataille commença ensuite, avec cet heureux augure de plus d'un côté, pour les Français, et un mauvais présage de l'autre, pour les Navarrais ; mais rien ne put arrêter la fureur des combattants, quand ils furent aux prises. Le captal de Buch, parfaitement secondé par messire Jean Jouel, Pierre de Sequainville, le bascon de Mareuil et beaucoup d'autres, fit des prodiges de valeur ; mais il rencontra la même habileté, le même courage et la même fermeté dans Bertrand Du Guesclin, le comte d'Auxerre, le chevalier Vert, le vicomte de Beaumont et Baudoin de Lens, sire d'Annequin, le chef des archers. Les deux partis, en avançant à l'attaque, poussèrent leurs cris de guerre respectifs : Saint-George, Navarre! et, Notre Dame, Guesclin! Messire Thibault du Pont, avec une épée à deux poignées, tomba sur les Navarrais comme un enragé, jusqu'à ce que son épée se rompit dans la mêlée ; il saisit alors une hache d'armes, que lui apporta un servant breton, et en donna un tel coup à un chevalier anglais, que son gorgerin et sa cotte de mailles ne servirent de rien. Bertrand, en voyant les exploits de son compatriote, poussa son cri de guerre, et s'écria : « Or, avant, mes amis, à nous est la journée! Souvenez-vous, pour Dieu ! qu'aujourd'hui avons un nouvel roi en France, et faisons que sa couronne lui soit bien étrennée.

— Bertrand Du Guesclin! cria, de l'autre côté, le bascon de Mareuil ; où êtes-vous allé? Vous pensiez ce matin trouver des poules ! Mieux eût valu que fussiez envers nous accordé. »

Quand Bertrand l'eut entendu, il fondit sur lui « comme lion crété ; » et le bascon fut renversé et blessé grièvement. Cependant, il fut secouru par ses camarades, et il ne tarda pas à reparaître au milieu du combat, où il tua Baudoin d'Annequin,

le maître des archers. La mort du sire d'Annequin fut une grave perte pour son parti; mais elle fut bientôt vengée; car le comte d'Auxerre et le chevalier Vert attaquèrent le bascon avec furie, et il tomba sous leurs coups (1). Messire Jean Jouel, qui ne le lui cédait point pour la bravoure, fut mortellement blessé dans le même temps. Du côté des Français, outre le maître des archers, le vicomte de Beaumont et un grand nombre de vaillants écuyers succombèrent. Robert de Bournonville, qui fut fait chevalier sur le champ de bataille pour ses brillants faits d'armes, perdit aussi la vie pour avoir voulu soutenir la réputation qu'il s'était acquise. La victoire, restée longtemps douteuse, fut enfin décidée en faveur des Français par un habile mouvement de messire Eustache de la Houssaye. Ce chevalier, par ordre de Du Guesclin (2), attaqua les Navarrais par derrière avec deux cents lances, et en fit un grand carnage. Le captal de Buch vit ce mouvement, mais il ne put rien pour en prévenir les conséquences, pressé qu'il était en front par Bertrand Du Guesclin. Ses adversaires le serrèrent enfin de près, et le captal en fut réduit à défendre sa propre personne. Il soutint courageusement dans cette circonstance la réputation qu'il avait conquise par tant d'exploits; car il frappait à coups de hache de tous les côtés autour de lui avec une furie telle, qu'il « ressemblait un diable d'enfer ; » mais Thibaut du Pont le saisit par le col de son haubert et l'invita à se rendre. Bertrand lui cria aussi : « Captal, rendez-vous ou mort serez brièvement. » Le captal tendit alors la main en signe d'assentiment (3). Messire Pierre de Sequainville se rendit en même

(1) L'auteur anonyme de la *Chronique de Du Guesclin* dit que le bascon fut tué par un écuyer du nom d'Olivier Ferron, chap. xxxiii.

(2) Le dernier continuateur de Nangis dit que ce détachement était commandé par Du Guesclin en personne, t. III, p. 343.

(3) Froissart dit que le captal de Buch fut fait prisonnier et emporté du champ de bataille par trente Gascons, liv. I, part. ii, p. 481. Mais

temps que lui. Quand le combat cessa, tous les Navarrais étaient tués ou prisonniers.

Après une si complète victoire, les Français espéraient avoir quelque repos ; mais à peine venaient-ils de triompher, qu'ils apprirent qu'un corps de troupes fraîches s'avançait contre eux, fort de cent vingt lances, commandé par un écuyer et arrivant de Nonancourt près de Pacy. Bertrand, après avoir désarmé ses prisonniers, pour prévenir toute attaque de leur part, ordonna à ses hommes de marcher contre ces nouvelles troupes. Les Navarrais firent peu de résistance : on les entoura de toutes parts, et presque tous furent tués.

De Cocherel, Bertrand Du Guesclin conduisit son armée victorieuse, mais mourant de faim, d'abord à Pont-de-l'Arche, où messire Jean Jouel, le chevalier anglais, mourut de ses blessures, en entrant dans la ville, et ensuite à Rouen (1).

le captal, dans une pièce originale, conservée dans le *Trésor des Chartes*, diffère de Froissart, de Cuvelier et du dernier continuateur de Nangis, et dit : « A la bataille de Cocherel, Roland Bodin, écuyer, m'avait pris, et je fus son loyal prisonnier, etc. » — *Recueil sur Charles II, roy de Navarre*, par Secousse, p. 211; et Du Tillet, *Recueil des Traictez*, etc., p. 85, verso, et *Inventaire*, p. 93, recto.

(1) Cuvelier, vv. 4292-4905. — Sur bien des points de la bataille de Cocherel, Froissart diffère de Cuvelier et des autres auteurs contemporains, quoique, sous bien des rapports, sa description de ce combat soit le plus beau passage de ses chroniques. Le récit de Cuvelier a été généralement suivi, comme étant le plus détaillé, le plus clair et le plus net, outre qu'il a l'avantage d'être plus appuyé par les autres chroniqueurs. — Voir *Chronique* (anonyme) *de Bertrand Du Guesclin*, chap. XXX, XXXIII, et *Cont. Nang.*, t. II, pp. 341-344.

CHAPITRE XIV.

Résultats de la bataille de Cocherel. — Couronnement de Charles V. — Succès de Bertrand Du Guesclin en Normandie. — Il va en Bretagne pour assister Charles de Blois. — Bataille d'Auray. — Défaite des Français, et captivité de Du Guesclin.

La bataille de Cocherel fut livrée le jeudi 16 mai 1364. L'heureuse issue de ce combat était un événement trop peu ordinaire et trop important, au commencement de l'administration du jeune roi de France, pour qu'on différât un seul instant de l'annoncer. Des lettres, apportant la bonne nouvelle, furent donc immédiatement envoyées à Reims, où Charles avait été se faire sacrer. Comme le couronnement eut lieu le dimanche suivant, 19 mai (1), la nouvelle de la prise du captal de Buch et de la défaite de son armée arriva avant la céré-

(1) Ces dates sont prises d'un *Extrait du Mémorial D. de la Chambre des comptes de Paris*, publié par Secousse, dans le *Recueil des pièces sur Charles II, roy de Navarre*, p. 196. — Les *Chroniques de Saint-Denis* donnent aussi le 16 mai comme date de la bataille. Voir *Histoire de Charles le Mauvais*, par Secousse, part. II, p. 53. — Du Tillet, *Recueil des roys de France*, p. 157, et *Chronique abrégée*, p. 66, verso, dit que Charles fut couronné le 19 mai; mais, dans le *Recueil des traictez*, etc., p. 85, verso, il dit que la bataille de Cocherel fut livrée « le 24 may, et le dimanche suivant le roi fut couronné à Reims. »

monie du sacre, et ce fut, comme Bertrand l'avait déclaré sur le champ de bataille, une digne étrenne de commencement de règne.

Charles avait vingt-sept ans quand il monta sur le trône. Il était grand et bien fait de sa personne, beau de figure, quoiqu'il eût le visage un peu allongé. Il avait le front haut et large, les yeux d'une bonne grandeur, bien situés, bruns et fixes dans leur expression ; le nez assez fort, la bouche pas trop petite, et les lèvres minces. Ses cheveux n'étaient ni blonds ni noirs; sa peau, d'un brun clair ; son teint un peu pâle. Dans son maintien, il était réfléchi, calme et posé ; et il était sobre en toutes choses. Il avait l'abord imposant ; sa voix était mâle et d'une bonne intonation, et sa parole mesurée, concise et correcte. Ce fut avec ces avantages extérieurs et de fonds, que Charles monta sur le trône, après une préparation de huit années à travers une série d'événements calamiteux qui lui avaient ouvert les yeux sur les difficultés qu'il devait avoir à combattre, sur les éléments d'opposition étrangère ou domestique contre lesquels il aurait à lutter, sur le caractère et les projets de ses ennemis, et sur les moyens qu'il lui fallait employer. Sans talents militaires, sans ambition de ce genre de gloire, en un siècle où elle était si prisée, — car, depuis la bataille de Poitiers, il ne revêtit plus une armure, — il eut le talent de discerner et la fermeté d'employer les agents militaires les plus propres, dût-il les choisir parmi le peuple, et de les élever au-dessus des sommités du royaume. Il prenait ses décisions avec prudence, mais il les exécutait avec énergie, et il acquit ainsi de ses contemporains le surnom de *Sage*, un des titres les plus élevés et probablement un des plus mérités aussi dans la longue série des rois de France.

Après son sacre, Charles retourna à Paris, et se rendit ensuite à Rouen, pour voir Bertrand Du Guesclin et les troupes auxquelles il devait la victoire de Cocherel. Le captal de Buch

Peint par Dejuinne.   Gravé par Blanchard fils.

CHARLES V
DIT LE SAGE, ROI DE FRANCE
1364 — 1380.

fut envoyé à Meaux, comme prisonnier; mais Pierre de Sequainville étant son sujet, il le fit décapiter pour trahison. Charles témoigna la plus vive reconnaissance envers ceux à qui il était redevable de l'heureuse issue de la bataille, et à Bertrand Du Guesclin, dont la réputation fut grandement accrue par cet événement, il donna le comté de Longueville, en Normandie, avec le titre de maréchal de ce duché. Le château de Longueville avait alors une garnison de Navarrais, qui refusèrent de le recevoir comme leur seigneur; mais Bertrand se mit bien vite en mesure de les réduire.

Le roi, de retour à Paris, recevait chaque jour des plaintes sur les ravages commis par les garnisons des forteresses de Normandie, du pays de Caux, du Perche et de la Beauce, dont quelques-unes appartenaient au roi de Navarre, et les autres étaient entre les mains des chefs des grandes compagnies. Pour remédier à ces maux, le roi de France envoya son frère, le duc de Bourgogne, dans les contrées où étaient situées ces forteresses. Le duc de Bourgogne réunit d'abord toutes ses forces à Chartres, et, voyant que son armée se montait à cinq mille combattants, il la divisa en trois corps. Avec le premier, il assiégea et prit les châteaux de Marceranville, de Camerolles, de Dreux, de Breux et de Counay, dans la Beauce, et reprit sur les Navarrais la ville de la Charité-sur-Loire. Le second, sous les ordres de messire Jean de la Rivière, mit le siége devant le château d'Acquigny, dans le comté d'Evreux, qui se rendit, après une défense opiniâtre. Bertrand Du Guesclin, avec le troisième corps, composé principalement des troupes qu'il commandait à la bataille de Cocherel, alla dans le Cotentin, pour garder, de ce côté, les frontières de Normandie contre les incursions des Navarrais.

Tandis qu'il était en marche pour aller assiéger Valognes, son avant-garde, sous les ordres de messire Guillaume Boitel, fut attaquée par une troupe d'hommes en embuscade; mais les assaillants furent défaits, et cent quarante y perdirent la vie. Le reste prit la fuite, et courut se réfugier dans la ville de Valognes en criant : « Fermez vitement les portes, car voici ce diable de Bertrand Du Guesclin, qui rançon ne prend. » Un grand nombre d'habitants, en entendant prononcer le nom de Bertrand, s'enfuit dans les bois, tandis que les autres se précipitèrent confusément dans la tour. Bertrand ne rencontra que peu ou point de résistance en approchant de la ville ; mais le château était bien fortifié, et la garnison comptait beaucoup sur la solidité d'une ancienne tour, qui datait du temps de Clovis. Du Guesclin essaya d'abord de prendre le château d'assaut ; mais il fut si bien défendu, que, voyant l'impossibilité de l'emporter par ce moyen, il fit venir de Saint-Lô six machines à lancer des pierres et les dressa contre les murs du château. La garnison, de son côté, étendit des matelas, des bottes de paille et des claies le long du château, sur les tours et les corps de logis, pour amortir la force des projectiles ; et l'on posta une sentinelle sur une très-haute tour, avec ordre de sonner la cloche toutes les fois que les machines seraient à l'œuvre. Au premier coup de cloche, la garnison se retirait en lieu de sûreté, jusqu'à ce que la pierre fût tombée, et il y en avait alors qui s'avançaient et essuyaient avec une serviette la place où avait frappé la pierre. Bertrand, s'apercevant que ses machines ne produisaient rien sur les murs, eut recours à la mine ; mais, comme le château était bâti sur le roc, ce moyen échoua aussi. Il renouvela donc un assaut, qui, de nouveau, demeura sans effet.

Cependant le châtelain, ayant su que les capitaines français avaient fait serment de rester devant la place jusqu'à ce qu'elle se fût rendue, et craignant pour sa vie, si le château était emporté d'assaut, résolut, de concert avec la garnison, de capituler. Il se présenta sur les remparts, et proposa à Bertrand Du Guesclin, qui s'était avancé à cheval près des fossés, de lui livrer le château pour la somme de trente mille florins. Bertrand repoussa sans hésiter la proposition, et déclara au gouverneur qu'il demeurerait une année entière devant la place plutôt que de lui donner un denier, et il lui réitéra sa menace, que, si le château était pris d'assaut, lui et ses hommes seraient tous pendus. Après en avoir délibéré, la garnison offrit de se rendre, à condition d'avoir la vie sauve et de pouvoir emporter tout ce qu'elle possédait. La proposition fut acceptée, et le lendemain la garnison abandonna le château chargée de ce qu'elle avait de plus précieux, et se dirigea, partie sur Cherbourg, et partie sur Saint-Sauveur.

Quand les Français virent la garnison sortir du château, ils se mirent à la huer et à la railler. Huit écuyers armés de pied en cap, indignés de l'insulte, rentrèrent dans la place, déterminés à périr plutôt que de se rendre, et fermèrent les portes. Bertrand en fut extrêmement courroucé, et il s'écria : « Ouvrez la porte ! par quels mille diables êtes-vous retournés ? » Les écuyers, qui savaient que leurs provisions pouvaient leur durer dix mois, firent réponse qu'ils défendraient le château jusqu'à la dernière extrémité, et qu'il n'y entrerait pas tant qu'ils auraient quelque chose à manger. « Vous mentez, vilains, dit Bertrand ; certes, j'y souperai ce soir et vous y jeûnerez. » Par son ordre, le château fut assailli de tous les côtés à la fois ; mais les écuyers se défendirent vaillamment avec des arbalètes et des pierres. Des échelles furent dressées contre les murs, et les assiégeants essayèrent de s'y faire jour avec des pioches et des hoyaux ; mais il était trop haut et trop épais pour ne pas résister à tous les efforts. Enfin, ils enfoncèrent une lourde porte de fer et pénétrèrent dans la tour. Les écuyers continuèrent néanmoins à se défendre, jusqu'à ce que, écrasés par le nombre, ils fussent pris et précipités du haut du monument.

Tandis que Bertrand Du Guesclin était devant Valognes, Olivier de Mauny assiégeait Carentan, qui se rendit, après une faible défense. Bertrand alla mettre ensuite le siége devant Pont de Douvre, ville fermée de murailles avec une église fortifiée et entourée d'un fossé profond; mais, avant de procéder à l'attaque, il envoya chercher le gouverneur de Carentan et lui demanda de quelle manière il pourrait le mieux prendre la ville. Pierre Ledoulz, le gouverneur, lui dit qu'il n'avait besoin que d'attaquer en poussant son cri de guerre : « Guesclin ! » et que ce cri frapperait de terreur la garnison mieux que ne le feraient ceux de mille Français : « Vous faillez à vrai dire, répondit modestement Bertrand ; car il n'est pas ainsi ; néanmoins, ils auront l'assaut sans nul délai. » La ville était commandée par sir Hugh Calverly, chevalier anglais d'une très-haute réputation militaire, à la tête d'un corps de soldats normands, qui le défendirent avec une grande valeur au point que tous les assauts demeurèrent infructueux. Bertrand recourut donc à la mine, qu'il ordonna de conduire sous les murs et au-dessous de l'église. L'ouvrage fut long et difficile; mais il s'exécuta si secrètement que les assiégeants n'en eurent de longtemps la moindre connaissance, jusqu'à ce qu'un jour, des soldats de la garnison étant à dîner, un verre de vin, placé sur une fenêtre, juste au-dessus de la partie du mur où les mineurs travaillaient, vacillât et du vin se répandît. La garnison découvrit de la sorte que les assiégeants minaient sous le mur. Le gouverneur eut aussitôt recours à la contre-mine, et l'ouvrage fut dirigé avec une telle précision, que les mineurs de part et d'autre se trouvèrent à la fin juste en face les uns des autres. Les mineurs français prévinrent immédiatement leur capitaine, Bertrand Du Guesclin, qui descendit lui-même dans la mine avec cent hommes, fit percer la cloison qui séparait les deux parties, tua les mineurs de la garnison, et pénétra dans l'église en poussant son cri de guerre : « Guesclin ! » Les assiégés furent tellement déconcertés, qu'ils se rendirent sans opposer la moindre résistance. Bertrand, après avoir arboré sa bannière sur les remparts, convoqua tous les prisonniers devant lui dans une grande salle. Il fit grâce de la vie au gouverneur, sir Hugh Calverly, et aux Anglais; mais les Normands et les Navarrais furent décapités sur la place du marché. Après le dîner, Bertrand partagea entre ses compagnons le butin acquis par le pillage de la ville, et se prépara ensuite à aller mettre le siége devant Saint-Sauveur-le-Vicomte. Mais, tandis qu'il faisait ses préparatifs d'expédition, il reçut une lettre de Charles de Blois, qui le priait de venir avec toutes ses forces, pour l'aider à faire lever le siége d'Auray en Bretagne.

Le roi de France envoya en même temps une troupe de mille lances au secours de Charles de Blois; car il comprenait de quelle importance il était, non-seulement pour son cousin, mais pour lui-même, que le comte de Montfort et ses auxiliaires anglais ne restassent pas en possession de la Bretagne. Le roi écrivit aussi à messire Bertrand Du Guesclin d'aller assister Charles de Blois, et il commanda au maréchal de Boucicault de prendre la place de Du Guesclin dans la garde des frontières de Normandie. Le comte de Montfort, après avoir pris les châteaux de Sucenio et de la Roche-Périon, mit le siége devant Auray, « qui était son propre héritage. » Tandis qu'il était occupé à assiéger le château, car il était déjà entré dans la ville sans résistance, il reçut une lettre de Charles V, qui lui ordonnait de lever le siége d'Auray et l'invitait à se rendre à Paris, où il recevrait pleine et entière justice du roi. Le comte de Montfort consentit à obéir à l'ordre du roi de France, à condition que la forteresse serait mise en séquestre entre les mains des sires de Clisson et de Beaumanoir jusqu'au prononcé du jugement; mais le monarque français ne voulut entendre parler d'aucune condition, et les deux parties continuèrent leurs préparatifs, pour vider leur différend par les armes.

Dès que le comte de Montfort sut que Charles de Blois rassemblait des forces de France et de Normandie, il envoya en Aquitaine prier les chevaliers et écuyers anglais de cette province, et en particulier sir John Chandos, de venir l'aider en ce grand besoin, leur faisant dire « qu'il espérait en Bretagne un beau fait d'armes, auquel tous seigneurs, chevaliers et écuyers, pour avancer leur honneur, devraient volontiers entendre. » Sir John Chandos obtint sans difficulté du Prince-Noir l'autorisation d'aller au secours du comte de Montfort, et il prit avec lui deux cents lances et autant d'archers. Il fut reçu avec joie, non-seulement du comte, mais du sire de Clisson, de Robert Knolles et des autres chefs, « à qui il semblait proprement et généralement que mal ne leur pouvait venir, puisqu'ils avaient en leur compagnie messire Jean Chandos. » Quand les troupes anglaises eurent rejoint celles du comte de Montfort, ces forces combinées formèrent ensemble un effectif de seize cents chevaliers et écuyers et de huit à neuf cents archers.

Charles de Blois réunit ses troupes à Guingamp, d'où il se rendit au château de Josselin, où il les passa en revue et compta jusqu'à quatre mille combattants, parmi lesquels Bertrand Du Guesclin, le comte d'Auxerre et son frère, Louis de Châlons surnommé le chevalier Vert, le vicomte de Rohan, le sire de Beaumanoir, messire Eustache de la Houssaye, Olivier de Mauny, Charles de Dinan, Guillaume de Lannoy, et beaucoup d'autres chevaliers distingués. Tandis que Charles de Blois était encore au château de Josselin, un héraut lui fut envoyé par le comte de Montfort, sur le conseil de sir John Chandos, pour lui proposer une conférence, où le différend serait réglé sans qu'il fût besoin de recourir à la voie des armes. Si Charles n'avait été sous l'empire d'une volonté supérieure à la sienne, il aurait été certainement heureux d'adhérer à un arrangement à l'amiable de difficultés qui, depuis plus de vingt ans déjà, entretenaient la guerre dans son pays. Le comte de

Montfort proposait que chacun des prétendants eût une moitié du duché de Bretagne, avec le titre de duc sa vie durant, et que, si le duc de Montfort ne laissait après lui aucun héritier mâle légitime, tout le duché passât aux héritiers de Charles de Blois ; mais ces propositions furent dédaigneusement repoussées par la fière comtesse, la femme de Charles ; et les capitaines de son armée, qu'il avait appelés en consultation, considérèrent toute adhésion à une proposition de traiter du partage du duché comme impliquant doute pour son propre droit, et conclurent de la démarche de la partie adverse qu'elle craignait pour l'issue de la lutte. Bertrand Du Guesclin fut aussi de cet avis, et l'on adopta son conseil de répondre à la proposition de traiter du partage du duché en enjoignant au comte de Montfort d'avoir à lever le siége du château d'Auray dans les quatre jours, ou à se préparer au combat.

Du château de Josselin, Charles de Blois fit d'abord avancer son armée sur l'abbaye de Louvaux, et prit ensuite position dans un parc clos près de la ville d'Auray. Le parc n'était séparé de la ville que par un petit ruisseau, dans lequel montait la marée, et une prairie qui s'étendait jusqu'aux murs. Le comte de Montfort, en voyant approcher Charles de Blois, fit sortir ses troupes de la ville, et les rangea en bataille dans une plaine attenante. Le comte voulait engager immédiatement l'affaire ; mais le sire de Clisson lui conseilla de la différer jusqu'au lendemain et d'attendre l'attaque dont on l'avait menacé, ajoutant que la position de l'ennemi dans le parc était très-avantageuse ; qu'il y aurait grave danger à la forcer, et que d'ailleurs, on pourrait leur reprocher d'avoir attaqué un ennemi fatigué et harassé d'une longue marche. Robert Knolles, en entendant le conseil donné par le sire de Clisson, dit à celui-ci :

« Vous allez bien parlant : s'ils étaient hors du parc, j'eusse loué qu'ils fussent assaillis ; car je vois apparent qu'ils sont bien deux contre un.

— A mon sens, reprit Clisson, il serait peu honorable de les attaquer, harassés comme ils sont ; mais pour leur nombre, je n'y regardie mie ; car j'ai oui deviser que les plus à la fois vont victoire perdant. Mieux vaut un peu de gens ordonnés, quand ils aiment de foi, que ne font tant de gens qui se vont assemblant : oncques ne sont d'accord, quand il y en a tant, et je voudrais, par Dieu le Père ! qu'ils fussent encore deux mille. Mais ne faites ne plus ne moins à cause de mes paroles, car suis prêt à m'embesogner en telle chose qu'il plaira aux autres chevaliers de faire. »

Cet avis du sire de Clisson fut adopté par sir John Chandos, qui, à l'occasion d'une escarmouche entre les valets des deux armées, dans laquelle ceux de Charles de Blois avaient eu l'avantage, et d'une tentative des archers des deux côtés pour avoir le gué du ruisseau, publia l'ordre que personne, sous peine de mort, n'eût à quitter les rangs. En outre, il conseilla au comte de Montfort de ne pas attaquer, mais d'attendre que l'ennemi engageât le combat.

Le samedi, 28 septembre 1364, Charles de Blois, avec l'aide et par le conseil de Bertrand Du Guesclin, rangea son armée en bataille, et en fit trois divisions et une arrière-garde. La première division fut placée sous les ordres de Du Guesclin ; les comtes d'Auxerre et de Joigny eurent la seconde, et la troisième, la plus nombreuse, resta sous le commandement de Charles de Blois, qui avait avec lui plusieurs hauts barons de Bretagne. Le sire de Roye commandait l'arrière-garde. Dans chacune de ces divisions, il y avait environ mille combattants. Sir John Chandos disposa dans le même ordre les troupes du comte de Montfort. Il donna à sir Robert Knolles le commandement de la première division, celui de la seconde à messire Olivier de Clisson, et le jeune comte de Montfort eut le commandement de la troisième sous sa direction. Dans chaque division, il y avait cinq cents hommes d'armes et trois cents archers. Quand il en vint à l'arrière-garde, il appela sir Hugh Calverly et lui dit :

« Messire Hue, vous ferez l'arrière-garde, et aurez cinq cents combattants dessous vous en votre troupe, et vous tiendrez sus elle, et ne vous mouverez de votre pas pour chose qu'il avienne, si vous ne voyez le besoin que nos batailles branlent en œuvre par aucune aventure, et là où vous les verrez branler et ouvrir, vous vous rendrez et les reconforterez et rafraîchirez : vous ne pouvez aujourd'hui faire meilleur exploit. »

Sir Hugh Calverly fut très-mortifié d'une mission qui lui paraissait impliquer un manque de confiance dans son bon vouloir ou dans son aptitude à des postes plus périlleux, et il dit avec humeur :

« Sire, baillez cette arrière-garde à un autre qu'à moi, car je ne m'en veux jà embesogner. » Mais, abaissant le ton, il ajouta : « Cher sire, en quelle manière ou état m'avez-vous mal vu, que je ne sois aussi bien taillé de moi combattre tout devant et des premiers qu'un autre!

— Messire Hue, messire Hue, répondit Chandos, je ne vous établis mie en l'arrière-garde pour chose que vous ne soyez un des bons chevaliers de notre compagnie, et c'est bien et de vérité que très-volontiers vous vous combattriez des premiers; mais je vous y ordonne pour ce que vous êtes un sage chevalier et avisé ; et si convient que l'un y soit et le fasse. Si vous prie chèrement que vous le veuillez faire ; et je vous promets que si vous le faites nous en vaudrons mieux, et vous-même y conquerrez haut honneur ; et plus avant je vous promets que toute la première requête que vous me prierez, je la ferai et y descendrai. »

Sir Hugh Calverly n'en persista pas moins avec obstination dans son refus, et supplia à mains jointes et pour l'amour de Dieu qu'on donnât le poste à un autre. Sir John Chandos, ému presque jusqu'aux larmes, répondit avec fermeté, mais en même temps avec douceur :

« Messire Hue, ou il faut que vous le fassiez ou que je le fasse : or, regardez lequel il vaut mieux.

— Certes, sire, répondit Calverly, tout confus de ces dernières paroles, je sais bien que vous ne me requerriez de nulle chose qui tournât à mon déshonneur ; et je le ferai volontiers puisque ainsi est. »

Pendant la nuit, les Français firent bonne garde au guet du ruisseau qui séparait les deux armées. Le détachement affecté à cette garde de nuit se composait de plusieurs bons archers, sous les ordres de messire Guillaume de Launoy, qui veilla tout le long du ruisseau, avec des lanternes et des torches, jusqu'au point du jour, où le son des cors et des trompettes réveilla les hommes pour la bataille.

Ce jour-là, qui était un dimanche, plusieurs messes furent dites dans les deux camps, et reçurent la communion tous ceux qui le désirèrent. Messire de Beaumanoir, noble Breton au service de Charles de Blois, qui, la veille, avait essayé d'arranger sans combat le différend des deux parties, et qui n'avait réussi qu'à obtenir un répit pour ce jour-là et la nuit suivante, passa dans l'armée du comte de Montfort, un peu après le lever du soleil, pour tenter un dernier effort. Dès que sir John Chandos le vit, il s'en vint au-devant de lui, et le sire de Beaumanoir, après l'avoir poliment salué, lui dit :

« Messire Jean Chandos, je vous prie, pour Dieu, que nous mettions à accord ces deux seigneurs ; car ce serait trop grand pitié si tant de bonnes gens comme il y a ci se combattaient pour leurs opinions soutenir. »

Sir John Chandos, qui, depuis le rejet de ses offres pacifiques, avait entièrement changé d'avis, répondit :

— Sire de Beaumanoir, je vous avise que vous ne chevauchiez aujourd'hui plus avant ; car nos gens disent que s'ils vous peuvent enclore entre eux, ils vous occiront. Avec tout ce, dites à monseigneur Charles de Blois que, comment qu'il en avienne, monseigneur Jean de Montfort se veut combattre, et sortir de tous traités de paix et d'accord, et dit qu'aujourd'hui il demeurera duc de Bretagne ou il mourra en la place.

— Chandos! Chandos! s'écria le sire de Beaumanoir, fort irrité de ces paroles; ce n'est mie l'intention de monseigneur qu'il n'ait plus grand volonté de combattre que monseigneur de Montfort, et aussi ont toutes nos gens. »

En disant ces mots, le sire de Beaumanoir partit, sans ajouter une seule parole, et retourna auprès de Charles de Blois et des barons bretons qui l'attendaient. De son côté, sir John Chandos alla vers le comte de Montfort, qui, à son approche, lui demanda :

« Comment va la besogne? Que dit notre adversaire ?

— Que il dit? répondit sir John Chandos; il vous mande par le seigneur de Beaumanoir, qui tantôt se part de ci, qu'il se veut combattre, comment qu'il soit, et demeurera duc de Bretagne aujourd'hui ou il demeurera en la place. Or, regardez que vous en voulez faire, si vous voulez combattre ou non.

— Par monseigneur Saint-Georges, s'écria le comte de Montfort, oui, et Dieu veuille aider au droit. Faites avant passer nos bannières et nos archers. »

Quand le seigneur de Beaumanoir fut de retour près de Charles de Blois, il lui dit :

« Sire, par monseigneur Saint-Yves, j'ai ouï la plus orgueilleuse parole de messire Jean Chandos que j'ouïsse grand temps a; car il dit que le comte de Montfort demeurera duc de Bretagne, et vous montrera que vous n'y avez nul droit. »

Charles, changeant de couleur à ces paroles, répondit :

« Du droit soit-il en Dieu aujourd'hui qui le sait. (Dieu sait à qui le droit sera aujourd'hui.) »

13

Les barons de Bretagne répétèrent tous la même chose, et l'on fit ensuite avancer les bannières et les gens d'armes, « au nom de Dieu et de monseigneur Saint-Yves (1). »

Pour pouvoir attaquer, il fallait à Charles de Blois, qui était impatient d'en venir aux mains, traverser le ruisseau qui séparait les deux armées ; mais Bertrand Du Guesclin l'en dissuada fortement, en lui disant :

« Monseigneur, s'il vous plaisait de demeurer en cet enclos, tenir vos gens en bon ordre et attendre l'attaque de l'ennemi, à mon avis, nous aurions l'avantage sur eux. Je ne conseille pas que votre armée passe le ruisseau. »

Les autres chefs furent, cependant, d'un autre avis, et Charles de Blois, suivant le conseil qui répondait le mieux à ses désirs, traversa le gué avec ses bannières et ses pennons déployés ; ses hommes, tous à pied, marchèrent à l'attaque en ordre si serré, « qu'on n'eût pu mie jeter une pomme qu'elle ne ne cheït sur une lance ou sur un bassinet. » Chaque homme d'armes portait sa lance droit devant lui, réduite à la mesure de cinq pieds, et une hache forte, dure et bien acérée. « Et s'en venaient ainsi tout bellement le pas, chacun sire en son arroy et entre ses gens, et sa bannière devant lui ou son pennon, bien avisés de ce qu'ils devaient faire. » De l'autre côté, les troupes du comte de Montfort avancèrent également en bon ordre (2).

La bataille commença ensuite, sur la proclamation des hérauts, qui crièrent à haute voix : « Aujourd'hui nous verrons courage et prouesse ! » A ce cri succéda le son des cors, des trompettes et des instruments de musique ; puis les archers et les arbalétriers, des deux parts, s'avancèrent en première ligne et lancèrent leurs

---

(1) Froissart, liv. I, part. II, pp. 493, 494.
(2) *Chronique* (anonyme) *de Du Guesclin*, chap. XXXIX; et Froissart, liv. I, part. II, p. 494.

flèches; mais les gens d'armes étaient si bien garantis par leur armure, qu'aucun d'eux ne fut blessé. Les archers jetèrent alors leurs arcs et se retirèrent en arrière des gens d'armes, dans leurs armées respectives. Messire Bertrand Du Guesclin, avec les Bretons sous ses ordres, attaqua ensuite la division commandée par Robert Knolles et Gauthier Huet, et engagea avec elle une lutte acharnée à coups de lance. Des deux côtés, il y eut maint vaillant fait d'armes, maint homme pris et rendu ; et « si quelqu'un tombait à terre, il ne se relevait pas facilement, s'il n'était bien secouru. »

Charles de Blois marcha droit à la division commandée par le comte de Montfort. Ce dernier avait revêtu un chevalier de ses parents de sa propre tunique, brodée aux armes de Bretagne, par suite d'une foi aveugle dans les prophéties de Merlin, qui prédisaient qu'il devait y avoir une grande lutte entre deux seigneurs, prétendant au duché de Bretagne, dans laquelle les armes de Bretagne seraient vaincues. Charles de Blois désirait ardemment rencontrer ce chevalier, et il le chercha partout dans la bataille. Il le rencontra enfin, et l'attaqua avec une telle force, qu'il le renversa à terre et le tua. Ensuite, il s'engagea une lutte terrible, dans laquelle la bannière du comte de Montfort fut abattue par le chevalier Vert. Le comte de Montfort, croyant la bataille perdue, était sur le point de quitter la place, quand sir Hugh Calverly, qui avait pris position sur les derrières pour observer la marche des événements, exécutant avec habileté les ordres que lui avait donnés sir John Chandos, arriva en toute hâte au secours du comte, releva sa bannière et rétablit l'ordre de ses rangs.

Le comte d'Auxerre, avec les chevaliers et écuyers français, attaqua la division que commandait le sire de Clisson, assisté de messire Eustache d'Aubrecicourt, sir Richard Burley, messire Mathieu de Gournay et autres. La bataille devint alors générale, à l'exception de la réserve de Calverly, qui n'y prit part que lorsque ce fut nécessaire pour resserrer les rangs rompus de l'armée du comte de Montfort (1).

Des deux côtés, officiers et soldats firent preuve de beaucoup d'habileté et de fermeté. Charles de Blois et le comte de Montfort se comportèrent l'un et l'autre en bons chevaliers. Sir John Chandos se montra tout à la fois général habile et bon soldat. Il était de grande taille et fort de membres, et il frappait de tels coups avec sa hache d'armes, que peu osèrent l'approcher. C'était un chevalier sage et prudent, et il conseillait le comte de Montfort, lui disant : « Faites ainsi et ainsi, et vous tirez de ce côté et de cette part. » Et le jeune comte se laissait conduire avec confiance et agissait sans hésiter d'après ses instructions.

Le sire de Clisson, de ce côté encore, accomplit de beaux faits d'armes. Il soutint vaillamment et avec succès l'attaque du comte d'Auxerre, qui fut frappé à l'œil gauche d'une hache (2),

---

(1) Cuvelier, vv. 5887-6154. — Froissart, liv. I, part. II, pp. 494-495. — *Chronique* (anonyme) *de Du Guesclin*, chap. XLI.

(2) Froissart, au contraire, chap. DXIX, semble dire que ce fut Clisson lui-même qui reçut cette blessure. Voici, du reste, ses paroles : « Entre les autres chevaliers, messire Olivier de Clisson y fut bien vu et avisé, et qui fit merveilles de son corps; et tenait une hache dont il ouvrait et rompait ces presses; et ne l'osait nul approcher; et se combattit si avant, telle fois fut, qu'il fut en grand péril; et y eut moult à faire de son corps en la bataille du comte d'Auxerre et du comte de Joigny, et trouva durement forte encontre sur lui, tant que du coup d'une hache il fut féru en travers, qui lui abattit la visière de son bassinet; et lui entra la pointe de la hache en l'œil, et l'eut depuis crevé; mais pour ce ne demeura mie qu'il ne fût encore très-bon chevalier. » Ce ne fut pas non plus Clisson qui fit prisonnier le comte d'Auxerre, comme semble le dire notre auteur. Du moins, d'après Froissart, chap. DXIX, « le comte d'Auxerre fut durement navré et pris dessous le pennon messire Jean Chandos, et fiancé prisonnier. »

D'après Cuvelier, vv. 6014-6028, le comte d'Auxerre eut l'œil gauche crevé d'un coup d'un *épieu de Bordeaux*, que lui donna un écuyer; et il fut fait prisonnier ensuite par un chevalier, qui l'aperçut comme il se retirait.

grièvement blessé d'ailleurs, et fait prisonnier. Après la perte de son chef, la division commandée par le comte d'Auxerre fut défaite et mise en fuite. Les autres divisions, néanmoins, continuèrent à combattre avec beaucoup de valeur et de fermeté, quoiqu'elles ne se fussent point maintenues en aussi bon ordre que les troupes du comte de Montfort, si puissamment aidées par la réserve de sir Hugh Calverly. Lorsque les Anglais et les Bretons, sous le commandement du comte de Montfort, virent la division de Charles de Blois ouvrir ses rangs et plier, ils coururent à leurs chevaux, les montèrent et se préparèrent à la poursuite.

En ce moment sir John Chandos, avec un corps considérable de troupes, attaqua la division commandée par Bertrand Du Guesclin, qui était au milieu du combat « comme une bête enragée, » et qui, tout trempé de sueur et de sang, frappait les Anglais à coup de marteau d'acier, et les « abattait comme des chiens. » Autour de lui s'accomplirent de merveilleux faits d'armes; mais les rangs de sa division furent rompus, et plusieurs bons chevaliers et écuyers avaient déjà succombé, quand sir John Chandos l'attaqua de front et par derrière avec des troupes fraîches, et il fut renversé à terre. Il fut relevé et secouru par le sir de la Houssaye, le chevalier Vert et Charles de Dinan, qui, dans la mêlée, tua messire Richard de Cantorbéry, beau-frère de Chandos. Du Guesclin, quoique voyant continuellement diminuer autour de lui le nombre de ses hommes, dont les uns étaient tués et les autres prenaient la fuite, n'en persista pas moins à lutter jusqu'à ce qu'il n'eût plus ni hache, ni épée, ni arme quelconque. Enfin, il se rendit prisonnier à un écuyer anglais, sous le pennon de sir John Chandos (1).

La défaite de la division de Bertrand termina, par le fait, la bataille; car le reste prit la fuite, à l'exception de quelques

---

(1) Froissart, liv. I, part II, pp. 495, 496. — Cuvelier, vv. 6160-6279.

chevaliers et écuyers bretons, qui ne voulurent point abandonner leur maître, Charles de Blois, préférant mourir sur la place que d'avoir à se reprocher une désertion. Ils se serrèrent autour du comte, et le défendirent jusqu'à la dernière extrémité; mais, tout le gros des ennemis revenant sur eux, ils furent écrasés par le nombre. La bannière de Charles fut prise et jetée à terre, et le porte-étendard fut tué. Il y eut un grand massacre sur le drapeau tombé, et parmi ceux qui succombèrent, furent Charles de Blois lui-même et son fils bâtard, appelé Jean de Blois, habile homme d'armes, qui vengea la mort de son père en abattant d'un coup celui qui l'avait tué, avant de recevoir lui-même la mort (1). Dans la poursuite qui suivit la bataille, il y eut un grand carnage de chevaliers et d'écuyers. La fleur de la noblesse bretonne fut tuée ou prise, car très-peu de gens de marque échappèrent; ceux-là seuls se sauvèrent, qui purent retrouver leurs chevaux. La fuite et la poursuite se prolongèrent l'espace de huit lieues.

Parmi les morts, il y eut les sires de Rochefort, de Kergorlay, d'Avangour, et plus de neuf cents gens d'armes. Les comtes d'Auxerre et de Joigny, le vicomte de Rohan, les sires de Montfort, de Beaumanoir, de Rais, de Rieux, et Bertrand Du Guesclin furent faits prisonniers, tandis qu'il n'y eut guère plus de vingt hommes tués du côté du comte de Montfort.

A l'issue de la bataille le comte de Montfort, en présence d'une quantité de capitaines de son armée, remercia publiquement sir John Chandos du succès de la journée, qu'il attri-

---

(1) L'auteur anonyme de la *Chronique de Du Guesclin* dit que Charles de Blois fut fait prisonnier pendant la bataille, amené devant le comte de Montfort et mis à mort par Bertrand Lazerac, sur l'ordre du comte, chap. XLII, CLIII. Cette assertion n'est confirmée par aucune chronique ou monument historique de l'époque. Voir *sur la mort de Charles de Blois et Cession faite par Nicole de Bretagne à Louis XI*, dans les *Actes de Bretagne*, t. III, p. 343.

buait à ses talents et à sa valeur, et lui tendit en même temps une coupe et un flacon plein de vin, en lui disant : « Après Dieu, je vous en dois savoir plus grand gré qu'à tout le monde. » En ce moment, le sire de Clisson arriva de la poursuite, tout échauffé et enflammé, ramenant ses gens et un grand nombre de prisonniers.

Le comte de Montfort ignorait encore le sort de Charles de Blois, lorsque deux chevaliers accompagnés de deux hérauts, qui avaient couru le champ de bataille pour voir quels hommes de marque avaient été tués, arrivèrent et annoncèrent que Charles était mort. Quelles qu'aient été ses véritables impressions à cette nouvelle, le comte de Montfort manifesta le plus profond regret du sort de son rival vaincu ; car il fut ému jusqu'aux larmes mêmes, en voyant le corps mort de celui qui avait été son ennemi, et il le fit enterrer « moult révéremment » à Guingamp.

Le résultat de la bataille d'Auray, qui se termina d'une manière si fatale pour Charles de Blois, fut probablement dû tout entier au mépris que fit ce prince du sage conseil de Bertrand Du Guesclin, qui l'avait engagé à ne pas abandonner sa forte position dans le parc, mais à attendre l'attaque de l'ennemi. Cette bataille fut un des événements les plus importants de cette époque ; sans compter, en effet, ses autres conséquences, elle résolut la question si longtemps débattue de la succession au duché de Bretagne, laissée vacante par la mort de Jean le Bon en 1341. Comme les divers incidents de cette bataille ont été assez minutieusement décrits, elle peut servir à montrer jusqu'à quel degré d'abaissement était tombé l'art militaire au milieu du quatorzième siècle. Les gens d'armes étaient alors considérés comme les seules troupes effectives, et les armes défensives avaient été perfectionnées à un tel point, que nonseulement elles étaient à l'épreuve de la flèche, mais qu'elles garantissaient encore presque entièrement contre l'épée, la lance et même la terrible hache d'armes. Il ne semble pas qu'il ait pu y avoir place pour le déploiement d'aucun talent stratégique, quand le combat se réduisait à une simple lutte personnelle dans laquelle la force et la persistance de l'un l'emportaient à la fin sur l'autre, et que le carnage avait lieu, non pas sur le champ de bataille, mais dans la poursuite de la partie vaincue. Les divisions de l'armée combattaient généralement à part l'une de l'autre, sous le commandement de leurs chefs respectifs, et la lutte durait aussi longtemps que l'on voyait flotter la bannière du chef; car il arrivait souvent, ainsi que le fait remarquer Froissart en cette circonstance, quand le comte d'Auxerre eut succombé, que, « lorsqu'une déconfiture vient, les déconfits se déconfisent et s'ébahissent de trop peu, et sur un chu, il en choit trois, et sur trois dix, et sur dix trente; et pour dix, s'ils s'enfuient, il s'enfuit un cent. »

Par leur armement et leur équipement, les gens d'armes semblent avoir fait la plus forte cavalerie que le monde ait jamais vue; cependant, ils combattaient à pied (1) jusqu'à ce qu'une des deux parties fût mise en déroute; alors les chevaux servaient aux vaincus, quand ils pouvaient les reprendre, pour fuir plus facilement, et aux vainqueurs pour les poursuivre. Quoi que ce fût qui ressemblât au bon ordre ou à de la discipline était chose si peu connue ou si peu pratiquée, que la confusion, qui accompagnait invariablement tout conflit, était en raison directe des masses engagées dans le combat; et la remarque du sire de Clisson en cette circonstance, qu'il y avait

---

(1) Morice, parlant de la bataille de Tinchebrai en 1106 entre Robert Courthose, duc de Normandie, et son frère, Henri 1er d'Angleterre, dit : « Pour rendre la partie égale et pour combattre aussi de pied ferme, tous les chevaliers de part et d'autre, excepté les Bretons, mirent pied à terre; pratique nécessaire pour ces temps-là, à cause du poids des armes qui faisait qu'un chevalier renversé de son cheval était censé mort, et qui fut beaucoup en usage dans les siècles suivants. » *Hist. de Bretagne*, t. I, p. 121.

trop souvent beaucoup de désordre dans les grandes réunions d'hommes en bataille, et que quinze cents gens d'armes, qui exécuteraient les ordres de leurs chefs, vaudraient mieux et pourraient plus facilement être maintenus en bon ordre que trois mille, cette remarque se trouva justifiée. On ne voit pas dans la bataille d'Auray d'autre trace de stratégie que la réserve placée sous le commandement de sir Hugh Calverly, lequel avait ordre exprès de ne pas attaquer l'ennemi, mais de rétablir la bataille, et de reformer les rangs rompus de son armée, et ce fut à l'habile exécution de cet ordre que le comte de Montfort fut surtout redevable, sinon tout à fait, de la victoire que remportèrent ses troupes.

CHAPITRE XV.

Traité de Guérande. — Paix entre les rois de France et de Navarre. — Délivrance du captal de Buch. — Délivrance de Du Guesclin. — Les grandes compagnies.

Le château d'Auray se rendit au comte de Montfort immédiatement après la bataille. Le comte alla assiéger ensuite les villes de Jugon et de Dinan, qu'il prit également, mais après une résistance opiniâtre, et puis il mit le siége devant Quimper-Corentin. Tandis qu'il était là, le roi de France ne voulant pas pousser le comte de Montfort aux extrémités, le forcer à rechercher l'appui d'Edouard III et à faire hommage au roi d'Angleterre de son duché de Bretagne, envoya, de l'avis de son conseil, l'archevêque de Reims, Jean de Craon, et le maréchal de Boucicault, traiter de la paix entre Montfort et Jeanne la Boiteuse, veuve de Charles de Blois. Celle-ci nomma pour ses commissaires, à cet effet, l'évêque de Saint-Brieuc, le sire de Beaumanoir, messire Guy de Rochefort, sire d'Acerac, et maître Guy de Cleder, docteur en droit (1). Le comte de Montfort, qui ne voulait rien faire sans l'avis et la participation d'Edouard III, dépêcha le sire de Latimer vers ce monarque, qui lui conseilla de traiter largement la comtesse de Blois, mais de se réserver, dans tous les cas, la possession de tout le duché (2).

(1) Morice, *Mémoires pour servir de preuves à l'histoire de Bretagne*, t. I, col. 1587.
(2) Froissart, liv. I, part. II, p. 500.

Dans ces conférences, Boucicault proposa de diviser le duché de Bretagne en deux parts égales entre les contendants ; mais le comte de Montfort ne voulut en aucune façon en entendre parler, et les conférences furent sur le point de se rompre. Elles se continuèrent, néanmoins, jusqu'au carême, époque où les commissaires se transportèrent à Guérande, « parce qu'il y avait en cet endroit une grande quantité de poisson ; » et là, les conférences furent reprises, aux prières et aux supplications du peuple de Bretagne, qui demandait avec instances que cette guerre, dont le pays était désolé depuis vingt-trois ans, se terminât enfin. De nouvelles conditions furent posées, au retour du sire de Latimer d'Angleterre, et les deux parties y adhérèrent. Par le traité, le duc de Montfort fut reconnu duc de Bretagne, et s'il mourait sans descendance mâle, la couronne ducale devait revenir au fils aîné de la comtesse de Blois, qui porterait, sa vie durant, le titre de duchesse de Bretagne, tiendrait le comté de Penthièvre et la vicomté de Limoges, et recevrait un revenu de dix mille livres tournois sur les terres du comte de Montfort en France et en Bretagne, avec une rente annuelle de trois mille livres ; et ses deux fils Jean et Guy devaient être délivrés de prison aux frais du comte de Montfort.

Le traité de Guérande fut signé le 13 avril 1365 ; et ainsi finit cette guerre de la succession de Bretagne, guerre si longue, si triste, si acharnée.

Vers le même temps, l'état fort précaire des affaires de Charles le Mauvais, roi de Navarre, l'inclina à la paix. Son armée avait été presque entièrement détruite à Cocherel ; le duc de Bourgogne et Bertrand Du Guesclin avaient pris la plupart de ses villes de Normandie ; Louis de Navarre, son frère, n'avait pu conserver les conquêtes qu'il avait faites ; le captal de Buch, son général, était prisonnier, et lui-même était entré en négociations avec le roi de France et lui avait restitué certaines places qu'il tenait. Le roi de Navarre n'était donc pas en état de résister à la puissance de Charles V, et il savait très-bien, du reste, que s'il continuait la lutte, il serait dépouillé l'année suivante de tout ce qu'il possédait en France. Dans cette extrémité, la reine Jeanne, veuve de Charles le Bel, et la reine Blanche, veuve de Philippe de Valois, la première tante et la seconde sœur du roi de Navarre, se concertèrent avec le captal de Buch pour amener le roi de France à prêter l'oreille à des propositions de paix.

Le succès des négociations eut aussi pour résultat la relaxation du captal de Buch, qui était prisonnier depuis la bataille de Cocherel. Il ne fut pas seulement relâché sans rançon, mais Charles V lui donna encore le beau château de Nemours, qui, avec ses dépendances, valait trois mille francs de revenu. Le captal fit hommage au roi, qui fut très-réjoui d'avoir à sa cour un chevalier d'une telle distinction. Mais sa satisfaction fut de courte durée; car le captal de Buch étant retourné à la cour du Prince-Noir, celui-ci, en apprenant ses engagements avec le roi de France, l'en blâma sévèrement, et dit qu'il ne pouvait loyalement s'acquitter de ses devoirs envers deux seigneurs, et qu'il avait été trop intéressé en désirant tenir terres en France, où il n'était ni aimé, ni honoré. Quand le captal vit le froid accueil qu'on lui faisait, et qu'il entendit les durs reproches du prince de Galles, son seigneur naturel, pour la conduite qu'il avait tenue, il essaya de s'excuser en disant qu'il n'était pas si étroitement lié au roi de France, qu'il ne pût aisément défaire tout ce qu'il avait fait. Il envoya, en conséquence, son propre écuyer porter au roi de France la rétractation de son hommage, renonça à tout ce qu'il avait reçu de Charles V, et resta depuis invariablement et fidèlement attaché au service des Anglais.

Après la bataille d'Auray, Bertrand Du Guesclin avait été transféré à Niort, en Poitou, par sir John Chandos; mais, comme le traité de Guérande avait mis fin à la longue guerre de Bretagne; que le roi de Navarre avait été désarmé par son récent accommodement avec Charles V, et que la paix continuait encore entre les couronnes de France et d'Angleterre, il n'y avait aucune raison pour retenir en captivité les prisonniers faits à la bataille d'Auray. Ils furent, en conséquence, relaxés moyennant une rançon qui variait, d'après la coutume du emps, suivant la fortune et la réputation du prisonnier. On ignore ce que payèrent les autres pour se racheter, mais la rançon de Du Guesclin fut fixée à la somme énorme de cent mille francs. Cette rançon exorbitante était probablement au-dessus de ses moyens, et peut-être n'aurait-il pu y suffire s'il n'eût été aidé par Charles V, par le pape Urbain V, et Henri de Transtamare, qui aspirait dès lors à obtenir l'appui de Du Guesclin dans sa querelle avec Pierre le Cruel pour la couronne de Castille. Charles V, qui ne paraît pas avoir été un monarque fort généreux, à en juger par l'économie serrée avec laquelle il traita la question d'argent, dans l'affaire de Bertrand comme en d'autres occasions, n'avança ses fonds qu'après avoir pris toutes ses garanties ; car il ne s'engagea envers Chandos, pour le compte de Du Guesclin, que pour quarante mille francs, et encore se fit-il donner hypothèque de cette somme sur le comté de Longueville et ses dépendances, qui devaient faire entièrement retour à la couronne, si le prêt n'était rendu dans les deux ans. Pour obtenir ce secours qui lui fut donné de si mauvaise grâce, Bertrand dut, en outre, s'obliger à emmener hors du royaume les terribles grandes compagnies, qui avaient commis de si affreux ravages sur tous les points de la France, depuis la bataille de Poitiers.

De tous les maux qui affligèrent le royaume pendant le cours du quatorzième siècle, les incursions de ces compagnies furent sans contredit le plus grand. L'insurrection de la jacquerie fut une effervescence passagère de la haine du peuple contre les nobles, effervescence locale dans ses résultats, et, du reste, promptement étouffée ; et même les terribles invasions des Anglais sous Edouard III, quoique exécutées à feu et à sang et suivies de désolation, furent d'une durée relativement courte, et l'industrie nationale fit disparaître avec le temps les ruines qu'elles avaient causées ; mais ces redoutables brigands, sous la conduite de différents chefs, s'étaient répandus par toute la France, et pendant neuf ans ils jouèrent le principal rôle dans toutes les scènes de sang et de pillage, et furent les auteurs intéressés de tous les maux que peuvent produire la rapacité, la profusion, la cruauté et l'avarice. Débutant immédiatement après la bataille de Poitiers, au moment où la France était le plus faible, quand le roi était prisonnier et le régent un mineur sans expérience ni popularité ; que les nobles étaient sans influence et les caisses de l'État entièrement vides, ces compagnies, composées d'hommes accoutumés à commander et rompus au métier des armes, s'étendirent tellement et s'établirent si bien sur le sol de la France, qu'il fallut, pour les en déloger, beaucoup de prudence et une période de stabilité dans le gouvernement.

Messire Regnault de Cervole, Gascon de naissance, communément appelé l'Archiprêtre, est mentionné en l'année 1357 comme étant le capitaine de ces fameuses grandes compagnies sous lequel se sont réunis de tous les pays un grand corps de gens d'armes, « qui avaient perdu leurs gages depuis que le roi de France était prisonnier. » Elles allèrent d'abord en Provence, où elles escaladèrent et prirent mainte ville fortifiée et maint château, pillant et ravageant tout le pays jusqu'aux portes mêmes d'Avignon. Le pape et les cardinaux furent tellement effrayés des incursions de ces brigands, que, ne voyant pas d'autre remède, ils traitèrent avec eux. L'Archiprêtre fut reçu avec autant d'honneur que s'il eût été le fils du roi de France ; il dîna plusieurs fois au château du pape et avec les cardinaux ; il obtint l'absolution de tous ses péchés, et, à son départ, on lui donna quarante mille écus à partager entre ses troupes. Cet illustre brigand fit plus tard, en 1365, une invasion dans la province d'Alsace, qu'il mit à feu et à sang ; mais il fut rencontré près du Rhin par un grand corps d'Allemands irrités, qui le rejetèrent en France avec de grandes pertes. Il fut bientôt après assassiné par quelques-uns des hommes sans foi ni loi qui le suivaient.

Il y avait peu de temps que l'Archiprêtre avait commencé ses premiers actes de brigandage, quand une autre compagnie de gens d'armes et d'hommes de pied de différentes nations se réunit, courut et pilla tout le pays compris entre la Seine et la Loire, au point que personne n'osait aller de Paris à Vendôme, à Orléans et à Montargis, ou demeurer dans les champs à découvert, dont les malheureux habitants durent chercher un refuge à Paris ou à Orléans. Ces troupes, sous les ordres d'un capitaine appelé Ruflin, étendaient impunément leurs ravages jusqu'aux portes de Paris, d'Orléans ou de Chartres, et mettaient à sac toute place, ville ou forteresse, qui n'était pas bien gardée. Elles prirent sans trop d'effort Saint-Arnoult, Galardon, Bonneval, Cloie, Étampes, Chartres, Montlhéry, Poitiers, Larchant, Milly, Château-Landon, Montargis, Yèvre et beaucoup d'autres grandes villes. Elles parcouraient le pays par bandes de vingt, trente ou quarante individus sans rencontrer le moindre obstacle ni être en aucune manière inquiétées. Outre celles-là, il y avait une grande compagnie de pillards anglais et navarrais, dans la province de Normandie, sous les ordres de sir Robert Knolles, qui, de son côté aussi, s'emparait de villes et de châteaux. Ce fameux voleur avait, à la fin, ramassé une fortune de cent mille écus et pouvait entretenir à sa solde un grand corps de troupes.

Après la mort d'Etienne Marcel, en 1358, Charles le Mauvais, pour venger le trépas de son instrument et allié, déclara la guerre au régent. Quoique le roi de Navarre ne prît pas une part active aux opérations militaires de cette année, différentes bandes de pillards, se couvrant de son nom et de sa protection, coururent et asservirent plusieurs contrées du royaume de France, notamment la province de Picardie, l'Ile-de-France, la Champagne et une partie de l'Orléanais, et se rendirent maî=

tresses du cours de la Seine en amont et en aval de la ville de Paris, ainsi que de la Marne et de l'Oise. Elles prirent et fortifièrent les châteaux de Creil sur l'Oise, de la Hérelle près d'Amiens et de Mauconseil près de Noyon ; et de ces trois forteresses, il fut exercé tant de ravages sur le royaume de France, « que le mal commis ne put être réparé de cent ans. » Du château de Creil, un chevalier normand, du nom de Foudrigais, délivrait des saufs-conduits à toutes les personnes allant de Paris à Noyon ou à Compiègne, ou de Compiègne à Soissons et à Laon ou dans les pays voisins ; et ces passeports lui rapportèrent, pendant le temps qu'il occupa Creil, la somme de cent mille francs. Du château de la Hérelle, messire Jean de Pecquigny, chevalier picard, un des plus fidèles partisans de Charles le Mauvais, tint assujetties les villes d'Amiens, d'Arras, de Montdidier, de Péronne et de toute la province de Picardie le long du cours de la Somme.

Les capitaines irlandais et anglais Derry, Franklin et Hawkins, du château de Mauconseil, pillaient et ravageaient tout le pays environnant, forçant les villes ouvertes et les abbayes à payer toutes les semaines une certaine somme en florins, avec menace de sac et d'incendie, en cas de refus. Aussi les marchands et les autres étaient-ils mis par là dans l'impossibilité de sortir de Paris et des autres villes pour leurs affaires ; les terres étaient laissées désertes et sans culture, et la disette qui en résulta, dans beaucoup de contrées, en France, fut telle, « qu'une caque de harengs se vendait trente écus. »

D'un autre côté, sir Peter Andly, chevalier anglais, et messire Eustache d'Aubrecicourt, chevalier du Hainaut, ravagèrent de la même façon, en 1359, la province de Champagne. Ce dernier se fit, par le produit des rançons, la vente des villes et des châteaux, le rachat des terres et des maisons, et la concession de passeports, une fortune telle, qu'il pouvait entretenir dix ou douze forteresses et une troupe de mille hommes à solde entière.

Dans le courant de la même année, sir Robert Knolles, qui avait jusque-là borné ses ravages aux frontières de la Normandie, entreprit une expédition dans le centre et le midi de la France, et partit de Bretagne avec une troupe de trois mille hommes. Il remonta le cours de la Loire et entra dans le Berry, où il incendia et saccagea tout le pays. Lorsqu'il approcha de l'Auvergne, il trouva tous les nobles de cette province, avec ceux du Limousin et du comté de Forez, réunis avec leurs gens, au nombre de six mille personnes, et prêts à lui livrer bataille ; mais sir Robert Knolles, ne jugeant pas prudent de se mesurer avec ces forces, évita un engagement et profita de la nuit pour effectuer sa retraite.

Durant l'invasion d'Edouard III en France, vers la fin de l'année 1359, et jusqu'au terme de la guerre, en mai 1360, époque où fut signée la paix de Bretigny, les grandes compagnies opérèrent presque toutes pour le compte des Anglais, car on n'en trouve presque pas qui ne fussent au nombre des ennemis des Français. Comme il en fut licencié une très-grande quantité par suite de la paix, Edouard, à la demande du roi Jean, publia un édit pour ordonner à tous ses alliés et partisans, qui tenaient des villes ou des châteaux sur quelques points que ce fût des domaines du roi de France, d'avoir à les évacuer dans le délai d'un mois, à partir de la notification reçue, sous peine de bannissement et de confiscation pour trahison. La plupart des chefs anglais, qui étaient en possession de villes et de forteresses avant la paix, se décidèrent, en recevant l'ordre, à les livrer, et beaucoup d'entre eux vendirent les leurs un bon prix à ceux du voisinage ; mais quelques-uns ne voulurent point s'en dessaisir, et, comme leur seule occupation était la guerre et le pillage, ils continuèrent leur métier comme devant sous le couvert de Charles le Mauvais. Parmi ceux qui livrèrent leurs conquêtes, il y eut messire Eustache d'Aubrecicourt, qui tenait la ville d'Athigny sur l'Aisne, dont il ne se dessaisit, du reste, qu'à de très-hautes conditions; mais il ne reçut que des promesses, et ne fut dans la suite que misérablement payé.

Outre les Anglais, il y eut encore beaucoup de grands chefs et brigands d'autres nations, Allemands, Brabançons, Flamands, gens du Hainaut, Bretons, Gascons et mauvais Français, qui, désobéissant à l'ordre d'Edouard, résolurent de se maintenir par la guerre sur le territoire du royaume de France. Quand les capitaines qui rendirent leurs forteresses furent sur le point de les quitter, ils licencièrent leurs hommes. Ceux-ci, qui avaient appris à piller et qui savaient fort bien qu'il y aurait pour eux peu de profit à retourner dans leur pays, où, probablement, ils craignaient de reparaître, à cause de leurs scélératesses, se réunirent et élurent de nouveaux chefs, en ayant soin de choisir partout les plus coquins. Ils se rassemblèrent ensuite en Champagne et en Bourgogne, et se formèrent en grandes troupes et compagnies, qui s'appelèrent les *Tard-Venus*, parce qu'ils n'avaient point encore pillé que peu le royaume de France.

Pour premier exploit, ils s'emparèrent par surprise du château-fort de Joinville, en Champagne, où ils firent un grand butin, que l'on y avait apporté de tout le pays d'alentour, pour le mettre en sûreté, dans la pensée que la place était bonne. Les compagnies se distribuèrent ce butin, estimé à cent mille francs, puis elles coururent et saccagèrent toute la Champagne, les diocèses de Verdun, de Toul et de Langres. Lorsqu'elles eurent complètement ruiné le pays, elles l'abandonnèrent; mais, auparavant, elles vendirent le château de Joinville aux gens du voisinage pour la somme de vingt mille francs. Ils se ruèrent ensuite dans la province de Bourgogne, où ils commirent les plus grandes atrocités, ayant avec eux quelques chevaliers et écuyers infâmes du pays, qui les conduisaient et leur montraient, par vengeance, où il fallait piller. Les compagnies restèrent longtemps autour de Besançon, de Dijon et de Beaune, pillèrent partout où il pouvait y avoir du butin, et prirent la ville de Givry, où elles se maintinrent quelque temps, ainsi que dans les environs de Vergie, à cause de la richesse du pays. Leur nombre ne cessait de croître ; car ceux qui avaient été forcés d'abandonner leurs forteresses, et que leurs chefs avaient congédiés, se réunirent aux compagnies déjà réorganisées, de sorte que, dans le carême de 1361, ils se montaient bien à quinze mille combattants.

Quand les compagnies se virent ainsi renforcées, elles élurent plusieurs capitaines, à qui elles obéirent ponctuellement. Le plus fameux d'entre ces chefs fut un chevalier gascon, appelé messire Seguin de Batefol, qui avait sous ses ordres immédiats jusqu'à deux mille hommes. Il y avait, en outre, Talebart Talebardon, Guiot du Pin, Espiote, Petit Merchin, Batillier, François Hannequin, le bourc Camus, le bourc de l'Esparre, Nandon de Bagerant, le bourc de Bretuel, Lamit, Hagre l'Escot, Albert Ourri l'Allemand, Borduelle, Bernard de la Salle, Robert Briquet, Carsuelle, Aymemon d'Ortinge, Garsiot du Chastel, Guiounet du Paux, Hortings de la Salle, et beaucoup d'autres.

L'extension que prenaient chaque jour ces compagnies éveilla enfin les craintes du monarque français ; car son conseil lui représenta que ces bandes pouvaient se multiplier au point de causer plus de maux au royaume de France que n'avaient fait les Anglais dans leurs guerres. En conséquence, le roi ordonna à Jacques de Bourbon, qui était alors à Montpellier, de rassembler des forces suffisantes pour pouvoir les attaquer. Messire Jacques, qui était un chef populaire, eut bientôt réuni un corps nombreux de chevaliers et d'écuyers de l'Auvergne, du Limousin, de la Provence, du Dauphiné et de la Savoie, sans compter une grande quantité d'autres, que le jeune duc de Bourgogne lui envoya de cette province.

Lorsque les compagnies, alors rassemblées près de Chalon-sur-Saône et dans les environs de Tournus, surent que les Français réunissaient des forces pour les attaquer, les chefs tinrent conseil pour arrêter ce qu'il y avait à faire. Leur effectif était alors de seize mille hommes. Il fut proposé d'aller au-devant des Français et de leur offrir le combat, et l'on ajouta : « Se d'aventure arrive que la fortune soit pour nous, nous serons tous riches et recouvrés pour un grand temps, tant en bons prisonniers que nous prendrons, qu'en ce que nous serons si redoutés où nous irons, que nul ne se mettra contre nous ; et si nous perdons, nous serons payés de nos gages. » La proposition fut adoptée. Les compagnies décampèrent ensuite, dans le dessein de traverser le comté de Forez jusqu'à la Loire. Chemin faisant, elles attaquèrent, mais sans succès, la ville de Charlieu, près de Mâcon. Après avoir fait une incursion sur les terres du sire de Beaujeu, où elles ruinèrent tout, elles se jetèrent dans le diocèse de Lyon, et prirent le château de Brignais, sur le Rhône, à environ trois lieues au-dessous de Lyon. Là, elles fixèrent leur camp et attendirent l'arrivée des Français.

Les chefs des grandes compagnies, dans cette circonstance, choisirent leur position avec beaucoup d'intelligence. Ils tirèrent profit d'une colline, et placèrent la droite de leur armée, composée de leurs meilleures troupes, au-dessous du coteau, dans un endroit où l'on ne pouvait ni la voir ni en approcher. Par cette disposition, ils trompèrent les éclaireurs envoyés en reconnaissance par messire Jacques de Bourbon ; car ces éclaireurs rapportèrent, à leur retour, que les compagnies ne comptaient pas plus de cinq à six mille hommes, et qu'elles étaient, en outre, mal armées. A ce récit, messire Jacques dit à Regnault de Cervole, qui était près de lui :

« Archiprêtre, vous m'aviez dit qu'ils étaient bien quinze mille combattants, et vous entendez tout le contraire.

— Sire, répondit l'Archiprêtre, encore n'en crois-je mie moins, et s'ils n'y sont, Dieu y est part, c'est pour nous. Si regardez que vous en voulez faire.

— En nom Dieu, reprit vivement le prince, nous les irons combattre au nom de Dieu et de saint George. »

Messire Jacques prit ensuite ses dispositions pour un engagement immédiat et créa un certain nombre de nouveaux chevaliers. L'Archiprêtre fut désigné pour commander la première division de l'armée ennemie et eut ordre de commencer l'attaque : il fut bientôt en mesure, car c'était un chevalier hardi et habile, et il avait sous ses ordres plus de quinze cents hommes bien armés.

Les capitaines des grandes compagnies purent très-aisément reconnaître l'ordre et la disposition des Français, quoique leurs arrangements propres ne pussent être vus ni leurs positions abordées sans beaucoup de difficulté et de danger : ils occupaient, en effet, un endroit élevé, où ils avaient transporté plus de cent charretées de pierres, dont ils firent un usage fort utile dans le combat. Les gens d'armes français, en avançant à l'attaque, ne purent atteindre l'ennemi qu'en obliquant sur le côté de la colline, où ils furent reçus par une grêle de pierres, qui rompit bien des casques, blessa les gens d'armes et les mit dans un tel désordre, que personne ne put avancer, quelque bien garanti qu'il fût.

Messire Jacques, avec la seconde division, vint au secours de la première; mais il ne fut pas plus heureux que l'Archiprêtre; car, après avoir été tenu quelque temps en échec par la partie la plus mal disciplinée et la plus mal armée des grandes compagnies, et eu un grand nombre de ses hommes blessés par les pierres lancées de la hauteur, il fut attaqué par la division d'élite, qui avait été gardée en réserve, et qui tourna la colline en ordre serré, les lances ramenées à six pieds, en poussant son cri de guerre : « Saint-Georges! » Beaucoup de Français furent renversés du premier choc. Un combat acharné et une grande confusion s'ensuivirent; mais les brigands combattirent avec tant d'habileté et de bravoure, que les Français furent forcés de battre en retraite. L'Archiprêtre soutint sa vieille réputation de valeur et de fermeté, jusqu'à ce qu'il fût écrasé par le nombre, grièvement blessé, et fait prisonnier avec beaucoup d'autres chevaliers et écuyers de sa troupe. Messire Jacques de Bourbon, le commandant en chef, et messire Pierre de Bourbon, son fils, furent blessés mortellement. On les transporta à Lyon, où messire Jacques mourut trois jours après la bataille. Le jeune comte de Forez fut tué dans le combat, et messire Regnault de Forez, son oncle, le comte d'Uzès, messire Robert de Beaujeu, messire Louis de Châlons, surnommé le chevalier Vert, et plus de cent autres chevaliers furent faits prisonniers. Cette désastreuse bataille de Brignais fut livrée le vendredi de la semaine de Pâques de l'an 1361.

Par l'heureuse issue de la bataille de Brignais, les grandes compagnies virent se réaliser toutes leurs espérances. Nonseulement elles obtinrent de très-fortes rançons pour leurs prisonniers, mais elles purent encore piller à leur aise tout le pays sans rencontrer de résistance. Immédiatement après la bataille, elles se ruèrent dans le Forez et se répandirent dans toute la province, pillant et saccageant tout, excepté les places fortes. Comme il n'y avait pas de pays, pour si riche qu'il fût, qui pût suffire pendant longtemps aux besoins d'une si grande troupe de brigands, une partie, sous les ordres de messire Seguin de Batefol, composée d'environ trois mille hommes, releva et fortifia la ville d'Anse, près de Lyon, d'où elle put aisément courir tout le pays le long de la Saône, le comté de Mâcon, le diocèse de Lyon, les terres du sire de Beaujeu, et jusqu'aux frontières du comté de Nevers. Mais la portion de beaucoup la plus considérable, sous les ordres de Naudon de Bagerent, d'Espiote, de Carsuelle, de Robert Briquet, et d'autres chefs, marcha sur Avignon, déclarant qu'ils voulaient faire visite au pape et aux cardinaux, et obtenir d'eux de l'argent, s'ils ne voulaient être durement traités. Chemin faisant, ils saccagèrent toutes les places ouvertes et les petites forteresses, et s'emparèrent, par surprise, de l'importante ville de Pont-Saint-Esprit, au confluent de l'Ardèche et du Rhône, où avaient été transportées, comme dans un endroit de sûreté, toutes les richesses du pays d'alentour. Là, les compagnies commirent toute sorte d'excès ; elles massacrèrent beaucoup de vaillants hommes, violèrent beaucoup de femmes, firent un immense butin, et trouvèrent des provisions en abondance pour une année entière. Là, encore, ils élurent un capitaine, qui devait être le chef suprême des compagnies et qu'ils qualifièrent du titre sacrilége d'*Ami de Dieu et Ennemi de tout le monde*. « Tels noms et autres semblables qu'ils trouvaient en leur mauvaiseté donnaient-ils à leurs capitaines. »

Il y avait encore, dans d'autres parties de la France, un grand nombre de brigands anglais, gascons et allemands, qui voulaient *vivre*, comme ils disaient, et qui conservèrent leurs forteresses, quoique les commissaires envoyés par le roi d'Angleterre eussent ordonné de les évacuer. Il n'y eut qu'une partie des chefs qui obéirent à cet ordre : le refus des autres, joint à l'indifférence manifeste d'Édouard III relativement à la question, causa beaucoup de mécontentement au roi de France. Quand la plupart de ces pillards, réunis en bandes sur différents points du royaume, eurent appris que leurs camarades avaient défait messire Jacques de Bourbon et plus de deux mille chevaliers et écuyers, pris une quantité de riches personnages, emporté et saccagé la ville de Pont-Saint-Esprit, où ils avaient trouvé d'immenses trésors, et qu'ils espéraient conquérir Avignon et tout le Comtat et avoir le pape et les cardinaux à merci, ils quittèrent leurs places fortes pour aller rejoindre leurs associés dans le Midi, avec l'espérance de commettre de plus grands excès encore et d'acquérir plus de butin.

Le nombreux effectif et l'insolence des grandes compagnies, qu'avaient accrue l'arrivée de renforts récents et leur victoire de Brignais, alarmaient grandement le pape et le sacré collége. Il était urgent d'appliquer un remède prompt et efficace aux maux causés par les ravages de ces brigands sans frein qui dévastaient le pays partout où ils passaient, pillaient sans hésiter tout ce qui leur tombait sous la main, violaient sans remords femmes vieilles et jeunes, massacraient sans pitié hommes, femmes et enfants, et aux yeux desquels celui-là était le plus vaillant et le plus considéré, qui commettait les plus grandes scélératesses. Le pape et les cardinaux résolurent, en conséquence, d'invoquer l'appui de la Chrétienté contre les grandes compagnies. Ils publièrent donc une croisade pour la destruction de ces maudites gens, invitèrent partout les fidèles à venir au secours du chef de l'Église, et promirent indulgence plénière et absolution de tous les péchés à ceux qui s'enrôleraient sous la bannière de la croix. L'évêque d'Arras, depuis cardinal et évêque d'Ostie, fut nommé chef de la croisade.

L'évêque établit son quartier général à Carpentras, près d'Avignon, où il recevait à bras ouvert quiconque désirait racheter son âme. Mais le temps de Grégoire VII et d'Urbain II était passé. Le prestige était dissipé, et les appels du pape ne trouvaient plus une Europe soumise et enthousiaste, disposée à obéir aveuglément à sa voix. Bien des chevaliers et des écuyers, il est vrai, se réunirent sous la bannière de l'évêque d'Arras, dans l'espérance d'obtenir quelque chose de plus substantiel que les récompenses promises par le pape ; mais, comme le chef de cette armée n'avait, au lieu de solde, que des indulgences à distribuer, ces levées précipitées ne tardèrent pas à se fondre : les uns s'en allèrent en Lombardie, beaucoup retournèrent chez eux, et le reste rejoignit les grandes compagnies elles-mêmes, dont l'effectif croissait ainsi de jour en jour. Le pape, n'obtenant rien des armes spirituelles, s'adressa au marquis de Montferrat, qui était alors en guerre avec les Visconti de Milan, et lui proposa de prendre ces compagnies à son service et de les retirer du territoire pontifical pour les jeter sur la Lombardie.

Le marquis se rendit aussitôt à Avignon, à la prière du pape, et conclut un traité avec les chefs des compagnies pour la somme de soixante mille florins à partager entre eux, avec la promesse de haute paye, outre une absolution générale de tous leurs péchés, qu'il devait obtenir pour eux. Après avoir reçu la somme convenue, les grandes compagnies rendirent la ville de Pont-Saint-Esprit, évacuèrent le territoire du pape et accompagnèrent le marquis de Montferrat en Lombardie. La France fut ainsi délivrée pour quelque temps d'une bonne partie de ces brigands redoutés; mais le soulagement ne fut que partiel et temporaire; car, lorsque la paix eut été faite entre le marquis de Montferrat et les Visconti, beaucoup revinrent et se répandirent de nouveau dans le royaume. Le détachement sous les ordres de Seguin de Batefol n'avait pas accompagné les autres en Italie : il était resté dans son repaire fortifié d'Anse, près de Lyon, et de là poursuivait ses maraudages. Le chef de cette bande, après des années d'heureux brigandages, se retira tranquillement en Gascogne avec d'immenses trésors, et mourut d'un poison administré à la table de Charles le Mauvais, roi de Navarre.

Il ne paraît pas que des efforts sérieux aient été faits durant le règne du roi Jean pour combattre les incursions dévastatrices des grandes compagnies, quoique ce roi, voulant prendre la croix pour aller en Terre-Sainte, à la prière du roi de Chypre, donne, comme une de ses raisons, le désir qu'il avait d'emmener hors du royaume les compagnies « qui pillaient et détruisaient tout sans motif, et de sauver leurs âmes. » Mais Charles V, à peine monté sur le trône, mit immédiatement en œuvre tous les moyens en son pouvoir pour délivrer son royaume de ce fléau. Il envoya Bertrand Du Guesclin et le maréchal de Boucicaut en Normandie, et le duc de Bourgogne, avec d'autres chefs, sur la Loire et ailleurs. Ces généraux réussirent à les déloger de quelques-uns de leurs repaires et à ramener l'ordre et le repos dans bien des parties du royaume.

CHAPITRE XVI.

Récit du bascot de Mauléon, un des chefs des grandes compagnies, à Froissart. — Efforts du roi de France pour éloigner du royaume les grandes compagnies.

Froissart, avec cet admirable pressentiment de tout ce qui devait fixer l'attention de la postérité, lui qui n'a pas perdu une seule occasion de rappeler ce qui se passait de mémorable de son temps, a raconté une conversation avec un des chefs de ces fameuses compagnies, qu'il rencontra quelques années après les événements ci-dessus mentionnés dans une auberge de la ville d'Orthez, à l'époque d'une visite qu'il fit au célèbre Gaston Phœbus, comte de Foix. Ce brigand était un écuyer de Gascogne, appelé le bascot de Mauléon, qui est représenté comme « un vaillant et appert homme d'armes, » et qui, à son air, pouvait avoir alors environ soixante ans. Il entra dans la salle avec beaucoup d'apparat; car il avait autant de chevaux de somme qu'un grand seigneur, et lui et ses gens furent servis dans des assiettes d'argent. Froissart, apprenant qui il était, s'introduisit aussitôt lui-même, et tandis que, assis devant le feu de l'auberge, il attendait minuit, heure à laquelle le comte de Foix avait coutume de souper, le bourc de Campane, cousin de Mauléon, le pria de raconter ses différents faits d'armes, et quelques-uns des incidents les plus saillants de sa vie, avec ses gains comme avec ses pertes.

« Le bâtard de Mauléon, ajoute Froissart, me demanda ensuite : « Messire Jean, avez-vous point en votre histoire ce dont je vous parlerai ? » Je lui répondis : « Je ne sais, oui ou non ; faites votre conte, car je vous entendrai volontiers d'armes : il ne me peut pas souvenir de tout, et aussi je ne puis pas avoir été de tout informé. » — « C'est vrai, répondit l'écuyer. » Le Gascon commença ensuite son récit, et, après avoir raconté à Froissart comment la duchesse de Normandie et d'autres dames, assiégées dans la place du marché de Meaux par les *Jacques*, avaient été sauvées par le comte de Foix et le captal de Buch, arrivés fort à propos ; après avoir parlé de ses propres exploits dans les évêchés de Beauvais et d'Amiens, et du siège de Reims par Edouard III, il ajouta :

« Je crois bien que vous ayez toutes ces choses, et comment le roi d'Angleterre passa et vint devant Chartres et comment la paix fut faite des deux rois. » — « C'est vérité, répondis-je, je l'ai toute et les traités comme ils furent faits. »

Lors reprit le bastard de Mauléon sa parole et dit : « Quand la paix fut faite entre les deux rois, il convint toutes manières de gens d'armes et de compagnies, parmi le traité de la paix, vider et laisser les forteresses et les châteaux que ils tenaient. A donc s'accueillirent toutes manières de pauvres compagnons qui avaient pris les armes, et se remirent ensemble, et eurent plusieurs capitaines conseil entr'eux quelle part ils se rendroient, et dirent ainsi que si les rois avoient fait paix ensemble, si leur convenoit-il vivre. Si s'en vinrent en Bourgogne ; et là avoit capitaines de toutes nations, Anglois, Gascons, Espagnols, Navarrois, Allemands, Ecossois et gens de tous pays assemblés ; et je y étois pour un capitaine. Et nous trouvâmes en Bourgogne et dessus la rivière de Loire plus de douze mille, que uns que autres. Et vous dis que là en cette assemblée avoit bien trois ou quatre mille de droites gens d'armes, aussi apperts et aussi subtils de guerre comme nulles gens pourroient être, pour aviser une bataille et prendre à son avantage, pour écheller et assaillir villes et châteaux aussi durs et aussi nourris que nuls gens pouvoient être. Et assez le montrâmes à la bataille de Brignais, où nous ruâmes jus le connétable de France et le comte de Forey et bien deux mille lances de chevaliers et d'écuyers. Cette bataille fit trop grand profit aux compagnons, car ils étoient pauvres ; si furent là tous riches de bons prisonniers et de villes et de forts que ils prirent en l'archevêché de Lyon et sur la rivière du Rhône. Et ce parfit leur guerre quand ils eurent le Pont-Saint-Esprit ; car ils guerroyèrent le pape et les cardinaux et leur firent moult de travaux, et n'en pouvoient être quittes ni n'eussent été jusque à ce que les compagnons eussent tout honni. Mais ils trouvèrent un moyen. Ils mandèrent en Lombardie le marquis de Mont-Ferrat un moult vaillant chevalier, lequel avoit guerre au seigneur de Milan. Quand il fut venu en Avignon, le pape et les cardinaux traitèrent devers lui et il parla aux capitaines anglois, gascons et allemands. Parmi soixante mille francs que le pape et les cardinaux payèrent à plusieurs capitaines de ces troupes, tels que messire Jean Hawkwood, un moult vaillant chevalier anglois, messire Robert Briquet, Carsueles, Naudon le Bargeran, le bourg de Breteuil, le bourg Camus, le bourg de l'Esparre, Batillier et plusieurs autres, si s'en allèrent en Lombardie et rendirent le Pont-Saint-Esprit, et emmenèrent de toutes les troupes bien les six parts. Mais nous demeurâmes derrière, messire Seguin de Batefol, messire Jean Jouel, messire Jacqueme Planchin, Lamit, messire Jean Aymeri, le bourg de Pierregort, Espiote, Loys Rambaut, Lymosin, Jacques Titiel, moi et plusieurs autres. Et tenions Anse, Saint-Clément, la Berelle, la Terrace, Brignais, le mont Saint-Denis, l'hôpital de Rochefort et plus de soixante forts, que en Maconnois, en Forez, en Velay, en la Basse-Bourgogne et sur la rivière de Loire. Et rançonnions tout le pays, ni on ne pouvoit être quitte de nous, ni pour bien payer ni autrement ; et prîmes de nuit la

Charité-sur-Loire, et la tînmes bien an et demi ; et étoit tout nôtre dessus Loire, jusques au Puy en Auvergne, car messire Seguin de Batefol avoit laissé Anse et tenoit Brioude en Auvergne, où il eut de profit dans le pays cent mille francs, et dessous Loire jusques à Orléans et aussi toute la rivière d'Allier. Ni l'Archiprêtre qui étoit capitaine de Nevers et qui étoit lors bon François n'y savoit ni ne pouvoit remédier, fors tant que il connoissoit les compagnons, par quoi à sa prière on faisoit bien aucune chose pour lui ; et fit le dit Archiprêtre adonc un trop grand bien en Nivernois, car il fit fermer la cité de Nevers, autrement elle eût été perdue et courue par trop de fois ; car nous tenions bien en la marche, que villes, que châteaux, plus de vingt-sept. Ni il n'étoit chevalier ni écuyer ni riche homme, si il n'étoit à composition à nous, qui osât sortir hors de sa maison. Et cette guerre faisions lors au su et au titre du roi de Navarre.

« Or vint la bataille de Cocherel dont le captal, pour le roi de Navarre, fut chef ; et s'en allèrent devers lui pour faire meilleure guerre plusieurs chevaliers et écuyers. De notre côté, le vinrent servir à deux cents lances messire Planchin et messire Jean Jouel. Je tenois lors un châtel que on appelle le Bec d'Allier, assez près de la Charité, en allant en Bourbonnois, et avois quarante lances dessous moi. Et fis pour ce temps au pays et en la marche de Moulins moult grandement mon profit, et environ Saint-Poursain et Saint-Pierre le Moûtier.

« Quand les nouvelles me furent venues que le captal mon maître étoit en Cotentin et assembloit gens à pouvoir, pour le grand désir que je avois de le voir, je me partis de mon fort avec douze lances et me mis en la troupe de messire Jean Jouel et de messire Jacqueme Blanchin et vînmes sans dommage et sans rencontre devers le captal. Je crois bien que vous avez en votre histoire toute la besogne ainsi comme elle se porta.

« — C'est vérité, dis-je. Là fut pris le captal et mort messire Jean Jouel et messire Jacqueme Planchin.

« — Il est vérité, répondit le bâtard de Mauléon. Je fus là pris, mais trop bien m'arriva et m'avint; ce fut d'un mien cousin, et cousin à mon cousin qui ici est le bourg de Campane, et l'appeloit-on Bernard de Tarride. Il mourut depuis en Portugal en la besogne de Aljubarrote. Bernard, qui lors étoit de la charge messire Aymemon de Pommiers, me rançonna sur le champ et me donna bon conduit pour retourner en mon fort à Bec d'Allier. Sitôt que je fus venu en mon fort, je pris un de mes varlets et comptai mille francs et lui chargeai, et les apporta à Paris et m'en rapporta paiement et lettres de quittance.

« En cette propre saison chevauchoit messire Jean Aymery, un chevalier anglois, le plus grand capitaine que nous eussions. Et s'en venoit côtoyant la rivière de Loire pour venir à la Charité. Si fut rencontré par l'embûche du seigneur de Rougemont et du seigneur de Vodenay et des gens de l'Archiprêtre: ils furent plus forts de lui, si le ruèrent jus; et fut rançonné à trente mille francs, il les paya tous comptants. De sa prise et de son dommage il eut grand ennui et jura que jamais ne rentrerait dans son fort si les aurait reconquis. Si recueillit grand'foison de compagnons et vint à la Charité-sur-Loire, et pria aux capitaines à Lamit et à Corsuelle, au bourg de Pierregort et à moi qui y étois allé ébatre, que nous voulussions chevaucher avecques lui. Nous lui demandâmes quelle part? « Par ma foi, dit-il, nous passerons la rivière de Loire au port Saint-Thibault, et irons prendre et ravager la ville de Sancerre. Je ai voué et juré que jamais ne retournerois en fort que j'aie, si aurai vu les enfants de Sancerre. Si nous pouvions avoir la garnison de Sancerre et les enfants de dedans, Jean, Louis et Robert, nous serions recouvrés et se-

rions tous seigneurs du pays. Aussi viendrions trop légèrement
à notre but, car on ne se donne garde de nous et le séjourner
ici ne nous vaut rien. — C'est vérité, répondîmes-nous. »
Tous lui eûmes en promesse et nous ordonnâmes sur ce point
tantôt et incontinent.

« Or advint, dit le bâtard de Mauléon, que notre affaire fut
sçue en la ville de Sancerre. Car pour ce temps il y avoit un
capitaine vaillant écuyer, né de Bourgogne des Basses Marches,
qui s'appeloit Guichard Albregon, lequel s'acquitta moult
grandement de garder la ville, le châtel et la terre de Sancerre
et les enfants et seigneurs ; car tous trois étoient lors chevaliers. Et Guichard avoit un frère moine de l'abbaye de Saint-
Thibault, qui sied assez près de Sancerre. Si fut envoyé ce
moine de par son frère à Albregon en la Charité-sur-Loire,
pour apporter une rançon d'une composition que aucunes villes
devoient sur le pays. On ne se donna pas garde de lui. Il sçut,
ne sçais comment ce fut, toute notre intention et arrangement
et tous les noms des capitaines des forts d'environ la Charité,
et leurs charges, et aussi à quelle heure et comment et où ils
devoient passer la rivière au port Saint-Thibault. Sur cet état il
s'en retourna et en informa son frère. Les enfants de Sancerre,
le comte et ses frères se pourvurent à l'encontre de ce au plus tôt
qu'ils purent et mandèrent l'affaire aux chevaliers et écuyers du
Berry et du Bourbonnois, et aux capitaines des garnisons de
là entour ; et tant qu'ils furent bien quatre cents lances de
bonnes gens, et jetèrent une belle embûche de deux cents
lances au dehors de Sancerre en un bois. Nous nous partîmes à
soleil couchant de la Charité, et chevauchâmes tout ordonnément le bon pas et vînmes à Pouilly. Et là dessous au port
avions fait venir grand'foison de bateaux pour nous passer
nous et puis nos chevaux ; et passâmes tout outre la rivière
de Loire, si comme ordonné l'avions, et fûmes tout outre environ mienuit ; et passoient nos chevaux tout bellement, et pour

ce qu'il faisoit jour, nous ordonnâmes cent lances des nôtres à demeurer derrière pour garder les chevaux et la flotte. Et le demeurant nous nous mîmes au chemin le bon pas et passâmes tout outre l'embûche, qui oncques ne s'ouvrit sur nous ; et quand nous fûmes outre, environ le quart d'une lieue, ils saillirent hors et vinrent sur ceux qui étoient au rivage, et se boutèrent entr'eux et les déconfirent de fait ; et tous furent morts ou pris et les chevaux conquis et les bateaux arrêtés ; et montèrent sur nos chevaux et férirent à pointe d'éperons et furent aussitôt à la ville comme nous. On crioit partout : Notre-Dame Sancerre ! Car le comte étoit là avecque ses gens, et messire Louis et messire Robert avoient fait l'embûche. Là, fûmes-nous enclos de grand'manière et ne savions auquel entendre ; et là eut grand poussis de lances, car ceux qui étoient à cheval, aussitôt que ils furent à nous, ils mirent pied à terre et nous assaillirent fièrement. Et ce qui trop nous gréva, ce fut que nous ne pouvions élargir, car nous étions entrés dans un chemin, lequel, aux deux côtés, étoit enclos de hautes haies et de vignes ; et encore entr'eux qui connoissoient le pays et le chemin une quantité de eux et de leurs varlets étoient montés à mont ès vignes qui nous jetoient pierres et cailloux, tellement que ils nous défroissoient et rompoient tous. Nous ne pouvions reculer et si avions grand'peine au monter contre la ville qui sied sur une montagne. Là fûmes-nous moult travaillés ; et là fut navré au corps tout outre messire Jean Aimery notre souverain capitaine et qui là nous avoit menés, de la main Guichard Albregon ; et le prit, et mit grand'peine à lui sauver, et le bouta en la ville en une maison, et le fit jeter sur un lit et dit à Guichard à l'hôte de l'hôtel : « Gardez-moi ce prisonnier, et faites diligence qu'il soit étanché de ses plaies, car il est bien taillé, s'il ne demeure en vie, que il me paye vingt mille francs. » Après ces paroles, Guichart laissa son prisonnier et retourna à la bataille, et y fut très-bon homme d'armes avecque les autres.

Et là étoient, en la compagnie des enfants de Sancerre et venus pour l'amour des armes et aider à défendre et garder le pays, messire Guichart Daulphin, le sire de Talus, le sire de Mournay, messire Girard et messire Guillaume de Bourbon, le sire de Coussant, le sire de la Pierre, le sire de la Palice, le sire de Nentey, messire Louis de la Croix, le sire de la Frète et plusieurs autres. Et vous dis que ce fut une bataille très-dure et une rencontre très-cruelle, et nous tînmes et nous défendîmes ce que nous pûmes ; et tant que de l'un côté et de l'autre en y eut plusieurs occis et navrés ; et à ce qu'ils montroient, ils nous avoient plus chers à prendre vifs que morts.

« Finalement là nous fûmes tous pris, Carsuelles, Lamit, Naudon, le bourg (bâtard) de Pierregort, Espiote, le bourg de l'Esparre, Augerot de Lamougis, Philippe de Roe, Pierre de Courton, l'Espérat de Pamiers, le bourg d'Armesen et tant que tous les capitaines de là environ. Si fûmes menés au châtel de Sancerre et là reçus à grand'joie, ni oncques au royaume de France les compagnons tenant troupe n'y perdirent si grossement comme ils firent là. Toutefois Guichart Albregon perdit son prisonnier, car celui à qui il l'avoit enchargé par sa grand malice et négligence, le laissa tant saigner que il en mourut. Ainsi finit messire Jean Aymeri.

« Par cette prise et cette déconfiture qui fut dessous Sancerre fut rendue aux François la Charité-sur-Loire et toutes les garnisons de là environ. Parmi ce nous fûmes tous quittes de nos prisons et eurent permission de partir et de passer hors du royaume de France et de aller quelque part que il nous plairoit. Et nous avint si bien à point en cette saison que messire Bertrand Du Guesclin, le sire de Beaujeu, messire Arnoul d'Audeneham et le comte de la Marche entreprirent le voyage d'Espagne pour aider au roi Henri contre son frère Dam Pièdre. Mais avant je fus en Bretagne à la besogne d'Auroy et me mis dessous messire Hue de Calverly en Espagne, et boutâmes hors le roi Dam Pietre. Et depuis, quand les alliances furent du roi Piètre et du prince de Galles et que il le voulut remettre en Castille, si comme il fit, je y fus et toujours en la compagnie de messire Hue Calverly; et tantôt après retournai en Aquitaine avecques lui.

« Or se renouvela la guerre du roi de France et du prince ; si eûmes et avons eu moult à faire, car on nous fit trop forte guerre, par laquelle guerre sont morts grand'foison de capitaines anglois et gascons, et encore, Dieu merci, je suis demeuré en vie. Premier, messire Robert Briquet mourut en Orléanois entre le pays de Blois et la terre au duc d'Orléans en une place qu'on dit Olivet ; et là le rua jus lui et toute sa troupe un écuyer de Hainaut vaillant homme d'armes durement et bon capitaine, qui s'appelait Alart Van Oulten et s'armoit de Barbenson ; car il en étoit de lignage. Cet Alart étoit pour le temps gouverneur de Blois et gardien de tout le pays de par les seigneurs Louis, Jean et Guy. Si lui tomba en main de rencontrer à Olivet messire Robert Briquet et messire Robert Thein ; il les combattit si vaillamment qu'il les rua jus ; et furent morts sur la place et aussi toutes leurs gens, ni oncques ni eut pris homme à rançon.

« Depuis advint que à la bataille de Merck en Saintonge, Carsuelle fut occis de messire Bertrand Du Guesclin qui le rua jus ; et bien sept cents Anglois y furent tous morts. A cette besogne et à Sainte-Sévère furent occis aussi des capitaines anglois Richart Gilles et Richard Helme. Je en sais petit, excepté moi, qu'ils n'aient été tous occis sur les champs. Si ai-je toujours tenu frontière et fait guerre pour le roi d'Angleterre ; car mon héritage sied et gît en Bordelois. J'ai aucune fois été rué jus tant que je n'avois sur quoi monter. A l'autre fois riche assez ainsi que les bonnes fortunes venoient. Et fûmes un temps compagnons d'armes moi et Raymonnet de l'Épée, et tînmes en Toulousain sur les frontières de Bigorre le châtel de Mauvoisin, le châtel du Trigalet et le châtel Nentilleux qui nous portèrent grand profit pour lors. Et puis nous en vint ôter le duc d'Anjou par sa puissance et aussi fut Raymonnet de l'Épée pris, mais il se tourna François et je demeurois bon Anglois et je serai tant comme je vivrai.

« Vrai et que quand je eus perdu le châtel de Trigalet et je fus conduit au châtel Cuillier et le duc d'Anjou se fut retiré en France, je m'avisai encore que je ferois quelque chose où je aurois profit, ou je demeurerois en la peine. Si envoyai aviser et épier le châtel de Thurit en Albigeois; lequel châtel depuis m'a valu, que par pillages, que par compositions, que par bonnes fortunes que j'y ai eues, cent mille francs, et vous dirai comment le pris et conquis.

« Au dehors du châtel et de la ville a une très-belle fontaine, où par usage tous les matins les femmes de la ville venoient avec cruches et autres vaisseaux, et là puisoient et les emportoient amont en la ville sur leurs têtes. Je me mis en ce parti d'armes et en cet essai que pour l'avoir, et pris cinquante compagnons de la garnison du châtel Cuillier, et chevauchâmes tout un jour par bois et par bruyères; et la nuit ensuivant, environ mie nuit je mis une embûche assez près de Thurit, et moi sixième tant seulement en habit de femmes, et cruches en nos mains, vînmes en une prairie assez près de la ville et nous cachâmes en une meule de foin, car il étoit environ la saint Jean en été que on avoit fené et fauché les prés. Quand l'heure fut venue que la porte fut ouverte et que les femmes commençoient à venir à la fontaine, chacun de nous prit sa cruche et les emplîmes et puis nous mîmes au retour vers la ville, nos visages enveloppés de couvre-chefs. Jamais on ne nous eût connus. Les femmes que nous encontrions nous disoient : « Ha, sainte Marie, que vous êtes matin levés! » Nous répondions en leur langage à faible voix : « C'est vrai. » Et passions outre; et vînmes ainsi tout six à la porte. Quand nous y fûmes venus, nous n'y trouvâmes autre garde que un savetier qui mettoit à point ses formes et ses rivets. L'un de nous sonna un cornet pour attirer nos compagnons, qui étoient en l'embûche. Le savetier ne s'en donna garde, mais bien ouït le cornet sonner et demanda à nous : « Femmes, haro! qui est-ce là qui a sonné le cornet? » L'un répondit et dit : « C'est un prêtre qui s'en va aux champs, je ne sais s'il est curé ou chapelain de la ville. » — « C'est vrai, dit-il, c'est messire Pierre François notre prêtre, qui va matin aux champs pour chercher les lièvres. Tantôt, incontinent, nos compagnons venus, entrâmes en la ville où nous ne trouvâmes oncques hommes d'armes qui mît main à l'épée ni soi à défense.

« Ainsi pris-je la ville et le châtel de Thurit qui m'a fait plus de profit et de revenue par an ; et tous les jours quand il venoit à point que le châtel et tous les appendances d'icelui à vendre au plus détroit et plus cher que on pourroit ne valent. Or ne sçais à présent que j'en dois faire ; car je suis en traité devers le comte d'Armagnac et le dauphin d'Auvergne qui ont puissance expresse de par le roi de France de acheter les villes et les forts aux compagnons qui les tiennent en Auvergne, en Rouergue, en Quercy, en Limousin, en Pierregord, en Albigeois, en Agen et à tous ceux qui font guerre et ont fait au titre d'Angleterre; et plusieurs se sont jà partis et ont rendu leurs forts. Or ne sais-je si je rendrai le mien.

« A ces mots répondit le bourg (bâtard) de Campane et dit : « Cousin, vous dites vrai. Aussi pour le fort de Carlat que je tiens en Auvergne suis-je venu apprendre des nouvelles à Orthez, en l'hôtel du comte de Foix ; car messire Louis de Sancerre, maréchal de France, doit ci être bientôt, il est tout coi à Tarbes, ainsi que j'ai ouï dire à ceux qui l'y ont vu. »

« A ces mots demandèrent-ils le vin ; on l'apporta, et bûmes, et puis dit le bâtard de Mauléon à moi : « Messire Jean, que dites-vous ? Etes-vous bien informé de ma vie ? J'ai eu encore assez plus d'aventures que je ne vous ai dit, desquelles je ne puis ni ne veux pas de toutes parler.

« — Par ma foi, dis-je, sire, oui. »

Le récit un peu vague du bascot de Mauléon reproduit quelques-uns des incidents relatifs aux grandes compagnies postérieurs à l'année 1365, à laquelle il est nécessaire de remonter, pour raconter comment Charles V, avec l'aide efficace de Bertrand Du Guesclin, délivra pour un temps le royaume de leurs épouvantables ravages. Après l'arrangement survenu en Bretagne, et la conclusion de la paix avec Charles le Mauvais, roi de Navarre, les grandes compagnies recommencèrent de nouveau leurs incursions de brigandage, qu'elles bornèrent cette fois uniquement au royaume de France, insolemment appelé par elles leur *chambre*. Elles ne cherchèrent pas à pénétrer en Guyenne, où commandait le Prince-Noir ; car la plupart de leurs chefs étaient Anglais et Gascons, avec quelques Bretons, attachés au roi d'Angleterre et au prince de Galles.

Les excès commis par ces bandes finirent par devenir quelque chose de si intolérable, qu'il fut résolu par les autorités françaises qu'on leur livrerait bataille, ou qu'on les entraînerait par séduction hors du royaume. En ce moment même, Louis le Grand, roi de Hongrie, qui était en guerre avec les Turcs, écrivit au pape Urbain V, à Avignon, ainsi qu'au roi de France et au Prince-Noir, pour les prier de l'aider à enrôler ces compagnies à son service. Il offrit aux capitaines une forte somme d'argent et le passage ; mais aucun ne voulut consentir, à cause de la distance et des dangers qu'on appréhendait. Les ouvertures que leur fit bientôt après Bertrand Du Guesclin de les conduire en Castille contre Pierre le Cruel eurent un meilleur succès (1).

(1) Froissart, liv. II, t. II, pp. 502-504.

CHAPITRE XVII.

Affaires d'Espagne. — Alphonse XI. — Léonore de Guzman. — Albuquerque. — Pierre le Cruel. — Blanche de Bourbon. — Maria de Padilla. — Henri de Transtamare.

La Péninsule espagnole, au quatorzième siècle, était divisée en cinq royaumes : de Castille, d'Aragon, de Portugal, de Navarre et de Grenade. En 1324, après une longue minorité, Alphonse XI prit le gouvernement de la Castille, et trouva le royaume plongé dans tous les désordres que peuvent occasionner les jalousies rivales et l'ambition déréglée des nobles. Par la fermeté et la sagesse de son administration, il réduisit enfin les grands vassaux de la couronne à l'obéissance, et les armes dont ils s'étaient servis pour se faire la guerre les uns aux autres, il réussit à les tourner contre le royaume maure de Grenade, qu'il mit à deux doigts de sa ruine par sa grande victoire des bords du Rio-Salado, près de Tarifa, où périrent, d'après un calcul un peu exagéré peut-être, deux cent mille Africains. Gibraltar était sur le point de lui ouvrir ses portes, quand il succomba, le 27 mars de l'an 1350, au terrible fléau qui dévastait alors toute l'Europe.

Alphonse était homme à mettre fin aux désordres de son époque ; mais, par ses malheureuses amours, il légua à sa postérité et à son pays de plus grands maux que ceux auxquels il avait été appelé à remédier. De son mariage avec doña Maria de Portugal, il eut un fils qui lui succéda, n'étant encore âgé de guère plus de quinze ans ; mais de sa maîtresse, la célèbre doña Léonore de Guzman, il eut dix enfants. Après la naissance de son fils, doña Maria, la reine, fut tout à fait négligée, tandis que la favorite doña Léonore demeura la constante compagne d'Alphonse, sur qui elle exerçait un empire presque absolu. Pendant que Pierre, l'héritier, était forcé de rester chez lui à Séville, témoin continuel du délaissement et de la douleur de sa mère, ses frères bâtards, Henri et Fadrique, avaient la faculté d'accompagner leur père dans ses différentes expéditions, vêtus d'armures et entourés de tout le faste militaire de cette époque guerrière. Henri, tant que vécut Alphonse, eut maison à lui, avec train magnifique. Il avait été créé par le roi son père comte de Transtamare, distinction très-rare en Castille, et son frère Fadrique, quand il n'avait encore que dix ans à peine, avait été fait grand-maître de Saint-Jacques, un des trois ordres militaires les plus élevés. L'abandon où languissait sa mère, les distinctions continuellement accordées, au préjudice de ses droits, à ses frères bâtards, firent naître probablement dans le jeune cœur de Pierre ces violents sentiments de jalousie et de haine contre la maîtresse de son père et ses enfants, sentiments que les circonstances particulières de sa vie contribuèrent tant à développer et à étendre, et qui lui valurent l'épithète de *cruel*, que la postérité a attachée à son nom.

Pierre, en montant sur le trône, n'étant encore qu'un adolescent de moins de seize ans, se livra avec passion au plaisir de la chasse, et abandonna le gouvernement de l'Etat aux ministres de son père, parmi lesquels étaient les deux plus hauts barons de son royaume, don Juan Alonso de Albuquerque, grand chancelier et trésorier, et don Juan Nuñez de Lara, seigneur de

Biscaye, grand porte-étendard. Ces nobles unirent leurs efforts pour un temps, jusqu'à ce qu'ils eussent ruiné le parti attaché à la favorite déchue. Ils vinrent facilement à bout de cette œuvre ; car Léonore de Guzman, immédiatement après la mort d'Alphonse, s'enferma dans le château de Medina Sidonia. Elle se rendit, néanmoins, bientôt, sur la promesse d'un sauf-conduit, à Séville ; de Séville elle fut transférée au château de Carmona, où elle demeura au secret, jusqu'à ce que, au moment de la convocation des Cortes à Valladolid, elle fût conduite par ordre d'Albuquerque au château de Talavera, qui appartenait à la reine Marie et que tenait Guttier Fernandez, un de ses hommes-liges. L'infortunée Léonore n'eut pas le temps de languir en prison ; car sa rivale, qui avait été faible, inconstante, et femme aussi volage qu'elle, n'eut pas la générosité de pardonner. Au bout de quelques jours, un secrétaire de la reine porta au gouverneur de Léonore un ordre de mort, et elle fut exécutée secrètement dans l'enceinte du château. Son fils aîné, Henri, craignant le même sort, avait échappé des mains de ses ennemis avant la mort de sa mère.

Albuquerque, maintenant tout à fait rassuré du côté de Léonore de Guzman, et délivré, par la mort soudaine de Juan Nuñez de Lara, de toute opposition de la part de son grand rival, avec le jeune roi tout entier aux chiens et aux faucons, et doña Maria, la reine-mère dans sa dépendance, pouvait très-bien regarder le gouvernement du royaume comme assuré entre ses mains. Néanmoins, il ne croyait pas en être tout à fait sûr, tant qu'il resterait un membre de la famille de Lara pour contrarier sa volonté. En conséquence, il fit mettre à mort, sans jugement et sans motif, Garcilaso de la Vega, lieutenant-général de Castille et un des principaux partisans de Juan Nuñez. Toute opposition ayant été vaincue ou brisée, Albuquerque pensait pouvoir rendre permanente entre ses mains la possession du gouvernement ; mais, au bout de plusieurs années d'administration, il commença à s'apercevoir de certains éclairs de volonté, de certaines saillies de caractère dans son jeune maître, qui réveillèrent ses inquiétudes. Espérant, néanmoins, pouvoir gouverner Pierre et le distraire des affaires d'Etat, en substituant aux plaisirs de la chasse des attraits plus puissants, il jeta les yeux sur doña Maria de Padilla, jeune fille issue de famille noble et élevée dans la maison même du ministre. Albuquerque ménagea entre eux la première entrevue, et l'on dit qu'il fut secondé dans cette odieuse affaire par le frère et l'oncle de la jeune fille, don Diego de Padilla et don Juan Fernandez de Hinestrosa. Marie est représentée comme ayant été de petite taille, jolie, vive, avec cette grâce voluptueuse, dans l'air et le maintien, qui est particulière aux femmes du midi de l'Europe. Elle était distinguée pour la vivacité de son esprit, son sens droit et une bonté de caractère qui la fit souvent intervenir pour modérer la terrible rigueur des arrêts de son amant.

Albuquerque s'était singulièrement abusé relativement à l'autorité qu'il croyait avoir sur l'esprit de sa protégée; car à peine Marie se fut-elle assurée du cœur de son amant, qu'elle lui conseilla de secouer l'avilissante tutelle de son premier ministre. Cette dépendance était devenue d'autant plus fatigante à Pierre, qu'Albuquerque s'était joint à sa mère et à sa tante doña Leonora, reine douairière d'Aragon, pour le presser de terminer l'affaire de son mariage avec Blanche de Bourbon, fille du duc de Bourbon et nièce de Jean, roi de France, à qui il était fiancé depuis près d'un an et qui était alors en Castille avec une suite nombreuse de seigneurs français, attendant la célébration des épousailles. Pierre, qui avait conçu pour cette alliance un éloignement presque insurmontable, fit attendre sa fiancée trois mois à Valladolid, tandis qu'il donnait des tournois à Torrijos, près de Tolède, en l'honneur de sa maîtresse, et recevait les hommages de ses courtisans, au début de sa nouvelle période de souveraineté indépendante.

Ces fêtes furent troublées par l'arrivée soudaine d'Albuquerque, qui réprimanda sévèrement le roi de sa conduite, et lui représenta que le respect qu'il devait à sa propre dignité, aussi bien que les ménagements auxquels il était tenu envers une nation amie et puissante, lui commandait de conclure sans plus de retard son mariage avec la princesse française. Pierre se rendit à ces raisons : il partit pour Valladolid et hâta les préparatifs de son mariage, qui fut célébré le 3 juin 1353. La cérémonie terminée, il traita sa femme avec la dernière négligence, daignant à peine faire attention à elle; et deux jours après il la laissa à Valladolid et alla rejoindre Maria Padilla, qu'il retrouva à Montalban. Pierre, dont un des plus grands vices était la dissimulation, tout en ayant l'air de se laisser guider par les conseils de son ministre, avait secrètement encouragé les menées d'un parti composé de ses frères bâtards, Henri et Fadrique, avec qui il s'était depuis peu réconcilié, et de tous ceux qui étaient hostiles à l'administration arbitraire d'Albuquerque. Le ministre, avec une suite nombreuse, accompagna son maître de Montalban à Tolède; mais à l'ordre qu'il reçut de congédier tout son monde avant de paraître devant son souverain, il comprit que sa puissance n'était plus; il ramassa donc toute sa fortune et alla s'enfermer dans son château-fort de Carvajalos.

Pierre, après la chute d'Albuquerque, réussit par le soin personnel qu'il apporta aux affaires publiques, par ses courses de nuit, et par quelques actes de justice impartiale, à entourer son nom d'un certain prestige romantique et à concilier à son gouvernement une certaine popularité, du moins aux yeux des basses classes; mais cela ne suffit pas pour le garantir d'une formidable conspiration des nobles, dirigée par le ministre disgracié, dans laquelle entrèrent, non-seulement ses frères bâtards, Henri, comte de Transtamare, Fadrique, grand-maître de Saint-Jacques, et Tello, un plus jeune à qui Pierre avait récemment donné en mariage l'héritière de Lara avec la seigneurie de Biscaye, mais encore sa propre mère, doña Maria.

Les conjurés ne firent qu'augmenter, nonobstant la mort de leur chef Albuquerque, au point que la plus grande partie du royaume se trouva enveloppée dans la conspiration, et Pierre réduit enfin par la défection de ses troupes à un corps de six cents hommes à cheval seulement. Incapable de lutter contre ses sujets révoltés, Pierre se livra entre leurs mains avec Hinestrosa, l'oncle de Maria Padilla, son trésorier juif Samuel Lévy, et son chancelier Fernando Sanchez. De tous les seigneurs qui composaient sa cour, ce furent les seuls qui consentirent à le suivre. Une centaine d'officiers désarmés et quelques serviteurs formaient son escorte. Sa soumission fut sans condition, et les conjurés après avoir exigé qu'il sanctionnât la nomination de tous les officiers de la couronne, nommés par eux selon leur bon plaisir, le firent conduire au palais de l'évêque de Zamora, où il fut étroitement gardé. Pierre trouva moyen toutefois de s'échapper de sa prison, suivi d'un seul serviteur; et la grande masse de son peuple, voyant que le nom de l'infortunée reine Blanche n'avait fait que servir de prétexte à la rébellion, et qu'on n'avait rien gagné à changer les favoris de la maîtresse du roi pour une troupe d'officiers plus insatiables qu'eux, se déclara partout en sa faveur; et trois mois après son départ du château de Toro, qu'il avait quitté en fugitif, il était à la tête d'une nombreuse armée, et son autorité était entièrement rétablie.

La récente révolte de ses sujets, sa propre humiliation et son emprisonnement changèrent tout à fait le caractère de Pierre. Il avait été presque entièrement abandonné de tous ceux en qui il avait eu confiance. Délaissé de ses frères bâtards qu'il avait essayé de gagner par des actes de bonté, et trahi par sa mère, qui livra les trésors de son fils à ses ennemis et se ligua contre lui, le roi était sans doute entré à Toro avec les germes profondément semés du mal; il le quitta plein de sombres soupçons et de ressentiments, et déjà transformé en ce tyran austère, inexorable et sans remords qu'il devint ensuite.

Le premier et à peu près l'unique soin de Pierre, après qu'il eut recouvré son autorité, fut de punir les auteurs de la dernière rébellion; et il mit à exécution son implacable projet, sans répit ni fatigue. Après avoir infligé des châtiments à quelques nobles inférieurs, car Pierre ne souffrit jamais que les lentes formalités de la loi vinssent s'interposer entre lui et sa victime, il tourna son attention du côté de ses frères, le comte de Transtamare et le grand-maître de Saint-Jacques, comme les chefs reconnus de la conjuration. Les deux frères, après avoir vainement essayé de se maintenir à Tolède, se jetèrent dans la forte ville de Toro, qui ne tarda pas à être assiégée par le roi. Le prudent Henri ne voulant pas confier son salut à des murs de pierre, quoique inexpugnables, quitta la ville sous prétexte d'aller chercher des renforts; mais Fadrique, son frère, après une défense opiniâtre, fut forcé de se rendre sur une promesse de pardon. Mais Pierre ne pardonnait jamais, et Fadrique, deux ans après, fut mis à mort par ses ordres avec des circonstances d'une atrocité toute particulière (1). Les autres chefs pris à la reddition de Toro furent massacrés sur-le-champ, en présence de la reine-mère et de la comtesse de Transtamare, dont les habits furent tout souillés de leur sang.

Le règne de Pierre abonde suffisamment de détails; mais, à part une expédition dans le royaume maure de Grenade, où il rétablit le roi détrôné Mohammed et mit à mort l'usurpateur Abou-Saïd, et la conquête de plusieurs villes importantes dans le royaume d'Aragon, cette partie de sa vie n'est guère qu'une épouvantable série de crimes : femmes perdues par ses débauches, hommes et femmes égorgés sans respect ni pitié, jusqu'à

---

(1) Ayala, *Cronica del rey don Pedro*, p. 238.

ce qu'il ne restât plus personne d'assez marquant dans le royaume pour faire ombrage à ses soupçons jaloux. Parmi ses victimes fut l'infortunée Blanche de Bourbon, sa malheureuse femme, jeune, noble et belle, qui ne connut de la Castille que ses prisons, et qui, après une longue et douloureuse captivité de huit ans, mourut subitement au château de Jerez, vers le milieu de l'année 1361. L'ordre fatal fut d'abord envoyé à Inigo Ortiz de Estuniga, le châtelain de Jerez, par Martinez de Uruena, domestique du médecin du roi, qui s'était chargé d'empoisonner la reine; mais Ortiz, en brave chevalier, déclara que personne n'attenterait à la vie de sa souveraine, tant qu'elle serait sous sa garde. Il fut, en conséquence, remplacé par un instrument complaisant, Juan Perez de Rebolledo, un des archers du roi, et au bout de peu de temps la pauvre Blanche n'était plus. Par tous ces crimes et par sa perversité, Pierre s'était attiré les censures de l'Église, aliéné le cœur de ses sujets, et il était aussi détesté qu'on le craignait. Un jour, devant Orihuela, que son conseil l'invitait à attaquer l'armée aragonaise, il dit, en portant à sa bouche le morceau de pain qu'il mangeait, cette cruelle vérité :

« Avec ce morceau de pain je nourrirais tous les loyaux sujets que j'ai en Castille. »

Le comte de Transtamare, après son évasion, mena pendant quelques années la vie de soldat de fortune, tantôt comme chef d'une grande compagnie, tantôt comme allié de Pierre IV, roi d'Aragon, dans ses guerres avec Pierre le Cruel; et il ne paraît pas que, durant tout ce temps-là, il ait eu des pensées bien marquées sur le trône de Castille; mais, à son retour de France, après une tentative infructueuse pour emmener les grandes compagnies hors de ce royaume, en l'année 1362, il eut de tout autres idées, et manifesta à ses amis et à ses partisans qu'il était venu pour détrôner Pierre et réclamer la couronne comme son légitime héritage. C'était donc pour l'exécution de cette menace, et la revendication de ce qu'il disait être son droit, que le comte de Transtamare attendait avec tant d'impatience l'arrivée des grandes compagnies, sous un chef aussi habile que Bertrand Du Guesclin (1).

(1) La plupart des détails contenus dans l'exposé sommaire ci-dessus de l'état de l'Espagne pendant les premières années du règne de Pierre le Cruel ont été tirés de la chronique de Pedro Lopez de Ayala, témoin contemporain et oculaire de plusieurs des faits qu'il raconte.

CHAPITRE XVIII.

Bertrand Du Guesclin entreprend d'emmener les grandes compagnies hors de France. — Son entrevue avec les chefs. — Les compagnies se réunissent à Chalon. — L'armée marche sur Avignon. — Le pape accorde l'absolution et fournit pour la solde des troupes une forte somme d'argent.

Dans le conseil tenu par Charles V en 1365, pour délibérer sur les moyens de débarrasser le royaume des grandes compagnies, Bertrand Du Guesclin dit qu'il avait beaucoup désiré de traverser la mer, pour aller assister le roi de Chypre dans sa guerre contre les infidèles, et que maintenant, s'il pouvait obtenir accès auprès des chefs des compagnies, il entreprendrait de les emmener hors de France. Le roi agréa de bon cœur cette proposition, et Bertrand envoya immédiatement son héraut aux grandes compagnies demander pour lui-même, dans une assemblée de leurs chefs, un sauf-conduit qui lui permît d'aller à eux. Le héraut les trouva à Chalon-sur-Saône, assis à table et buvant du vin dans une maison richement meublée. Parmi eux était sir Hugh Calverly (1), le chevalier Vert,

(1) « Sir Hugh Calverly, dit Fuller, était né à Calverly, dans ce comté (de Cheshire). La tradition le représente comme un homme fort des dents et des mains, qui mangeait autant que deux et se battait autant que dix. Son vif et robuste appétit digérait tout, hormis l'injure, de sorte qu'un meurtre aurait été la cause qui lui fit quitter son pays, pour aller à Londres, d'où il passa ensuite en France. Là, il devint un

Mathieu de Gournay, Nicolas Escambonne, Robert Scot, Gauthier Huet, Briquet, le bourg de Laines, le bourg de Pierre, Jean Devereaux et beaucoup d'autres. Au message remis par le héraut, sir Hugh Calverly répondit courtoisement :

« Par ma foi ! gentil héraut, je vous acertifie que je verrai ici Bertrand à chère lie, si aux autres convient ; pour ma part, je le veux volontiers, et lui donnerai de bon vin. Je lui en peux bien donner, il ne me coûte rien, ne denier ne demi. »

Les chefs donnèrent tous leur adhésion à l'entrevue proposée, et un sauf-conduit fut accordé par eux sous serment. Avec ce passeport, Bertrand alla trouver les capitaines des compagnies, qui le reçurent avec les démonstrations les plus chaleureuses. Calverly, en le voyant, courut à lui et l'embrassa, l'appelant cordialement « ami et compagnon. » Bertrand répondit un peu brusquement qu'il ne serait son compagnon, que si Calverly consentait à ce qu'il était venu proposer.

« Bertrand, dit Calverly, par celui Dieu qui le monde créa, très-bonne compagnie vous fera mon corps en toutes les manières, et irai tout partout où aller vous plaira, guerroyer tout le monde de çà et de là mer, fors le prince de Galles ; mais jà ne m'aviendra que sois contre lui, car sitôt qu'il voudra, j'irai avec lui ; juré lui ai, longtemps a. »

Du Guesclin accepta immédiatement ces conditions de service, et Calverly fit ensuite apporter du vin, du meilleur qu'il eût. Le vin fut présenté par messire Gauthier Huet, que Bertrand pria de boire le premier ; mais aucun des chevaliers

---

soldat tout à fait éminent, répondant au portrait que notre grand antiquaire (Camden) fait de lui : *Arte militari ità in Galliá inclaruit, ut vividæ ejus virtuti nihil fuit impervium.* »

Après avoir énuméré ses principaux exploits, Fuller ajoute : « La date précise de sa mort est inconnue ; mais on peut, par approximation, la fixer à l'année 1388 environ, après laquelle il n'est plus fait mention de lui, et il était aussi impossible à un tel esprit de n'être pas que de ne pas être actif. » Fuller's Worthies, vol. I, p. 274.

présents ne voulut toucher au vin, que leur hôte n'y eût d'abord goûté. Après avoir bu, Bertrand dit :

« Voici un riche vin ; ne sais ce qu'il vous coûta.

— Oncques nul homme vivant, reprit le chevalier Vert, denier n'en demanda. »

Bertrand exposa ensuite l'objet de sa visite, disant aux capitaines qu'il était venu, sur le désir du roi de France, pour emmener avec lui les grandes compagnies hors du royaume, et réaliser ainsi un de ses vœux les plus chers, celui d'assister le roi de Chypre dans sa guerre contre les infidèles, ou de les attaquer dans le royaume de Grenade; qu'il les conduirait par l'Espagne, et que, s'il pouvait y rencontrer Pierre, l'infâme assassin qui avait tué sa propre femme, il ferait tout ce qu'il pourrait pour le fatiguer et l'irriter. Il ajouta que l'Espagne était un bon pays, riche en vins clairs et exquis; qu'il avait des amis qui viendraient les rejoindre, tels que le comte de la Marche, Olivier de Mauny, ses frères, et beaucoup d'autres chevaliers, tous animés du même désir de se battre contre les infidèles; que si les capitaines acceptaient son offre, le roi de France leur compterait deux cent mille florins, et que lui, Bertrand, les conduirait par Avignon, où il obtiendrait du pape l'absolution de tous leurs péchés de brigandage et de meurtre, outre une bonne somme du trésor pontifical. « Et je vous prie pour Dieu, continua Bertrand, que chacun ait vouloir de sa vie amender; car nous pourrions de vrai considérer en nous que fait avons assez pour damner nos âmes. Pour moi, je le dis et le sais bien au clair, je ne fis oncques bien ; je n'ai fait fors que mal, gent occire et tuer ; et si j'ai fait des maux, bien vous pouvez compter d'être mes compagnons, encore de me passer, car bien vous pouvez vanter d'avoir fait pis de moi. Savez que nous ferons ? Faisons à Dieu honneur, et laissons le diable. A la vie, voyons comment l'avons usée : efforcé les dames et brûlé les maisons, occis hommes, enfants et tout rançonné;

égorgé vaches, moutons et bœufs; pillé oies, poussins et chapons, bu les bons vins, églises et religions violé. Pis sommes que larrons. Pour Dieu, avisons-nous, allons sur les payens. Je nous ferai tous riches, et si croyons mon conseil, nous aurons paradis aussi quand nous mourrons.

— Sire Bertrand, répondit Calverly, si m'aide saint Simon, je vous promets que ne vous faudrons jamais. En compagnons de foi nous nous appellerons, et jamais ne nous départirons l'un de l'autre, si le roi de France, où nul mal ne voulons, ne prend guerre aux Anglais; car je suis lige homme au prince de Galles, qui maintient les Gascons et Guienne. »

Bertrand se hâta de déclarer qu'il acceptait l'engagement et pria Calverly d'obtenir non-seulement l'adhésion des chevaliers et capitaines, mais encore celui des différents membres des grandes compagnies, promettant, pour son compte, d'avoir à leur disposition l'argent qu'il avait offert, et de convoquer ses propres amis, qui devaient les accompagner. Les chefs des compagnies donnèrent tous immédiatement leur adhésion et portèrent à leurs hommes la proposition de Bertrand; mais elle ne fut point accueillie avec le même empressement. Quelques-uns s'en réjouirent, d'autres en furent mécontents; car il y avait parmi eux une quantité de pillards, qui n'avaient nulle pitié des femmes ni des enfants; qui brûlaient sans scrupule les maisons, et qui redoutaient encore beaucoup les difficultés et les dangers du passage des montagnes, quand la France était un assez beau pays pour eux, suffisamment pourvu de tout et riche en bons vins. Les capitaines, au nombre de vingt, promirent de suivre Du Guesclin; les membres des compagnies firent ensuite leur adhésion, et tout le monde jura de tenir fidèlement sa parole. Bertrand dit alors aux capitaines qu'il irait au roi, lui ferait d'abord payer les deux cent mille francs qu'il leur avait promis, et leur enverrait ensuite, quand le moment serait arrivé, une invitation de venir à Paris dîner avec lui à son hôtel, où ils auraient occasion de voir le roi lui-même. « Et ne soyez en rien soupçonnant mal, ajouta Bertrand ; car oncques je ne fus pourchassant trahison, si ne serai tant que je sois vivant.

— Oncques plus vaillant homme ne fut vu au champ, répondirent les chevaliers ; plus avons de créance en ce que vous seriez disant qu'en tous les prélats ni les hauts clercs lisants qui sont en Avignon ni en France. »

L'accord ayant été écrit et scellé, Bertrand, en prenant congé des capitaines, renouvela l'invitation qu'il leur avait faite de venir à Paris, où il attendrait qu'ils eussent livré les forteresses. Ils adhérèrent à cela encore, Bertrand partit ensuite pour Paris, où la nouvelle du succès de sa négociation avec les chefs des grandes compagnies fut reçue avec la plus grande satisfaction. Quand Du Guesclin exprima au roi que les capitaines des compagnies désiraient visiter Paris, Charles y donna aussitôt son consentement et désigna le Temple pour l'endroit où ils pourraient descendre. Dès qu'ils eurent reçu l'invitation de Bertrand, tous les capitaines « vinrent à Paris par bonne sûreté et furent menés droitement au Temple, où ils furent fêtés et noblement traités et reçurent maint don. »

Tandis que les chefs des grandes compagnies étaient à Paris, les chevaliers français, qui avaient intention d'accompagner Bertrand Du Guesclin en Espagne, se rendirent en cette ville, et firent amitié avec leurs futurs compagnons d'armes. Parmi ces chevaliers, il y avait Olivier de Mauny et ses frères, Alain et Yvon, Guillaume Boitel, Guillaume de Launoy, Karenlouet et le Bègue de Vilaines. En outre, le comte de la Marche, le sire de Beaujeu, et messire Arnoul d'Audeneham, maréchal de France, qui, tous, avaient juré d'aller en Espagne combattre Pierre le Cruel, se joignirent à Bertrand. Le rendez-vous de l'armée, estimée par Froissart à trente mille hommes, fut fixé à Chalon-sur-Saône, où les différentes bandes se réunirent pour marcher ensuite sur Avignon.

Le pape Urbain V, qui avait probablement présents à l'esprit les ravages commis par les grandes compagnies sous son prédécesseur, en apprenant qu'elles approchaient d'Avignon, envoya un de ses cardinaux s'informer de l'objet de leur visite. « De par moi leur direz, ajouta-t-il, que du pouvoir de Dieu et de sainte Marie, des saints et des saintes, des anges et des archanges, j'excommunierai toute la compagnie, si ne s'en vont de ci sans faire nul délai. » Le cardinal, « qui mieux eût aimé aller chanter sa messe, » n'osa pas désobéir aux ordres de son supérieur; mais il partit à contre-cœur, en disant à un chapelain qui l'accompagnait : « Dolent suis qu'on m'ait mis en cette besogne; car on m'envoie vers une gent enragée, qui conscience n'ont. Plût à Dieu que le pape y fût en sa jolie chape! Je crois qu'on la lui aurait assez tôt dévestie. Le cardinal partit, néanmoins, en priant qu'il pût accomplir sa mission sans danger, et arriva enfin à l'armée, où il s'informa auprès de quelques soldats à qui il pourrait remettre un message du pape. Il lui fut répondu par un Anglais, qui lui demanda s'il apportait de l'argent, car l'armée ne s'en irait pas sans cela. Bertrand et les autres chefs vinrent ensuite au devant du cardinal, et « s'inclinèrent assez bénignement, encore qu'il y en eût assez qui voulussent plutôt rober son vêtement. « Le cardinal informa les chefs qu'il avait été mandé par le pape pour savoir quel était leur dessein en venant à Avignon, à quoi le maréchal d'Audeneham, chevalier instruit, prudent et sage, répondit qu'il voyait devant lui une troupe d'hommes qui, depuis des années, avaient commis toutes sortes de mauvaises actions dans le royaume de France; qu'ils avaient projeté d'aller au secours du roi de Chypre, mais que, ayant appris qu'il était mort, ils étaient maintenant en chemin pour aller faire la guerre au roi de Grenade et à tous ceux qui l'assisteraient;

que les capitaines les y conduisaient afin qu'ils ne revinssent pas en France; mais que, avant d'entreprendre cette expédition, chacun désirait avoir l'absolution. « Si direz au Saint-Père, ajouta le maréchal, qu'il nous veuille absoudre par la grâce de Dieu, dont il est lieutenant, et de coulpe et de maux griefs que nous avons tous fais, depuis que fûmes enfants; et avec ce, nous faire présent pour le voyage de deux mille besans.

— Seigneur, dit le cardinal, changeant de couleur en entendant formuler cette dernière demande; le nombre est trop grand : vous serez bien absous, de ce je ne fais doute; mais de bailler l'argent ne suis pas répondant.

— Sire, reprit vivement Bertrand, il convient avoir tout ce que le maréchal a demandé en présent; car je vous dis pour vrai qu'il y en a grandement qui d'absolution n'ont cure et aimeraient mieux à avoir de l'argent. Nous les faisons honnêtes malgré eux, et les menons en droit pillage, afin que mal ne fassent sur chrétienne gent. Dites au pape ce fait, car nous ne les pourrions emmener autrement. »

Le cardinal promit de rapporter la réponse du pape à ces demandes, à quoi Bertrand ajouta de ne pas trop tarder, parce qu'il fallait établir son quartier à Villeneuve et que, s'il y avait là du pain et du vin, il savait que ses hommes s'y jetteraient dessus. Il ne voulut pas s'engager à contenir ses soldats, pour qu'ils ne pillassent point, mais il dit qu'il y aviserait de son mieux. A son retour à Avignon, le cardinal trouva les portes de la ville fermées et les remparts bien gardés. Il alla droit au palais du pape et exposa le résultat de sa mission ; comment il avait remis son message à Bertrand Du Guesclin et aux autres chefs, qui étaient en route pour le royaume de Grenade, où ils allaient faire la guerre aux sectateurs de Mahomet, afin de sauver leurs âmes; qu'ils avaient commis de grands excès dans le royaume de France, et qu'il avait leur confession. « Ils ont ars maint moustier, mainte belle maison, ajouta le cardinal ; ils ont occis femmes, enfants ; violé pucelles et dames de grand'nom, robé vaches, chevaux, moutons et chapons ; bu vin sans payer, enlevé maint joyau, calices de moustiers, argent, cuivre, laiton ; dit mainte vilaine parole, commis tous les maux qu'on peut faire, plus qu'on ne pourrait dire en livre ne en chanson. Si en crient merci et le pardon de Dieu, et de vous vraie absolution.

— Ils l'auront, dit le pape, mais qu'ils veuillent vider pourtant le pays. »

Le cardinal répondit qu'ils y étaient disposés ; mais qu'ils demandaient, en outre, un présent de deux cent mille francs. Le pape trouva cela fort déraisonnable : « On nous donne, dit-il, de l'argent et maint don pour absoudre les gens, et il nous faut absoudre ici à leur requête et si nous faut encore donner : c'est bien contre raison. »

Comme le pape pouvait distinctement voir des fenêtres de son château les fourrageurs des grandes compagnies enlever tout ce qu'ils pouvaient emporter, et selon ses expressions, « tant se peiner pour aller en enfer, » il convoqua ses cardinaux pour les consulter sur la question de savoir comment on pourrait lever l'énorme somme demandée. Un des cardinaux proposa de faire contribuer tous les habitants d'Avignon, chacun selon ses moyens, « par quoi le trésor de Dieu ne fût point amoindri. » La proposition fut immédiatement adoptée par tout le conclave. Lorsque Du Guesclin sut que le clergé avait levé sur les pauvres habitants de la ville la somme qu'on lui avait imposée, il donna cours à son indignation en termes peu révérencieux, disant qu'il voyait des chrétiens pleins de convoitise et de mauvaise foi ; que la vanité, l'avarice, l'orgueil et la cruauté étaient dans l'Eglise ; que ceux qui devraient donner leurs biens pour la cause de Dieu étaient ceux qui prenaient partout, tenaient leurs coffres le mieux fermés et ne donnaient jamais rien du leur. « Par la foi que je dois en la Sainte-Trinité, ajouta-t-il, jà ne prendrai un denier de ce que pauvre gent a payé ! »

Lorsque l'impôt eut été levé, le montant en fut porté à Bertrand Du Guesclin, à Villeneuve, par le prévôt d'Avignon, qui dit, en se présentant, que l'argent était prêt et que l'absolution était « scellée et fournie. » Bertrand lui demanda d'où provenait l'argent, et si le pape l'avait pris dans ses propres trésors. Le prévôt répondit qu'il avait été levé sur la population d'Avignon, et que chacun avait contribué pour sa part.

« Prévôt, dit Bertrand, je vous certifie que jà n'en prendrons un denier, si ce n'est de l'avoir venant de la clergie ; et voulons que tous ceux qui la taille ont payé, aient tout leur argent sans en perdre une maille.

— Sire, répondit le prévôt, Dieu vous donne bonne vie ! La pauvre gent réjouirez-vous fortement. »

Du Guesclin ordonna ensuite au prévôt de retourner à Avignon, et de dire au pape de prendre la somme de son propre trésor, et de rendre aux gens de la ville ce qu'ils avaient payé. « Et dites-lui encore, ajouta-t-il, qu'il ne soit reculé ; car si le savais, et que je fusse outre mer, je retournerais, et le pape n'en serait mie content. »

En conséquence, l'argent fut fourni par le trésor pontifical, et absolution pleine et entière fut donnée à Bertrand et à toute son armée.

CHAPITRE XIX.

Bertrand Du Guesclin passe les Pyrénées avec son armée et arrive en Espagne.
— Il déclare ses intentions en entrant dans ce royaume. —
Henri de Transtamare est proclamé roi de Castille à Calahorra. — Pierre
le Cruel fortifie d'abord et abandonne ensuite Burgos.
— Il se retire en Andalousie.

Lorsque Bertrand Du Guesclin eut obtenu les secours matériels et spirituels, ce qui avait été le principal motif de son passage par Avignon, il partit pour la frontière d'Espagne, vers la fin de l'année 1365. A Toulouse, il reçut un renfort de quatre cents volontaires de cette ville, « dont les seuls mobiles, en faisant la guerre, étaient l'honneur, la foi et l'amour de Dieu. » Chemin faisant, il rencontra à Carcassonne le duc d'Anjou, qui le pressa fortement de venger sur Pierre le Cruel tant de crimes, et notamment la mort de sa cousine Blanche de Bourbon. Bertrand promit d'une manière cependant un peu évasive, et continua sa route pour l'Espagne, où il arriva en traversant les Pyrénées.

Lorsqu'il atteignit avec son armée le royaume d'Aragon, Pierre le Cruel poursuivait dans ce royaume le cours de ses conquêtes et il était alors au faîte de sa puissance. L'insubordination avait été étouffée parmi les nobles, mais c'était par la mort de quiconque avait assez d'influence pour exciter les craintes ou réveiller les soupçons de ce monarque ombrageux. Le peuple était partout soumis et obéissant; mais le roi sentait tristement que le calme fait autour de son trône provenait du silence et de l'abjection de la servitude. Il avait été heureux dans ses petites expéditions militaires, et ses coffres étaient pleins. Il n'était donc pas étonnant que, en apprenant les desseins des grandes compagnies, il traitât avec mépris leur message, déclarant qu'il n'accorderait rien « à telles truandailles. » Il eut bientôt, néanmoins, occasion de changer d'avis à leur sujet, quand il vit son royaume envahi par une armée parfaitement disciplinée, ayant à sa tête un chef tel que Bertrand Du Guesclin. Aussi, de la confiance passa-t-il tout à coup à l'abattement, à l'irrésolution. Il abandonna l'une après l'autre toutes ses places fortes, et quitta finalement le royaume, sans frapper un seul coup pour la défense de sa couronne.

De l'autre côté, Pierre IV, roi d'Aragon, et le comte de Transtamare avaient presque autant de motifs l'un que l'autre de se réjouir de l'arrivée de Du Guesclin et de son armée. Le roi d'Aragon, avec la plupart des vices de son homonyme de Castille, le surpassait peut-être pour la dissimulation et la mauvaise foi ; mais il lui était inférieur en puissance, par l'étendue de ses domaines et pour la bonne fortune. Il avait été malheureux dans la plupart de ses guerres avec Pierre le Cruel ; il avait même quelque raison de craindre que le royaume d'Aragon, par l'ambition et l'esprit d'entreprise de son ennemi, n'allât grossir le royaume plus étendu de Castille ; c'est pourquoi l'arrivée des grandes compagnies fut considérée par lui comme un moyen de rétablir l'intégrité de son territoire et préserver son trône, tandis qu'Henri de Transtamare, aventurier mercenaire et sans patrie, espérait, en homme prudent et avisé, en profiter pour ne gagner rien moins qu'une couronne.

Bertrand Du Guesclin avait soigneusement tenu caché jusquelà le but principal de son expédition. Dans la promesse qu'il fit au roi de France d'emmener les grandes compagnies hors du royaume, dans le traité qu'il passa ensuite avec leurs capitaines, et dans le motif donné au pape de son passage par Avignon, sa raison avouée, ce fut la guerre contre les infidèles, pour l'exaltation du nom chrétien ; mais jamais il ne fut fait allusion, même de loin, à la déposition de Pierre le Cruel, ou à l'élévation d'Henri de Transtamare. Dans tous ces entretiens sur la question, il n'employa jamais d'autre langage plus fort que celui-ci : « Si le roi don Pierre il pouvait trouver, volontiers le ferait courroucer et irer (1). » Bertrand comprenait que cette précaution était nécessaire, tant que les grandes compagnies seraient encore en France, car le traité de Bordeaux entre Edouard III et Pierre le Cruel subsistait toujours, et l'on pouvait craindre avec raison que le Prince-Noir n'empêchât ses hommes liges, dont les compagnies se composaient surtout, de faire la guerre à un allié et de prêter appui à son frère bâtard, dont il avait tout sujet de se méfier, comme d'un ami de la France. Mais lorsqu'il eut passé les Pyrénées et qu'il fut en Espagne, Bertrand Du Guesclin, n'ayant plus de motif de faire mystère de ses projets, n'hésita point à les mettre au grand jour. Dans la première entrevue qu'il eut avec le comte de Transtamare, à Blamont, il lui promit qu'il ne rentrerait en France que lorsqu'il aurait placé sur sa tête la couronne de Castille, et, quand Pierre d'Aragon le sollicita à sa cour d'abandonner son dessein avoué de marcher contre le royaume de Grenade, et d'entreprendre plutôt une expédition contre Pierre le Cruel, il répondit que son véritable but, en venant en Espagne, avait été d'aider Henri de Transtamare de tout son pouvoir et de le couronner roi, de chasser Pierre du royaume, et, avec le secours de Dieu, de venger la mort de la bonne reine.

Le roi d'Aragon, qui connaissait tout le prix des services de Bertrand, ne borna pas seulement son concours à des conseils, mais lui fournit spontanément tout ce qui lui était le plus né-

---

(1) Cuvelier, vv. 7271, 7271.

cessaire pour l'entretien de son armée. Il lui compta cent mille florins, et, en outre, l'approvisionna libéralement de blé, d'avoine, de vin et de viande fraîche. Ces préparatifs ne pouvaient échapper à la vigilance ombrageuse de Pierre le Cruel, qui ne tarda pas à être informé de l'arrivée des envahisseurs. Le messager qui lui apporta cette malencontreuse nouvelle les lui dépeignit « comme une compagnie qui était appelée blanche, chacun ayant la blanche croix sur son épaule, » et comme gens « venant des parties de France par de là.

— Et qui les conduit? demanda le roi.

— Bertrand Du Guesclin, » répondit le messager.

Au nom de Bertrand, Pierre s'abandonna aux plus lâches terreurs, disant qu'il serait forcé de fuir d'Espagne; que l'aigle était venu, qui devait le chasser de son royaume, et qu'il n'attendrait pas Bertrand pour tout l'or d'un empire. Sous le coup de semblables frayeurs, il quitta immédiatement l'Aragon, et, laissant garnison dans les forts de Magalon, de Borja et de Briviesca, il alla se réfugier dans Burgos, qu'il approvisionna de tout ce qu'il fallait pour un siége, et qu'il fortifia davantage, en faisant creuser encore les fossés et rehausser les murs. Nonobstant toutes ces précautions, « il redoutait moult durement la venue de Bertrand (1). »

Bertrand Du Guesclin avait été abondamment approvisionné par la libéralité toute spontanée de Pierre IV, et il se disposa, dès le commencement de l'année 1366, à quitter le royaume d'Aragon avec son armée; mais, avant de partir, il demanda au comte de Transtamare « par où on irait plus tôt pour trouver don Pierre, qui fuyait devant eux comme loup le mouton, ou le cerf au bois contre le chien. » Henri jugea plus prudent de ne pas laisser en arrière les villes de Magalon et de Borja, dans lesquelles Pierre avait mis garnison avant de rentrer en Castille,

(1) Cuvelier, vv. 7865-7973.

et comme les gouverneurs de ces places refusèrent d'adhérer aux conditions proposées de reddition, Bertrand les assiégea successivement. « Elles cédèrent l'une et l'autre après une vigoureuse résistance, et, tandis que Magalon fut livré au pillage, Borja dut son salut aux prières des femmes. Les Juifs et les Maures, cependant, n'eurent aucune part au pardon accordé aux chrétiens, et furent tous passés au fil de l'épée. Bertrand fut créé comte de Borja, et le roi d'Aragon lui donna la ville en récompense de ses services (1). »

Après la reddition de Borja, Bertrand Du Guesclin passa en Castille, où il entra par la ville frontière d'Alfaro, que commandait Inigo Lopez de Orozco. Comme c'était une place de peu d'importance, il fut décidé qu'on ne l'assiégerait pas, mais qu'on marcherait directement sur le Calahorra, ville plus considérable, mais si mal fortifiée, que les habitants ne voudrait pas se risquer à la défendre. La ville ne tarda pas à se rendre, ainsi qu'on s'y attendait; Bertrand Du Guesclin, sir Hugh Calverly et les autres capitaines français et anglais, regardant le royaume comme déjà conquis par la prise d'une seule ville, dirent à Henri de Transtamare : « Que, puisque d'aussi nobles seigneurs que ceux qui l'avaient suivi s'accordaient à le tenir pour chef, et comme ils avaient maintenant pris une ville de Castille, ils demandaient qu'il voulût bien se laisser faire roi; car ils savaient, par la connaissance qu'ils avaient du pays, que don Pedro ne leur livrerait pas bataille ni ne pourrait défendre le royaume (2). » Le comte de Denia, chef des auxiliaires aragonais, et les autres nobles et chevaliers d'Aragon présents se joignirent à cette demande, et, quoique Henri manifestât d'abord quelque répugnance à se décider, il n'en fut pas moins enchanté, au fond, de la proposition. Malgré sa modestie, qui n'é-

(1) Cuvelier, vv. 7985-8145.
(2) Ayala, *Cronica del rey don Pedro*, pp. 400, 401.

tait probablement qu'affectée, dès que l'armée fut entrée dans la ville, on le proclama roi (1).

Henri ne séjourna pas longtemps à Calahorra, après son élection par ses troupes ; et sur sa route, à la poursuite de Pierre, il mit le siége devant Briviesca, près de Burgos, ville forte, avec double rempart, qui devait, pensait-on, tenir toute une année. Aussi la garnison, comptant sur cette espérance, répondit-elle dédaigneusement aux sommations que lui adressa Henri de le reconnaître et de se rendre « qu'elle n'en ferait néant. » La ville fut immédiatement investie de tous côtés, et les troupes rivalisèrent d'ardeur dans les différents assauts. Sir Hugh Calverly, avec les Anglais, attaqua le quartier habité par les Juifs, tandis que Bertrand Du Guesclin, à la tête des Français, donnait en personne l'assaut aux barrières, sa formidable hache d'armes à la main. Plusieurs des chefs se distinguèrent particulièrement ; et parmi eux, Alain de la Houssaye, déterminé à vaincre, fut précipité du haut des remparts dans le fossé et eut un bras cassé. De toutes parts, on pouvait entendre les cris de guerre des différents chefs : « Guesclin ! Calverly ! La Marche et Audeneham ! » Les assiégés se défendirent avec beaucoup de courage et d'opiniâtreté, employant tous les moyens de résistance en usage à cette époque, jusqu'à ce qu'un soldat breton, avec un des pennons de Bertrand, montât sur les remparts, suivi de ses camarades, qui, à l'aide d'échelles de corde et de crocs en fer, « grimpèrent comme des singes ; » et le gouverneur, voyant qu'une plus longue résistance serait inutile, se rendit, à condition d'avoir la vie sauve et d'emporter ses biens. Calverly emporta d'assaut le quartier juif et en massacra tous les habitants, dont capitaines et soldats se partagèrent les riches dépouilles.

Après la capitulation de Briviesca, deux bourgeois de la ville,

---

(1) Ayala, *Cronica del rey don Pedro*, pp. 400, 401.

qui, durant le siége, avaient été vivement frappés de l'habileté militaire et de la bravoure impétueuse de l'armée de Bertrand Du Guesclin, s'évadèrent et coururent à Burgos, où ils trouvèrent Pierre le Cruel dans son palais, seul avec Fernando de Castro, l'unique gentilhomme espagnol qui, à travers tous les changements de fortune, demeura constamment fidèle au roi. Pierre leur ayant demandé comment son bon peuple s'était comporté à Briviesca :

« Assez mal, répondirent-ils; car Bertrand Du Guesclin, votre frère Henri et les autres chefs ont livré à la ville un assaut, comme on n'en avait jamais vu jusque-là ; et les Français ont escaladé les murs, pris la place et massacré tous les Juifs et les infidèles, avec un grand nombre de nos hommes aussi.

— Faux traîtres! s'écria le roi dans un accès de colère; comment Briviesca pouvait-elle être prise d'assaut en un jour? Cela ne saurait être. Vous l'avez vendue à Henri et au sauvage Bertrand, qui a juré ma mort.

— Par la Vierge honorée! dirent les bourgeois, il n'y a eu trahison ni faite ni méditée, ni aucun argent n'a été reçu; mais la ville a été emportée par force d'assaut et par combat acharné de vaillants hommes, d'archers et d'arbalétriers, qui n'ont point épargné leur propre vie, ni craint les blessures ou pris garde à la sueur et au sang. Il n'y a pas au monde de ville ni de cité si bien fortifiée qui puisse leur résister. Ce ne sont pas des hommes de nature créée, mais des diables venus d'enfer en ce pays. »

Pierre ne voulut entendre ni excuses, ni prières. Il prétendit obstinément que la ville avait dû être rendue par trahison, et il fit pendre les deux bourgeois de Briviesca pour les fâcheuses nouvelles qu'ils avaient apportées. Ces nouvelles ne tardèrent pas à être confirmées par d'autres témoignages, et Pierre, une fois revenu de la stupeur dans laquelle l'avait jeté la perte d'une de ses plus fortes places, résolut de quitter sur-le-champ la ville de Burgos. Sans communiquer son projet à aucun des seigneurs ou chevaliers qui l'entouraient, il fit à la hâte ses préparatifs de départ.

Lorsque le dessein du roi fut connu des bourgeois de Burgos, ils se rassemblèrent indistinctement devant le palais, et le prièrent instamment de ne pas les abandonner, lui disant qu'il avait assez de forces pour défendre la ville et de quoi subvenir à l'entretien d'une armée, et que s'il lui fallait davantage, ils donneraient tout ce qu'ils avaient. Pierre, qui était à la porte du palais, tout prêt à prendre la fuite, remercia les bourgeois de leurs offres, et leur dit qu'il connaissait la loyauté qui animait leur conduite, mais qu'il était obligé de partir, ayant appris par des rapports certains que son frère Henri et les grandes compagnies avaient intention de marcher sur Séville, où il avait ses enfants et ses trésors, et qu'il devait aller les mettre en lieu de sûreté. Les bourgeois, que les raisons du roi ne purent convaincre, insistèrent de nouveau ; mais, voyant que rien n'y faisait, ils lui dirent :

« Seigneur, puisque Votre Grâce sait que ses ennemis sont à huit lieues d'ici et qu'elle ne veut pas les attendre dans sa très-noble cité de Burgos, avec les bonnes et fortes compagnies de gens d'armes qu'elle a, que nous ordonne-t-elle, à nous autres, de faire, et comment pouvons-nous nous défendre?

— Je vous commande de faire pour le mieux, répondit brusquement le roi.

— Seigneur, ajoutèrent les bourgeois, peu satisfaits de cette réponse; nous voudrions avoir la bonne fortune de défendre cette ville contre vos ennemis ; mais, si vous, avec tant de gens et de si braves troupes, vous n'osez la défendre, que voulez-vous que nous autres nous fassions? C'est pourquoi, si le cas échéait que nous ne pussions nous défendre, tenez-nous quittes du serment et hommage que nous vous avons faits pour cette ville. »

Le roi y consentit, et les bourgeois en firent dresser acte par des notaires. Avant le départ du roi, un receveur des rentes du diocèse de Burgos lui demanda ce qu'il devait faire du château, dont il était gouverneur, quand le prince aurait quitté la ville.

« Il faut le défendre, dit Pierre en s'éloignant.

— Mais, seigneur, reprit Rui Perez, le receveur, je n'ai pas le pouvoir de le défendre, puisque vous abandonnez la cité. »

Pierre ne daigna pas lui répondre. Quelque grande, néanmoins, que fût son impatience de partir, il ne put, en un moment où il lui importait surtout de se concilier l'affection de ceux de ses sujets qui lui étaient restés fidèles, quitter Burgos sans un nouvel acte de vengeance et de cruauté sanguinaire ; quelques instants avant de partir, il fit exécuter Juan Fernandez de Tovar, dont le seul crime était d'être le frère de don Ferrand Sanchez de Tovar, qui avait admis dans la ville de Calahorra, impossible à défendre, Bertrand Du Guesclin et Henri de Transtamare.

Le 28 mars 1366, Pierre quitta Burgos, accompagné d'une faible escorte de chevaliers et écuyers castillans, parmi lesquels était l'historien Ayala, et d'un corps de six cents cavaliers maures commandés par Mohammed-El-Cabessani, que lui avait envoyés le roi de Grenade. Avant de partir, le roi avait adressé aux gouverneurs des forts qu'il avait dans le royaume d'Aragon l'ordre de les abandonner et de les détruire par le feu ou autrement, et de venir le rejoindre avec leurs troupes. Les forts furent abandonnés, suivant ses instructions ; mais, tandis que quelques-uns des chefs avec leurs hommes obéissaient aux ordres de Pierre de venir le rejoindre, les autres se retirèrent auprès d'Henri. Pendant qu'il faisait route pour l'Andalousie, Pierre fut rejoint par le grand-maître de Saint-Jacques et quelques autres nobles ; mais telle était son impatience d'arriver à Séville ou la démoralisation dans laquelle le jetait son changement de fortune, qu'on ne put obtenir de lui qu'il prêtât la moindre attention aux affaires les plus importantes, ni même qu'il passât la revue de certaines compagnies qui venaient grossir ses rangs. Informé par un de ses officiers que plusieurs capitaines anglais, qui avaient appartenu au parti de son frère, désiraient traiter avec lui, « il ne voulut entendre parler de rien. » A Tolède même, il ne fit que passer : il ne resta, en effet, que le temps nécessaire pour renforcer la garnison et nommer don Garcia Alvarez, maître de Saint-Jacques, au gouvernement de la ville.

CHAPITRE XX.

Burgos se rend, et Henri de Transtamare est couronné roi de Castille et de Léon.
— Pierre quitte Séville avec ses enfants et ses trésors ;
il va en Galice en traversant le Portugal, et s'embarque à la Corogne
pour Bayonne.

Peu après le départ de Pierre de Burgos, Henri de Transtamare reçut de cette ville une lettre qui l'informait que le roi l'avait abandonnée brusquement et était parti pour Tolède. Bertrand Du Guesclin fit immédiatement publier que ses troupes auraient à quitter Briviesca le lendemain. « Là, vit-on partout les harnois dresser, et porter à charrettes lances et armures, arbalètes, carreaux, saettes, tentes et pavillons, chaudières, chaudrons pour cuire le dîner, et le pain, et le vin, et la chair salée, bannières et pennons, et dars, et tout ce qui convient pour gouverner tel ost (armée). » L'avant-garde était conduite par le maréchal d'Audeneham, assisté de Calverly, d'Olivier de Mauny et d'autres chefs, tandis que l'arrière-garde était sous les ordres de Bertrand Du Guesclin et du comte de la Marche. Quand on apprit à Burgos l'approche de l'armée de Du Guesclin, on réunit à la hâte les bourgeois au son de la grande cloche, pour aviser, d'après les conseils de l'évêque, à ce qu'il y avait à faire dans une circonstance si pressante. Un des bourgeois fit observer que Burgos ayant trois classes d'habitants, qui vivaient sous des lois différentes, il importait de savoir de chacune d'elles ce qu'elle pensait. Il proposa que les Maures et les Juifs délibérassent séparément, et rapportassent ensuite à l'assemblée le résultat de la discussion. Cette proposition fut adoptée; et, tandis que les autres délibéraient de leur côté, l'évêque de Burgos, après avoir d'abord fait jurer sur les saints évangiles à chacun des membres présents de garder le secret sur tout ce qui se serait passé dans la réunion, déclara que Pierre était indigne de régner; qu'il était mécréant et infidèle, qu'il n'avait pas plus de conscience « qu'un chien, » faisant tuer sans jugement des hommes libres, et qu'il vaudrait beaucoup mieux avoir un chevalier qui gouvernât le royaume selon la loi et la justice, que d'obéir à un roi qui n'avait nulle crainte de Dieu. Cette conclusion de l'évêque avait déjà été adoptée sans opposition par l'assemblée, quand les Maures firent dire par un des leurs qu'ils se laisseraient guider par ce qu'aurait décidé la partie chrétienne de la réunion, et qu'ils appuieraient la résolution de leur sang et de leur argent. Les Juifs, après une longue délibération, demandèrent d'abord aux autres de jurer sur leur loi et leur honneur que, s'ils ne pouvaient se rendre à la décision prise par la majorité, il leur fût permis de quitter librement la ville avec leurs biens et de se retirer, soit en Portugal, soit en Aragon. Cette garantie leur ayant été donnée, les Juifs, pour toute réponse, déclarèrent en termes réservés que Pierre était un indigne chrétien, puisqu'il avait faussé sa propre foi. Cette déclaration fut tenue pour suffisante par le reste de l'assemblée, et l'on envoya, en conséquence, par deux cordeliers un message à Henri, pour l'informer que les bourgeois de Burgos lui livreraient les clefs de la ville et le reconnaîtraient pour leur roi, à condition qu'il maintiendrait leurs franchises. Les envoyés, ayant obtenu une réponse favorable, retournèrent à Burgos, où les bourgeois faisaient de grands préparatifs pour recevoir leur nouveau maître. Le lendemain, une partie considérable du bon peuple de Burgos sortit de la ville au soleil levant, l'évêque en tête, suivi de son clergé avec croix et gonfanon, et chantant le *Te Deum laudamus*. Venaient ensuite les principaux bourgeois, ayant à leur tête huit sergents, dont chacun portait une lance, et à chaque lance était suspendue une des huit clefs de la ville. Ils étaient suivis des dames de Burgos, « si noblement parées et de si doux semblant, que si chacune fût la femme d'un syndic ou du bon roi de France (1). » La procession fit quatre lieues dans cet ordre, avant de rencontrer Henri et l'armée de Bertrand Du Guesclin.

Henri fut profondément ému de ces manifestations de respect et de soumission de la part des bourgeois de Burgos, et, après avoir pieusement invoqué les bénédictions du ciel sur ses soldats, il tendit la main à Bertrand Du Guesclin, en présence de tous ceux qui étaient là rassemblés, et dit que c'était à lui qu'il devait le succès de toutes ses mesures. A la demande de l'évêque, Henri jura ensuite de maintenir les anciennes libertés et franchises de Burgos, après quoi tous les chefs entrèrent dans la ville, salués par le carillonnement de toutes les cloches, et laissèrent le gros de l'armée dans les faubourgs. Henri, en prévision de son couronnement, avait, sur le conseil de Du Guesclin, envoyé chercher sa femme, qu'il avait laissée avec ses trois sœurs au château de Blamont. La comtesse de Transtamare, qui était « belle, bonne, plaisante et bien endoctrinée, » en recevant l'heureuse nouvelle de la bonne fortune de son mari, partit immédiatement avec ses belles-sœurs et voyagea dans un beau char jusqu'à son arrivée à Burgos, où elle descendit de voiture pour monter une mule richement caparaçonnée. A deux lieues de la ville, elle fut rejointe par Bertrand Du Guesclin, sir Hugh Calverly, le maréchal d'Audeneham et un corps d'environ mille chevaliers, qui étaient venus pour l'escorter à Burgos. A l'approche des cavaliers, elle descendit de sa mule et se disposa à

(1) Cuvelier, vv. 8751-8754.

les recevoir à pied. Les chevaliers, en arrivant, descendirent aussi de cheval ; et lorsque Du Guesclin, après l'avoir saluée, la pressa respectueusement de remonter, la comtesse répondit que c'était bien le moins qu'elle le reçût à pied, lui qui avait tant fait pour son service et son honneur ; et aux autres chevaliers, elle dit tant de choses aimables, qu'ils déclarèrent tous « qu'elle était bien digne de royaume tenir. » Quand la troupe fut remontée à cheval, et tandis qu'on faisait route pour Burgos, les sœurs du comte de Transtamare observaient avec curiosité Bertrand Du Guesclin et causaient de lui :

« Je vois ci, disait l'une, merveilles à penser de ce Bertrand, de qui j'ai tant ouï parler. Si est merveilleusement laid, et pourtant je l'ai tant ouï priser et honorer !

— Dieu le veuille sauver ! ajouta la seconde. On doit mieux aimer la bonté que la beauté. C'est tout le plus vaillant qui soit de çà la mer, le plus aventureux de gagner bataille, et le plus heureux de conquester châteaux qu'on pourrait trouver en ce siècle.

— Ore, veuillons bien viser, dit la troisième ; car il a bon corps d'homme et mine de sanglier, les poings gros et carrés pour l'épée porter, les jambes et les cuisses pour endurer grand' peine. Je prie Dieu qu'il le fasse à honneur sortir de ce siècle ! »

La comtesse de Transtamare fut conduite par sa noble et galante escorte à Burgos, où elle fut bien accueillie des bourgeois, dans leurs plus beaux habits et accompagnée jusqu'au palais, où tout avait été préparé pour la recevoir. Le dimanche suivant, qui était le jour de Pâques, le couronnement eut lieu au couvent de las Huelgas, et cette cérémonie fut suivie d'un dîner splendide, « de tout bien rempli, de gelines, de grues et de chapons rôtis, et de tous riches vins des meilleurs du pays. » Henri, devenu roi, ne fut pas longtemps sans reconnaître les services des braves qui avaient mis sur sa tête la couronne de Castille ; un des premiers actes de son gouvernement, en effet, fut de distribuer des faveurs d'une main libérale. Comme il croyait probablement ne plus avoir besoin de sa fortune privée, il donna le comté de Transtamare, avec le titre de comte, à Bertrand Du Guesclin, qu'il créa ensuite duc de Molina ; et au comte de Denia, le chef des auxiliaires aragonais, il donna les terres qui constituaient le douaire de sa femme, avec le titre de marquis de Vilena. Sir Hugh Calverly fut fait comte de Carrion, et le Bègue de Villaines eut le comté de Ribadea. Il distribua à tous les chevaliers étrangers de grands présents et de riches bijoux, et d'une manière si gracieuse, que « tous parlaient de lui comme d'un seigneur libéral et honorable, bien digne de vivre et de régner en grande prospérité. » Ces largesses de leur nouveau roi furent vues d'un œil jaloux par ses sujets castillans, et « les faveurs de don Enrique » devinrent, dans leur langue, une expression proverbiale pour signifier des récompenses reçues avant d'avoir été gagnées.

Comme Pierre le Cruel ne paraissait rien vouloir faire pour défendre ses plus importantes places ou attaquer ses ennemis en rase campagne, les chefs des grandes compagnies regardèrent le royaume comme désormais conquis, et pensèrent qu'il n'y aurait guère plus rien à faire pour eux ; il fut donc proposé, dans une de leurs réunions, que l'on marchât contre les infidèles du royaume voisin de Grenade. Henri, qui était loin de croire, lui, que son trône fût déjà si bien assis, et qui savait que la plus grande partie de son succès était due à la terreur produite sur l'esprit de Pierre et de ses troupes par la valeur disciplinée de ses mercenaires étrangers, fut très-alarmé d'apprendre qu'il pouvait être privé de leur appui, au moment où il espérait assurer sa conquête. Il employa donc tous les moyens pour détourner les chefs de la pensée de l'abandonner sitôt ; « car, disait-il, Pierre reviendra et ne me laissera ne femme ne enfant. » Du reste, où pouvaient-ils aller, ajoutait-il, « faire aumône (butin) plus grande que de conquérir Espagne, où assez se trouvent juifs, faux mécréants et sarrazins aussi à occire et à tuer? » A ces raisons, la reine joignit ses vives instances, offrant haute paye, avec tout ce qu'elle possédait d'or, d'argent et de bijoux. « Ni je n'aurai ceinture, ajouta-t-elle, ni chose tant grande ou petite, que je ne donne tout pour que je sois délivrée du tyran, si je ne devais même boire au verre de mon vivant ni avoir qu'une robe, qui fût de bougran. » Les sollicitations de la reine et son éloquence, à part les offres séduisantes d'une augmentation de solde et l'espérance d'un riche butin, fléchirent ces rudes guerriers; et Bertrand Du Guesclin, le Bègue de Villaines, le maréchal d'Audeneham, sir Hugh Calverly, Gauthier Huet et Escambonne exprimèrent, chacun de son côté, leur résolution de demeurer avec Henri et de l'aider à chasser Pierre du royaume.

Après avoir mis ses affaires en ordre à Burgos, Henri quitta cette ville et marcha sur Tolède. En route, il reçut la soumission de plusieurs villes et cités, ainsi que l'hommage d'une quantité de nobles et de chevaliers, parmi lesquels était don Diego Garcia de Padilla, grand-maître de Calatrava et frère de Marie de Padilla, la défunte maîtresse ou femme de Pierre (1). Lorsque Henri approcha de Tolède, de grandes dissensions surgirent au milieu de différents partis; car, tandis que don Garcia Alvarez, grand-maître de Saint-Jacques, à qui avait été confié le commandement de la ville, tenait toujours pour Pierre, avec son frère Ferrand Alvarez et quelques chevaliers castillans, une foule considérable de riches bourgeois, ayant à leur tête Diego Gomez, le maire, commandant du château, étaient favorables aux prétentions d'Henri. Enfin, il fut convenu que ce dernier serait reçu dans la ville, et le gouverneur don Garcia Alvarez non-seulement en ouvrit les portes, mais rendit même, moyen-

(1) Marie de Padilla mourut à Séville dans le mois de juillet de l'an 1362.

nant une forte récompense, la grande maîtrise de Saint-Jacques, qui fut demandée par don Gonzalo Mexia, un des partisans d'Henri.

Pendant son séjour à Tolède, qui fut de quinze jours, Henri imposa les Juifs de la ville pour une somme d'un million de maravédis, qui furent payés avant qu'il quittât la place et qui servirent tout à la fois à augmenter la solde de ses troupes et à accroître sa popularité parmi ses sujets castillans; car, sans parler de son irrévérence pour l'Église et du mépris qu'il affectait pour le clergé, Pierre avait beaucoup perdu dans l'esprit de la partie chrétienne de son peuple par la confiance dont il ne cessa de favoriser les Juifs et les Maures de son royaume. Tandis qu'il était à Tolède, Henri reçut les délégués d'une quantité de villes et de places importantes de la Castille et de Léon, qui vinrent lui faire hommage et le reconnaître pour leur souverain. En quittant Tolède, il y laissa pour gouverneur don Gomez Manrique, le populaire archevêque de cette cité, et alla chercher son rival, Pierre, en Andalousie.

Pierre, à son arrivée dans sa ville favorite de Séville, ne tarda pas à s'apercevoir qu'elle ne lui était pas plus attachée que les autres cités de son royaume. Il résolut, en conséquence, d'envoyer sa fille aînée à son oncle don Pedro, roi de Portugal, au fils duquel elle avait été fiancée, avec le douaire qu'il lui avait constitué, outre une grande quantité de doublons et de joyaux qui lui avaient été laissés par sa mère, Marie de Padilla. En apprenant qu'Henri avait quitté Tolède pour se mettre à sa poursuite, il rassembla tous ses trésors et les envoya à bord d'une galère armée, sous la charge de son trésorier, Martin Yañez, avec ordre de se diriger sur Tavira, en Portugal, et de l'attendre là. Puis, ayant su que les habitants de la ville étaient très-irrités contre lui et faisaient des préparatifs pour l'assiéger dans son château, il craignit pour sa propre sûreté, abandonna précipitamment Séville, avec ses deux plus jeunes filles, Constance et Isabelle, et s'enfuit épouvanté vers les frontières de Portugal. Avant d'atteindre ce pays, Pierre put s'apercevoir combien il était tombé bas, au message qu'il reçut du monarque portugais, qui l'informait que « l'infant don Fernando ne désirait pas épouser l'infante doña Beatriz, et qu'il ne pouvait pas le voir. » Pour comble d'humiliation, il apprit en même temps que Boccanegra, son amiral génois, qu'il avait cru jusque-là fidèle, était parti de Séville avec une galère armée et d'autres navires; qu'il avait attaqué le vaisseau dans lequel il avait mis ses trésors, et l'avait capturé, avec Yañez, son trésorier (1).

Ces tristes nouvelles décidèrent Pierre à attendre à Albuquerque le résultat d'une demande de sauf-conduit qu'il avait adressée au roi de Portugal pour pouvoir se rendre dans la Galice en traversant ses États. Le roi de Portugal envoya don Alvar Perez de Castro et le comte de Barcelos, avec ordre de l'accompagner; mais ces seigneurs ne voulurent pas aller à plus de mi-chemin et pensaient s'arrêter à Guarda, dans la crainte de déplaire à l'infant don Fernando de Portugal, qui était neveu de doña Juana, la femme d'Henri; mais, sur un présent qui leur fut fait de six mille doublons et de deux épées avec riches ceinturons d'argent, ils promirent d'accompagner Pierre jusqu'aux frontières de la Galice. Néanmoins, ils l'abandonnèrent à Lamego, sur le Douro, et il fut forcé de gagner les frontières de son royaume sans leur escorte.

La province de Galice restait toujours fidèle à Pierre; mais elle était trop pauvre pour pouvoir lui fournir le moindre secours matériel. Là, cependant, il eut le temps de se reconnaître et de calculer les ressources sur lesquelles il pouvait encore compter. Il fut informé qu'il y avait possibilité de lever en Galice cinq cents chevaux et deux mille hommes de pied, et que

---

(1) Ces trésors se montaient à trente-six quintaux d'or, outre beaucoup de joyaux. — Ayala, *Cronica del rey don Pedro*, p. 420.

Soria, Logroño et le château de Zamora tenaient toujours pour lui. C'était trop peu, néanmoins, pour lutter contre les forces nombreuses et bien disciplinées de son frère Henri, et Pierre, cédant au conseil qui s'accordait le mieux avec ses propres terreurs, résolut de quitter le royaume; mais, comme il ne pouvait partir sans emporter une fraîche odeur de sang, il assista, du haut d'une tour de l'église, à l'assassinat de l'archevêque de Santiago (1); et, après avoir reçu une réponse favorable au message qu'il avait adressé au prince de Galles, il s'embarqua à la Corogne, avec ses deux filles et les trésors qu'il avait avec lui.

(1) Selon les uns, Pierre fit assassiner l'archevêque de Santiago pour avoir ses trésors; selon d'autres, pour venger quelque ancien grief. Le roi, dit Romey, *Histoire d'Espagne*, t. IX, p. 147, se promenait sur la terrasse de l'église pendant l'exécution, et vit l'archevêque tomber assassiné (par son ordre) sur les marches du parvis. Pierre, dit de son côté Rosseeuw-Saint-Hilaire, *Histoire d'Espagne*, t. IV, p. 486, le fit assassiner aux portes de sa ville, tandis que lui-même, monté sur la tour de l'église, se repaissait de ce spectacle.

FIN DU LIVRE PREMIER.

LIVRE SECOND.

DUGUESCLIN.

CHAPITRE PREMIER.

Marche triomphale d'Henri de Tolède à Séville. — Sir Mathieu Gournay à la cour de Portugal. — Henri licencie les grandes compagnies.

Le voyage d'Henri en Andalousie fut une marche triomphale. A Cordoue, il fut reçu avec de vives démonstrations de joie ; et l'on fit à Séville de si grands préparatifs pour le recevoir que, quoiqu'il fût arrivé de très-grand matin aux portes de la ville, la foule qui s'était réunie de tous les quartiers pour lui faire honneur était si considérable, qu'il était plus de trois heures de l'après-midi quand il put entrer au palais. Ces manifestations de respect et de soumission des villes de Cordoue et de Séville furent pour toutes les autres de l'Andalousie un exemple qu'elles s'empressèrent de suivre, et Mohammed lui-même, le roi maure de Grenade, l'ami et l'allié de Pierre, envoya spontanément faire des offres de paix (1).

Henri, ayant appris à Séville que Pierre était passé en Portugal, fut inquiet de savoir dans quels termes il avait été reçu à cette cour. Bertrand Du Guesclin lui conseilla d'envoyer un ambassadeur à Lisbonne pour s'informer auprès du roi de Portugal lui-même s'il avait l'intention de soutenir Pierre dans la lutte qu'il avait avec lui. Cet avis fut adopté et sir Mathieu

(1) Ayala, *Cronica del rey don Pedro*, p. 421.

Gournay, chevalier anglais au service d'Henri, fut, sur sa propre demande, affecté à cette ambassade. Gournay fit en hâte ses préparatifs, et partit pour Lisbonne avec une suite de dix personnes. En arrivant dans cette ville, il apprit de son hôte, dans une auberge, que Pierre le Cruel était déjà passé du Portugal en Galice, et qu'il avait été solliciter l'appui du prince de Galles. Néanmoins, sir Mathieu se rendit au palais, où il fut reconnu par un chevalier attaché à la cour, qui avait servi avec lui à la bataille de Poitiers, et qui le présenta au roi. Il trouva celui-ci en train de faire des préparatifs pour les noces d'un noble chevalier avec une de ses propres parentes. Le roi commença par s'informer gracieusement de Bertrand Du Guesclin, du Bègue de Villaines et du maréchal d'Audeneham, et il exprima l'opinion que Pierre avait été injustement chassé de son royaume. Le chevalier anglais soutint le contraire, et ensuite il exposa l'objet de sa mission, qui était de savoir si le roi de Portugal avait dessein d'appuyer Pierre dans sa lutte avec Henri pour la couronne de Castille. A cette question, le roi répondit qu'il avait résolu de ne se mêler d'aucune guerre ni de s'immiscer dans les affaires de Pierre.

Sir Mathieu, ayant exprimé la satisfaction qu'il avait de voir le roi dans ces dispositions, fut invité à prendre place à table, et il fut traité et servi de la manière la plus courtoise. Au dîner somptueux qui suivit cette entrevue, ses goûts plus distingués ayant été choqués du vacarme que faisaient les musiciens, il dit au roi en souriant :

« Ni en France ni en Angleterre, les ménestrels ne sont aussi *joyants* que ceux-ci.

— J'ai, répliqua vivement le roi, deux ménestrels tels qu'on n'en pourrait trouver de pareils en Orient. Le roi de Bel-Marin m'a souvent prié de les lui envoyer ; mais, pour tout au monde, je ne voudrais pas me séparer d'eux. »

Le roi ordonna ensuite qu'on fit venir devant lui les musiciens. Ils ne tardèrent pas à paraître, en faisant beaucoup de cérémonies et de grimaces, suivis chacun d'un domestique portant au cou un tympanon (1). Sur l'ordre du roi, les ménestrels se mirent à jouer, tandis que sir Mathieu, qui avait pu juger de leur habileté tant vantée, eut peine à contenir son hilarité sur leur manière de faire.

« Comment les trouvez-vous? lui demanda le roi, qui était évidemment enchanté de leur savoir.

— Des instruments comme ceux de vos musiciens, répondit l'Anglais, qui semble avoir été un soldat sans façon, ne servent en France et en Normandie qu'aux aveugles ou aux pauvres mendiants ; aussi les y appelle-t-on des instruments *de truand*. »

Le froid dédain du chevalier anglais pour sa musique offensa grandement le roi ; et, quoiqu'il chassât les musiciens de sa présence en leur interdisant formellement de ne plus revenir, il n'oublia jamais cet affront. Comme les fêtes devaient se continuer le lendemain par un tournoi, le roi dit en ricanant à sir Mathieu qu'il avait ouï dire que les Anglais étaient de bons jouteurs, et prétendaient qu'on ne pourrait rien entendre à la chevalerie à moins d'avoir été en Angleterre ; de sorte qu'il verrait avec beaucoup de plaisir de quelle façon les Anglais se compor-

---

(1) Cuvelier, v. 10,050, dit :

« Et s'avait chacun d'eux après lui un sergent,
« Qui une chiffonie va à son col portant.
« Et li deux ménestrez se vont appareillant ;
« Devant le roy s'en vont ambdui chinfoniant. »

L'instrument de musique, que le chroniqueur appelle *chiffonie* et qui, dans le *Ms. de l'Arsenal*, est désigné sous le nom de *cyphonie*, n'est probablement pas autre chose que la *symphonie*, dont il est question dans la traduction française du *Livre de Daniel*, chap. III, v et x, comme correspondant au latin *symphonia* de la version de saint Jérôme. Voir le *Lexique roman de la langue des troubadours*, par M. Raynouard; et Du Cange, *Gloss.*, au mot *Symphonia*.

taient en champ clos, attendu qu'il doutait beaucoup de tout ce qu'on lui en avait raconté. L'Anglais, piqué au vif de ces paroles si désobligeantes pour ses compatriotes, répondit qu'il ne connaissait pas de chevalier, pour si vaillant qu'il fût, avec qui il ne voulût jouter, et il se mit à vanter ensuite les exploits qu'il avait accomplis lui-même, sur terre comme sur mer, sans jamais avoir été vaincu. Le roi lui dit alors qu'il désirerait beaucoup être témoin de ses faits d'armes, et qu'il ferait mettre à l'ordre du jour, pour prix du lendemain, une mule de la valeur de cent marcs, avec une selle d'ivoire et un chanfrein d'or.

En conséquence, la lice fut disposée près du palais; et le lendemain matin de bonne heure, cinq cents dames, spectatrices des joutes qui allaient avoir lieu, prirent place sur les bancs autour du champ clos, ou dans les magnifiques salles du palais. Les joutes devaient commencer au lever du soleil, à cause de la grande chaleur. Soixante chevaliers, car les chevaliers seuls avaient le droit de combattre, étaient déjà rangés sur deux files, et se disposaient à la lutte. Dans la mêlée, ou combat corps à corps, qui eut d'abord lieu, mainte lance fut rompue, maint bouclier brisé, mainte tête décoiffée de son casque, et maint cheval mordit la poussière. Dans cette lutte, sir Mathieu Gournay se montra si bon chevalier que, à chaque coup de lance qu'il donnait, cheval et cavalier tombaient à terre. Le triomphe du chevalier anglais mortifia beaucoup l'orgueil du monarque portugais, qui ne put s'empêcher de s'écrier avec dépit :

« Sainte Vierge! Faudra-t-il que cet Anglais s'en aille ainsi de ma cour? Comme il va se vanter, quand il sera au delà des mers, d'avoir trouvé les Portugais bons à rien. »

Appelant ensuite à lui La Barre, chevalier breton renommé pour ses prouesses, il lui dit :

« Seriez-vous assez hardi pour oser jouter avec lui?

— Dût-il me tuer de sa lance *affilée*, répliqua vivement La Barre, je jouterai avec lui, si vous le désirez. »

Le Breton fut donc armé et équipé à la hâte par ordre du roi ; puis il entra dans la carrière et défia le chevalier anglais, qui avait déjà désarçonné douze adversaires. Le défi fut aussitôt accepté par sir Mathieu, qui, prenant La Barre pour un chevalier portugais, pensait qu'il viendrait aussi facilement à bout de lui que de tous les autres.

Les deux champions donnent ensuite de l'éperon à leurs chevaux ; et, dans le choc, La Barre avait si bien dirigé sa lance, que la pointe perçant le casque de Gournay, avait enlevé la visière, et frappant son adversaire en pleine poitrine, renversait tout à la fois cheval et cavalier. L'Anglais fut étourdi par la chute, et en recouvrant ses sens il se trouva mal de douleur quand il s'aperçut qu'il avait un bras cassé. Le roi témoigna une satisfaction tout à fait inconvenante de la défaite du chevalier anglais, en frappant des mains et versant des larmes de joie. Quand sir Mathieu fut revenu de son évanouissement et qu'il eut le bras bandé, le roi lui demanda avec un malin plaisir :

« Dites-moi, chevalier, y a-t-il de bons chevaliers dans notre pays ?

— Sire, répondit l'Anglais, je puis vous féliciter à bon droit, car j'ai d'eux un joli cadeau. »

Le roi, qui avait pris sa revanche, offrit la mule richement caparaçonnée à sir Mathieu qui l'accepta, mais celui-ci ayant appris d'un chevalier, en quittant Lisbonne, qu'il avait été vaincu dans la lice par un chevalier breton, au lieu d'un chevalier portugais, revint à Séville maudissant de tout son cœur Pierre le Cruel, pour le compte duquel il avait été envoyé à Lisbonne, et la nation portugaise tout entière (1).

(1) Cuvelier, vv. 9877-10,237. — « Mathieu Gournay, dit Fuller, était né à Stoke sous Hambden, dans le comté de Somerset, où sa famille avait longtemps flori, depuis la conquête, et où elle avait fait bâtir un château et un collége. Mais notre Mathieu fut la gloire de la maison,

La fuite de Pierre et la soumission de presque tout le royaume au gouvernement d'Henri engagèrent celui-ci à prendre des mesures immédiates pour délivrer l'Espagne des grandes compagnies, qui ne lui paraissaient plus nécessaires pour ses desseins ; et il désirait beaucoup s'en débarrasser, non-seulement à cause des grandes charges dont elles grevaient son trésor, mais encore à cause de l'irritation produite parmi son peuple par leurs déprédations fréquentes et effrénées. En conséquence, il les paya et les congédia, enchantées de sa générosité. Il retint cependant messire Bertrand Du Guesclin et les Bretons de sa compagnie, avec sir Hugh Calverly et quelques chevaliers et écuyers anglais, se montant à quinze cents lances en tout. Le comte de la Marche et le sire de Beaujeu, dont le seul motif, en accompagnant l'expédition en Espagne, avait été de venger la mort de leur parente, la reine Blanche, demandèrent au roi Henri, avant de prendre congé de lui, qu'il voulût bien leur abandonner Juan Perez de Rebolledo, le meurtrier présumé de la reine. En conséquence, le misérable fut remis entre leurs mains et pendu par leur ordre (1).

La seule province qui tint encore pour Pierre était la Galice, où un corps de troupes peu considérable, mais actif, sous le

fameux sous le règne d'Edouard III, pour avoir combattu dans sept combats. » Après avoir dit où et contre qui les combats eurent lieu, il ajoute : « Mais ce qui augmente l'étonnement, c'est que notre Mathieu, qui reposa et veilla si longtemps sur le lit de l'honneur, mourut dans le lit de la paix, à l'âge de quatre-vingt-seize ans, vers le commencement du règne de Richard II. Il repose sous un beau monument dans l'église de Stoke, dont l'épitaphe, qu'on lisait encore au dernier siècle, est depuis, je soupçonne, effacée. » Fuller's Worthies, vol. III, p. 100.

(1) « Ce qui fut petite satisfaction, » dit sèchement Ayala, parlant de la mort de Juan Perez. *Cronica del rey don Pedro*, p. 423. « Et à cause de quoi, ajoute l'auteur anonyme de la *Chronique de Du Guesclin*, ils furent blâmés par quelques honorables chevaliers, qui soutinrent qu'il ne méritait pas la mort pour avoir obéi aux ordres de son prince. » Chap. LXXV, p. 43.

commandement de don Fernando de Castro, entretenait une apparence d'opposition au nouveau gouvernement. Henri, jugeant que la conquête en serait facile, partit pour la réduire à l'obéissance, après un séjour de quatre mois à Séville; mais de Castro s'enferma dans la place forte de Luzo, et le roi, après un siége infructueux de deux mois, retourna subitement en Castille et assembla les Cortès en apprenant que le prince de Galles réunissait des troupes pour aider Pierre à recouvrer son royaume. Ce corps avait été convoqué pour obtenir les moyens de résister à l'invasion dont menaçait le prince de Galles; et il ne fallut pas beaucoup d'éloquence pour encourager les députés consternés à s'opposer, par tous les moyens en leur puissance, au retour si redouté de Pierre au pouvoir. Aussi votèrent-ils, sans hésitation, un large secours, qui fut cette année-là de dix-neuf millions de maravédis (1).

Pierre le Cruel, dégradé par ses vices et souillé de sang, abandonna son royaume sans faire un effort pour le conserver. Il s'embarqua à la Corogne pour Bayonne, comme nous l'avons déjà dit, dans un simple vaisseau; mais un vent contraire l'ayant rejeté en arrière, il dut rentrer dans la forteresse. Tandis qu'il se plaignait de la fortune qui ne cessait de le poursuivre, il prit le conseil de Fernand de Castro, qui lui était encore fidèlement dévoué (2), et envoya des messagers au

---

(1) Ayala, *Cronica del rey don Pedro*, pp. 423-427.

(2) Pierre était probablement redevable de cet attachement de Castro à la haine de ce dernier contre Henri plutôt qu'à son amour pour sa personne; car ce gentilhomme, donnant pour cause de sa révolte la tentative que fit le roi de le tuer sans motif dans un tournoi à Valladolid, aussi bien que le déshonneur de sa sœur, entra si résolûment dans la ligue de 1354, contre Pierre, avec les deux frères de celui-ci, Henri et Fadrique, qu'il se dénaturalisa formellement et renonça à l'obéissance de son roi. Les deux frères de Pierre l'en récompensèrent par la main de leur sœur, dona Juana; mais ce mariage ayant été annulé, sous prétexte de parenté à un degré prohibé, et dona Juana ayant

prince de Galles Édouard, pour savoir s'il voulait le recevoir et lui accorder son assistance toute-puissante à l'effet de recouvrer son royaume. Le Prince-Noir traita avec beaucoup de bonté les envoyés de Pierre, et après lecture attentive des lettres qu'ils lui avaient apportées, il en pesa avec soin le contenu avant d'appeler à son aide sir John Chandos et sir Thomas Felton, ceux en qui il avait le plus de confiance. Lorsqu'ils furent arrivés, il leur lut entièrement les lettres, et leur demanda ce qu'ils lui conseillaient de faire. Comme les deux chevaliers se regardaient l'un l'autre sans répondre, le prince impatienté leur dit : « Parlez, dites franchement ce que vous pensez ! » Ils lui conseillèrent d'envoyer un corps de gens d'armes à la Corogne, et de ramener Pierre avec eux à Bordeaux, afin d'être mieux à même, dans une entrevue avec lui, de connaître ses désirs et ses besoins. Le prince adopta leur conseil, et ordonna à sir Thomas Felton de s'embarquer à Bayonne pour la Corogne, avec quelques autres chevaliers et un corps d'hommes d'armes et d'archers. Mais, au moment où ils allaient quitter le port, Pierre, dont l'impatience ne pouvait lui permettre d'attendre la réponse à ses lettres, y arriva avec une suite peu nombreuse, apportant avec lui les trésors qu'il avait sauvés (1).

été mariée à un autre, Castro devint l'implacable ennemi d'Henri, non-seulement tant que vécut Pierre, mais toute sa vie. Ayala, *Cronica*, etc., pp. 135, 171 et 182, et note 4.

(1) On s'est appuyé sur Froissart pour la plupart des incidents à la cour du Prince-Noir, parce qu'il a dû en être mieux informé qu'Ayala, qui rejoignit probablement Henri dans sa marche de Burgos à Tolède. Voir *Cronica del rey don Pedro*, p. 410.

CHAPITRE II.

Le Prince-Noir. — Il embrasse avec chaleur la cause de Pierre le Cruel. — Il réussit dans ses négociations avec Charles-le-Mauvais pour traverser les Pyrénées au pas de Roncevaux. — Il fait de grands préparatifs d'hommes et d'argent pour son expédition en Espagne.

Le prince de Galles était alors à la fleur de l'âge. Il se distinguait par toutes les vertus chevaleresques de ce siècle guerrier. Il avait été heureux dans toutes ses entreprises et se reposait alors, un peu à regret, sur les lauriers cueillis à la grande bataille de Poitiers, qu'il avait gagnée sous la direction de sir John Chandos, non-seulement un des plus braves chevaliers, mais encore sans contredit un des plus grands généraux de son temps. Dix années d'inactivité relative s'étaient écoulées depuis cette bataille. Il était donc tout naturel, lorsque le prince reçut la lettre de Pierre implorant sa protection et son appui, qu'il s'écriât en la montrant à Chandos et à Felton : « Voici seigneurs, grandes nouvelles qui nous viennent d'Espagne ! » C'était une aventure d'un caractère peu commun. Pierre avait exposé sa situation et ses réclamations de manière à le toucher par les sentiments qu'il professait comme chevalier ; car le monarque suppliant était un allié de son père et sollicitait son secours, pour recouvrer un royaume qui lui avait été arraché par la violence et la trahison d'un frère bâtard. Il était aussi accompagné de trois filles sans ressources qu'Edouard était tenu de protéger en vertu de son vœu de chevalier; et, en outre, quelques-uns disaient tout bas que « le prince était courroucé de l'honneur que messire Bertrand avait eu de conquérir tout le royaume de Castille au nom du roi Henri, et de le faire roi (1). »

C'est pourquoi Édouard, sans attendre l'arrivée de Pierre à Bayonne, quitta Bordeaux avec une grande suite de seigneurs et de chevaliers pour aller au devant de lui et lui faire honneur. Aucun chevalier ou gentilhomme de son temps ne possédait à un plus haut degré la courtoisie et la condescendance que le prince de Galles. Il traita toujours Pierre, de parole comme de fait, avec toutes les marques du respect et de la déférence; il mit constamment le roi humilié au-dessus de lui-même et ne voulut jamais se départir de cette manière d'agir.

Avant l'arrivée de Pierre, certains seigneurs d'Angleterre et de Gascogne avaient conseillé au prince d'être prudent en épousant la cause d'un roi aussi décrié pour sa tyrannie, sa cruauté et son manque de foi ; mais Édouard, dont les sympathies étaient plutôt pour le prince que pour le peuple, et qui, dès ce temps-là, avait des idées assez bien arrêtées sur les droits des souverains, répondit qu'il était « tout informé de la vie et de l'état de ce roi don Piètre, et savait bien que sans nombre il avait fait de maux assez, dont maintenant il se trouvait déçu; mais qu'il avait été mu et encouragé à lui vouloir aider, parce que ce n'était pas chose afférente, due ni raisonnable, d'un bâtard tenir royaume à héritage et bouter hors un sien frère et héritier de la terre par loyal mariage, et que tous rois et enfants de rois ne le devaient nullement vouloir ni consentir, car c'était un grand préjudice contre l'état royal. » Édouard, du reste, avait ses faiblesses; et lorsque Pierre, en implorant son secours, lui dit qu'il venait se plaindre de la ma-

(1) Froissart, liv. I, pp. 2 et 514.

nière dont il avait été traité, en ajoutant qu'en se plaignant à lui, il se plaignait « à honneur, prouesse et courtoisie ; à vertu, fleur de chevalerie; à l'épée des preux où chacun se rallie ; à celui qui de droit portait la seigneurie, de tous les chevaliers la clef et la maistrie, prouesse et hardement, » le prince ne put résister plus longtemps aux prières du roi et il promit de replacer sur sa tête la couronne d'Espagne, dût-il lui en coûter tous ses biens et la vie même dans une bataille rangée. Pierre, cependant, n'appuya pas sa cause de paroles seulement. Il distribua à pleines mains les trente mille doublons et les bijoux qu'il avaient apportés ; et comme les promesses ne coûtaient rien à un prince d'aussi mauvaise foi, il en fit à Édouard et à ses gens sans limite ni réserve (1).

Parmi les présents que distribua Pierre, il y avait une table magnifique (2), élégamment travaillée et formée des matières les plus précieuses, qu'il donna à Édouard pour son épouse (3).

(1) Froissart, liv. I, part. II, pp. 509, 510; Cuvelier, vv. 10,577-10,605. Pierre donna au prince de Galles la province de Biscaye, avec la ville de Castro de Urdiales, et les villages de Vermeo, de Vilbare et de Queyte, et promit de lui payer, ainsi qu'aux chefs de son armée, 550,000 florins, monnaie de Florence, outre 50,000 florins de son trésor au prince seul. En garantie de ses promesses, il laissa en ôtage ses trois filles, avec d'autres personnes. Ayala, *Cronica del rey don Pedro*, p. 433, et note 2. Voir *Carta donationis regis Castellæ terrarum principi Walliæ concessarum*, dans Rymer, vol. III, part. II, p. 802, et *Obligatio super expensis solvendis*, ibid., p. 805, où Rymer dit que Pierre promit de payer, en sus des 550,000 florins mentionnés par Ayala, les dépenses déjà faites par le prince.
(2) C'était la même table magnifique dont parle Cuvelier, au v. 9093. Elle était d'or et incrustée de pierres précieuses, parmi lesquelles était une escarboucle d'un éclat si éblouissant, « qu'elle reproduisait dans la nuit la lumière du soleil. »
(3) La princesse de Galles était comtesse douairière de Hollande avant son second mariage avec le Prince-Noir en 1364. Elle était fille d'Edmond, comte de Kent, et « on l'appelait communément Jeanne la Belle à cause de sa grande beauté. » Barnes, *Histoire d'Edouard III* (en anglais), p. 251 ; et Rapin, *Histoire d'Angleterre*, t. I, p. 437.

La princesse avait reçu Pierre avec toutes les démonstrations extérieures de respect et de courtoisie ; mais, en véritable femme, elle ne pouvait oublier les événements d'un règne qui avait été marqué par de coupables passions et du sang, et surtout par la mort cruelle de son innocente et malheureuse épouse. Elle fit donc peu de cas d'un cadeau venant de pareilles mains et répondit froidement au chevalier qui était venu le lui offrir de la part du roi de Castille : « Mettez-la là : voici un bel présent ; mais il nous coûtera. »

Édouard attendait le retour du chevalier qui avait porté la table pour savoir ce que sa femme pensait de ce superbe cadeau ; et, quand il revint, le prince lui demanda avec empressement ce qu'elle en avait dit. Le chevalier répondit qu'elle n'en avait pas fait cas, parce qu'elle était contrariée de l'arrivée du roi. Le prince, qui était vif et emporté, et qui, bien qu'il aimât tendrement sa femme, souffrait impatiemment toute opposition à ses désirs, même de sa part, répliqua brusquement : « Bien m'aperçois qu'elle voudrait que fusse demeurant par de côté d'elle. Ce ne ferai-je ; il n'est appartenant. Qui veut avoir le nom des bons et des vaillants, il doit aller souvent à la pluie et aux champs et être en la bataille, ainsi que fit Roland, et Olivier, et Ogier, les quatre fils Aymon, Charlemagne, le duc Lyon de Bourges, et Guyon de Cournans, Perceval le Gaulois, Tristan et Lancelot, Alexandre et Arthur, et Godefroy le savant, de quoi les ménestrels font ces nobles romans. Par saint Georges ! en quoi je suis créant, je rendrai Espagne et tous ses appendans à celui qui en doit être le lieutenant, avant que passe l'année (1). »

Quoique Édouard fût bien décidé à aider Pierre à recouvrer son royaume, il n'en adopta pas moins l'avis de ses conseillers particuliers de convoquer un parlement général de son gouver-

---

(1) Cuvelier, v. 10,670.

nement pour délibérer sur l'opportunité de l'expédition d'Espagne
et discuter les moyens de l'exécuter. En conséquence, sur son
appel, s'assemblèrent à Bordeaux « tous les comtes, les vicomtes, les barons et tous les sages hommes d'Aquitaine, tant de
Poitou, de Saintonge, de Rouergue, de Quercy, de Limousin,
comme de Gascogne; » et après trois jours de délibération, ils
conseillèrent au prince d'envoyer des messagers en Angleterre
pour s'informer des désirs de son père, avant de s'engager dans
cette entreprise, ajoutant qu'ils se rassembleraient de nouveau
et le conseilleraient de leur mieux après avoir reçu la réponse
du roi d'Angleterre. Le prince suivit ce conseil et envoya sur-
le-champ quatre chevaliers à Edouard III, que les députés trouvèrent en son palais de Windsor. Aussitôt que le roi eut pris
connaissance des lettres de son fils, il vint à Westminster et y
réunit les membres de son conseil qu'il put trouver sous la main
pour examiner la demande du prince de Galles. Après mûre
délibération, le roi et son conseil conclurent qu'il était convenable pour le prince d'entreprendre cette expédition et de replacer Pierre sur son trône ; et, en conséquence, des lettres à
cet effet furent envoyées au prince et aux barons d'Aquitaine.
Quand le Prince-Noir eut reçu de son père cette réponse favorable à ses désirs, il rassembla son parlement à Bordeaux, où
les barons promirent aussitôt d'obéir aux ordres du roi et aux
siens propres; mais, comme ils se défiaient de Pierre et de ses
promesses exagérées, ils désirèrent savoir d'abord qui devait
payer leurs gages ; car, disaient-ils, jamais on ne fait venir des
gens d'armes en pays étranger sans les payer. « Et si ce fut,
ajoutèrent-ils, pour les besognes de notre cher seigneur votre
père ou pour les vôtres, ou pour votre honneur et de notre pays,
nous n'en eussions pas parlé si avant que nous faisons. »

Le prince, se tournant alors vers Pierre, lui dit :

« Sire, vous oyez que nos gens disent ; à vous en tient à répondre, qui les avez et voulez embesogner.

— Mon cher cousin, répondit Pierre, si avant que mon argent, mon or et tout mon trésor que j'ai amené par deçà, et qui n'est mie si grand de trente fois comme celui de par delà est, se pourra étendre, je le veux donner et départir à vos gens.

— Vous dites bien, reprit le prince, et du surplus je ferai ma dette devers eux et délivrance, et vous prêterai tout ce qu'il vous faudra jusques à ce que nous soyons en Castille.

— Par mon chef, s'écria le roi, si me ferez grand'grâce et grand'courtoisie (1). »

Il y avait néanmoins un obstacle auquel il était nécessaire que le prince de Galles trouvât le moyen d'obvier. C'était le fameux pas de Roncevaux, situé entre la Guyenne et le royaume de Navarre, obstacle qui ne pouvait être écarté que du consentement de Charles le Mauvais. Ce passage, devenu mémorable par la défaite de l'arrière-garde de l'armée de Charlemagne, sous les ordres du fameux Roland, par un parti de maraudeurs gascons sous la conduite de Loup, leur duc (2), commence sur le versant septentrional des Pyrénées, à la ville de Saint-Jean-Pied-de-Port, traverse la montagne par d'étroits défilés, qui pourraient être avantageusement défendus avec une simple poignée d'hommes contre une grande armée (3), et débouche enfin près de la ville de Pampelune. Il n'était pas seulement bien connu des seigneurs gascons, mais encore de sir John Chandos, qui conseilla au prince d'inviter Charles le Mauvais à une con-

---

(1) Froissart, liv. I, part. II, pp. 510-512.

(2) « Quand Charlemagne et tous ses pairs succombèrent à Fontarabie... » Milton, *Paradis perdu*, liv. I, v. 586.
James, qui semble avoir consulté toutes les autorités, a établi, ce qui était controversé, que ce furent les Gascons, et non les Espagnols ni les Maures, qui attaquèrent l'armée de Charlemagne. James's, *History of Charlemagne*, p. 191, note 3, et p. 193, note 4.

(3) Ou comme s'exprime Froissart : « Il y a cent endroits le long du passage où trente hommes pourraient empêcher le monde entier d'avancer. » Liv. I, part. II, p. 523.

férence à Bayonne, pour traiter avec lui du passage de son armée en Castille par la Navarre. Quoique Charles vînt de conclure un traité avec Henri à Santa-Cruz de Campezco, et eût fait serment, de la manière la plus solennelle, non-seulement d'empêcher le prince de Galles et Pierre le Cruel de profiter du pas de Roncevaux et de traverser son royaume, mais encore d'aider en personne, avec toutes ses forces, Henri contre ses ennemis, il n'hésita pas cependant à se rendre aux conférences de Bayonne, dans l'espoir d'obtenir de meilleures conditions d'un parti plus puissant. Dans cette conférence, bien qu'il ne fût pas facile, comme le dit Froissart, de l'amener où il voyait qu'on avait besoin de lui, il promit, cependant, pour la même récompense stipulée, en ajoutant la ville de Victoria à celle de Logroño, qu'Henri lui avait offerte, d'ouvrir le passage et de joindre Pierre et le prince avec toutes ses forces. Il viola envers Henri son engagement, en laissant le passage libre, et pour éviter de paraître à la tête de ses troupes, comme il l'avait promis aux deux parties, il envoya un corps de trois cents lances, sous le commandement de don Martin Enriquez de la Carra, au secours d'Edouard et de Pierre; et, par un arrangement avec messire Olivier de Mauny, qui tenait la ville et le château de Borja, en Aragon, pour son parent messire Bertrand du Guesclin, il feignit d'avoir été fait prisonnier et détenu tout le temps que dura la lutte de Pierre et d'Henri (1).

Le Prince-Noir avait été engagé à entreprendre l'expédition d'Espagne, tant par la nouveauté qu'elle offrait que par la gloire qu'il comptait en retirer ; et, de prime abord, il parut facile de rétablir dans son autorité le monarque détrôné; mais un peu de réflexion suffit à le convaincre que pour réintégrer un prince

---

(1) Froissart, liv. I, part. II, pp. 512-526; Ayala, *Cronica del rey don Pedro*, pp. 434-436; et le traité de Libourne entre Pierre, Charles et Edouard, prince de Galles, dans Rymer, vol. III, part. II, p. 800.

qui avait été chassé de son royaume au milieu de l'exécration universelle de son peuple contre un autre qui avait tant de titres à la popularité, il lui faudrait un grand nombre d'hommes et beaucoup d'argent. Ne voyant plus les choses aussi clairement qu'elles lui avaient apparu d'abord, il eut de nouveau recours à ses fidèles conseillers Felton et Chandos, qui ne semblent pas s'être fait illusion sur les difficultés et les dépenses de l'expédition. Aux demandes du prince sur ce qu'ils en pensaient, ils répondirent que c'était une grande et haute entreprise, infiniment plus difficile que s'il s'agissait de chasser Pierre de son royaume, car il était détesté de tous ses sujets et avait été abandonné de tout le monde au moment de sa plus grande détresse; que le nouveau monarque était en possession de tout le royaume et jouissait de l'amour du clergé, de la noblesse et du peuple, qui l'avaient élu et le maintiendraient, quoi qu'il pût arriver; et qu'il serait nécessaire d'avoir une grande quantité de gens d'armes et d'archers, car il fallait s'attendre à une résistance opiniâtre en entrant en Espagne. Ils conseillèrent donc au prince de faire fondre la plus grande partie de son argenterie et de la convertir en monnaie pour la solde des grandes compagnies, dont il aurait besoin et qui viendraient pour l'amour de lui, tandis qu'elles ne voudraient rien faire pour Pierre. Ils lui conseillèrent encore de demander à son père qu'il voulût bien lui accorder les cinq cent mille francs dus pour la rançon du feu roi Jean de France, et ils conclurent en l'engageant à prendre de l'argent partout où il en pourrait trouver, mais sans imposer son peuple; de cette manière il serait plus aimé et mieux servi de tous. Le prince suivit exactement les judicieux avis de ses conseillers. Il commença par faire fondre les deux tiers de sa vaisselle d'or et d'argent, qu'il convertit en monnaie pour le paiement de ses troupes, et il obtint de son père, qui connaissait ses besoins, la somme de cinq cent mille francs, qui fut payée par le roi de France à première demande (1).

Le prince de Galles, ayant fait, comme il l'espérait, une ample provision d'argent, porta ensuite son attention sur le nombre et la nature des troupes nécessaires à une expédition dans laquelle il avait mis tout son cœur. Il fit d'abord appel aux services de ses grands vassaux; mais ceux-ci connaissaient mieux que leur maître le caractère de Pierre le Cruel, et comme ils n'avaient aucune confiance dans la parole du roi, le prince dut se porter garant de leur paye, ainsi qu'il l'avait promis. Son second soin fut de s'assurer les services des grandes compagnies qui avaient accompagné Bertrand Du Guesclin en Espagne. Comme ces compagnies se composaient de hardis vétérans et qu'elles formaient les meilleures troupes de l'Europe, Édouard savait très-bien que son succès dépendrait surtout du grand nombre d'hommes de cette classe qu'il pourrait enrôler dans ses rangs. La plupart de leurs chefs se trouvant être des Anglais ou des Gascons, qui le reconnaissaient pour leur suzerain, il envoya des messagers en Espagne pour les informer de son désir de les employer lui-même et leur dire de quitter le service d'Henri et de revenir de ce pays le plus vite possible.

A cet ordre obéirent immédiatement messire Eustache d'Aubrecicourt, messire Gauthier Huet, messire Mathieu Gournay, messire Jean d'Évreux et quelques autres, avec leurs compagnies; et Henri, qui était « large, courtois et honorable, » ne fit aucun effort pour les retenir; mais, en se séparant d'eux, il les remercia des services qu'ils lui avaient rendus, et les renvoya avec toutes sortes de témoignages de sa munificence. Il aurait volontiers retenu sir Hugh Calverly, avec ses quatre cents lances, et rien né lui aurait été plus facile que de réaliser ce désir; mais le roi ne voulut opposer aucun obstacle à son départ,

(1) Froissart, liv. I, part. II, p. 515.

estimant que le chevalier ne faisait que son devoir en allant servir le prince son seigneur (1).

Les autres compagnies qu'Henri avait déjà licenciées, sous le commandement de messire Robert Briquet, de Jean Carsuelle, de Nandon de Bagerant et d'un grand nombre d'autres chefs, étaient disséminées dans tout le pays, lorsqu'elles reçurent le message du Prince-Noir. Elles réunirent aussitôt leurs bandes éparses et cherchèrent à traverser la frontière d'Espagne; mais le passage leur fut fermé, et elles durent se diviser en trois corps, afin de franchir les montagnes par des points différents. Elles y parvinrent enfin, après une alternative de succès et de revers; mais elles portaient toutes sur elles les marques évidentes de leur longue et périlleuse marche; car, lorsqu'elles atteignirent leurs propres frontières, elles étaient toutes fatiguées, épuisées, mal armées, à peine montées et encore plus mal chaussées.

Les deux premières divisions gagnèrent la principauté d'Aquitaine (2) sans autre aventure remarquable; mais celle de Perducas d'Albret fut attaquée, à Montauban, par le comte de Narbonne et le sénéchal de Toulouse, avec des forces triples de celles des grandes compagnies; et, après un combat acharné, les Français furent entièrement défaits et leurs chefs faits prisonniers avec plus de cent chevaliers (3).

Par l'arrivée des grandes compagnies, le prince vit ses forces augmentées de sept mille combattants, parmi lesquels figurait

(1) Ayala, *Cronica del rey don Pedro*, p. 437.
(2) Le duché de Guienne fut érigé en principauté, sous le nom de principauté d'Aquitaine, par Edouard III en 1362, comme marque de faveur pour le Prince-Noir. Pub., acte VI, p. 384, cités par Rapin, *Hist. d'Angleterre*, vol. I, p. 437. Edouard, le Prince-Noir, fut créé prince d'Aquitaine le 19 juillet 1362. Rymer, vol. III, part. II, pp. 667, 668.
(3) Froissart, liv. I, part. II, pp. 513-518.

une grande partie des gens d'armes anglais et gascons. Il aurait pu y adjoindre une foule d'Allemands, de Flamands et de Brabançons mercenaires ; mais il rejeta les offres de la plupart de ces soldats étrangers, préférant former son armée de ses propres vassaux.

Outre ceux-ci et les contingents que ses barons et ses feudataires lui avaient fournis, Édouard III promit de lui envoyer d'Angleterre quatre cents gens d'armes et autant d'archers, sous le commandement de son quatrième fils, Jean de Gant, duc de Lancastre. L'arrivée opportune des grandes compagnies soulagea le Prince-Noir d'une grande inquiétude ; car il craignait de ne pouvoir compléter les rangs de son armée, et, avant qu'elles vinssent, il avait recruté toutes sortes d'hommes d'armes partout où il avait pu en trouver. Il arriva même qu'en une seule fois il en engagea beaucoup plus qu'il n'en pouvait payer. Cette aventure se passa à Angoulême, où le prince, qui était dans un de ses moments de bonne humeur, causait en riant avec quelques chevaliers de Gascogne, de Poitou et d'Angleterre, qui faisaient partie de l'expédition d'Espagne. Se tournant vers le sire d'Albret, il lui demanda :

« Avec quelle quantité de gens d'armes me pourrez-vous bien suivre en ce voyage ?

— Monseigneur, répondit sans hésiter le chevalier gascon, si je voulais prier tous mes amis, c'est à entendre mes féaux, j'en aurais bien mille lances et toute ma terre gardée par mon chef.

— Sire d'Albret, c'est belle chose, dit le prince, qui, se tournant ensuite vers sir Felton et quelques autres chevaliers d'Angleterre, ajouta en anglais : Par ma foi, on doit bien aimer la terre où on trouve un tel baron qui peut suivre son seigneur avec mille lances. » Puis, s'adressant de nouveau au sire d'Albret, il lui dit : « De grande volonté, je les retiens tous. »

Mais quand, après l'arrivée des grandes compagnies, le prince commença à éprouver des inquiétudes sur les moyens de subvenir à l'entretien si coûteux de ses troupes ; quand il reçut de toutes parts des plaintes sur leurs excès et leurs déprédations, qu'aucune discipline ne pouvait modérer, et qu'enfin il vit qu'il était plus facile de trouver des soldats que des ressources, il écrivit au sire d'Albret pour lui dire de suspendre l'envoi de ses mille lances et lui faire savoir que, d'après un ordre de son conseil, il était taxé à deux cents lances seulement, et qu'il eût par conséquent à licencier le reste. A la réception de cette lettre, le sire d'Albret fut extrêmement irrité de la conduite du prince, qu'il considéra comme une dérision ; et, sous l'influence de la colère, il appela un secrétaire et lui dicta une réponse de la dernière liberté et de la plus grande amertume.

Après avoir exprimé toute la surprise que lui avait causée la lettre du prince, son propre embarras et celui de son conseil sur la réponse qu'il y avait à lui faire, il exposa en termes violents son mécontentement et la perte qui résulterait, tant pour lui que pour ses hommes, du changement de résolution chez le prince, et il conclut par ces paroles à peine respectueuses :

« Cher sire, plaise à vous savoir que je ne saurais séparer les uns des autres : je suis le pire et le moindre de tous, et si aucuns y vont, tous iront ; ce sais-je. »

Le prince considéra cette lettre comme une réponse hautaine à la sienne et dit en anglais à quelques chevaliers qui se trouvaient près de lui : « Le sire d'Albret est un grand maître en mon pays quand il veut briser l'ordonnance de mon conseil. Par Dieu ! il n'ira mie ainsi qu'il pense. Or, demeure, s'il veut, car ferons-nous bien le voyage sans ses mille lances. »

La chose n'en resta pas là. Edouard ne pouvait aisément oublier un semblable affront ; car il était emporté et cruel dans sa colère et voulait, à tort ou à raison, que tous les seigneurs auxquels il commandait pliassent devant lui; mais le comte d'Armagnac, oncle du sire d'Albret, avec l'aide de sir John Chandos et de Thomas Felton, s'y prit de telle sorte, que le sire d'Albret se vit forcé de céder. Le prince ne parla plus de cet incident et se tint pour satisfait (1).

(1) Froissart, liv. 1, part. II, pp. 515, 519, 521.

CHAPITRE III.

Henri se dispose à repousser l'invasion de la Castille. — Bertrand Du Guesclin retourne en France pour y faire de nouvelles recrues. — Le prince de Galles commence sa marche à travers les Pyrénées. — Le comte de Foix.

Tandis que le Prince-Noir, Edouard, se préparait sur une grande échelle à envahir l'Espagne en faveur de Pierre le Cruel, Henri, de son côté, ne négligeait aucune mesure de précaution pour sa défense. Comme nous l'avons dit plus haut, il quitta soudainement la Galice, dès qu'il apprit que le prince de Galles réunissait des troupes pour envahir son royaume, et assembla les Cortès à Burgos. Les généreux secours qu'il obtint de ce corps lui permirent de lever une grande armée, et il envoya immédiatement de tous côtés rassembler des troupes. Lorsqu'il fut bien certain qu'Edouard avait rappelé les chefs des grandes compagnies qui l'avaient aidé à faire la conquête du royaume, il leur permit de partir, sans faire aucun effort pour les retenir, et, se sentant tout à fait sûr de l'affection de ses sujets, il redouta moins les dangers de l'invasion. Il dit à Bertrand Du Guesclin, qui était toujours avec lui : « Messire Bertrand, on nous a annoncé que le prince de Galles se prépare à nous faire la guerre et, par la force des armes, à rétablir sur le trône ce juif qui s'appelle roi d'Espagne. Qu'en dites-vous ?

— Sire, répondit Du Guesclin, le prince est un chevalier si vaillant que, dès le moment qu'il a entrepris la chose, il fera tout ce qui est en son pouvoir pour atteindre son but ; néanmoins, je vous conseille de garder tous les défilés et les passages de votre royaume, afin que personne ne puisse entrer ou sortir sans votre permission, et d'avoir bien soin de conserver l'amour de votre peuple. Je suis persuadé que vous obtiendrez de grands secours des seigneurs et des chevaliers français, qui vous serviront avec plaisir ; en conséquence, avec votre permission, je retournerai en ce pays et vous en ramènerai tous les amis que je pourrai.

— Par ma foi ! s'écria Henri, vous parlez bien ; et, dorénavant, je me laisserai gouverner par vos conseils et vos avis. »

Bertrand Du Guesclin partit donc immédiatement pour la France, et passa par l'Aragon, où il fut cordialement reçu du roi. Après être resté quinze jours en ce royaume, il traversa les Pyrénées et eut une entrevue avec le duc d'Anjou à Montpellier. Ayant passé quelque temps avec ce prince, il alla à Paris rendre visite au roi de France, qui le reçut avec une grande joie (1).

Après avoir terminé tous ses préparatifs, le prince de Galles désirait beaucoup se mettre en route pour les frontières d'Espagne ; mais, comme la saison était fort avancée, on lui conseilla d'attendre jusqu'après Noël afin d'avoir l'hiver derrière lui. Le prince inclinait d'autant plus volontiers de ce côté, que la princesse approchait du terme de sa grossesse et qu'il lui répugnait de la laisser seule avant que l'événement eût eu lieu. Mais Édouard commençait à s'impatienter de ce retard et il avait hâte de donner de l'occupation à ses troupes, parce qu'il lui était impossible d'em-

---

(1) Froissart, liv. I, part. II, p. 513.

pêcher les grandes compagnies de commettre, partout où elles allaient, les plus grands excès, tant sur les hommes que sur les femmes; en outre, il trouvait très-lourds les frais de leur entretien, s'étant chargé de leur subsistance, ainsi que de leur solde, depuis la dernière quinzaine d'août. Néanmoins, il fut bientôt délivré de toute inquiétude au sujet de la princesse de Galles, qui accoucha d'un fils (1); et il put quitter Bordeaux le dimanche suivant, avec les troupes qu'il avait avec lui, pour rejoindre le gros de l'armée, campé alors près de la ville de Dax en Gascogne. Après y avoir attendu quelque temps l'arrivée de son frère, le duc de Lancastre, avec les gens d'armes et les archers d'Angleterre, il se mit en marche à travers les Pyrénées, laissant sa principauté sous la garde du comte de Foix jusqu'à son retour (2).

Gaston Phœbus, comte de Foix et de Béarn, était un des hommes les plus capables et les plus remarquables de son temps. A son retour d'une expédition en Suisse avec le captal de Buch, en l'année 1352, il apprit, tandis qu'il était à Châlons en Champagne, comme nous l'avons déjà dit, que la duchesse de Normandie, femme du Dauphin Charles, et trois cents autres dames avec, le duc et la duchesse d'Orléans, étaient assiégés dans la ville de Meaux en Brie par la Jacquerie, et, sans attendre de connaître le nombre des révoltés ni d'avoir complété ses propres rangs, il courut vaillamment au secours de ces dames, se jeta dans la ville avec quarante lances, et repoussa cette tourbe infâme, dont il fit grand carnage. Trente ans après cet événement, Froissart alla lui rendre visite en sa résidence habituelle d'Orthez en Béarn, avec des lettres d'introduction de Guy de Châtillon; et le chroniqueur a consacré plusieurs des intéressantes pages de son grand ouvrage

---

(1) Il fut appelé Richard et surnommé *de Bordeaux*, du lieu de sa naissance. Il succéda à son grand-père sous le nom de Richard II.

(2) Froissart, liv. I, part. II, pp. 519-524.

à ce qu'il avait appris par ouï-dire ou vu lui-même à la cour du comte de Foix. Quoiqu'il ne possédât que le comté féodal de Foix et le territoire franc ou allodial de Béarn, qui étaient très-petits relativement aux immenses domaines des grands princes qui l'entouraient, le comte, par ses grands talents, sa prudence et ses extraordinaires ressources, avait réussi, non-seulement à rester étranger à leurs alliances gênantes, mais encore à éviter de prendre part à leurs querelles ; ni lui ni son peuple ne s'étaient mêlés de leurs guerres. Il n'avait pas été sans avoir maille à partir avec quelques-uns de ses voisins moins puissants ; cependant, dans toutes les rencontres, ils furent constamment battus. En l'année 1362, il fut attaqué par le comte d'Armagnac et le sire d'Albret, avec d'autres nobles de leur parti ; mais ils furent complétement défaits et faits prisonniers. Leur rançon rapporta au comte de Foix un million de francs, qui lui furent payés avant que les prisonniers recouvrassent la liberté (1).

Si Gaston amassait de grands trésors, ce n'était point par pur amour de l'argent, car aucun prince de son temps ne vivait à plus grands frais et ne faisait des présents aussi nombreux et aussi magnifiques à tous les étrangers qui venaient lui rendre visite, surtout aux hérauts et aux ménestrels; mais ses richesses étaient un puissant élément de force pour le souverain de si petits états, entouré de voisins aussi turbulents que les rois de France et d'Angleterre. Par ses grandes ressources et sa promptitude à venger une injure, dès qu'elle avait été commise, il inspira tant de respect à ces deux monarques, que non-seulement ses peuples furent à l'abri des incursions des soldats français et anglais, mais que les grandes compagnies mêmes, qui ne respectaient rien, n'osaient pas toucher à une poule qui appartînt à un sujet du comte de Foix, sans la payer.

(1) *Chroniques béarnaises*, par Miguel del Vermes, pp. 582, 583. Edit. Buchon. — Froissart, liv. III, p. 380.

Ses villes et ses châteaux étaient toujours si bien gardés et approvisionnés, que personne n'eût osé mettre le pied sur son territoire sans son consentement; et il lui fallait si peu de temps pour faire ses préparatifs, que, une fois qu'il craignit une invasion, il jeta tout-à-coup dans ses différentes forteresses une force de vingt mille hommes. Il fut toujours assez fort pour rejeter ce qu'il croyait préjudiciable à ses meilleurs intérêts; car, comme il avait refusé l'offre séduisante du comté de Bigorre, à la seule condition d'en faire hommage au roi de France, il rejeta de même la demande du Prince-Noir, Édouard, de lui faire semblablement hommage pour le territoire de Béarn, et ce ne furent que l'expédition d'Espagne et les pacifiques conseils de sir John Chandos qui prévinrent une rupture.

Pour conserver cette position et faire d'aussi riches présents, car il dépensait tous les ans, seulement en cadeaux, soixante mille francs, ses revenus ordinaires étaient tout-à-fait insuffisants; et comme il conservait d'habitude dans son trésor, à Orthez, une somme de trois millions de francs, il était nécessairement obligé d'imposer de fortes taxes sur son peuple, levant deux francs par feu. Cet impôt, quoique onéreux, était payé sans murmure, son peuple sachant très-bien que sa condition était de beaucoup supérieure à celle de ses voisins; que non-seulement ils étaient protégés contre tout dommage, mais encore que l'ordre, la paix et la justice régnaient dans le pays; et qu'enfin, si les jugements de leur maître étaient quelquefois empreints d'une sévérité terrible, ces jugements étaient toujours impartiaux.

A l'époque de la visite de Froissart, le comte de Foix était dans sa cinquante-neuvième année; et le chroniqueur le représente comme un homme d'une grande beauté personnelle, d'une belle figure et d'une taille imposante, les yeux bleus, le teint vermeil, l'air ouvert. Il parlait correctement le français et écrivait même en cette langue (1). Il assistait régulièrement à tous les offices de dévotion et distribuait journellement des aumônes d'une main libérale. Il avait des manières aimables et un abord facile ; il était courtois et expansif, quoique bref dans ses demandes et dans ses réponses. Il aimait les chiens par-dessus tout, et il était passionné pour la chasse, en été comme en hiver (2). Les faits d'armes et les récits d'amour faisaient ses délices. Il adorait la musique, dans laquelle il était lui-même assez habile, et prenait grand plaisir à faire chanter à ses clercs des chansons, des rondeaux et des virelais devant lui. Son château était constamment rempli de seigneurs et de chevaliers ; et il y avait toujours une grande quantité de tables à la disposition de ceux qui voulaient prendre part au souper, que l'on servait invariablement à minuit. Le comte observait assez la tempérance ; rarement il mangeait d'autre viande que de la volaille, et encore ne touchait-il qu'aux ailes et aux cuisses, et il buvait modérément. Il était prudent, avisé, circonspect dans sa conduite, et il ne souffrait auprès de sa personne ni bouffon, ni fou, ni favori. Il se distinguait entre tous les princes de son temps par sa libéralité et il faisait de magnifiques cadeaux, mais tout cela sans excès ni exagération, et personne ne savait mieux placer ses bienfaits.

Pour la perception de ses revenus, il employait douze hom-

---

(1) De ses compositions littéraires, il reste une chanson en béarnais et un traité sur les plaisirs de la chasse, en français, avec le titre suivant : « *Le Miroir de Phébus des desduits de la chasse des bestes sauvaiges et des oyseaux de proie, par Gaston Phébus de Foix, seigneur de Béarn.* » Voir Sainte-Palaye, *Mémoires sur l'ancienne chevalerie*, t. II, pp. 227 et 290, note 12, et note de Buchon sur Froissart, liv. III, p. 119.

(2) « Le comte de Foix avait alors la réputation d'un très-habile chasseur. Il entretenait une meute de quatorze cents à seize cents chiens. Froissart lui amena d'Angleterre quatre lévriers, dont il nous a donné les noms : Tristan, Hector, Brun et Rolland. » Sainte-Palaye, t. II, p. 277,

mes de confiance qu'il changeait tous les deux mois et qui étaient tenus de rendre leurs comptes à un contrôleur; celui-ci, à son tour, résumait les opérations en un tableau ou rapport, qu'il présentait à son maître et qu'il laissait à sa vérification. Gaston avait dans son appartement des coffres où il prenait de temps en temps, mais pas toujours, l'argent qu'il voulait donner à tel seigneur, chevalier, écuyer, ménestrel ou héraut qui venait le visiter; car personne ne partait de chez lui sans un présent. « Brièvement et tout considéré, dit Froissart, avant que je vinsse en sa cour, j'avais été en moult de cours de rois, de ducs, de princes, de comtes et de hautes dames, mais je n'en fus oncques en nulle qui mieux me plût et qui fût sur le fait d'armes mieux réjouie comme celle du comte de Foix était. On voyait en la salle et ès chambres et en la cour chevaliers et écuyers d'honneur aller et marcher, et d'armes et d'amour les oyait-on parler. Toute honneur était là-dedans trouvée. Nouvelles de tous pays on y apprenait; car, pour la vaillance du seigneur, elles y appleuvaient et venaient (1). »

Mais il n'était pas dans la nature des choses humaines, qu'une vie si prospère fût exempte de chagrins, et le comte de Foix, comme tous ses semblables de haut ou de bas étage, devait passer par le « Pont des Soupirs » pour aller au tombeau. Comme ses vertus étaient le résultat d'une noble nature, occupée à de grandes choses, et luttant avec succès contre les éléments confus de société qui existaient autour de lui, ses défauts provenaient aussi de l'influence énervante d'une longue prospérité sans point d'arrêt. Avec toute sa sagesse, sa prudence et sa connaissance des hommes, il était impérieux et ne soufffrait pas de contradiction dans sa colère.

Quand ses soupçons étaient éveillés, ou ses passions excitées, il n'était plus possible de lui persuader qu'il pût y avoir

---

(1) Froissart, liv. III, p. 400, et liv. III, *passim.*

d'autre bonne opinion que la sienne, et il finissait par commettre des actes de violence. Mandant un jour en sa présence son cousin Pierre Arnault de Berne, il le pria, pour obliger le duc d'Anjou, de livrer le château de Lourdes qu'il tenait sous serment d'hommage à Édouard III d'Angleterre ; et le châtelain ayant refusé par la raison qu'il le tenait du roi d'Angleterre et qu'il ne pouvait le livrer sans son ordre, le comte, blême de colère, en voyant près de lui quelqu'un qui eût une autre volonté que la sienne, tira brusquement son poignard et le frappa à mort.

Ce n'était pas là cependant la tache de sang qui pesait sur son cœur et qui empoisonna le reste de sa vie. Gaston fit descendre prématurément au tombeau l'héritier pour lequel il avait eu tant de sollicitude et donna ses grands trésors, ainsi que ses vastes domaines, à quelqu'un qu'il détestait. On parlait rarement de cela à Orthez. Le prudent chevalier, dont Froissart obtint la plus grande partie de ses renseignements sur la vie et la cour du comte de Foix, fut muet sur ce chapitre. Après beaucoup de questions infructueuses, l'infatigable chroniqueur apprit d'un vieil écuyer bien connu à Orthez que le comte de Foix et la comtesse, sœur de Charles le Mauvais, roi de Navarre, avaient été pendant longtemps étrangers l'un à l'autre. Cet éloignement, d'après ce qu'il apprit, provenait de ce que Charles le Mauvais s'était offert de servir de caution au sire d'Albret, que le comte retenait alors en prison pour la somme de cinquante mille francs. Mais comme le comte connaissait très-bien la mauvaise foi de son beau-frère, il ne voulut point accepter sa garantie, ce qui mortifia tellement la comtesse, qu'elle dit un jour à son mari :

« Monseigneur, vous portez peu d'honneur à monseigneur mon frère, quand vous ne lui voulez croire cinquante mille francs. Et vous savez que vous me devez assigner pour mon douaire cette somme et la mettre en la main de monseigneur mon frère; si, ne pouvez être mal payé.

— Dame, vous dites vrai, répondit le comte ; mais si je croyais que le roi de Navarre dût là contourner cette somme, jamais le sire d'Albret ne sortirait d'Orthez si serais payé jusques au dernier denier, et puisque vous en priez je le ferai, non pas pour l'amour de vous, mais pour l'amour de mon fils. »

En conséquence, le comte de Foix accepta la garantie de Charles le Mauvais, et renvoya le sire d'Albret, qui acquitta sa dette à loisir envers le roi de Navarre ; mais ce dernier ne fit jamais passer le moindre argent au comte. Cette conduite du roi de Navarre irrita tellement le comte de Foix, qu'il dit à sa femme :

« Dame, il vous faut aller en Navarre devers votre frère le roi, et lui dites que je me tiens mal content de lui, quand il ne m'envoie ce qu'il a reçu du mien. »

La comtesse entreprit volontiers le voyage de Pampelune et remit le message de son mari, auquel le roi de Navarre répondit :

« Ma belle-sœur, l'argent est vôtre, car le comte de Foix vous en doit donner, ni jamais du royaume de Navarre ne partira, puisque j'en suis au-dessus.

— Ha! monseigneur, s'écria la comtesse, vous mettez trop grand'haine par cette voie entre monseigneur et nous, et si vous tenez votre propos, je n'oserai retourner en la comté de Foix, car monseigneur m'occirait et dirait que je l'aurais déçu.

— Je ne sais que vous ferez, reprit froidement le roi, si vous demeurerez ou retournerez ; mais je suis chef de cet argent et à moi en appartient pour vous, mais jamais ne partira de Navarre. »

Ce fut la seule réponse que la comtesse pût jamais obtenir de son frère ; et craignant le ressentiment de son mari, elle ne retourna plus à Orthez.

Les choses restèrent en cet état entre le mari et la femme jusqu'au moment où Gaston, leur fils, eut atteint l'âge de quinze à seize ans, époque vers laquelle il fut fiancé à Béatrix fille du comte d'Armagnac, appelée « la *gaie* Armagnaçoise » à cause de sa grande beauté (1). Gaston lui-même était un jeune et galant chevalier, et avait beaucoup de ressemblance avec son père. Par malheur, il se rendit en Navarre pour voir sa mère; et après avoir demeuré quelque temps avec elle, il retourna à Pampelune afin de prendre congé de son oncle, qui le retint pendant dix jours, au bout desquels il le renvoya avec beaucoup de présents. Parmi ces présents figurait une jolie bourse remplie de poudre. Avant de prendre congé de lui, le roi prit le jeune homme à part et lui dit :

« Gaston, beau neveu, vous ferez ce que je vous dirai. Vous voyez comment le comte de Foix votre père a, à son tort, en grand'haine votre mère, ma sœur, et ce me déplaît grandement, aussi doit-il faire à vous. Toutefois, pour les choses réformer en bon point et que votre mère soit bien de votre père, vous prendrez un petit de cette poudre et en mettrez sur la viande de votre père et gardez bien que nul ne vous voie. Et sitôt comme il en aura mangé, il ne finira jamais ni n'entendra à autre chose, lorsqu'il puisse r'avoir sa femme votre mère avec lui, et s'entr'aimeront à toujours si entièrement que jamais, ni se voudront départir l'un de l'autre ; et tout ce devez-vous grandement convoiter qu'il avienne, et gardez bien que de ce que je vous dis vous ne vous découvrez à homme qui soit qui le dise à votre père, car vous perdriez votre fait. »

(1) Froissart, liv. III, p. 401, dit qu'ils étaient mariés; mais on peut inférer de la grande jeunesse du fils de Gaston Phœbus, aussi bien que du vrai sens des paroles du chroniqueur béarnais, probablement mieux informé que Froissart d'un événement national, que les parties étaient seulement fiancées. *Et fot jurat lo matrimoni de Gaston et la filha d'Armanhac, son nom Madona Beatriz, vulgarment appelada la gaya Armanhaguesa.* Miguel del Vermes, p. 587.

Le jeune homme promit de faire sans hésiter ce que lui demandait son oncle. Il quitta Pampelune et revint à Orthez, où il fut cordialement reçu par son père, qui lui demanda quelles nouvelles il rapportait de Navarre et quels présents il avait reçus. Le jeune homme les énuméra tous, mais sans parler de la bourse à la poudre.

En ce temps-là, Gaston et son frère naturel Ivain, qui avait à peu près le même âge et la même taille, couchaient souvent ensemble et portaient les habits l'un de l'autre. Un jour qu'ils jouaient sur leur lit et échangeaient leurs habits, celui de Gaston tomba avec la bourse sur le lit d'Ivain. Ce dernier, qui était quelque peu malicieux, lui demanda :

« Gaston, quelle chose est-ce que vous portez tous les jours à votre poitrine ?

— Rendez-moi ma cotte, Ivain, reprit vivement Gaston; vous n'en avez que faire. »

Trois jours après, tandis que les jeunes gens jouaient au jeu de paume, Gaston s'emporta contre Ivain et lui donna un soufflet, ce qui mit fin au jeu. Ivain alla en pleurant trouver son père, qui lui demanda ce qui s'était passé. Le jeune homme répondit que Gaston l'avait battu, mais qu'il méritait d'être battu à son tour autrement que lui-même.

« Pourquoi ? dit vivement le comte.

— Par ma foi! répondit le jeune homme; depuis qu'il est retourné de Navarre, il porte à sa poitrine une boursette toute pleine de poudre; mais je ne sais à quoi elle sert, ni que il en veut faire, fors tant qu'il m'a dit une fois ou deux que madame sa mère sera bientôt et bien bref mieux en votre grâce qu'oncques ne fut.

— Oh! s'écria le comte, profondément ému; tais-toi et garde bien que tu ne te découvres à nul homme du monde ce que tu m'as dit. »

Le comte de Foix conçut aussitôt de sombres soupçons.

Il se tint renfermé chez lui jusqu'à l'heure du dîner et se mit ensuite à table comme d'habitude. C'était ordinairement Gaston qui passait les plats à son père et qui goûtait les mêts. Dès qu'il eut placé les premiers plats devant lui, le comte le regarda, et apercevant les cordons de la bourse, qui sortaient de son habit, il ordonna au jeune homme de s'approcher; puis, prenant un couteau, il coupa les cordons de la bourse, dont il s'empara aussitôt.

« Quelle chose est-ce en cette boursette? » demanda-t-il.

Le pauvre jeune homme fut tellement surpris, qu'il ne put répondre un mot; mais il devint pâle de frayeur et se mit à trembler, car il se sentait perdu. Le comte ouvrit le sachet, mit un peu de poudre sur un morceau de pain et, appelant un lévrier qui se trouvait là, il le donna à manger à l'animal. A peine le chien eut-il mordu à ce morceau de pain, qu'il s'affaissa sur lui-même et mourut instantanément.

En voyant l'effet produit par la poudre sur le chien, le comte se leva précipitamment de table, saisit un couteau et allait frapper son fils, lorsque plusieurs chevaliers et écuyers s'élancèrent au devant de lui et le supplièrent de ne rien précipiter avant d'avoir pris de plus amples informations et de s'être éclairé sur toute cette affaire. Retenu un instant par l'intervention de ses chevaliers, il s'écria dans son dialecte gascon :

« O Gaston, traître! Pour toi et pour accroître l'héritage qui te devait retourner j'ai eu guerre et haine au roi de France, au roi d'Angleterre, au roi d'Espagne, au roi de Navarre et au roi d'Aragon, et contre eux je me suis bien tenu et porté, et tu me veux maintenant meurtrir. Il te vient de mauvaise nature. Sache que tu en mourras à ce coup. »

Puis, sautant par-dessus la table et brandissant son couteau, il voulut tuer son fils, qui n'opposait aucune résistance; mais les chevaliers et les écuyers tombèrent à ses genoux et le supplièrent les larmes aux yeux, pour l'amour de Dieu, de ne pas tuer Gaston, qui était son fils unique. Ils ajoutèrent qu'en ouvrant une enquête, on reconnaîtrait sans doute que le jeune homme ignorait ce que contenait la bourse. Grâce à cette intervention, le comte se contenta d'enfermer Gaston dans la tour et de le faire garder à vue; mais sa fureur, un instant apaisée, se ralluma avec plus de violence sur les gens de la suite de son fils. Plusieurs d'entre eux prirent la fuite; malheureusement quinze beaux et galants jeunes gens de sa cour furent mis à mort de la manière la plus cruelle, sous le prétexte qu'il était impossible qu'ils ne connussent point le secret de leur jeune maître et qu'ils auraient dû le révéler.

Le comte ne se trouvait pas complétement satisfait de l'emprisonnement de son fils. Il convoqua à Orthez une assemblée de prélats, de nobles et d'autres personnages notables de Foix et de Béarn, leur représenta le crime commis par son fils et leur déclara qu'il méritait la mort. L'assemblée, d'une voix unanime, répondit en émettant une opinion contraire.

Cet avis, prononcé à l'unanimité, en imposa un peu au comte, qui se décida à infliger à son fils deux ou trois mois de prison et à l'envoyer ensuite voyager pendant quelques années, jusqu'à ce que son crime fût oublié. Après cela, il congédia l'assemblée; mais les seigneurs du comté de Foix se montrèrent peu disposés à quitter Orthez avant que le comte leur eût donné l'assurance formelle que Gaston ne serait pas mis à mort. Pendant ce temps, le malheureux enfant était soumis à un cruel et rigoureux emprisonnement dans la tour d'Orthez, où l'on prenait peu de soin de lui et où il n'avait personne qui pût lui donner des conseils ou des consolations. Il porta pendant dix jours consécutifs, sans en changer, les mêmes habits qu'il avait sur lui en entrant dans l'obscur réduit de la prison, et il ne voulut toucher à aucun des mêts qu'on lui présenta.

Le serviteur qui veillait sur lui, voyant cet abattement, informa le comte que Gaston voulait se laisser mourir de faim, car il n'avait rien mangé depuis son entrée en prison. En apprenant la triste résolution de son fils, que ce père inexorable considéra comme une obstination et un nouvel acte de résistance à son autorité, le comte entra dans un violent accès de colère; sans dire un mot, il sortit de son appartement, tenant à la main un long couteau dont il se servait habituellement pour couper et nettoyer ses ongles, et se rendit à la prison. Il ouvrit la porte et s'approcha de l'enfant glacé de terreur, en tenant la lame de son couteau par la pointe, de telle manière que la longueur de la lame à découvert avait à peine l'épaisseur d'un liard; malheureusement, en avançant cette pointe sur la gorge de son enfant, il lui piqua une veine du cou en s'écriant:

« Ah! traître! Pourquoi ne manges-tu pas? »

Sans ajouter un mot, le comte sortit ensuite brusquement de la prison. Quant au pauvre enfant, que l'arrivée de son père avait terrifié, affaibli qu'il était par le jeûne et sentant le couteau posé sur sa gorge, il s'était affaissé pour ne plus se relever.

A peine le comte était il rentré dans ses appartements, que le domestique chargé de la surveillance du jeune Gaston vint l'informer que son fils était mort.

« Mort! s'écria le comte.

— Que Dieu me bénisse, dit le serviteur, mais c'est la vérité. »

Le malheureux père ne voulait pas croire encore à cette nouvelle, et il envoya un de ses chevaliers présents s'assurer du fait. Le chevalier revint bientôt et confirma la triste nouvelle. Alors le comte, au comble de la douleur, déplora amèrement cette mort.

« Ah! Gaston, comme pauvre aventure ci a! A male heure pour toi et moi, allas oncques en Navarre voir ta mère. Jamais je n'aurais si parfaite joie comme j'avais devant. »

Il manda ensuite son barbier, et se fit raser. Lui-même et toute sa maison prirent le deuil.

« Ainsi en alla que je vous conte de la mort de Gaston de Foix, ajoute Froissart, en terminant le récit de ce triste événement ; son père l'occit vraiment, mais le roi de Navarre lui donna le coup de la mort (1). »

Le comte de Foix continua à être mêlé à beaucoup d'importantes affaires durant le reste de sa vie et se laissa conduire, comme par le passé, par les mêmes maximes de saine prudence qui l'avaient toujours guidé dans la première partie de sa carrière. Il amassa encore de grands trésors, mais il les dépensait libéralement. Bien qu'on eût pu conclure que l'avarice chez lui s'ajoutait à d'autres vices, une aventure qui arriva vers la fin de ses jours, et qui pourtant n'a rien d'extraordinaire si on envisage les mœurs de l'époque, ne contribua pas à présenter sous un jour favorable le caractère du comte de Foix. Jeanne de Boulogne, fille de sa cousine Éléonore de Comminges et de Jean, comte de Boulogne, avait été laissée chez lui par sa mère à l'âge de trois ans. Depuis ce moment, il n'avait cessé de veiller sur elle et l'avait fait instruire jusqu'à l'âge de douze ans, quand elle fut demandée en mariage par le duc de Berry, oncle du roi de France (2). Le vieux duc, qui avait perdu sa première femme, sœur du comte d'Armagnac, n'ayant pu obtenir la main d'une fille du duc de Lancastre, tourna ses vues vers la pupille du comte de Foix ; et il poursuivit son but avec une ardeur en raison directe de l'apparente indifférence du comte.

Pour mieux réussir dans son entreprise, le duc implora l'appui du roi et de son frère le duc de Bourgogne. Le roi rit de bon cœur de ce projet et, comme le duc de Berry était alors assez vieux, il lui dit :

---

(1) Froissart, liv. III, pp. 400-404.
(2) Cet incident eut lieu au commencement du règne de Charles VI.

« Bel oncle, que ferez-vous d'une telle fillette? Elle n'a que douze ans, et vous en avez soixante. Par moi c'est grand'folie pour vous de penser de cette chose; faites-en parler pour Jean, beau cousin votre fils, qui est jeune et à venir. La chose est mieux pareille à lui qu'elle ne soit à vous.

— Mon seigneur, reprit le duc, on en a parlé, mais le comte de Foix, à qui il tient, n'y veut entendre, et crois que c'était que mon fils vient d'Armagnac, et ils ne sont pas en trop bon amour ensemble. Mais la fille de Bourgogne, je l'épargnerai trois ou quatre ans, tant qu'elle soit femme et parcrue.

— Voire, dit le roi, mais elle ne vous épargnera pas. » Puis il ajouta toujours en riant : « Bel oncle, puisque nous voyons que vous avez si bonne affection à ce mariage, nous y entendons volontiers, c'est raison. »

Le comte de Foix, qui vit l'ardent désir du duc de Berry, traita vaguement et froidement la question du mariage et répondit seulement par des lettres qui firent traîner les négociations en longueur, non qu'il fût réellement opposé à cette alliance, mais parce qu'il voulait obtenir les meilleures conditions possibles du vieux duc amoureux. Enfin, sur les instances du roi de France et du duc de Bourgogne, il consentit à donner la jeune fille pour trente mille francs, afin de s'indemniser, disait-il, de neuf années de tutelle (1).

Tel était l'homme, avec ses qualités et ses défauts, auquel le Prince-Noir confia la principauté d'Aquitaine pendant son expédition en Espagne; il n'aurait certainement pu la laisser entre des mains plus sûres.

---

(1) Froissart, liv. III, p. 396 et pp. 757, 758. Le comte de Foix mourut subitement en 1391, à la chasse à l'ours dans les bois d'Orthez. *Ibid.*, liv. IV, p. 119.

CHAPITRE IV.

Le Prince-Noir traverse les Pyrénées et entre en Espagne. — Henri se décide,
contre l'opinion de Du Guesclin, à livrer bataille aux envahisseurs. —
Premiers avantages remportés par les Castillans. — Bataille de Navarete ou de
Najaro. — Défaite d'Henri. — Bertrand Du Guesclin
est fait prisonnier.

Le prince de Galles, ayant fait tous ses préparatifs, se mit en marche par les Pyrénées vers le milieu du mois de février de l'an 1367. Il divisa son armée, qui se montait à dix mille hommes d'armes et autant d'archers, outre les fantassins, en trois corps. Le premier corps, placé sous le commandement nominal du duc de Lancastre, mais que commandait en réalité sir John Chandos, traversa le premier le pas de Roncevaux ; le second corps, conduit par le prince en personne et par Pierre le Cruel, le suivit le lendemain, et l'arrière-garde, sous les ordres de Jacques, roi titulaire de Mayorque (1), et des chefs gascons, se mit en route le troisième jour : quoique la marche de l'armée et surtout du

---

(1) Jacques II, roi de Mayorque, père du Jacques dont il est ici question, avait été détrôné par Pierre IV, roi d'Aragon, qui réunit ses États à l'Aragon par acte du 29 mars 1344. Raynaldus, *Annal. ecclés.*, 1343, §§ 26, 31.

corps commandé par le prince de Galles fût entravée par les grands vents et par la neige qu'elle rencontra sur son passage, elle atteignit saine et sauve le voisinage de Pampelune. Cependant, Henri, grâce à son activité et secondé par la terreur que le retour de Pierre inspirait à tous ses sujets, avait réuni une troupe considérable tant à pied qu'à cheval, outre un renfort de quatre mille combattants qui devait lui arriver sous les ordres de messire Bertrand Du Guesclin, qu'il attendait de jour en jour. Il était d'autant plus impatient d'avoir près de lui ces auxiliaires qu'il n'aurait pas voulu engager d'affaire sans eux. En apprenant qu'Édouard avait quitté la Navarre et était entré dans la province d'Alava, sur la route de Burgos, Henri passe l'Ebre et établit son camp dans un hameau près de la ville de Trevino. Il y apprit que six cents Castillans, cavaliers et *genetours* (1), qu'il avait envoyés pour prendre la ville d'Agreda, avaient déserté ses drapeaux et s'étaient ralliés à l'armée du prince de Galles; mais il fut plus que dédommagé de cette défection par l'arrivée de messire Bertrand Du Guesclin, du maréchal d'Audeneham, du bègue de Villaines et de plus de trois mille soldats français et aragonais. Ce fut là encore qu'Henri reçut une lettre de Charles V, roi de France, qui lui écrivait pour lui conseiller d'éviter une bataille avec le prince de Galles, car Charles avait si peu de confiance dans l'issue d'un combat, par l'expérience de la fatale journée de Poitiers, que depuis il ne voulut jamais consentir à aucun engagement quand il pouvait obtenir un avantage d'une autre manière. Il engagea donc for-

---

(1) Llaguno, l'éditeur d'Ayala, établit entre ces troupes la distinction suivante : « Les cavaliers castillans étaient des gens d'armes, armés de toutes pièces, qui faisaient usage de longs étriers, tandis que les *genetours*, montés sur des *genets*, étaient de la cavalerie andalouse, armée à la légère, mais très-utile, avec des étriers courts, et ayant pour armes une lance et un bouclier en cuir ovale. » *Cronica del rey don Pedro*, p. 337, note 3.

tement Henri à éviter d'en venir aux mains avec le Prince-Noir, qui avait avec lui la fleur de la chevalerie du monde entier; et il lui conseilla de faire la guerre d'une autre façon, le prince et les grandes compagnies ne pouvant rester longtemps inactifs en Castille. A ce judicieux conseil du roi de France, Bertrand du Guesclin, le maréchal d'Audeneham et les autres chefs français ajoutèrent tout le poids de leur influence; mais, à leurs observations, Henri répondit que les membres de son conseil privé, et les personnes fidèles qui l'entouraient, étaient d'avis que s'il laissait percer quelque crainte sur le résultat d'un engagement avec Édouard, il se verrait abandonné de tous les nobles du royaume, exemple que suivraient les cités et les villes, car on redoutait extrémenent le retour de Pierre au pouvoir; mais que, s'ils le voyaient décidé à risquer une bataille, ils courraient les chances de la victoire. Il ajouta que cette opinion de son conseil concordait avec la sienne propre et il termina en disant aux chevaliers français qu'il serait dangereux de laisser soupçonner qu'il fuyait le combat, d'abandonner sans défense les cités, les villes et les terres appartenant à ses partisans, et que puisqu'il en était ainsi il remettait entre les mains de Dieu le soin des événements.

La décision d'Henri et de son conseil se fondait sans doute sur l'exemple tout récent de ce qui était arrivé à Pierre, qui avait perdu son royaume faute de courage pour le défendre, sans tenir suffisamment compte de l'estime différente que leurs sujets faisaient d'eux; car, tandis qu'Henri était populaire auprès de toutes les classes, Pierre était aussi haï que redouté. Ayant donc résolu de ne pas éviter la bataille, Henri parut disposé à prendre toutes les précautions que dictait la prudence, et, en apprenant que la ville de Salvatierra, dans la province d'Alava, près des frontières de la Navarre, s'était rendue à Pierre, il changea la position de son armée et assit son camp sur une hauteur près du château de Zaldiaran, où on ne pouvait l'attaquer sans courir beaucoup de risques (1).

Édouard, en quittant la Navarre, passa par la ville de Salvatierra, et prit position devant Vittoria, sur la route de Burgos, où il campa pendant six jours dans l'espérance qu'Henri l'attaquerait; car le pays derrière lui était si pauvre et à ce point dévasté, que la plus grande disette régnait dans son camp et avait pris de telles proportions, qu'avant qu'il quittât ce campement, un petit morceau de pain se vendait, dans son armée, un florin. Un des soldats de Chandos, qui parlait un jour de ses grandes richesses et de son extrême besoin, s'exprimait ainsi : « Plût à Dieu que j'eusse un verre de vin tant seulement et trois morceaux de pain sans plus, m'eût-il coûté cent marcs de bon argent (2) ! »

Cependant Henri garda sa position de Zaldiaran et envoya un fort détachement sous les ordres de son frère don Tello, du comte de Denia et d'autres nobles Espagnols, pour harceler le prince et empêcher ses fourrageurs de faire des provisions. Ces nobles Espagnols, avec un corps de six mille chevaux, attaquèrent d'abord et taillèrent en pièces un détachement commandé par sir Hugh Calverly et poursuivirent ce chef jusque dans le camp anglais. Exaltés par ce succès, ils attaquèrent les lignes du duc de Lancastre, réveillèrent tout le camp du prince de Galles et, après quelques faits d'armes particuliers entre les chevaliers anglais et gascons d'un côté et les Espagnols de l'autre, ceux-ci se retirèrent en bon ordre vers leur armée. A leur retour, ils rencontrèrent sir Thomas Felton, son frère William (3) et quelques autres chevaliers avec deux cents

---

(1) Ayala, *Cronica del rey don Pedro*, pp. 438-455. — Froissart, liv. I, part II, pp. 525-528.

(2) Froissart, liv. I, part. II, p. 531. — Cuvelier, v. 11,540.

(3) C'est ce même William Felton dont il sera question plus loin et

hommes d'armes et autant d'archers, que l'on avait envoyés reconnaître, pour en rendre compte, la position d'Henri. Quand les chevaliers anglais s'aperçurent que les Espagnols se préparaient à les attaquer, ils prirent avantage d'une éminence voisine et y déployèrent leurs forces, afin de se défendre du mieux qu'ils pourraient. Pendant que les Espagnols se disposaient à combattre, sir William Felton, ne voyant aucun moyen d'échapper à un corps aussi considérable, descendit hardiment la colline, la lance en arrêt, et, donnant de l'éperon à son cheval, il se précipita au milieu des ennemis et frappa un Castillan avec tant de force, que la lance, perçant l'armure, lui passa à travers le corps et le laissa mort sur la place. Mais le brave chevalier fut bientôt entouré, et, après une belle mais inutile défense, il fut écrasé par le nombre et tué. Don Tello donna ensuite l'ordre d'attaquer les Anglais, qui avaient pris position sur la colline et qui opposèrent une vaillante défense; mais ils ne pouvaient tenir contre cette masse d'adversaires et ils furent tous tués ou faits prisonniers (1).

Henri fut grandement réjoui de ce premier succès : il exprima à son frère, don Tello, la joie que lui causait sa bonne fortune en présence de Bertrand Du Guesclin et d'autres chefs français, et parut augurer un heureux résultat pour la lutte décisive; mais le maréchal d'Audeneham, vieux soldat expérimenté, qui ne partageait pas ces espérances, s'avança et dit :

« Sire, sauve soit votre grâce, je ne vous veux reprendre de votre parole, mais je la veux un petit amender; et vous dis que, quand par bataille vous attaquerez au prince, vous trouverez là gens d'armes; car là est toute la fleur de toute la cheva-

qui fut l'adversaire de Du Guesclin dans le procès relatif au gage de combat jugé par le parlement de Paris.

(1) Ayala, *Cronica del rey don Pedro*, pp. 445, 446. Froissart, liv. I, part. II, pp. 528-530.

lerie du monde; et les trouverez durs, sages et bien combattants, ni jà pour mourir plein pied ne fuiront : si avez bien besoin que vous ayez avis et conseil sur ce point. Mais si vous me voulez croire, vous les déconfirez tous sans coup férir ; car, si vous faisiez tant seulement garder les détroits et passages, par quoi pourvéance ne leur pussent venir, vous les affameriez et déconfiriez par ce point; et retourneraient en leur pays sans arroy et sans ordonnance, et lors les auriez-vous à votre volonté.

— Maréchal, répondit Henri à ce sage conseil, par l'âme de mon père! je désire tant à voir le prince, et d'éprouver ma puissance à la sienne, que jà ne nous partirons sans bataille; et Dieu merci, j'ai et aurai bien de quoi, car tout premièrement jà sont en notre armée sept mille hommes d'armes, montés chacun sur un bon coursier, et tous couverts de fer, qui ne redouteront trait, ni archer. En après j'ai bien vingt mille d'autres gens d'armes, montés sur genêts et armés de pied en cap. De surplus j'ai bien soixante mille hommes de communautés à lances et à piques, à dards et à boucliers, qui feront un grand fait; et tous ont juré que point ne faudront jusques à mourir, si que, Dam Maréchal, je ne me dois mie ébahir, mais conforter grandement en la puissance de Dieu et de mes gens (1). »

Édouard, d'après les démonstrations hostiles de ses ennemis quand il campait devant Vittoria, s'attendait tous les jours à une bataille. Ce fut là que Pierre reçut l'ordre de chevalerie, que le prince conféra aussi à Thomas Holland, son beau-fils, ainsi qu'à plusieurs autres. En même temps, le duc de Lancastre, sir John Chandos et quelques-uns des autres chefs, créèrent des chevaliers au nombre de plus de trois cents (2).

---

(1) Froissart, liv. I, part. II, pp. 530, 531.
(2) Au sujet de la création de chevaliers avant et après une bataille,

Comme Henri ne paraissait pas disposé à quitter sa forte position ni à lui offrir la bataille, et que la disette augmentait de jour en jour dans son armée, Édouard, sur l'avis d'un conseil de guerre, résolut de lever le camp et de chercher à pénétrer en Castille par quelque autre point. En conséquence il mit son armée en route et, rentrant en Navarre, il longea les frontières jusqu'au pont de l'Ebre vis-à-vis Logroño, qu'il traversa, et prit position non loin de cette ville près du village de Navarrete. En même temps Henri, qui avait attentivement observé les mouvements du prince, abandonna précipitamment sa position à Zaldiaran, repassa l'Ebre et dressa son camp près la ville de Najara, sur la Najarilla, affluent de l'Ebre; c'était une rivière de peu d'importance, mais profondément encaissée entre de hautes rives et juste en face de la position prise par Édouard à la distance de quatre ou cinq lieues. Tandis que les armées ennemies étaient ainsi campées sur les deux rives opposées de la Najarilla, Henri et Édouard échangèrent des lettres dans lesquelles ils essayaient, chacun de son côté, de justifier le but qu'ils poursuivaient; mais cette correspondance n'eut d'autre résultat que de laisser croire probablement à Henri que la lettre d'Édouard était un défi; car, dès qu'il l'eut reçue, il résolut témérairement de traverser l'étroite rivière qui lui avait servi de retranchement naturel et, contre l'avis de plusieurs de ses plus habiles capitaines, d'offrir la bataille à son adversaire dans la plaine en face de Navarrete (1).

La résolution inconsidérée d'Henri d'abandonner tous les avantages de sa position fut prise contre l'avis formel de Ber-

voir Sainte-Palaye, *Mémoires sur l'ancienne chevalerie*, p. 210, note 15. Quatre cent soixante-sept chevaliers français, dit-il, furent faits avant la bataille de Rosbeck, en 1382, et cinq cents avant celle d'Azincourt, en 1415.

(1) Froissart, liv. I, part II, p. 538. — Rymer, t. III, part. II, pp. 823, 824. — Ayala, *Cronica del rey don Pedro*, pp. 447-454.

trand Du Guesclin, qui lui conseillait de se fortifier par des fossés et de couvrir son front avec les chariots de l'armée ; car, disait-il, l'ennemi serait forcé de battre en retraite et se sauverait devant lui comme un cerf devant les chiens ; qu'alors le roi le pourrait poursuivre et le prendre quand il le voudrait. Cet avis du Du Guesclin fut violemment combattu par le comte de Denia, commandant des auxiliaires aragonnais, qui l'attribuait à la crainte ou à l'indifférence qu'il avait pour les plus chers intérêts du roi. Du Guesclin repoussa énergiquement cette insinuation :

« Par le mien serment, dit-il, si demain combattons, nous serons déconfis, et serai mort ou pris ! Grand meschef en viendra sur le roi et sa gent ; mais pour tant que parlé en avez et ainsi m'avez reproché vilainement, demain leur livrerons bataille, et là pourra-t-on voir de moi le bon talent, ne se je suis traître et couard (1). »

Le Prince-Noir était trop bon général pour n'être pas enchanté de voir son ennemi abandonner les avantages de sa position ; car, embarrassé comme il l'était lui-même par la disette dont souffrait son armée et avec un corps des meilleures troupes du monde, il avait tout à gagner en engageant une bataille en rase campagne. Aussi, quand on lui eut appris qu'Henri approchait, s'écria-t-il :

« Par ma foi ! ce bâtard Henri est un vaillant chevalier et hardi, et lui vient de grand prouesse et grand hardiment de nous chercher ainsi. »

Le lendemain 3 avril 1367, qui était un samedi, les deux armées parurent dans les plaines de Navarrete. Les forces du prince de Galles montaient à quarante mille hommes environ, dont dix mille gens d'armes, dix mille archers et le reste fantassins. Ces forces furent divisées en quatre corps. Le pre-

---

(1) Cuvelier, vv. 11,370-11,411.

mier était commandé par le duc de Lancastre, sous la direction de sir John Chandos; le second par le comte d'Armagnac et les chefs gascons; le troisième par le captal de Buch, et le quatrième par Édouard et Pierre le Cruel. De l'autre côté, l'armée de Henri était composée de quatre mille gens d'armes, seize mille genetours, et d'un corps d'infanterie irrégulière de quarante à soixante mille hommes armés de lances, de piques, de traits, d'épées et d'épieux. Cette armée était également divisée en quatre corps, dont le premier était commandé par messire Bertrand Du Guesclin; le second par dom Tello; le troisième par le comte de Denia, et le quatrième par Henri en personne. Quand toutes ses troupes furent rangées en bataille, Henri, monté sur une mule forte et agile, selon l'usage du pays, parcourut les rangs de son armée, passant devant tous les chefs, les conjurant de faire en ce jour tous leurs efforts pour sauver son honneur (1).

Dans le parti opposé, sir John Chandos, un peu avant l'engagement, s'avança vers le prince de Galles, sa bannière encore pliée entre ses mains, et lui dit:

« Monseigneur, voici ma bannière, je vous la baille, par telle manière qu'il vous plaise, à développer, et qu'aujourd'hui je la puisse lever; car, Dieu merci, j'ai bien de quoi, terre et héritage, pour tenir état ainsi qu'il appartient à ce. »

Le prince prit la bannière, « qui était d'argent à un pel aiguisé de gueules, » la déploya, et la lui rendit ensuite par la hampe, en disant:

« Tenez, messire Jean, voici votre bannière; Dieu vous en laisse votre épreuve faire. »

Sir John Chandos, créé ainsi chevalier banneret, reprit sa bannière et la porta au milieu de ses gens, en s'écriant:

---

(1) Ayala, *Cronica del rey don Pedro*, pp. 440-443. — Froissart liv. I, part. II, pp. 524, 533, 536.

« Seigneur, voici ma bannière et la vôtre ; or la gardez ainsi que la vôtre (1). »

Les deux armées commencèrent leur mouvement de très-bonne heure, et, comme c'était un spectacle rare de voir des masses de cent cinquante mille soldats ensemble, il a été décrit avec quelques détails par les chroniqueurs. « Si était-ce grand soulas, dit Froissart, de considérer les bannières, les pennons et la noble armoirie qui là était (2). »

Les troupes du Prince-Noir se distinguaient par la croix rouge de Saint-Georges sur leurs boucliers et leurs bannières, tandis que celles d'Henry n'avaient que des écharpes. Avant de donner l'ordre de commencer la bataille, Edouard fit une courte mais fervente prière pour le succès de ses armes en cette journée, et, tendant ensuite la main à Pierre le Cruel, il lui dit :

« Sire roi, vous saurez aujourd'hui si jamais vous aurez rien au royaume de Castille. »

Le prince donna ensuite l'ordre : « En avant! en avant! bannières ! Au nom de Dieu et de saint Georges. »

---

(1) Froissart, liv. I, part. II, p. 534. Cette cérémonie avait pour objet de conférer à sir John Chandos le grade de chevalier banneret. Sainte-Palaye fait remarquer que, si un chevalier était assez puissant pour fournir à l'État un certain nombre d'hommes d'armes et les entretenir à ses propres dépens, il avait le droit d'ajouter à son simple titre de chevalier le titre plus élevé et plus noble de chevalier banneret. La marque distinctive de ces chevaliers bannerets consistait en un étendard carré qu'ils portaient au bout de la lance, tandis que ceux des simples chevaliers étaient allongés aux deux extrémités, comme les bannières en usage dans les églises. *Mémoires sur l'ancienne chevalerie*, pp. 259, 260. — Du Cange fait entre eux la distinction suivante : « Les chevaliers du premier ordre sont des barons ou bannerets, qui ont le droit de porter des étendards en guerre, tandis qu'un chevalier du second ordre ou un simple chevalier était *chevalier d'un bouclier*, à cause que, dans les expéditions militaires, il n'avait pas de chevalier vassal sous lui. » *Glossarium*, au mot *Miles*.

(2) Froissart, liv. I, part. II, p. 534.

Dès que les deux armées furent en présence, les frondeurs espagnols s'avancèrent et blessèrent d'abord beaucoup d'Anglais avec les pierres lancées de leurs frondes avec beaucoup de force ; mais, lorsque les archers anglais ripostèrent à coup de flèches, ils prirent tous la fuite et il ne fut plus possible de les ramener à la charge. Néanmoins, ni les frondeurs, ni les archers, n'auraient pu décider du sort de la bataille. Tout le fort du combat fut supporté par les hommes d'armes des deux côtés, qui descendirent de cheval, se formèrent en rangs serrés sous leurs chefs respectifs et s'avancèrent à l'attaque. Bertrand Du Guesclin, qui commandait un corps de quatre mille hommes d'armes égaux en valeur et en discipline aux meilleures troupes de l'armée du prince, eut la chance de se trouver en face de la division du duc de Lancastre, « que Jean Chandos conseilla et gouverna ce jour-là en telle manière comme il fit jadis son frère le prince de Galles en la bataille de Poitiers. »

Ces divisions commencèrent le combat, les gens d'armes tenant leur lance à deux mains et poussant leurs cris de guerre respectifs : « Guyenne! Saint-Georges ! Castille, Saint-Jacques ! » Le choc fut si violent, que des deux côtés les lances tombèrent des mains. Il s'ensuivit une lutte acharnée corps à corps avec les épées, les poignards et les haches d'armes. L'attaque de la division de Bertrand Du Guesclin fut tellement irrésistible, que les adversaires furent d'abord forcés de lâcher pied. Sir John Chandos, le chef de la division opposée, qui s'était précipité dans la mêlée avec son ardeur et son impétuosité habituelle, fut assailli et renversé par un énorme Castillan appelé Martin Fernandez et renommé parmi ses compatriotes pour son courage et sa force. Dans la lutte, le Castillan tomba sur le chevalier anglais, l'étendit à terre et fit tout ce qu'il put pour le tuer. Malgré le grand péril auquel il était exposé sous la pression de son redoutable adversaire, sir John Chandos conserva son sang-froid ordinaire et, se souvenant du couteau qu'il portait habituellement sur lui, il le tira et en frappa si adroitement son ennemi dans le flanc et dans le dos, qu'il le blessa à mort et réussit enfin à se débarrasser de lui. Il sortit sain et sauf de ce dangereux combat au moment où ses hommes, qui étaient parvenus à percer la foule qui l'entourait, venaient à son secours.

De l'autre côté, quand Bertrand Du Guesclin, le maréchal d'Audeneham, le bègue de Villaines et les seigneurs et chevaliers français s'aperçurent que les ennemis pliaient, ils poussèrent avec un redoublement de vigueur ; mais ils ne purent conserver l'avantage momentané qu'ils avaient remporté, parce que, dans ce moment même, don Tello, qui commandait l'aile gauche de l'armée d'Henri, composée de mille gens d'armes et de dix mille fantassins, soit trahison ou lâcheté, dès qu'il vit avancer la division du comte d'Armagnac, abandonna lâchement le champ de bataille, suivi de tout son monde et sans coup férir. Le comte d'Armagnac, n'ayant plus d'ennemi à combattre, prit en flanc et en queue la division de Bertrand Du Guesclin, tandis que de son côté le captal de Buch, n'éprouvant pas la résistance qu'il attendait du comte de Denia, attaqua Bertrand par l'autre flanc, de sorte que le chevalier breton se vit cerné de tous côtés par ses ennemis. Henri, qui commandait les troupes irrégulières de son armée, mit en œuvre tout ce qu'il put de prières, de supplications, de courage et de fermeté pour prévenir la perte de la journée, et trois fois il ramena ses troupes en déroute. Avec un corps considérable de genetours il rétablit plusieurs fois l'ordre parmi ses soldats démoralisés et reforma ses rangs rompus ; mais il fut forcé de céder aux troupes plus habiles et mieux disciplinées du prince de Galles, qui se conduisit partout en bon chevalier, tandis que Pierre le Cruel combattait vaillamment et cherchait son frère sur le champ de bataille en s'écriant : « Où est ce fils de putain qui s'appelle roi de Castille ! » Henri fut enfin obligé de quitter le champ de bataille ; et, en passant par la ville de Najara, il changea son cheval de combat (1), qui était fatigué, contre un frais genet, et se sauva en Aragon. Sa fuite fut suivie d'un sanglant carnage de soldats dont un très-grand nombre se noyèrent en essayant de traverser la rivière (2).

Cependant Bertrand Du Guesclin et les gens d'armes de sa division, quoique attaqués de tous côtés, continuaient le combat avec la plus grande opiniâtreté ; et quand leur chef reçut de sir John Chandos la sommation de se rendre, il ne répondit pas un mot, mais, rajustant son casque, il étendit à ses pieds un homme d'armes anglais.

A la fin, cependant, voyant qu'autour de lui presque tous ses hommes étaient tués ou pris, Bertrand mit bas les armes à la seconde sommation du prince de Galles et fut fait prisonnier sous la bannière de sir John Chandos (3). Pierre le Cruel,

(1) Dans un curieux Mémoire de l'époque, conservé par Rymer, il est dit qu'un valet du Prince-Noir, nommé Franskyn Forsset, reçut 16 livres 13 shillings 4 pence pour avoir amené au roi d'Angleterre un cheval de bataille (*dextrarium*) appartenant à Henri, qui avait été pris à la bataille de Nazerr (Najara), en Espagne. *Fœdera*, vol. III, part. II, p. 823.

(2) Ayala, *Cronica del rey don Pedro*, pp. 454, 456; Froissart, liv. I, part. II, pp. 534-538. Les récits différents que font de cette sanglante bataille Ayala et Froissart, quoique variant d'une manière considérable quant aux détails, se contredisent rarement, au fond, et contribuent même l'un par l'autre à l'intelligence des divers incidents. On a suivi Ayala, quand les faits sont racontés différemment, parce qu'il a été témoin oculaire de la plupart des événements qu'il rappelle, et qu'il assistait à cette bataille, où il portait la bannière principale. *Cronica del rey don Pedro*, p. 441.

(3) L'ancien chevalier était peu disposé, s'il pouvait l'éviter, à se rendre à quelqu'un d'un rang inférieur au sien : on raconte du comte de Suffolk que, ayant été défait à Jargeau, il fut poursuivi par un homme d'armes français, appelé Guillaume Renault, à qui le comte demanda :

« Etes-vous gentilhomme ?

— Oui, répondit Renault.

— Etes-vous chevalier ? demanda encore le comte.

présent à cet acte, qui termina la bataille, éprouva un grand plaisir de la reddition des chefs français et pria Edouard de lui livrer Bertrand Du Guesclin et le maréchal d'Audeneham, offrant pour Bertrand son poids d'argent, qu'il promettait de trouver, « dût avoir en Espagne calice sur autel jamais en son vivant. » Mais Edouard connaissait trop bien le caractère sanguinaire de Pierre pour confier un seul instant un brave ennemi à sa garde. Il refusa donc positivement de livrer l'un ou l'autre des chevaliers français et remit Bertrand Du Guesclin entre les mains du captal de Buch, qui exigea simplement de son prisonnier sa parole qu'il ne tenterait pas de se sauver, et lui accorda généreusement la permission de dresser un lit dans sa propre chambre (1).

Après que la division de Bertrand Du Guesclin se fut rendue, Edouard planta sa bannière au milieu d'un buisson très-haut, sur une petite montagne, pour servir de point de ralliement à ses troupes dispersées, ce que firent également le duc de Lancastre, le comte d'Armagnac, le captal de Buch et les autres chefs. Pierre le Cruel, tout échauffé par le combat, vint, monté sur un cheval noir, vers l'étendard du prince de Galles, avec sa bannière aux armes de Castille devant lui. Dès qu'il aperçut le prince, il descendit de cheval et fut sur le point de se jeter à ses pieds pour le remercier. Mais Edouard, le prenant par la main, ne voulut en aucune manière y consentir. Pierre lui dit alors :

« Cher et beau cousin, je vous dois moult grâces et louanges donner pour la belle journée que j'ai hui eue et par vous.

— Rendez grâces à Dieu et toutes louanges, reprit vivement le prince ; car la victoire vient de lui et non de moi. »

— Non, » reprit l'autre.
Le comte le créa alors chevalier et se rendit à lui.
Chronique de la Pucelle, édition de Buchon, p. 439.
(1) Cuvelier, 12,074-12,192.

Edouard envoya ensuite quatre chevaliers et quatre hérauts avec ordre de visiter le champ de bataille et de lui faire un rapport sur le nombre des morts et des blessés, et surtout de découvrir si Henri se trouvait parmi eux.

Cela fait, le prince et ses gens descendirent aux logis du comte de Transtamare et des Espagnols, où ils trouvèrent en abondance tout ce dont ils avaient besoin. Les vainqueurs passèrent ensuite la nuit en grandes réjouissances. Après le souper, les chevaliers et les hérauts qui avaient été visiter le champ de bataille revinrent, et Edouard leur demanda avec anxiété en gascon : « Le bâtard est-il mort ou pris? » Et sur la réponse négative des chevaliers, il dit d'un ton prophétique : « Il n'y a rien de fait (1) ! » Les chevaliers ajoutèrent qu'ils avaient compté parmi les morts cinq cent soixante hommes d'armes et sept mille cinq cents simples soldats du côté des Espagnols, non compris ceux qui avaient été noyés ; mais que, du côté des Anglais, il n'y avait de tués que quatre chevaliers, environ vingt archers et quarante autres soldats. D'un côté une effrayante mortalité, et, comme il arrivait dans les batailles de cette époque, une très-grande disproportion entre les deux armées ennemies ; ce qui prouve que le carnage ne pouvait avoir eu lieu pendant le combat, mais après la déroute, dans la poursuite des vaincus. Outre les morts, il y avait un très-grand nombre de prisonniers, parmi lesquels tous les chevaliers et écuyers français, commandés par Bertrand Du Guesclin, ainsi qu'une quantité de nobles et de chevaliers castillans (2).

---

(1) « El principe de Gales pregunto a los que avian buscado, diciendo en su lengua : *Lo bort es mort apres??* E dixeronle que no, é él respondio é dixo : *Non ay res fait.* » Note de Zurita dans ses *Emmiendas*, citée par l'éditeur d'Ayala dans ses *Adiciones a las notas. Cronica del rey don Pedro*, p. 578.

(2) Froissart, liv. I, part. II, p. 538 ; Ayala, *Cronica del rey don Pedro*, pp. 456, 457. Parmi les prisonniers castillans se trouvait Lopez de Ayala, p. 457.

CHAPITRE V.

Jugement du maréchal d'Audeneham en présence d'un jury de chevaliers,
pour violation d'un serment militaire. — Cruauté et mauvaise foi
de Pierre après la bataille de Navarrete — Querelle
entre lui et le Prince-Noir. — Édouard quitte l'Espagne de dégoût.
— Henri se réfugie en France, obtient des secours
de Charles V et retourne en Castille.

Parmi les prisonniers français faits à la bataille de Navarrete se trouvait le maréchal d'Audeneham ; et lorsqu'il fut amené en présence de Pierre et du Prince-Noir, son entrevue avec ce dernier donna lieu à une aventure plaisante, quelque peu caractéristique des mœurs de l'époque. Dès que le prince aperçut le maréchal parmi les prisonniers, il le dénonça comme traître et félon, et lui dit qu'il méritait la mort. A cette accusation, si injurieuse pour un chevalier, le maréchal répondit respectueusement, mais avec fermeté :

« Monseigneur, vous êtes le fils d'un roi, et je ne puis répondre à une telle accusation comme je le devrais ; mais je ne suis ni traître ni félon. »

Le prince lui dit alors que, s'il voulait se soumettre à la décision d'un jury de chevaliers, il pourrait prouver la vérité de son accusation. Le maréchal adhéra immédiatement à la proposition, et le prince nomma sur-le-champ douze chevaliers : quatre Anglais, quatre Gascons et quatre Bretons, pour servir de juges. Quand le maréchal comparut devant eux, le prince dit :

« Maréchal d'Audeneham, vous vous rappellerez que je fus vainqueur à la bataille de Poitiers où Jean, roi de France, fut pris, et où vous fûtes aussi fait prisonnier, et que, vous tenant en mon pouvoir, je vous taxai à une rançon assez modérée, pour laquelle vous me donnâtes votre parole d'honneur, sous serment et sous peine d'être déclaré traître et félon, que, à moins d'être de la suite du roi de France, votre seigneur, ou de tout autre du lignage de la fleur de lis, vous ne porteriez pas les armes contre moi ni contre le roi d'Angleterre, mon père, avant le paiement de votre rançon, qui est encore due jusqu'à présent ; cependant, aujourd'hui, ni le roi de France ni personne de sa famille n'étaient à la bataille, et je vous ai vu armé de pied en cap contre moi. C'est pourquoi je déclare que vous m'avez violé le serment que vous m'avez fait, ce qui vous jette dans un mauvais cas. En outre, vous avez manqué à votre foi, et par conséquent menti, puisque vous n'avez pas tenu la promesse que vous m'aviez faite sur votre parole, ainsi que je l'ai dit. »

Cette grave accusation embarrassa beaucoup les chevaliers nommés pour juger la question, parce que le maréchal était hautement estimé et avait toujours été considéré comme un bon et loyal chevalier. Il avait alors soixante ans, ou même davantage, et ce qui inquiétait les juges, c'est qu'ils ne voyaient pas comment il pourrait se justifier. Le maréchal dit d'abord :

« Monseigneur, je vous demanderai avec un très-humble respect si vous n'avez rien à ajouter à ce que vous avez dit aux chevaliers que vous avez nommés pour juger cette affaire. »

Le prince ayant répondu qu'il n'avait rien de plus à ajouter, le maréchal poursuivit :

« Monseigneur, je vous prie de ne pas vous offenser de ce que je défends mes droits, puisque cette accusation atteint ma réputation et mon caractère. »

Le prince lui répondit aussitôt qu'il pouvait parler en pleine liberté, attendu que c'était une affaire entre chevaliers, pour un fait de guerre, et qu'il avait bien le droit de défendre sa loyauté et son honneur. Le maréchal, se tournant ensuite vers la prince, lui dit :

« Monseigneur, il est vrai que je fus pris à la bataille de Poitiers avec mon maître, le roi de France. Il est également vrai que je vous ai donné ma parole d'honneur, sous serment, de ne pas porter les armes contre vous ni contre le roi d'Angleterre jusqu'à ce que ma rançon fût entièrement payée, ce que je n'ai pas fait jusqu'à présent, sauf que je pouvais m'armer avec le roi de France ou tout autre du lignage de la fleur de lis. Je sais bien, Monseigneur, que le roi de France n'est pas ici, ni personne de sa famille ; mais, malgré cela, je ne suis point encore dans un mauvais cas, ni je ne suis félon, puisque je ne me suis pas armé contre vous, attendu que vous n'êtes pas le chef de cette guerre : le général et le chef, c'est le roi don Pedro, et vous êtes ici employé par lui, payé de son argent, non comme chef des troupes, mais retenu et soldé pour vos services. Je n'ai donc pas forfait en portant les armes, puisque je n'ai point combattu contre vous, mais contre le roi don Pedro, qui est le général en chef de votre parti. »

Cet ingénieux subterfuge du digne maréchal fut tenu pour bonne logique par le tribunal, qui émit l'opinion que le maréchal avait parfaitement répondu ; et, en conséquence, il le renvoya absous de l'accusation que le prince avait portée contre lui. Cette décision causa beaucoup de plaisir à tous les chevaliers présents au jugement ; et Edouard, loin de montrer du dépit du peu de succès de son accusation, ou le moindre mécontentement de se voir rabaissé du rang de chef de l'expédition, qu'il était incontestablement, au rôle de mercenaire, joignit ses compliments à ceux des autres chevaliers, et se réjouit avec eux de ce que le vieux maréchal avait trouvé de si bonnes raisons pour justifier sa conduite (1).

Le maréchal d'Audeneham, ainsi absous de toute censure pour les graves accusations soulevées par le Prince-Noir, ne fut pas retenu longtemps prisonnier; car, avec le Bègue de Villaines et beaucoup d'autres chevaliers de France et de Bretagne, il fut échangé contre sir Thomas Felton et les chevaliers qui avaient été pris dans l'escarmouche près du camp anglais, devant Vittoria. Bertrand Du Guesclin n'eut pas le même bonheur. C'était un prisonnier trop important pour être aussi facilement relâché. Du reste, le conseil d'Edouard dissuada le prince de le mettre en liberté; car, disait-on, dès qu'il serait libre, il aiderait Henri plus efficacement que jamais; et l'on insista d'autant plus énergiquement sur la nécessité de le retenir, que l'on apprit plus tard qu'Henri avait pénétré dans le comté de Bigorre, avait pris la ville de Bagnères, et dévastait tout le pays d'alentour (2).

Tandis que le prince de Galles montrait aux chefs de son armée les effets bienfaisants de l'institution de la chevalerie sur un esprit généreux, en acceptant aussi facilement l'excuse spécieuse qui sauvait la réputation d'un vieil et honorable chevalier, Pierre, son allié, mettait à nu aux yeux de tous les plus mauvais côtés de son caractère. Abject, vil et rampant quand il était venu implorer assistance à la cour du Prince-Noir, il était, maintenant qu'il avait recouvré son autorité, arrogant, impérieux et altéré de sang. Il n'avait pas tardé à montrer que rien ne pesait tant à une si lâche nature que la reconnaissance de grands services. Il n'était donc guère possible que deux hommes d'instincts et de caractère si opposés que l'étaient le prince de Galles

---

(1) Ayala, *Cronica del rey don Pedro*, pp. 458-460.
(2) Froissart, liv. I, part. II, p. 543.

et Pierre le Cruel pussent longtemps s'accorder, après que les circonstances les eurent replacés sur le pied d'égalité; car, quoique Edouard fût quelquefois sévère et impérieux, il préférait de beaucoup gouverner par l'amour que par la crainte, tandis que Pierre ne connut d'autre moyen de commander aux actions des hommes que de verser leur sang. L'expérience amère du passé ne lui avait point enseigné la sagesse; et le premier usage qu'il fit du pouvoir sur le champ de bataille, après la victoire de Navarrete, fut un acte de violence qui lui attira une vive réprimande de la part du Prince-Noir, et qui, après les avoir éloignés, finit par les séparer entièrement. Le fait est ainsi raconté par Ayala.

Le lendemain de la bataille, un chevalier espagnol, Inigo Lopez de Orozco, qui avait été d'abord du parti de Pierre, mais qui l'avait abandonné l'année précédente, quand il fuyait son frère Henri et Bertrand Du Guesclin, entre Burgos et Tolède, fut fait prisonnier par un chevalier gascon; et, quoiqu'il fût sous la sauvegarde de ce dernier, Pierre courut à lui et l'égorgea froidement. Le Gascon, indigné de cette action, alla sur-le-champ porter plainte à Edouard de l'outrage commis par Pierre; et il ne se plaignit pas seulement de la rançon qu'il perdait par la mort du prisonnier, mais il déclara qu'il se considérait comme déshonoré d'avoir eu un chevalier tué tandis qu'il était en son pouvoir et sous sa sauvegarde. Le prince, en apprenant le fait, dit à Pierre qu'il avait commis une très-grave faute, car il savait bien que, parmi les choses convenues et jurées entre eux, un des principaux articles était que Pierre ne mettrait à mort aucun chevalier castillan, ni personne de condition, tant que lui, le prince, serait avec le roi, si ce n'est dans les formes de la loi, à moins, cependant, qu'il n'eût été condamné par un jugement préalable, et Inigo Lopez n'était pas de ce nombre; qu'il lui semblait que Pierre n'était pas disposé à remplir les promesses qu'il avait faites, et il craignait qu'il ne violât de la même manière les autres conditions stipulées entre eux.

Pierre essaya de s'excuser du mieux qu'il put, mais il sentit la sévérité de ce reproche et n'oublia jamais cet affront (1).

Non content d'Orozco et du châtiment de Gomez Carillo (2) et de deux autres nobles, qui furent probablement mis à mort par une sentence judiciaire, Pierre pria le lendemain le prince de lui livrer tous les chevaliers et écuyers de marque qui avaient été pris dans la bataille, offrant de payer à ceux qui les avaient fait prisonniers le prix raisonnable auquel ils seraient estimés ; et, si le prince voulait devenir sa caution auprès des chevaliers et des gens d'armes qui avaient des droits à leur rançon, il s'engagerait envers lui pour la somme entière, menaçant de considérer les chevaliers comme ses ennemis, s'ils refusaient d'accepter ces conditions. A cette demande, le prince répondit que, avec la permission de sa Majesté royale, il avait demandé la chose la plus déraisonnable, car les seigneurs, les chevaliers et les gens d'armes à son service avaient combattu pour la gloire, et tous les prisonniers qu'ils avaient faits étaient leur propriété légitime ; qu'il savait bien que les chevaliers qui les tenaient ne les lui livreraient à quelque prix que ce fût, dût-il être de mille fois au-dessus de ce que valaient les prisonniers, s'ils se doutaient seulement qu'il ne voulût les avoir entre les mains que pour les mettre à mort. Le prince ajouta qu'il ne voulait pas se mêler de la chose, attendu qu'il n'avait point autorité sur les actions de ses gens ; mais que si, parmi les chevaliers captifs, il y en avait contre qui un jugement eût été prononcé avant la bataille, il les lui

---

(1) Ayala, *Cronica del rey don Pedro*, p. 471.

(2) *Ibid.*, p. 458. Froissart dit que Gomes Garils, comme il le nomme, fut expressément porté par Edouard sur la liste des proscrits. Liv. I, part. II, p. 539.

ferait livrer. A cette déclaration, si ferme et si honorable, Pierre répondit avec impertinence que, s'il en était ainsi, il tenait son royaume pour plus perdu pour lui maintenant qu'il ne l'était auparavant; que tous les prisonniers étaient précisément ceux qui le lui avaient fait perdre, et que, s'ils échappaient, il regarderait l'appui qu'il avait reçu du prince de Galles comme inutile, et croirait avoir dépensé en vain ses trésors. Édouard, quoique profondément irrité de cette instance, répondit d'assez bonne humeur à Pierre :

« Mon cher cousin, il me semble que vous avez des moyens plus efficaces de gagner l'affection de vos sujets que vous n'en aviez quand vous régniez autrefois ; et vous gouvernez maintenant de telle façon que vous ne tarderez pas à le perdre de nouveau. Je vous conseille donc de gagner le bon vouloir de vos nobles, des seigneurs et des chevaliers, des bourgeois des villes et du peuple de votre royaume; car, si vous gouvernez de la même manière que vous l'avez fait, vous courez grand risque de perdre le royaume et la vie, et vous en arriverez au point que ni mon père, le roi d'Angleterre, ni moi ne pourrons vous secourir, quand bien même nous en eussions la volonté. »

Après cet amical mais sévère reproche, qui ne servit qu'à aliéner davantage une nature ingrate comme celle de Pierre, les deux princes s'avancèrent vers la ville de Burgos, qui leur ouvrit immédiatement ses portes. Pierre prit possession du château dans la ville, tandis qu'Édouard était campé au dehors, au monastère de las Huelgas, avec ses troupes disséminées dans les faubourgs autour de lui. Là, Édouard reçut un affront de plus de Pierre, qui, dès qu'il fut entré dans Burgos, saisit Jean de Carvalhac, archevêque de Braga, parent du comte d'Armagnac, et l'un des partisans les plus influents du prince, et l'envoya au château d'Alcala de Guadayra, où il fut enfermé dans un donjon souterrain, jusqu'à ce qu'il fût délivré par Henri après la bataille de Montiel (1).

Édouard, ayant pleinement rempli la promesse qu'il avait faite de rétablir le monarque fugitif sur son trône et reconnaissant le vrai caractère de Pierre, était impatient de retourner chez lui. Aussi, dès qu'il s'aperçut que Pierre ne se pressait pas de remplir les engagements qu'il avait pris de son côté, le prince envoya-t-il trois de ses chevaliers pour lui rappeler sa parole, et, en particulier, l'obligation qu'il avait contractée envers les nobles, les chevaliers et les gens d'armes et les autres soldats pour l'entretien de l'expédition, outre les sommes avancées aux troupes avant leur départ, solde dont la totalité était due alors et que Pierre s'était chargé de payer. A ces demandes, Pierre répondit par quelques-uns de ses conseillers, car les princes avaient cessé d'avoir des rapports directs et traitaient par intermédiaires, qu'en effet il avait pris sur lui de payer les troupes et d'acquitter l'obligation du prince envers ses chefs et leurs hommes, mais il essaya mesquinement de réduire les différents comptes sous prétexte que l'argent donné aux chevaliers et aux archers à Bayonne avait été estimé beaucoup au-dessous de sa valeur, et que les joyaux et les pierres précieuses qu'il leur avait distribués, ils les avaient reçus pour la moitié de leur prix réel ; en conséquence, il prétendit avoir droit à la différence entre les valeurs réelles et les valeurs estimées de ce qu'il avait déjà payé. A la seconde demande d'Édouard, d'après laquelle Pierre devait le mettre en possession de la province de Biscaye et des villes et cités qu'il lui avait concédées, Pierre répondit qu'il lui avait bien donné en effet la province de Biscaye et la ville de Castro de Urdiales, et qu'il était prêt à lui en conférer l'investiture. Mais, quand il envoya le sire de Poyane et le

---

(1) **Ayala**, *Cronica del rey don Pedro*, pp. 471, 473, 474.

juge de Bordeaux pour en prendre possession, leurs prétentions furent repoussées par les habitants de la province et de la ville, parce qu'ils avaient ordre formel de Pierre de ne pas les mettre en possession. Le prince chargea ensuite ses commissaires de dire que Pierre étant maintenant rétabli sur son trône et n'ayant plus besoin d'aussi grands corps de troupes, il désirait retourner dans son pays, d'autant plus qu'il avait reçu la nouvelle que les Français se préparaient à envahir ses domaines. Pierre se contenta de répondre qu'il était bien aise d'apprendre que le prince était disposé à s'en retourner, et le pria froidement de lui laisser mille lances pour sa défense.

Le roi accéda à la demande de sir John Chandos, à qui il avait donné la ville de Soria et qui demandait qu'elle lui fût livrée, et donna même l'ordre que les titres d'investiture lui fussent conférés. Mais le chancelier du roi, Mathieu Ferrandez, imposa pour ces titres des droits tellement exorbitants (1), que sir John Chandos refusa de retirer les parchemins. Après bien du retard et des pourparlers, Pierre consentit enfin à payer la moitié de la somme due à Édouard pour la solde de ses troupes pendant quatre mois, en Castille, et le reste, au bout d'un an, à Bayonne; mais, quoique cet engagement fût solennellement juré par Pierre sur le maître-autel de Sainte-Marie à Burgos, il ne le prit, comme il le faisait de ses autres promesses, que pour amuser Édouard, qui resta jusqu'à l'expiration du terme fixé pour le premier payement. Dégoûté alors de la sordidité et de la mauvaise foi de Pierre, fatigué d'attendre, écrasé de dettes et abattu par la maladie, il tourna le dos à un pays où, pour remporter une victoire stérile et rétablir sur le trône un indigne monarque, il avait ruiné sa santé, sa-

---

(1) Ayala, p. 481, dit 10,000 doblas. La valeur de cette ancienne monnaie espagnole n'est pas bien déterminée. Le *double* d'Alger et de Tunis, qui n'en diffère peut-être pas beaucoup, vaut environ 2 fr. 95 c. de France.

crifié le sang de ses peuples, et s'était mis lui-même dans des embarras pécuniaires qui eurent des conséquences fatales pour sa tranquilité, ses possessions et enfin pour sa vie (1).

Si jamais victoire fut incontestable et eut pourtant des conséquences si insignifiantes pour les vainqueurs, ce fut assurément celle que le prince de Galles remporta à Navarrete. Il est vrai qu'un trône fut perdu par un parti et gagné par l'autre, et que les monarques rivaux échangèrent pour un temps leur exil; mais le trône restauré ne se soutenait que par la terreur, et il tomba dès que ce soutien n'exista plus. Henri, suivant les conseils d'une valeur inconsidérée contre l'avis de ses meilleurs officiers, avait risqué toute sa fortune sur le sort d'un seul combat; et il perdit tout, excepté la vie et la liberté, sa réputation de bon chevalier et les vœux secrets de tous ses partisans dans le royaume. Laissant la ville de Najara, seul après la bataille, il tâcha de gagner, par le chemin le plus court, la frontière d'Aragon, et, en traversant la province de Soria, il fut rejoint par quelques fugitifs de son parti, qui, comme lui, avaient pu échapper. Le lendemain, en passant près du hameau de Borovia, il fut découvert par un détachement de cavaliers, qui lui barrèrent le chemin, dans le dessein évident d'arrêter sa marche. Dès qu'Henri se fut aperçu de leurs intentions, il n'hésita pas à les attaquer, et il tua de sa propre main un des cavaliers qui cherchaient à se saisir de sa personne. Le reste de la troupe fut mis en fuite par ses gens, et ils traversèrent ensuite la frontière d'Aragon, et atteignirent une maison appartenant à don Juan Martinez de Luna, près de Calatayud, sans avoir d'autre aventure. Henri y rencontra Pierre de Lune (1),

---

(1) Ayala, *Cronica del rey don Pedro*, pp. 474, 483, 495 et 506. — Rymer, t. III, part. II, p. 825. — Froissart, liv. I, part. II, pp. 543, 544.

(2) Ayala dit que ce fut plus tard le pape Benoît XIII, p. 462; cependant il mentionne, à la page 533, un *rico hombre* aragonais du

qui lui servit de guide et l'accompagna jusqu'à ce qu'il eût atteint les derniers confins de l'Aragon, où il franchit les Pyrénées, et envoya demander la protection et l'appui du comte de Foix.

Le comte regretta beaucoup cette arrivée d'Henri à sa cour, parce qu'il n'était pas disposé à se mettre mal avec le prince de Galles, qui lui avait confié sa principauté en son absence, en donnant asile à son ennemi; mais le comte était trop bon chevalier pour méconnaître les droits de l'hospitalité, même envers un ennemi dans le malheur, et non-seulement il reçut avec bienveillance Henri, mais il lui donna de l'argent et des chevaux, et lui fournit une escorte de ses propres soldats pour l'accompagner jusqu'à Toulouse, où il se trouva de nouveau en pays ami. Après y avoir demeuré quelques jours, Henri alla à Villeneuve près d'Avignon rendre visite au duc d'Anjou, qui le traita avec la plus grande bonté. Le pape Urbain V, qui était encore à Avignon, favorisait la cause d'Henri; aussi, grâce à son conseil, le duc d'Anjou lui prêta-t-il aide et protection. Mais Henri n'alla pas voir le pape, parce que le prince de Galles était alors à l'apogée de sa réputation et de son influence, et qu'il y avait peu d'hommes assez puissants pour ne pas redouter de lui déplaire (1).

même nom, qui fut tué l'année suivante dans l'île de Sardaigne, en un combat avec Hugues IV, juge d'Arborea, dont il nous a été conservé un monument historique fort curieux, publié par Buchon dans son *Panthéon littéraire* et à la suite des *Chroniques de Froissart*, sous ce titre : *Relations de l'ambassade de Louis Ier, duc d'Anjou, à Hugues IV, juge d'Arborée, en l'année 1378, par Guillaume Gaian et Migon de Rochefort, seigneur de Pomarède.*

(1) Ayala, *Cronica del rey don Pedro*, pp. 461, 463. Froissart a été évidemment induit en erreur dans ce qu'il raconte de la fuite d'Henri et de son entrevue avec le roi d'Aragon à Valence, liv. I, part. II, pp. 541, 542. Le récit d'Ayala a été suivi, comme étant confirmé par Miguel del Vermes, qui dit : « *Et lo princep de Gala vencet al dit comte de Tarastamera, lo qual s'en fugit en Bearn al comte Febus, et*

Le duc d'Anjou ne tarda pas à craindre d'avoir été trop empressé à offrir son appui à Henri, et que la réception cordiale qu'il lui avait faite ne blessât son prudent frère, le roi de France, quand il se rappela les traités qui existaient toujours entre Charles V et Édouard III ; car le duc ne savait pas encore que son frère n'attendait qu'une occasion favorable pour reprendre la lutte apaisée par les dures conditions du traité de Brétigny. En conséquence, le duc d'Anjou s'éloigna d'Henri et chercha à rompre tout commerce avec lui, mais quand il s'aperçut qu'il ne pouvait raisonnablement excuser sa conduite envers un ancien allié, il le visita en secret et lui conseilla d'envoyer informer le roi de France de l'état de ses affaires et de ses besoins, et de lui demander son appui et ses conseils pour l'avenir. Henri suivit immédiatement l'avis du duc ; et, dès que Charles eut appris sa position et ses besoins, il embrassa chaleureusement ses intérêts, ordonna au duc d'Anjou de lui avancer sur-le-champ cinquante mille francs en or, et lui donna, en outre, la forteresse de Pierre-Pertuse, sur les frontières du Languedoc et du Roussillon, avec le comté de Cessenon, dans le diocèse de Béziers. Après avoir trouvé une réception si généreuse, et reçu un appui si libéral du roi de France, Henri fixa sa résidence à Pierre-Pertuse, où il fut bientôt après rejoint par sa femme dona Juana, et leurs enfants, qui avaient abandonné la ville de Burgos en apprenant le résultat de la bataille de Navarrete, et qui, après avoir couru beaucoup de dangers, arrivèrent en France par l'Aragon. Henri réunit une grande quantité d'armes et d'équipements, en vue de recouvrer son royaume perdu ; et il accueillit gracieusement les chevaliers, écuyers et autres soldats qui venaient tous les jours se ranger sous ses drapeaux (1).

d'aqui en fora al rey de Fransa, am qui estet tot l'esticu. » Chroniques béarnaises, p. 585.

(1) Ayala, *Cronica del rey don Pedro*, pp. 503-505, et note 2 de

Pendant sa résidence à Pierre-Pertuse, Henri reçut les nouvelles les plus satisfaisantes de tous les points de la Castille. Il apprit que Pierre, après avoir renouvelé à Burgos ses engagements avec le prince de Galles, sous les serments les plus solennels, avait quitté Séville sans en tenir aucun, et qu'Édouard, après avoir attendu quatre mois le paiement du premier terme de la solde due à ses troupes, et l'investiture de la province de Biscaye qui lui avait été promise pour lui-même, et celle de la ville de Soria pour sir John Chandos, avait quitté la Castille et était retourné dans sa principauté fort indisposé contre Pierre; que beaucoup de chevaliers, de l'armée du Prince-Noir, qui avaient précédemment servi sous Henri, étaient prêts à retourner de nouveau sous ses drapeaux; que tous les chevaliers et écuyers castillans de son parti pris à la bataille de Navarrete avaient été mis à rançon; qu'ils avaient pris possession des villes, châteaux et forts qui leur appartenaient, et qu'ils étaient maintenant en guerre ouverte avec Pierre; qu'une quantité de cités importantes, de villes et de châteaux, qui avaient ouvert leurs portes sous la première impression de terreur causée par le retour de Pierre au pouvoir, s'étaient maintenant tournés contre lui; et que le Prince-Noir aurait probablement assez à faire dans sa principauté, avec ses vassaux mécontents et son vigilant ennemi le roi de France, pour être empêché de retourner en Castille (1).

Avant de partir pour son expédition, Henri eut une entrevue avec le duc d'Anjou et Guy, cardinal de Boulogne, dans la ville d'Aigues-Mortes, où il ratifia le traité qu'il avait fait avec

---

l'éditeur. — Froissart dit qu'Henri fut forcé de quitter la France par ordre de Charles V, sur les remontrances du prince de Galles, et qu'il alla dans le comté de Bigorre, en Gascogne, prit la ville de Bagnères et ravagea tout le pays d'alentour. Liv. I, part. II, p. 542.

(1) Ayala, pp. 506, 507.

le roi de France. D'Aigues-Mortes il retourna à Pierre-Pertuse, où il avait laissé sa femme et ses enfants, et les troupes qu'il avait rassemblées pour envahir la Castille. Tout en faisant ses préparatifs pour rentrer en Espagne, il n'était nullement sûr que le roi d'Aragon lui accorderait libre passage sur ses terres, car il avait appris que don Pedro IV avait changé de parti immédiatement après la bataille de Navarrete et, par l'intervention de sir Hugh Calverly, avait fait alliance avec le prince de Galles, sous prétexte qu'Henri n'avait pas tenu les promesses qu'il lui avait faites, après s'être emparé du royaume de Castille. En outre, don Pedro avait repris à dona Juana, lors de son passage en Aragon, sa fille Éléonore, qui avait été fiancée à don Juan, fils d'Henri, en déclarant que le mariage ne lui convenait plus (1).

Comme personne ne savait mieux qu'Henri lui-même que c'était la politique invariable du roi d'Aragon de n'assister que ceux qui n'avaient pas besoin de son secours, il avait prié le roi de France d'envoyer un membre de son conseil à don Pedro, pour l'informer qu'il allait retourner dans son royaume aussi puissant qu'il l'était avant sa dernière défaite. Par le même envoyé, Henri écrivit aussi au roi d'Aragon pour solliciter son appui et lui rappeler non-seulement les injures que Pierre lui avait faites, mais aussi les services que lui, Henri, avait rendus au roi d'Aragon l'année précédente, en ajoutant que, outre le secours qu'il attendait du roi de France et du duc d'Anjou, il devait emmener avec lui en Espagne trois mille bonnes lances (2).

---

(1) Ayala, pp. 508, 509 et 463-465.
(2) Ayala, p. 505 et note 3. — Froissart, qui paraît avoir ignoré le traité entre le prince de Galles et le roi d'Aragon et dit qu'Henri prit congé de ce dernier à Valence, évalue l'armée d'Henri à trois mille chevaux et six mille hommes de pied, avec quelques Génois. Liv. I, part. II, pp. 548, 549.

Le roi d'Aragon ne répondit ni au message du roi de France, ni à la lettre d'Henri ; mais quand il sut que ce dernier se disposait à traverser l'Aragon pour aller en Castille, il l'envoya prévenir par le gouverneur du Roussillon d'avoir à ne pas passer par son royaume, et que, s'il le tentait, on s'y opposerait. Henri répondit au gouverneur qu'il était fort surpris de ce message du roi d'Aragon, qui savait bien que, dans toutes ses guerres, il n'avait jamais manqué de le secourir, et que, lorsqu'il était entré en Castille l'année précédente, il lui avait rendu cent vingt villes et châteaux, que Pierre le Cruel lui avait enlevés. Mais il ajouta avec fermeté qu'il avait besoin d'aller en Castille, qu'il ne pouvait faire autrement que de traverser le royaume d'Aragon, et que, si don Pedro voulait arrêter sa marche ou essayer de l'empêcher, il en était libre ; mais que lui, Henri, résisterait de toutes ses forces à toute tentative faite pour l'inquiéter. Don Pedro fit faire quelques semblants d'opposition au passage d'Henri ; mais celui-ci avait un puissant parti à la cour du roi d'Aragon, et, parmi ses amis, était l'infant don Pedro, oncle du roi, et père du comte de Denia, qui commandait les auxiliaires aragonais à la bataille de Navarrete. Ce gentilhomme envoya un guide à Henri pour le conduire à travers ses terres de Ribagorza, jusqu'à ce qu'il eût gagné la ville de Balbastro. Le roi d'Aragon, apprenant qu'Henri approchait de ses domaines, donna l'ordre à un corps de troupes de se réunir à Saragosse et d'arrêter sa marche ; mais les troupes refusèrent d'obéir à cet ordre et Henri put librement continuer son chemin jusqu'à Huesca, sur les frontières de la Navarre, où il traversa l'Ebre pour entrer en Castille (1).

Lorsqu'Henri eut passé le fleuve qui séparait les royaumes

---

(1) Ayala, *Cronica del rey don Pedro*, pp. 510-513. Henri était à Huesca le 24 septembre 1367, d'après une lettre de cette date, écrite de cette ville. Note 3, à la page 313.

de Castille et de Navarre, il se trouva de nouveau sur le sol natal. Là, il mit pied à terre, et, tombant à genoux, il traça une croix sur la rive sablonneuse du fleuve, et la baisant respectueusement, il s'écria :

« Je jure, par le signe de la croix, que jamais de ma vie je ne quitterai de nouveau, pour quoi que ce soit au monde, le royaume de Castille, et que j'y attendrai la mort ou quelque fortune qui puisse m'échoir. »

Il fit ensuite chevalier Bernal de Béarn, fils naturel du comte de Foix, et un écuyer nommé Dolet, qui l'avait accompagné depuis Orthez. Après cette cérémonie, Henri entra dans la ville de Calahorra, où il avait d'abord été proclamé roi de Castille, à son arrivée en Espagne, l'année précédente, et où il y fut de nouveau reçu, à son retour, avec une soumission spontanée. Il y fut rejoint par beaucoup de chevaliers et gens d'armes castillans, au nombre de six cents lances, sans compter une quantité d'autres chevaliers et écuyers de Castille et de Bretagne, qui avaient été avec lui à la bataille de Navarrete.

Henri fut beaucoup encouragé par ces premiers succès en rentrant dans le royaume ; il avança donc en toute hâte et mit à profit tous les avantages qui lui furent offerts, soit par le zèle de ses partisans, ou par la négligence de ses ennemis. L'importante ville de Burgos ouvrit ses portes dès qu'il s'y présenta ; et quoique le quartier juif et le château tinssent encore quelque peu de temps contre lui, ils se rendirent successivement après une faible défense. Les villes de Duennas, de Léon, de Madrid, d'Oterdehurnos, de Medina de Rioseco, de Buitrago, et d'autres places considérables, cédèrent aussi à ses armes, et il mit le siége devant la forte ville de Tolède, de sorte qu'avant la fin de l'année 1368, le royaume de Castille était à peu près également partagé entre les deux monarques ennemis : Henri tenant la partie nord, à l'exception de la Galice, d'une partie des Asturies et de quelques forteresses isolées sur la frontière septentrionale, tandis que Pierre possédait l'Estramadure, la Murcie et une partie de l'Andalousie, excepté Cordoue, qu'il assiégea avec un corps considérable de ses propres troupes, renforcées d'une division de Maures de Grenade, sous le commandement de leur roi Mohammed; mais la ville fut vaillamment et heureusement défendue par les grands maîtres de Saint-Jacques et de Calatrava, et par don Juan Alfonso de Guzman, avec beaucoup d'autres nobles et chevaliers, et un grand corps de gens d'armes (1).

(1) Ayala, *Cronica del rey don Pedro*, pp. 512 (note 2), 514, 516, 524 et 526.

CHAPITRE VI.

Bertrand Du Guesclin est mis en liberté, moyennant une forte rançon. — Il rassemble des troupes et aide le duc d'Anjou à reprendre la ville de Tarascon en Provence. — Il traverse les Pyrénées avec cinq cents lances, et rejoint Henri dans son camp près de Tolède.

Tandis que ces événements se passaient en Espagne, Bertrand Du Guesclin, qui avait été emmené en Aquitaine par le Prince-Noir à son retour de la Castille, soupirait après sa liberté dans les prisons de Bordeaux. Tous les autres prisonniers de marque avaient été échangés depuis longtemps ou relâchés moyennant rançon; mais ce ne fut que vers la fin de l'année 1367, qu'un changement favorable dans les dispositions du prince, dû à l'intervention de quelques-uns des admirateurs de Du Guesclin à la cour d'Edouard, amena enfin sa délivrance d'une pénible captivité de huit mois (1). Personne, jusque-là, n'avait osé conseiller la relaxation de Bertrand; mais, un jour que le prince venait de se lever de table, et s'était retiré dans un cabinet où il mangeait des confitures avec sir John Chandos, les sires d'Albret,

---

(1) La bataille de Navarrete fut livrée le 3 avril 1367, et la promesse de Bertrand à Charles V de lui payer trente mille doubles d'or, qui lui avaient été prêtés par le roi pour acquitter une partie de sa rançon, est datée du 27 décembre de cette année. Du Tillet, *Recueil des traictez*, etc., et *Inventaire*, p. 94, verso.

de Pommiers, de Clisson, sir Hugh Calverly et quelques autres chevaliers, et qu'il était de la meilleure humeur, devisant d'armes et d'amour, de la mort de chevaliers et de la rançon des prisonniers, on mit tout à coup sur le tapis la captivité de saint Louis et la rançon payée pour sa délivrance. Le prince disait que, toutes les fois qu'un chevalier était pris les armes à la main et détenu sur parole selon les lois de la chevalerie, il ne devait pas essayer de s'échapper ou de quitter sa prison sans la permission de celui qui l'avait fait prisonnier, et que la rançon ne devait pas être si élevée que le chevalier ne pût s'armer de nouveau. A ces paroles, le sire d'Albret, s'interposant, dit :

« Noble sire, ne vous fâchez pas si je vous rapporte ce que j'ai entendu dire derrière vous.

— Par ma foi! dit vivement le prince, j'estimerais peu les chevaliers qui mangent à ma table, s'ils négligeaient de me dire aussitôt ce qu'ils entendent contre moi.

— On dit, s'écria alors le sire d'Albret, que vous gardez et retenez étroitement en prison un chevalier dont je ne puis vous dire le nom et que vous n'osez pas relâcher par crainte de sa valeur et du tort qu'il peut vous causer.

— J'ai souvent aussi entendu dire de pareilles choses, ajouta le sire de Clisson ; mais, en vérité, je n'osais pas vous les répéter.

— Je vous jure, dit le prince avec chaleur, que, soit sur terre ou sur mer, je ne connais aucun chevalier que je redoute assez pour le retenir dans mes prisons, ou à qui je ne veuille pas permettre d'obtenir sa délivrance.

— Oubliez-vous Bertrand Du Guesclin, dit vivement le sire d'Albret, qui ne peut obtenir son élargissement ? »

A ces mots, le prince rougit vivement ; et l'orgueil, la colère, le mépris se combattant en lui, il répondit brusquement :

« Amenez ici Bertrand, dont vous m'avez menacé, et s'il désire son élargissement, il l'aura sur-le-champ. »

Plusieurs chevaliers furent immédiatement envoyés à la prison de Bertrand, qu'ils trouvèrent jouant une partie d'échecs avec Ivon, son valet de chambre. Dès que les chevaliers parurent dans l'appartement, Bertrand se leva et leur fit un gracieux accueil; ensuite, se tournant vers son valet, il lui ordonna d'apporter du vin. Un des chevaliers lui dit alors :

« Bien est appartenant, pour les bonnes nouvelles que nous vous apportons de cœur haut et joyeux.

— Monseigneur, ajouta le plus ancien chevalier, faites ci : en venez à monseigneur le prince; vous y êtes mandé. Vous avez eu assez d'amis à cour, et je crois que vous serez à rançon livré.

— A rançon! s'écria Bertrand; qu'est-ce qu'avez dit? Je n'ai denier ne maille, encore dois-je dix mille livres qu'on m'a céans prêtées, et que j'ai dépensées depuis que suis ici.

— Comment, demanda un des chevaliers, avez-vous dépensé tant?

— J'en ai bu et mangé, répondit Bertrand; donné, joué aux dés; car si petit d'argent tant tôt s'en va. Mais j'aurais tôt payé, se je suis délivré. Tel ne s'en donne garde, qui m'en donnera assez. »

Bertrand se prépara à la hâte à la visite du prince, et il avait sans doute apporté peu de soin à sa toilette, si toutefois il en avait eu les moyens, car lorsqu'il entra, vêtu d'un manteau gris, dans le palais où le prince l'attendait avec ses barons, son aspect fut si peu imposant, qu'Edouard dit à ses seigneurs en souriant :

« Par la Vierge Marie! Il n'est mie taillé qu'il eût belle amie; elle serait de lui laidement embrassée. »

Bertrand s'inclina légèrement en approchant du prince, qui le pria d'avancer et qui s'informa de sa santé.

« Sire, lui répondit-il, il me sera mieux quand il vous plaira. J'ai ouï longtemps les souris et les rats, dont bien m'a ennuyé;

mais le chant des oiseaux n'ouis-je de longtemps, et les irai ouïr, quand il vous souffrira.

— Bertrand, dit le prince, souriant à cette saillie du chevalier breton, ce sera tantôt se vous voulez; fort qu'à vous ne tiendra; mais conviendra jurer votre serment que jamais votre corps nul jour ne s'armera à l'encontre de moi, ne de mon père le roi d'Angleterre, ni pour aider Henry en Espagne, ni ne combattrez Dam Piètre. Toutefois que votre corps voudra ainsi jurer, je vous délivrerai quand il vous plaira; ce qu'avez dépensé tout payé vous sera, et on vous donnera aussi dix mille florins pour vous aremonter. Il vous le faut jurer, et vous serez délivré, autrement ne sera. »

Bertrand refusa avec indignation de prêter aucun serment de ce genre, déclarant qu'il aimerait mieux mourir en prison ; car il ne voulait pas cesser de servir ceux envers qui il était engagé, et notamment le roi de France.

« S'autre chose n'y a, ajouta-t-il, laissez-moi aller ; car vous m'avez tenu longuement prisonnier à tort et sans raison, puisque je m'étais parti de France avec Hugh Caverly et toute ma gent, pour aller quérir notre salut sur les Sarrazins.

— Et que n'y alliez-vous? demanda Edouard.

— Et je vous le dirai, répondit Bertrand. Nous trouvâmes Dam Piètre, qui avait fait mourir faussement la reine, votre cousine, fille de votre parent le bon duc de Bourbon, et m'arrêtai pour lui prendre vengement, et pour tant que je sais et crois qu'Henri tient le droit d'être roi d'Espagne, et aussi pour détruire et mettre à tourment Sarrazins et Juifs, dont il y a foison en ces parties-là ; mais vous y êtes venu pour or et argent et pour avoir Espagne après la mort de Piètre le félon, et m'avez détourné et les miens. Et quand vous avez fait affamer votre gent, et reçu ennui et grand encombrement, et vos amis détruit, si vous a-t-il trompé et ne vous a tenu loyauté ne convent, dont je l'en sais bon gré.

— Bertrand, vous dites vrai, répondit le prince; mais ne m'échapperez sans payer rançon. On dit que vous ai tenu en ma prison pour doute (crainte) de vous; mais pour tant que chacun sorte de ce soupçon et que je ne vous doute, je vous délivrerai voire par rançon. »

Bertrand pressa vivement le prince de fixer sur-le-champ le montant de cette rançon, lui disant qu'il était un pauvre chevalier et non d'une famille à pouvoir disposer de sommes considérables; que ses terres étaient déjà hypothéquées pour subvenir aux dépenses de ses expéditions, et qu'il devait, en outre, dix mille livres aux habitants de Bordeaux.

Le prince dit à Bertrand de fixer sa rançon lui-même, déclarant qu'il ne paierait pas plus que ce qu'il se serait estimé; et Bertrand, pour ne pas rester en arrière du prince en générosité, offrit de lui payer cent mille doublons d'or (1). A l'énoncé de

(1) Il y a beaucoup de divergence dans les chroniques sur le montant de la rançon fixée par Du Guesclin. Froissart, qui passe rapidement sur les circonstances relatives à la relaxation du chevalier breton, concorde avec Ayala, qui est plus explicite dans son récit, en portant la somme à cent mille francs. Cuvelier et la *Chronique de sire Bertrand Du Guesclin* disent soixante mille doublons d'or. Dans la chanson à dona Clamença, en dialecte limousin, le montant de la rançon est fixé à *soixanta millia doublons d'or*, tandis que, dans l'obligation souscrite par Bertrand Du Guesclin à Charles V, Du Guesclin dit qu'il s'était engagé de payer au prince de Galles pour la délivrance de sa personne « cent mille doubles d'or du poids et alloi de la monnaie de cours en Castille. » *Pièces justificatives*, n° 14, publiées par Charrière dans son édition de Cuvelier, t. II, p. 402. Si le double était une monnaie d'Alger et de Tunis et qu'il valût 2 fr. 95 cent. de France, Froissart et Ayala se sont évidemment trompés en écrivant francs au lieu de doubles; car, à part le haut témoignage du fait lui-même, quand le montant de la rançon fut fixé par Bertrand, il fut regardé par Edouard et ses courtisans comme une somme énorme, tandis que Du Guesclin, avant d'avoir acquis une réputation européenne, avait déjà payé à sir John Chandos, après la bataille d'Auray, cent mille francs pour sa rançon, et que cette somme, quoique grande pour ses moyens, n'occasionna à cette époque aucune surprise extraordinaire.

cette somme, Edouard et les chevaliers présents furent grandement étonnés. Le prince lui dit qu'il ne pourrait jamais amasser une quantité d'or aussi considérable, et offrit généreusement de la réduire de moitié ; mais Bertrand persista à s'en tenir à la somme qu'il avait désignée, ne doutant pas qu'il ne pût l'obtenir de l'assistance de ses amis ; car il disait qu'Henri de Castille en paierait la moitié, et qu'il emprunterait le reste au roi de France ; puis il ajouta avec confiance :

« Je m'ose vanter que, si de ces deux-ci je ne puis rien avoir, n'a filaresse en France qui sache fil filer, qui ne gagnât ma finance au filer, qu'elles ne me vissent hors de vos lacs. »

Dès que le montant de la rançon eut été fixé, Bertrand envoya un message à quelques-uns de ses amis en Bretagne pour les informer de la somme qu'il avait à payer, et les prier d'être ses cautions auprès du prince de Galles, ajoutant qu'il espérait, par la grâce de Dieu et la bonté du roi de France, pouvoir les dégager de l'obligation qu'ils auraient contractée à son égard, aussitôt qu'il serait relâché. Au reçu de ce message, les seigneurs, barons et chevaliers auxquels il avait été envoyé répondirent qu'ils étaient tout prêts à s'obliger pour le montant de la rançon ; et, pour donner une plus grande validité à cet engagement, ils envoyèrent chacun leur écuyer, muni de leur sceau, avec plein pouvoir de répondre pour telle somme qu'il serait nécessaire. Lorsque les écuyers arrivèrent à Bordeaux, ils saluèrent Bertrand de la part de leurs maîtres, qui, disaient-ils, lui envoyaient leurs sceaux pour qu'il pût les engager pour telle somme dont il aurait besoin et pour tout le temps qu'il faudrait. Bertrand régla ensuite ses arrangements avec le prince en apposant les sceaux des chevaliers aux différentes obligations que chacun avait contractées (1).

(1) Ayala, *Cronica del rey don Pedro*, p. 499. « En France et en Angleterre, » dit le choniqueur espagnol, en racontant cette transaction,

A ces autres grandes qualités de bon général et de preux chevalier, sir John Chandos joignait la générosité, même envers un ennemi. Aussi, quand il entendit l'énorme somme que Bertrand Du Guesclin avait fixée pour sa rançon, fut-il aussi étonné que les autres chevaliers, et il lui demanda amicalement où il comptait trouver tant d'argent. Quand Bertrand lui répondit qu'il avait beaucoup d'amis, et qu'il ne doutait pas de pouvoir ramasser cette somme, sir John Chandos lui répliqua franchement :

« Par ma foi ! j'en serai réjoui ; se vous avez mestier de moi, je vous prêterai dix mille doublons, de tant je suis bien garni.

— Sire, dit Bertrand, je vous remercie ; mais je voudrais, avant que vous aie requis, éprouver celles gens qui sont de mon pays. »

La surprise d'Edouard et de ses chevaliers au prix que Bertrand fixa sa rançon ne se borna pas au palais du prince ; car, lorsque le fait fut connu dans la ville de Bordeaux, non-seulement les marchands, mais les meilleurs bourgeois se portèrent en foule au palais, pour voir un chevalier qui avait fixé le montant de sa rançon à cent mille doublons d'or. La curiosité des bourgeois ne servit qu'à amuser Du Guesclin, quoiqu'il n'entendît probablement pas les diverses opinions franchement émises par eux sur son extérieur ou l'à-propos de sa mise en liberté, et sur les moyens qu'il emploierait pour se procurer sa rançon, ou le chaleureux éloge que fit de lui un de ses admirateurs de la foule, qui le regardait comme un des meilleurs chevaliers de l'univers, le plus habile à diriger une expédition, le plus heureux dans l'attaque d'un château, et qui finit en disant

« la plus haute obligation que puisse contracter un chevalier ou un homme de rang est de faire usage de son sceau ; car ils disent qu'il suffit pour un homme de signer son nom, mais que dans le sceau sont contenus le nom et les armes, aussi bien que l'honneur du chevalier. »

qu'il n'y avait pas d'homme ni de femme en France qui ne se soumît de bon gré à la taxe, ou de vigneron qui ne voulût donner une tonne de son vin, plutôt que de le laisser plus longtemps prisonnier.

La princesse de Galles participa, elle aussi, à la curiosité générale, et elle fit exprès le voyage d'Angoulême à Bordeaux pour voir Bertrand Du Guesclin, qu'elle reçut somptueusement à sa table ; ensuite, s'étant retirée dans sa chambre et ayant fait venir du vin et des confitures, elle les lui offrit en présence de tous les chevaliers qui étaient là. La princesse, grande admiratrice de toutes les belles et nobles actions, dit à Bertrand en prenant congé de lui :

« Mon ami ; vous avez été l'arbitre de votre propre rançon, et vous l'avez fixée à un très-haut prix, à quoi vous avez été mu par votre fierté ; mais je désire y apporter un adoucissement, à raison des grandes vertus que vous avez montrées. Sachez donc que je veux rabattre dix mille (écus) de votre rançon et les payer de mes propres deniers. »

Bertrand, à ces mots, tomba à genoux devant la princesse, la remercia de sa bonté, et lui dit ensuite plaisamment :

« Madame, j'avais cru jusqu'ici être le plus laid chevalier de France, mais je commence à avoir meilleure opinion de moi, puisque les dames me font de tels présents. »

La princesse rit beaucoup de la répartie, et congédia ensuite Bertrand Du Guesclin, qui alla faire ses remerciements au prince avant de prendre congé de lui, et qu'il trouva très-satisfait de l'honneur qui lui avait été fait par la princesse.

Après avoir prêté le serment d'usage qu'il ne reprendrait pas les armes avant d'avoir payé sa rançon, Bertrand Du Guesclin se préparait à quitter la ville de Bordeaux, quand il fut accosté par un de ses anciens compagnons d'armes, sir Hugh Calverly, qui lui rappela les nombreuses campagnes faites ensemble, le butin de guerre et les rançons qu'ils avaient partagés, et le pressa vivement d'accepter dix mille francs qu'il disait ne' pas lui appartenir, mais à Bertrand, avec d'autres sommes qu'il avait à son service.

Du Guesclin remercia cordialement le chevalier anglais de son offre, qu'il refusa d'accepter, en disant qu'il ne savait pas comment l'affaire se terminerait, mais que, s'il avait besoin de lui, il ne le ménagerait pas (1).

Bertrand Du Guesclin, ayant recouvré sa liberté, voulut justifier la confiance qu'il avait si ouvertement exprimée dans les bons offices de ses amis, en s'adressant à eux pour l'aider à payer sa rançon. En revenant de Bordeaux, il rencontra d'abord le duc d'Anjou, qui lui prêta trente mille francs pour ce dont il avait besoin ; et le roi de France, qu'il alla voir ensuite, lui prêta trente mille doublons d'Espagne (2), pour lesquels il exigea de Bertrand la promesse qu'il serait constamment prêt à se rendre au premier appel dès qu'on requerrait ses services, à moins qu'il ne fût prisonnier dans le moment. Avec ce généreux secours, Du Guesclin alla ensuite rendre visite à ses amis de Bretagne, où le reste de sa rançon fut complété par Raoul de Treal, évêque de Rennes, le vicomte de Rohan, les sires de Laval et de Beaumanoir, Charles de Dinan, et d'autres barons et chevaliers de ce duché. S'étant procuré de cette manière le mon-

---

(1) Cuvelier, vv. 13,656-13,765 ; *Chronique* (anonyme) *de Bertrand Du Guesclin*, chap. CIII, CIV, CV.

(2) Tous les chroniqueurs qui rapportent le fait assurent que ce fut un don de Charles à Du Guesclin ; mais Du Tillet montre que ce fut seulement un prêt, qui fut rendu l'année suivante, « par six morceaux de papier attachés ensemble, servant de reçus pour les trente mille doubles d'Espagne, » que Bertrand, par une obligation en date du 27 décembre 1367, avait promis de payer au roi Charles, comme partie de la rançon due au prince de Galles. *Recueil des traictez*, etc., et *Inventaire*, p. 94, verso ; *Actes de Bretagne*, t. II, col. 60 ; *Obligation de Du Guesclin envers Charles V*, publiée par Charrière, éditeur de Cuvelier, t. II, p. 402.

tant de sa rançon, Bertrand se rendit ensuite à son château de la Roche-Darrien, où madame Tiphaine, sa femme, fut grandement réjouie de le voir (1).

L'année précédente, avant de partir pour l'expédition d'Espagne avec les grandes compagnies, Bertrand Du Guesclin avait mis en dépôt, dans l'ancienne abbaye du Mont Saint-Michel, une somme de cent mille francs, et, ayant alors besoin de toutes ses ressources pécuniaires, il envoya reprendre le trésor ; mais il apprit que sa femme avait retiré et dépensé le tout en son absence, et, quand il lui demanda ce qu'elle avait fait de l'argent, elle lui répondit ingénument :

« Je l'ai distribué entre les chevaliers et les écuyers qui vous ont servi, et qui sont venus me demander de payer leurs rançons et de les pourvoir de chevaux, afin de vous servir de nouveau ; tout cela, vous pouvez le savoir d'eux-mêmes. »

Bertrand fut très-satisfait d'apprendre le bon usage qu'on avait fait de ses trésors, et il approuva hautement la généreuse conduite de sa femme (2).

S'étant donc procuré les moyens de payer sa rançon, Bertrand était impatient de s'acquitter. En conséquence il fit avec le plus de hâte possible tous ses préparatifs de départ, et se mit en route pour Bordeaux. Chemin faisant, il descendit dans une auberge où dix chevaliers et écuyers, qui avaient servi sous lui en Espagne, venaient de s'arrêter pour se restaurer. Ils avaient été faits prisonniers à la bataille de Navarrete, et relâchés ensuite sur parole pour aller chercher leur rançon. Ils étaient tous dans un état pitoyable : les uns à pied, les autres pauvrement montés, tous couverts d'habits vieux, sales et en lambeaux. Après avoir causé quelque temps du triste état où les

---

(1) *Chronique* (anonyme) *de Du Guesclin*, chap. CVIII, CIX. — Cuvelier, v. 14,302.

(2) *Chronique* (anonyme) *de Du Guesclin*, chap. CIX.

avait réduits leur captivité, ils appelèrent l'hôte et lui demandèrent du vin.

« Et de quoi le paierez ? dit l'hôte.

— De quoi vous effrayez ? répondit un des écuyers. Il a ci chevaliers et écuyers assez.

— Chevaliers ! reprit l'hôte avec cette ironie et cette finesse de regard des gens de son métier ; et où avez-vous laissé vos éperons dorés ? Si j'eusse vos chevaux céans, encore ai-je étable, foin et avoine assez pour cinquante chevaux nourrir dix mois passés.

— Ah ! bel hôte, dit un écuyer de Nantes, pour Dieu ! ne vous gabez (moquez). Nous venons de Bordeaux, et avons des maux assez. Bertrand Du Guesclin, qui nous avait menés, fut délivré l'autre hier à soixante mille doublons. Tout le monde en fut fort épouvanté ; car comment pourra être trouvé un tel avoir ?

— Il en aura assez, répondit l'hôte ; car encore ai-je dix chevaux, cinq cents gras moutons et des pourceaux lardés, trente tonneaux de vin en mon cellier, et tout vendrai pour lui, avec les draps fourrés que ma femme acheta quand je me mariai. S'il eu a mestier, il en aura plutôt qu'un pestaux n'est lavé ! »

Le digne hôte fit voir ensuite que son enthousiame pour la cause de Du Guesclin ne se bornait pas à des paroles seulement, car il appela ses domestiques et leur ordonna de fournir à ses hôtes des viandes rôties et des pâtisseries, ainsi que des meilleurs vins de sa cave, et leur fit préparer de bonnes chambres pour tout le temps qu'ils resteraient. Au milieu de leur repas, Bertrand entra dans la pièce où ils étaient à table ; et les chevaliers et les écuyers s'étant levés à son approche, il les reconnut immédiatement pour des compatriotes qui avaient servi sous lui à la bataille de Navarrete, bien qu'il fût fort surpris du changement de leurs personnes et très-peiné de les voir dans un si piteux état. Ils répondirent aussitôt à toutes les questions qu'il leur adressa sur leur délivrance et leur captivité; et ils l'informèrent de la bonne réception qui leur avait été faite à l'auberge, et de la bonne chère dont leur hôte les avait régalés en son honneur. Bertrand prit place ensuite avec eux, malgré leurs protestations qu'il ne convenait pas qu'un si noble chevalier se mêlât parmi de pauvres chevaliers et écuyers comme eux, et il apprit que leurs rançons se montaient ensemble à quatre mille livres. Appelant Ivon, son valet de chambre, il lui ordonna de compter d'abord cette somme aux chevaliers et écuyers, et de leur donner ensuite deux mille livres pour se monter de chevaux, et mille livres, en sus, pour les frais de leur aller et retour de Bordeaux, outre mille livres à l'hôte qui, à cause de lui, leur avait généreusement donné l'hospitalité. Les chevaliers et écuyers tombèrent à genoux pour le remercier d'une libéralité d'autant plus inattendue, qu'ils le croyaient écrasé lui-même par le montant de sa rançon, et l'aubergiste, avec de grands remercîments, le pria de garder son argent, par ce qu'il en avait plus besoin que lui-même; mais Bertrand ne voulut rien entendre, disant qu'il ne reprendrait pas un seul liard (1).

Ces actes de libéralité princière, de la part d'un chevalier de médiocre fortune comme était Bertrand Du Guesclin, pourraient passer simplement pour des exemples de rare et excessive prodigalité, ou pour les assertions exagérées d'un chroniqueur prévenu; mais l'étonnement diminuera quand on saura que la libéralité était la vertu la plus honorée chez les anciens chevaliers, et que sur le champ de bataille ou dans les palais, c'était le sujet perpétuel des éloges des hérauts, des ménestrels et des romanciers, qui d'ordinaire faisaient et immortalisaient la renommée des chevaliers, quoique cette vertu, qu'ils louaient pour leur propre compte, comme étant ceux qui en profitaient le

(1) Cuvelier, vv. 14,090-14,239.

plus, ne méritât pas toujours l'éloge de désintéressement (1).

La généreuse conduite de Bertrand envers ses soldats malheureux causa beaucoup d'étonnement à Bordeaux, où l'on connaissait les sommes considérables qu'il s'était engagé à payer ; car lorsque les dix chevaliers et écuyers revinrent beaucoup plus tôt qu'on ne les attendait, avec le montant de leur rançon, et publièrent que Bertrand leur avait non-seulement fourni la somme, mais encore deux mille livres pour s'équiper de nouveau, le sénéchal, en l'apprenant, déclara que depuis, « que le Christ avait été crucifié, un pareil acte avait été inouï dans l'histoire, » et la princesse de Galles, qui en fut informée à table, dînant avec son mari, en fut grandement émerveillée, et dit qu'elle ne regrettait pas le secours qu'elle lui avait donné, car elle n'aurait jamais pu faire un meilleur usage de ses richesses (2).

Bertrand Du Guesclin continua sa route pour Bordeaux, où, peu après son arrivée, il paya sa rançon et obtint son élargissement, à la pleine satisfaction du Prince-Noir, qui diminua d'abord la somme des dix mille doublons que la princesse avait promis de payer pour lui. En quittant Bordeaux, Bertrand alla à Montpellier, où il arriva le 7 janvier 1368, avec son ancien compagnon d'armes, le maréchal d'Audeneham. Pendant son séjour en cette ville, Bertrand embaucha plusieurs chefs des grandes compagnies, car il n'avait pas intention d'abandonner la cause d'Henri de Castille pour la perte d'une seule bataille, et il déclara au duc d'Anjou que, tant qu'il vivrait, il ne cesserait de faire tous ses efforts pour rétablir le roi Henri dans la position qu'il occupait auparavant.

Après avoir réuni environ deux mille hommes d'armes, Bertrand Du Guesclin et le maréchal d'Audeneham se mirent en

---

(1) Voir Sainte-Palaye, *Mémoires sur l'ancienne chevalerie*, t. I, p. 82, et note 73.

(2) Cuvelier, v. 14,273.

route le 27 février, et rejoignirent à Nîmes le duc d'Anjou, qui faisait alors des préparatifs pour une expédition en Provence. On ne sait pas au juste quelles étaient les prétentions ou les projets du duc sur ce pays, mais on suppose que Charles IV, empereur d'Allemagne, lui ayant cédé ses droits au royaume d'Arles (1) en l'année 1365, le duc voulait profiter de l'absence de Jeanne, reine de Naples et comtesse de Provence, et faire valoir ses droits sur ce royaume. Aussi, dès qu'il eut reçu le puissant secours que lui amenaient Bertrand du Guesclin et le maréchal d'Audeneham, le duc traversa-t-il le Rhône, et, le 4 mars, mit le siége devant Tarascon. Les habitants de la ville, après avoir enduré de grandes privations et repoussé de fréquentes attaques, pendant un mois, par terre et par eau, se rendirent au duc d'Anjou et le reconnurent pour leur seigneur. Encouragé par ce succès, il fit le siége d'Arles le 11 avril; mais il en laissa bientôt la conduite à Du Guesclin et établit son quartier à Beaucaire, de l'autre côté du fleuve. Pendant le siége, le pape entremit ses bons offices entre le duc d'Anjou et la reine de Naples; et pendant le cours des négociations, Bertrand leva le siége et rejoignit le duc à Beaucaire (2).

Il n'était pas dans la destinée de Bertrand de se reposer un seul instant, au milieu des graves événements qui se passaient autour de lui; et quoique Charles V fût à la veille d'une grande lutte avec Édouard III, pour la possession d'un tiers de son royaume, il regarda cependant la guerre qui avait lieu en Espagne pour la succession au trône de Castille comme d'une assez grande importance pour céder pendant quelque temps à

---

(1) L'ancien royaume d'Arles comprenait la Provence, la Savoie, le Dauphiné et la Franche-Comté.
(2) Cuvelier, vv. 14,329, 14,373, 14,051; *Chronique* (anonyme) *de Bertrand Du Guesclin*, chap. CIX; Froissart, liv. I, part. II, p. 546; Morice, *Hist. de Bretagne*, t. I, p. 327; Christine de Pisan, *le Livre des fais du sage roy Charles*, part. II, chap. X.

son allié Henri les services d'un de ses plus habiles capitaines. Le roi de France envoya donc des ambassadeurs en Castille pour renouveler et amplifier le traité d'Aigues-Mortes, et informer Henri qu'il enverrait immédiatement Bertrand du Guesclin à son aide avec cinq cents lances (1).

En conséquence de ces actes de son souverain, et d'accord avec sa résolution hautement exprimée de rétablir Henri sur son trône, Bertrand Du Guesclin franchit les Pyrénées au commencement de l'année 1369, et parut devant le camp près de Tolède, qui était tenue en état de blocus permanent depuis le 30 avril de l'année précédente; et bien qu'Henri eût beaucoup d'amis dans la cité, tous ses efforts, par force ou par ruse, n'en étaient pas moins restés infructueux, pendant dix mois et demi, contre la puissance des fortifications et la valeur et la fermeté de la garnison (2).

(1) Ce traité est daté du camp près de Tolède, le 20 novembre 1368, Ayala, p. 536, note 1. — Rymer, vol. III, part. II, pp. 852-854.
(2) Ayala, *Cronica del rey don Pedro*, pp. 527, 529, 536, et *Cronica del rey don Henrique secundo*, p. 15, note 2.

CHAPITRE VII.

Bataille de Montiel. — Défaite et mort de Pierre le Cruel.

Après sa tentative infructueuse sur la ville de Cordoue, Pierre le Cruel revint à Séville, où tant d'actes de cruauté avaient été commis sous ses yeux et de sa propre main, pour y assister à la destruction complète, par ses auxiliaires de Grenade, de ses sujets révoltés. Les villes de Jaen et d'Ubeda furent rasées, celles de Marchena et d'Utrera mises à sac, et onze mille captifs, hommes, femmes et enfants, sont dits avoir été emmenés par les Maures de cette dernière ville seulement. Avec toute son impiété et son mépris des ministres de la religion, Pierre se laissait gouverner par les superstitions les plus grossières; et, agissant d'après les prédictions d'un astrologue qui lui avait annoncé qu'il serait forcé de soutenir un siége quelque part, il employa la plus grande partie de son temps, à son retour de Cordoue, à augmenter les fortifications de Carmona, ville à six lieues environ de Séville, qu'il pourvut abondamment de provisions de toute sorte, et où il mit ses enfants et ses trésors (1).

Ne pouvant plus longtemps résister aux importunités des ha-

---

(1) Ayala, *Cronica del rey don Pedro*, pp. 527, 529, 536, et *Cronica del rey don Henrique secundo*, p. 15, note 2.

bitants assiégés de Tolède, Pierre, avec une force de trois mille lances, de quinze cents cavaliers Maures, et un corps d'infanterie tiré des villes de Séville, Carmona, Ecija et Xérès, partit de Séville dans le dessein de faire lever le siége de Tolède ou de livrer bataille à Henri. Mais celui-ci, informé du projet de Pierre en quittant Séville, convoqua immédiatement un conseil des chefs de son armée, « parmi lesquels étaient notamment messire Bertrand Du Guesclin, de l'avis de qui on désirait faire toutes choses. »

Dans cette réunion, Bertrand conseilla à Henri de marcher immédiatement contre Pierre avec la plus grande partie de ses troupes ; car, celui-ci ne l'attendant pas, on pourrait obtenir beaucoup d'une surprise. On suivit ce conseil ; et Henri laissa six cents hommes d'armes et une partie de ses archers et de ses fantassins sous les ordres de l'archevêque de Tolède, assisté de plusieurs seigneurs et chevaliers, pour maintenir le blocus de la ville. A Orgaz, à cinq lieues environ de Tolède, Henri fut rejoint par les grands maîtres de Saint-Jacques et de Calatrava, par don Juan Alfonso de Guzman et les autres chevaliers et écuyers, au nombre de quinze cents, qui avaient si vaillamment et si heureusement défendu Cordoue l'année précédente contre Pierre et les Maures de Grenade. Ces troupes, avec six cents lances sous les ordres de Bertrand Du Guesclin, portaient les forces d'Henri à environ trois mille lances, outre quelques fantassins, qui, du reste, ne firent que servir de suivants aux nobles et aux chevaliers (1).

Henri quitta Orgaz avec l'intention de livrer bataille à Pierre, et apprit immédiatement après par ses éclaireurs, qui le tenaient exactement au courant de tous les mouvements de son rival,

---

(1) Ayala, *Cronica del rey don Pedro*, pp. 546, 547. — Froissart, liv. I, part. II, pp. 550, 551, porte les forces des deux partis à un chiffre beaucoup plus élevé que ne le fait le chroniqueur espagnol.

que celui-ci avait passé Calatrava et pris position au château de Montiel, près les frontières de la Manche. Henri fit toute la diligence possible afin de surprendre Pierre, et il y réussit complétement, car celui-ci, qui ne se doutait pas que son approche fût connue et ne s'attendait pas à être attaqué par Henri, avait établi son quartier dans le château et éparpillé ses troupes dans les hameaux d'alentour. Aussi, quand le commandant du château aperçut une quantité de torches que portaient les troupes d'Henri pour se guider dans l'obscurité d'une nuit très-sombre, il fit immédiatement savoir à Pierre qu'on voyait un grand nombre de feux à deux lieues environ de Montiel, et qu'il allait envoyer des gens s'enquérir de ce que c'était. Mais Pierre était si loin de craindre une attaque de la part d'Henri, qu'il dit au gouverneur de ne pas s'inquiéter de la chose, supposant que ces feux venaient des troupes qui avaient quitté Cordoue, sous les ordres des grands maîtres Mexia et Moñiz, pour aller rejoindre Henri au siége de Tolède; néanmoins, Pierre envoya l'ordre à ses soldats de se réunir le lendemain à la pointe du jour près du château.

Le lendemain de très-bonne heure, Henri, qui marchait avec son armée depuis minuit, parut en vue de Montiel, où il fut reconnu, et Pierre, qui venait d'être prévenu de son approche par ses éclaireurs, rangea en bataille toutes ses troupes, qu'il venait de rassembler. En même temps, Henri disposa les siennes pour l'attaque, et s'avança avec la division sous ses ordres contre Pierre, qui fut complétement surpris par ce mouvement, ou, comme dit Froissart, « pris sur un pied; » tandis que Bertrand Du Guesclin, avec la division composée des gens d'armes français et des nobles et chevaliers de Cordoue, était arrêté par un ravin infranchissable, et, avant qu'il eût pu tourner la vallée et conduire ses soldats au combat, la bataille était déjà perdue pour Pierre, qui se réfugia dans le château de Montiel;

de sorte qu'on n'eut à s'occuper que de la poursuite et du carnage des vaincus (1).

La bataille de Montiel fut livrée le 14 mars 1369, et elle semblait devoir décider des prétentions hostiles au trône de Castille, car Pierre avait cherché un refuge dans une place qui, quoique forte, n'était pas préparée pour un siége ; et Henri, avec une armée nombreuse et bien équipée, montra bientôt qu'il ne négligerait aucune mesure pour prévenir l'évasion d'un prisonnier de si grande importance, car, non-seulement il éleva un mur de pierre autour de la forteresse, mais il fit encore soigneusement garder toutes les issues, « et ils étaient de si près guettés de nuit et de jour, qu'un oiseau ne se pût partir du châtel qu'il ne fût vu et aperçu (2). »

Comme il fut bientôt clair pour tout le monde dans le château que le siége ne pourrait guère durer plus longtemps, et que l'évasion était impossible sans le concours de quelqu'un d'influent dans le camp opposé, ce dernier expédient fut proposé par Men Rodriguez de Senambria, homme-lige de Bertrand Du Guesclin, comme comte de Transtamare, mais alors au service de Pierre.

Ce chevalier avait été fait prisonnier au siége de Briviesca, pendant la première invasion d'Henri en Castille en 1366 ; et,

---

(1) Ayala, *Cronica del rey don Pedro*, pp. 348, 349. Froissart, liv. I, part. II, p. 531, décrit cette bataille comme beaucoup plus vivement contestée qu'on ne pourrait le conclure du maigre récit du chroniqueur espagnol, qui répugne toujours à faire l'éloge d'autres que de ses compatriotes.

(2) On raconte que, lorsque Pierre entra dans le château de Montiel, son esprit superstitieux fut aussitôt frappé de la prédiction des astrologues, qui avaient annoncé qu'il mourrait dans une tour de l'Étoile ; car « il vit écrite en lettres gothiques, sur une pierre de la tour de l'Hommage, cette inscription : *Ceci est la tour de l'Étoile*. Dès qu'il eut aperçu ces mots fatals, il se tint donc pour perdu. » Passage pris par Zurita au *Compendio*, reproduit dans ses *Enmiendas*, et cité par Llaguno, éditeur d'Ayala, dans les *Adiciones a las notas. Cronica del rey don Pedro*, p. 579.

comme il était originaire du comté de Transtamare, sa rançon de cinq mille florins fut payée par Bertrand Du Guesclin, quand il reçut en don ce comté, à messire Bernard de la Salle, qui avait pris Men Rodriguez. Celui-ci, qui connaissait personnellement Bertrand, lui demanda une entrevue particulière, qui lui fut accordée ; et, en conséquence, un soir que Bertrand Du Guesclin était de garde, Men Rodriguez quitta le château et vint à son poste. Il ouvrit la conversation en disant :

« Messire Bertrand, le roi Pierre, mon seigneur, m'a commandé d'avoir un entretien avec vous, de vous dire que vous êtes un très-noble chevalier, et que vous vous êtes toujours distingué par vos exploits et vos bonnes actions ; que vous voyez dans quelle position il est, et que, si vous voulez l'en tirer, le mettre en lieu sûr et vous joindre à lui, il vous donnera en toute propriété les villes de Soria, d'Almazan, d'Atienza, de Montagudo, de Deza et de Seron, et, en outre, deux cent mille doublons d'or de Castille. Et je vous prie de le faire, car vous acquerrez beaucoup d'honneur en secourant un si puissant roi, et tout le monde saura que grâce à vous il a sauvé sa vie et recouvré son royaume.

— Mon ami, répondit Bertrand, vous devriez bien savoir que je suis chevalier, vassal du roi de France et son sujet, et que c'est par son ordre que je suis venu dans ce pays pour servir le roi Henri ; que le roi don Pedro est du parti des Anglais et leur allié, particulièrement contre mon seigneur le roi de France ; que je suis à la solde du roi Henri, et que je ne puis rien faire contre ses intérêts et son honneur. Vous ne devriez donc pas me conseiller d'agir ainsi ; et, si vous avez jamais reçu de moi quelque service, je vous prie de ne plus me reparler de cela.

— Messire Bertrand, répondit Men Rodriguez, je suis persuadé que ce que je vous ai dit peut se faire sans aucun mal ; et je vous prie en grâce de vouloir bien y réfléchir. »

Là-dessus Bertrand Du Guesclin ayant dit à Men Rodriguez

qu'il examinerait la chose et verrait ce qu'il aurait à faire, le Castillan reprit le chemin de la forteresse; et, le lendemain, Bertrand Du Guesclin raconta à ses parents et à ses amis qui étaient dans le camp, notamment à son cousin messire Olivier de Mauny, ce qui s'était passé entre lui et Men Rodriguez de Senambria, et leur demanda conseil, en déclarant préalablement que pour tout au monde, il ne ferait rien de ce qu'on lui demandait, attendu que Pierre était l'ennemi du roi de France, son seigneur, et du roi Henri, au service duquel il était alors; mais qu'il désirait savoir d'eux s'il devait raconter au roi Henri ce que Men Rodriguez lui avait offert, ou ce qu'il y avait à faire.

Tous ses amis furent d'avis que c'était son devoir d'informer Henri de la tentative faite pour le séduire. Bertrand, suivant ce conseil, fit immédiatement connaître au roi les ouvertures que Pierre lui avait fait faire par Men Rodriguez, et Henri fut si content de cette nouvelle, qu'il promit de donner à Bertrand les mêmes villes et la même somme d'argent que Pierre lui avait offertes; mais il le pria de promettre à Men Rodriguez que Pierre serait en sûreté en venant dans sa tente, et de lui faire savoir dès que Pierre s'y serait rendu.

Bertrand Du Guesclin n'était pas tout à fait persuadé de la parfaite honnêteté de ce qu'on lui proposait; mais sa vertu semble avoir été incapable de résister aux mœurs de l'époque, aux vœux d'un roi qu'il désirait obliger, et aux instances de ses amis, qui le pressaient vivement d'agir dans ce sens. Peut-être se crut-il tout justifié de l'infraction de sa parole, parce qu'il s'agissait ici d'un prince qu'il regardait comme un monstre d'impiété, d'immoralité, et de cruauté, et parce qu'aucune foi n'était due à un homme qui avait tenté par la séduction de le détourner de l'obéissance envers son souverain naturel, et de son devoir envers un roi qu'il s'était engagé à servir. On ne sait pas au juste quelles garanties furent données. Le chroniqueur espagnol se contentant de raconter que « quelques personnes disaient que, lorsque Bertrand fit réponse à Men Rodriguez, il lui garantit la sûreté de Pierre, et que quelques-uns de ses amis promirent sous serment qu'ils seraient mis en lieu sûr. » Quelles qu'aient pu être les promesses faites, Pierre, voyant qu'il ne lui était plus possible de rester dans le château et confiant dans les assurances solennellement données par ceux avec qui Men Rodriguez avait eu affaire, se hasarda une nuit, avec don Fernandez de Castro, Diego Gonzalez de Oviedo, Men Rodriguez de Senambria et d'autres à aller trouver Bertrand Du Guesclin dans son logis, et à se remettre entre les mains du chevalier breton. Pierre descendit de cheval en arrivant au quartier de Bertrand, et, en entrant dans le logis, il parla ainsi : « Chevalier, c'est l'heure de partir. » Pierre, en recevant pas de réponse, commença à craindre d'avoir fait fausse route, et voulut remonter à cheval ; mais un des suivants de Bertrand, lui mettant la main sur l'épaule, lui dit tranquillement : « Attendez un peu. » Aussitôt après, Henri entra dans le logis, armé de pied en cap, et bassinet en tête (1).

(1) Ayala, *Cronica del rey don Pedro*, pp. 551, 555. Tel est le récit d'Ayala. Froissart, lui, ne fait aucune allusion à la tentative de Pierre pour gagner Bertrand Du Guesclin à ses intérêts, et mentionne seulement une offre de ce prince au Bègue de Villaines, qui l'arrêta au moment où il essayait de s'évader du château pendant la nuit, et lui promit de pourvoir à sa sûreté, mais le mena dans son logis. Cuvelier et l'auteur anonyme de la *Chronique de sire Bertrand Du Guesclin* font de cette affaire un récit, dans lequel Bertrand ne joue aucun rôle, et s'accordent entièrement dans les détails suivants : Une nuit, durant le siége, Pierre quitta le château de Montiel avec une suite de cinq personnes, et, afin de descendre plus secrètement, ils conduisaient leurs chevaux par la bride. Le Bègue de Villaines était de garde cette nuit-là : quand il fut informé que quelques personnes sortaient du château, il prit position sur la chaussée avec un corps de soldats. Arrivé à ce point, Pierre allait monter à cheval, lorsqu'il fut arrêté par le Bègue avec tous ceux de sa suite. Dès qu'il se vit prisonnier, il usa de toutes les séductions auprès de lui pour obtenir qu'il favorisât sa fuite, lui promet-

En entrant dans la chambre où était Pierre, Henri s'écria :
« Où est ce juif bâtard qui s'appelle roi de Castille ? »

Pierre, qui était un homme brave et orgueilleux, en entendant ces paroles, s'avança et lui dit :

« Mais c'est toi qui es le bâtard ; car je suis le fils du bon roi Alphonse. »

« A ces mots, il prit à bras le roi Henri, son frère, et le tira à lui en luttant, et fut plus fort que lui, et l'abattit dessous lui sous une coute de matelas de soie, et mit main à sa coustille, et l'eût là occis sans remède, si n'eût été le vicomte de Rocbertin (Rocaberti), qui prit le pied du roi don Piètre et le renversa par-dessous lui, et mit le roi Henri dessus ; lequel tira tantôt une coustille longue de Castille, qu'il portait en écharpe, et lui embarra au corps tout en affilant dessous en amont, et tantôt saillirent ses gens qui lui aidèrent à partuer (1). »

Ainsi périt Pierre de Castille, le 23 mars 1369, dans la trente-cinquième année de son âge. On le représente comme doué de beaucoup de mâles qualités. Il était d'une belle taille, avait le teint frais, et il zézayait légèrement en parlant. Il jouit toujours d'une excellente santé, car il était sobre et dormait peu. Il pouvait supporter de grandes fatigues, et, dans quelques-uns de ses voyages, il fit de vingt à vingt-cinq lieues par jour. Il aimait passionnément la chasse au faucon ; et l'on dit que ce plaisir lui coûtait trente mille doublons par an. Il avait

tant de grandes richesses en joyaux d'or et d'argent, avec six villes et douze châteaux. Le Bègue de Villaines rejeta toutes ses offres, l'emmena lui-même dans la tente de messire Alain de la Houssaie, et envoya informer Henri de la capture. Henri quitta immédiatement son logis et vint où était Pierre ; et dès qu'il l'aperçut, il l'appela « traître bâtard. » *Chronique* (anonyme) *de Du Guesclin*, chap. cxx, cxxi ; Cuvelier, vv. 16,535-16,761.

(1) Froissart, liv. I, part. II, p. 534. Le tableau de la lutte entre les

la manie de ramasser des trésors et des joyaux ; et il la poussait si loin que, à sa mort, ses bijoux, pierres précieuses, perles, vaisselle d'or et d'argent et étoffes d'or, furent estimés trente millions; et ses trésors en monnaie d'or et d'argent, entassés à Séville et en d'autres endroits de sûreté, se montaient à cent soixante millions. Il était de mœurs dépravées, d'un caractère irritable, d'un esprit soupçonneux, implacable dans sa colère. Pierre mérita tout à fait l'épithète de *Cruel*, qui reste inséparablement attachée à son nom ; mais quand le temps eut un peu effacé le souvenir de ses crimes et de ses vices, on se souvint qu'il était grand amateur de justice; que tout son royaume fut exempt de sédition, de vol et de brigandage ; qu'il était grandement redouté de tous les rois d'Espagne, et surtout de ses ricos hombres et de ses chevaliers, qui, par crainte de sa puissance, conspirèrent avec succès contre son trône et sa vie (1).

deux frères, tel qu'il est donné par Froissart, sans différer au fond du récit d'Ayala, est plus complet et plus animé; en outre, il est confirmé par un auteur catalan contemporain (probablement Carbonell), cité par Llaguno, l'éditeur d'Ayala, p. 555, note 8. Cuvelier et la *Chronique de Du Guesclin* se rapprochent beaucoup de la version suivie dans le texte, excepté que, au lieu du vicomte de Rocaberti, c'est le bâtard d'Asnières qui, à la demande de Bertrand Du Guesclin, retire Pierre de dessus Henri. Dans une ballade espagnole de cette époque, publiée par Buchon dans l'appendice à la *Chronique* anonyme, p. 97, et commençant par ces mots : *Los fieros cuerpos revueltos*, il est dit que Henri fut secouru par son propre page.

(1) Ayala, *Cronica del rey don Pedro*, p. 557, et note 8 à la page 556.

CHAPITRE VIII.

Charles V provoque une rupture avec l'Angleterre. — Il accueille l'appel qui lui est adressé par les nobles de Gascogne refusant de payer une taxe que leur avait imposée le Prince-Noir.

Par la mort de Pierre le Cruel, Henri demeura paisible possesseur du trône de Castille, que les armes et les conseils de Bertrand Du Guesclin lui avaient aidé efficacement à conquérir. Mais, tandis qu'il cherchait, à l'aide du chevalier breton, à consolider suffisamment les bases de son trône pour pouvoir le transmettre sûrement à sa postérité, il se préparait en France des événements destinés à donner à Du Guesclin de l'occupation pour le restant de sa vie. Charles V de France, qui mérita le surnom de *Sage* pour avoir obtenu les résultats les plus importants avec des moyens en apparence très-inférieurs, observait attentivement tout ce qui se passait. Pâle, faible et maladif, caché au regard du public dans la solitude de son palais, peu connu personnellement de ses contemporains et même de la postérité, si ce n'est par le panégyrique pédantesque et boursouflé de Christine de Pisan, tandis qu'il n'avait pas l'air de prendre part aux affaires publiques, il ne laissait rien passer de ce qui pouvait tourner au profit du grand objet de sa vie : l'expulsion des Anglais de la France. L'impopularité de son gouvernement et les dures épreuves par lesquelles il avait passé étant régent le mettaient en garde contre tous ceux qu'il avait occasion d'employer; et les empiètements des États-Généraux sur son autorité, ainsi que les révoltes du peuple, firent qu'il ne voulut confier à personne de pouvoir qui n'émanât immédiatement de lui-même, et le déterminèrent de bonne heure au gouvernement personnel. Choisissant les ministres de sa politique profonde et secrète suivant leur disposition et leurs aptitudes à le servir, sans avoir égard ni au nom ni à la famille, il vint à bout de ses plans mystérieux, laissant à peine une trace des moyens qu'il avait employés pour les réaliser, sans les voir entravés par l'ambition de ses nobles ou l'incapacité du rang et de la fortune.

Charles, ayant sondé avec soin sa situation et ses ressources, obtenu des renseignements exacts sur l'imprudence et la faiblesse de ses ennemis, et bien pesé les résultats de l'expédition d'Espagne, eut bientôt trouvé un prétexte, peut-être même une raison, pour rompre avec l'Angleterre. Il savait très-bien que le système anglais ne plaisait qu'à très-peu des anciens nobles de la couronne de France, forcés par le sort des armes de changer de suzerain, et que rien ne leur serait plus agréable que de revenir à leurs anciens maîtres. Le refroidissement survenu entre le Prince-Noir et le sire d'Albret, à la suite du refus formel du prince de recevoir les gens d'armes qu'il avait acceptés de ce seigneur pour son expédition en Espagne, ne lui avait point échappé; et il savait bien que la carrière du prince de Galles ne tarderait pas à se ressentir des effets d'un climat aussi contraire à son tempérament que celui de l'Espagne. En conséquence, Charles était disposé à accueillir favorablement les plaintes de ses sujets contre les grandes compagnies, qui, depuis leur retour de l'expédition de Castille, avaient recommencé leurs ravages dans le royaume de France, contrairement aux stipulations formelles des chartes qui suivirent la conclusion de la paix de Brétigny.

Il est vrai qu'Édouard III, par une ordonnance en date du

16 novembre 1367, aussitôt après le retour des grandes compagnies d'Espagne, leur défendit d'entrer en France d'une façon hostile, sous peine de bannissement du royaume, de confiscation des biens et d'être poursuivis comme traîtres et rebelles (1) ; mais ce qui, aux yeux du monarque français, aggrava probablement l'offense, ce fut que le Prince-Noir, à qui avait été envoyé un rescrit spécial renfermant l'ordonnance ci-dessus, avec recommandation de conserver la paix et l'alliance entre les deux royaumes, quand il se vit inquiété par les brigandages des grandes compagnies, qui, au nombre de six mille hommes, venaient lui réclamer la solde par lui promise, mais qu'il n'était pas en état de leur payer, il leur ordonna froidement de sortir de sa principauté, leur disant qu'ils eussent à se payer sur tout autre, attendu que, pour lui, il ne pouvait les entretenir plus longtemps. Chassées d'Aquitaine, les grandes compagnies rentrèrent en France au commencement de l'année 1368, traversèrent la Loire, et se répandirent par toute la Champagne et dans les environs de Reims, de Noyon et de Soissons ; et, quand on faisait des prisonniers, ceux-ci répondaient invariablement, à toutes les questions, que le prince de Galles les avait envoyés (2).

Charles n'adressa alors aucune plainte formelle sur les ravages des grandes compagnies ; mais quand les événements subséquents, qui arrivèrent bientôt après, lui fournirent l'occasion de les employer contre les Anglais, il n'hésita pas un seul instant à les utiliser pour l'important objet qu'il avait en vue. Afin d'arriver plus sûrement à son but, il commença par diriger son attention d'un autre côté ; et non-seulement il réussit à détacher d'Edouard un seigneur breton distingué, messire Olivier de Clisson, qui avait été le fidèle partisan de la famille de

---

(1) Rymer, t. III, part. II, p. 834.
(2) Froissart, liv. I, part. II, p. 546.

Montfort et des Anglais, depuis la décapitation de son père, le sire de Clisson, par ordre de Philippe de Valois, en 1343 ; mais il favorisa encore le mariage du sire d'Albret avec Marguerite de Bourbon, sa belle-sœur « duquel mariage le prince de Galles ne fut néant réjoui, mais eût eu plus cher que le sire d'Albret se fût marié ailleurs (1). »

Le Prince-Noir avait alors un grand état de maison à Bordeaux, et dépensait plus qu'aucun autre monarque de son temps ; car lui et la princesse avaient toujours autour d'eux une nombreuse suite de chevaliers et d'écuyers, de dames et de demoiselles (2). Un revenu considérable était donc nécessaire pour mener si grand train. En outre, le prince était fort endetté envers les chefs des grandes compagnies, à raison de la solde due à leurs troupes pour l'expédition en Espagne ; mais il leur déclara qu'il les payerait et satisferait tous, de quelque côté que dût venir l'argent et à quelque prix que ce fût, car il avait résolu de remplir ses promesses, quoique Pierre n'eût pas tenu les engagements qu'il avait pris envers lui. Son conseil, et notamment son chancelier, l'évêque de Bath, l'engagea donc à lever un impôt sur chaque feu dans toute la principauté d'Aquitaine, afin de subvenir à ses besoins. A cette instigation, le prince convoqua les barons de Gascogne, du Poitou et de la Saintonge, ainsi que beaucoup de bourgeois notables des villes et cités d'Aquitaine, en un parlement qu'il réunit à Niort.

Quand le parlement fut rassemblé, le chancelier, en présence du prince de Galles, exposa les motifs pour lesquels l'impôt devait être levé, et dit que ce n'était pas la pensée du prince de

---

(1) Froissart, liv. I, part. II, p. 547.
(2) Cuvelier dit qu'il ne voulait être servi que par des chevaliers :

« Car li princes estoit de telle auctorité
« Que nuls ne le servoit de vin ne de claré,
« Ne d'espices aussi, ne de biens à plenté,
« S'il n'estoit chevalier à esperon doré. »

le rendre permanent, mais qu'il ne durerait que cinq ans, jusqu'à extinction de la dette contractée pour l'expédition d'Espagne. Les barons et autres députés du Poitou, de la Saintonge, du Limousin, du Rouergue et de la Rochelle y adhérèrent, à condition que le prince n'altérerait pas la monnaie de sept ans; mais le comte d'Armagnac, le sire d'Albret, les comtes de Périgord et de Comminges, le vicomte de Carmaing, les sires de Barde, de Terride et de Pincornet, et plusieurs grands barons et chevaliers des hautes marches de Gascogne, ainsi que les députés des cités et des villes de leur juridiction, ne voulurent pas consentir à l'imposition de cette taxe sur leurs terres, prétendant que, autrefois, quand ils étaient sous la domination du roi de France, ils n'avaient jamais été grevés ni écrasés d'aucun subside, fouage ou gabelle (1), et qu'ils ne laisseraient rien mettre de tout cela s'ils pouvaient l'empêcher, parce que leurs terres et leurs seigneuries étaient libres et franches de toute redevance, et que le prince lui-même avait juré de les maintenir en cet état. Ils ajoutèrent, néanmoins, qu'ils y réfléchiraient et que, de retour chez eux, ils assembleraient les prélats, les évêques, les abbés, les nobles et les chevaliers, à qui il appartenait de délibérer plus mûrement qu'ils n'avaient pu le faire. Cette conclusion des barons et des députés gascons n'était toutefois qu'un expédient pour pouvoir sortir de Niort sans blesser le prince, et, comme ce fut tout ce qu'il put obtenir d'eux, le parlement fut ajourné et les députés reçurent l'ordre de se rassembler en un jour déterminé. Mais les seigneurs gascons ne voulurent pas revenir, et déclarèrent qu'ils feraient plutôt la guerre au prince que de laisser lever ce *fouage* sur leurs terres (2).

(1) Le *fouage* était une taxe levée annuellement sur chaque feu; au temps de Charles V, elle n'était que de quatre livres tournois. La *gabelle* était un impôt sur le sel.

(2) Froissart, liv. I, part. II, p. 548.

Cette fière déclaration des nobles gascons, quoique peu du goût d'un prince du caractère d'Edouard, n'était cependant que ce qu'on devait attendre de leur position et de sa conduite passée envers eux. En qualité de tenanciers *in capite*, ils lui devaient le service militaire avec tous ses accessoires, ainsi que les aides que leur imposaient les dures conditions auxquelles ils tenaient leurs domaines; mais c'était tout. Pour des projets de conquête à l'extérieur, ou pour aider un allié du prince pour lequel ils n'avaient aucune sympathie, il ne fallait pas s'attendre à ce qu'ils imposassent des charges sur leurs peuples; ce ne fut donc qu'une demande raisonnable, lorsque, se défiant des offres exagérées de Pierre le Cruel, ils exigèrent garantie pour leur propre paye et pour celle de leurs soldats, avant de partir pour l'expédition d'Espagne; et le Prince-Noir le reconnut parfaitement en promettant de se porter responsable pour le cas où le roi fugitif de Castille manquerait à ses engagements envers eux. La taxe était une mesure complétement opposée à la nature du système féodal; aussi les nobles gascons considérèrent-ils comme une charge intolérable et un précédent dangereux en principe que d'être obligé, non-seulement de perdre les gages qui leur avaient été promis, mais encore de se soumettre à une taxe pour couvrir les frais d'une expédition étrangère qu'ils n'avaient ni conseillée ni approuvée.

Après un acte aussi important, qui n'était rien moins qu'une mesure de défiance envers un prince aussi fier que l'était Edouard, les barons gascons se rendirent immédiatement à Paris, portèrent leurs plaintes devant la chambre des pairs, et invoquèrent le droit d'appel au roi de France, comme le souverain auquel ils devaient avoir recours. Charles V savait très-bien que son intervention, dans une affaire aussi délicate que la querelle d'un suzerain et de ses barons, affecterait profondément le prince de Galles. Il était donc peu disposé à se donner l'apparence d'avoir le premier provoqué la querelle; et il répondit prudemment qu'il ne demandait assurément pas mieux que de conserver toujours et d'étendre la juridiction de son héritage et du royaume de France, mais qu'il avait juré avec son père plusieurs points et articles d'un traité de paix, dont il ne se rappelait pas tous les termes. Il promit de l'étudier et de les aider à maintenir intégralement tout ce qu'il y trouverait de favorable aux seigneurs gascons, ajoutant, en outre, qu'il tâcherait de les réconcilier avec le prince de Galles, qui, peut-être, n'était pas bien conseillé. Les Gascons furent si complétement satisfaits de la réponse de Charles, qu'ils ne retournèrent pas dans leur pays et restèrent près d'un an à Paris près du roi, qui paya leurs dépenses, leur fit de riches présents en or et en bijoux, et s'enquérait chaque jour secrètement auprès d'eux, si la paix venant à être rompue entre lui et l'Anglais, ils seraient pour lui (1).

Outre ces présents aux seigneurs gascons, Charles V, par un traité secret avec trois de leurs principaux chefs, attacha ceux-ci à ses intérêts par de grandes largesses en terres et en argent. Il donna au comte d'Armagnac les comtés de Bigorre et de Gaure, de Montréal, de Mevin et une quantité d'autres villes, l'hommage de Casaubon et de plusieurs autres places, avec un revenu annuel de cent mille francs sur les recettes du Languedoc, pendant la durée de la guerre, à condition qu'il exercerait des hostilités contre le prince de Galles, garderait ses propres forteresses et rallierait des partisans à la cause du roi de France. Au sire d'Albret, outre la dot de trente mille francs pour son mariage avec Marguerite de Bourbon, et d'autres pensions considérables, il accorda une allocation annuelle de soixante mille francs pour les frais de la guerre; et il donna au comte de Périgord quarante mille francs par an pour le même objet. Il fit, le 28 décembre 1368, avec les nobles gascons, un

---

(1) Froissart, liv. I, part. II, p. 559.

traité public dans lequel il promettait d'accueillir leur appel contre le prince de Galles, de les secourir si Édouard III leur faisait la guerre, et de confirmer les priviléges, franchises, usages, coutumes et libertés de tous ceux qui reconnaîtraient sa souveraineté (1).

L'opposition des nobles gascons ne servit qu'à confirmer le prince de Galles dans la résolution qu'il avait prise d'exiger l'impôt du *fouage*, et il ne fit qu'insister davantage sur la question auprès de son conseil. La politique de cette mesure n'était pas cependant approuvée par tous les membres de ce corps; et il eût peut-être été heureux pour Édouard d'avoir suivi en cette occasion, comme il avait fait toutes les fois qu'il avait réussi, l'avis de ses conseillers les plus capables et les plus sages. Il est maintenant difficile de dire jusqu'à quel point la réputation faite au Prince-Noir n'est pas réellement due à sir John Chandos, qui fut sans contredit un des plus sages conseillers, un des plus braves chevaliers, et un des plus habiles généraux de son temps. Sans parler de la bataille de Crécy, où Édouard, quand il « gagna ses éperons, » n'était qu'un enfant de seize ans, mais dix ans plus tard, à Poitiers, sir John Chandos avait certainement la direction de tous les mouvements de l'armée anglaise; car, au dire de Froissart, « près le prince, pour le garder et conseiller, était messire Jean Chandos, ni onques le jour ne s'en partit pour chose qui lui avînt. » Et dix ans après, à la bataille de Navarrete, tout le fort de l'attaque pesa sur le même chef, « qui conseilla et gouverna le duc de Lancastre en telle manière comme il fit jadis son frère le prince de Galles en la bataille de Poitiers (2). »

Lorsqu'il fut question d'imposer le *fouage* sur la principauté d'Aquitaine devant le conseil du Prince-Noir, sir John

---

(1) Du Tillet, *Recueil des traictez*, pp. 88, verso, et 89, recto.
(2) Froissart, liv. I, part. II, pp. 346 et 537.

Chandos s'opposa résolûment à ce projet, et engagea fortement Édouard à renoncer à la taxe ; mais quand il vit que ses avis n'étaient pas écoutés, désirant ne pas être mêlé dans les conséquences d'une mesure qu'il prévoyait devoir être desastreuse à tous ceux qui se seraient compromis dans son établissement, il obtint la permission de s'absenter de la cour du prince, sous prétexte qu'il voulait aller en Normandie visiter son domaine de Saint-Sauveur, où il resta environ un an (1).

Le prince de Galles fut extrêmement irrité que Charles V eût accueilli l'appel des seigneurs gascons contre l'ordonnance de son conseil, et il regarda ce fait comme un acte d'immixtion déplacé dans le gouvernement de sa principauté, prétendant que, lorsque le roi de France avait cédé les terres en question, aux termes du traité de Brétigny, il avait expressément renoncé à toute souveraineté et juridiction sur ces mêmes terres, ainsi qu'à toute prétention ou droit d'appel, et qu'aucun droit semblable n'avait été réservé par ceux qui avaient fait (2) le traité au nom du roi de France. Les seigneurs gascons répondirent à cela qu'il n'appartenait pas au roi de France, comme souverain, de renoncer à sa juridiction sur ses vassaux ; et que les prélats et barons, les cités et villes de Gascogne ne le permettraient pas, quand bien même les royaumes de France et d'Angleterre resteraient perpétuellement en guerre (3).

Les Gascons, désormais résolus à secouer le joug de l'Anglais, continuèrent à solliciter l'assistance du monarque français ; mais Charles, qui voyait très-bien que cette affaire ne

---

(1) Froissart, liv. I, part. II, p. 548.
(2) Rymer, *Littera regis Franciæ de terris liberandis et renuntiationibus faciendis*, t. III, part. 1, p. 522.
(3) Froissart, liv. I, part. II, p. 555.

finirait que par une guerre entre les deux pays, et qui ne voulait manifester ses intentions que lorsqu'il serait prêt à agir, fit paraître, avec sa prudence et sa réserve habituelles, quelques semblants de doute sur les questions en litige entre le prince de Galles et ses indociles sujets, lorsque les barons, qui s'impatientaient des délais du roi de France, le menacèrent, au cas où il ne voudrait pas leur rendre justice, de s'adresser ailleurs et d'avoir recours à quelque autre seigneur qui soutiendrait leurs droits, ce qui, disaient-ils, lui ferait perdre sa suzeraineté. A ces sollicitations des seigneurs gascons, le comte de Saint-Pol, chevalier français distingué, qui avait été un des otages retenus en Angleterre jusqu'au paiement de la rançon du roi Jean, joignit tout le poids de son influence. Il avait rompu sa parole et quitté depuis peu l'Angleterre sans permission. Comprenant la grave faute qu'il avait commise (1), il détestait maintenant les Anglais; et, comme il désirait beaucoup voir les deux pays en guerre, il conseilla à Charles d'accéder à la prière des nobles gascons. Un grand nombre de prélats, de comtes, de barons, de chevaliers appuyèrent ce conseil, et ils prétendirent que ni le roi d'Angleterre ni le prince de Galles n'avaient en aucune manière observé la paix selon la teneur du traité conclu à Brétigny et confirmé ensuite à Calais, car ils avaient en dessous et par des voies secrètes fait la guerre au royaume de France, plus encore depuis la paix qu'auparavant.

Charles, pour conserver toujours l'apparence de la réflexion, fit apporter devant lui les chartes signées à Calais, et les fit examiner en présence des prélats et des barons de France, qui, après mûre délibération, déclarèrent que ni Édouard ni son fils n'avaient observé le traité, mais qu'ils s'étaient em-

(1) Voir, dans Rymer, *Littera obsidum regis Franciæ obligatoria*, t. III, part. I, p. 537.

parés de forteresses, de châteaux et de villes, dont ils avaient pris possession, au grand dommage du royaume; qu'ils pillaient le peuple et le dépouillaient de tout, ce qui était cause que le montant de la rançon du feu roi était encore dû en partie, et, qu'en conséquence, le roi de France et son peuple avaient de bons droits et motifs pour rompre la paix, faire la guerre aux Anglais, et leur enlever les possessions qu'ils avaient en France (1).

Outre cette déclaration publique, on exhorta secrètement le roi à poursuivre vigoureusement la guerre, parce qu'il avait une cause juste; que, dès qu'elle serait commencée, les trois quarts de l'Aquitaine se déclareraient pour lui; que les habitants du Poitou, de la Saintonge, du Quercy, du Limousin, du Rouergue et de la Rochelle n'aimeraient jamais les Anglais, quoi qu'ils fissent paraître, car les Anglais étaient insociables et dédaigneux et méprisaient le peuple; et qu'en outre, les gentilshommes du pays ne pouvaient jamais obtenir de charges ni d'emplois, attendu que les Anglais et les chevaliers du prince gardaient tout pour eux.

Avant de mettre ce conseil à exécution, Charles désira voir plus clair encore dans ses affaires; et, quoique assez sûr des dispositions favorables de beaucoup des vassaux anglais des provinces du sud, il était très-inquiet de savoir comment ceux du Ponthieu et d'Abbeville, dans le nord, étaient disposés pour lui. Il les sonda secrètement mais avec adresse, et il fut très-heureux de voir qu'ils ne désiraient rien tant que de devenir Français, tant ils détestaient les Anglais.

---

(1) Froissart, liv. I, part. II, p. 557. Les chartes signées à Calais, le 24 octobre 1360, se trouvent dans Rymer, vol. III, part I, 514-542. Charles V aurait utilisé plus avantageusement les chartes intitulées : *Littera super liberatione fortalitiorum*, p. 535, et *De rebellibus contra pacem reprimendis*, p. 537, que celle qui est citée en entier par Froissart, liv. I, part. II, p. 556, laquelle n'est pas dans Rymer.

« Ainsi, ajoute Froissart, le roi de France acquerrait des amis de tous côtés; car autrement il n'eût osé faire ce qu'il fit. (1) »

(1) Froissart, liv. I, part. II, pp. 557-559.

CHAPITRE IX.

Charles V cite le Prince-Noir à comparaître devant la chambre des Pairs à Paris, sur l'interjection d'appel des nobles gascons. — Irritation du prince en recevant cette citation. — Charles déclare la guerre à l'Angleterre.

Charles, ayant résolu de suivre l'avis de son conseil en sommant le prince de Galles de comparaître devant la chambre des Pairs à Paris sur l'interjection des nobles gascons, avait fait préparer à cet effet un acte qui fut porté par Bernard Palot, juge criminel de Toulouse, et Jean de Chaponval. Les envoyés trouvèrent le prince à Bordeaux, dans l'abbaye de Saint-André où il demeurait et tenait sa cour. Il les reçut avec beaucoup de courtoisie, examina d'abord leurs lettres de créance et leur ordonna ensuite de lui faire connaître leurs instructions. Bernard Palot produisit l'acte, qu'il dit avoir reçu ordre du roi de France de lire en présence du prince de Galles. A cette déclaration, le prince parut tout surpris; mais il se contint et dit aux messagers de s'expliquer, car il était disposé à entendre toutes sortes de bonnes nouvelles. Palot lut donc l'acte, rédigé en la forme ordinaire de citation, qui commandait au prince de Galles d'avoir à comparaître dans le plus bref délai en la cité de Paris devant le roi de France, dans sa chambre des Pairs, pour répondre à une plainte des seigneurs gascons, qui avaient invoqué le droit d'appel à sa cour (1).

Le prince demeura muet de stupéfaction en entendant la lecture de cet acte ; il tournait la tête de droite à gauche, regardant alternativement les deux envoyés français. Enfin, après un moment de réflexion, il dit : « Nous irons volontiers à notre ajour à Paris puisque mandé nous est du roi de France, mais ce sera le bassinet en la tête et soixante mille hommes en notre compagnie. »

Les deux envoyés, que l'attitude du prince avait terrifiés au-delà de toute expression, tombèrent à genoux et le prièrent de ne point se mettre en courroux et de ne pas prendre la chose tant à cœur ; ils lui rappelèrent qu'ils n'étaient que des serviteurs tenus d'obéir aux ordres de leurs maîtres : « Nenni, » dit le prince, « je ne vous en sais nul maugré, fors à ceux qui ci vous envoient. Et votre roi, » ajouta-t-il, « n'est pas bien conseillé qui se ligue avec nos sujets et se veut faire juge de ce dont à lui n'appartient rien ; car bien lui sera montré qu'au rendre et mettre en la saisine de monseigneur mon père ou ses commis de toute la duché d'Aquitaine, il en quitta tous les ressorts. Et tous ceux qui ont formé leur appel contre moi n'ont d'autre ressort qu'en la cour d'Angleterre, et avant qu'il en soit autrement, il en coûtera 100,000 vies. »

Le prince de Galles se retira ensuite dans une autre chambre, et les envoyés français, ayant obtenu leur congé, retournèrent à leur hôtel, qu'ils ne tardèrent pas à quitter sans obstacle. Mais à peine étaient-ils hors de la ville, que le prince, encore sous l'influence de l'irritation que lui avait causée l'appel des seigneurs gascons, se laissa conseiller par quelques-uns de ses courtisans de faire mettre à mort les Français à cause de l'in-

(1) Froissart, liv. I, part. II, pp. 559, 560. — Du Tillet, *Recueil des traictez*, etc., p. 89, *recto et verso*.

sulte qu'ils lui avaient faite. Il refusa ; mais en apprenant qu'ils avaient quitté Bordeaux précipitamment, il ordonna qu'on les arrêtât et qu'on les mît en prison sous prétexte qu'ils étaient les messagers de ses sujets plutôt que ceux du roi de France (1).

Edouard fut d'autant plus justement blessé d'une insulte aussi inattendue qu'elle paraissait gratuite et offensante ; et il se proposait bien, comme il l'avait dit dans sa réponse à la citation qui lui fut faite par les envoyés, d'y obéir et de se présenter à Paris l'été suivant à la fête du Lendit (2). Il fit, en conséquence, prévenir les chefs anglais et gascons des grandes compagnies qui étaient sous son obéissance de ne pas trop s'éloigner, mais de se tenir prêts, attendu qu'il aurait bientôt de nouveau besoin de leurs services. Mais Edouard n'était plus le prince vigoureux et entreprenant qui, deux ans auparavant, était entré en Espagne plein de santé et d'entrain, séduit par la gloire qu'il espérait y acquérir en éclipsant la renommée des chefs français les plus distingués et en replaçant sur le trône un monarque fugitif.

Le climat de ce pays et les fatigues de la campagne avaient nui beaucoup à sa santé et à son énergie, et il était attaqué d'une maladie qui empirait de jour en jour. Dès ce moment, au grand regret de ses familiers, dont il était particulièrement aimé, on put s'apercevoir qu'il ne pouvait plus monter à cheval. Personne ne connaissait mieux l'état de sa santé que son vigilant ennemi, le roi de France, qui était exactement tenu au courant de tout ce qui se passait à Bordeaux, et qui était informé par ses médecins que le Prince-Noir était atteint d'une hydropisie fatale et incurable (3).

Quand le comte de Périgord et les autres chefs gascons, qui

(1) Froissart, liv. I, part. II, pp. 559-561.
(2) La fête du Lendit s'ouvrait au mois de juin. Voir Du Tillet, *Recueil des roys de France*, p. 235 ; Ménage, *Dict. étymol.*, au mot *Landi* ; et la note de Buchon dans Froissart, liv. I, part. II, p. 563.
(3) Froissart, liv. I, part. II, p. 563.

étaient alors dans leurs domaines, apprirent l'emprisonnement des messagers envoyés à Bordeaux, ils résolurent de tirer vengeance de cette injure. Ils dressèrent une embuscade à sir Thomas Wakefaire, sénéchal de Rouergue, et l'attaquèrent à deux lieues environ de la ville de Montauban. Comme les Gascons étaient de beaucoup supérieurs en nombre, les Anglais furent bientôt mis en fuite et beaucoup furent tués ou faits prisonniers. Leur chef ne dut son salut qu'à la rapidité de son cheval, et il se réfugia dans la ville amie de Montauban. Le prince de Galles fut forcé de subir pour un temps ce nouvel affront de la part de ses sujets rebelles, se contentant de les menacer, eux et leurs domaines, d'un prompt et sévère châtiment. Il envoya ensuite chercher son fidèle conseiller sir John Chandos, qui était encore dans le Cotentin, en le priant de venir sans délai.

Charles V, qui mettait secrètement tout en œuvre pour provoquer une rupture entre la France et l'Angleterre en poussant les vassaux d'Edouard à la révolte et en engageant tous les chefs des grandes compagnies qu'il pouvait détourner du service des Anglais, n'en demeurait pas moins toujours tranquille à Paris, calmant l'impatience de ses propres sujets et notamment celle de son frère, le duc d'Anjou, à qui il tardait de voir les hostilités commencer entre les deux pays. Avant de prendre aucune mesure décisive qui pût amener la guerre, Charles désirait voir comment les seigneurs gascons se comporteraient dans le premier essai de leurs forces avec le prince de Galles. Pendant ce temps et tandis qu'il terminait ses préparatifs, il tâchait d'amuser Edouard III, qui était loin de prévoir une querelle avec la France, en lui envoyant un présent consistant en cinquante tonneaux de vin ; mais le monarque anglais, qui se doutait probablement des desseins réels de Charles, les lui renvoya froidement (1).

(1) Voir Rymer, *Pro pincerna prædicto, de vino, ex parte regis Franciæ, ad regem misso, remittendo*, vol. III, part. II, p. 864.

Edouard III, ayant appris que Charles V avait accueilli l'appel des seigneurs gascons, le fit prier, par lettre, de rejeter cet appel et de se déclarer ouvertement contre eux. Le roi répondit à cette demande par l'intermédiaire de ses ambassadeurs le comte de Saarbruck et messire Guillaume de Dormans. A son tour, il se plaignit des ravages des grandes compagnies, qu'il fallait imputer à la négligence d'Edouard et de son fils, et de l'inexécution de certaine renonciation que le roi d'Angleterre avait promis de faire par le traité de Brétigny. Edouard répondit aux plaintes du roi de France par un ordre ou bulle émanant de son conseil et portant que, si Charles voulait réparer le tort qu'il avait commis en essayant de ruiner l'autorité du prince de Galles par l'accueil fait à l'appel des seigneurs gascons, ramener les appelants à la stricte obéissance au roi d'Angleterre, renoncer à toute souveraineté et juridiction dans la querelle du prince Edouard et de ses sujets gascons, et envoyer à cet effet des lettres à Calais, le roi d'Angleterre effectuerait alors la renonciation qu'on exigeait de lui.

Cette réponse peu satisfaisante eut pour résultat la convocation à Paris d'une assemblée représentative, le 9 mai 1369, qui, après une courte délibération, appuya une déclaration de guerre contre l'Angleterre (1).

Charles V, ayant terminé ses préparatifs, était trop impatient pour attendre même le retour de ses ambassadeurs, le comte de Saarbruck et messire Guillaume de Dormans ; et disposé alors à frapper un grand coup sur un point sans défense, il résolut

---

(1) Du Tillet, *Recueil des traictez*, etc., pp. 89, verso, et 90, recto. — Froissart, liv. I, part. II, p. 564. Quelques doutes existent sur le point de savoir si le corps dont il est question dans le texte fut une assemblée des États-Généraux ou le parlement de Paris. Voir Du Tillet, *Recueil des traictez*, etc., p. 89, verso; *Recueil des roys de France*, p. 177; *Recueil des rangs des grands de France*, p. 387; *Histoire des Français*, par M. de Sismondi, t. XI, p. 106; *Lectures on the History of France*, by sir J. Stephen, p. 275.

de fermer toute issue à la paix par une insulte gratuite et provoquante. En conséquence, au lieu de déclarer la guerre par l'intermédiaire d'un évêque, d'un baron ou d'un chevalier, il envoya son défi au roi d'Angleterre, et, pour pousser celui-ci à bout, le défi fut porté par un simple valet d'hôtel.

Comme le succès du coup médité par Charles contre la puissance des Anglais dépendait d'une action prompte et énergique, le comte de Saint-Pol et messire Hugues de Châtillon, qui n'attendaient que les derniers ordres, entrèrent dans le comté de Ponthieu, dès qu'on put supposer que le cartel avait été remis au roi d'Angleterre. Avec une troupe de cent vingt lances, ils parurent devant Abbeville, sur la Somme, qui ouvrit ses portes sans résistance; et, dans l'espace de quelques jours, les Anglais furent chassés de tout le comté de Ponthieu, qui avait coûté à Édouard III, pour réparer les châteaux, les villes et les maisons, cent mille francs en sus de ses revenus ordinaires (1).

Ce prompt début d'hostilités, suivant de près l'insulte faite au monarque anglais par l'envoi d'un marmiton, provoqua, de la part de la nation anglaise, les efforts les plus actifs pour conserver ce qu'elle avait acquis en France au prix de tant de sang et de tant d'argent. Outre l'équipement d'une forte flotte, destinée à combattre un armement semblable fait par la France (2), le parlement anglais, par un vote du 3 juin 1369

---

(1) Froissart, liv. I, part. II, pp. 566, 567. Le comté de Ponthieu fut acquis par Edouard Ier, du chef de sa femme, Éléonore de Castille, à la mort de la mère de celle-ci, la reine de Castille, en 1279. Rapin, *History of England*, vol. I, p. 359.

(2) Cette invasion des Français, que l'on craignait, doit avoir été considérée comme tout à fait formidable par Edouard, d'après un ordre de son conseil, daté du 6 juillet 1369 et adressé à l'archevêque de Cantorbéry, dans lequel il requiert tous les abbés, prieurs, moines et autres personnes ecclésiastiques de s'armer d'armes convenables et de se tenir prêts à résister à la grande flotte de navires que les Français avaient

recommanda au roi de reprendre le titre de roi de France. C'est pourquoi Édouard écrivit à son fils, le 29 du même mois, que non-seulement il était décidé à prendre de nouveau le titre de roi, mais encore qu'il avait résolu de faire tout ce qui serait en son pouvoir pour recouvrer le royaume et la couronne de France. Pour encourager ses grands vassaux et les autres à l'aider plus efficacement à faire valoir ses prétentions et à assurer ses conquêtes, le roi d'Angleterre leur garantit, par un acte du parlement, le droit de tenir en fief tous les duchés, comtés, cités, villes, territoires et possessions dont ils pourraient s'emparer dans le royaume de France (1).

Tandis que Charles V recevait la soumission volontaire de quelques-unes des villes anglaises du nord de la France et s'emparait de tout le comté de Ponthieu, ses frères, les ducs d'Anjou et de Berry, dans les provinces du sud et du centre, étaient prêts, avec les levées qu'ils avaient eu ordre de rassembler les unes à Toulouse et les autres en Auvergne, à attaquer le prince de Galles sur toute l'étendue des positions de l'Aquitaine. Le duc d'Anjou, alors gouverneur du Languedoc, envoya dix mille hommes pour envahir le territoire du prince, sous le commandement des comtes de Comminges, de Périgord et de Lille; et malgré de nombreux faits d'armes accomplis de part et d'autre dans différentes attaques, défenses, assauts et escarmouches, la campagne n'aboutit qu'à la prise de quelques places fortifiées de peu d'importance. Le duc de Berry, de son côté, réunit les barons d'Auvergne, du Lyonnais et du diocèse de Mâcon, et entra en ennemi dans le Poitou; mais il trouva la province si bien défendue par un corps considérable de gens d'armes, qu'il ne put y obtenir aucun avantage. En même temps,

assemblés pour envahir le royaume. Rymer, vol. III, part. II, pp. 868 et 874.

(1) Froissart, liv. 1, part. II, p. 567. — Rymer, t. III, part. II, pp. 868 et 874.

un autre corps de Français, composé de nobles du Maine et de l'Anjou, sous les ordres de messire Amauri de Clisson, attaqua les frontières du Poitou sur un autre point, et poursuivit un détachement anglais jusqu'à Saint-Sauveur dans la Basse-Normandie (1).

Ce n'était pas cependant uniquement par les armes et par des hostilités ouvertes que Charles V voulait détruire la domination anglaise en France. La négociation secrète et efficace auprès de presque tous les chefs des grandes compagnies qui n'étaient pas anglais fut une manœuvre politique qui porta un coup sensible à Édouard ; car non-seulement leur défection privait celui-ci d'une partie matérielle de ses meilleures troupes, mais il y voyait aussi l'indice que son crédit déclinait; ces soldats mercenaires, en effet, qui n'avaient d'autre mobile que la solde ou le pillage, espéraient recevoir une plus forte paye du roi de France que du prince de Galles, qui leur devait encore de très-forts arrérages pour leurs services en Espagne (2).

Avec tant de motifs de haine contre Charles V, Édouard III et le Prince-Noir, quoique un peu surpris de la rapidité avec laquelle l'acte avait suivi la menace, furent également prompts dans leurs préparatifs, et ils firent tous leurs efforts pour venger l'insulte faite au monarque anglais, ainsi que pour conserver leurs possessions dans le royaume de France. Sir John Chandos obéit sur-le-champ à l'ordre du prince, se mit en campagne avec son ardeur habituelle et commença avec le captal de Buch (3) et un corps considérable de gens d'armes par en-

---

(1) Froissart, liv. I, part. II, pp. 564-567. — *Actes de Bretagne*, t. I, col. 1632.

(2) Froissart, liv. I, part. II, pp. 564-568. — Du Tillet, *Recueil des traictez*, etc., p. 90, *recto*.

(3) Dans une concession, faite à cette époque, du comté de Bigorre au captal de Buch par le prince de Galles, Edouard se qualifie de *prince de Galles, sire de Biscaye et de Castro de Ordiales*. Rymer, vol. III, part. II, p. 874.

vahir les possessions du comte d'Armagnac et des autres grands barons gascons qui avaient secoué la suzeraineté de son maître. Sir Hugh Calverly revint aussi d'Aragon avec une force considérable de mercenaires, qui, ajoutés à quelques autres bandes appartenant aux grandes compagnies de Normandie, portaient ses troupes à deux mille combattants.

Les comtes de Cambridge et de Pembroke furent envoyés d'Angleterre avec une armée bien équipée, et leurs forces, quand ils envahirent le comté de Périgord, présentaient un effectif de trois mille hommes. Le duc de Lancastre le suivit avec une grande flotte, et aussitôt que sir Robert Knolles, le plus puissant chef des grandes compagnies, eut appris que les Français avaient déclaré la guerre à l'Angleterre, il quitta la Bretagne, où il avait « grand et bel héritage, » et alla se mettre au service du prince de Galles avec soixante hommes et autant d'archers qu'il entretenait à ses frais. Un tel chef devait naturellement être bien venu du Prince-Noir, qui le créa sur-le-champ maître de tous les chevaliers de son hôtel et l'envoya en Quercy avec cinq cents hommes d'armes, cinq cents archers et autant de fantassins. Mais tous ces préparatifs n'amenèrent pas le résultat qu'on pouvait en attendre. Quelques villes changèrent de maître ; quelques forteresses furent prises ; tantôt un parti l'emportait, tantôt l'autre ; et la campagne ne fut peut-être remarquable que par l'excessive sévérité des vainqueurs envers les vaincus, le massacre général des habitants de certaines villes et, ce qui était beaucoup plus commun, par des incursions de pillards (1).

(1) Froissart, liv. I, part. II, pp. 563-581.

CHAPITRE X.

Changement dans la fortune d'Édouard III. — Mort de sir John Chandos. — Bertrand Du Guesclin est rappelé d'Espagne. — Ses premiers exploits après son retour en France.

La vie d'Édouard III d'Angleterre avait été jusqu'à cette époque une suite non interrompue de succès. Il était sorti sain et sauf de tous les dangers d'une minorité de six ans, avait acquis le respect de ses sujets et étendu la domination anglaise sur un tiers de la France. Mais comme les maux, aussi bien que les prospérités de la vie, n'arrivent jamais que par ensemble, la dernière partie de la carrière d'Édouard fut assombrie par les chagrins ; et les succès d'un heureux règne de quarante-deux ans furent oubliés dans les calamités publiques et privées qui accompagnèrent les sept dernières années de son gouvernement. La mort de son troisième fils, Lionel, duc de Clarence, récemment marié à une des filles du duc de Milan, avant la fin des réjouissances qui suivirent les noces, mort si soudaine qu'on soupçonna là-dessous une infâme machination, fut le premier événement qui vint interrompre le cours de ses prospérités. Il fut suivi de la révolte de ses sujets gascons et de l'intervention du roi de France dans le gouvernement de l'Aquitaine, incidents que la santé chancelante du Prince-Noir rendit plus sensibles à Édouard. Immédiatement après, vint la mort de la reine Philippe, femme de beaucoup de sens et de caractère, avec qui il avait vécu en bon accord pendant quarante ans. A la certitude désormais acquise de la nature incurable du mal dont souffrait le prince de Galles ne tarda pas à venir s'ajouter la triste nouvelle de la mort d'Édouard, fils aîné du prince (1), qui ne laissait au roi, par sa fin prématurée, que la sombre perspective d'un petit-fils destiné à être exposé durant le temps d'une minorité trop longue à l'ambition de ses fils et à la turbulence de ses nobles.

L'événement de cette période qui termina une année de calamités pour le roi d'Angleterre et qui, plus que tout autre peut-être, porta atteinte à sa propre domination et à celle du prince de Galles en France, fut la mort du plus habile général de l'Angleterre, le seul, après les deux Édouards, capable de lutter avec ce chef qui allait être rappelé d'Espagne et mis à la tête des armées françaises, du consentement universel de la nation. A l'issue de la campagne de 1369, sir John Chandos, créé depuis peu sénéchal de Poitou, à la mort de sir James Audley, tout en conservant ses autres charges, revenait à Poitiers, après une tentative infructueuse sur la forteresse de Saint-Savin, quand il rencontra, dans la matinée du 31 décembre, un corps considérable de gens d'armes et d'archers, composé de Français et de Bretons, au pont de Lussac sur la Vienne. Bien que ses forces fussent inférieures en nombre, il n'hésita pas à livrer la bataille (2).

Après quelques menaces à l'adresse des deux chefs des par-

---

(1) Cet événement n'arriva pas avant le commencement de janvier 1371.

(2) Froissart, liv. I, part. II, p. 600, fixe le chiffre des hommes de sir John Chandos à quarante lances, et parle des forces des Français comme d'*une grosse route* (troupe), sans en dire l'effectif. Cuvelier, v. 18,917, et l'auteur de la *Chronique* (anonyme) *de Du Guesclin*, chap. cxxxix, les évaluent à cinquante lances et dix-huit archers.

tis opposés, messire Louis de Saint-Julien et le Breton Kerloet, que sir John Chandos accusait de faire de fréquentes incursions dans sa province, mettant le peuple à rançon, traitant le pays comme le leur propre, ajoutèrent qu'ils avaient entendu dire que depuis longtemps il désirait les rencontrer. « Je suis Jean Chandos, leur dit-il, si bien me ravisez. Vos grands appertises d'armes qui sont maintenant si renommées, s'il plaît à Dieu, nous les éprouverons. »

Ces paroles irritèrent un homme d'armes breton, qui frappa de sa lance un écuyer de sir John Chandos et le renversa du coup. A cette vue, Chandos cria à sa troupe « Comment! laisserez-vous tuer cet homme? A pied! à pied! » Aussitôt lui et ses hommes d'armes descendirent de cheval et l'on vola au secours de l'écuyer. Ce fut ainsi que le combat commença.

Sir John Chandos pouvait passer pour un chevalier modèle. Il était de haute taille et doué de qualités et de talents supérieurs. Précédé de sa bannière, que portaient ses hommes, ayant lui-même un pied en avant et la lance en arrêt, il fondit sur l'ennemi. Il portait en ce moment sur son armure une grande robe de soie, qui traînait à terre. En deux endroits la robe était ornée de ses armes « qui étaient d'un blanc samit (1) à deux pels aiguisés de gueules, l'un devant, l'autre derrière. »

La terre était encore humide de rosée et il s'embarrassa un peu dans sa robe, qui était trop longue, de sorte qu'il fit un faux pas et faillit tomber. En ce moment, il reçut un coup de lance d'un écuyer nommé Jacques de Saint-Martin « qui était fort homme et appert durement; » et la pointe, pénétrant dans l'orbite de l'œil qu'il avait perdu environ cinq ans auparavant dans une chasse au cerf près de Bordeaux, atteignit la cervelle. Sir John

---

(1) *D'une blanc samit*, dit Froissart. « *Samy*, sorte d'étoffe moitié soie qui ressemble au satin; mais plus étroite et plus solide. » Ménage, *Dict. étymol.* — Voir aussi Du Cange, au mot *Exametum*. — Cette étoffe, originaire de Venise, était tissée de fil d'or et d'argent.

Chandos, en recevant ce coup, s'affaissa aussitôt et ne dit plus un seul mot. Ses gens, malgré la blessure mortelle de leur chef, qu'ils aimaient beaucoup à cause de ses qualités chevaleresques, soutinrent le combat jusqu'à ce qu'ils fussent accablés par le nombre; mais un corps de deux cents gens d'armes anglais sous les ordres de messire Guiscard d'Angle étant survenu, les Français, vainqueurs peu d'instants auparavant, ne voyant aucun moyen d'échapper, car leurs chevaux leur avaient été enlevés par leurs valets, se rendirent prisonniers à ceux qu'ils avaient défaits, au lieu de se rendre aux nouveaux venus, commandés par le sire d'Angle. « Le gentil chevalier, » dit Froissart, dans son enthousiasme sympathique pour la valeur de sir John Chandos, « ne vécut de cette navrure qu'un jour et une nuit, et mourut. Dieu en ait l'âme par sa débonnaireté; car oncques depuis cent ans ne fut plus courtois ni plus plein de toutes bonnes et nobles vertus et conditions entre les Anglais que lui (1). »

Édouard III, ainsi abandonné de la fortune, quoiqu'il ne fût pas très-vieux, sentait cependant le poids des années; ce n'était plus le prince fier et présomptueux qui, sur la plus légère apparence de droit, avait, pendant trois règnes consécutifs, causé des maux incalculables à la France. Il chercha donc à ramener ses vassaux gascons à l'obéissance par des procédés plus doux que ceux qu'il avait d'abord employés. Il adressa, en conséquence, des lettres patentes à tous leurs chefs en Aquitaine et en envoya secrètement des copies à ceux qui étaient à Paris. Ces lettres étaient conçues dans l'esprit le plus conciliant, et il y promettait que le prince de Galles renoncerait dorénavant à lever des impositions sur eux; que tous les torts seraient réparés et qu'un plein pardon serait accordé à tous ceux qui avaient pris parti pour son ennemi le roi de France. Mais l'administration sévère et inflexible du Prince-Noir en Aquitaine,

(1) Froissart, liv. I, part. II, pp. 598-602.

les extravagances ruineuses de sa cour et les manières arrogantes de ses sujets anglais, lui avaient si profondément aliéné le cœur de ses vassaux gascons, que les lettres d'Édouard ne firent aucune impression sur eux. Le roi d'Angleterre, s'apercevant alors qu'il s'était humilié en vain, envoya le duc de Lancastre en Aquitaine au secours du Prince-Noir avec un corps de quatre cents gens d'armes et autant d'archers ; il envoya aussi un grand nombre d'autres soldats de la même arme sous les ordres de messire Robert Knolles pour envahir la France du côté de la Picardie (1).

Le roi de France, engagé dès lors avec l'Angleterre dans une guerre où il lui fallait déployer toutes ses forces, expédia l'ordre à ses frères les ducs d'Anjou, de Berry et de Bourgogne, de venir à Paris pour conférer avec lui sur l'état du royaume et sur le meilleur moyen de chasser les Anglais de la France. Charles, ayant déclaré qu'il ne serait satisfait qu'autant que les Anglais auraient été complétement expulsés du royaume, obtint de la cour des Pairs, le 14 mars 1370, un vote déclarant que le duché de Guyenne et tous les fiefs possédés par Édouard III et le prince de Galles étaient confisqués au profit de la couronne de France. Pour exécuter cette résolution, il fut décidé qu'on rassemblerait deux grandes armées destinées à envahir les possessions du prince de Galles. L'une, sous les ordres du duc d'Anjou, devait entrer en Guyenne par la Réole et Bergerac ; l'autre, commandée par le duc de Berry, pénétrerait par le Limousin et le Quercy, où, se réunissant à la première, elles assiégeraient Angoulême, une des résidences ordinaires du Prince-Noir. En même temps, il fut décidé dans une délibération ultérieure qu'on rappellerait Bertrand Du Guesclin d'Espagne, où il était toujours employé au service d'Henri (2).

(1) Froissart, liv. I, pp. 604-609.
(2) Froissart, liv. I, part. II, p. 608. — Du Tillet, *Recueil des traictez*, etc., p. 90, *verso*.

Depuis la mort de Pierre le Cruel, le roi d'Espagne avait été occupé à mettre en ordre les affaires de son royaume et, avec l'aide de Bertrand Du Guesclin, à soumettre les villes et les places fortifiées qui pendant un temps avaient résisté à son autorité. Il venait d'abandonner le siége de Ciudad Rodrigo à cause de la hauteur des eaux et avait rassemblé les Cortès à Medina del Campo, quand il fut obligé de rendre Du Guesclin au roi de France, son souverain, qui le rappelait. Avant de se séparer d'un capitaine dont il avait reçu de si précieux services, il le récompensa par le don des villes de Soria, d'Almaza, d'Alienza, de Deza, de Montengudo et de Seron, avec le titre de duc de Molina; et il lui fit compter cent vingt mille doubles, moitié en argent et moitié en hypothèque sur la rançon du roi de Mayorque, qui était fixée à soixante mille (1).

(1) Ayala, *Cronica del rey don Enrique segundo*, pp. 12, 13; *Actes de Bretagne*, t. 1, col. 1628, d'où il ressort que la concession fut faite le 4 mai 1369. Les villes énumérées dans le texte sont précisément celles qu'Ayala dit que Pierre le Cruel promit à Bertrand Du Guesclin, s'il voulait favoriser sa fuite du château de Montiel, et dont Henri aurait ensuite été convenu de confirmer la donation, si Du Guesclin voulait être de connivence avec lui pour tromper Pierre et le lui livrer; mais comme la complicité de Bertrand, dans cette affaire, peut très-bien être mise en doute, vu son caractère parfaitement établi et son honneur chevaleresque, aussi bien que d'après le silence ou la divergence des autres chroniqueurs, l'accusation tout entière n'est très-probablement qu'un retour de supposition, suggéré par le don d'Henri, qui n'était pas une récompense disproportionnée des inappréciables services rendus par Du Guesclin. Ayala, qui était un simple chroniqueur, ne paraît pas avoir eu beaucoup d'amour pour le général breton, pas plus que pour les autres chefs étrangers comblés des faveurs d'Henri, et, par conséquent, il ne devait pas s'inquiéter beaucoup de rechercher ce qu'il pouvait y avoir de vrai au fond d'une calomnie, quelque invraisemblable qu'elle fût, au préjudice de l'un d'entre eux. Froissart dit que Bertrand fut créé connétable de Castille, liv. I, part. II, p. 554; mais Ayala ne fait aucune mention de cela, et il n'en est pas non plus question dans la donation, datée de Séville, le 4 mai 1369, des six villes et du duché de Molina, donation dans laquelle Du Guesclin a le titre de

Henri ne borna pas la manifestation de sa reconnaissance aux présents matériels qu'il fit à Bertrand Du Guesclin ; au moment de se séparer de lui, il eut le noble courage de dire ouvertement : « Comment pourrai-je récompenser les services que vous m'avez rendus ? Car, si j'ai un royaume, une seigneurie, quoi que ce soit au monde, c'est par vous. Et je puis affirmer, devant tous les chevaliers ici réunis, que, sans vous, je serais le plus pauvre de tous (1). »

Bertrand Du Guesclin, en prenant congé d'Henri, ne quitta pas immédiatement l'Espagne. Il lui fallait, auparavant, prendre possession des villes qu'il avait reçues du roi, et au nombre desquelles était Soria, qui refusait obstinément de lui ouvrir ses portes. Cette ville avait déjà soutenu un siége d'un mois contre son lieutenant, Jean de Beaumont, et un corps considérable de gens d'armes ; mais elle ne put résister à un vigoureux assaut donné par Du Guesclin en personne. Là, il reçut le cinquième message du roi de France, qui pressait son retour. « Je suis, répondit-il, moult dolent qu'à lui n'ai obéi très le commencement ; car, vrai, je ne vaux pas l'honneur que le bon roi me porte ; mais ma chemise m'est plus près que ma cotte ne fait (2). »

En quittant Soria, Bertrand Du Guesclin traversa les Pyrénées et arriva dans les domaines du comte de Foix, qui le reçut

---

comte de Longueville. Froissart emploie quelquefois le mot de connétable comme synonyme de commandant, ainsi qu'on le voit au liv. I, part. II, p. 610.

(1) *Chronique* (anonyme) *de Du Guesclin*, chap. cxxv.

(2) Cuvelier, vv. 17,200-17,230. — Charrière, le savant éditeur de Cuvelier, pense que « les retards politiques attribués par le chroniqueur à Du Guesclin purent avoir pour cause les propositions qu'il recevait à cette époque du roi d'Aragon. La Sardaigne venait de se soustraire à sa domination sous la conduite d'un seigneur de la maison d'Arborée. Il offrit à Du Guesclin le commandement de cette expédition, et il (Du Guesclin) était sur le point de conclure un arrangement avec ce prince, lorsque les ordres de Charles V lui parvinrent. » — Cuvelier, t. II, p. 376, note 62.

cordialement et le combla de marques de respect et d'honneur. Pendant son séjour, le comte se plaignit de la conduite de son frère, Olivier du Guesclin, qui s'était mis au service du comte d'Armagnac et lui faisait alors tout le mal qu'il pouvait. Bertrand répondit à ces plaintes que son frère était un soldat de fortune et qu'il ne faisait que son devoir en servant de son mieux, comme il le ferait lui-même en semblable circonstance, celui qui le payait. Le comte de Foix proposa ensuite à Du Guesclin une alliance offensive et défensive que celui-ci accepta contre toute personne hormis le roi de France et sa famille. Bertrand offrit à son tour de rétablir la paix entre les deux comtes; et, s'il ne pouvait amener le comte d'Armagnac à accepter les conditions proposées, il promit au comte de Foix d'enlever Olivier Du Guesclin au service de son ennemi (1).

En quittant les domaines du comte de Foix, Bertrand Du Guesclin se rendit immédiatement à Toulouse, où il arriva au milieu du mois de juillet de l'année 1370, et où il trouva le duc d'Anjou, qui l'attendait impatiemment à la tête d'une armée nombreuse et bien équipée. Le duc avait sous ses ordres le comte d'Armagnac, le sire d'Albret, le comte de Périgord, les sénéchaux de Toulouse, de Carcassonne, de Beaucaire et les principaux nobles gascons avec deux mille lances de chevaliers et d'écuyers, outre six mille fantassins armés de piques et de boucliers. Du Guesclin fut mis à la tête de tous les gens d'armes, et le succès extraordinaire de la campagne justifia pleinement l'à-propos de ce choix. En partant de Toulouse, le duc d'Anjou entra dans l'Agénois, et prit, sans grande résistance, les villes de Moissac, d'Agen, de Sainte-Marie, de Tonneins et de Montpellier (2). Le château-fort d'Aiguillon lui-même, qui avait vic-

---

(1) Cuvelier, vv. 17,274-17,315.
(2) Froissart a évidemment commis ici une erreur, attendu qu'aucune ville de ce nom ne se trouve sur la route que suivit l'armée du duc d'Anjou.

torieusement soutenu un siége de plusieurs semaines contre une armée de cent mille hommes, pendant le règne de Philippe de Valois, se rendit après une faible résistance de quatre jours, quoique Froissart ajoute : « Pour le temps de lors, il n'y avait mie dedans la ville et le châtel d'Aiguillon si vaillants gens que quand messire Gauthier de Mauny et ses compagnons l'eurent en garde (1). »

Après la capitulation d'Aiguillon, le duc d'Anjou prit la route de Bergerac, sur la Dordogne, et mit le siége devant la ville forte de Linde, située sur la même rivière, à une lieue environ de Bergerac. Après quelques pourparlers entre le chef français et le gouverneur, messire Thomas de Batefol, celui-ci cédant à l'offre d'une somme de florins, aussi bien qu'à l'impatience des bourgeois de secouer le joug des Anglais, était convenu de rendre la ville. Cette trahison du gouverneur fut découverte avant sa consommation par le captal de Buch et sir Thomas Felton, qui étaient alors en quartier à Bergerac. Ils en furent fort surpris ; mais comme ils ne voulaient pas abandonner aussi légèrement une ville forte qu'ils avaient tout récemment munie de provisions en perspective d'un siége, ils déclarèrent vouloir assister à la capitulation de la place. Ils partirent donc de Bergerac après minuit, le jour où les Français devaient prendre possession de Linde, et, accompagnés de deux cents lances, ils arrivèrent à la place au point du jour. Ils se firent ouvrir la porte du côté de Bergerac, et traversèrent la ville pour gagner la porte opposée où les Français devaient être mis en possession de la place par le gouverneur. Le captal de Buch descendit de cheval en arrivant près de la porte, et, tirant son épée, il dit, en s'approchant de sir Thomas Batefol : « Ah! mauvais traître, tu y mourras tout premièrement ; jamais ne feras trahison après celle-ci ! » A ces mots, il lui lança son épée avec tant de force, que la lame,

(1) Froissart, liv. I, part. II, pp. 610, 611 ; et liv. I, part. I, pp. 213-215.

entrant dans le corps du chevalier, le perça de part en part et sortit de plus d'un pied de l'autre côté. Le chevalier tomba mort, et les Français, qui venaient prendre possession de la ville, s'enfuirent effrayés (1).

L'armée du duc d'Anjou, après avoir ainsi échoué à Linde, dépassa les environs de Bergerac et poussa ses incursions jusqu'à cinq lieues de Bordeaux. En six semaines de temps, les chefs avaient reçu la soumissisn de plus de quarante villes, cités, châteaux et forteresses, appartenant aux Anglais; et, apprenant que le prince de Galles rassemblait une armée à Cognac, et que le duc de Lancastre était arrivé en Aquitaine avec un grand corps d'armée, le duc d'Anjou convoqua un conseil de guerre pour délibérer sur les opérations ultérieures de la campagne. Bertrand Du Guesclin fut invité en particulier à assister à ce conseil, où, après mûr examen, il fut décidé qu'on licencierait l'armée et qu'on répartirait les troupes dans les garnisons du pays récemment conquis, attendu qu'elles en avaient fait assez pour une saison.

En quittant l'armée du duc d'Anjou, Bertrand Du Guesclin se dirigea sur Limoges, assiégée alors par le duc de Berry, qui, étant entré dans le Limousin avec douze cents lances et trois mille fantassins, avait pris un grand nombre de villes et de châteaux, brûlé et dévasté tout sur son passage. En traversant le comté de Périgord, Du Guesclin fut généreusement reçu à Périgueux par Talleyrand de Périgord, frère du comte; et, tandis qu'après dîner il prenait le frais sur le donjon du château, Bertrand, apercevant la figure d'un léopard sur une bannière qui flottait au sommet du clocher d'un monastère voisin, dit avec surprise : « Que vois-je? Avez-vous des voisins anglais aussi près que cela? » Quand il eut appris que les Anglais étaient maîtres de l'abbaye depuis plus d'un an, il jura, par

---

(1) Froissart, liv. I, part. II, p. 612.

saint Yves, qu'il ne s'en irait pas avant d'avoir soupé dans l'abbaye et rétabli l'abbé et les moines dans leur cloître.

Bertrand Du Guesclin descendit donc immédiatement de la tour, envoya chercher un héraut et lui ordonna d'appeler ses hommes, qui étaient disséminés dans les villages voisins, et de leur apprendre qu'il avait l'intention d'attaquer l'abbaye et d'en chasser les Anglais sur-le-champ. Les troupes se réunirent au son de la trompette, et prenant dans la ville des portes, des volets et environ cent échelles, ils avancèrent immédiatement à l'assaut. Talleyrand de Périgord proposa de faire porter sur des chariots à l'abbaye trois machines de guerre pour aider à l'attaque; mais Bertrand rejeta cette offre en disant : « Nous n'en aurons pas besoin; avant qu'elles soient dressées, nous boirons largement le vin de l'abbaye. »

Différant l'attaque pour un moment, Bertrand Du Guesclin s'avança jusqu'aux portes du couvent, et, dans un pourparler avec le commandant, il lui conseilla de rendre la place à l'abbé et aux moines, car il vivait en grand péché et sous le poids d'une excommunication. Le capitaine, avec ce mépris souverain des censures ecclésiastiques que professaient à cette époque des hommes sans foi ni loi, répondit : « Nous n'y comptons mie : nous serons bien absous à notre commandement. Assez peut empétrer (pécher) qui paye largement; car l'homme est bon clerc qui a assez d'argent. »

Du Guesclin somma alors le capitaine d'avoir à se rendre. Le capitaine ayant répondu par un refus des plus catégoriques, fut bien et dûment prévenu que, si l'abbaye était emportée d'assaut, il serait très-certainement pendu. On sonna immédiatement la trompette et les assiégeants commencèrent par une décharge de flèches et de dards, tandis qu'en même temps une partie de leurs compagnons comblait les fossés avec des fascines et de la terre, et que d'autres, se mettant à couvert sous leurs boucliers ou sous les volets dont ils s'étaient munis, dressaient les échelles d'escalade contre les murs. Parmi ceux qui, les premiers, montèrent à l'assaut, étaient Bertrand Du Guesclin en personne, suivi d'Olivier de Mauny, de Jean et Alain de Beaumont et d'autres vieux chevaliers. Les Anglais repoussèrent l'attaque par tous les moyens ordinaires de défense connus à cette époque et jetèrent sur les assaillants des barres de fer rouge, de la chaux vive et d'énormes traverses de bois. Mais tout cela ne servit de rien contre l'ardeur résolue des Français. Bertrand, suivi de près par ses soldats, entra dans la place, rencontra le capitaine et lui fracassa la mâchoire d'un coup de sa redoutable hache d'armes. Après cela, la garnison ne fit plus aucune résistance et Du Guesclin rendit l'abbaye à ses propriétaires, y soupa cette nuit-là comme il avait juré de le faire et retourna ensuite à Périgueux, où il demeura quelques jours à se refaire, lui et ses hommes (1).

En quittant Périgueux, Bertrand Du Guesclin alla rejoindre le duc de Berry dans son camp devant Limoges que le duc assiégeait alors. La ville était sous les ordres de l'évêque, avec lequel Du Guesclin réussit à conclure un traité, quelques jours après son arrivée, pour la reddition de la place.

Après y avoir fait un séjour de courte durée, le duc de Berry reçut le conseil d'imiter la conduite de son frère le duc d'Anjou et de terminer la campagne en distribuant ses troupes dans les différentes villes et forteresses de son commandement; car on trouvait qu'elles avaient assez fait pour la saison en prenant une ville aussi importante que Limoges. A la demande de l'évêque, le duc laissa cent hommes d'armes sous le commandement de messire Jean de Villemur, de messire Hugues de la Roche et de Roger de Beaufort, pour aider à la défense de la cité (2).

---

(1) Cuvelier, vv. 17,372-17,504. — *Chronique* (anonyme) *de Du Guesclin*, chap. CXXVIII, CXXIX.

(2) Froissart, liv. I, part. II, pp. 616, 617.

CHAPITRE XI.

Sac de Limoges par le Prince-Noir — Bertrand Du Guesclin est créé connétable de France.

Le Prince-Noir fut d'autant plus irrité, à la nouvelle de la capitulation de Limoges, que l'évêque avait été son ami et son confident, qu'il avait assisté à tous ses traités et avait même concouru à leur rédaction ; aussi une telle conduite de la part d'un homme, en qui il avait mis tant de confiance, fit-elle, suivant la remarque de Froissart, « qu'il en tint moins de bien et de compte des gens d'église, où il ajoutait en devant grand'foi. » Il jura, par l'âme de son père, qu'il serait sourd à tout, jusqu'à ce qu'il eût repris la place et fait payer cher aux traîtres leur forfait. Il rassembla donc immédiatement ses troupes et partit de Cognac avec une armée de douze cents gens d'armes, de mille archers et de trois mille hommes de pied. Comme il ne pouvait monter à cheval, il se fit porter en litière jusqu'à Limoges, où il fit camper ses troupes près des murs. Après avoir soigneusement examiné l'enceinte de la cité, la solidité des fortifications et les autres moyens de défense, sachant d'ailleurs le nombre des combattants qui formaient la garnison, il décida qu'on ne tenterait pas d'emporter la place d'assaut, mais qu'on emploierait le moyen plus lent de la mine. Le prince avait dans son armée un grand nombre de mineurs, qu'il mit immédiatement à l'œuvre et, au bout d'un mois, ceux-ci lui annoncèrent que, lorsqu'il le voudrait, ils pourraient renverser un grand pan de mur. Pendant ce temps, il n'y eut ni assaut ni sortie ; car tandis que le prince poussait sa mine, les assiégés essayaient d'une contre-mine ; mais ils échouèrent dans le percement. Quand ses préparatifs furent terminés, Edouard ordonna à ses mineurs de finir leur ouvrage. Le lendemain de bonne heure, ils renversèrent un grand pan de mur, qui remplit les fossés et donna aux assiégeants un accès facile dans la ville.

Comme les assiégés furent complétement surpris, le prince fit passer sans résistance par la brèche une partie de ses soldats, qui coururent immédiatement à la porte, en coupèrent les fermetures de fer et abattirent toutes les barrières. Enflé par l'hydropisie, mais sourd à tout sentiment de pitié envers les habitants de la ville condamnée, Edouard se fit transporter dans la cité accompagné du duc de Lancastre, des comtes de Cambridge et de Pembroke, du sire d'Angle et du gros de son armée, qui avait ordre de n'épargner ni hommes ni biens dans les murs de Limoges. Cet ordre brutal fut exécuté dans toute son épouvantable rigueur sous les yeux du prince, qui, insensible à la pitié et aux remords, contemplait le terrible spectacle d'hommes, de femmes et d'enfants massacrés de sang-froid par ses impitoyables soldats ; et quand ses malheureuses victimes, dans leur agonie, se jetaient à ses pieds en lui criant : « Merci ! gentil sire ! » il demeurait inexorable à leurs prières, et laissait suivre le cours de cette horrible boucherie. « Ni je ne sais, dit Froissart, comment il n'avait pitié des pauvres gens qui n'étaient mie taillés de faire nulle trahison ; mais ceux le payaient et payèrent plus que les grands maîtres qui l'avaient fait. Il n'est si dur cœur, que, s'il fût adonc en la cité de Limoges, et il lui souvînt de Dieu, n'en pleurât tendrement du grand meschef qui y était ; car plus de trois mille personnes, hommes et enfants, y furent délivrés et décollés cette journée. Dieu en ait les âmes, car ils furent bien martyrs ! »

En entrant dans la ville, un corps de soldats anglais se porta au palais de l'évêque de Limoges, qu'ils firent prisonnier et traînèrent devant le prince de Galles, sans respect pour son caractère sacré. La meilleure parole que l'évêque pût obtenir du prince ce fut un serment, par Dieu et saint Georges, qu'il aurait la tête tranchée. Il le fit ensuite chasser de sa présence.

Quand messire Jean de Villemur, messire Hugues de la Roche et Roger de Beaufort, que le duc de Berry avait laissés pour la défense de la ville, virent le massacre général que l'on faisait des habitants, ils résolurent de vendre leur vie aussi cher que possible. En conséquence, ils réunirent leurs soldats au nombre de quatre-vingts gens d'armes, et les rangeant en bon ordre, appuyés contre un vieux mur, ils attendirent avec leurs bannières déployées l'attaque des Anglais. Quand ils se furent mis ainsi en position, le sire de Villemur dit à Roger de Beaufort, fils du comte de Beaufort :

« Roger, il vous faut être chevalier.

— Sire, répondit modestement le jeune écuyer, je ne suis pas encore si vaillant que pour être chevalier, et grand merci quand vous me le proposez. »

Il ne fut ni rien dit ni rien fait de plus, car le duc de Lancastre et les comtes de Cambridge et de Pembroke arrivèrent en ce moment avec une troupe de soldats, et, descendant de cheval, ils s'avancèrent à l'attaque.

La lutte commença par une rencontre personnelle entre les chefs, dans laquelle le duc de Lancastre eut pour adversaire le sire de Villemur, le comte de Cambridge messire Hugues de la Roche, et le comte de Pembroke Roger de Beaufort.

Comme c'étaient de part et d'autre tous preux et habiles combattants, ils exécutèrent de brillants faits d'armes tandis que leurs hommes regardaient. Le Prince-Noir s'était fait transporter sur le théâtre du combat, et celui, que ni les prières ni les larmes d'une multitude innocente mais vulgaire n'avaient pu émouvoir, fut tellement attendri au spectacle d'une joute chevaleresque à laquelle il ne pouvait plus prendre part, qu'il contempla de sa litière, avec un sombre plaisir, les chances diverses du combat et recouvra même quelque chose de sa bonne humeur.

Après une lutte bien soutenue, les chefs français se rendirent en demandant à être traités comme prisonniers sous la loi des armes, ce qui leur fut aussitôt accordé par les chevaliers anglais. La ville de Limoges fut saccagée et brûlée; et l'évêque ne dut la vie qu'à l'intervention du pape et à la protection du duc de Lancastre. Le Prince-Noir, dont la santé empirait de jour en jour, termina la campagne par ce sac de Limoges, où il licencia son armée pour la saison (1).

Tandis que le Prince-Noir était devant cette ville, Bertrand Du Guesclin, qui l'avait quittée lorsque le duc de Berry avait pris le parti de licencier ses troupes, alla dans la vicomté de Limoges, qu'il parcourut comme partisan de Jeanne, comtesse de Penthièvre, et veuve de Charles de Blois, avec environ deux cents lances; et, quoique tous les jours des nouvelles arrivassent au Prince-Noir, sur les succès du chevalier breton, qui prenait les villes et les places fortifiées, il était trop occupé à punir ses traîtres vassaux pour se laisser distraire de sa vengeance par d'autres événements. Cependant Bertrand Du Guesclin put poursuivre sans obstacle le siége de Saint-Yrieix sur l'Isle, dans le Limousin, qui céda à ses armes après une faible défense; car les habitants furent tellement effrayés de son approche et de l'impétuosité de son attaque, que, bien que convenablement fortifiée, la ville n'opposa guère qu'un simulacre de résistance. Après la reddition de Saint-Yrieix, il prit la ville de Brantôme, sur la

(1) Froissart, liv. I, part. II, pp. 617-620.

Dronne, dans le Périgord. Là, il reçut l'ordre exprès du roi de France de se rendre à Paris sans délai, car, quoique des succès inaccoutumés eussent accompagné les armes françaises durant cette campagne, dans les provinces du midi et du centre, il était nécessaire d'arrêter quelques mesures décisives pour combattre les progrès de sir Robert Knolles dans le nord, où il avait étendu sans obstacle ses ravages depuis l'Artois jusqu'aux portes mêmes de Paris (1).

Parti de Calais vers la fin du mois de juillet 1370, sir Robert Knolles (2), avec une armée considérable de gens d'armes et d'archers, ravagea sur son passage tout le pays ouvert de l'Artois, de la Picardie, de l'Ile-de-France et de la Champagne. Laissant derrière lui les places fortifiées dont le siége lui eût coûté du temps et du travail, il avança par petites marches de trois ou quatre lieues par jour, et, par le fer et le feu, il détruisit tout sur son chemin, excepté les propriétés des gens qui pouvaient ou voulaient bien s'en racheter moyennant une certaine somme; car, quoique sir Robert Knolles fût général en chef d'une armée bien équipée, il ne pouvait oublier ses vieilles habitudes de capitaine mercenaire d'une grande compagnie; et toutes les fois qu'il se présentait devant une ville fortifiée ou un château, il demandait au propriétaire ce qu'il payerait pour sauver ses domaines du pillage. Il reçut de plusieurs de fortes sommes, et il amassa ainsi pendant sa route une somme d'argent d'environ cent mille francs; mais son avarice ne tarda pas à lui nuire auprès d'Edouard III, devant qui il fut accusé de veiller davantage à ses propres intérêts qu'à ceux de son maître. Néanmoins, sir Robert Knolles eut le talent de si bien justifier

---

(1) Froissart, liv. I, part. II, pp. 614, 619, 621.

(2) La commission, datée du 1ᵉʳ juillet 1370, est adressée à Robert Knolles, à Aleyn Buxhil, à Thomas Granson et à John Boucher, *ensemble, trois ou deux d'entre eux, dont Robert Knolles sera l'un et le principal.* Rymer, vol. III, part. II, p. 894.

sa conduite, ou peut-être Edouard III, au déclin de sa prospérité, se montra-t-il trop faible pour punir un si puissant sujet, que l'accusation retomba sur l'accusateur, qui fut pendu publiquement (1).

Charles V, qui, de sa résidence de l'hôtel Saint-Pol à Paris, pouvait voir du côté du Gâtinais la fumée des maisons de ses sujets sans défense, incendiées par l'armée de sir Robert Knolles, persista dans le système qu'il avait adopté d'abord de mettre de fortes garnisons dans les cités, dans les villes et dans les places fortifiées exposées à être attaquées, avec défense sévère de faire, sous aucun prétexte, des sorties contre les envahisseurs. Avec les nombreux nobles et chevaliers pleins d'ardeur qu'il avait autour de lui, il devait s'attendre à ce qu'une pareille mesure ferait des mécontents. Aussi, provoqua-t-il de la part du sire de Clisson, alors un de ses plus fidèles conseillers, cette remontrance, qui contenait une ironie à l'adresse de la politique par trop prudente du roi : « Sire, vous n'avez que faire d'employer vos gens en ces forcenés ; laissez-les aller et eux fatiguer ; ils ne vous peuvent tollir votre héritage, ni bouter hors par fumières. » Mais Charles, instruit par l'expérience du passé, avait ses raisons pour ne pas trop compter sur l'habileté militaire de ceux qui l'entouraient. Il pressa en conséquence le prompt retour de Bertrand Du Guesclin pour lui donner le commandement de ses armées.

Lorsque Bertrand eut reçu les derniers ordres du roi, il disséminera ses troupes dans les villes qu'il avait prises, et confiant toutes ses conquêtes à son neveu Olivier de Mauny, il quitta le Périgord sous un déguisement et partit pour Paris, vêtu d'un simple habit gris et accompagné d'une suite de six personnes. Il fut rejoint près de la capitale par le ministre favori de Charles, Bureau de la Rivière, qui le conduisit au roi. Avant

---

(1) Froissart, liv. 1, part. II, pp. 609-614.

son arrivée, il avait été décidé par le conseil et l'avis des prélats et des nobles, et du consentement unanime de tout le royaume, qu'on élirait un connétable pour commander les armées françaises, attendu que messire Moreau de Fiennes, à cause de son grand âge et de ses infirmités, n'était plus en état de s'acquitter des devoirs de cette charge et qu'il désirait lui-même s'en démettre. « Si que, tout considéré et imaginé, d'un commun accord, on y élut monseigneur Bertrand Du Guesclin, pour le plus vaillant, mieux taillé et idoine de ce faire, et le plus vertueux et fortuné en ses besognes, qui en ce temps s'armât pour la couronne de France (1). »

Quand Bertrand Du Guesclin fut introduit en présence de Charles V, celui-ci était entouré des seigneurs de sa maison et d'un certain nombre de membres de son conseil, qui firent au chevalier breton un cordial accueil et le traitèrent avec toutes les marques du respect. Le roi lui apprit ensuite sa nomination de connétable de France. Mais Bertrand Du Guesclin fut loin d'en paraître content, car il connaissait parfaitement les devoirs et la responsabilité de cet emploi, et il avait pénétré le caractère de Charles, ainsi que sa nature soupçonneuse, son extrême prudence dans les affaires de la guerre et sa mesquinerie dans toutes les questions d'argent; il pria instamment le roi de lui permettre de refuser, en déclarant modestement qu'il n'était pas digne d'un tel honneur, qu'il n'était qu'un pauvre homme et un petit chevalier à côté des grands seigneurs et des vaillants hommes de France, quoique la fortune l'eût un peu mis en relief. Le roi répondit qu'il s'excusait en vain et qu'il fallait qu'il

---

(1) Froissart, liv. I, part. II, p. 624; Cuvelier, vv. 17,503-17,754.

« La n'i ot chevalier, prince, conte, ne per,
« Escuier et bourgeois, qui ne soit escriez :
« A Bertran ! à Bertran ! l'espée li livrez !
« Voir (vrai), s'il est connestable, Englois seront grevez. »

V. 17,862.

acceptât l'emploi, attendu qu'il en avait été ainsi ordonné par tout le conseil de France, qu'il ne voulait pas contrarier. Du Guesclin essaya alors d'un autre moyen pour refuser l'honneur qu'on lui faisait, et dit :

« Cher sire et noble roi, je ne vous veux ni puis, ni ose dédire de votre bon plaisir ; mais il est bien vérité que je suis un pauvre homme et de basse venue. Et l'office de la connétablie est si grande et si noble, qu'il convient, qui bien le veut acquitter, exercer et exploiter et commander moult avant et plus sur les grands que sur les petits. Et veci messeigneurs vos frères, vos neveux et vos cousins qui auront charge de gens d'armes en armées et en chevauchées ; comment oserais-je commander sur eux ? Certes, sire, les envies sont si grandes, que je les dois bien craindre : si vous prie chèrement que vous me déportiez de cet office et le bailliez à un autre, qui plus volontiers le prendra que moi et qui mieux le sache faire.

— Messire Bertrand, messire Bertrand, reprit le roi, ne vous excusez point par cette voie ; car je n'ai frère, cousin, ni neveu, ni comte, ni baron en mon royaume qui n'obéisse à vous ; et si nul en était au contraire, il me courroucerait tellement qu'il s'en apercevrait : si prenez l'office liement, et je vous en prie (1). »

Bertrand Du Guesclin, voyant que ses excuses ne pouvaient ébranler la résolution inflexible du roi, dit, avant de donner son consentement :

« Un don vous requiers, sire, qui n'est mie trop grand et dont votre honneur ne sera amoindrie ; mais se ce don refusez, me maudie Dieu, se cet office-ci n'est par moi refusé.

— Bertrand, reprit le roi, dites quel don volez ; ne le refuserai mie, mais que ne demandez ma couronne jolie et ma noble moullier (femme).

---

(1) Froissart, liv. I, part. II, p. 624.

— Nenni, dit Bertrand ; j'ai d'une femme assez et trop de la moitié ; mais, sire, ajouta-t-il, se l'on vous va de moi nul rien rapportant, je requiers que pis ne m'en soit jusqu'à tant que l'on aura raconté devant moi autant comme on aura dit en dénonçant. »

Le roi promit aussitôt de lui accorder ce qu'il demandait, et Bertrand Du Guesclin fut revêtu de la charge de connétable de France, prêta serment et reçut l'épée nue comme marque de sa dignité. Pour l'honorer davantage, le roi le mit à table à côté de lui (1).

(1) Cuvelier, v. 17,890 ; *Chronique* (anonyme) *de Du Guesclin*, chap. cxxxi ; Froissart, liv. 1, part. ii, p. 622. — Christine de Pisan dit que Bertrand Du Guesclin fut nommé connétable de France le 2 octobre 1379. Le *Livre des fais et bonnes mœurs du sage roy Charles*, part. ii, chap. xviii, p. 256.

CHAPITRE XII.

Bertrand du Guesclin, après avoir été revêtu de la charge de connétable, réunit des troupes et marche contre les Anglais. — Bataille de Pontvalain.

En prenant la charge de connétable de France, Bertrand Du Guesclin résolut sur-le-champ de suivre sir Robert Knolles dans les provinces du Maine et de l'Anjou, dès qu'il aurait pu réunir assez de troupes pour combattre le général anglais ; mais ses appréciations sur la politique parcimonieuse et timide de Charles V se réalisèrent bientôt, car, lorsqu'il eut développé son plan, il ne reçut que quinze cents hommes d'armes avec quatre mois de solde. Aux respectueuses, mais fermes représentations du connétable sur l'impossibilité matérielle de tenir tête aux ennemis avec un si petit corps de troupes, le roi répondit froidement qu'il ne désirait pas qu'il combattît les Anglais en bataille rangée ; mais qu'il voulait seulement qu'il les poursuivît, qu'il les harassât et qu'il les tînt en échec, et qu'il lui avait donné bien assez d'hommes pour ce mode de combat. Des avis aussi timides s'accordaient peu avec le caractère de Du Guesclin, qui répondit que ce serait une tache pour lui s'il lui fallait, à la tête des troupes françaises, tourner le dos à l'ennemi au lieu de l'attaquer. Il fit sentir au roi les conséquences fâcheuses d'une trop grande parcimonie dans les affaires de la guerre et que l'insuffisance de la solde pousse souvent les soldats au pillage, et il déclara simplement que, s'il rencontrait les ennemis de son pays, il était décidé à fondre sur eux « comme un loup sur une bergerie, » et qu'il donnerait une large paye à tous ceux qui viendraient le servir (1).

Après avoir quitté Paris dans cette résolution, le connétable alla d'abord à Pontorson, en Normandie, où il fit alliance avec messire de Clisson, son illustre compatriote, « contre toutes personnes mortes ou vivantes, » excepté le roi de France et son frère, le vicomte de Rohan, et d'autres seigneurs de qui ils tenaient terres (2).

De Pontorson le connétable se rendit à Caen, où il établit pour le moment son quartier général et où devaient le rejoindre tous ceux qui voulaient le servir. Il fut bientôt en état de remplir ses rangs; car il n'y avait pas de chef de son temps qui fût plus populaire que lui parmi tous les soldats, à cause de sa réputation incontestée de bon capitaine, de sa libéralité bien connue et de sa bravoure personnelle qui lui faisait partager tous les dangers auxquels il exposait ses troupes. Aussi, à peine son appel fut-il connu, qu'une foule de chevaliers et d'écuyers vinrent se ranger en si grand nombre sous ses drapeaux, que ses levées se montèrent à plus de trois mille gens d'armes. Le connétable les engagea tous, et, au fur et à mesure qu'ils arrivaient, il les payait en argent comptant. Quand il eut épuisé tous les moyens qu'il avait sous la main, il envoya ordre à sa femme de venir immédiatement à Caen, et d'apporter avec elle toute son argenterie et ses joyaux, parce qu'il voulait tenir cour

(1) Cuvelier, vv. 17,917-17,949. — *Chronique* (anonyme) *de Du Guesclin*, chap. cxxxi.

(2) Froissart, liv. I, part. II, p. 622, dit que le connétable, immédiatement après sa nomination, suivit sir Robert Knolles en Anjou et dans le Maine; mais le fait de l'alliance de Du Guesclin avec Clisson montre qu'il était à Pontorson le 23 octobre 1370. *Actes de Bretagne*, t. I, col. 1642.

plénière dans cette ville. Quoique madame Tiphaine ignorât pour quelles raisons son mari lui donnait cet ordre, elle n'hésita pas à s'y rendre, et en arrivant à Caen elle fut reçue avec une chaleureuse embrassade.

Le connétable avait fait de grands préparatifs pour traiter les nobles et illustres visiteurs auxquels il avait fait appel; et, immédiatement après l'arrivée de sa femme, il invita les barons et les chevaliers à un somptueux dîner dans une grande salle, où il étala avec faste la vaisselle qu'il avait apportée de sa dernière expédition en Espagne. Au nombre de ses hôtes les plus distingués, étaient les comtes d'Alençon et du Perche, le vicomte de Rohan, le vieux maréchal d'Audeneham, les sires de Clisson et de Rais, messire Jean de Vienne, Alain et Jean de Beaumont, Olivier Du Guesclin et Pierre d'Estrées. Le repas fut parfaitement ordonné et servi, et la quantité des plats étrangers fut l'objet de l'admiration des hôtes, aussi bien que le poids et la beauté de l'argenterie, qui était richement ciselée. Tous les convives n'eurent qu'une voix pour rendre pleinement hommage aux grâces et aux talents de la noble hôtesse. Pendant le repas, la conversation étant venue à tourner sur les incidents de la campagne, le sire de Clisson dit :

« Sire Bertrand, trois mille soudoyers et plus, à ma pensée, vous sont venus servir pour aller sur Anglais, et le roi de France n'a compté monnaie que pour mille cinq cents; et, se sont refusés, je crains qu'avec les Anglais ne fassent retourner.

— Sire, répondit le connétable, par la Vierge honorée! tous seront retenus à gages et à soldée, et fussent-ils deux fois tant, j'aurai assez argent et monnaie dorée. Ne voyez-vous la vaisselle dont la salle est comblée? Par ma foi! je ne l'ai point engagée, ne épousée, et bien m'en puis départir tout à ma désirée. Au roi les prêterai jusqu'à ce que les Anglais paieront tout avant que l'année soit passée. »

Le dîner se termina à la satisfaction et à l'admiration de tous, car aucun des hôtes n'avait probablement encore assisté à un festin d'une si grande magnificence. Trois jours après, le connétable vendit et engagea sa vaisselle pour de l'argent comptant, qu'il distribua aux chevaliers et aux écuyers jusqu'à ce qu'il eût pris à son service plus de trois mille combattants, qu'il pourvut aussitôt d'armes et d'équipements. Ayant aussi amassé des provisions suffisantes pour l'entretien de son armée, il ordonna que chacun se tînt prêt à marcher au premier moment. Tout le monde obéit immédiatement à cet ordre et l'on put voir de toutes parts, comme s'il se fût agi d'un combat immédiat, les préparatifs des gens d'armes apprêtant leurs cottes de mailles, fourbissant leurs bassinets, polissant leurs épées, aiguisant la pointe de leurs lances et ferrant leurs chevaux ; et, tout en travaillant, ils disaient entre eux : « Vive Bertrand ! qui n'attend pas que les Anglais viennent le chercher, mais qui marche bravement à leur rencontre ! »

Avant de partir de Caen, le connétable fit de tendres adieux à sa femme, et lui dit, en se séparant d'elle :

« Dame, vous demeurerez ci, et se vous aimez mieux, à Roche-Derrien ; vous y pouvez moult bien aller ; mais veuillez prier pour moi à Dieu qu'à joie me ramène ; car ne retournerai s'aurai en bataille contre le connétable d'Angleterre ou le sien lieutenant.

— Sire, reprit sa femme, je prie au Tout-Sapient de vous garder de mort et de prison ; et si vous prie que vous ayez remembrement des jours qui périlleux peuvent être. Devant Nadres (Navarrete) faillites à mon commandement, se n'eussiez cru, vous n'eussiez perdu la bataille.

— Dame, répondit Du Guesclin, je sais qui sa femme ne croit à la fois s'en repent (1). »

De Caen, le connétable marcha sur Vire, où était le rendez-

---

(1) Cuvelier, vv. 17,963-18,110. — *Chronique* (anonyme) *de Bertrand Du Guesclin,* chap. CXXXII.

vous de son armée; et tandis qu'il y était, il reçut de sir Thomas Granson, commandant un détachement de forces anglaises campé alors à Pontvalain, près du Mans, un cartel en forme envoyé dans une lettre par un héraut, à l'effet de faire fixer le jour et l'endroit d'une bataille entre leurs forces respectives. Du Guesclin se fit lire la lettre par Hélie, son secrétaire, et aussitôt qu'il en connut le contenu, il dit que les Anglais le trouveraient plus tôt qu'ils ne l'attendaient. Ensuite il dit à son trésorier de compter treize marcs d'argent au héraut, qu'il congédia en lui disant :

« Dites à vos maîtres qu'ils me verront brièvement, se Dieu me veut aider; plus tôt même que ne leur fut mestier. »

Le connétable confia ensuite le héraut anglais à ses propres hérauts et à ses ménestrels, qui prirent si bien soin de lui qu'à l'aide de quelques vins drogués ou autres qu'ils lui servirent libéralement, il s'enivra, finit par s'endormir et passa la nuit entière dans leur tente. Quand Du Guesclin apprit l'état dans lequel se trouvait le héraut, il ordonna à ses troupes de se tenir prêtes à marcher immédiatement, parce que, disait-il, il voulait porter lui-même la réponse aux lieu et place du héraut anglais, que le mal de Saint-Martin retenait encore dans le camp (1).

L'ordre de marche immédiate fut reçu d'assez mauvaise grâce par la plus grande partie de l'armée, car non-seulement la nuit était très-noire, mais il soufflait un vent froid et violent accompagné d'une grande pluie qui augmentait à chaque instant. Quelques soldats prièrent le connétable de différer le départ jusqu'au point du jour, car, disaient-ils, il n'y avait ni cheval ni cavalier qui pussent se hasarder par un temps pareil; mais la pluie, le vent et l'obscurité étaient de trop faibles obs-

---

(1) Le *mal de Saint-Martin* est une allusion du chroniqueur à l'état d'ivresse du héraut. *Faire la Saint-Martin* était un proverbe local, qui voulait dire *faire bonne chère*.

tacles pour détourner Du Guesclin d'une entreprise importante formée dans le but de faire voir qu'il y avait un nouveau chef à la tête des armées françaises. Quand il fut près de partir, il dit à haute voix : « A primes, fait-il bon dessus nos ennemis ! A Dieu le vœu ! jamais ne serai dévesti, ne je ne mangerai de pain ne blanc ne bis, ni ne descendrai de mon destrier, s'aurai trouvé Anglais. Vienne à moi qui voudra sans faire nul délai. »

Ayant transmis l'ordre de se mettre en marche, le connétable n'attendit pas qu'il fût exécuté ; mais, donnant de l'éperon à son cheval, il se mit en route suivi d'abord de cinq cents seulement de ses plus proches soldats, parmi lesquels étaient Olivier de Mauny, Jean et Alain de Beaumont et son frère Olivier Du Guesclin. Les autres chefs partirent aussitôt que leurs soldats furent prêts, mais ils ne purent suivre leur impétueux général qu'à une distance qui augmentait de plus en plus, car non-seulement beaucoup des compagnons de Du Guesclin étaient exténués de fatigue par suite de la perte de leurs chevaux, mais le connétable lui-même, dans cette marche de nuit, rompit un cheval de guerre et un bon cheval d'Aragon. Aux plaintes de quelques-uns de ses capitaines qui avaient perdu leurs chevaux et d'un certain nombre de leurs hommes qui s'étaient égarés dans l'obscurité, il répondit qu'il ferait bientôt jour, qu'alors il pourrait surprendre et battre les Anglais, et que tous ceux qui manquaient de chevaux en auraient bientôt suffisamment.

Quand le connétable atteignit le camp près Pontvalain le lendemain de bonne heure, et qu'il vit ses soldats fatigués et harassés par une marche de nuit de vingt lieues, il ne compta que deux cents cavaliers qui eussent pu le suivre. Le reste de ses troupes arriva à la débandade, et quand elles l'eurent rejoint, il leur ordonna de descendre de cheval, de ressangler leurs selles et de tordre leurs habits traversés par la pluie. En ce moment, le mauvais temps cessa et le soleil qui reparut ranima les Français gelés, trempés et épuisés. Le connétable informa ensuite ses hommes qu'il avait le dessein d'attaquer le camp anglais avec les troupes arrivées en dernier lieu, quoiqu'elles fussent peu nombreuses, comptant être secouru bientôt par le sire de Clisson, le vicomte de Rohan et les autres chefs qui étaient tout près de là. Enfin il exhorta ses compagnons à être de bonne humeur, « car l'homme qui a peur est déjà à demi mort. »

Le connétable ordonna ensuite à ses hommes de se refaire avec les provisions qu'ils avaient apportées avec eux. Quelques soldats prirent respectueusement le pain, comme s'ils eussent communié, et se confessèrent mutuellement leurs péchés, tandis que d'autres récitèrent des prières et demandèrent au Tout-Puissant de les garder de tout mal et de tout danger. Ils remontèrent ensuite à cheval et s'avancèrent jusqu'à ce qu'ils aperçussent distinctement les Anglais, campés devant eux dans la campagne.

Le connétable s'approcha du camp ennemi sans sonner de la trompette ni déployer les bannières, et il recommanda à ses hommes de recouvrir leurs bassinets avec du drap afin de dissimuler l'éclat de leurs armures. Arrivé à une portée de flèche du camp anglais, il ordonna à ses hommes de mettre pied à terre; et, les rangeant en bataille avec les bannières déployées, il donna le signal de la charge. Les troupes obéirent à ce signal avec le plus vif entrain en poussant les différents cris de guerre : « Montjoie! Notre-Dame! Le roi de Saint-Denis! Du Guesclin, le brave des braves! Mort aux Anglais! »

En ce moment, les Anglais étaient loin de s'attendre à une pareille attaque. Sir Thomas Granson, qui n'avait alors dans son camp que sept ou huit cents hommes, tandis que le reste de ses troupes était logé dans les villages voisins, attendait

Ch. de Montrey.

INSCRIPTION DE LA COLONNE

ICI
après le Combat
DE
PONT-VALLAIN
en Novembre 1370
BERTRAND DUGUESCLIN
DE
GLORIEUSE MÉMOIRE
fit reposer
ses Fidèles Bretons
un Ormeau voisin
sous lequel on éleva une Cabane
pour les Blessés
UNE CROIX
Plantée sur les Morts
ont donné
à ce lieu
le nom
D'ORMEAU
& de CROIX BRETTE
FRANÇAIS
QUE LES DISSENTIONS
INTESTINES
QUE LES INVASIONS ÉTRANGÈRES
NE SOUILLENT PLUS DÉSORMAIS
LE SOL
DE NOTRE BELLE FRANCE !

*La Croix est située à l'embranchement
des routes du Pont-Vallain & de Mansigné
et de Coulongé (Sarthe)*

La Croix Brette le lieu de l'Ormeau

toujours le retour du héraut qu'il avait envoyé porter le défi au connétable, et il ne concevait pas que son ennemi eût pu répondre déjà en personne à une si grande distance et par une nuit si affreuse. Aussi la surprise fut-elle complète. Le connétable et ses gens d'armes se précipitèrent au milieu des tentes et des logements, renversèrent et tuèrent du premier choc un grand nombre d'Anglais, et en mirent beaucoup d'autres en fuite. Cependant le général anglais, quoique pris à l'improviste, ne perdit ni son courage ni sa présence d'esprit. Il rallia aussitôt ses troupes, et, secondé par David Holgrave et Geoffroy Worsley, il opposa une résistance opiniâtre aux Français et se comporta bravement pendant le combat. La lutte dura quelque temps, mais elle se termina à l'avantage des Français à l'arrivée du sire de Clisson et des autres chefs. Sir Thomas Granson continua la lutte malgré la défaite de ses hommes et se rendit enfin au connétable, qui le somma d'avoir à mettre bas les armes sur-le-champ, s'il ne voulait être tué (1).

Ayant enrichi ses hommes par une grande quantité de prisonniers, un butin considérable et la défaite des Anglais, le connétable poursuivit ses ennemis, qui ne lui opposèrent plus de résistance en rase campagne, et mit le siége devant la ville de Vars, où une partie des fuyards avaient cherché un refuge. Le gouverneur refusa de rendre la ville aux sommations de Du Guesclin, qui le menaça de le faire pendre si la forteresse était emportée d'assaut. Le gouverneur répondit froidement à cette menace qu'il n'en avait nul souci, et le connétable jura alors par Notre-Dame et le corps de saint Benoît qu'il souperait le soir même dans le haut donjon du château.

(1) Cuvelier, v. 18,233; *Chronique de Bertrand Du Guesclin*, chap. cxxxiii. — Froissart, liv. I, part. ii, pp. 622, 623, en faisant le récit de cette bataille, estime le chiffre des combattants de part et d'autre beaucoup moindre que les autres autorités. Barnes évalue les forces sous le commandement de sir Thomas Granson à « 200 lances et

Parfaitement secondé par l'ardeur de ses hommes, il put accomplir son vœu et mettre à exécution la menace qu'il avait faite au gouverneur. Peu d'hommes de la garnison s'en tirèrent la vie sauve.

Le connétable prit de la même manière les villes de Sainte-Maure sur Loire, de Rulli et de Néroux, qui furent emportées d'assaut et livrées au pillage des soldats. Sir Robert Knolles n'attendit pas l'approche du connétable; mais il évita une attaque en licenciant ses troupes et en se réfugiant dans son château-fort de Derval en Bretagne. En apprenant le départ des Anglais, le sire de Clisson obtint du connétable la permission de poursuivre un corps sous les ordres de sir Robert Neufville, qu'il surprit au moment où il allait s'embarquer pour l'Angleterre. L'action qui s'engagea fut vive, et le succès fort disputé; mais les Français furent vainqueurs et un grand nombre d'Anglais tués sur la place. Les autres, avec leurs chefs, se rendirent prisonniers de guerre. Le connétable reçut cette heureuse nouvelle, le premier décembre 1370, à Caen, où il avait été assister à une levée de troupes; mais la saison était trop avancée pour tenter de nouvelles entreprises et il se rendit immédiatement auprès du roi à Paris (1).

6000 autres, » et dit, sur l'autorité de Du Cheyne, « qu'environ 1200 Anglais furent tués sur la place. » *Hist. of Edward III*, p. 811.

(1) Cuvelier, vv. 18,492-18,730. — *Chronique* (anonyme) *de Du Guesclin*, chap. cxxxvi. — *Actes de Bretagne*, t. I, col. 1644.

CHAPITRE XIII.

Résultats de la victoire de Pontvalain pour les Français. — Le Prince-Noir quitte la France et passe en Angleterre. — Siége de Montpaon. — Succès de Bertrand Du Guesclin en Poitou et en Auvergne. — Mort de Thiphaine Ravenel, femme du connétable.

On doit bien imaginer que Bertrand Du Guesclin dut trouver à Paris une réception cordiale à la cour de Charles, à son retour de l'expédition. Il est vrai que la surprise de Pontvalain n'était point en elle-même un événement de grande importance, attendu le peu de combattants qui y avaient été engagés ; mais, depuis le couronnement de Charles, c'était la première fois que les Français avaient osé attaquer les Anglais en rase campagne. Il ne faudrait pas en inférer que le chevalier français pris individuellement fût inférieur en courage ou en habileté à un chevalier de toute autre nation ; mais telle avait été l'impression produite par les désastreuses journées de Crécy et de Poitiers, qu'aucune supériorité numérique n'eût paru suffisante pour engager les Français à se mesurer avec un corps considérable d'Anglais en bataille rangée (1).

L'année précédente, le roi de France avait équipé une quan-

---

(1) La bataille d'Auray, en Bretagne, fut un combat de guerre civile, dans lequel il y eut d'engagés principalement, de part et d'autre, des Bretons.

tité de vaisseaux à Harfleur, et rassemblé une grande armée à Rouen sous le commandement de son frère Philippe, duc de Bourgogne, comme s'il se fût agi de tout détruire en Angleterre ; mais, en apprenant qu'Édouard III avait envoyé en France une armée considérable, sous les ordres du duc de Lancastre, le duc de Bourgogne abandonna le dessein d'envahir l'Angleterre, et alla s'opposer au duc de Lancastre, qui venait de débarquer son armée à Calais, et de ranger ses hommes près de la ville. Les Français n'osèrent pas les attaquer. Ils levèrent leur camp à minuit et tournèrent le dos à un ennemi auquel ils étaient sept fois supérieurs (1).

Guidé par les mêmes conseils, le duc de Bourbon, avec les motifs personnels les plus puissants pour l'engager, et avec des forces au moins triples, refusa de se mesurer avec le comte de Cambridge, qui, non-seulement l'avait défié de choisir le champ d'un combat entre eux, mais encore s'était avancé vers lui en ordre de bataille, bannières déployées et musique en tête, avec madame de Bourbon, mère du duc et de la reine de France, longtemps retenue prisonnière par le comte dans sa forteresse de Belle-Perche, qu'ils avaient fait monter sur un palefroi bien ordonné et « arréé pour elle et ses dames et damoiselles avec elle (2). »

Sir Robert Knolles de son côté, avec une force de quinze cents lances et de quatre mille archers, avait ravagé la campagne par le fer et le feu, de Calais aux portes de Paris et de Paris au Maine, sans rencontrer une ombre même de résistance, jusqu'à ce qu'il se trouvât en face de Bertrand Du Guesclin, qui tailla en pièces une partie de son armée à Pontvalain et chassa le reste du royaume (3).

---

(1) Froissart, liv. I, part. II, pp. 584, 587, 595.
(2) Froissart, liv. I, part. II, pp. 607, 608.
(3) Froissart, liv. I, part. II, p. 612. Les chiffres donnés ici ne se rapportent probablement qu'aux troupes les plus effectives, Froissart

Le connétable, qui portait ses nouveaux honneurs avec grâce et dignité, accompagné du sire de Clisson, ramena ses prisonniers à Paris, où ils furent laissés libres d'aller et venir, sans autre lien que leur parole. « On ne les mit point en prison, en fers ni en ceps, ainsi que les Allemands font leurs prisonniers, quand ils les tiennent, pour obtenir plus grand finance : maudits soient-ils, ce sont gens sans pitié et sans honneur ; et aussi on n'en devrait nul prendre à merci (1). »

Les succès inaccoutumés, qui avaient accompagné ses armes pendant la dernière campagne, donnèrent de nouvelles espérances au monarque français et l'engagèrent à faire de plus grands efforts qu'auparavant, pour poursuivre la guerre contre les Anglais ; il permit donc au connétable, pendant le mois de janvier 1371, de faire en personnne et par ses lieutenants, les sires de Raie et de Humandie, et messire William Boitel, de nouvelles levées de chevaliers et d'écuyers à Paris et à Blois (2).

Dès les premiers jours de l'année 1371, Charles V fut délivré pour toujours de son vigilant et heureux ennemi, le Prince-Noir, dont les infirmités croissantes, qui ne lui permettaient d'espérer aucune amélioration en France, engagèrent ses médecins à lui recommander l'air du pays natal. Suivant ce conseil, Édouard partit pour l'Angleterre avec sa famille et laissa sa principauté sous le commandement de son frère, Jean de Gand, duc de Lancastre (3).

Le duc ne fut pas laissé longtemps tranquille dans son nouveau gouvernement ; car, tandis qu'il assistait aux obsèques de

---

mentionnant rarement les soldats de pied dans ses supputations du nombre de combattants d'une armée. D'autres autorités estiment les force de Robert Knolles de 12,000 à 30,000 hommes. Barnes's, *Hist. of Edward III*, p. 800, et note.

(1) Froissart, liv. I, part. II, p. 623.
(2) *Actes de Bretagne*, t. I, col. 1646, 1647.
(3) Froissart, liv. I, part. II, p. 625.

son neveu Édouard, fils aîné du Prince-Noir, qui était mort à l'âge de six ans, peu avant le départ de ses parents d'Aquitaine, il apprit que quatre hardis Français, Guillaume de Longval, Allain de la Houssaye, Louis de Mailly et le sire d'Acy, étaient sortis de la ville de Périgueux avec une force de deux cents gens d'armes bretons, et par la connivence du gouverneur, qui avait le « cœur plus français qu'il n'avait anglais, » s'étaient emparés du fort de Montpaon, à quelques lieues de Bordeaux.

Le duc de Lancastre ne pouvait laisser impuni un tel acte de hardiesse, commis presque sous ses yeux; c'est pourquoi il rassembla à la hâte une force de sept cents lances et cinq cents archers, et se dirigea, sans perdre de temps, sur le château de Montpaon. Il en commença aussitôt le siège, et investit la place de tous côtés. Il employa les paysans du voisinage à couper et à porter près des murs une grande quantité de bois, madriers, et d'autres matériaux, avec lesquels il combla les fossés, et il couvrit ensuite le tout de paille. Pendant vingt jours, on ne fut occupé qu'à cela. Quand les fossés furent suffisamment remplis de matériaux, pour permettre aux assiégeants d'escarmoucher avec la garnison sur les remparts, on commença l'attaque. Chaque jour on donnait cinq ou six assauts contre le château : « Et, ajoute Froissart, dont l'enthousiasme s'anime toujours au bruit des armes, y avait les plus beaux combats du monde; car les quatre chevaliers bretons qui dedans se tenaient et qui entrepris à garder l'avaient, étaient droites gens d'armes, et qui si bien se défendaient et si vaillamment se combattaient, qu'ils en sont moult à recommander: ni quoique les Anglais et les Gascons les approchassent de si près que je vous dis, point ne s'en effrayaient ni sur eux rien on ne conquérait. »

Près du château de Montpaon était la forteresse de Saint-Macaire, commandée par deux écuyers bretons, Jean de Malestroit et Sylvestre Budes. Ces deux écuyers, qui entendaient parler tous les jours de beaux faits d'armes accomplis dans le château de Montpaon, avaient grande envie d'y prendre part ; mais, comme ils ne pouvaient pas quitter la forteresse tous les deux en même temps, une lutte s'engagea entre eux pour savoir à qui il appartiendrait d'y aller. Ni l'un ni l'autre n'étant disposés à céder, Budes dit à son camarade :

« Pardieu ! Jean, j'irai où vous irez : or, regardez lequel ce sera.

— Sylvestre, répondit vivement Malestroit, vous demeurerez et j'irai. »

Après une longue discussion, ils proposèrent de tirer à la courte paille, en présence de leurs compagnons, et, par serment, ils convinrent que celui-là irait qui tirerait la paille la plus longue. L'épreuve eut lieu en conséquence, et Sylvestre Budes tira la plus longue paille, au grand amusement des spectateurs. Le valeureux écuyer se prépara aussitôt pour cette expédition, et, accompagné de douze hommes d'armes, il partit pour Montpaon, où il arriva au soir, et fut reçu dans le château, avec ses soldats, à la grande joie de la garnison.

Les assauts avaient été continués, quelques jours après l'arrivée de Sylvestre Budes, avec avantage égal des deux côtés, quand les Anglais préparèrent quelques machines pour mettre leurs soldats à couvert. Les assiégeants, protégés par leurs boucliers, s'approchèrent du château et, avec de grands pics, « ils piquèrent tant le mur, qu'ils en firent choir en une soirée plus de quarante pieds de large. » Les Anglais mirent à cette brèche un gros corps d'archers, qui décochèrent leurs flèches sur les assiégés avec un effet tel, que personne n'osa plus s'en approcher.

Quand les chevaliers bretons virent qu'ils n'y pouvaient tenir plus longtemps, ils envoyèrent un héraut au duc de Lancastre pour proposer des termes de reddition ; mais le duc ne voulut d'abord entendre parler que d'une soumission sans conditions. Les Bretons rappelèrent alors à messire Guiscard d'Angle, qui avait été envoyé pour traiter avec eux, qu'ils étaient des soldats de fortune, gagnant leur pain par le métier des armes, comme ses propres soldats, et qu'il leur serait dur de se rendre comme il l'avait demandé; en conséquence ils le prièrent d'obtenir du duc qu'il les admît à rançon, comme il désirerait qu'on fît à l'égard de ses propres soldats en pareil cas, menaçant, d'autre manière, de vendre si chèrement leur vie, qu'on en parlerait pendant plus de cent ans. Le duc, à cette nouvelle, se rendit aux mesures plus modérées proposées par le sire d'Angle et le captal de Buch, et prit à merci les chevaliers bretons et Sylvestre Budes comme prisonniers de guerre (1).

Ce fut alors que Bertrand Du Guesclin apprit le siège de Montpaon, et il en aurait secouru volontiers les vaillants défenseurs, mais il était entièrement occupé ailleurs; car, après avoir complété ses levées de troupes, il quitta Paris dès les premiers jours de février de l'an 1371, et marcha en Auvergne, où il fit le siège de la ville forte d'Usson (2). Il était accompagné des ducs de Berry et de Bourbon, des comtes d'Alençon, du Perche et de Saint-Pol, et de beaucoup d'autres nobles chevaliers, avec un corps considérable de gens d'armes. Ayant échoué dans sa tentative sur Usson, faute de moyens nécessaires pour l'emporter d'assaut, il entra en Poitou et prit les villes de Bressuire, Chauvigny, Montcontour et Montmorillon.

Après ces succès, il retourna au siège d'Usson, amenant avec lui plusieurs grandes machines de guerre, qu'il avait fait venir sur des chariots de Riom et de Clermont, et que, sans perdre de

---

(1) Froissart, liv. I, part. II, pp. 626-628.
(2) Voir la déposition de messire Geoffroi Budes, dans l'*Enquête faite à Angers pour la canonisation de Charles de Blois*. Actes de Bretagne, t. II, col. 26.

temps, il dressa contre la forteresse. Ces préparatifs pour un assaut immédiat effrayèrent tellement la garnison, qu'elle ne tarda pas à se rendre au connétable, qui lui permit de quitter la place avec tout ce qu'elle pourrait emporter avec elle.

Après ces conquêtes, le connétable retourna à Paris, où ses services étaient réclamés pour terminer de longues négociations de paix entre son maître et Charles le Mauvais, roi de Navarre (1).

L'alliance de Charles le Mauvais, à cause de ports qu'il possédait en Normandie, comme comte d'Evreux, était également avantageuse au roi de France et au roi d'Angleterre; aussi la guerre venait-elle à peine d'éclater de nouveau entre les deux royaumes, que le roi de Navarre reçut à la fois des propositions de Charles V et d'Edouard III; mais il laissa les choses pendantes plusieurs mois, ne sachant lequel choisir et déterminé à ne vendre son alliance qu'au plus offrant. Il inclinait par sentiment pour le roi d'Angleterre, parce qu'il haïssait profondément son beau-frère, Charles V; mais ses intérêts le forcèrent de faire la paix avec le roi de France.

Agissant avec sa duplicité ordinaire et son insigne mauvaise foi, le roi de Navarre avait conclu avec Charles V, le 29 mars 1370, un traité, dont il différait l'exécution sous divers prétextes; et le 2 décembre de la même année il en signa un avec Edouard, qui fut annulé par le refus du Prince-Noir d'adhérer à une des clauses, par laquelle le prince était dépossédé de la vicomté de Limoges (2).

Voyant son traité avec Edouard III ainsi rompu, Charles le Mauvais renouvela ses négociations avec Charles V; et, à la fin,

---

(1) Froissart, liv. I, part. II, p. 630. — Morice, *Hist. de Bretagne*, t. I, p. 335.

(2) Secousse, *Hist. de Charles le Mauvais*, part. II, pp. 116-124. — Rymer, t. III, part. II, p. 907.

il fut obligé d'accepter les conditions mêmes qu'il avait d'abord repoussées. Les otages qu'il exigea pour sa garantie lui furent amenés par Bertrand Du Guesclin le 25 mars 1371 ; et, le même jour, le roi de Navarre quitta Evreux, sous la protection du connétable, accompagné de trois cents gens d'armes, et arriva à Vernon, où il fut cordialement reçu par le roi de France.

Le 30 du même mois, le roi de Navarre rendit hommage à Charles V pour les domaines qu'il avait en France, ce qui fit beaucoup de plaisir au peuple de ce royaume, parce qu'on craignait que Charles le Mauvais ne se déclarât pour les Anglais, et qu'on pouvait se souvenir encore des maux qu'il avait attirés sur le pays, par ses conseils et sa conduite, pendant la régence du monarque régnant (1).

Le connétable, avec tant d'ennemis autour de lui, ne pouvait pas jouir d'un long repos ; aussi à peine les négociations de paix eurent-elles été closes à Vernon, qu'il se remit en campagne, et en peu de temps il recouvra une grande quantité de villes et de châteaux appartenant aux Anglais dans le Rouergue, le Poitou, et sur les frontières du Limousin. Ce fut, néanmoins, sur le Poitou que les horreurs de la guerre et la licence effrénée de l'époque pesèrent le plus lourdement. Villes, châteaux et places fortifiées furent pris et repris ; et le duc de Lancastre, qui craignait de déplaire aux grandes compagnies, leur permit de piller amis et ennemis. « Ainsi était là les choses embarras-
« sées, et les seigneurs et les chevaliers l'un contre l'autre ; et
« y foulait le fort le faible, ni on n'y faisait droit, ni lois,
« ni raison à personne ; et étaient les villes et les châteaux en-
« trelacés les uns dedans les autres, les uns Anglais et les au-
« tres Français, qui couraient et rançonnaient, et pillaient l'un
« sur l'autre sans point de départ (2). »

---

(1) Secousse, *Hist. de Charles le Mauvais*, part. II, p. 132.
(2) Froissart, liv. I, part. II, pp. 629, 630.

Après une courte mais heureuse expédition militaire, le connétable retourna à Pontorson, où il ordonna une revue des nouvelles levées le 1ᵉʳ mars 1371 (1).

Pendant ce temps, il se faisait à Angers une enquête suivie pour la canonisation de Charles de Blois, tué à la bataille d'Auray, dans sa querelle avec Jean, comte de Montfort, au sujet du duché de Bretagne. La commission qui avait été accordée par Urbain V à la requête de Charles V, roi de France, de la comtesse de Penthièvre, veuve de Charles de Bois, et de ses deux fils Jean et Guy, ne put se réunir que hors du duché de Bretagne, à cause de l'opposition du duc, et les commissaires se rassemblèrent au couvent des cordeliers, dans la ville d'Angers. Là, plus de deux cents témoins furent entendus par eux sur la vie, les mérites et les miracles de Charles de Blois. Le duc de Bretagne supportait avec impatience une procédure qui mettrait son défunt rival au nombre des saints ; car ce rival ne pouvait être canonisé sans que ses prétentions au duché le fussent également ; sans faire renaître, en outre, cette guerre de vingt ans depuis longtemps enterrée, et lui enlever l'amour de ses sujets. Il s'opposa donc fortement à la procédure et supplia le pape de révoquer la commission accordée à l'évêque de Bayeux et à ses auxiliaires ; mais sa demande fut rejetée et la commission reçut l'ordre de poursuivre l'enquête, malgré l'opposition du duc, quoiqu'on ne donnât aucune suite au rapport, le nouveau pape Grégoire XI, qui pendant ce temps avait succédé à Urbain V, ayant craint de déplaire, non-seulement au duc de Bretagne, mais encore à son allié et beau-père, le roi d'Angleterre (2).

Edouard III, qui voyait ses affaires décliner de tous côtés en France, surtout depuis l'élévation de Bertrand Du Guesclin à

---

(1) *Actes de Bretagne*, t. I, col. 1650.
(2) Morice, *Hist. de Bretagne*, t. I, pp. 336, 337, et *Actes de Bretagne*, t. II, col. 1 et suiv.

la charge de connétable, tâchait de nouer de nouvelles alliances avec les princes du continent. C'est pourquoi il proposa un traité au duc de Bretagne, en date du 4 novembre 1371, par lequel celui-ci s'engageait à secourir le roi d'Angleterre dans ses guerres, notamment contre le roi Charles V ; à faire hommage de la Bretagne à Edouard en qualité de roi de France, et à donner libre entrée aux troupes anglaises dans tous les ports du duché pendant toute la durée de la guerre (1).

Le duc n'eût voulu en rien désobliger le roi d'Angleterre, mais il craignait en même temps de blesser le roi de France ; de sorte que, après mûre délibération, il répondit évasivement aux propositions d'Edouard III, disant qu'il voulait faire alliance étroite avec lui, et qu'il ne conclurait aucun traité avec son ennemi, sans l'y comprendre.

Ces négociations n'étaient pas ignorées du roi de France, qui était tenu exactement au courant des affaires de Bretagne par le sire de Clisson, devenu maintenant l'ennemi mortel du duc. Clisson avait été élevé parmi les Anglais, et s'était acquis une très-haute réputation militaire à leur service. Il s'était tout particulièrement distingué à la bataille d'Auray ; et Jean de Montfort lui fut en grande partie redevable de la victoire, qui lui assura la possession du duché de Bretagne. Clisson se brouilla avec le duc pour le refus que celui-ci lui avait fait de lui accorder la seigneurie de Craon, qu'il avait déjà donnée à sir John Chandos. Clisson désirait beaucoup la possession de ce domaine, parce qu'il était situé près de son château de Blein ; n'ayant pu l'obtenir par ses prières, il jura qu'il se donnerait au diable plutôt que d'avoir un Anglais pour voisin, et il mit en conséquence le feu à la maison. Non content de cela, il emporta la pierre des constructions à Blein, et il s'en servit pour fortifier son château. Cet acte fit qu'il embrassa la cause de la comtesse

(1) Rymer, t. III, part. II, p. 927.

de Penthièvre contre le duc de Bretagne; et bientôt après il entra au service du roi de France, qui le traita avec une distinction marquée, l'admit dans ses conseils, lui rendit le domaine appartenant à son père, auquel il avait été confisqué après sa décapitation, et le créa lieutenant-général de la Touraine, du Maine et de l'Anjou. Ces charges lui permirent d'entretenir une correspondance en Bretagne et dans les provinces voisines, de sorte qu'il put informer Charles V des négociations secrètes du duc de Bretagne et d'Edouard III (1).

Bientôt après ces traités entre le roi d'Angleterre et le duc de Bretagne, eut lieu le double mariage du duc de Lancastre et du comte de Cambridge avec Constance et Isabelle, filles de Pierre le Cruel et de Marie de Padilla. Ces pauvres filles, qui avaient été laissées en otages par leur père depuis l'année 1366, comme garantie de ses promesses extravagantes, mais non tenues, au Prince-Noir, étaient toujours à Bayonne; et messire Guiscard d'Angle et quelques barons gascons proposèrent au duc de Lancastre, devenu veuf, d'épouser la fille aînée de Pierre, qui lui donnerait un droit légitime au trône de Castille. Le duc consentit facilement à cette démarche, par la perspective qu'elle lui donnait de la couronne; et il envoya immédiatement chercher les dames, qui se rendirent à ses ordres. Il alla lui-même au-devant d'elles en grande cérémonie; et il épousa Constance, l'aînée, dans le village de Rochefort, non loin de Bordeaux. La sœur

---

(1) *Actes de Bretagne*, t, III, col. 837; Morice, *Hist. de Bretagne*, t. I, p. 338. — M. Secousse donne un motif très-différent de l'animosité du duc de Bretagne contre Clisson, motif déduit des dépositions de De Rue, valet de chambre de Charles le Mauvais, qui affirmait avoir ouï dire « que la commune renommée était que le roi de Navarre étant à Nantes, dit au duc *qu'il aimerait mieux mourir que de souffrir telle vilenie, comme le sire de Clisson lui faisait; car il aimait sa femme* (Jeanne Holland, fille de Thomas Holland, comte de Kent), *et la lui avait vu baiser par derrière une courtine.* » *Histoire de Charles le Mauvais*, part. II, pp. 148, 149.

cadette fut, bientôt après, mariée au comte de Cambridge. Mais ces alliances matrimoniales de ses deux fils ne produisirent aucun résultat avantageux pour Edouard III, car elles ne servirent qu'à unir plus étroitement les rois de France et de Castille, ce qui attira bientôt de nouveaux désastres sur les armées anglaises (1).

Tandis que ces événements se passaient autour de lui et qu'il poursuivait le cours de ses conquêtes, Bertrand Du Guesclin fut obligé de s'éloigner pour se livrer à sa douleur particulière, au milieu des réjouissances générales de ses compatriotes. Tiphaine Ravenel, qu'il avait d'abord connue comme « la belle fille de Dinan, » et qu'il avait courtisée et obtenue alors qu'il n'était encore qu'un humble aventurier ; elle qui avait participé si longtemps à toutes ses joies et à toutes ses peines ; qui avait souffert de ses malheurs et joui de ses triomphes ; qui l'avait vu s'élever pas à pas d'une humble condition à la plus haute position du royaume après le roi, n'était plus maintenant. Elle nous est dépeinte par toutes les autorités qui parlent d'elle comme une femme d'une beauté et d'une distinction rares, de bon sens et de hautes vertus, et bien digne d'être la femme du plus grand sujet du royaume. Elle mourut en l'année 1371, et fut enterrée dans l'église de l'ancien monastère du Mont-Saint-Michel, près Pontorson (2).

---

(1) Froissart, liv. I, part. II, pp. 633, 634.
(2) Morice, *Hist. de Bretagne*, t. I, p. 374.

CHAPITRE XIV.

Combat naval de La Rochelle. — Les Anglais échouent sur terre et sur mer. — Le roi de France ordonne de nouvelles levées de troupes. — Le connétable entre en Poitou et prend le château-fort de Montcontour. — Sainte-Sévère est emportée d'assaut.

Durant l'hiver de l'année 1371, Édouard III projeta de faire de grands préparatifs pour envahir la France par la Picardie et la Guyenne en même temps; mais il s'aperçut qu'une guerre offensive n'était plus possible et qu'il aurait besoin de toutes ses forces pour conserver ses premières conquêtes. En conséquence, il prépara une expédition pendant la première partie de l'année 1372, dans le but de défendre ses possessions en Aquitaine. Elle était sous les ordres du comte de Pembroke, qui s'embarqua à Southampton et fit voile pour le port de la Rochelle. Les Anglais y furent joints par une forte flotte espagnole, envoyée par le roi de Castille, à la demande du roi de France, sous le commandement de l'amiral Bocanegra, qui était parfaitement informé de l'approche du comte de Pembroke. Les Espagnols furent promptement en mesure de recevoir les Anglais, et, prenant avantage du vent, ils commencèrent l'attaque. Les Anglais ne refusèrent pas la bataille, quoique les Espagnols fussent supérieurs en vaisseaux et en hommes, et la lutte dura jusqu'à ce que la nuit vînt terminer le combat, dans lequel les Anglais perdirent deux vaisseaux transports.

L'engagement eut lieu en vue de la Rochelle, et le sénéchal John Harpedan fit de grands efforts pour engager les Rochellois à secourir le comte de Pembroke. Mais les sympathies des bourgeois étaient toutes pour les Français, et ils s'excusèrent en disant qu'ils étaient soldats et non marins, et qu'ils ne pouvaient combattre ni sur mer ni contre les Espagnols. Les deux flottes demeurèrent à l'ancre pendant toute la nuit. Quand le sénéchal vit qu'il ne pouvait pas obtenir d'autre réponse des bourgeois, il quitta le port avec quatre barques, accompagné du sire de Tournai-Bouton et de deux autres chevaliers avec quelques gens d'armes; vers le point du jour, ils arrivèrent jusqu'à la flotte anglaise sans fâcheuse rencontre. Le combat recommença dès le matin de bonne heure et dura jusqu'à midi; mais à la fin les Castillans demeurèrent vainqueurs; les Anglais furent tous tués ou faits prisonniers et perdirent le vaisseau dans lequel était le trésor qu'Édouard III destinait au paiement de trois mille hommes pendant la campagne qui allait s'ouvrir (1).

Vers l'époque du combat naval de la Rochelle, Evan de Galles, qui prétendait descendre des anciens princes de ce pays, partit du port d'Harfleur avec une certaine quantité de vaisseaux et un corps de trois mille combattants que lui avait confié le roi de France, et fit une descente dans l'île de Guernesey. Pour débarquer, il éprouva une forte opposition de la part du gouverneur Edmond Ros (2), qui réunit à la hâte un corps de huit cents hommes et lui livra bataille. Après une

---

(1) Froissart, liv. 1, part. II, pp. 635-639; Ayala, *Cronica del rey don Enrique segundo*, pp. 31, 32. Le chroniqueur espagnol diffère de Froissart quant au nombre de navires engagés et au vaisseau contenant le trésor perdu.

(2) C'est le nom donné par Barnes. *Hist. of Edward III*, p. 833. Froissart l'appelle Aymon Rose.

lutte opiniâtre, les Anglais furent défaits et laissèrent environ quatre cents des leurs sur le champ de bataille. Ros se réfugia dans le château de Cornet, qui était puissamment fortifié et bien approvisionné pour un siége. Evan de Galles l'y suivit aussitôt. Les Français essayèrent d'abord d'emporter le château d'assaut; mais il était si bien fortifié qu'ils ne purent y parvenir; c'est pourquoi ils investirent la place de tous côtés, déterminés à la prendre par le moyen plus lent d'un siége. Tandis qu'il était ainsi occupé, Evan reçut un message du roi de France qui avait appris la victoire navale de la Rochelle, lui ordonnant de lever le siége du château de Cornet, de renvoyer ses troupes à Harfleur et d'aller lui-même à la cour d'Henri de Castille pour le prier de faire partir une flotte et des hommes afin de bloquer la Rochelle par mer (1).

Les échecs qu'avaient éprouvés ses armées, tant sur terre que sur mer, humiliaient autant l'orgueil d'Édouard III qu'ils étaient agréables à Charles V. Ce dernier, encouragé par les heureux résultats de la dernière campagne, résolut de poursuivre avec la plus grande vigueur la guerre contre les Anglais. Il avait célébré avec la plus grande solennité les dernières fêtes de Noël à Paris et avait invité tous les principaux officiers de son armée à y assister. A cette occasion le connétable Bertrand Du Guesclin servit le roi à table, nu-tête et son bâton à la main; il était assisté des deux maréchaux et du chef des arbalétriers. Le lendemain des réjouissances, le roi donna des troupes aux différents chefs de son armée, qui eurent ordre de se tenir prêts à entrer en campagne pour la fin du mois de mars. Le connétable prit sous ses ordres immédiats quinze cents gens d'armes, parmi lesquels étaient un des deux maréchaux et le chef des arbalétriers, avec six cents hommes. Le duc de Bourbon reçut huit cents gens d'armes et deux cents

---

(1) Froissart, liv. I, part. II, p. 640.

arbalétriers, et messire Louis de Sancerre cinq cents gens d'armes. Le sire de Sempy fut chargé de garder les frontières autour de Calais avec cinq cents hommes.

Ces troupes, à l'exception du sire de Sempy, étaient destinées à servir en Guyenne, et le roi Charles V ordonna aux chefs d'entrer en Poitou et de mettre le siége devant l'importante ville de Poitiers ; mais le duc de Bourbon répondit qu'il vaudrait mieux attaquer d'abord Sainte-Sévère, qui était située sur la route de Poitiers. Cette opinion du duc fut appuyée par le connétable, qui dit : « Monseigneur de Bourbon a raison, car jamais bon capitaine n'a laissé quelque chose à conquérir derrière lui ; et en allant à Poitiers nous verrons ce que les habitants de Sainte-Sévère veulent faire. » Au jour fixé, le connétable rassembla ses troupes près de la frontière du Berry, au nombre de trois mille gens d'armes et de huit cents archers génois (1).

Le connétable partit de Blois avec une suite magnifique de nobles français et de beaucoup de chevaliers distingués, parmi lesquels étaient, outre le duc de Bourbon et messire Louis de Sancerre avec leurs troupes respectives, le duc de Berry, le comte d'Alençon, le dauphin d'Auvergne, le vicomte de Rohan, les sires de Clisson, de Laval et de Beaumanoir, ainsi que beaucoup d'autres grands barons de France. Il entra en Poitou et reprit, sans éprouver beaucoup de résistance, Montmorillon et Chauvigny, qu'il avait pris l'année précédente, mais que les Anglais avaient reconquis ensuite. La ville et le château de Lussac se rendirent à la première sommation (2).

Tandis qu'il était occupé à prendre ces places, le connétable envoya le sire de Clisson avec sept cents lances re-

(1) *Vie de Louis de Bourbon*, par Jean Cabaret d'Orronville, ch. xi, xii, pp. 111, 112, édition de Buchon. — Froissart, liv. I, part. ii, p. 642.
(2) Cuvelier, v. 19,661. — Froissart, liv. I, part. ii, p. 642.

connaître les défenses de Montcontour, un des châteaux qui avaient été pris par les Français et repris par les Anglais l'année précédente, et qui était alors sous le commandement de John Creswel et de David Holgrave. Après six jours d'assauts infructueux contre le château, Clisson fit savoir au connétable son insuccès et le pria de venir lui-même, une grossière insulte lui ayant été faite par un officier anglais, qui avait pendu, près de la porte du château, un mannequin la tête en bas, couvert de ses armes, et l'avait proclamé faux et parjure. Cet outrage avait été fait à Du Guesclin parce qu'il avait manqué de remplir un engagement, contracté envers l'Anglais après la bataille de Navarrete, de lui faire payer une somme à un jour déterminé (1).

Le connétable était un chevalier trop fier pour souffrir qu'une pareille insulte restât longtemps impunie. Il partit donc immédiatement pour Montcontour avec toute son armée, en menaçant d'infliger le plus sévère châtiment à l'Anglais pour un outrage si grossier et si peu mérité. Il reconnut que la dette qu'il avait contractée pour la rançon d'un de ses soldats était encore due, et qu'il s'était engagé en personne, avec ses terres et ses biens, par un acte muni de son sceau, à payer ladite somme ; mais il prétendit avec raison que, si le jour était passé sans que la somme eût été payée, il restait à son créancier un recours contre ses biens et que par conséquent l'insulte qu'on lui avait faite était tout à fait gratuite. « Jamais, jura-t-il, je ne mangerai de pain, dormirai dans un lit et me déshabillerai avant d'avoir pris le château de Montcontour et pendu l'Anglais qui m'a si lâchement traité, à la place même où il a suspendu le mannequin recouvert de mes armes ! »

---

(1) D'Orronville dit que l'Anglais était capitaine, et il l'appelle Jannequin Lovet. *Vie de Louis de Bourbon*, chap. xxx, p. 181. — Cuvelier, vv. 19,666-19,688.

Le connétable ne perdit pas un seul instant; après avoir reçu le message de Clisson, il fit sonner la trompette pour un départ immédiat. Dans son impatience d'arriver à Montcontour, il accordait peu d'attention aux obstacles qui pouvaient entraver sa marche, et, chemin faisant, il ne répondit pas aux murmures de ses soldats, qui se plaignaient de marcher ainsi toute la nuit sans qu'il leur fût permis de s'arrêter pour manger ou boire un verre de vin, et qui disaient qu'aucun Français n'aurait de repos tant que Bertrand vivrait (1).

Quand le connétable fut arrivé à Montcontour, il dit au sire de Clisson d'un ton moitié mécontent, moitié railleur :

« Olivier de Clisson, que n'avez assailli et pris ce chastel? Comment avez souffert tel vitupérement, qu'Anglais ont mon blason pendu? Celui qui le pendit, volontiers me pendrait s'il me tenait présent; mais tant vous dis-je, ni cèlerai rien, vous qui avez avec vous tant de bonne gent, dussiez avoir pris Montcontour et pendu ses Anglais, ou montré vengement de la grant déshonneur qu'ils m'ont fait.

— Ah! sire, répondit Clisson, ne vous troublez néant. L'honneur devez avoir d'assaillir cette gent, qui, sitôt qu'ils vous sauront avec nous, seront à moitié déconfits. »

Aussitôt que ses troupes eurent atteint Montcontour, le connétable commença ses préparatifs pour l'emporter d'assaut. Comme le château était entouré de fossés larges et profonds, il ordonna aux paysans du voisinage de couper et d'apporter une grande quantité de bois et d'arbres, dont il remplit les fossés, et qu'il couvrit ensuite de paille et de terre. Ce travail fut terminé en quatre jours, de sorte que les assiégeants purent approcher des murs sans difficulté. Le cinquième jour, le connétable fit donner par les trompettes le signal de l'assaut; et ses soldats,

---

(1) Cuvelier, vv. 19,691-19,720; et *Ms. de l'Arsenal*, t. II, pp. 218, 219.

bien armés de piques, pourvus d'échelles, couverts de leurs boucliers et protégés par les archers et les arbalétriers, s'avancèrent contre les murailles, sous le commandement du connétable en personne, et commencèrent une vigoureuse attaque. La garnison, sous les ordres de ses chefs, John Creswel et David Holegrave, fit une résistance opiniâtre, se défendant avec des dards et des flèches, jetant du haut des murs sur les assaillants de l'eau bouillante, de la chaux vive, de la poix fondue, des tonneaux remplis de pierres et de grosses pièces de bois. L'assaut dura tout le jour; mais, vers le soir, la garnison commença à faiblir. Le sixième jour, les assiégeants recommencèrent l'attaque avec une nouvelle ardeur, et, avec des pioches et des haches d'armes, ils pratiquèrent en plusieurs endroits des brèches dans les murs. Les commandants de la garnison, voyant qu'ils ne pouvaient tenir plus longtemps, proposèrent de capituler. Le connétable accorda la vie sauve à toute la garnison, à la condition qu'on lui livrerait Jeannequin Lovet, qui l'avait si grossièrement insulté ; mais il ne permit à personne d'emporter d'autre or et d'autre argent que ce qu'ils avaient à eux. Lovet fut livré au sire de Clisson, qui le pendit de ses propres mains sur le lieu même où l'Anglais avait suspendu les armes du connétable (1).

La nouvelle de la reprise du château de Montcontour par les Français parvint bientôt à messire Jean d'Evreux, alors gouverneur de La Rochelle, qui fut également informé que le connétable avait reconnu les défenses de Poitiers, et que les bourgeois appréhendaient un siége immédiat en l'absence de sir Thomas Percy, sénéchal du Poitou. C'est pourquoi messire Jean d'Evreux, remettant le commandement à un écuyer du nom de

---

(1) Froissart, liv. I, part. II, pp. 642, 643. — Cuvelier, vv. 19,725-19,775. — *Chronique de Bertrand Du Guesclin,* chap. CXLIV.

Philippe Hansel, quitta la Rochelle avec cinquante lances et se jeta dans la ville de Poitiers.

Sir Thomas Percy, de son côté, apprit le danger qui menaçait la capitale de sa province dans une expédition qu'il avait entreprise avec le captal de Buch, lequel était chargé alors de la principauté d'Aquitaine pendant l'absence du duc de Lancastre, qui était passé en Angleterre au commencement du printemps de l'année 1372 avec sa fiancée espagnole. Quoique instamment sollicité par le sénéchal de marcher au secours de Poitiers, le captal ne voulut pas abandonner l'entreprise dans laquelle il s'était engagé ; mais il permit à sir Thomas Percy d'y aller lui-même, accompagné de cinquante lances.

En apprenant que la garnison de Poitiers avait été renforcée par l'arrivée des troupes de messire Jean d'Evreux et du sénéchal de Poitou, le connétable abandonna son projet d'assiéger alors cette ville, et, laissant une forte garnison dans le château de Montcontour, il se dirigea avec son armée vers la province de Berry, et, sur la route de Sainte-Sévère, il prit aux Anglais une quantité de villes, de châteaux et d'églises fortifiés. Il trouva les ducs de Berry et de Bourbon occupés au siége de Sainte-Sévère, ville très-forte, appartenant à messire Jean d'Evreux, et située sur l'Indre, près la frontière méridionale du Berry (1).

Après avoir réuni ses troupes à celles des ducs de Berry et de Bourbon, le connétable se trouva à la tête de quatre mille gens d'armes, et la première chose qu'il fit, en arrivant à Sainte-Sévère, fut d'examiner avec soin les défenses de la ville, en compagnie du sire de Clisson et du belliqueux abbé de Malepaye. L'œil expérimenté du connétable découvrit bientôt que la ville et le château étaient puissamment fortifiés de murs hauts et épais, avec des tours, le tout entouré d'un fossé profond, et si

---

(1) « Saincte Sevère sied deçà Poictiers dix-huict lieues, » dit d'Orronville, *Vie de Louis de Bourbon*, chap. XII.

bien défendu par un corps considérable de gens d'armes adroits que commandaient d'habiles chefs, qu'il dit à ceux qui l'accompagnaient : « Il en coûtera cher à quiconque essaiera de l'emporter d'assaut (1). »

Avant que le connétable eût terminé ses préparatifs pour l'attaque, survint un incident qui la précipita plus tôt qu'on ne l'espérait ou même qu'on ne le désirait de part et d'autre. Tandis qu'il était à table avec les autres chefs de son armée, un homme d'armes, nommé Geoffroy Payen, accompagné de plusieurs autres, examinait la force des murs et les fortifications. Près du talus extérieur du fossé où il était en ce moment, la terre céda soudain sous la hache d'armes sur laquelle il était appuyé, et la hache roula dans le fossé. Geoffroy ne voulut point perdre son arme favorite, dont il s'était servi dans tant de combats, et il jura qu'il sacrifierait plutôt sa vie que de revenir sans cette hache. En conséquence, il s'adressa aux sentinelles qui étaient sur les murs et les pria de ne pas lancer sur lui leurs flèches ou leurs dards pendant qu'il essayerait de reprendre son arme; car, disait-il, il n'était pas venu avec ses compagnons pour commencer l'assaut, mais seulement pour respirer le frais. Les sentinelles ne voulurent écouter aucune prière, et lui ordonnèrent formellement de se retirer, en lui disant qu'il n'aurait plus sa hache.

« Par Dieu le droiturier! s'écria-t-il, sans ma hache ne puis ne boire ne mangier; ne je ne puis ne dormir ne veiller. Avoir la me convient, quoiqu'il doive coûter.

— Votre hache aimez mieux, lui répond un Anglais, que femme son mari ne homme sa moillier (femme). »

Geoffroy Payen n'avait pas fait inconsidérément son vœu, et il s'assura immédiatement du concours de quelques-uns de ses camarades pour pouvoir reprendre sa hache. Au nombre de dix,

(1) Cuvelier, v. 19,820. — Froissart, liv. I, part. II, p. 644.

ils formèrent la chaîne, se tenant chacun par la main, afin d'arriver jusqu'à l'arme; mais le premier qui avait tout le poids de la charge, n'y tenant plus, lâcha prise et tous les autres tombèrent pêle-mêle dans le fossé.

L'aventure eut pour témoins les sentinelles des murs, qui se mirent immédiatement à lancer leurs flèches sur Payen et sur ses compagnons; mais ces derniers avaient des armures à l'épreuve et les traits n'eurent d'autre effet que d'irriter les gens d'armes, qui résolurent de ne pas revenir sans laisser aux Anglais quelques marques de leur valeur. Comptant sur le secours qu'ils devaient recevoir de leurs amis du camp, Payen et ses compagnons escaladèrent l'escarpe jusqu'au pied du mur et commencèrent l'attaque avec les armes qu'ils avaient avec eux. Comme ils l'avaient prévu, leur périlleuse situation fut bientôt découverte par leurs camarades, qui arrivèrent précipitamment à leur secours au nombre de quatre cents hommes avec les armes qu'ils avaient pu se procurer à la hâte.

Le connétable était encore à table quand il reçut la nouvelle que ses soldats avaient commencé l'attaque contre la ville. Tout surpris à cette annonce, il fit un bond, renversa la table avec ce qui se trouvait dessus, et, ordonnant aux chefs de se préparer à l'assaut, il assigna à chacun, à mesure qu'il arrivait, la position qu'il devait obtenir; à l'un l'attaque d'une des tours, à l'autre celle d'une portion déterminée des murs. L'ordre fut exactement suivi par les chefs et parfaitement compris des hommes qui emportèrent avec eux, outre leurs armes, des échelles avec des pics et des pioches pour percer les murs. Il ordonna en même temps aux archers et aux arbalétriers d'avancer, afin de protéger les gens d'armes occupés à leur ouvrage.

Quoique l'assaut fût inattendu, la garnison était bien préparée à le repousser, et elle fit face aux assaillants avec un courage et une adresse égales sur tous les points d'attaque. Parfaitement pourvus des moyens de repousser un assaut, non-seulement les assiégés lancèrent continuellement des flèches et des dards, mais ils jetèrent sur les assiégeants des tonneaux remplis de cailloux et d'énormes madriers.

Le connétable se comporta en bon général, mettant en œuvre toutes les ressources à sa disposition partout où il en espérait le meilleur effet, et employant les chefs et les hommes là où ils pouvaient être le plus utiles. Quand il vit le duc de Bourbon travailler avec les mineurs au pied du mur, il lui cria de venir et lui dit :

« Ah! sire, folie vous tient là : un chétif vous pourra occire aussitôt comme le plus gentil qui soit en ce fait. De tellement miner n'appartient à vous; mais quand en un estour (combat) vous trouverez, lors allez si avant comme il vous suffira ; car à prince et à duc petit honneur y a, quand varlet ou garçon le mettra à mort. Levez une échelle, et on vous aidera; puis montez amont à ces créneaux : là pourrez-vous trouver qui assaut vous donnera. Maudit soit-il de Dieu, qui de traire et jeter tout premier s'avisa! car oncques hardi homme si ne le pourpensa. »

Le duc suivit le conseil du connétable et, avec l'aide de ses soldats, il dressa une échelle contre le mur, quand l'impétueux abbé de Malepaye (1) le prévint dans sa tentative et monta avant lui; mais ce prêtre belliqueux n'eut pas plutôt atteint le haut du mur et commencé à faire usage de ses armes, qu'une poutre, lancée d'en haut, brisa l'échelle par le milieu et l'abbé fut précipité du mur dans le fossé. Il ne fut pas grièvement blessé, mais seulement étourdi par sa chute et bientôt après il retourna à l'assaut.

---

(1) Il est appelé « Alain de Taillecol, écuyer, autrement dit abbé de Malepaye, » dans les *Preuves de Du Guesclin*, par Du Chastelet, pp. 340, 341.

Quand le combat eut duré quelque temps, le connétable, par l'intermédiaire des chefs, somma la garnison d'avoir à se rendre, lui offrant un pardon plein et entier pour tous ses méfaits ; mais il ajouta que, si les défenseurs étaient pris par la force des armes, rien ne pourrait les sauver de la corde. Sur le refus que fit la garnison d'adhérer à ces propositions, il renouvela l'attaque avec plus d'impétuosité que jamais et il ordonna à quiconque pourrait lancer une pierre ou aider à dresser une échelle de se porter aux murs.

Le connétable, à qui rien n'échappait, entendit un brave homme d'armes dire à un de ses compagnons qui distribuait de l'eau aux soldats pendant la chaleur du combat : « Dans une entreprise comme celle-ci, il faudrait boire le meilleur vin qu'on pût trouver, car le bon vin donne du courage ! » En entendant ces paroles, le connétable s'écria : « En avant, mes bons amis ! Si vous ferai tous riches ; avant le coucher du soleil, vous boirez les meilleurs vins ! » Il ordonna ensuite à son sommelier de faire apporter une quantité de tonneaux de vin afin de rafraîchir les soldats. Cet ordre fut promptement exécuté et, après avoir bu, les Français retournèrent à l'assaut « plus braves que des lions ou des sangliers. »

Les assaillants étaient enfin parvenus à faire une trouée dans la muraille avec leurs pics et leurs pioches, lorsque les assiégés, qui ne pouvaient plus montrer la tête par-dessus le parapet à cause de la précision avec laquelle les archers et les arbalétriers français dirigeaient leurs flèches, se garantirent à l'aide de tapis, de coussins et de couvertures pour pouvoir jeter de grosses pierres et d'autres projectiles sur les assiégeants. Le connétable ordonna aux archers de s'approcher des murs pour lancer leurs flèches avec moins de danger, et les assiégés durent céder de nouveau. Les mineurs, mieux préservés, travaillaient au pied des murs et firent des brèches en plusieurs endroits ; mais la garnison s'opposa à l'irruption des assiégeants en brûlant, dans les brèches mêmes, des bottes de foin légèrement mouillé, qui produisirent une fumée tellement épaisse que les Français se virent forcés de reculer.

L'abbé de Malepaye, cependant, se fraya un passage à travers la fumée par une des brèches, et se servit de sa lance avec tant d'habileté, qu'il parvint à repousser les Anglais qui se trouvaient devant lui. Dans la lutte, il reçut un coup de hache d'armes qui l'étourdit et lui abattit son bassinet sur la tête. Le voyant renversé à terre, les Anglais le prirent par les jambes et essayèrent de le tirer à eux; mais ses camarades, venant à son secours, le saisirent à leur tour par la tête ; une mêlée s'engagea, pendant laquelle l'abbé courut le risque d'être démembré avant d'être sauvé par ses amis. L'abbé se remit bientôt et, après avoir bu un verre de vin, il retourna à l'assaut, qui était poussé d'un côté avec beaucoup d'ardeur et d'impétuosité et soutenu, de l'autre, avec un courage énergique et la plus grande fermeté. A la fin, les Français firent une grande brèche dans le mur ; mais la garnison réunit sur ce point une force si considérable que les assiégeants furent tenus en échec. En d'autres endroits, les Français escaladèrent les murs au moyen d'échelles; il fallut alors engager sur les remparts une lutte corps à corps avec les Anglais, qui résistèrent vigoureusement, de sorte qu'il y eut de part et d'autre beaucoup de morts sans que rien fût décidé.

La garnison s'étant enfin aperçue qu'elle ne pouvait tenir plus longtemps contre des assaillants aussi déterminés, le gouverneur (1) obtint du connétable une suspension d'armes afin de lui soumettre une proposition de capitulation ; mais comme il

---

(1) Cuvelier et l'auteur anonyme de la *Chronique de Du Guesclin*, chap. CXLVI, l'appellent Richard Gilles. Froissart dit que messire Guillaume Percy, Richard Gille et Richard Holme étaient les capitaines. Liv. I, part. II, p. 644.

demandait que non-seulement les Anglais et leurs alliés eussent la liberté de quitter la ville avec tous leurs biens, mais encore trente mille francs pour la livraison de la ville et du château, le connétable, sans hésiter, rejeta cette proposition, déclarant qu'il ne donnerait pas un liard pour la reddition de la place ; que les Anglais seraient mis à rançon et que les Français qui avaient secoué l'obéissance du duc de Berry seraient pendus sans miséricorde.

« Rendez-vous, si cela vous plaît, continua le connétable d'un ton indifférent ; mais plus vous nous résisterez, moins vous trouverez d'amis parmi nous, car vous serez récompensés selon votre mérite. »

Le gouverneur, de son côté, rejeta aussi résolûment les dures conditions que lui offrait le connétable et jura qu'il ne rendrait pas la ville tant qu'il y resterait un rocher ou une pierre, quoique, sous ce rapport, il eût presque épuisé ses ressources, car les pavés avaient été enlevés, et, en beaucoup d'endroits, on avait démoli les murs pour avoir des pierres à jeter sur les assiégeants.

Après une courte suspension d'armes, l'assaut fut repris, et l'infatigable abbé de Malepaye fit une brèche dans le mur assez grande « pour y faire passer la tête d'une baleine. » Par cette brèche, il pénétra dans la ville, et ayant aperçu, non loin de l'ouverture, une grange remplie de foin, il y mit le feu. Les flammes s'étendirent rapidement ; les assiégés, pour éteindre l'incendie, durent quitter en partie les murs, ce qui affaiblit leurs forces, et les assaillants, entrant par escalade et profitant des brèches déjà faites, pénétrèrent dans la ville, dont ils s'emparèrent (1).

La conquête de Sainte-Sévère fut un grand triomphe pour

---

(1) Cuvelier, vv. 19,776-20,372. — *Chronique* (anonyme) *de Bertrand Du Guesclin*, chap. CXLV, CXLVI.

les armes françaises, parce que la place fut emportée sans le secours d'aucune machine de guerre, grâce à la force des armes et au courage impétueux des assaillants, sans qu'on eût pris seulement la précaution habituelle de combler les fossés avec des fascines et de la terre. D'Orronville, en rendant pleine justice au duc de Bourbon, pour la part qu'il avait prise à l'attaque, dit : « Un des plus beaux assauts qu'on ait vus de longtemps dans ce royaume ou ailleurs fut la conquête de Sainte-Sévère, la ville la mieux attaquée et la mieux défendue (1). » Froissart, sans entrer dans de grands détails, le décrit comme un assaut où de merveilleux faits d'armes furent accomplis par les assiégeants : « Car les plusieurs passaient tout parmi les fossés qui étaient pleins d'eau, et s'en venaient, les targes sur leurs têtes, jusqu'aux murs ; et en cette appertise, pour chose que ceux d'amont jetaient, point ne reculaient, mais allaient toujours avant. Et là étaient sur les fossés le duc de Berry, le duc de Bourbon, le comte d'Alençon, le dauphin d'Auvergne et les grands seigneurs qui ammonestaient leurs gens de bien faire. Et pour la cause des seigneurs qui les regardaient, s'avançaient les compagnons plus volontiers, et ne redoutaient mort ni péril (2). »

La première chose que firent les vainqueurs, après la reddition de la ville, fut d'éteindre le feu ; et ils se mirent ensuite à ramasser un immense butin, fruit de plusieurs années de pillage par les grandes compagnies, consistant en blé et bon vin, en lard et fleur de farine, bijoux, monnaie d'or et d'argent, casques, cottes de mailles et épées : « et de draps y avait mainte pile empilée, et de lange et de linge (3). »

(1) *Vie de Louis de Bourbon*, chap. XII.
(2) Froissart, liv. I, part. II, p. 645.
(3) Cuvelier, v. 20,399. — Jean Marot, parlant du teinturier Paul de Nove, que le peuple de Gênes avait fait doge, dit : « *Bon taincturier*

Outre le butin ainsi conquis, les chefs retirèrent des sommes considérables des prisonniers anglais, qui furent tous mis à rançon; mais leurs alliés français furent saisis et accouplés, par l'ordre du connétable, pour attendre le châtiment que leurs divers actes de pillage et de déloyauté comme membres des grandes compagnies leur avaient si bien mérité. Quand ces dispositions furent prises, le duc de Berry réunit tous les chefs de l'armée pour les remercier, au nom de son frère le roi de France, de leur bravoure à la prise de l'importante ville de Sante-Sévère. On apporta du vin ; le duc en offrit d'abord au connétable qui refusa d'y goûter. Le duc, quoique un peu contrarié, lui dit amicalement :

« Bertrand, que ne prenez-vous vin ? Doutez-vous que votre chair ne soit ci empoisonnée ?

— Je suis prêt à obéir à vos commandements, répondit le connétable, en s'inclinant profondément devant le duc ; mais j'ai fait un vœu que je ne voudrais pas violer. Le voici : Monseigneur, vous savez que les gens, qui, entre tous les autres, ont fait le plus de mal à la France, sont ceux qui, appartenant à ce royaume, se sont joints aux ennemis du roi et aux vôtres. Vous savez très-bien, Monseigneur, que beaucoup de Français ont été pris dans cette ville, qui ont aidé à prolonger ce siége, et de la main desquels maint vaillant homme a perdu la vie. Pour ce motif, j'ai fait vœu et promis de ne manger ni boire tant qu'il y en aura un seul de vivant. »

Le duc de Berry, heureux de voir que le connétable n'avait point d'autre motif de mécontentement, ajouta :

« Ami Bertrand, tout sujet loyal a bien raison de soutenir son seigneur, et il n'y a pas un honnête homme sincère qui voulût vous détourner de votre dessein. Or, je désire que vous sachiez

---

tant en lange qu'en linge, » c'est-à-dire *en laine comme en lin.* Le Duchat, dans le *Dict. étymol.* de Ménage, au mot *Langes.*

que le serment que vous avez fait, je le fais moi-même, et je voue à Dieu que je ne mangerai ni ne boirai tant qu'il restera en vie un seul des Français qui ont été pris avec les Anglais à Sainte-Sévère. »

Le connétable remercia le duc d'appuyer si chaudement son dessein, et il ordonna que tous les prisonniers français fussent amenés et pendus par les valets de l'armée aux arbres situés le plus près de la ville. Après avoir réglé le montant de leur rançon, les prisonniers anglais de quelque importance furent relâchés, et le connétable permit à une quantité de petits chefs de maison de s'en aller sans rien payer. Le duc de Berry prit ensuite possession de la ville, qu'il pourvut d'une suffisante garnison de gens d'armes (1).

(1) *Chronique* (anonyme) *de Du Guesclin*, chap. CXLVII. — Cuvelier, vv. 20,405-20,450.

CHAPITRE XV.

La ville de Poitiers se rend volontairement aux Français. — Prise et captivité du captal de Buch. — Conquêtes importantes des Français dans le Poitou, la Saintonge et l'Angoumois. — Capitulation de la Rochelle.

Il fut heureux, pour le succès des armes françaises à Sainte-Sévère, que la chute accidentelle de la hache d'armes de Geoffroy précipitât l'assaut, car messire Jean d'Evreux avait été informé du dessein du connétable d'aller aider le duc de Berry au siége de cette ville, et le chevalier anglais n'avait pas tardé à obtenir le concours actif de sir Thomas Percy et du captal de Buch, qui lui procurèrent un corps de troupes pour faire lever le siége. Le captal, qui était alors à Saint-Jean-d'Angély, avait tiré des provinces de Saintonge et de Poitou une force de neuf cents lances et de cinq cents archers, et s'était porté au secours de Sainte-Sévère ; mais il était trop tard, car ils rencontrèrent en route les restes dispersés, blessés, demi-nus et désarmés de la garnison de cette ville. Ce spectacle inattendu irrita si fort le chef anglais, que le captal, messire Thomas Percy et messire Jean d'Evreux jurèrent qu'ils n'entreraient dans aucune forteresse du Poitou avant d'avoir livré bataille aux Français (1).

Pendant l'absence de sir Thomas Percy et de messire Jean

---

(1) Froissart, liv. I, part. II, pp. 644, 645. — Cuvelier, v. 20,473.

d'Evreux, de grands dissentiments s'étaient manifestés dans Poitiers entre la grande corporation des bourgeois, qui désiraient revenir sous l'obéissance de leur ancien maître, le roi de France, et le maire, Jean Regnault, qui, avec les officiers du prince et quelques-uns des plus influents de la ville, préféraient le gouvernement anglais. La discorde s'alluma à un tel point que les partis furent prêts à en venir aux mains. Comme les bourgeois, qui penchaient pour la France, prévoyaient, d'après le mauvais succès des armes anglaises, quel serait probablement le sort de leur ville, ils imaginèrent d'envoyer un message secret au connétable pour l'informer que, s'il venait avec une force suffisante pour garder la cité, ils la lui livreraient.

Le connétable, qui était alors en Limousin, n'hésita pas à accepter cette invitation ; et, laissant le gros de son armée sous les ordres des ducs de Berry et de Bourbon, il partit avec trois cents lances d'élite, tous hommes bien montés, car il voulait faire le voyage de trente lieues en un jour et une nuit. Comme il importait au succès de l'entreprise que ce dessein demeurât secret, il fut obligé d'éviter les grandes routes et de voyager à travers les bois et les bruyères, par des sentiers et des pays déserts. Si un cheval s'abattait, cheval et cavalier étaient laissés en arrière.

Le maire de Poitiers, qui se doutait de la démarche faite par la partie désaffectionnée des bourgeois, envoya dire à sir Thomas Percy, sénéchal du Poitou, de hâter son retour, car il y avait de graves dissentiments entre les habitants, dont un cinquième désirait redevenir Français, tandis que lui, maire, courait de grands risques pour sa vie. Il pressa le sénéchal d'arriver rapidement, parce qu'il craignait qu'ensuite il ne fût trop tard pour sauver la ville. Sir Thomas Percy était en compagnie du captal de Buch quand il reçut le message du maire de Poitiers, et lorsque le captal eut connaissance de la teneur de la communication, il dit à sir Thomas Percy qu'il ne pouvait pas l'abandonner en ce moment, parce que c'était un de ses plus sûrs officiers, un homme dans les conseils duquel il avait la plus grande confiance, mais qu'il enverrait sir John d'Angle, avec cent lances, au secours du parti resté fidèle. Immédiatement après avoir reçu cet ordre, sir John d'Angle partit pour Poitiers avec ses soldats; mais il fut devancé par le connétable, qui s'était présenté devant les portes, qu'on lui ouvrit toutes grandes avec beaucoup de démonstrations de joie quelques instants avant l'arrivée du chevalier anglais. Quand le sire d'Angle fut arrivé à une lieue de la ville, il vit qu'il était trop tard et tourna bride immédiatement, car il ne tarda pas à s'apercevoir qu'il n'avait que juste le temps de prendre ce parti, si lui et ses soldats ne voulaient être faits prisonniers.

La reddition volontaire de l'importante ville de Poitiers entre les mains du connétable de France fut un coup désastreux pour les intérêts anglais en Aquitaine, et quand la nouvelle en arriva au camp du captal de Buch, elle y fut reçue avec la plus profonde consternation, car elle répandit tout à coup le soupçon et la défiance parmi les chefs, quoiqu'on n'accusât ou n'incriminât personne en particulier. L'armée du captal fut dissoute d'elle-même par le manque de confiance réciproque, les Gascons s'étant retirés à Saint-Jean d'Angély, les Poitevins à Thouars et les Anglais à Niort.

Le connétable ne négligea pas de profiter du sentiment d'impatience que la population française éprouvait sous le joug anglais. Après avoir pris possession de la ville de Poitiers, il se hâta en effet d'envoyer le sire de Pons, avec trois cents lances, contre le château fort de Soubise situé sur la Charente. Le château était commandé par une femme, appelée la dame de Soubise, qui, en apprenant que le château allait être assiégé par le sire de Pons, fit prévenir le captal de Buch, alors à Saint-Jean d'Angély, et le pria de venir l'aider à la défense. Le captal, qui « était courtois et vaillant chevalier et qui toujours fut en grand désir et enclin de conforter dames et damoiselles en quel parti qu'elles fussent, ainsi que tout gentil homme de sang doit y être, » dit au messager qui lui avait apporté cette requête : « Retournez devers la dame de Subie et lui dites de par moi qu'elle se reconforte, car je n'entendrai à cause si l'aurai secourue et levé le siége. »

Le captal de Buch eut bientôt rassemblé un corps de quatre cents lances pour tenir sa promesse à la dame de Soubise; son dessein fut découvert par Evan de Galles, qui était alors devant le port de la Rochelle avec une flotte qu'il avait obtenue d'Henri de Castille, à la prière du roi de France. Evan équipa treize barques et, avec un corps de quatre cents hommes d'élite, il remonta la Charente jusqu'au château de Soubise; puis il mit ses troupes en embuscade, sans que son approche fût connue du captal de Buch ni du sire de Pons.

Cependant le captal de Buch, qui avait été induit en erreur sur le nombre d'hommes qu'avait le sire de Pons, car on lui avait dit que ses forces ne dépassaient pas cent gens d'armes, laissa la moitié des troupes qu'il avait rassemblées pour cette expédition. Il partit de Saint-Jean d'Angély avec deux cents lances seulement. Il marcha toute la journée avec ses soldats et, vers la nuit, il arriva près du camp des Français. Il entra ensuite dans un bois voisin et fit mettre pied à terre à ses hommes, afin qu'ils pussent revêtir leurs armures et ressangler leurs selles. Quand tous ces préparatifs furent terminés, il se dirigea sans bruit vers les tentes du sire de Pons, qu'il surprit complètement; il réussit à tuer ou à faire prisonnière toute la troupe française.

Evan de Galles qui était aux aguets, ayant été informé de ce qui était arrivé, sortit de sa retraite et s'avança derrière les Anglais avec ses gens d'armes munis de lanternes et de torches allumées, et, poussant leurs cris de guerre, ils attaquèrent les tentes anglaises, l'épée à la main, et, au bout de quelques instants, le captal de Buch et tous ses soldats furent vaincus et faits prisonniers.

Ce fut un revirement de fortune pour les Français et notamment pour le sire de Pons, qui avait été le premier seigneur poitevin à déserter le drapeau anglais l'année précédente, et, en changeant de captivité avec le captal de Buch, il échappa probablement au même châtiment sévère, la perte de sa liberté et peut-être de la vie, qui fut le triste sort de ce dernier et le résultat de sa vaillante mais malheureuse entreprise. Le captal fut fait prisonnier par un écuyer nommé Pierre Longvilliers sous la bannière d'Evan de Galles, et il fut bientôt après remis entre les mains du roi de France.

Les Anglais sentirent parfaitement la perte qu'ils avaient faite par la prise du captal de Buch, et Edouard III et son conseil offrirent incontinent en échange non-seulement le comté de Saint-Pol, mais encore trois ou quatre bons prisonniers, qu'ils n'auraient pas mis à rançon pour cent mille francs. Le roi de France ne voulut en aucune façon entendre parler de cet échange, quoiqu'il n'eût accordé à celui qui l'avait fait prisonnier que la somme très-modique de douze cents francs. Le captal se plaignit avec raison d'être retenu en prison contre la loi des armes et insista pour être mis à rançon; mais le roi de France ne tint aucun compte de ses plaintes. Néanmoins, les chevaliers français sympathisant avec le captal pressaient souvent leur maître de lui rendre la liberté. Mais si Charles avait eu la générosité de pardonner l'offense que le captal lui avait faite sept ans auparavant en renonçant à son hommage et en lui renvoyant ses présents, il était trop habile politique pour relâcher un ennemi qu'il redoutait si fortement. Le roi de France ne voulut jamais écouter aucune des propositions faites pour son élargissement, rejetant sans hésiter l'offre de son prisonnier de payer cinq ou six fois le montant de ses revenus annuels pour sa rançon. Le captal fut donc emmené au château du Louvre à Paris et confiné ensuite dans la tour du Temple jusqu'à sa mort après une pénible captivité de cinq ans (1).

La prise du captal de Buch fut un coup fatal à la cause des Anglais en Aquitaine, car il était le seul chef en France capable d'opposer une résistance efficace aux progrès des armes françaises sous l'impulsion que leur avaient récemment donnée les succès continuels de Bertrand Du Guesclin. Profitant du découragement dans lequel se trouvaient les Anglais et leurs alliés par suite de leurs échecs récents, le connétable envoya le sire de Clisson avec d'autres chefs, et un corps de Bretons et de Poitevins montant à cinq cents gens d'armes, contre quelques-unes des plus importantes forteresses que les Anglais possédaient dans la Saintonge et l'Angoumois. Les troupes françaises s'avancèrent hardiment dans la première de ces provinces, et se préparèrent à attaquer Saint-Jean d'Angély, récemment commandée par le captal de Buch ; mais la garnison fut tellement effrayée à l'approche de l'armée ennemie, d'autant plus qu'il n'y avait dans la place personne de rang ou d'autorité pour la conseiller et qu'elle n'avait aucun secours à attendre, qu'elle se

(1) Froissart, liv. I, part. II, p. 647, 649 et 654. — Les incidents relatifs à la manière dont finit la captivité du captal de Buch sont racontés dans l'édition de Froissart par Buchon, p. 713, très-différemment de ce qui en est dit dans les autres éditions. — Le sire de Coucy, pressé par Charles V de dire quelle grâce il devait accorder au prisonnier, répondit : « Sire, se vous le faisiez jurer que jamais ne s'armât contre le royaume de France, vous le pourriez bien délivrer, et se feriez votre honneur. » — « Et nous le voulons, dit le roi ; mais qu'il le veuille. » « A donc fut demandé à monseigneur le captal, ajoute Froissart, s'il voudrait s'obliger en cette composition. Le captal répondit qu'il en aurait avis. En ce temps qu'il s'en devait aviser, tant de mélancolies et d'abusions le prirent, qu'il entra en une frénésie et ne voulait ne boire ne manger ; si affaibli du corps durement, il entra en une langueur qui le mena jusques à la mort. Ainsi mourut prisonnier le captal de Buch. »

rendit à la première sommation et qu'elle prêta le serment de foi et d'obéissance au roi de France.

Après cette importante conquête, les Français marchèrent sur la ville d'Angoulême, qui, de même que Saint-Jean d'Angély, avait perdu son sénéchal, sir Henry Haye, pris à Soubise avec sir Thomas Percy et le captal de Buch; la ville se rendit de la même manière et prêta le même serment. Taillebourg, sur la la Charente, fut conquis d'une façon analogue; mais Saintes opposa une plus grande résistance, car sir William Fermetton, sénéchal de Saintonge, qui était alors dans la ville avec une force de soixante gens d'armes, déclara qu'il ne se rendrait pas aussi facilement; il fit donc fermer toutes les portes et força tout le monde, de gré ou de force, à contribuer à la défense de la ville. Les Français commencèrent l'attaque avec beaucoup d'ardeur et continuèrent l'assaut toute la journée sans succès marqué; mais, en se retirant à la nuit, ils menacèrent de recommencer l'assaut le lendemain et déclarèrent que, si la ville était prise par la force, elle serait pillée et brûlée et ses habitants passés au fil de l'épée. Cette perspective produisit immédiatement l'effet qu'on en attendait sur la majeure partie des habitants et notamment sur l'évêque Bernard de Sault, qui conseilla au peuple de s'emparer du sénéchal et de ses principaux officiers, et de les menacer de les tuer sur-le-champ s'ils refusaient de rendre la ville. Le conseil de l'évêque fut suivi; et, à la nuit, sir William Fermetton fut saisi dans sa maison avec huit de ses écuyers, qui, effrayés des terribles conséquences qu'entraînerait leur refus, promirent de laisser les habitants agir à leur guise.

Le lendemain matin, quand le sire de Clisson et les autres chefs firent sonner l'assaut pour les autres chefs, ils furent surpris et réjouis à la fois d'avoir ramené à l'obéissance du roi, par la capitulation sans condition des habitants, une ville aussi importante que Saintes, et cela sans effusion de sang. Les troupes françaises marchèrent ensuite sur Pons, qui tenait encore résolûment pour les Anglais, quoique le seigneur se fût rallié aux Français l'année précédente ; mais quand les habitants virent leur ville entourée par les ennemis, quand ils apprirent que Poitiers, Saint-Jean-d'Angély, Saintes et Angoulême, les villes les plus importantes du Poitou, de la Saintonge et de l'Angoumois, étaient au pouvoir des Français, qu'enfin le captal de Buch était prisonnier et que tous les jours les Anglais perdaient quelque avantage matériel, ils proposèrent de se rendre, à condition qu'on accorderait à tous ceux qui tiendraient encore pour les Anglais la permission de quitter la ville sans perte ni dommage, et de se retirer librement à Bordeaux (1).

Tandis que ses troupes faisaient ces importantes conquêtes, le connétable ne restait pas inactif à Poitiers, et, avec Evan de Galles qui pressait toujours le blocus de La Rochelle, il avait entamé des négociations secrètes pour obtenir la reddition de la ville. Mais les habitants étaient retenus par Philippe Manzel, que messire Jean d'Evreux avait laissé pour commander le château avec une garnison de soixante gens d'armes. Dans une entrevue avec une députation des bourgeois de La Rochelle, le connétable s'efforça de leur persuader de revenir sous l'obéissance du roi de France, qui, disait-il, était parfaitement en état de les défendre de tout danger du côté du roi d'Angleterre, les menaçant, en cas de refus, de brûler leur ville et de n'y laisser debout ni forteresse, ni murs, ni maison habitable.

« Sire, dit un des députés nommé Tholomer, aurez-vous sitôt fait raser cette ville ?

— Oui, répondit le connétable ; vous ne pourrez durer ; car ainsi qu'on voit le soleil, qui luit clair, passer la verrière, pourrez voir Français passer parmi vos murs. Si le soleil du ciel peut entrer en votre ville, point n'ai doute que tôt je ne m'y doive bouter.

(1) Froissart, liv. I, part. II, pp. 649-651.

— Sire, reprit le bourgeois, point ne faut douter vos paroles; mais jà ne vous faudra contre nous estriver, si vous voulez octroyer un don, sans le roi amoindrir et sans vous empirer.

— Hé! s'écria le connétable, je sais au clair quel don vous voulez demander. Vous voulez votre ville garder sans nulle invention ne payer servage.

— C'est vrai, dit le bourgeois; le voulez accorder?

— Nous en aurons conseil, » répondit Bertrand.

Tandis que ces conférences se tenaient à Poitiers, il se préparait à la Rochelle des événements qui ne tardèrent pas à faire transférer au premier endroit toutes les négociations ultérieures. Le maire de la ville était alors messire Jean Caudorier, homme de beaucoup d'adresse et très-fin, tout à fait Français dans l'âme. Il découvrit ses plans et ses désirs à quelques bourgeois de La Rochelle, qu'il trouva entièrement disposés à le seconder dans tous ses desseins. Il connaissait parfaitement le caractère du gouverneur du château, qui, quoique habile homme d'armes, était négligent et confiant. Quand il eut suffisamment mûri son projet, le maire invita un jour Mansel à dîner avec quelques bourgeois de la ville, et le gouverneur, qui ne se doutait de rien, s'empressa de se rendre à l'invitation. Avant de se mettre à table, le maire, qui avait pris toutes ses mesures pour que le coup qu'il méditait réussît, dit au gouverneur :

« J'ai reçu depuis hier de par notre cher seigneur le roi d'Angleterre des nouvelles qui bien vous touchent.

— Et quelles sont-elles? demanda vivement Mansel.

— Je les vous montrerai, répondit le maire, et ferai lire en votre présence, car c'est bien raison. »

Il s'approcha ensuite d'un secrétaire et en tira une lettre ouverte à laquelle était appendu le grand sceau d'Angleterre, et la montra au crédule gouverneur, qui reconnut aussitôt le sceau pour authentique, quoiqu'il fût incapable de lire un seul mot de la lettre. Appelant ensuite un secrétaire qu'il avait mis dans la confidence, il lui ordonna de lire la pièce. Le secrétaire lut, comme si cela eût été réellement écrit, que le roi d'Angleterre ordonnait au maire de passer une revue de tous les gens d'armes de la Rochelle, afin de lui faire savoir, par le porteur de la lettre, le nombre de combattants qu'il y avait dans la ville, ainsi que dans le château, car il espérait être bientôt parmi eux. Quand le secrétaire eut fini sa lecture, le maire dit :

« Châtelain, vous oyez que le roi notre sire me mande et commande, si que, de par lui, je vous commande que demain vous fassiez votre montre de vos compagnons en la place devant le castel, et tantôt après la vôtre je ferai la mienne, par quoi vous le verrez aussi : si en rescrirons l'un par l'autre à notre cher seigneur le roi d'Angleterre ; et aussi, s'il besoigne argent à vos compagnons, je crois bien, tantôt la montre faite, je vous en prêterai, par quoi vous payerez leurs gages ; car le roi d'Angleterre le commande ainsi en une lettre close par laquelle me mande que je les paye sous mon office. »

Le gouverneur, qui crut tout ce que lui disait le maire, s'écria :

« Maire, de par Dieu, puisque c'est à demain que je dois faire ma montre, je la ferai volontiers, et les compagnons en auront grand' joie pour tant qu'ils seront payés ; car ils désirent à avoir argent. »

Après le dîner, le gouverneur retourna au château et apprit à ses hommes qu'une parade devait avoir lieu le lendemain matin et qu'ils toucheraient leur solde immédiatement après. Les soldats, qui n'avaient pas été payés depuis plus de trois mois, manifestèrent la plus grande satisfaction à cette nouvelle et ils se mirent aussitôt à fourbir leurs bassinets, à mettre en ordre leurs cottes de mailles, à polir leurs épées et toutes les autres armes qu'ils possédaient.

Dans la même après-dînée, le maire fit secrètement part du stratagème qu'il avait imaginé pour se rendre maître du château à la plus grande partie des bourgeois de la Rochelle, qui convinrent de l'aider à l'exécuter, et il leur donna des instructions en conséquence pour le lendemain. Près du château et non loin de la place où la revue devait avoir lieu, étaient quelques vieilles maisons inhabitées, dans lesquelles le maire projeta de placer une troupe de quatre cents gens d'armes, avec ordre d'empêcher le retour de la garnison au château dès qu'elle serait sortie le lendemain matin pour se rendre à la parade. Ces dispositions furent soigneusement prises pendant la nuit ; les officiers furent désignés ; enfin chacun fut bien armé et instruit de ce qu'il avait à faire. Le lendemain matin, après le lever du soleil, le maire, accompagné seulement des échevins et des autres personnes attachées à son office (1), arriva sans armes sur la place afin d'inspirer plus de confiance à la garnison du château. Lui et les gens de sa suite étaient montés sur d'excellents chevaux, pour pouvoir se sauver quand la mêlée commencerait. Dès que le gouverneur vit le maire et ses officiers sur la place, il hâta les préparatifs de ses hommes, et, bientôt après, toute sa troupe parut au lieu du rendez-vous, ne laissant au château que quelques valets ou domestiques. Les portes n'étaient même pas fermées, car on s'attendait à rentrer bientôt. Dès que les soldats de la garnison se furent formés en rang, le maire occupa leur attention en s'adressant, dans un langage familier, tantôt à l'un, tantôt à l'autre, de la manière suivante ou à peu près :

« Encore n'avez-vous pas tout votre harnais pour prendre pleins gages, et il le vous faut amender. »

A quoi quelques-uns répondaient toujours sur le même ton :

---

(1) Froissart emploie ces mots : *Le maieur et les jurés et cils de l'office tant seulement.* Liv. I, part. II, p. 632. Sur l'identité des *jurés* et des *échevins* ou *scabini*, qui étaient des officiers municipaux chargés de l'administration de la police et des affaires de la commune, voir Savigny, *Histoire du droit romain au moyen âge*, t. I, chap. IV, §§ 68, 75; et Du Cange, *Gloss.*, au mot *Jurata*.

« Volontiers. »

Le maire les entretint ainsi dans cette causerie amicale jusqu'à ce que les gens d'armes qu'il avait placés en embuscade opérassent leur sortie, vinssent se jeter entre les soldats de la garnison et le château, et se fussent rendus maîtres de la porte. Dès que le gouverneur et ses hommes virent ce mouvement, ils comprirent aussitôt qu'ils avaient été dupes et trahis. En même temps le maire et ses officiers prirent la fuite, laissant leur troupe s'arranger avec la garnison; celle-ci, voyant que toute résistance était inutile, se laissa désarmer et conduire dans différentes prisons de la ville. Le château ne fit aucune résistance (1).

Les ducs de Berry, de Bourgogne et de Bourbon, qui étaient restés sur la frontière de l'Auvergne et du Limousin depuis la prise de Sainte-Sévère, levèrent leur camp et marchèrent sur Poitiers pour rejoindre le connétable, qui était encore dans cette ville, dès qu'ils apprirent que les bourgeois de la Rochelle avaient pris possession du château qui les avait jusqu'alors tenus en échec. Chemin faisant, ils prirent les villes de Saint-Maixent, de Civray et de Mellay, et ils ne laissèrent derrière eux aucune ville ou château qui n'eût juré obéissance au roi de France.

Peu de temps après l'arrivée des princes à Poitiers, le duc de Berry convoqua un conseil dans lequel il fut décidé qu'on enverrait des messagers à la Rochelle pour connaître ce que les Rochellois avaient l'intention de faire, attendu qu'on ne savait rien de leurs desseins ni de leurs désirs depuis qu'ils avaient pris le château. Les envoyés du duc et du connétable furent parfaitement reçus par les bourgeois de la Rochelle, qui dirent qu'ils souhaitaient adresser certaines demandes au roi de France, et que, si l'on y accédait, ils seraient désormais bons

(1) Froissart, liv. I, part. II, pp. 651, 652.

Français. Ils reçurent ensuite du connétable et d'Evan de Galles l'assurance qu'aucun mal ne leur serait fait pendant la durée des négociations.

En conséquence, les Rochellois députèrent douze des plus notables bourgeois au roi de France à Paris, lequel était si désireux de les avoir pour amis et sujets, qu'il les reçut avec une bienveillance marquée et écouta patiemment toutes leurs demandes. La nature extravagante de ces demandes, à une époque où les communes obtenaient avec beaucoup de peine leurs franchises de leurs seigneurs, montre jusqu'à quel point les Rochellois s'estimaient importants aux yeux de Charles V. Ils demandèrent d'abord que le château de la Rochelle fût rasé jusqu'aux fondations et que leur propre ville fût tenue à jamais par le roi de France et ses héritiers comme domaine particulier de la couronne, sans qu'il pût l'aliéner par paix, contrat, mariage ou alliance quelconque avec le roi d'Angleterre ou toute autre puissance. Outre ces articles, ils demandèrent que le roi de France, en frappant leurs florins ou leurs autres monnaies, les fît de même poids et aloi que l'argent de Paris, et que ni le roi de France ni aucun de ses héritiers ou successeurs ne leur imposassent aucuns subsides, redevances, impositions, taxes sur le sel ou par feu ou rien qui y ressemblât, sans leur consentement. Ils prièrent ensuite le roi de les délier des serments qu'ils avaient faits à Édouard III et qui, disaient-ils, pesaient lourdement sur leur conscience. Ils le prièrent, en outre, de vouloir bien leur procurer à ses frais l'absolution du pape pour leurs péchés. Charles prit quelque temps pour examiner leur demande avec quelques-uns de ses plus fidèles conseillers ; mais, comme les Rochellois ne voulurent rien rabattre de leurs prétentions, le roi leur accorda à la fin tout ce qu'ils demandaient, car il regardait la Rochelle comme la ville la plus importante du royaume après Paris.

Les Rochellois, qui avaient été enchantés, au retour de leur députation, de voir que toutes leurs demandes leur avaient été accordées, firent savoir au duc de Berry qu'il pourrait venir quand il lui plairait; qu'ils le verraient avec plaisir dans leur ville, au nom du roi, et feraient d'ailleurs tout ce qu'ils devraient. Le connétable, qui était autorisé à prendre possession de la ville pour le roi, quitta donc Poitiers avec cent lances et entra à la Rochelle, où il fut reçu avec force démonstrations de joie de la part des habitants, à qui il montra la procuration par laquelle le roi l'avait nommé son représentant dans cette partie du royaume. Le connétable, après avoir fait prêter les serments accoutumés d'hommage et de fidélité aux bourgeois, « de qui il fut traité comme un roi, » reçut de riches présents des hommes, en offrit d'aussi précieux aux dames et demoiselles de la ville, resta à la Rochelle pendant trois jours et retourna ensuite à Poitiers (1).

(1) Froissart, liv. I, part. II, pp. 653, 654. Buchon, dans son édition de Froissart, qu'a suivie Sismondi, *Hist. des Français*, t. VI, p. 327, dit, sur la foi de Cascales, auteur espagnol, que la Rochelle se rendit aux Français le 15 août 1372; mais cette date est évidemment erronée; car la lettre d'Edouard III, adressée à l'archevêque de Cantorbéry, afin de lui demander de faire des prières publiques pour le succès de son expédition en France, est datée du 11 août 1372, et cette expédition fut entreprise pour secourir Thouars, qui ne fut assiégé que quelque temps après la reddition de la Rochelle. Rymer, t. III, part. II, p. 960.

CHAPITRE XVI.

Le connétable prend les châteaux de Benon, de Maran et de Surgières près de la Rochelle, et la ville de Fontenay-le-Comte. — Négociations secrètes entre le duc de Bretagne et le roi d'Angleterre. — Le connétable fait le siége de Thouars. — Tentative infructueuse d'Edouard pour secourir cette ville.

Aussitôt après son retour de la Rochelle, le connétable entreprit une expédition contre quelques châteaux et villes appartenant aux Anglais, qui tenaient les Rochellois dans un état perpétuel d'inquiétude, à cause des bandes de maraudeurs qu'envoyaient journellement les garnisons de ces places. Ses préparatifs terminés, il partit de Poitiers accompagné des ducs de Berry, de Bourgogne et de Bourbon, du dauphin d'Auvergne, des maréchaux de France et de plus de deux mille lances, et vint d'abord devant le château de Benon. Ce château appartenait au captal de Buch, et était alors commandé par un écuyer du comté de Foix, du nom de Guillaume de Pau, et un chevalier napolitain appelé messire Jacques, l'un et l'autre hommes d'armes habiles, qui avaient derrière eux une garnison pleine de confiance, avec d'amples provisions de vivres et de fortes munitions.

Ainsi défendu, le château soutint plusieurs assauts sans dommage. Pendant ce siége, soixante gens d'armes de la garnison voisine de Surgières quittèrent leur forteresse à la chute du jour, se dirigèrent vers Benon, où ils arrivèrent à près de minuit et attaquèrent les Français, alors endormis dans leurs tentes. Le hasard fit qu'ils tombèrent sur le quartier occupé par le connétable; et, dans la mêlée, un écuyer qu'il estimait beaucoup fut tué. Dès que les soldats français se furent éveillés et eurent couru à leurs armes, les assaillants s'enfuirent et se firent recevoir dans le château. Quand le connétable eut appris de quelle manière son écuyer favori avait été tué, il fut transporté de colère et jura qu'il ne quitterait pas le château de Benon avant de l'avoir pris et d'avoir mis à mort tout ce qui s'y trouvait. Le lendemain, après l'enterrement de l'écuyer, il ordonna à tous ses soldats de prendre les armes pour l'assaut du château et il marcha lui-même à l'attaque. Après une longue et vigoureuse défense, le château fut emporté d'assaut, et le connétable exécuta son terrible serment, en mettant à mort sans miséricorde tout ce qui fut trouvé dans les murs de Benon (1).

Après la prise de cette forteresse, le connétable marcha sur Maran, autre château à quatre lieues environ de la Rochelle, commandé par un Allemand nommé Wissebare, avec une garnison allemande; mais le gouverneur et sa troupe, ayant appris le sort de Benon, furent tellement effrayés de l'approche du connétable qu'ils offrirent de livrer leur forteresse et de rejoindre les Français, si les gages qui leur avaient été promis par les Anglais leur étaient payés. Le connétable, après avoir

(1) Froissart, liv. I, part. II, p. 635. Cuvelier et l'auteur anonyme de la *Chronique de Bertrand Du Guesclin*, chap. CLVI, s'accordent à dire que l'écuyer tué fut Jeoffroi Payen, qui s'était si bien distingué au siége de Sainte-Sévère, et qu'il appartenait au sire de Clisson, lequel vengea sa mort, après la reddition de Benon, en tuant l'un après l'autre avec sa hache d'armes tous ceux de la garnison. Jean Cabaret d'Oronville dit qu'il y eut quatre écuyers du connétable, alors engagé dans une partie aux dés sous sa tente, qui furent tués. *Vie de Louis de Bourbon*, chap. XXXI.

pris possession de Maran, aux conditions proposées, marcha ensuite sur le château de Surgières ; mais il trouva la porte ouverte et le château désert, car la garnison avait été tellement terrifiée à la nouvelle du massacre de ceux de Benon, que, dès qu'elle eut connaissance de son arrivée, elle abandonna le château et se réfugia dans quelqu'une des autres forteresses anglaises. L'armée française alla ensuite attaquer la ville et le château de Fontenay-le-Comte. Le château et la ville étaient parfaitement fortifiés et bien défendus par une garnison vaillante et nombreuse, amplement approvisionnée pour un siége. Il y eut là de fréquents assauts, des escarmouches et de beaux faits d'armes, où, de part et d'autre, beaucoup furent blessés. Si la garnison avait eu quelque espérance de se voir secourue d'un point quelconque, elle aurait pu tenir beaucoup plus longtemps ; mais, comme elle craignit d'être prise à la fin, elle demanda à capituler, à condition qu'on lui permettrait d'emporter ses biens sous un sauf-conduit jusqu'à Thouars, où les seigneurs poitevins étaient réunis (1).

Tandis que le connétable faisait ces conquêtes, le duc de Bretagne cherchait à amuser le roi de France par des protestations de fidélité à sa personne et d'attachement à ses intérêts, et, en même temps, il renouait secrètement ses coupables liaisons avec le roi d'Angleterrre. Le duc envoya à Charles le doyen de Nantes et messire Guy de Rochefort pour se justifier de ce qu'il conservait tant d'Anglais autour de sa personne et assurer le roi qu'il était alors et qu'il serait toujours un bon et loyal sujet ; et à Édouard, messire Thomas Melbourne, qui, avec Robert, sire de Neufville, sénéchal d'Angleterre, conclut, le 19 juillet 1372, au nom d'Édouard III et du duc de Bretagne, un traité par lequel les deux princes s'engageaient mutuellement à se secourir l'un l'autre contre leur ennemi commun,

(1) Froissart, liv. I, part. II, pp. 635, 636.

et à ne faire aucun traité sans leur consentement réciproque. Par le même acte, le duc s'engageait à joindre le roi d'Angleterre avec mille gens d'armes dès que celui-ci envahirait la France; et le roi d'Angleterre consentait à envoyer trois cents gens d'armes et autant d'archers, pour secourir le duc, en cas de besoin (1).

Dès que ce traité eut été conclu, Edouard III envoya le sire de Neufville en Bretagne, pour obtenir du duc la ratification de tout ce qui avait été convenu à Westminster. En attendant le retour de son ambassadeur, sir Thomas Melbourne, le duc fit d'énergiques efforts pour rallier à ses intérêts les grands seigneurs bretons; mais il échoua totalement dans ses tentatives sur le vicomte de Rohan et les sires de Clisson et de Laval. Ces seigneurs étaient étroitement unis en politique et par les mêmes principes, et ils exerçaient une grande influence dans le duché par leurs immenses domaines, le nombre de leurs vassaux et leurs alliances. Comme loyaux sujets du roi de France, ils ne pouvaient admettre une intimité aussi étroite entre le duc et le roi d'Angleterre; et ils étaient, en outre, fort blessés de ce que le duc conservait un si grand nombre d'Anglais autour de sa personne et dans sa maison. Partant de ce doute, qu'un traité secret avait déjà été conclu entre le roi d'Angleterre et le duc de Bretagne, ils firent dire à celui-ci que, s'il continuait encore à favoriser les Anglais, comme il l'avait fait jusqu'alors, non-seulement ils l'abandonneraient, mais encore le chasseraient de ses Etats. Le duc avait déjà pris la précaution d'attacher à ses intérêts d'autres seigneurs et chevaliers du duché; et il continua de prendre ses mesures avec tant de secret, que, pendant quelque temps, le roi de France n'en sut rien (2).

---

(1) *Actes de Bretagne*, t. II, col. 34. — Rymer, t. III, part. II, p. 953.
(2) *Actes de Bretagne*, t. II, col. 33. — Morice, *Hist. de Bretagne*, t. I, p. 342.

Après la capitulation de Fontenay-le-Comte, le connétable retourna à Poitiers, pour donner quelque repos à ses troupes; mais il n'y avait pas quatre jours qu'il y était, quand il résolut de mettre le siége devant Thouars, où étaient réunis, avec tout leur monde, une centaine de seigneurs et de chevaliers poitevins, qui tenaient encore pour la cause anglaise. Partant de la ville de Poitiers avec un corps de trois mille lances et quatre mille autres soldats armés de boucliers, y compris les arbalétriers génois, il marcha sur Thouars, qu'il investit si étroitement de tous côtés, que personne ne pouvait ni y entrer ni en sortir. Comme la ville était défendue par un grand corps de gens d'armes, commandés par une foule de nobles et de chevaliers distingués, le connétable résolut de ne pas exposer la vie de ses soldats en cherchant à emporter la place d'assaut, mais d'affamer les assiégés.

Lorsque les seigneurs poitevins s'aperçurent des desseins du connétable et virent de quelle manière il avait disposé ses troupes pour un siége de durée, ils tinrent conseil pour délibérer sur ce qu'ils avaient à faire. Dans cette assemblée, messire Perceveaux de Cologne, chevalier sage, ingénieux et éloquent, déclara qu'il était au su de tout le monde qu'ils avaient fidèlement et loyalement servi le roi d'Angleterre; qu'ils avaient exposé leur vie et usé de tous leurs moyens, sans aucune réserve, pour la cause de ce prince; qu'il ne pouvait se faire que le roi d'Angleterre ignorât le danger où ils étaient, et qu'il perdait chaque jour quelque partie de ses possessions; que, s'il était disposé à supporter cette perte, ils ne pouvaient l'empêcher, car ils n'étaient pas assez forts pour résister au pouvoir du roi de France, attendu que chaque jour on pouvait voir de tous côtés les cités, les villes, les châteaux et les forteresses, avec les prélats, les barons, les chevaliers, les dames et les communautés, passer aux Français et leur faire la guerre à eux-mêmes, et qu'il leur serait impossible de tenir plus longtemps dans de semblables circonstances ; et il conclut par conseiller de traiter immédiatement avec les chefs français et de tâcher d'en obtenir une trêve de deux ou trois mois, ou aussi longue que possible, afin d'avoir tout le temps d'informer le roi d'Angleterre de leur situation, ajoutant que, si lui ou un de ses fils arrivait avec une force suffisante pour faire lever le siége de leur ville, ils resteraient ses sujets fidèles comme auparavant, mais que, dans le cas contraire, ils deviendraient Français à partir de ce jour.

Un conseil aussi sensé obtint l'assentiment de toute l'assemblée, qui le considéra comme le meilleur moyen d'échapper au danger présent et de sauvegarder leur honneur et leur loyauté. En conséquence, ils proposèrent immédiatement les conditions de capitulation convenues entre eux au connétable et au duc de Berry. Les négociations durèrent quelques jours, ni le connétable ni le duc n'ayant voulu adhérer à ces conditions sans l'assentiment du roi de France. Enfin, il fut décidé que les assiégés demeureraient en sûreté dans les murs de Thouars jusqu'à la Saint-Michel suivante, 29 septembre; et il fut convenu que, si dans l'intervalle, le roi d'Angleterre ou un de ses fils arrivait en Poitou avec des forces suffisantes pour secourir Thouars contre les Français, les seigneurs et les chevaliers poitevins, avec leurs domaines, appartiendraient pour toujours aux Anglais; mais que, si ni le roi d'Angleterre ni aucun de ses fils ne pouvaient *garder le jour*, les nobles et les chevaliers de Thouars passeraient eux et leurs terres à l'obéissance du roi de France.

Les seigneurs poitevins ne perdirent pas de temps à faire savoir au roi d'Angleterre la situation du pays et leur propre danger, l'implorant, pour l'amour et au nom de Dieu, d'y apporter quelque remède, attendu qu'il y était plus intéressé que tout le monde. Quand Édouard III apprit ces fâcheuses nouvelles, il résolut d'aller en personne *tenir le jour* devant Thouars, d'emmener avec lui tous ses fils, sur la demande du prince de

Galles, qui, bien que toujours en proie au mal, dit qu'il irait, dût-il mourir dans la traversée. En conséquence, le roi donna ordre exprès à tous ses chevaliers et écuyers, tant au dedans qu'au dehors du royaume, de se préparer pour cette expédition; et il obtint trois cents lances du roi d'Écosse. On avait déjà fait, depuis quelque temps, de grands approvisionnements, pour équiper, contre la France, une expédition qui devait débarquer à Calais sous les ordres du duc de Lancastre, de sorte qu'il lui fut facile de détourner, pour des besoins plus pressants, les préparatifs déjà faits d'hommes et de vaisseaux. C'est pourquoi, après avoir laissé le royaume sous la garde nominale de son fils, afin de fortifier ses droits à la succession contre les prétentions de ses oncles, il put s'embarquer à Sandwich, le 1er septembre 1372, avec une flotte de quatre cents vaisseaux et une armée bien équipée de quatre mille gens d'armes et de dix mille archers (1).

Néanmoins, tous ces préparatifs et ces dépenses n'aboutirent à aucun résultat. La fortune semblait avoir pour toujours abandonné Edouard. Un vent favorable, pour porter sa flotte sur les côtes de la France, était tout ce qu'il lui fallait; mais il lui fut refusé. Il aurait débarqué n'importe où : en Poitou, en Saintonge, dans le Rochellois ou dans toute autre province voisine. Il vogua d'un endroit à l'autre et profita du moindre souffle qui pût favoriser sa marche, mais sa flotte était un jour repoussée aussi loin en arrière qu'elle avait avancé en trois. Impatient de secourir ses loyaux sujets et de recouvrer quelques-unes des immenses pertes qu'il avait faites dans ses possessions françaises, Edouard supportait avec une extrême irritation les fâcheux retards que lui opposait la variabilité des vents, jusqu'à ce qu'enfin il vît avec désespoir dépasser le 29 septembre, der-

---

(1) Froissart, liv. I, part. II, pp. 657, 658. — Rymer, t. III, part. II, p. 692.

nier jour du délai fixé, sans avoir pu débarquer un soldat sur les côtes de la France. Pendant quatre longues semaines, il avait été ballotté par les vents contraires, et, considérant le Poitou comme perdu pour le moment, il reprit le chemin de l'Angleterre, la rage dans l'âme, en s'écriant avec un amer dépit :

« Dieu nous aide et saint George ! si n'y eut oncques mais en France si méchant roi comme ci à présent est, et se n'y eut oncques qui tant me donnât à faire comme il fait. »

Le jour fixé par les barons et les chevaliers du Poitou pour l'expiration de la trêve était parfaitement connu de sir Thomas Felton, sénéchal de Bordeaux, qui savait également que le roi d'Angleterre avait été exactement informé de la situation des chevaliers assiégés. Comme il craignait que son maître, Edouard III, ne pût arriver à temps pour sauver Thouars, il rassembla tous les seigneurs gascons qui tenaient encore pour la cause anglaise, et, avec leurs soldats, il partit de Bordeaux et se rendit à Niort, où les chevaliers anglais étaient réunis. Après avoir joint les forces qu'il amenait avec lui à celles qu'il trouva à Niort, sir Thomas Felton put mettre en campagne douze cents lances ; et il reconnut ensuite que le roi d'Angleterre n'était pas arrivé en Poitou, quoique la trêve fût expirée. Néanmoins, après en avoir mûrement délibéré avec les chevaliers anglais et gascons, il fit savoir aux seigneurs poitevins de Thouars que lui et ses soldats risqueraient leur vie pour sauver l'héritage de leur maître, le roi d'Angleterre, si les seigneurs poitevins voulaient sortir de Thouars et donner un jour pour livrer bataille aux Français.

Cette proposition fut débattue avec quelque chaleur par les nobles et les chevaliers poitevins ; et l'un d'eux, le sire de Parthenay, proposa d'accepter l'offre par la raison qu'on savait très-bien que le roi d'Angleterre ou un de ses fils était alors en mer avec une force suffisante pour les secourir, mais que le secours était tenu éloigné de la côte par la fortune contraire ;

et qu'en outre, quoiqu'ils eussent accepté et juré certaines conditions de trêve avec les Français, ils n'avaient pas le droit d'aliéner les possessions du roi d'Angleterre sans son consentement.

Ces motifs furent très-sagement jugés insuffisants par les chevaliers poitevins, à raison des irrésistibles forces dont le connétable disposait alors, forces qui empêcheraient très-certainement toute évasion ou secours qu'ils pourraient espérer recevoir, quand même ils eussent été disposés à violer l'engagement pris à l'égard des chefs français. Aux troupes avec lesquelles le connétable avait d'abord investi Thouars, le roi de France avait ajouté depuis un corps très-considérable de gens d'armes et de fantassins; car il s'attendait à ce que le roi d'Angleterre ou un de ses fils cherchât à secourir la ville, et, en conséquence, non-seulement Charles avait réuni la fleur des gens d'armes de la Bretagne, de la Normandie, de la Bourgogne, de l'Auvergne, du Berry. de la Touraine, de Blois, de l'Anjou, du Limousin et du Maine, mais il avait pris à sa solde un grand corps de mercenaires étrangers de l'Allemagne, de la Flandre et du Hainaut, s'élevant en tout à quinze mille gens d'armes et trente mille hommes d'autres troupes.

Quels que fussent les motifs des seigneurs poitevins, ils rejetèrent la proposition des chefs anglais et gascons et firent savoir au connétable et aux princes français qu'ils étaient prêts à exécuter les conditions de la trêve. En conséquence, Thouars ouvrit immédiatement ses portes aux vainqueurs; et les barons et chevaliers se mirent, eux, leurs vassaux et leurs terres, sous la protection de la couronne de France.

Après la reddition de Thouars, les Anglais ne possédaient plus dans le Poitou, à part la ville de Niort, qu'environ neuf forteresses. Une de ces dernières, Mortagne, fut assiégée par le sire de Clisson, au retour du connétable à Poitiers avec son armée. La garnison de Mortagne était commandée par un écuyer anglais nommé James Clerk, qui défendit avec la plus grande intrépidité le château contre les assauts du sire de Clisson ; mais, comme il savait qu'il ne pourrait pas tenir longtemps contre de telles attaques et qu'il avait peu de miséricorde à attendre d'un ennemi qui s'était acquis parmi ses compatriotes anglais le surnom de boucher, il envoya secrètement prévenir les barons et chevaliers anglais et gascons, qui étaient toujours à Niort, du danger où il était et de la position prise par Clisson et ses hommes devant Mortagne. Les seigneurs anglais et gascons furent tellement enchantés de cette nouvelle, qu'ils déclarèrent qu'ils ne la donneraient pas pour quarante mille francs, tant ils avaient grande envie de s'emparer du sire de Clisson ; aussi partirent-ils de Niort, sans perdre un instant, avec un corps de cinq cents lances, et se dirigèrent en toute hâte et dans le plus grand secret sur Mortagne. Néanmoins, le sire de Clisson était un chevalier trop prudent pour se laisser facilement surprendre : il fut informé à temps par un espion, qu'il avait posté à Niort et qui avait quitté cette ville en apprenant la destination des troupes anglaises. Comme l'espion connaissait parfaitement le pays, il devança les Anglais, et fit tressaillir le sire de Clisson, qu'il trouva à souper avec ses chevaliers, en lui jetant brusquement ces paroles :

« Or tôt, sire de Clisson, montez à cheval, partez-vous de ci et vous sauvez, car veci plus de cinq cents lances anglais et gascons qui tantôt seront sur vous et qui fort vous menacent ; et disent qu'ils ne vous voudraient mie jà avoir pris pour le déduit qu'ils auront de vous prendre. »

Clisson n'hésita pas un seul instant à mettre l'avis à profit, et, se levant en sursaut, il renversa la table où il était assis et cria à ses hommes de monter à cheval. Ce commandement fut aussitôt exécuté, mais avec la plus grande confusion, rien n'ayant été tenté pour maintenir un peu d'ordre, car l'un n'attendit pas l'autre, et les serviteurs n'eurent le temps d'emporter ni les tentes ni quoi que ce fût. Ils eurent quelque peine à se sauver et à suivre leur maître sur la route de Poitiers.

Grand fut le désappointement et grand le dépit des chevaliers anglais et gascons, quand ils entrèrent, l'épée à la main, dans les logis du sire de Clisson et qu'ils les trouvèrent vides. Comme les derniers occupants étaient partis, les Anglais et les Gascons prirent possession du campement pour la nuit, ainsi que des provisions qui y avaient été laissées, et le lendemain ils emportèrent les tentes et les pavillons à Niort, laissant les provisions de viande, de pain, de vin et de sel pour la garnison de Mortagne.

Bientôt après l'insuccès de cette tentative pour s'emparer du sire de Clisson, les seigneurs gascons retournèrent à Bordeaux, laissant à Niort les chevaliers anglais, lesquels prirent le commandement de quelques forteresses qui leur restaient encore en Poitou et dont les garnisons continuaient à faire de fréquentes expéditions de maraudage, enlevant et rançonnant des prisonniers et ravageant tout le pays découvert. Le connétable était encore à Poitiers, où il prenait ses quartiers d'hiver; lorsqu'il fut informé de ces déprédations, il répondit que, à la saison prochaine, il ferait rendre aux Anglais tout ce qu'ils avaient pillé sur le pays (1).

---

(1) Froissart, liv. I, part. II, p. 661.

CHAPITRE XVII.

Le connétable envahit la Bretagne. — Campagne de 1373. — Bataille de Chizé. — Défaite et prise de messire Jean d'Evreux. — Le connétable prend Niort. — Flatteuse réception faite au connétable, à son retour à Paris, par le roi et le peuple.

Vers la fin de la campagne de 1372, le duc de Bretagne s'avança jusqu'à Brissac, en Anjou, avec le dessein d'appuyer ses alliés anglais dans le Poitou, aussi bien que pour veiller sur les intérêts qu'il y avait, car Edouard III avait été tellement satisfait de la conduite récente de son gendre, que, outre le comté de Richemond, il lui avait accordé la Marche entre la Bretagne et le Poitou (1). Dès que le roi de France eut été informé du mouvement du duc, il ordonna au connétable d'entrer dans le duché de Bretagne. Cet ordre fut promptement exécuté par Du Guesclin, qui n'avait pas d'attachement pour le duc. Outre son inébranlable fidélité envers la couronne de France, vertu si rare à cette époque, où la servilité des nobles et des chevaliers de second ordre à l'égard de quelque seigneur plus puissant était le plus sûr moyen d'avancer, le connétable avait d'autres motifs de plainte

(1) Rymer, t. III, part. II, pp. 949-956. Le mot de *marche* (de l'allemand *mark*), dans le moyen âge, depuis Charlemagne, servit à désigner les frontières entre souverainetés voisines. Ces frontières étaient gouvernées d'ordinaire par un commandant militaire appelé *marquis* et en Allemagne *margrave*, ou comte de frontière (*markgraf*).

contre le duc de Bretagne. Celui-ci avait pris possession de la Roche-Derrien, domaine appartenant au connétable, pour défaut d'hommage, et l'avait donné en charge à Pierre de Kerimel, qui, sans prendre avis de personne, rendit le château à Du Guesclin, pour lequel il avait beaucoup d'admiration et d'attachement ; mais s'étant aperçu que le duc était mécontent de cette action, il le reprit aux gens du connétable et le garda pour le duc. Le connétable, qui pensait que la conduite de Kérimel lui avait été commandée par ce dernier, reçut avec plaisir l'ordre du roi d'entrer en Bretagne et de faire la guerre au duc, s'il refusait de chasser les Anglais de ses États. En conséquence, le connétable envahit le duché avec une force de quatre mille gens d'armes, passa sous les murs de Rennes et s'avança jusqu'à Gaël (1).

Le duc de Bretagne n'attendit pas le connétable et se retira devant lui, laissant une partie de ses troupes pour fortifier quelques places qui avaient une garnison insuffisante.

Quand l'armée française arriva à Rennes, elle apprit que la duchesse de Bretagne venait de quitter la ville et avait pris la route de Vannes. Le connétable et le duc de Bourbon se mirent aussitôt à sa poursuite avec cinq cents chevaux et l'eurent bientôt rejointe. Lorsque la duchesse aperçut le duc de Bourbon parmi ses ennemis, elle lui dit :

« Beau cousin, suis-je prisonnière ?

— Non, madame, répondit le duc ; nous n'engageons pas la guerre contre des femmes ; mais nous avons bon motif de le faire contre le duc, votre mari, qui se comporte fort étrangement envers son suzerain, en poursuivant une folle entreprise, qu'il ne pourra jamais mener à bonne fin. »

Le connétable et le duc de Bourbon firent ensuite publier que, si les soldats français avaient pris quelque chose à la duchesse,

---

(1) D'Orronville, chap. xiv. — Guillaume de Saint-André, vv. 1787-1805 ; et Morice, *Hist. de Bretagne*, t. I, p. 343.

ils eussent à le rendre à l'instant, sous peine d'être pendus. Cet ordre fut aussitôt exécuté et tout ce qui lui avait été pris lui fut rendu, excepté certains papiers importants qui se trouvaient être des lettres prouvant une alliance entre le duc de Bretagne et le roi d'Angleterre. On les conserva pour les envoyer au roi de France, et, dans la suite, elles eurent des conséquences très-graves pour le duc.

Le connétable, ayant envoyé la duchesse avec un sauf-conduit dans un de ses châteaux appelé Lohéac, fit décamper son armée et marcha sur Redon, ville commandée par le sire de Rieux, auquel il montra les lettres compromettantes qui avaient été enlevées à la duchesse. Le sire de Rieux, qui était un brave et loyal chevalier et un des barons bretons les plus distingués, fut tout étonné de la conduite du duc de Bretagne et il déclara ouvertement qu'il ne servirait plus le duc, son maître, tant qu'il tiendrait une telle conduite à l'égard du roi de France. La vue des copies de ces lettres produisit le même effet sur le comte de Penthièvre, Henri de Blois, et sur le sire de Hussandie. A la retraite du duc de Bretagne, le connétable retira ses troupes de la province, attendu que la saison était alors fort avancée (1).

Après le départ de l'armée française, le duc de Bretagne alla à Saint-Mahé rejoindre le sire de Neufville, qui avait depuis peu débarqué dans ce port avec quatre cents gens d'armes et autant d'archers. Le 22 novembre 1372, le duc ratifia le traité que sir Thomas Melbourne avait signé en son nom le 19 juillet précédent. Les Bretons furent très-mécontents de l'arrivée des troupes anglaises, et, immédiatement après, un certain nombre de prélats, de barons et de chevaliers, ainsi que les conseils municipaux de plusieurs des cités et des villes du duché, vinrent trouver le duc et lui exposèrent librement les fatales conséquences de ce dévouement opiniâtre aux intérêts de l'Angleterre. Le duc

(1) D'Orronville, *Vie de Louis de Bourbon*, chap. XIV.

trouva de si belles paroles pour justifier sa conduite, que l'assemblée se sépara sans avoir ouvertement manifesté de mécontentement ; mais une défiance réciproque commença dès ce moment entre le prince et son peuple (1).

Après avoir retiré ses troupes du duché de Bretagne, le connétable alla à Poitiers, où il passa l'hiver à faire des préparatifs pour la campagne suivante, qui devait être si féconde en événements pour les royaumes de France et d'Angleterre ; mais, avant de s'engager dans aucune nouvelle entreprise, il avait hâte de rendre ses comptes à Charles V, car, des deux côtés, il avait été dépensé des sommes considérables, et le connétable savait que le roi était aussi exigeant qu'un marchand dans ses affaires d'argent. De la part du roi, il y avait eu, à différentes époques, deux forts paiements effectués à sir John Chandos et au Prince-Noir pour la rançon de Du Guesclin et, du côté de celui-ci, des avances considérables avaient été faites aux troupes, pour leur solde, pendant les précédentes campagnes. Comme les sommes qu'ils se devaient mutuellement se balançaient à peu près, le roi et le connétable passèrent quittance de tout ce que l'un pouvait devoir à l'autre le 19 janvier et le 15 février 1373 (2).

Dès que la saison fut assez avancée pour les opérations militaires, le connétable quitta Poitiers avec un corps de quinze cents gens d'armes, en grande partie bretons, et mit le siége devant la ville et le château de Chizé, à quatre lieues environ de Niort, qui étaient commandés par deux chevaliers anglais, sir Robert Milton et sir Martin Scott. Comme il avait résolu de poursuivre

---

(1) Froissart, liv. I, part. II, p. 662. — Rymer, t. III, part. II, p. 964. — *Actes de Bretagne*, t. II, col. 53.

(2) *Actes de Bretagne*, t. II, col. 60. — Du Tillet, *Recueil des traictez*, etc., et *Inventaire*, p. 94, verso. — Il y a une différence d'une année entre les dates des *Actes de Bretagne* et de Du Tillet. Dans cette transaction, Du Guesclin prend les titres de duc de Molina, comte de Longueville et Borja, et connétable de France.

le siège jusqu'à la prise de la ville, le connétable retrancha sa position avec un fossé et des palissades, pour mettre ses troupes à l'abri d'une surprise. Ses premières tentatives contre les murs furent infructueuses, et elles ne servirent qu'à provoquer les risées de la garnison, qui dit en moquerie aux assaillants français :

« Ecoutez, Franchequins ; allez boire à Paris la chopine de vin, humer la soupe et rôtir le boudin ; car vous ne valez rien à gésir vêtu en haubert, ne à mangier le pain sec, boire l'eau au bassin. »

Mais les chefs, voyant qu'ils ne pourraient pas tenir longtemps contre l'habileté et les forces du connétable, résolurent de dépêcher un valet avec une lettre à messire Jean d'Evreux, à Niort, pour le prier de faire lever le siège de leur ville. Ils l'informèrent aussi de la position et du nombre des troupes du connétable ; mais, sous ce dernier rapport, ils l'induisirent en erreur, car ils disaient dans leur lettre que les forces des Français devant leur ville ne dépassaient pas cinq cents gens d'armes (1).

Après en avoir délibéré quelques instants, messire Jean d'Evreux résolut de marcher au secours de Chizé, et il donna aux garnisons voisines de Lusignan et de Gensay l'ordre de venir le rejoindre. Ayant ainsi renforcé son effectif, il partit de Niort avec une troupe de sept cents trois gens d'armes et trois cents pillards de la Bretagne et du Poitou.

Avant de quitter Niort, chaque homme d'armes, par le conseil de Jacounelle, capitaine de Chièvray (2), mit sur sa cotte de mailles un morceau de drap blanc avec la croix rouge de Saint-Georges dessus, et ils quittèrent ensuite la ville en bon ordre et bannières déployées.

Les préparatifs de messire Jean d'Evreux n'échappèrent pas à la vigilance du sire de Clisson, alors occupé au siège de la

---

(1) Froissart, liv. I, part. II, p. 663.
(2) Il est appelé *Jaquentré, capitaine de Chivré,* par la *Chronique* anonyme.

Roche-sur-Yon, qui envoya dire au connétable de se tenir sur ses gardes, attendu que les Anglais de Niort préparaient une expédition destinée, comme il le supposait, à secourir Chizé ou la Roche-sur-Yon. Le connétable récompensa le héraut qui lui apporta le message du sire de Clisson en lui donnant un bon cheval de guerre et le renvoya avec beaucoup de compliments pour son maître. Prévenu à temps des projets des Anglais, le connétable eut tout le loisir de se préparer à recevoir messire Jean d'Evreux, qui avait dessein, par une marche rapide sur Chizé, de surprendre les Français. En arrivant près de la ville, les Anglais firent halte à côté d'un bois voisin; et, tandis qu'ils étaient là, deux chariots chargés de vin, destinés aux troupes françaises alors occupées au siége de Chizé, essayèrent de passer. Les Anglais arrêtèrent les voitures, emportèrent les tonneaux de vin, les défoncèrent et se mirent à boire dans leurs heaumes, dans leurs gantelets et dans tous les vases qui leur tombaient sous la main.

« Hé Dieu! s'écria un des soldats anglais, ains tel vin ne tâtai!

— Ne moi, reprit un autre; tant que goutte en y ait de ci ne partirai.

— Avec vous ne demourray, dit un autre, appelé Gervay; car, quand j'aurai bien bu, mieux me combattrai, et se je suis battu, ne sentirai les coups, et se morir me faut, je moray le cœur gay. »

Échauffés par le vin, les soldats anglais voulaient à toute force marcher contre les Français, bien que plusieurs chevaliers, plus prudents ou moins ivres que les autres, conseillassent à leurs camarades de rester en leur position actuelle pendant le jour et d'essayer plutôt de surprendre les Français par une attaque de nuit. Messire Jean d'Évreux, toujours dans l'erreur sur l'effectif des forces du connétable, par suite de la lettre des commandants de Chizé, était pour l'attaque ouverte en plein jour, et, son opinion ayant prévalu, on envoya un héraut au connétable pour lui offrir la bataille. Le connétable reposait alors dans sa tente : dès qu'il eut reçu le défi, il convoqua un conseil de ses principaux officiers composé du comte du Perche, du vicomte de Châtellerault, de messire Jean de Vienne, de messire Olivier de Mauny, de messire Alain de Beaumont, et de plusieurs autres chevaliers et écuyers, auxquels il dit :

« Messeigneurs, là devant nous sont nos ennemis, qui nous offrent la bataille ; et il vient d'arriver à l'instant un homme à cheval, m'apportant une lettre du roi, qui m'écrit que, si les Anglais, quelles que soient leurs forces, nous offrent le combat, nous ne devons pas risquer de l'accepter, de sorte que dans cette affaire, il n'y a rien que du déshonneur pour moi, à moins que vous ne me donniez un autre conseil. »

Après avoir délibéré un moment, les chevaliers répondirent qu'il n'y avait pas d'autre voie de salut que d'obéir aux ordres du roi, et qu'il valait mieux pour lui rester dans ses retranchements. Cette opinion de son conseil ne fut pas du goût du connétable, qui était extrêmement impatient de marcher contre les Anglais, et elle provoqua de sa part une exposition très-nette de sa manière de voir. Les chevaliers se rendirent à son avis, mais de mauvaise grâce. Le connétable répondit fermement à la timide politique que l'on préconisait :

« Messeigneurs, je suis le représentant du roi Charles, mon souverain, pour défendre ses droits; et je crois fermement que le duché de Guyenne lui appartient légitimement, de sorte que je ne remplirais pas tout à fait mon devoir, si je ne défendais son bien. Connaissant ces choses pour vraies, et sachant qu'il est bon catholique, Dieu, en qui je mets ma confiance, m'aidera à soutenir son droit. Et ainsi, s'il vous plaît, nous combattrons les Anglais. »

Le connétable mit ensuite ses hommes en ordre de bataille dans ses retranchements, tandis que les Anglais étaient rangés dans la plaine. Après avoir pris ses dispositions pour un engagement immédiat, il laissa messire Jean de Beaumont au camp, avec quatre-vingts hommes cachés dans la tente, qui avaient ordre d'attaquer la garnison si elle sortait du château.

Messire Jean d'Évreux, qui était impatient de livrer bataille, fit avancer les maraudeurs bretons et poitevins de son armée pour escarmoucher près des retranchements des Français, afin de les attirer dehors, promettant de les appuyer dès que l'action aurait commencé. Les maraudeurs obéirent, quoique avec répugnance, et s'approchèrent des palissades, où ils furent reconnus par quelques-uns des soldats bretons du camp, qui entrèrent en pourparlers avec eux ; ils finirent par les déterminer à déserter les Anglais et à passer aux Français. Quand le connétable eut appris par les maraudeurs que les Anglais n'avaient que sept cents gens d'armes, il changea son ordre de bataille, donnant trois cents hommes à messire Alain de Beaumanoir et trois cents à messire Geoffroy de Quaremiel, avec recommandation de prendre les Anglais en flanc, tandis que lui, avec le reste de ses troupes, les attaquerait de front. Ensuite il donna l'ordre d'abattre les palissades; et aussitôt, bannières et étendards déployés, il s'avança dans la plaine, les rangs serrés, accompagné des maraudeurs qui venaient de déserter leurs drapeaux.

Les Anglais s'étant aperçus que les maraudeurs avaient passé aux Français, ne crurent point pour cela que tout fût perdu ; mais avec une grande confiance et beaucoup de bravoure, même en voyant qu'ils avaient été trahis par leurs amis et que leurs ennemis étaient supérieurs en nombre, ils s'avancèrent au combat, tous à pied, et engagèrent la lutte avec le principal corps de Français sous les ordres du connétable. Dans ce combat, qui fut opiniâtre et bien soutenu, il y eut, des deux côtés, de brillants faits d'armes.

Aussitôt que la garnison de Chizé s'aperçut que les Français avaient franchi leurs retranchements et engagé la bataille avec les Anglais au dehors, ils abaissèrent le pont-levis du château et sortirent, dans le dessein d'appuyer leurs compatriotes; mais ils furent rencontrés par messire Jean de Beaumont et ses hommes, qui avançaient hors de leurs tentes; et après un vif combat, la garnison fut battue et faite prisonnière avec ses chefs. Ce succès fut connu des Français dans le fort du combat et ne contribua pas peu à accroître leur ardeur.

Dans ses instructions à ses troupes, avant que l'engagement eût lieu, messire Jean d'Evreux ordonna à ses gens d'armes, après la première rencontre à la lance, de jeter cette arme et d'essayer, avec leurs haches, de mettre en pièces les lances de leurs ennemis. Au premier choc, les Français plièrent et reculèrent de plus de vingt pas; mais, encouragés par les paroles et l'exemple du connétable, non-seulement ils regagnèrent le terrrain perdu, mais quand les Anglais, suivant l'ordre de leur chef, jetèrent leurs lances et essayèrent de soutenir le combat avec leurs haches et de rompre les lances des gens d'armes français, ceux-ci les culbutèrent à leur tour; et lorsque les Anglais voulurent reprendre leurs lances, il était trop tard, parce qu'ils avaient été repoussés au-delà de l'endroit où ils les avaient jetées.

En ce moment, les détachements de messire Alain de Beaumanoir et de messire Geoffroy de Quaremiel prirent les Anglais en flanc et en queue, tandis que le connétable les attaquait de front en poussant les cris de guerre : Montjoye! Saint-Denis! Guesclin! et se jetait dans la mêlée avec son impétuosité ordinaire, frappant à droite et à gauche sur les Anglais. Dans le combat, il fut attaqué par Jacounelle, capitaine anglais, qui avait juré de le prendre vivant et de l'emmener à Niort, où il avait fait préparer un appartement pour son prisonnier futur; mais le connétable, le saisissant par la visière, le désarma, et le soulevant légèrement de terre, il lui asséna un coup qui lui fit sor-

tir un œil, puis le rejetant au milieu de ses soldats, il leur dit :
« Tuez-moi ce ribaud qui m'ennuie (1). »

Le connétable fut parfaitement secondé par messires Ricou et Laconnet, par Thibaut du Pont, Sylvestre Budes, Alain de Saint-Pol et Aliot de Calais ; et du côté des Anglais, ceux qui se distinguèrent le plus, furent messire Jean d'Évreux, sir Angus, messire Jeffrey d'Argenton, messire Aymery de Rochechouart et les écuyers Creswel, Holmes et Holegrave. Mais la valeur des Anglais ne put résister à une valeur égale et à la supériorité de nombre du côté des Français ; et quand il se vit pressé de front par le connétable et attaqué de flanc et en queue par les chevaliers de Beaumanoir et de Quaremiel, le général anglais, après avoir perdu plus de trois cents gens d'armes, se rendit avec toute sa troupe, dans laquelle les Français trouvèrent plus de trois cents chevaliers et écuyers de renom, dont la rançon, avec l'équipement, rapporta un revenu considérable. Cette bataille fut livrée le 21 mars 1373.

Après le combat, la ville et le château ne firent aucune résistance, car la garnison avait été faite prisonnière, et il ne restait plus au château que les valets. Le connétable, après avoir pris possession de la ville et du château, partit pour Niort avec toutes ses troupes ; mais, avant de se mettre en route, il ordonna à ses soldats de monter les chevaux qu'ils avaient pris et de jeter sur leur armure les tuniques de drap blanc que les Anglais avaient portées dans la bataille qui venait d'avoir lieu. Cet expédient eut tout l'effet qu'on en attendait, car lorsqu'un

---

(1) Froissart, liv. I, part. II, pp. 662-665. — *Fragment d'une chronique française*, publié par Secousse dans son *Recueil de piéces sur Charles le Mauvais*, p. 650. Cuvelier, vv. 21,908-22,466. — *Chronique* (anonyme) *de Du Guesclin*, chap. CLIX. — Cuvelier et l'auteur de cette dernière chronique détaillent beaucoup plus que Froissart la bataille de Chizé, et il y a quelque divergence entre leur récit et celui du grand chroniqueur ; mais Froissart a été suivi partout où il diffère des deux premiers.

détachement considérable de l'armée du connétable se présenta devant Niort, monté sur les chevaux anglais et habillé de la même manière que l'étaient les soldats anglais en quittant la ville, il fut pris tout de suite pour les mêmes troupes par les bourgeois, qui abaissèrent immédiatement le pont-levis, et les Français entrèrent dans la ville, dont ils s'emparèrent (1).

Après avoir fait reposer ses troupes pendant quatre jours à Niort, le connétable partit pour le château de Lusignan ; mais en arrivant, il le trouva vide, la garnison qu'y avait laissée messire Robert, fait prisonnier à la bataille de Chizé, l'ayant abandonné en apprenant l'issue de cette bataille. Le connétable y mit un gouverneur avec une garnison de gens d'armes suffisante pour le garder et alla avec une armée au Château-Achard, qui était tenu en son propre nom par madame Plainmartin, femme de messire Guiscard d'Angle.

Dès que la dame eut appris que le connétable approchait avec une grande armée pour lui faire la guerre, elle envoya un héraut lui demander la permission de venir le trouver, avec un sauf-conduit, afin d'avoir une entrevue avec lui. Le connétable y consentit sans hésiter et lui accorda en outre la permission d'aller à Poitiers parler au duc de Berry. En même temps, le connétable retira ses troupes du Château-Achard et fit le siége de Mortemer.

Quand la dame se présenta devant le duc de Berry, celui-ci la reçut très-courtoisement et l'empêcha de s'agenouiller lorsqu'elle lui présenta sa demande. Elle commença en ces termes :

« Monseigneur, je suis requise du connétable de France que je mette moi et ma terre en l'obéissance du roi de France : or, savez-vous que mon seigneur mon mari gît prisonnier en Espagne, si est sa terre en mon gouvernement. Je suis une femme

---

(1) Cuvelier, v. 22,479. — *Chronique* (anonyme) *de Du Guesclin*, chap. CLXII.

de nulle défense et ne puis pas faire de l'héritage de monseigneur à ma volonté : peut-être si je faisais aucune chose outre son plaisir, il ne m'en saurait gré, et en prendrais blâme ; mais pour vous apaiser et ma terre mettre en paix, je me composerai et mes gens aussi, que nous ne serons point guerroyés et aussi nous ne ferons point de guerre ; et quand monseigneur sera revenu de sa prison, si lui signifierai cette composition ; si m'en répondra sa volonté, et tantôt après vous répondrai. »

Le duc accorda la demande de la dame et lui donna des lettres pour le connétable, qui exécuta de bonne grâce tout ce que le duc avait promis. Mortemer ne résista pas longtemps aux troupes françaises, et la dame de Mortemer, qui commandait la forteresse, se mit, elle, ses terres et le château de Dienné, sous l'obéissance du roi de France (1)..

Après un si heureux début de campagne, le connétable retourna à Poitiers, où il fut cordialement accueilli par les ducs de Berry, de Bourgogne et de Bourbon. Il licencia là son armée, permettant aux chefs de s'en retourner chez eux avec leurs hommes et de se retirer dans les différentes garnisons jusqu'à ce que leurs services fussent de nouveau nécessaires. Ensuite, le connétable, en compagnie des trois ducs, se rendit à Paris où il fut reçu, du roi comme du peuple, avec les démonstrations que la reconnaissance et l'admiration pouvaient inspirer. Le roi, qui eut un accès de libéralité tout à fait en dehors de ses habitudes, tint cour ouverte pendant trois jours et donna de grands présents et de beaux joyaux ; quant au peuple, il manifesta le cas qu'il faisait des services du connétable d'une manière telle que, suivant la remarque d'un chroniqueur contemporain, « il eût été difficile qu'il fît davantage pour Dieu lui-même, s'il fût descendu sur la terre (2). »

---

(1) Froissart, liv. I, part. II, pp. 665, 666.
(2) Froissart, liv. I, part. II, p. 667. — *Chronique* (anonyme) *de Du Guesclin*, chap. CLXII.

Ces manifestations du sentiment populaire n'étaient pas une simple explosion d'enthousiasme à ajouter aux vivats d'une entrée triomphale ; mais c'était le sincère hommage de tout un peuple pour les services réels rendus au pays ; c'était l'effusion d'une reconnaissance profonde envers celui qui avait de nouveau appris aux Français à vaincre ; et, si le connétable ne put effacer le souvenir des humiliantes journées de Crécy et de Poitiers, il avait déjà, pendant son court commandement, fait beaucoup pour en détruire les effets. Les succès non interrompus de Bertrand Du Guesclin furent pour le roi de France et pour le peuple français aussi agréables et aussi encourageants qu'ils furent mortifiants pour l'orgueil d'Édouard III et des Anglais, qui avaient vu non-seulement la Saintonge, l'Angoumois et l'Aunis, avec la Rochelle, changer de maîtres, mais aussi la grande et importante province du Poitou, considérée comme fief de la couronne anglaise depuis plus de deux cents ans, arrachée peu à peu de leurs mains, jusqu'à ce qu'il ne restât plus que quelques forteresses éparses et de peu d'importance qu'ils pussent dire être à eux.

CHAPITRE XVIII.

Le roi de France se résout à chasser le duc de Bretagne de son duché. —
Le connétable envahit la Bretagne avec une grande armée, et force le duc
à se réfugier en Angleterre. — Siéges de Brest et de Derval.

Par suite de sa prudente politique de ne combattre qu'un ennemi à la fois, le roi de France, pensant qu'Edouard III ne serait pas de longtemps en état d'organiser une autre expédition contre lui, après l'insuccès complet de sa tentative pour secourir Thouars, résolut de ne garder aucune mesure avec le duc de Bretagne, dont les coupables alliances lui étaient maintenant parfaitement prouvées. Les grands barons et la plupart des villes du duché étaient en opposition déclarée avec le duc, à cause de leur haine contre les Anglais qu'il persistait à employer autour de lui en les traitant avec plus de confiance que ses propres sujets, et le roi de France réussit à corrompre par des présents d'argent ou par des charges la plupart des nobles ou des chevaliers inférieurs, dont les préjugés ou le patriotisme ne pouvaient pas être mus par de plus puissants motifs (1).

Charles V, ayant résolu la ruine du duc de Bretagne et son expulsion du duché, trouva une justification suffisante aux dures

(1) Guil. de Saint-André, v. 1042. *Chronicon Briocense, sub anno* 1373. — Du Tillet, *Recueil des traictez,* etc., et *Inventaire,* p. 100, *verso.*

mesures, qu'il allait adopter, dans la conduite récente d'Edouard III et du duc. Le roi d'Angleterre apprenant que les Français, commandés par Evan de Galles, réunis aux Castillans sous don Ruy Dias de Rojas, avaient une grande flotte en mer, fit partir une expédition de Cornouailles, sous les ordres du comte de Salisbury, pour surveiller la flotte ennemie et, en même temps, pour sonder les intentions présentes du duc de Bretagne et des Bretons relativement à l'Angleterre. En atteignant la côte de Bretagne, la flotte anglaise entra dans le port de Saint-Malo où elle trouva à l'ancre sept grands navires marchands espagnols, chargés de marchandises. Les Anglais brûlèrent les vaisseaux avec leur chargement et tuèrent tous les marins espagnols à bord. Ils entrèrent ensuite dans la ville de Saint-Malo et prirent de force toutes les provisions dont ils avaient besoin.

Ces nouvelles se répandirent bientôt dans tout le duché et confirmèrent les soupçons des Bretons sur la conduite du duc, qu'ils accusèrent alors ouvertement d'attirer les Anglais dans le pays; et ils déclarèrent que, comme il montrait visiblement sa préférence pour les Anglais contre son propre pays, il n'était que juste qu'il perdît ses États. En conséquence, ils fortifièrent leurs cités, villes et châteaux de garnisons suffisantes et lui fermèrent leurs portes.

La méfiance, les plaintes et la détermination subséquente des Bretons arrivèrent bientôt aux oreilles de Charles V, qui était toujours prêt à saisir le moindre avantage dont il pût tirer parti contre ses ennemis; c'est pourquoi il écouta avec empressement les représentations des barons et des chevaliers bretons qui vinrent à Paris l'informer des moyens employés par le duc de Bretagne en amenant une puissante armée d'Anglais dans le duché, contre la volonté déclarée de ses sujets, qui désiraient rester bons et loyaux Français. Ils répondirent au roi, qui leur demanda gracieusement ce qu'ils voulaient de lui, qu'il devait armer et envoyer en Bretagne une force considérable de gens d'armes pour prévenir les desseins du duc et des Anglais sur le pays, et qu'il devait prendre possession de toutes les cités, villes et châteaux, attendu que le duc avait perdu ses domaines par forfaiture.

Rien ne concordait mieux avec les désirs et les desseins de Charles que ce conseil des barons et des chevaliers bretons ; et, en conséquence, il ordonna au connétable d'entrer en Bretagne avec une force suffisante pour pouvoir prendre possession de tout le duché. Le connétable se mit donc immédiatement à l'œuvre, et il rassembla incontinent à Angers un corps de quatre mille lances et de dix mille autres soldats, et partit pour la Bretagne, accompagné du duc de Bourbon, du dauphin d'Auvergne et des comtes d'Alençon, du Perche, de Boulogne, ainsi que de tous les barons bretons.

Le duc de Bretagne était à Vannes quand il fut informé des mesures prises pour le déposséder de son duché. Comme il était sous l'appréhension constante d'être fait prisonnier, il quitta cette ville et se rendit à Auray, qu'il abandonna bientôt également, parce qu'il ne connaissait aucune forteresse en Bretagne où il osât se renfermer. A Auray, il quitta la duchesse avec une partie de ses troupes et alla à Saint-Mahé, sur la côte; mais ayant demandé à être admis, on le lui refusa et on lui ferma la porte au nez. Ce traitement confirma assez les craintes qu'il avait pour sa sûreté ; et laissant messire Robert Knolles pour gouverner le duché en son absence, il s'embarqua à Concarneau et fit voile pour l'Angleterre (1).

Le connétable, qui avait mission du roi de France de prendre possession de tout le duché de Bretagne, quitta Angers et marcha d'abord sur Rennes. A son approche, les habitants de la ville ouvrirent leurs portes, parce qu'ils reconnurent que toute

---

(1) Froissart, liv. I, part. II, p. 669. — *Chronicon Briocense*, sub anno 1373.

résistance serait inutile contre des forces comme celles qu'il avait avec lui, et ils prêtèrent les serments d'obéissance au roi de France. Le connétable alla ensuite à Sucinio, beau château où le duc résidait souvent, et défendu par une garnison de soldats anglais, qui fermèrent les portes et se mirent en état de défense. Le connétable entreprit le siége de ce château et, tandis que les valets de l'armée préparaient les tentes pour les troupes, il ordonna une attaque avec ses gens d'armes, quoique, dans ce premier assaut, « il ne gagnât que des coups. » La garnison fit une défense opiniâtre ; mais, après quatre jours de lutte acharnée, le château fut pris de force et tout ce qui s'y trouvait passé au fil de l'épée (1).

Ensuite, le connétable fit décamper son armée et marcha sur Jugon. Avant de quitter Angers, il dit au duc de Bourbon :

« Il y a un château, à quatorze lieues d'ici environ, qui est une des plus fortes et des plus belles places qu'on puisse trouver : si l'on peut le prendre, le duc aura fait là une grande perte; car c'est un proverbe en Bretagne :

> *Qui a Bretagne sans Jugon*
> *Il a chapel sans chaperon;*

et je crois que le duc n'a pas songé à le défendre, de sorte que nous pouvons le prendre aisément. »

Quand le connétable approcha de Jugon il trouva donc la place sans autre garnison que les habitants accoutumés ; et le capitaine, Robert de Guitry, rendit la forteresse dès qu'il vit les lettres d'alliance du duc de Bretagne et d'Edouard III (2).

Le connétable prit ensuite sans grande résistance Guy-la-Forêt, la Roche-Derrien, Ploërmel, Château-Josselin, Faouet, Guingamp, Saint-Mahé, Quimperlé et Quimper-Corentin.

Le comte de Salisbury, qui était toujours à Saint-Malo,

---

(1) Froissart, liv. I, part II, p. 670.
(2) D'Orronville, *Vie de Louis de Bourbon*, chap. xv, p. 115.

craignant pour sa propre sûreté des progrès continus que faisait le connétable, quitta ce port et fit voile pour Brest, où il serait plus à l'abri des flottes castillane et française qui étaient encore en mer, loin des côtes de Bretagne ; et, en même temps, il pouvait profiter des fortifications de Brest, alors « un des plus forts châteaux du monde. » Il y trouva sir Robert Knolles, qui avait été nommé gouverneur de Bretagne en l'absence du duc, et qui avait tout récemment confié son propre château de Derval à son cousin sir Hugh Brooks, pour prendre le commandement de Brest. Le comte y rencontra aussi le sire de Neufville, qui avait été envoyé en Bretagne l'année précédente, avec un corps de quatre cents gens d'armes et autant d'archers, pour conclure le traité d'alliance entre Edouard III et le duc. Le comte de Salisbury quitta juste à temps Saint-Malo pour éviter un siége, car le connétable y arriva le lendemain du jour où les Anglais avaient quitté la place.

Après avoir pris possession de Saint-Malo, le connétable marcha sur Hennebon, alors commandé par un écuyer anglais nommé Thomelin Wick, avec une garnison de cent vingt gens d'armes. Le connétable s'étant aperçu, à la force des ouvrages de défense, qu'il ne pourrait prendre la ville si la garnison était secondée par les habitants, s'approcha des barrières avant de donner l'assaut et dit de manière à se faire entendre de la garnison :

« Entendez entre vous, hommes de léans : il est certain que nous vous conquerrons tous et souperons encore à nuit en cette ville ; mais s'il y a nul des vôtres qui jette pierre ni carrel, tant soit hardi, par quoi le plus petit de nous ou de nos garçons soit blessé, à Dieu le veut, je vous ferai à tous tollir les têtes. »

Cette menace les effraya tellement qu'ils refusèrent de prendre part à la défense de la ville ; et il informèrent en corps les Anglais de leur résolution. Le capitaine, sachant très-bien qu'il ne pourrait pas soutenir longtemps un siége contre un si grand nombre d'assaillants sans être secouru, entra en négociations avec le connétable pour la reddition de la ville, et obtint pour tous les partisans de la cause anglaise la permission de quitter la place avec tous les biens qu'ils pourraient emporter.

Après la conquête de la ville et du château d'Hennebon, le connétable résolut de ne faire aucune tentative sur Brest, car il savait bien qu'un siége serait inutile contre une si forte place défendue par les troupes qui y étaient sous les ordres du comte de Salisbury. C'est pourquoi, après avoir laissé une garnison suffisante à Hennebon, il marcha sur Nantes, réduisant tout le pays sur sa route à l'obéissance du roi de France. Sur le chemin de Nantes, il fit un détour pour attaquer le château de Derval ; et, afin de convaincre la garnison qu'il était bien décidé à le prendre, il l'investit dans toutes les formes et éleva des forts provisoires sur tous les côtés.

Quand les Français se furent éloignés des environs de Brest, le comte de Salisbury jugea à propos de faire sortir ses troupes de la ville, où les provisions étaient sensiblement diminuées, pour les diriger sur Guérande. Cette retraite des Anglais fut découverte par le connétable, qui envoya immédiatement pour assiéger la ville un corps de mille gens d'armes, sous le commandement du sire de Clisson. Celui-ci l'investit si étroitement « qu'un oiseau n'aurait pu en sortir sans être vu. » En même temps, le duc d'Anjou continuait le siége de la Roche-sur-Yon, en Poitou, une des rares forteresses qui restaient encore aux Anglais dans cette province, tandis que quelques seigneurs bretons et normands étaient occupés au siége de Bécherel.

Pendant le siége de Derval, il y eut plusieurs assauts et sorties, et presque chaque jour s'accomplissaient de brillants faits d'armes devant le château ; mais le gouverneur sir Hugh Brooks, voyant, aux dispositions que le connétable avait prises, qu'il ne pouvait espérer de secours d'aucun côté, et qu'il lui était même impossible de faire connaître sa position à sir Robert Knolles, résolut d'entrer en négociations pour la reddition de la place, et proposa de livrer la forteresse, si, dans les quarante jours, il n'était pas secouru par une force assez considérable pour faire lever le siége. Le connétable ne voulut pas accepter ces conditions sans avoir consulté le duc d'Anjou ; des lettres furent en conséquence adressées à ce prince alors devant la Roche-sur-Yon, qui conseilla au connétable d'adhérer à ces propositions, mais à la condition qu'il serait fourni de riches otages pour garantir la stricte exécution de ce qui aurait été convenu. Cette clause, suggérée par le duc, retarda quelque temps la conclusion du traité. Comme le connétable fut inébranlable dans ses exigences, il obtint, non-seulement deux chevaliers et deux écuyers comme garantie de l'exécution fidèle des conditions convenues, mais encore une clause additionnelle, à savoir, que la garnison de Derval ne recevrait absolument qui que ce fût dans le château sans être accompagné d'une force assez considérable pour faire lever le siége. Après avoir envoyé les otages au duc d'Anjou, à la Roche-sur-Yon, le connétable laissa quatre mille combattants pour continuer le siége de Derval, et, avec cinq cents lances, il se dirigea lui-même sur Nantes.

En approchant de la ville, il trouva les portes fermées sur lui; mais après quelques pourparlers avec les bourgeois, à qui il montra la commission par laquelle il était autorisé à prendre possession du duché au nom du roi, ils consentirent à le recevoir dans leur ville à la condition que, si le duc de Bretagne revenait et qu'il voulût rester bon Français, ils le reconnaîtraient comme leur seigneur, et que les revenus du duché resteraient entre leurs mains jusqu'à ce que, disaient-ils, « nous ayons d'autres nouvelles qui nous plaisent peut-être mieux que celles-ci. » Le connétable, qui ne vit dans la conduite des bourgeois de Nantes qu'un noble sentiment de loyauté envers le duc, répondit qu'il ne désirait pas qu'ils agissent différemment. Il entra ensuite dans la ville, où il resta huit jours, et établit sa demeure dans un beau manoir appartenant au duc de Bretagne sur la Loire, où il pouvait recevoir les premières nouvelles des siéges qu'il poursuivait en Bretagne et en Poitou et celles du roi de France, « qu'il l'aimait beaucoup, parce qu'il s'entendait parfaitement à sa besogne (1). »

Le connétable était à peine établi dans ses charmants quartiers près de Nantes, quand il reçut l'agréable nouvelle que la Roche-sur-Yon, après un siége opiniâtre, s'était rendu au duc d'Anjou ; et, bientôt après, il fut presque aussi agréablement surpris d'apprendre du sire de Clisson et des barons bretons occupés au siége de Brest que la garnison de cette forteresse, presque imprenable, avait fait des propositions de capitulation et qu'ils avaient accordé un sauf-conduit à un chevalier et à deux écuyers que lui envoyait sir Robert Knolles avec les articles de la capitulation.

Sir Robert Knolles, qui désirait sauver son château de Derval, aussi bien que la ville de Brest, et qui espérait, par cet expédient, obtenir le secours du comte de Salisbury et de ses troupes, consentit à rendre Brest à des conditions analogues à celles qui avaient été acceptées pour Derval, si dans l'intervalle d'un mois il n'était pas secouru par une force suffisante pour faire lever le siége. Le connétable demanda des otages, qui lui furent donnés par sir Robert Knolles, et les troupes françaises se retirèrent dans le voisinage de Nantes, en attendant l'expiration du temps convenu pour la reddition de Brest et de Derval.

Sir Robert Knolles, profitant du départ de l'armée française de Brest, laissa son commandement dans cette ville, et se jeta dans le château de Derval, au mépris d'une des clauses acceptées par son cousin, sir Hugh Brooks. Avant de quitter Brest, il écrivit au comte de Salisbury, alors près de Guérande, pour l'informer qu'un jour avait été proposé par lui et accepté par le

(1) Froissart, liv. I, part. II, p. 673.

connétable pour la reddition de Brest, si la place n'était pas secourue dans l'intervalle par une force suffisante.

En recevant cet avis, le comte ne perdit pas un instant ; il réunit ses troupes, qui se montaient à deux mille gens d'armes et deux mille archers, mit à la voile et, arrivé au port de Brest, il débarqua son monde et choisit une place convenable, non loin de sa flotte, où il rangea ses forces en ordre de bataille. A la nuit, il retourna à bord. Il renouvela cette manœuvre pendant six jours consécutifs ; mais lorsqu'il vit que personne n'acceptait son défi, il envoya un héraut au connétable, toujours dans ses quartiers près de Nantes, pour lui dire qu'il était venu remplir ce qui avait été convenu par sir Robert Knolles, et qu'il était prêt à lui livrer bataille ou à faire lever le siége de la ville de Brest, et à reprendre les otages. Il requit, en conséquence, le connétable d'avancer et de lui livrer bataille ou, s'il le préférait, de lui renvoyer les otages.

Le connétable parut peu disposé à risquer une bataille avec les Anglais sous les murs de Brest ; aussi répondit-il évasivement, et dit-il au héraut d'informer ses maîtres qu'il avait aussi grande envie qu'eux de combattre, mais qu'ils ne se trouvaient pas à l'endroit qui avait été proposé et stipulé, et que, s'ils voulaient venir à lui, il accepterait la bataille.

Cette réponse du connétable surprit les Anglais, et le comte de Salisbury assembla un conseil de ses principaux officiers pour délibérer sur ce qu'il avait à faire. Après en avoir conféré quelques instants, ils décidèrent qu'on renverrait le héraut dire de leur part qu'ils étaient marins, qu'ils n'avaient pas amené de chevaux avec eux, et qu'il n'était pas raisonnable de leur demander de faire tant de chemin à pied ; mais que, si le connétable voulait leur envoyer des chevaux, ils iraient volontiers le trouver et que, s'il ne voulait agréer ni l'une ni l'autre de ces propositions, il devait rendre les otages, puisqu'il y était engagé.

Le héraut porta ce message au connétable, qui répondit :

« Bel ami, nous ne ferons jà tel avantage à nos ennemis. Si Dieu plaît que nous leur devions envoyer nos chevaux, on le nous tiendrait à trop grand ouvrage ; et si nous étions conseillés de ce faire, si voudrions-nous avoir bons otages et suffisants pour répondre de nos chevaux.

— Certes, dit le héraut, de ce ne m'ont-ils rien enchargé.

— Alors, ajouta le connétable, puisqu'ils ne veulent traire avant et qu'ils s'excusent que ce sont gens de mer, nous ne sommes pas et aussi ne sont-ils au lieu ne en la place où la journée fut traitée et pourparlée : si leur direz, quand vous retournerez vers eux, que nous leur ferons tant d'avantage que nous irons là sus la place et au propre lieu, et la viennent ainsi qu'ils veulent et ils seront combattus. »

Ce fut avec cette réponse que le héraut retourna auprès du comte de Salisbury. Immédiatement après, le connétable, avec son armée de quatre mille gens d'armes et quinze mille hommes d'autres troupes (1), s'avança jusqu'à une journée de chemin de Brest, où il fit halte, et établit son armée dans une forte position. Il fit ensuite prévenir les Anglais qu'il était venu au lieu où le traité avec la garnison de Brest avait été ratifié et que, s'ils voulaient s'y rendre, il leur livrerait bataille, sinon ils perdraient leurs otages.

Quand le comte de Salisbury et son conseil reçurent cette proposition du connétable, ils la regardèrent comme une défaite et comme une preuve qu'il n'avait pas dessein de les combattre. Ils lui firent répondre que, s'il voulait faire les deux tiers du chemin, ils essayeraient, de leur côté, de faire à pied l'autre tiers ; mais que, s'il ne voulait en faire que la moitié, eux feraient

---

(1) C'est l'estimation de Froissart. Du Tillet donne pour motif des hésitations de Du Guesclin « qu'il était le plus faible, ayant, depuis le traité, licencié la plus grande partie de ses troupes. » *Recueil des traictez*, etc., p. 90, *verso*; et Morice, *Hist. de Bretagne*, t. I, p. 347.

l'autre ; et qu'enfin, s'il ne voulait rien en faire, il était obligé de rendre les otages, attendu qu'il n'avait pas le droit de les retenir, puisque les Anglais avaient fait leur devoir selon la loi des armes et qu'ils étaient toujours disposés à le faire.

Comme de part et d'autre on ne paraissait pas vouloir compromettre les avantages de sa position, les armées restèrent où elles étaient. Les Anglais renforcèrent la garnison de Brest d'un corps suffisant de gens d'armes et pourvurent le château de provisions et d'armes ; puis, remontant sur leurs vaisseaux, ils firent voile pour Saint-Mahé. Ils ne tentèrent rien pour secourir Derval, car, outre les difficultés qu'il y avait à le faire, sir Robert Knolles avait écrit aux Anglais de ne pas s'inquiéter de lui, attendu qu'il luttait d'une seule main contre les Français.

Après le départ des Anglais de Brest, le connétable décampa immédiatement et marcha d'abord sur Rennes. Tandis qu'il était dans cette ville, la nécessité de payer les troupes alors engagées aux siéges de Derval et de Bécherel le força de lever de l'argent. En conséquence, le 20 août 1373, il imposa une taxe d'un franc ou de vingt sols par feu sur les diocèses de Rennes, de Dol, de Saint-Mahé, de Saint-Brieuc et de Vannes (1). Il marcha ensuite sur Derval, pour tenir le jour désigné dans le traité ; mais sir Robert Knolles lui dit qu'il perdrait son temps à rester là, attendu que, pour rien au monde, il ne livrerait son château, quelque traité ou composition qui eût eu lieu, prétendant que ses gens n'avaient pas le droit de passer de convention pour la reddition de son propre bien sans sa participation considéré, et que ce qu'ils avaient fait était comme nul et non avenu. Cette déclaration du chevalier anglais surprit beaucoup le connétable, le sire de Clisson et les barons français et bretons, « et disaient les plus sages et les plus usé d'armes que la cause

---

(1) *Actes de Bretagne*, t. II, col. 77.

ne pouvait être ne demeurer ainsi, et que les traités que messire Hugh Brooks et ses frères avaient faits étaient bons. »

La détermination de sir Robert Knolles fut communiquée sur-le-champ au duc d'Anjou, qui, immédiatement après avoir reçu le message, partit d'Angers avec un corps considérable de gens d'armes et se dirigea sur Derval. Le duc, qui était dur et impérieux par nature et dont le caractère s'irritait de toute opposition, essaya, en arrivant, d'effrayer sir Robert Knolles en le menaçant de mettre à mort les otages, si le château n'était rendu suivant les termes du traité; mais l'inflexible brigand, que de longues années d'une vie sans frein ni loi avaient accoutumé à tous les genres de violence, ne pouvait être détourné de son projet par des menaces ou même par du sang, et il répondit tranquillement aux menaces du duc d'Anjou qu'il pouvait agir comme bon lui semblerait, mais que, de son côté, si les otages étaient mis à mort, il était résolu à traiter de même quatre braves chevaliers français qu'il retenait prisonniers dans son château et dont il pouvait obtenir de fortes rançons.

Ce défi irrita tellement le duc d'Anjou que, sans se donner le temps de réfléchir, il fit amener les quatre otages, deux chevaliers et deux écuyers, aussi près du château qu'on pouvait le faire sans danger; et là, malgré les prières et les instances de plusieurs chefs de l'armée française, ils furent décapités tous quatre en vue de la garnison de Derval.

Cette scène révolta sir Robert Knolles, qui, des fenêtres de son château, en avait été témoin. Il fit immédiatement élever une plate-forme devant ces mêmes fenêtres, et ordonna qu'on y amenât trois chevaliers et un écuyer pour la rançon desquels il avait refusé dix mille francs. Il les fit monter sur cet échafaud l'un après l'autre et il leur fit successivement couper la tête, qu'il jeta avec leurs corps dans les fossés du château. Tous les gens de cœur détournèrent avec horreur la vue de ce spectacle, qui termina alors les opérations militaires devant Derval, le connétable et le duc d'Anjou, avec toute l'armée, ayant été rappelés à Paris pour repousser une formidable invasion, qui menaçait en ce moment le salut de la France (1).

(1) Froissart, liv. I, part. II, pp. 674, 677, 682.

CHAPITRE XIX.

Les Anglais envahissent la France sous les ducs de Lancastre et de Bretagne.
Le roi de France adopte une politique entièrement défensive.
— Résultats infructueux de l'expédition.

Irrité de la perte d'une grande partie de ses possessions de France et contrarié du fâcheux insuccès de sa tentative pour secourir les seigneurs poitevins à Thouars, dans la campagne précédente, Édouard III était résolu de faire de grands efforts pour réparer ses pertes; mais, comme il ne voulait pas confier de nouveau sa fortune au caprice des vents, il équipa à grands frais une expédition dans le commencement de juin, sous le commandement des ducs de Lancastre et de Bretagne, pour traverser la France, de Calais à Bordeaux, avec le triple but d'humilier le roi de France, de secourir les forteresses de Bretagne, alors assiégées par les Français, et d'établir le duc de Lancastre dans son nouveau gouvernement d'Aquitaine, dont il avait été créé « lieutenant spécial et capitaine général, aussi bien que du royaume de France et de tous les autres pays d'outre-mer, » le Prince-Noir, qui avait perdu toute espérance de revenir à la santé, ayant résigné cette principauté (1).

(1) Froissart, liv. I, part. II, p. 674. — Rymer, t. III, part. II, pp. 974-982.

Le duc de Lancastre, ayant terminé ses préparatifs, embarqua ses troupes, qui se montaient à trois mille gens d'armes, six mille archers et deux milles hommes d'autres armes (1), et arriva à Calais dans le mois de juin 1373.

Après avoir demeuré quelques jours dans cette ville, pour charger ses bagages et ferrer ses chevaux, il se mit en route par la Picardie, faisant de petites marches de deux ou trois lieues au plus par jour, et campait tous les jours à midi. L'avant-garde ou première division de l'armée était commandée par les deux maréchaux, les comtes de Suffolk et de Warwick; ensuite venait la division des ducs de Lancastre et de Bretagne, qui était suivie des chariots de bagages et des autres voitures, tandis que l'arrière-garde était commandée par le connétable de l'armée anglaise, lord Edouard Spencer. Dans cet ordre, ils traversèrent Saint-Omer, Aire, Saint-Pol et Arras, sans aucune aventure digne de remarque, jusqu'à ce qu'ils arrivassent dans les environs de Saint-Quentin.

A Roye, en Vermandois, le duc de Bretagne envoya, par un héraut, une lettre de défi au roi de France, en abjurant toute foi et hommage, se déclarant l'ennemi du roi et menaçant de se venger des maux qu'il avait soufferts. Charles V fut extrêmement blessé du ton de cette lettre, quoiqu'il affectât d'en rire. Il ne jugea pas à propos d'accepter le défi qui y était contenu, mais il se contenta de munir les cités, les villes et les châteaux, sur la route des Anglais, de garnisons suffisantes et d'approvisionnements pour résister à un siége, et d'ordonner au peuple des campagnes de mettre à l'abri dans ses forteresses tout ce qu'ils

---

(1) D'autres autorités estiment l'effectif de l'armée anglaise beaucoup plus haut que Froissart. D'Orronville dit qu'ils étaient 16,000 combattants. *Vie de Louis de Bourbon*, chap. xx. Dans l'*Hist. de Bretagne*, par Morice, t. I, p. 348, et Barnes's *History of Edward III*, ils sont portés à 30,000 hommes.

pourraient emporter avec eux, sous peine d'être abandonnés à l'ennemi (1).

Près de Ribeumont, et non loin de Saint-Quentin, un détachement de troupes anglaises d'environ quatre-vingts hommes appartenant à la division de sir Hugh Calverly fut rudement mené par un corps de gens d'armes français, commandé par le sire de Bousies et messire Jean de Bueil; et un semblable sort atteignit un autre détachement de la même troupe venu pour attaquer Ribeumont et venger la défaite des camarades.

Le duc de Lancastre, en traversant la Picardie, l'Ile-de-France et la Champagne, trouva le pays abondamment pourvu, car c'était le moment de la moisson; il tira des paysans de la campagne et des habitants des villages de grandes quantités de vin et de blé, beaucoup de gros bétail et de brebis, que cette multitude sans défense s'empressait de lui fournir pour sauver le reste de ses biens de l'incendie et d'un pillage moins modéré.

Les Anglais ne désiraient rien tant qu'une bataille avec les Français; mais le prudent et impassible Charles ne voulait rien donner au hasard, quand il pensait pouvoir arriver d'une autre manière à la défaite de ses ennemis, fût-ce en sacrifiant ses malheureux sujets. C'est pourquoi il refusa de confier à aucun chef un grand corps de troupes, et donna à tous l'ordre exprès de se borner à surveiller les mouvements des Anglais, de harceler leurs détachements et d'empêcher leurs fourrageurs de faire des provisions. Le sire de Clisson, accompagné du sire de Laval, du vicomte de Rohan et d'autres nobles chevaliers, avec quatre cents lances environ, agissant d'après les sévères recommandations du roi, suivirent la route de l'armée envahissante; et les

---

(1) Froissart, liv. I, part. II, pp. 674, 678. — *Chronicon Briocense*, sub anno 1373. — *Actes de Bretagne*, t. I, col. -67. — Guil. de Saint-André, v. 1983.

armées ennemies marchaient souvent si près l'une de l'autre, qu'elles échangeaient des saluts ou des menaces, selon la disposition du moment. Dans une de ces occasions, sir Henry Percy, « un des plus gentils barons d'Angleterre, » traversait à cheval le pays ouvert, tandis que messire Guillaume des Bordes et messire Jean de Bueil suivaient avec leur troupe la même direction, assez près les unes des autres pour pouvoir se reconnaître, mais sans se rencontrer. Sir Henry Percy apercevant, parmi les Français, messire Aimery de Namur, fils du comte, lui dit :

« Il fait beau voler maintenant ; que ne volez-vous, quand vous avez des ailes ?

— Sire de Percy, dit messire Aymery, en donnant de l'éperon à son cheval et sortant un peu des rangs, vous dites vrai, le vol est beau à nous, et se j'en étais cru, nous volerions jusques à vous.

— Par Dieu ! Aymery, je t'en crois bien. Or, émeus tes compagnons à voler ; si y aura bon gibier. »

Ils échangeaient souvent ainsi, à distance, des paroles railleuses ou des gracieusetés, mais ils ne s'approchaient pas plus près les uns des autres. Néanmoins, quand l'armée anglaise fut dans le voisinage de Soissons, et près d'un village appelé Ouchy, une tentative fut faite contre le camp des Anglais, malgré la défense formelle du roi de France. L'aventure eut lieu une nuit que sir Walter Huet était de garde. S'étant retiré, vers le point du jour, pour prendre quelque repos dans sa tente, tandis qu'il se désarmait, messire Jean de Vienne, avec cent vingt lances, fit une attaque sur la partie du camp où sir Walter Huet était de service. Aussitôt que le chevalier anglais entendit le bruit, il sortit avec tant de précipitation qu'il n'était armé qu'à moitié ; et, dans cet état, montant à cheval, le bouclier au cou et la lance en arrêt, il chargea intrépidement les assaillants. A peine hors de sa tente, il fut remarqué par messire Jean d'Elmont, preux et vaillant chevalier français, armé de pied en cap et bien monté, qui, donnant de l'éperon à son cheval, l'attaqua avec la lance et le frappa avec tant d'adresse, que l'armure incomplète de l'Anglais ne lui servit de rien, et l'arme, pénétrant dans son corps, le renversa mort de cheval. Ses compagnons, en voulant venger sa mort, furent tous tués ou faits prisonniers. L'affaire se fit en si peu de temps, que, avant que les maréchaux eussent pu réveiller le camp et venir au secours de leurs camarades, les Français s'étaient retirés avec leurs prisonniers dans un bois voisin, et mis à l'abri de toute poursuite. Cette rencontre eut lieu le 21 septembre 1373 (1).

Pendant ce temps-là, le connétable et les trois frères du roi de France, les duc d'Anjou, de Berry et de Bourgogne, étaient à Paris à la disposition du roi. Ils y furent rejoints par le sire de Clisson, qui avait été mandé par Charles V, pour examiner avec lui dans un conseil privé, composé de ses trois frères et du connétable, s'il devait ou non livrer bataille aux Anglais, car disait-on, « plusieurs barons et chevaliers du royaume de France et consuls des bonnes villes murmuraient l'un à l'autre et disaient en public que c'était chose inconvenante et grand vitupère pour les nobles du royaume, où tant a de barons, chevaliers et écuyers, et de quoi la puissance est si renommée, quand ils laissaient ainsi passer les Anglais et point n'étaient combattus ; et que de ce blâme ils étaient vitupérés par tout le monde. »

Quand ses conseillers extraordinaires furent rassemblés, le roi ouvrit la séance par un exposé de la situation ; puis il les pria de prêter une oreille attentive à ce qui serait dit pour ou contre, et de lui donner le meilleur conseil qu'ils pourraient. Le connétable fut appelé le premier à émettre son opinion, comme ayant été engagé dans les plus importantes affaires avec les Anglais ; mais il s'excusa d'ouvrir un avis avant que les frères du roi eussent été entendus. Nonobstant sa modestie, on

---

(1) Froissart, liv. 1, part. II, pp. 681, 682.

insista pour qu'il parlât le premier, et, comme il savait d'avance quel était le conseil le plus agréable à son maître, il s'exprima ainsi :

« Tous cils qui parlent de combattre les Anglais ne regardent mie le péril où ils en peuvent venir ; non que je die qu'ils ne soient combattus, mais je veux que ce soit à notre avantage, ainsi que bien le savent faire quand il leur touche et l'ont plusieurs fois eu à Poitiers, à Crécy, en Gascogne, en Bretagne, en Bourgogne, en France, en Picardie et en Normandie. Lesquelles victoires ont trop grandement endommagé votre royaume et les nobles qui y sont, et les ont tant enorgueillis qu'ils ne prisent autant nulle nation que la leur, par les grans rançons qu'ils ont prises et eues, de quoi ils sont enrichis et enhardis. Et veci mon compagnon le seigneur de Clisson qui plus naturellement en pourrait parler que je ne fasse, car il a été avec eux nourri d'enfance, si connaît mieux leurs conditions et leurs manières que nuls de nous : si le prie, et ce soit votre plaisir, cher sire, qu'il me veuille aider à parfournir ma parole. »

Le sire de Clisson, se trouvant ainsi mis en demeure de parler, et pressé d'ailleurs par le roi, appuya chaleureusement et sans hésiter la politique recommandée par le connétable et ajouta :

« A Dieu le veut, monseigneur, Anglais sont si grands d'eux-mêmes et ont eu tant de belles journées, qu'il leur est avis qu'ils ne puissent perdre; et en bataille ce sont les plus confortes gens du monde, car plus voient grant effusion de sang, soit des leurs où leurs ennemis, tant sont-ils plus chauds et plus arrêtés de combattre, et disent que jà cette fortune ne mourra tant que leur roi vive : si que, tout considéré, de mon petit avis, je ne conseille pas qu'on les combatte, s'ils ne sont pris à meschief, ainsi que l'on doit prendre son ennemi. Je regarde que les besognes de France sont maintenant en grand estat et que ce que les Anglais y ont tenu par soutiennement guerrier, ils l'ont perdu ; donc, cher sire, se vous avez eu bon conseil et cru, si le croyez encore.

— Par ma foi, dit le roi, sire de Clisson, je n'en pense jà à issir ne à mettre ma chevalerie ne mon royaume en péril d'être perdu pour un peu de plat pays, et de ci en avant je vous recharge avec mon connétable tout le faix de mon royaume, car votre opinion me semble bonne. Et vous, qu'en direz-vous, mon frère d'Anjou ?

— Par ma foi, répondit le duc d'Anjou, qui vous conseillerait autrement, il ne le ferait pas loyaument. Nous guerroicrons toujours les Anglais, ainsi que nous avons commencé : quand ils nous cuideront trouver en une partie du royaume, nous serons à l'autre, et leur torrons toujours à notre avantage ce petit qu'ils tiennent. Je pense si bien à exploiter, parmi l'aide de ces deux compagnons que je vois là, que dans les marches d'Aquitaine et de la haute Gascogne, dedans brief terme on pourra bien compter qu'ils tiennent peu de chose. »

Le roi fut très-satisfait de voir sa politique prudente appuyée de l'assentiment des conseillers en qui il avait le plus de confiance, et il se consola de la ruine et du pillage de ses malheureux paysans par cette déclaration de son conseil, au sujet de l'invasion des Anglais : « Laissez-les aller ; par fumières ne peuvent-ils venir à votre héritage ; il leur ennuira et iront tous à néant ; car quoiqu'un orage ou une tempête apparaisse à la fois en un pays, si se départ depuis et se dégâte de soi-même. Ainsi adviendra-t-il de ces gens Anglais (1). »

En conséquence, le roi ne mit à la disposition du connétable et du sire de Clisson qu'une force de cinq cents lances, leur ordonnant de surveiller les mouvements des Anglais et d'em-

(1) Froissart, liv. I, part. II, p. 682.

ployer la tactique qu'ils avaient eux-mêmes recommandée. Le connétable vit que les Anglais, après avoir quitté les environs de Soissons, avaient passé devant les villes de Vertus et d'Épernay et s'étaient portés sur Châlons en Champagne, traversant et retraversant la Marne, parfaitement pourvus qu'ils étaient d'ingénieurs et de charpentiers pour construire les ponts partout où ils les trouvaient coupés. De Châlons, ils marchèrent sur Troyes, levant des contributions sur le peuple sans défense, brûlant et saccageant partout où l'on résistait à leurs réquisitions. Le connétable était arrivé à Troyes avant eux, et il y trouva les ducs de Bourgogne et de Bourbon avec un corps de douze cents lances (1).

De Troyes, les Anglais marchèrent sur Sens, où un détachement de leur armée tomba dans une embuscade que leur avait dressée le sire de Clisson. A une lieue de Sens, le sire de Clisson avait placé deux cents gens d'armes, avec ordre de se replier, aussitôt que les Anglais approcheraient, sur le gros de sa troupe, fort de mille lances, qu'il avait caché sur le côté de la route, à une lieue plus loin. Les Anglais, ayant mis en fuite le premier corps, le poursuivirent et vinrent donner tout-à-coup sur le sire de Clisson, qui sortit en bon ordre de sa retraite, attaqua les ennemis disséminés le long de la route, en tua plus de six cents et fit un grand nombre de prisonniers (2).

Tant que dura la saison d'été et tant qu'ils parcoururent les plus riches provinces de France, les Anglais eurent peu de difficultés à combattre, dans cette inutile expédition de maraudeurs, où pas une forteresse ne fut prise, pas un combat ne fut livré; mais quand, à l'approche de l'hiver, ils eurent à passer par les froides régions montagneuses de l'Auvergne, et à traverser les provinces dévastées du Limousin, du Rouergue et de l'Agénois,

---

(1) Froissart, liv. I, part. II, p. 684.
(2) D'Orronville, *Vie de Louis de Bourbon*, chap. XX.

qui avaient été ruinées par les précédentes guerres, ils se trouvèrent en face des grands fléaux d'une armée : le froid et la faim. Pour comble d'infortune, ils étaient suivis par un ennemi actif, vigilant et exaspéré, de plus de trois mille lances, qui harcelait leurs flancs et leurs derrières, taillant en pièces tous les détachements qui se séparaient du gros de l'armée, de sorte que les Anglais étaient obligés de fourrager avec tout leur monde. En conséquence, les provisions de toutes sortes devinrent si rares, qu'une fois, pendant cinq ou six jours de suite, quelques-uns des plus hauts chefs de l'armée furent sans pain; leurs chevaux moururent en si grand nombre, qu'ils en perdirent plus des deux tiers avant d'arriver à Bordeaux. Plusieurs chevaliers et écuyers moururent de froid et de faim; et messire Edouard Spencer, connétable d'Angleterre, et d'autres chevaliers succombèrent plus tard aux maladies contractées au milieu des privations de cette marche désastreuse (1).

Avec la perte de ses soldats et de ses chevaux, avec l'insuccès complet de l'expédition, le duc de Lancastre perdit encore toute sa gaieté, car, sans aucune raison apparente, il eut une très-vive dispute avec son beau-frère et collègue, le duc de Bretagne, dispute qui finit par une séparation. Il est probable que les troupes, dont la solde n'était payée que pour six mois, la réclamèrent avec instance et que le duc de Lancastre invita le duc de Bretagne à payer sa part de ce qui était dû aux gens d'armes. A cette demande, le duc de Bretagne répondit au duc de Lancastre qu'il savait très-bien, avant de quitter l'Angleterre, qu'il avait épuisé tous les moyens dont il disposait pour payer à ses troupes la solde qui leur était alors

---

(1) Froissart, liv. I, part. II, p. 687. — Guil. de Saint-André, v. 2011. — *Vie de Louis de Bourbon*, chap. xx, p. 120. D'Orronville, qui exagère probablement les pertes des Anglais, dit que, de 16,000 combattants qui étaient partis de Calais, il n'y en eut que 8,000 qui atteignirent Brives en Limousin.

duc, et qu'il n'avait pas pour le moment un seul denier à affecter à cet objet, mais qu'il était disposé à remplir toutes ses obligations, et que, si le duc de Lancastre voulait lui prêter l'argent, il le lui rendrait fidèlement.

Le duc de Lancastre répliqua dédaigneusement :

« Je prise trop peu votre dit. Si gâté avez votre avoir, de ce ne m'en doit-il chaloir ; mais si vous voulez être en ma troupe, ne serez pas comme le maître. Pour ce, retrayez à part, car avec moi plus ne serez. »

Le duc de Bretagne fut extrêmement blessé du langage offensant du duc de Lancastre ; il le quitta pour aller rassembler son monde qu'il trouva réduit à soixante hommes. Il partit immédiatement du camp du duc de Lancastre avec ses gens, les uns à pied et les autres sur des chevaux de charge, et, après divers incidents, il arriva sain et sauf à Bergerac. De Bergerac il se rendit à Bordeaux, où l'arrivée opportune d'une cargaison de sel venant du port de Guérande en Bretagne, cargaison qu'il réclama comme lui appartenant, le mit en état de payer ses dettes et d'entretenir sa maison pendant l'hiver. Le duc y arriva aussi vers la Noël avec les tristes débris de son armée (1).

Dans le cours de cette année, le connétable Bertrand Du Guesclin épousa en secondes noces Jeanne de Laval, fille unique de Jean de Laval, sire de Châtillon, et d'Isabelle de Tinteniac (2).

---

(1) Guil. de Saint-André, v. 2025-2379.
(2) Morice, *Hist. de Bretagne*, t. I, p. 374 ; et Du Chastelet, *Hist. de Bertrand Du Guesclin*, p. 250. Dans un *Extrait du récit de Jean Flamant, trésorier du roi*, daté du 3 mai 1380, le connétable prend les titres de comte de Longueville, sire de Tinteniac et connétable de France. *Actes de Bretagne*, t. II, col. 419.

CHAPITRE XX.

Efforts du pape pour rétablir la paix entre les rois de France et d'Angleterre. — Succès des Français commandés par le connétable en Gascogne. — Le duc de Bretagne obtient des troupes d'Edouard III et rentre dans son duché.

Durant la marche de l'expédition de maraudage du duc de Lancastre, et au moment où l'armée anglaise arrivait à Troyes, le pape Grégoire XI fit une tentative pour rétablir la paix entre la France et l'Angleterre. A cet effet, il envoya d'abord au roi de France l'archevêque de Ravennes et l'évêque de Carpentras. Charles les reçut avec bienveillance et écouta leurs propositions ; mais il les renvoya au chef d'une troupe ennemie alors dans son royaume, ainsi qu'à son connétable Bertrand Du Guesclin et au sire de Clisson, qui étaient chargés de sa part de toute la conduite d'une simple guerre de défense. Les légats, sur cette réponse, ne séjournèrent pas à Paris, et, montant à cheval, ils coururent à Troyes, où ils trouvèrent le connétable, les ducs de Bourgogne et de Bourbon, le sire de Clisson et une quantité de nobles français, qui les reçurent cordialement.

Le connétable et le sire de Clisson répondirent très-brièvement à ces propositions de paix qu'il ne leur appartenait pas d'en traiter, mais bien aux Anglais qui couraient alors le pays. Les envoyés du pape, ne recevant aucune satisfaction des Français, se tournèrent vers les Anglais et se rendirent au camp des ducs de Lancastre et de Bretagne, alors devant Troyes, qu'ils trouvèrent également peu disposés à accueillir aucune proposition tendant à une réconciliation entre les deux royaumes; et la seule réponse qu'ils obtinrent des chefs anglais fut qu'il n'était pas en leur pouvoir d'accorder ou d'accepter aucune trêve ou répit, ni d'écouter aucune condition de paix. Tel fut le résultat des efforts pacifiques du pape cette année-là.

Avant l'ouverture de la campagne de 1374, le comte de Pembroke et messire Guiscard d'Angle, qui avaient été faits prisonniers dans le combat naval de la Rochelle, recouvrèrent leur liberté par l'entremise du connétable de France. Les prisonniers anglais, après avoir été pris en 1372, avaient été emmenés en Castille où ils étaient retenus par le roi Henri, qui consentit à les relâcher, à la demande de Bertrand Du Guesclin, à condition que ce dernier rendrait l'important fief de Soria, les villes d'Almazan, d'Atienza et d'autres places que le connétable avait reçues du monarque castillan, en récompense de ses services, après la bataille de Montiel et la mort de Pierre le Cruel. Ces domaines étaient estimés à deux cent quarante mille doublons, et ils retournèrent au roi de Castille en partie pour l'échange de la personne du comte de Pembroke, qui offrit de payer au connétable cent vingt mille francs pour sa rançon, sur lesquels il donna cinquante mille francs comptant et fournit pour caution du reste de la somme stipulée les bourgmestres et échevins de Bruges.

Ceux qui signèrent le contrat de la part du comte firent la réserve qu'il devait être remis sain et sauf dans la ville de Calais avant que le solde pût être réclamé. Cela fait, le comte quitta l'Espagne et traversa la France sous le sauf-conduit du connétable; mais il fut attaqué en route d'une grave maladie et ce fut avec peine qu'il atteignit Arras, où il mourut. Le connétable, regardant la mort du comte comme un jugement de Dieu que toutes ses précautions n'auraient pû empêcher, intenta procès aux cautions pour le payement des soixante-dix mille francs encore dus ; mais, n'ayant pu rien en recouvrer par la loi, il céda plus tard au roi de France ses intérêts pour cinquante mille francs (1).

En même temps, messire Olivier de Mauny, neveu du connétable, rendit la seigneurie d'Agreda en Castille pour la rançon de messire Guiscard d'Angle. Messire Olivier, alors éperdûment amoureux d'une riche héritière de Picardie, fille unique du sire de Roye, eut avis que le plus sûr moyen d'obtenir la main de la fille était d'assurer la délivrance du père. Le chevalier breton s'aperçut que le roi d'Angleterre désirait beaucoup obtenir la relaxation de messire Guiscard d'Angle et il conduisit les négociations avec tant de succès, qu'il réussit à échanger la personne du noble anglais et son neveu William d'Angle contre la terre d'Agreda, qui était estimée valoir quatre mille francs de revenu annuel. L'échange des prisonniers anglais pour le sire de Roye se fit aisément ; et messire Olivier de Mauny épousa la fille et, bientôt après, hérita de tous les biens du père, qui ne vécut que peu de temps après avoir recouvré sa liberté. Le sire d'Angle abandonna tous ses domaines en Poitou, d'où il passa en Angleterre avec sa femme et ses enfants ; mais, avant de partir, il n'oublia pas les obligations qu'il avait au duc de Berry, qu'il remercia profondément des généreux égards qu'il avait eus pour sa femme quand elle s'était vue assiégée, durant la campagne précédente, dans sa forteresse de Châtel-Achard (2).

(1) Froissart, liv. I, part. II, p. 684. — Ayala, *Cronica del rey don Enrique segundo*, pp. 31, 32 et 66. — Du Tillet, *Recueil des traictez*, etc., p. 90. — Voir aussi le *Traité touchant le différend avec les bourgmestres de Bruges*, dans les *Preuves de Du Guesclin*, par Du Chastelet, p. 454.

(2) Froissart, liv. I, part. II, p. 685. — Ayala dit que Guiscard d'Angle et un autre chevalier, appelé le sire de Poyana, furent remis au connétable pour trente-quatre mille francs. Ayala, *Cronica del rey don Enrique segundo*, p. 67.

Dans les premiers jours d'avril de l'année 1374, le duc d'Anjou rassembla une grande armée dans la ville de Périgueux pour exécuter la promesse qu'il avait faite à son frère le roi de France de chasser les Anglais d'Aquitaine et des hautes marches de Gascogne. En conséquence, il réunit un corps de dix mille gens d'armes, quinze cents arbalétriers génois et trente mille hommes d'autres troupes, sous le commandement du connétable de France, assisté du sire de Clisson et d'autres grands seigneurs gascons. Partie de Périgueux, l'armée vint d'abord à l'abbaye de Saint-Sever, dans la haute Gascogne, qui appartenait aux Anglais; mais, avant que le siége commençât, l'abbé proposa prudemment, comme il était ecclésiastique et peu enclin à la guerre, de s'engager à passer par toutes les exigences des grands seigneurs temporels. En conséquence, on ne toucha point à ses terres, moyennant remise d'otages pour garantir l'exécution de l'accord.

De Saint-Sever, l'armée marcha sur Lourdes, commandée au nom du comte de Foix par messire Ernant de Béarn. Le connétable fit le siége de cette ville et, pendant quinze jours, tous ses assauts furent repoussés avec le plus grand acharnement; mais, à la fin, la ville fut emportée d'assaut et pillée ; la plus grande partie de la garnison fut passée au fil de l'épée et le reste fait prisonnier. Les Français, après avoir dévasté les terres du vicomte de Castelbon et du sire de Chastelneuf, assiégèrent une ville et un château du nom de Sault, appartenant au comte de Foix. L'habile comte, pendant tout le temps que ses puissants voisins les rois de France et d'Angleterre furent d'égale force, avait réussi à se tenir à l'écart de leurs querelles et à conserver sa position de simple spectateur des événements importants qui se passaient autour de lui ; mais maintenant que la fortune d'Édouard III avait décliné et que la puissance de ce prince était à peu près ruinée en Aquitaine, il résolut prudemment de céder à une pression contre laquelle il ne pouvait résister. Il envoya donc proposer au duc d'Anjou, si on laissait ses domaines en repos jusqu'au milieu du mois de mai suivant, de rendre hommage et obéissance soit au roi de France, soit au roi d'Angleterre, selon que l'un ou l'autre l'emporterait à cette époque devant la ville de Moissac, sur le Tarn. De l'avis de son conseil, le duc d'Anjou adhéra à cette proposition, qui fut portée à la connaissance du duc de Lancastre alors encore à Bordeaux.

Le duc de Lancastre avait permis à une partie de ses troupes de retourner en Angleterre, et il était en ce moment beaucoup plus disposé à prêter l'oreille aux mesures pacifiques que les légats du pape appuyaient toujours auprès des deux partis. Il consentit donc à envoyer au duc d'Anjou et au connétable, à Périgueux, trois chevaliers de son conseil pour traiter de la paix. Par l'intermédiaire du connétable, on convint avec beaucoup de difficulté d'une trêve qui devait durer jusqu'au dernier jour du mois d'août. Les Anglais pensaient que *le jour de Moissac* était compris dans le traité, mais ils furent désappointés sous ce rapport, car les Français le rédigèrent autrement. Le duc de Lancastre, après avoir désigné sir Thomas Felton, sénéchal de Bordeaux, comme son lieutenant en Aquitaine, retourna en Angleterre avec le reste de son armée.

Quand vint le jour qui avait été fixé par le comte de Foix pour éprouver la supériorité de la puissance anglaise ou française en Aquitaine, le duc d'Anjou conduisit toute son armée devant Moissac. Il ne parut, du côté des Anglais, que sir Thomas Felton, qui arriva avec un sauf-conduit et qui fut très-surpris de voir le sens qui avait été mis dans le traité par les chefs de l'armée française. Il affirma que le duc de Lancastre avait adhéré à la suspension d'armes dans la pensée que le jour de Moissac était compris dans la trêve. Mais il fut répliqué, du côté opposé, que les Anglais s'en étaient peu souciés, puisqu'ils n'en avaient pas parlé. Sir Thomas Felton ayant été dans l'impossibilité absolue de prouver la façon dont il entendait la question, le comte de Foix n'éleva, de son côté, aucune difficulté, et il rendit hommage pour tous ses fiefs qu'il tint de la couronne de France. Après avoir pris possession de la ville et du château de Moissac, le duc d'Anjou mit son armée en route pour Toulouse.

Après avoir pris quelque repos à Toulouse, le duc partit le 7 septembre pour la Réole, une des plus fortes places que tinssent encore les Anglais. Elle était située sur la Garonne à peu de distance de Bordeaux. L'armée française était composée des mêmes troupes qui étaient entrées dans la Haute-Gascogne au commencement de la campagne et « tout le pays tremblait devant elle. » Les habitants de la Réole ne désiraient rien tant que la suprématie des Français en Aquitaine. Aussi ouvrirent-ils leurs portes sans hésitation et se soumirent-ils à la couronne de France. Cet exemple fut suivi par Langon, Saint-Macaire, Condom, Sainte-Bazeille, Pertudaire, Mauléon, Dion, Sebillac et plus de quarante villes entourées de murs et de châteaux-forts. Dans cette campagne, rien ne résista aux Français, car à part leur habileté, secondée par un corps de troupes nombreux et bien équipé pour emporter toutes les places qu'ils attaquaient, ils rencontrèrent de tous côtés les populations disposées à accueillir la domination de la France (1).

Les légats du pape, non contents de la suspension d'armes temporaire qu'ils avaient amenée entre les ducs d'Anjou et de Lancastre dans le midi de la France, se rendirent à Saint-Omer, en Picardie, d'où ils pouvaient plus facilement insister auprès des rois de France et d'Angleterre pour la paix définitive.

Edouard III, alors brisé par l'âge et les chagrins, se défiant de la fortune depuis ses derniers revers, inclinant vers le repos et livré à de coupables passions depuis la mort de sa femme, était tout à fait disposé à faire la paix, d'autant plus qu'il voyait que, presque chaque jour, on apportait la nouvelle de la perte

---

(1) Froissart, liv. 1, part. II, pp. 687-690.

de quelque ville ou forteresse, ou de quelque nouveau désastre pour ses armes auquel il ne pouvait opposer aucun remède efficace. En outre, il était douloureusement affecté de la vie errante de son gendre, le duc de Bretagne, qui avait perdu l'affection de ses sujets et qui, en conséquence, avait été chassé de ses états à cause de son attachement obstiné aux intérêts de l'Angleterre. Le roi de France était bien éloigné de vouloir apporter aucun obstacle à la conclusion de la paix entre les deux pays; il ordonna en conséquence au duc d'Anjou et au connétable de licencier leur armée et de venir le trouver à Paris. Le duc et le connétable avec le sire de Clisson et les autres chefs, ne gardant avec eux que les gens d'armes bretons, quittèrent aussitôt le Rouergue pour obéir aux ordres du roi, qui les reçut très-cordialement à Paris.

Peu de temps après le retour du connétable du midi de la France, le délai qui avait été convenu pour la reddition de la ville de Bécherel, en Bretagne, approcha. Cette puissante forteresse avait été assiégée, il y avait environ quinze mois, par le sire de Blainville, et le maréchal Louis de Sancerre et les chefs de la garnison, sir John Appert et sir John Cornwall, voyant par le manque de provisions qu'ils ne pourraient guère tenir plus longtemps, s'engagèrent à capituler pour la fête de la Toussaint, le 1er novembre, à moins d'être secourus avant cette époque par une force suffisante pour livrer bataille aux Français. Comme le roi de France désirait beaucoup prendre cette forteresse, il écrivit au connétable de réunir devant Bécherel, au jour fixé pour la capitulation, un corps de troupes assez considérable pour combattre avec succès les Anglais s'ils venaient faire lever le siége.

En conséquence, au jour indiqué, le connétable parut devant Bécherel avec dix mille lances; et, comme personne ne vint lui disputer ses droits à en prendre possession, il reçut la capitulation de la forteresse aux termes convenus, permettant à la garnison de quitter la place avec tous les biens qu'elle pourrait emporter avec elle et d'aller, sous un sauf-conduit, à Saint-Sauveur-le-Vicomte, en Normandie. Cette dernière ville était alors étroitement bloquée du côté de la mer par messire Jean de Vienne, amiral de France, et Evan de Galles, appuyés d'une flotte castillane sous les ordres de Ruy Dias de Rojas, qui devait empêcher tout arrivage de secours par mer (1).

Dès que le connétable eut pris possession de Bécherel, il alla en Normandie et fit le siége de Saint-Sauveur. Immédiatement après son arrivée, comme la ville était bien fortifiée, il dressa de grandes machines, qui lançaient nuit et jour de grosses pierres contre les tours et contre les remparts de la ville et du château. La forteresse était commandée au nom de messire Aleyn Buxhill, par un homme d'armes brave et habile, nommé Quatreton, assisté de sir Thomas Trivet et d'autres chevaliers, outre les officiers et les gens d'armes qui leur étaient tout récemment venus de Bécherel. La garnison de Saint-Sauveur, quoique beaucoup contrariée par les pierres que lançaient les machines de guerre, qui brisaient les tuiles et traversaient les toits des maisons et des tours, se défendit avec beaucoup de courage, faisant de fréquentes sorties et accomplissant de vaillants faits d'armes aux barrières avec les chevaliers et les écuyers de l'armée assiégeante. Comme la forteresse était abondamment fournie de provisions, que les chefs attendaient du secours du duc de Bretagne et qu'ils espéraient, du moins, que le duc de Lancastre pourrait convenir de quelque trêve ou répit avec les Français, le siége se prolongea durant tout l'hiver (2).

Le duc de Bretagne, en quittant Bordeaux au commencement de la saison, avait hâte de rejoindre la duchesse, qu'il avait laissée à Auray, à la garde de sir John Augustin, et de rassembler

---

(1) Froissart, liv. I, part. II, pp. 689-695.
(2) Froissart, liv. I, part. II, p. 695.

un corps de troupes pour faire lever le siége de Bécherel. Il passa donc en Angleterre, et obtint d'Edouard III deux mille gens d'armes et quatre cents archers sous les ordres d'Edmond, comte de Cambridge, accompagné de plusieurs barons et chevaliers distingués. Comme l'expédition ne put être assez tôt sur pied pour secourir Bécherel (1), le duc espéra pouvoir faire lever le siége de Saint-Sauveur; et il essaya de longer la côte de Normandie, dans le dessein de livrer bataille à la flotte française et espagnole, qui était à l'ancre en vue de Saint-Sauveur; mais il fut rejeté par les vents contraires sur la côte de Bretagne, et il aborda à Saint-Mahé. Le duc, qui gardait une profonde rancune à la garnison de cette ville pour lui avoir fermé la porte au nez quand il était venu demander à y être admis en 1373, attaqua le château situé en dehors, à l'extérieur de la ville, l'emporta d'assaut et passa au fil de l'épée tout ce qui s'y trouvait. Après la prise du château, la ville ne fit pas de résistance. Dès que le connétable sut que le duc de Bretagne et les troupes anglaises avaient abordé à Saint-Mahé, il envoya quatre des barons bretons les plus distingués, le sire de Clisson, le vicomte de Rohan et les sires de Laval et de Beaumanoir (2), avec trois à quatre cents lances pour surveiller les mouvements du duc. Ces seigneurs prirent leurs quartiers à Lamballe, près de Saint-Brieuc.

Le duc ne s'arrêta pas à Saint-Mahé et, après avoir pris Saint-Pol de Léon, il fit le siège de la ville forte de Saint-Brieuc. Comme elle était trop bien fortifiée pour être emportée d'assaut,

---

(1) Il résulte d'un document publié par Rymer, *Super passagio comitis Cantabrigiæ*, que l'expédition ne quitta l'Angleterre que le 18 novembre 1374. T. III, part. II, p. 1017.

(2) Il est probable que le sire de Rochefort était du nombre de ceux-là, Froissart faisant mention ensuite de cinq barons bretons et Rochefort étant nommé avec les autres dans un chant populaire de cette époque que nous donnons ci-après.

il mit à l'œuvre ses mineurs, qui firent de tels progrès en quinze jours, qu'ils déclarèrent pouvoir, quand il en donnerait l'ordre, abattre un large pan de mur. Pendant qu'il était occupé à ce travail, il reçut l'avis que la garnison de Saint-Sauveur, incapable de résister plus longtemps aux attaques des Français et espérant gagner un répit d'un mois, avait proposé de rendre la ville et le château si elle n'était pas secourue avant Pâques. Cette nouvelle produisit beaucoup de confusion dans les conseils de guerre tenus par le duc de Bretagne et le comte de Cambridge, plusieurs des membres conseillant de marcher immédiatement au secours de Saint-Sauveur, tandis que d'autres pensaient qu'il valait mieux continuer le siége de Saint-Brieuc, qui ne pouvait plus résister que quelques jours, et qu'ils auraient encore le temps d'aller à Saint-Sauveur comme on le proposait (1).

Tandis que ces événements se passaient, messire Jean d'Évreux, après avoir été chassé du Poitou avec les Anglais, avait fortifié une hauteur à deux lieues environ de Quimperlé, appelée le Nouveau-Fort, où il avait rassemblé une forte garnison; et, à l'aide de ses troupes, il fit de fréquentes courses de maraudage autour de sa forteresse, et devint un si dangereux voisin que personne n'osait passer d'une ville à l'autre sans sa permission. La réputation du Nouveau-Fort ne se borna pas aux environs de Quimperlé, car les jeunes gens de la Bretagne avaient composé une chanson commençant par ces mots : « Gardez-vous du Nouveau-Fort, » chanson que les garçons et les filles du pays répétaient partout (2).

(1) Froissart, liv. I, part. II, p. 698.
(2) Buchon affirmant que cette chanson ne se trouve dans aucun autre manuscrit que celui dont il a fait usage pour son édition de Froissart, nous la donnons ici en entier, comme spécimen du genre à cette époque :

« Gardés vous dou nouviau fort,

Il arriva que cette chanson fut chantée en présence du sire de Clisson et des barons bretons, qui étaient encore à Lamballe, et qui, en l'entendant, s'écrièrent : « A Dieu le veut! Les enfants nous apprendront à guerroyer. Vraiment, n'est-ce pas chose bien séant, que nous savons nos ennemis si près de nous, qui ont toute cette saison robé, pillé le pays et si ne les allons point voir ? Il nous convient chevaucher vers ce Nouveau-Fort, et tant faire que nous l'ayons en messire Jean d'Evreux dedans.

« Vous qui allés ces allues;
« Car laiens prent son déport
« Messire Jehan D'Evrues.

« Il a gens trop bien d'accord,
« Car bom leur est viés et nues :

« Il n'espargnent foible ne fort;
« Tantost aront plains leurs crues
« De la Mote-Marciot
« D'autre avoir que de viés oés;
« Et puis menront à bom port
« Leur pillage et leur conqués.

« Gardés vous, etc.

« Clichon, Rohem, Rochefort,
« Beaumanoir, Laval, entrues
« Que li dus à Saint-Brieu
« Dort, chevauchez les frans allues,
« Fleur de Bretaigne, oultre bort
« Estre à renommés sues;
« Et maintenant oute mort
« Dont ces pites et grans dues.

« Gardés vous, etc.

« Remonstre la ton effort
« Se conquerre tu le pues,
« Tu renderas maint surcot
« A vos mères se tu voes·
« En ce pais ont à tort
« Prés moutons et gras bues,
« Or paieront il leur escot
« A ce coq se tu t'esmues.

« Gardés vous, etc. »

Il ne nous peut nullement échapper qu'il ne soit nôtre, et nous rendra compte de tout son pillage. »

Les seigneurs bretons laissèrent donc une partie de leurs forces à Lamballe, et, avec le reste, montant à deux cents lances environ, ils coururent au Nouveau-Fort. Dès qu'ils y furent arrivés, ils l'environnèrent de tous côtés, de sorte que personne ne pouvait leur échapper. Dans les premiers jours de l'arrivée des Bretons, il se donna de fréquents assauts et quelques hommes furent blessés de part et d'autre. Néanmoins, quoique bien pourvu de moyens de défense, le fort n'était pas en état de soutenir beaucoup d'attaques semblables.

Tandis que les seigneurs bretons pressaient vigoureusement le siége du Nouveau-Fort, le duc de Bretagne était presque au même instant informé que ses mineurs avaient perdu leur voie et qu'il fallait creuser une nouvelle mine ; que le duc de Lancastre n'était pas plus avancé dans son traité de paix, et que les barons bretons assiégeaient étroitement messire Jean d'Évreux dans son nouveau fort. Aussitôt que le duc eut appris cette dernière nouvelle, il s'écria :

« Tôt, aux chevaux ! Si chevauchons coiteusement cette part, j'aurai jà plus cher la prise de ces cinq chevaliers que de ville ne de cité qui soit en Bretagne ; ce sont ceux, avec monseigneur Bertrand de Clayquin (Du Guesclin) qui m'ont plus fait à souffrir et que je désire le plus. Nous ne les pouvons plus aisément avoir que où ils sont : et nous attendrons là, je n'en fais nul doute, mais que nous nous hâtons ; car ils désirent à avoir le chevalier messire Jean d'Évreux, qui vaut bien qu'on le secoure et r'ôte de ce danger. »

A ces mots, le duc et les seigneurs anglais s'armèrent, montèrent à cheval et partirent, suivis des chevaliers et des écuyers de leurs troupes respectives, avec leurs serviteurs, qui les suivirent le mieux qu'ils purent. « Ainsi soudainement, dit Froissart, se défit le siége de Saint-Brieuc des Vaux. »

Le duc de Bretagne et ses alliés anglais, qui haïssaient également le sire de Clisson, étaient tellement impatients de surprendre les barons bretons, qu'ils ne s'arrêtèrent en route que pour reprendre haleine et qu'ils arrivèrent dans le voisinage du Nouveau-Fort avec des chevaux tout essoufflés ; mais, malgré leur diligence et leur empressement, ils ne purent prendre le sire de Clisson tout à fait au dépourvu, car celui-ci fut informé assez à temps de leur approche pour pouvoir faire monter ses hommes sur des chevaux sellés, ce qui lui donna juste l'avance qu'il lui fallait ; et, au moment de fuir, il put, en regardant derrière lui, apercevoir l'épaisse colonne du duc arrivant sur lui au grand galop. « Alors les chevaux de la troupe du sire de Clisson surent ce que valaient les éperons, » car leurs cavaliers firent tout ce qu'il fallait pour les stimuler le plus possible, poursuivis qu'ils étaient par le duc acharné après eux. Clisson dut son salut au bon état de ses chevaux, tandis que ceux du duc étaient fatigués et harassés de leur course effrénée, ce qui permit aux seigneurs bretons de pouvoir atteindre sans encombre la ville amie de Quimperlé.

Le duc y arriva peu de temps après que les seigneurs bretons y furent entrés, et il ordonna immédiatement un assaut ; mais on lui conseilla de faire camper ses troupes et de donner aux hommes un peu de repos après une marche aussi fatigante, ce qui lui laisserait le temps d'examiner les fortifications. « Ils sont complétement entourés, ajoutait-on, et ils ne peuvent vous échapper, à moins que de s'envoler par les airs. Quimperlé n'est pas assez fort pour résister à votre puissance. » Se rendant à cet avis, le duc fit de grands préparatifs pour assiéger la ville.

Le premier jour, les Anglais ne firent qu'établir commodément leurs logis ; et, le lendemain, ils donnèrent l'assaut. Clisson se prépara à l'attaque, car il connaissait très-bien le sort qui l'attendait, et peu d'hommes, à cette époque, surent mieux que lui tirer parti de tout moyen possible de défense. Ce jour-là, un assaut acharné fut donné et dura, sans discontinuer, jusque dans l'après-midi; mais il fut repoussé sur tous les points : il n'y eut pas un homme ou une femme dans Quimperlé qui ne fût occupé à quelque chose, soit à dépaver les rues, à porter des pierres, à remplir des vases de chaux vive, soit à servir de l'eau aux hommes employés à la défense des fortifications. Le lendemain, l'assaut fut renouvelé avec le même résultat.

Malgré ces succès, Clisson et les seigneurs bretons étaient mal à l'aise, parce qu'ils savaient que la ville ne pouvait tenir longtemps contre de tels assauts; et ils pensèrent qu'il était plus sûr de se rendre et de payer une rançon que de courir le risque d'être pris les armes à la main, car ils connaissaient parfaitement la haine mortelle que le duc avait contre eux tous. Ils lui envoyèrent donc un héraut pour lui exprimer leurs désirs; mais le duc ne voulut rien entendre et répondit durement sans hésiter :

« Héraut, retournez et leur dites de par moi que je n'en prendrai jà nul s'ils ne se rendent simplement.

— Cher sire, répondit le héraut, à qui l'on avait peut-être dicté d'avance ce qu'il aurait à dire ; ce serait grand dureté se, pour loyaument servir leur seigneur, ils se mettaient en tel danger.

— Leur seigneur! reprit dédaigneusement le duc. Ils n'ont autre seigneur que moi ; et se je les tiens, ainsi que j'ai espérance que je ferai, je leur remontrerai que je suis leur sire. Si que, héraut, retournez; vous n'en porterez autre chose de moi. »

Quand la réponse du duc leur fut apportée par le héraut, elle donna aux seigneurs bretons les plus vives inquiétudes, car elle confirmait leurs craintes à l'endroit de la haine implacable du duc; et ils étaient bien convaincus que leur défense n'aboutirait à rien, attendu qu'il leur était impossible de continuer la résistance qu'ils avaient faite pendant les deux premiers jours du siége. C'est pourquoi ils renvoyèrent le héraut au duc pour offrir une reddition sans conditions s'ils n'étaient secourus dans les quinze jours. Le duc, après en avoir conféré avec le comte de Cambridge et les chefs anglais, accepta les termes proposés, mais en réduisant le délai à huit jours au lieu de quinze. Les barons bretons furent obligés de se contenter du court répit qui leur était accordé, espérant que quelque coup de fortune imprévu viendrait les arracher à cette périlleuse situation, car ils n'avaient rien à espérer du duc qui les haïssait, « pour tant qu'ils lui avaient été trop contraires, » et avait déclaré qu'il n'accepterait pas de rançon (1).

Heureusement pour eux, il arriva que le roi de France fut informé du siége de Saint-Brieuc et de la situation des seigneurs bretons; et comme Charles avait fort à cœur d'arracher des partisans aussi importants de sa cause à la vengeance du duc de Bretagne, il avait établi un service de cinq à six courriers allant nuit et jour de Paris en Bretagne et de Paris à Bruges, « qui lui rapportaient journellement des nouvelles de quatre-vingts à cent lieues de distance. » Dès qu'il fut informé du danger imminent que couraient les seigneurs bretons à Quimperlé, sachant combien peu ils avaient à espérer de la clémence du duc de Bretagne, le roi envoya un message au duc d'Anjou et le chargea de conclure sur-le-champ un traité à quelque prix que ce fût, de manière à y comprendre les frontières de la France, en lui expliquant en même temps les motifs qui le déterminaient à cela. Le duc d'Anjou, « qui avait les légats du pape en sa main, » se mit à l'œuvre et conclut immédiatement une trêve à partir du 27 juin 1375 pour

(1) Froissart, liv. I, part. II, pp. 698-701.

finir au dernier jour du même mois de l'année 1376 (1).

Aussitôt que le traité fut signé et que le duc de Lancastre en eut délivré copie à deux de ses chevaliers pour la porter au duc de Bretagne, le duc d'Anjou, afin de presser leur marche et d'éclairer leur chemin, ordonna à deux sergents d'armes appartenant à son frère le roi de France d'accompagner ces chevaliers; les sergents devaient se procurer des chevaux frais tout le long de la route et ne s'arrêter ni jour ni nuit avant d'avoir trouvé le duc de Bretagne. Le duc d'Anjou et les légats du pape prièrent les chevaliers, et le duc de Lancastre leur commanda de ne pas perdre une seule minute en route. Aussi firent-ils une telle diligence que, en cinq jours, ils allèrent de Bruges à Quimperlé, où ils trouvèrent le duc de Bretagne dans sa tente, jouant aux échecs avec le comte de Cambridge.

Les chevaliers remirent immédiatement au duc la lettre contenant le traité, avec l'ordre du duc de Lancastre de lever sans délai le siége de toute place devant laquelle il pourrait être. Le duc de Bretagne fut extrêmement contrarié en recevant cet ordre. Il secoua la tête et, après être resté quelque temps silencieux, il s'écria : « Maudite soit l'heure où j'ai consenti à accorder une trêve à mes ennemis. »

Ce fut ainsi que fut levé le siége de Quimperlé, au grand chagrin du duc de Bretagne autant qu'à la grande satisfaction des barons bretons, qui, le matin du jour où ils furent délivrés, auraient donné deux cent mille francs pour se trouver en sûreté à Paris.

Ainsi finit l'expédition de Bretagne, qui fut, de toute manière, si infructueuse pour le duc. Le comte de Cambridge et les seigneurs anglais retournèrent immédiatement après en Angleterre.

---

(1) Froissart, liv. I, part. II, pp. 701, 702. — Rymer, t. III, part. II, p. 1031. Ce traité fut signé par le duc de Bourgogne pour la France et par le duc de Lancastre pour l'Angleterre.

Le duc de Bretagne, après avoir rendu visite à sa femme, qu'il avait laissée à Auray depuis plus d'un an, alla à Brest, où il resta quelque temps pour mettre ordre à ses affaires.

Comme le duc de Bretagne devait, en vertu du traité de Bruges, quitter le duché sans délai, son séjour prolongé donna de l'ombrage au connétable et au sire de Clisson, qui lui écrivirent pour lui rappeler qu'il avait violé le traité en demeurant dans le duché et en gardant avec lui un plus grand nombre de gens d'armes qu'il ne lui était permis d'en avoir dans les châteaux qui lui appartenaient encore. A cette lettre le duc répondit de Brest, le 2 septembre 1375, qu'il n'avait rien fait de contraire aux termes du traité, et que, s'il avait été fait quelque chose dans ce sens-là, sans sa participation, il était prêt à le réparer; mais qu'il quitterait la Bretagne quand il lui plairait. Néanmoins, le duc ne put conserver l'attitude menaçante qu'il avait prise dans sa réponse, et il fut obligé de quitter le duché bientôt après, emmenant avec lui sa femme en Angleterre (1). La ville et le château de Saint-Sauveur furent livrés au connétable, suivant une des clauses du traité de Bruges, sur paiement d'une somme de quarante mille francs par le roi de France (2).

(1) Le chroniqueur de Saint-Brieuc dit que le duc était allé voir sa femme à Auray l'année précédente et l'avait ensuite emmenée avec lui en Angleterre. *Cronicon Briocense, sub anno* 1374.

(2) Rymer, t. III, part. II, p. 1033. Froissart, p. 702, affirme que les Français soutinrent que Saint-Sauveur n'était pas compris, de même que Quimperlé, dans le traité, et qu'il fut livré contre les remontrances du gouverneur, par crainte des menaces du connétable; mais c'est à tort, car non-seulement Rymer donne les conditions auxquelles la place fut rendue, mais il publie encore le reçu des 40,000 francs payés par le roi de France à Édouard III. T. III, part. II, pp. 1040, 1041, 1048.

CHAPITRE XXI.

Les légats du pape prolongent la trêve entre la France et l'Angleterre pendant une année encore. — Mort du Prince-Noir, Edouard. — Charles V se prépare à envahir l'Angleterre par mer. — Mort d'Edouard III. — Couronnement de Richard II. — Succès des armes françaises en Picardie et en Aquitaine.

Le 1er novembre 1375, les conférences furent reprises à Bruges entre les duc d'Anjou et de Bourgogne, pour la France, et le duc de Lancastre, le comte de Cambridge et autres, pour l'Angleterre. Vers ce même temps, les commissaires et leur suite furent invités par le duc de Bourgogne à une grande fête à Gand, où fut proclamé un tournoi de cinquante chevaliers et de cinquante écuyers. Un grand nombre de nobles distingués et de dames de haut rang y assistèrent également ; et les joutes et les danses durèrent pendant quatre jours. A l'issue des fêtes, les commissaires se rendirent à Bruges, où diverses propositions tendant à la paix furent soumises, par l'intermédiaire des légats du pape ; mais, comme chaque partie demandait ce que l'autre n'était pas disposée à accorder, il fut impossible de concilier leurs prétentions opposées. Edouard III voulait que toutes les conquêtes qu'avait faites la France lui fussent rendues ; que le solde de la rançon du roi Jean, dû au moment où éclata la guerre entre les deux royaumes, fût payé, et le captal de Buch mis en liberté. Du côté de Charles V, on demandait que l'argent déjà compté pour la rançon du dernier roi fût remboursé, et que les fortifications de Calais fussent démolies.

Les parties n'ayant rien voulu rabattre de leurs prétentions, les commissaires virent, à la fin, le 12 mars 1376, qu'ils ne pouvaient que prolonger la trêve jusqu'au 1er avril de l'année suivante (1).

Par la suspension d'armes survenue entre les deux pays, bien des membres des grandes compagnies, qui avaient trouvé à s'employer pendant les guerres de la France et de l'Angleterre, étaient maintenant mis hors de service; et ils reprirent bientôt leurs vieilles habitudes de brigandage et de pillage. Les plaintes que firent ses sujets de leurs ravages arrivèrent bientôt aux oreilles du roi de France, qui, ne connaissant pas d'autre moyen de débarrasser le royaume de ces dangereux pillards, chargea messire Enguerrand de Coucy, qu'il savait désireux de faire valoir certaines prétentions qu'il avait sur l'Autriche, de les conduire hors du pays. Le sire de Coucy s'empressa d'accepter cette proposition, et, avec l'aide du roi de France, qui avança une partie des fonds nécessaires pour payer les chefs, il réunit les bandes éparses et les conduisit jusque sur les bords du Rhin. Là, les chefs des grandes compagnies s'aperçurent que le duc d'Autriche, en apprenant leur approche, avait brûlé et dévasté le pays à trois jours de marche du fleuve, et, comme ces compagnies ne voulurent jamais se donner la peine de faire la guerre dans un pays qui n'offrait rien à piller, elles refusèrent d'aller plus loin. C'est pourquoi le sire de Coucy, craignant que leurs chefs ne se saisissent de sa personne pour le livrer au duc d'Autriche, quitta son camp de nuit sous un déguisement avec trois serviteurs seulement, et retourna en toute hâte

(1) Froissart, liv. I, part. II, p. 704. — Rymer, t. III, part. II, pp. 1040.

à Paris. Après la disparition subite du sire de Coucy, les grandes compagnies ne tardèrent pas à le suivre en France (1).

Le 8 juin 1376, le Prince-Noir Edouard, dont la santé s'était affaiblie de jour en jour, mourut à Westminster à l'âge de quarante-six ans. Il fut regretté de la nation anglaise, à cause des grandes espérances qu'on avait conçues de lui, d'après les qualités brillantes dont il avait fait preuve et le succès invariable de toutes ses entreprises jusqu'à la fin de son infructueuse expédition d'Espagne. Ce prince avait beaucoup de qualités et peu de défauts. Il excellait dans tous les exercices militaires et possédait au plus haut degré l'esprit chevaleresque de l'époque. Aimant le luxe, il menait grand train, et aucun monarque de son temps n'eut une cour plus brillante. Ses manières s'étaient polies au contact permanent de la bonne société, que sa libéralité et ses goûts élevés avaient attirée autour de lui. Il était courtois, condescendant et d'un accès facile; mais il était opiniâtre dans ses résolutions, impatient de la moindre opposition, sévère et même cruel dans sa colère. Il avait le talent de savoir choisir et la fermeté de garder des ministres capables autour de sa personne, et, en paix comme en guerre, il fut toujours servi par les meilleurs conseils. Froissart, qui était un familier du prince, résume toutes ses bonnes qualités en le représentant comme « la fleur de toute la chevalerie du monde, » à son époque, et comme l'homme qui avait été le plus heureux dans les grands faits d'armes et dans d'importantes entreprises.

Le roi de France eut alors le loisir d'examiner la situation de ses affaires, et il ne put voir qu'avec la plus vive satisfaction le succès complet qui avait couronné sa politique inflexible, mais prudente. Les Anglais avaient été chassés de presque toutes leurs possessions de France, et leur allié, le duc de Bretagne, avait été dépouillé de tout son duché, excepté Auray, Brest et

---

(1) Froissart, liv. I, part. II, pp. 703-706.

Saint-Mahé. Comme presque tous ces succès furent obtenus par les armes ou les conseils de son connétable, Bertrand Du Guesclin, le roi lui témoigna l'estime qu'il faisait de tels services en lui accordant la vicomté de Pontorson (1).

Pendant l'hiver de 1376 et le printemps suivant, les nouveaux commissaires qui avaient été nommés par la France et l'Angleterre, pour renouer les négociations de paix entre les deux pays, firent tout ce qu'ils purent pour remplir l'objet de leur mission; mais ils ne furent pas plus heureux dans leur tentative de conciliation des intérêts qui leur furent soumis, que leurs prédécesseurs ne l'avaient été un an auparavant. Il est probable que le dessein de Charles V, en offrant de traiter à cette époque, n'était que d'amuser les Anglais, car il savait qu'Édouard III était sur son lit de mort, et que, au milieu des troubles d'un nouveau règne, tous les avantages sur l'enfant qui allait lui succéder seraient probablement de son côté. Néanmoins, tandis que ses commissaires recevaient des propositions de paix et d'alliance entre les deux couronnes, le roi de France faisait des préparatifs sur une grande échelle pour envahir l'Angleterre par mer, sous messire Jean de Vienne et l'amiral de Castille.

Ces préparatifs étaient parfaitement connus en Angleterre et causaient beaucoup d'inquiétude aux ministres du roi; mais l'émouvante nouvelle que son vieil ennemi, qu'il avait si souvent vaincu, était près d'opérer une descente sur ses côtes n'arriva jamais au monarque anglais, car Édouard était hors de l'atteinte des choses du monde. Le roi usé gisait dans son palais de Shene (2), étranger aux affaires d'état et luttant avec ce qui

---

(1) *Actes de Bretagne*, t. II, col. 173, et *Preuves de Du Guesclin*, par Du Chastelet, p. 455. Cette concession était du 16 décembre 1376. Peu de temps après, le connétable rendit au roi de France, pour la somme de 15,000 fr., le comté de Montfort l'Amaury, que ce prince lui avait donné précédemment. *Preuves de Du Guesclin*, p. 460.

(2) Aujourd'hui Richmond.

lui restait de force pour se préparer à sa dernière heure. Le duc de Lancastre recevait toutes les affaires adressées au roi ; Alice Pierce travaillait toujours au chevet de son lit ; mais à la fin, ses médecins l'abandonnèrent, et Édouard rendit le dernier soupir le 21 juin 1377 dans la soixante-cinquième année de son âge et la cinquante et unième de son règne.

La mort d'Édouard III fut profondément regrettée de la nation anglaise, car c'était un homme sage et fort, qui eut réellement à cœur le bien de ses sujets. Son gouvernement domestique fut caractérisé par bien des lois salutaires, destinées à régulariser le commerce et améliorer l'administration de la justice ; et sa politique étrangère fut populaire, quoique marquée, pendant la plus grande partie de son long règne, par des hostilités avec la France, qui dégénérèrent en une guerre sanglante et prolongée, tout-à-fait injustifiable dans son origine, ruineuse à soutenir, infructueuse dans ses résultats, et fatale dans ses conséquences ; mais elle éleva le caractère militaire de la nation anglaise, servit la vanité du peuple et valut au roi le titre de conquérant, qui, à toutes les époques, quoiqu'ayant le moins de droit à l'admiration des hommes, a été le plus recherché des souverains et le plus estimé des sujets.

La fortune ne suivit pas toujours les pas d'Édouard, et il s'est rarement présenté dans la vie des grands hommes un contraste aussi marqué que celui que nous offrent l'éclat et les succès du commencement et du milieu de son cours, et les nuages et les désastres qui s'amoncelèrent autour de son déclin. De l'invasion de la France, en 1345, sous le comte de Derby, à la bataille de Navarrete en 1366, la carrière militaire d'Édouard, par lui ou par ses lieutenants, fut une suite non interrompue de succès, et sa vie domestique fut à peine troublée par un chagrin ; son administration ferme, mais équitable et conforme aux lois, ne provoqua pas le moindre murmure. Mais, après cette période, sa vie, sur la fin, n'offrit plus qu'un enchaînement de malheurs domestiques et de calamités publiques, car il perdit la reine, les meilleurs et les plus dignes de ses fils (1), et encourut la censure du parlement, à cause de son attachement déplacé pour d'indignes favoris (2), et de toutes ses anciennes possessions et nouvelles conquêtes en France il ne lui restait plus, à sa mort, que quelques placés de peu d'importance en Aquitaine, excepté Bordeaux et Bayonne, et guère plus que Calais en Picardie.

Edouard III avait pris la précaution, l'année qui précéda sa mort, de faire reconnaître par son peuple, dans un acte solennel, à Westminster, son petit-fils Richard pour son successeur. Par lettres patentes, en date du 20 novembre 1376, Richard fut investi de tous les titres de feu son père le Prince-Noir, comme prince de Galles, duc de Cornouailles et comte de Chester; et, quoiqu'il n'eût que dix ans, il reçut pouvoir de convoquer le parlement. Le prudent monarque prit toutes ces mesures de précaution, de peur que son fils aîné, Jean de Gand, duc de Lancastre, qui s'était décoré du vain titre de roi de Castille, par suite de son mariage avec Constance, fille de Pierre le Cruel, n'aspirât dans son pays à des honneurs plus substantiels, aux dépens de son neveu en bas âge. Le duc était loin d'être populaire, car la masse de la population anglaise entretenait sur son compte les mêmes soupçons qui avaient déterminé la conduite du feu roi ; mais il était trop prudent pour lutter contre les désirs de son père et du peuple anglais relativement à la succession au trône. Richard fut donc couronné sans obstacle en grande

---

(1) Lionel, duc de Clarence, et le Prince-Noir.
(2) « Lesdites communes se plaignirent de divers officiers, cause de ce désordre, desquels lord Latymer fut noté comme le principal, avec dame Alys Pyers, dont le roi avait longtemps mésusé comme de sa concubine, et un nommé sir Richard Scurry, chevalier, par les conseils et les sinistres menées duquel le roi avait été fourvoyé et le gouvernement du pays mal dirigé. » *Fabian's Chronicles*, p. 486.

pompe et avec acclamation, le 11 juillet 1377, dans la onzième année de son âge (1).

Tandis que les cérémonies du couronnement de Richard II avaient lieu à Wesminster, une flotte française, sous le commandement de messire Jean de Vienne, amiral de France, fit une descente sur les côtes d'Angleterre, et prit la ville de Rye, sur les frontières de Sussex et de Kent. Après avoir pillé la ville, les Français y mirent le feu, et, montant ensuite sur leurs vaisseaux, ils firent voile pour l'île de Wight, où ils prirent, pillèrent et brûlèrent la ville de Yarmouth. En quittant l'île, ils prirent sans difficultés les villes de Plymouth, Dartmouth, Winchelsea et Lewes, sur la terre ferme, qui furent également pillées et incendiées; ils ramassèrent un grand butin, et firent surtout beaucoup de riches prisonniers, qu'ils enlevèrent des villes et de la campagne, sur leur passage.

Après le sac de Lewes, messire Jean de Vienne, avec sa flotte, fit voile pour Douvres, où le comte de Cambridge et son frère cadet, Thomas de Woodstock, récemment créé duc de Buckingham par son neveu Richard, l'attendaient avec un corps de quatre cents lances et de huit cents archers. L'amiral français, ayant été informé des préparatifs faits pour le recevoir, ne chercha pas à débarquer, mais il cingla directement vers Calais. Il y demeura à l'ancre pendant plusieurs jours; mais un vent violent le jeta ensuite sur les côtes de Normandie, et il fut obligé de chercher un refuge dans le port d'Harfleur (2).

La ville de Calais aux mains des Anglais était pour Charles V une source de perpétuelle inquiétude, car elle leur donnait en tout temps une entrée facile dans son royaume; et, comme elle était imprenable par aucun des moyens connus à cette époque,

---

(1) Froissart, liv. I, part. II, pp. 707, 710. — Rymer, t. III, part. II, pp. 1065, 1070.
(2) Froissart, liv. I, part. II, pp. 710-712.

tant qu'il y aurait facilité d'en approcher et de l'approvisionner par mer, le roi de France résolut, puisqu'il ne pouvait prendre la ville, de dépouiller les Anglais de certains châteaux qu'ils possédaient dans les environs de Calais. Les garnisons de ces forteresses faisaient de fréquentes excursions de maraudage dans les contrées environnantes, et journellement on venait se plaindre au roi de leurs déprédations. C'est pourquoi il arma une expédition sous les ordres de son frère le duc de Bourgogne, qui partit immédiatement avec une force de deux mille cinq cents lances, pour attaquer ces châteaux. Le duc s'avança d'abord près d'Ardres, où il fit camper une partie de ses troupes sous des logis provisoires faits de branches d'arbre, tandis que la plus grande partie n'avait pour tout abri que le ciel ouvert. Il avait amené avec lui de grandes machines, qui lançaient de lourds carreaux triangulaires pesant deux cents (1). Le duc, ainsi pourvu de grands moyens d'attaque, eut bientôt réduit les châteaux d'Ardres, de Planche, de Balinghem et d'Ordruick, en permettant à la garnison de chacune de ces villes d'en sortir avec leurs bagages. Ces conquêtes réduisirent les possessions anglaises en Picardie à la ville de Calais.

Tandis que le roi de France cherchait à tenir les Anglais occupés chez eux et dans les environs de Calais, il mit sur pied une autre expédition à Toulouse, sous les ordres du connétable et du duc d'Anjou, pour leur enlever les quelques forteresses qu'ils possédaient en Aquitaine. Avec un corps nombreux de gens d'armes et d'autres troupes, commandé par un certain nombre de nobles français, gascons et bretons, le connétable marcha sur Bergerac et campa près de la ville, sur la Dordogne. Comme elle était puissamment fortifiée, il n'y eut, pendant les huit premiers jours du siége, que quelques escarmouches insi-

(1) « Ils firent dresser et appareiller leurs canons, qui portaient carreaux de deux cents pesant. » — Froissart, liv. I, part. II, p. 714.

gnifiantes aux barrières entre les jeunes chevaliers et écuyers des deux partis. C'est pourquoi les chefs de l'armée assiégeante résolurent, dans un conseil, d'envoyer chercher à la Réole une grande machine militaire capable de lancer d'énormes pierres et de contenir cent combattants. Messire Pierre du Beuil fut chargé de cette expédition, avec trois cents lances d'élite, qui passèrent la Dordogne et prirent le plus court chemin pour aller à la Réole. Le siége de Bergerac n'était pas ignoré de sir Thomas Felton, sénéchal de Bordeaux, qui, ayant été informé des préparatifs du duc d'Anjou, avait fait demander des renforts en Angleterre; mais les conseillers du jeune roi étant tout absorbés par les incidents d'un nouveau règne, ses demandes ne furent pas écoutées. Le seul secours qu'il pût obtenir en ce moment lui vint de quatre nobles gascons, les sires de Mucidant, de Rosem, de Duras et de Langurant, qui le rejoignirent à Bordeaux avec cinq cents lances environ. Après l'arrivée de ces renforts, sir Thomas Felton, avec les barons gascons et plus de trois cents lances, partit de Bordeaux pour surveiller les mouvements de l'armée française, et prit position à Aymet entre la Réole et Bergerac.

Le connétable de France fut immédiatement prévenu qu'un corps d'hommes d'armes anglais avait quitté Bordeaux sous le commandement de sir Thomas Felton; et, craignant pour la sûreté du détachement sous les ordres de messire Pierre de Beuil, il envoya messire Pierre de Mornay et Evan de Galles, avec une force d'élite de près de trois cents lances, rejoindre leurs camarades. Le premier détachement arriva sans obstacle à la Réole; et, après avoir mis sur des chariots la machine qu'ils étaient venus chercher, ils prirent, pour retourner à Bergerac, une autre route que celle par laquelle ils étaient venus, parce qu'il fallait un chemin plus large pour que la machine pût passer. Près d'Aymet, où sir Thomas Felton s'était posté pour les attendre, ils furent rejoints par le détachement de messire Pierre de Mornay, et ils avancèrent dès lors avec plus de confiance, leurs forces réunies s'élevant maintenant à près de six cents hommes. Dès que sir Thomas Felton eut appris qu'un corps de Français venait de la Réole avec une grande machine militaire, il ordonna à ses hommes de s'armer et de monter à cheval pour une attaque immédiate. Les Français n'étaient pas moins désireux de se battre : aussi à peine se fut-on reconnu qu'on donna de part et d'autre de l'éperon aux chevaux ; on abaissa les lances et, les cris de guerre poussés des deux parts, une lutte sanglante s'engagea, d'abord à la lance et ensuite à l'épée, lutte soutenue des deux côtés avec beaucoup d'acharnement ; car les combattants étaient des hommes d'élite. Mais, à la fin, les Anglais furent obligés de lâcher pied, après avoir eu beaucoup de morts ; et leur chef, sir Thomas Felton, fut fait prisonnier avec les quatre seigneurs gascons et une quantité d'autres de rang inférieur.

Le lendemain du combat d'Aymet, les troupes françaises arrivèrent à Bergerac avec la machine, qu'ils dressèrent aussitôt devant la ville ; ce qui alarma tellement les habitants, déjà informés de la défaite et de la captivité de sir Thomas Felton, les seuls dont ils espérassent du secours, qu'ils insistèrent fortement auprès du gouverneur de la forteresse sur la nécessité de capituler immédiatement, attendu qu'ils n'avaient rien à attendre de nulle part et qu'ils ne pouvaient guère tenir plus longtemps. Le gouverneur, messire Perducas d'Albret, partisan brave et expérimenté, était décidé à défendre la forteresse jusqu'au bout ; c'est pourquoi il essaya de calmer les craintes des bourgeois, en leur disant qu'ils étaient parfaitement fournis de provisions et d'artillerie, et tout à fait en état de défendre la ville contre des forces quelconques. Ces raisons ne purent prévaloir contre les avis plus caractérisés du connétable, qui fit informer les habitants que tous leurs principaux chefs avaient été faits prisonniers, de sorte qu'ils ne pouvaient plus désormais compter que sur eux-mêmes; et il les prévint que, si la ville était emportée d'assaut, personne d'entr'eux ne serait reçu à merci. Cette menace eut tout son effet : les bourgeois tinrent conseil, à l'insu du gouverneur, et proposèrent de capituler, à condition qu'on ne mettrait aucun homme d'armes en garnison dans leur ville. Messire Perducas d'Albret, en apprenant la proposition des habitants, monta sur-le-champ à cheval, et, accompagné de ses propres soldats, il quitta la ville et se rendit à la forteresse de Monenq. Bergerac ouvrit, immédiatement après, ses portes à l'armée française.

Les barons gascons qui avaient été faits prisonniers à Aymet, sous sir Thomas Felton, prêtèrent les serments d'hommage et de fidélité au duc d'Anjou; et, comme ils promirent de devenir désormais loyaux Français, il furent dispensés de toute rançon. Peu de temps après leur délivrance, deux d'entr'eux, les sires de Duras et de Rosem, quittèrent le camp de l'armée française avec le dessein apparent de retourner dans leurs propres châteaux; mais, lorsqu'ils se virent de nouveau libres, ils changèrent d'avis, et se demandèrent l'un à l'autre :

« Comment pouvons-nous servir le duc d'Anjou et les Français, quand nous avons toujours été loyaux Anglais? Il nous vaut mieux à mentir notre serment envers le duc qu'envers le roi d'Angleterre, notre seigneur naturel de qui nous a tant de bien fait. »

Après avoir imposé à leur conscience au moyen de ces arguments, les deux barons retournèrent à Bordeaux et se présentèrent au sénéchal de Landes et au maire de la ville, qui, les ayant questionnés sur la manière dont ils avaient été délivrés, reçurent d'eux cette réponse :

« Nous vous disons bien que, au faire le serment, toujours en nos cœurs nous avons réservé nos fois devers notre naturel seigneur le roi d'Angleterre, ni pour chose que nous avons dit ou fait nous ne demeurerons jà Français. »

Cet acte de mauvaise foi des barons gascons parvint bientôt aux oreilles du duc d'Anjou, qui jura de ne rien écouter qu'il n'eût saccagé les terres des sires de Duras et de Rosem.

Après la capitulation de Bergerac, les autres villes et châteaux appartenant aux Anglais assiégés par l'armée française ne firent qu'une faible résistance ; et en peu de temps, Chatillon sur la Dordogne, Sauveterre, Sainte-Bazeille, Montségur, Amberoche et Saint-Macaire ouvrirent leurs portes aux Français. Tandis qu'ils étaient devant Saint-Macaire, qui tint un peu plus que les autres villes, le connétable envoya plusieurs forts détachements, sous les ordres de messire Louis de Sancerre, maréchal de France, d'Évan de Galles, du sire de Coucy, de messire Percevaulx d'Aineval et de Guillaume de Montcontour, pour chasser les Anglais du pays. Ces compagnies restèrent dehors six jours, et, dans ce peu de temps, elles reçurent la soumission d'une foule de villes et de forteresses (1). Ils n'éprouvèrent nulle part de grande résistance, car il ne restait plus dans le pays que quelques gens d'armes anglais, qui, à l'approche des Français, se réfugièrent à Bordeaux.

Après la capitulation de Saint-Macaire, l'armée française marcha sur Duras et essaya de l'emporter immédiatement par escalade. Une quantité d'échelles furent dressées contre les murs, et l'assaut se prolongea la plus grande partie du jour ; de hardis et brillants faits d'armes eurent lieu des deux côtés ; mais les assiégés se défendirent jusqu'au soir, où les maréchaux de l'armée française firent donner le signal de la retraite, et l'armée rentra au camp.

Le lendemain, avant la reprise de l'assaut, le duc d'Anjou fit publier par un héraut, dans tout le camp, une récompense

---

(1) Morice dit que l'on compte plus de trois cents places et forteresses qui se rendirent aux Français dans l'espace de trois mois. *Hist. de Bretagne*, t. I, p. 355.

de cinq cents francs pour celui qui entrerait le premier dans Duras. La grandeur de la somme poussa bien des hommes d'armes nécessiteux à des actes extraordinaires de valeur, tandis que d'autres, mus seulement par la gloire de l'aventure, tentèrent d'escalader les murs. Parmi ces derniers était le sire de Langurant, l'un des barons gascons pris à Aymet avec sir Thomas Felton, qui gravit le premier une échelle d'escalade, épée en main, et chercha à pénétrer dans la ville. Il avait été très-contrarié de la désertion de ses anciens compagnons d'armes, et peut-être était-il désireux de montrer à ses nouveaux alliés qu'ils n'avaient pas à craindre une pareille mauvaise foi de sa part. Il fit dans cet assaut des prodiges de valeur, dont les spectateurs furent témoins avec crainte et admiration; car il exposa gravement sa vie. En cherchant, en effet, à gagner le haut du mur, il perdit son bassinet avec tout son casque, et il aurait été tué sur la place, si un de ses écuyers, qui le suivait de près, n'avait pas protégé sa tête avec un bouclier, le mettant ainsi en état de descendre à terre. Guidés par des motifs également chevaleresques, messire Jean Jumont et messire Jean de Rosoy accomplirent maint vaillant fait d'armes. Sur un autre point, le sire de Sorel gravit une échelle et combattit corps à corps avec les assiégés sur les remparts. Il soutint le combat avec tant d'adresse et de fermeté, que tous les spectateurs pensèrent qu'il était le plus digne de remporter le prix de la valeur; mais il reçut un coup de lance qui le précipita du mur, et, en tombant du haut jusqu'au fond du fossé, il eut le cou rompu par sa chute. A la fin, messire Tristan de Roye et messire Jean de Rosoy entrèrent les premiers, et la ville fut gagnée. Après ces conquêtes, le duc d'Anjou donna l'ordre à Evan de Galles, avec un corps nombreux de Poitevins, de Bretons et d'Angevins, de faire le siége de Mortagne sur la Gironde, commandée alors par le souldich de l'Estrade. Ensuite, le duc licencia son armée et retourna à Toulouse, où il donna un magnifique souper au connétable et aux autres seigneurs qui l'avaient servi dans cette campagne (1).

(1) Froissart, liv. II, pp. 3-11.

CHAPITRE XXII.

Charles V se résout à chasser le roi de Navarre de ses possessions en Normandie. — Assassinat d'Evan de Galles. — Tentative infructueuse des Anglais pour envahir la France, sous le commandement du duc de Lancastre et du comte de Cambridge. — Le connétable fait lever le siége de Cherbourg.

Le roi de France, ayant chassé les Anglais de la plupart des possessions qu'ils avaient dans son royaume, dut porter son attention sur un vieil et implacable ennemi personnel, Charles le Mauvais, roi de Navarre. La mort de la reine de Navarre, sœur du roi de France, qui eut lieu le 3 avril 1373, non sans qu'on soupçonnât un empoisonnement (1), rompit le seul lien qui eût jamais existé entre les deux rois. Sans cesse remuant et intrigant, et rendu plus inquiet encore par l'insuccès de ses plans et la perte d'une portion de ses États, Charles le Mauvais n'avait pas seulement renoué des relations avec la cour d'Angleterre depuis

---

(1) Tel était le caractère du roi de Navarre, qu'il ne mourut pas de personnage de quelque importance dans son cercle, qu'on n'eût des soupçons d'empoisonnement ou autre moyen violent. Du Tertre, dans sa déposition, affirme néanmoins d'une manière très-positive qu'il n'y avait pas de motif à l'accuser dans le cas de la reine de Navarre, qui était morte d'une maladie du cœur. — *Procés criminel fait à Pierre Du Tertre, secrétaire du roy de Navarre*, dans le *Recueil de piéces sur Charles le Mauvais*, par M. Secousse, p. 410.

l'année 1375, en cherchant à contracter des alliances au préjudice de la couronne de France, et usé de tous les moyens pour créer des embarras à l'intérieur du royaume en fomentant une querelle entre Charles V et un prince du sang, Philippe d'Alençon, archevêque de Rouen; mais il y a de fortes présomptions de croire qu'il avait formé le plan délibéré d'empoisonner le roi de France lui-même.

Ce dessein mauvais semble avoir été projeté peu de temps après la mort de la reine de France, qui eut lieu le 6 février 1378 ; car, bientôt après, Charles V fut informé par des lettres, qu'il reçut de plusieurs personnages distingués, des machinations du roi de Navarre, et que de Rue, son valet de chambre, connaissait tout ce complot. Peu après, de Rue fut arrêté et soumis à une rigoureuse enquête par une commission à la tête de laquelle se trouvait le Chancelier de France.

Dans ses dépositions, qu'il reconnaît avoir faites sans contrainte, quoiqu'on en puisse douter d'après la nature des faits révélés par sa confession, de Rue déclare qu'il resta quinze jours avec le roi de Navarre après le départ de son fils aîné Charles, infant de Navarre, pour la France, et que dans cet intervalle le roi de Navarre lui dit qu'il nourrissait depuis longtemps le projet d'empoisonner le roi de France, et qu'il lui avait expliqué les mesures qu'il avait prises pour l'exécution de ses desseins. Le roi de Navarre apprit ensuite à de Rue qu'il avait fait usage d'un poison fabriqué dans son royaume par une juive, et qu'il l'avait donné à son valet de chambre et à un officier de sa table nommé Drouet. Le roi de Navarre voulait envoyer cette personne à son fils, sous un faux prétexte, et, après un entretien avec de Rue, Drouet eut ordre d'aller trouver un de ses cousins qui était employé dans les cuisines du roi de France, d'essayer de corrompre ce cousin et de l'engager à mettre le poison dans les mets qui devaient être servis sur la table de Charles V. De Rue ajouta également qu'il avait été informé ensuite de tous ces détails par Drouet lui-même (1).

Avec cette révélation et beaucoup d'autres témoignages sur les desseins criminels de Charles le Mauvais extraits des dépositions de de Rue, le roi de France résolut de ne garder aucune mesure avec un ennemi tel que le roi de Navarre, et de le chasser de toutes les possessions du royaume. Charles V accorda un sauf-conduit à Charles, infant de Navarre, alors en Normandie, pour venir à Paris, et celui-ci accepta aussitôt l'invitation et amena avec lui une partie des principaux commandants des forteresses que le roi de Navarre possédait en Normandie. Quand le jeune prince fut informé de l'arrestation du chambellan de son père, il demanda sa mise en liberté, demande à laquelle le roi de France ne répondit qu'en chargeant un de ses conseillers d'apprendre au jeune prince les crimes et les coupables manœuvres du roi de Navarre contre la couronne et le royaume de France, et de lui lire les réponses de de Rue dans son récent interrogatoire. Le prince, alors âgé de seize ans seulement, fut frappé d'horreur aux crimes dont on accusait son père ; et il en témoigna ouvertement son indignation en aidant son oncle, le roi de France, à prendre possession des forteresses du roi de Navarre en Normandie.

Comme c'était la politique du rusé roi de France de chasser du royaume un ennemi intrigant et peu scrupuleux, et de lui enlever les moyens qu'il avait, par ses possessions de Normandie, de faciliter aux Anglais l'entrée de son royaume, il s'était préparé avec une armée, sous les ordres du connétable et du duc de Bourgogne, à exécuter promptement le dessein qu'il méditait. Aussi ces chefs furent-ils bientôt en état d'entrer en Normandie,

(1) Secousse, *Hist. de Charles le Mauvais*, part. II, pp. 154, 156, 172. Déposition de Jacques de Rue, chambellan de Charles, roy de Navarre, dans le *Recueil de pièces sur Charles le Mauvais*, par Secousse, pp. 373-379.

et une de leurs premières conquêtes fut la ville de Bernay, dans le diocèse de Lisieux, où ils firent prisonnier Pierre du Tertre, secrétaire intime du roi de Navarre, qui l'avait servi comme un instrument docile pendant vingt-six ans et avait été au courant des projets les plus secrets de son maître. Du Tertre se rendit sur les promesses que lui firent le connétable et le duc de Bourgogne d'écrire au roi de France en sa faveur ; et le connétable promit en outre qu'il présenterait du Tertre au roi quand il irait à la cour.

Charles V avait, sur le secrétaire du roi de Navarre, des desseins différents de ceux que pensaient les chefs de son armée, car son but était de colorer le plus possible ses projets de déposséder Charles le Mauvais de ses forteresses normandes, en rendant son caractère odieux à tout le monde. Le roi de France s'attendait probablement à tirer autant d'utiles révélations du secrétaire qu'il en avait déjà eues du chambellan du roi de Navarre ; et, en conséquence, du Tertre fut conduit au Châtelet à Paris et soumis à un rigoureux interrogatoire semblable à celui qu'on avait employé au procès de de Rue, et on lui arracha une longue confession sur bien des faits importants du règne de Charles le Mauvais.

Dans ses dépositions, du Tertre raconta avec beaucoup de clarté et avec toute apparence de vérité plusieurs négociations dont il avait été chargé; il donna, avec beaucoup de détails, les projets de son maître, ainsi que la clef du chiffre dont ils s'étaient servis dans leur correspondance, et, tout en reconnaissant qu'il avait participé à bien des projets hostiles contre le roi de France, il repoussa avec indignation l'accusation de complicité dans toute tentative pour empoisonner soit le roi de France soit toute autre personne.

Quoique la confession de du Tertre n'impliquât aucun crime qu'un monarque étranger pût légalement punir, il n'en dut pas moins partager le sort de de Rue; et ils furent tous les deux jugés par le Parlement de Paris, le 16 juin, et condamnés à être décapités sur la place du marché, où leur tête devait rester tandis que les quatre membres de chacun d'eux resteraient suspendus à huit gibets qu'on dresserait près des quatre principales portes de Paris. Cet arrêt fut exécuté dans tous ses révoltants détails, le 21 juin 1378 (1).

En conséquence de la résolution où il était de dépouiller le roi de Navarre de tout ce qu'il possédait en France, Charles V envoya ordre au duc d'Anjou de s'emparer de Montpellier et de toutes les terres que Charles le Mauvais possédait en Languedoc. En recevant cet ordre, le duc dépêcha Jean de Beuil, sénéchal de Toulouse, à Montpellier, où celui-ci arriva le 20 avril 1378 et produisit immédiatement l'ordre du roi de France de prendre possession de la ville en son nom. Les autorités manifestèrent d'abord quelque hésitation à se rendre à cette requête ; mais l'indignation des habitants de la ville fut si grande en apprenant les criminelles tentatives de Charles le Mauvais sur le roi de France, qu'ils adhérèrent immédiatement à tout ce que de Beuil demandait d'eux (2).

Tandis que ces événements se passaient, les troupes du roi de France, commandées par le connétable et le duc de Bourgogne, assistés du comte d'Harcourt, de Bureau, sire de la Rivière, et d'autres chefs, n'étaient pas inactives en Normandie. Une des premières forteresses qu'elles prirent au roi de Navarre fut Breteuil, où Pierre de Navarre, second fils de Charles le Mauvais, fut

---

(1) Secousse, *Hist. de Charles le Mauvais*, part. II, pp. 179-191. *Procès criminel fait à Pierre du Tertre, secrétaire du roy de Navarre*, dans le *Recueil de pièces sur Charles le Mauvais*, par Secousse, p. 388.

(2) Froissart raconte différemment la reprise de possession de Montpellier par le roi de France, liv. II, p. 25 ; mais Secousse, que l'on a suivi ici, est appuyé par Aigrefeuille dans son *Histoire de Montpellier*, d'après les archives de la ville. *Hist. de Charles le Mauvais*, part. II, pp. 196, 197.

fait prisonnier avec Bonne, sa sœur. Après la prise de Pierre de Navarre, deux des fils de Charles le Mauvais furent amenés par leur oncle le roi de France à coopérer avec les chefs de son armée pour prendre possession des forteresses de Normandie, dont il réclamait le gouvernement pour ses neveux à la mort de leur mère (1). Néanmoins, les commandants de ces forteresses refusèrent d'obéir aux injonctions des enfants de Navarre ; mais la plupart des garnisons ne firent guère qu'une ombre de résistance, et, dans les mois d'avril, de mai et de juin, les Français s'emparèrent par force ou capitulation de Pont Douvre, d'Avranches, de Remerville, de Beaumont-le-Roger, d'Évreux, de Mortain, de Pont-Audemer, de Pacy, de Nogent-le-Roy, d'Anet et de Breval (2).

Le château de Gavrai où était déposé une grande somme d'argent, outre les riches joyaux de la couronne appartenant au roi de Navarre, fit une vigoureuse résistance sous la direction de Ferrando d'Ayens, qui avait réussi à se sauver du siège d'Évreux ; mais, après avoir pris le commandement de Gavrai, en passant près d'un magasin de poudre à canon, situé dans une des tours du château, la poudre s'enflamma au contact d'une

---

(1) Froissart, liv. II, p. 23. Voir Secousse, *Hist. de Charles le Mauvais*, part. II, p. 194.

(2) Secousse, *Recueil de pièces sur Charles le Mauvais*, pp. 437-455, et *Hist. de Charles le Mauvais*, part. II, pp. 181-216. — Le récit de Froissart sur toute cette campagne de Normandie est non-seulement incomplet, mais contradictoire. Dans les derniers chapitres de son livre premier, il mentionne seulement Pont-Audemer et Mortain comme s'étant rendus aux Français, et Pont-Douvre, Carentan, Saint-Lô et Saint-Sauveur comme ayant reçu des garnisons françaises ; et dans son livre second, il n'ajoute qu'Avranches, Moulineau, Couches, Pacy et Evreux. En outre, dans son livre premier, il attribue le commandement de l'armée au connétable, assisté du sire de la Rivière, et dans le second il ne fait aucune allusion au connétable comme ayant pris part à ces opérations, tandis qu'il est très-certain que le connétable et le duc de Bourgogne étaient les chefs de l'armée.

chandelle allumée qu'il portait à la main, et il fut tué avec deux personnes qui le suivaient.

Nonobstant la terreur que produisit cet accident, la garnison tint toujours bon ; mais les troupes du duc de Bourbon parvinrent à se loger dans les murs, près de la porte du château, et le connétable les serra de si près sur le côté opposé, qu'au bout de quelques jours ils furent forcés de se rendre. Le connétable se saisit de tous les trésors qui étaient dans le château pour le roi de France, qui le récompensa libéralement par un don en argent de la valeur de quarante-deux mille cent trente et un francs d'or, outre un présent de quatre mille francs pour les bijoux que le connétable avait sauvés du pillage. Ces conquêtes réduisirent les possessions du roi de Navarre en Normandie à la forte place de Cherbourg.

Tandis que le roi de France recevait presque chaque jour les nouvelles agréables de quelque ville ou château pris par ses troupes sur le roi de Navarre en Normandie, il apprit, avec un grand regret, la perte d'un de ses plus fidèles officiers, qui venait de succomber dans une autre partie du royaume. Evan de Galles, l'année précédente, avait mis le siége devant Mortagne-sur-Gironde, en Saintonge et l'avait si étroitement investie de tous côtés, que la garnison, réduite à manquer de tout, ne paraissait pas pouvoir tenir plus longtemps. Pendant ce siége, il prit à son service un Gallois du nom de Jacques Lamb, qui s'insinua dans sa confiance par d'hypocrites protestations d'attachement à sa personne, et en imposa à sa crédulité en lui présentant d'une manière fausse le sentiment national de ses compatriotes à son égard. Par ces menées, Lamb obtint un emploi près de la personne de son maître, et, bientôt après, devint son valet de chambre.

A ce siége, Evan avait l'habitude de se promener dès le matin, si le temps était beau, et de s'asseoir sur le tronc d'un arbre en face du château. Là, souvent il se peignait et achevait sa toilette, et on venait l'y trouver pour l'entretenir d'affaires. Un beau matin, il se leva plus tôt que de coutume, la nuit ayant été tellement chaude que personne n'avait pu dormir, et sortit en déshabillé avec un manteau jeté négligemment sur ses épaules. Tout était tranquille dans les tentes; il n'y avait aucune sentinelle, car on regardait le château comme déjà conquis. Evan se rendit à sa place accoutumée, accompagné seulement de Lamb, son valet de chambre, qu'il renvoya bientôt dans sa tente chercher un peigne. Avec le peigne, Lamb rapporta un court stylet espagnol; et à son retour, sans dire un mot, il plongea l'arme dans le corps de son maître, qui tomba mort sur la place.

L'assassin s'enfuit immédiatement au château de Mortagne, et, se faisant reconnaître aux barrières, il fut admis dans le château et conduit devant le souldich de l'Estrade.

« Sire, dit Lamb, au châtelain, je vous ai délivré de l'un des plus grands ennemis que vous eussiez.

— De qui? demanda le souldich.

— D'Yvain de Galles, répondit Lamb.

— Et comment? dit le souldich.

— Par telle voie, » reprit Lamb; et il raconta comment il avait fait. Quand le châtelain l'eut entendu, il hocha la tête et, regardant le Gallois de travers, il lui dit :

« Tu l'as meurtri; et sache certainement, tout considéré, que, si je ne voyais notre très-grand profit en ce fait, je te ferais trancher la tête et jeter corps et tête dedans les fossés; mais puisqu'il est fait, il ne se peut défaire; et c'est dommage du gentilhomme, quand il est ainsi mort : plus y aurons de blâme que de louange (1). »

Après la mort d'Evan de Galles, la garnison de Mortagne résista encore, quoique singulièrement réduite par le manque d'approvisionnements, jusqu'à ce qu'elle fût secourue et le siège

---

(1) Froissart, liv. II, pp. 32, 37.

levé par le sire de Neufville, récemment nommé sénéchal de Bordeaux.

Les Anglais ressentaient toujours l'injure faite par l'invasion des Français dans leur territoire, l'année précédente, sous le commandement de messire Jean de Vienne, et ils résolurent d'en tirer une vengeance éclatante; en conséquence, dès que les affaires du royaume furent suffisamment arrangées, le duc de Lancastre et le comte de Cambridge, avec une grande flotte, une forte armée bien équipée et une nombreuse suite de nobles, firent voile pour les côtes de la Normandie. Ils espéraient rencontrer la flotte française en vue de la côte; mais, en voyant que les Français n'étaient plus en mer, les Anglais se dirigèrent vers les côtes de la Bretagne, et jetèrent l'ancre dans le port de Saint-Malo. Bientôt après, ils débarquèrent près de la ville, et firent des préparatifs pour l'assiéger.

La ville de Saint-Malo était alors commandée par un écuyer breton, homme d'armes très-habile, nommé Morfouace, qui, sans se laisser effrayer le moins du monde de la perspective d'un siége, fit ses préparatifs avec autant de bravoure que d'habileté pour défendre la ville jusqu'à la dernière extrémité. L'approche des Anglais fut immédiatement publiée dans tout le pays; et le vicomte de Rohan, le sire de Combourg et messire Henri de Malestroit se jetèrent dans la ville avec deux cents gens d'armes, et leur arrivée opportune accrut considérablement la force et la confiance de la garnison.

Le roi de France, qui avait été informé du débarquement des Anglais, désirait extrêmement empêcher que la ville de Saint-Malo ne tombât entre leurs mains, car elle leur aurait toujours facilité l'entrée de la Bretagne de ce côté. En conséquence, il ordonna une levée extraordinaire de troupes, et eut bientôt rassemblé un grand corps de barons, de chevaliers et de gens d'armes, se montant à plus de dix mille hommes et commandé par le connétable de France, assisté des maréchaux de Sancerre et de Blainville. L'armée française, une fois réunie, marcha directement sur Saint-Malo, et campa aussi près que possible des Anglais. On vit rarement une aussi grande réunion de nobles et de chevaliers distingués qu'il y en eut alors en Bretagne ; car les Français et les Anglais y étaient en force considérable. Il y avait entre les deux armées un canal que la mer remplissait deux fois par jour ; et, même au reflux, il y avait toujours un petit courant d'eau. Là, à la marée descendante, se livraient de fréquentes escarmouches entre les jeunes chevaliers et écuyers des deux armées, qui accomplirent de brillants faits d'armes. Souvent, les chefs français rangeaient leurs troupes en ordre, et les Anglais pensaient, chaque fois, que c'était dans le dessein de leur livrer bataille ; mais ils étaient toujours désappointés autant de fois, « car le roi de France de ce temps craignait si les fortunes périlleuses qu'il ne voulait que ses gens s'aventurassent par bataille, s'il n'avait contre six les cinq. »

Après plusieurs manifestations semblables sans résultat, le comte de Cambridge jura que, s'il voyait d'autre tentative de bravades de la part des Français, il les attaquerait, quoi qu'il en pût résulter. Le lendemain le connétable de France, comme les jours précédents, forma ses bataillons en rang aussi près du canal qu'il put les placer ; et le comte de Cambridge, qui commandait la première division de l'armée anglaise, dit à ses soldats : « Qui m'aime me suive, car je suis décidé à les combattre. » Il s'avança ensuite au bord de l'eau. La marée commençait à monter, et ses archers se mirent à décharger leurs flèches sur les Français. Le connétable ramena alors ses troupes dans la plaine voisine, comptant que les Anglais avaient dessein de lui livrer bataille, et il désirait beaucoup les laisser s'avancer, parce qu'il pourrait les attaquer lorsqu'ils seraient dans l'eau. Le duc de Lancastre, qui observait ses mouvements, était prêt, avec une grande partie de l'armée anglaise, à appuyer son frère, s'il était nécessaire ; mais, lorsqu'il vit que les Français s'étaient retirés de leur première position près du canal, il dit à Girard de Biez, écuyer du Hainaut, qui était près de lui :

« Girard, regardez mon frère, comme il s'expose ; il fait voir aux Français qu'il leur livrerait volontiers bataille ; mais ceux-ci n'en ont aucune envie. » En ce moment, le flux de la mer repoussa le comte de Cambridge et ses troupes, et Anglais et Français rentrèrent dans leurs camps respectifs.

Les Français gardèrent si soigneusement leur front sur le canal que les Anglais n'osèrent pas le passer ; et, pendant quelque temps, il n'y eut guère entre les deux armées qu'une petite escarmouche accidentelle entre les fourrageurs. Le duc de Lancastre, voyant que les opérations du siége n'aboutissaient à rien, résolut d'employer la mine ; et, en conséquence il mit à l'œuvre ses ingénieurs, qui travaillèrent courageusement nuit et jour. Ce mode d'attaque était très-redouté du gouverneur Morfouace, qui savait très-bien, à raison de la solidité des fortifications et de l'abondance de ses approvisionnements, qu'il n'avait rien à craindre d'aucun autre côté. En conséquence, il mit tout en œuvre pour découvrir où travaillaient les mineurs, afin de pouvoir déjouer les plans des assiégeants. Une nuit que le comte d'Arundel était de garde, on découvrit la mine à Saint-Malo, et, comme on savait dans la ville que le comte n'était pas très-vigilant, Morfouace, en ayant été informé, sortit secrètement avec un corps d'hommes d'élite, et se rendit à l'endroit où les mineurs étaient à l'ouvrage. Comme il l'espérait, il trouva toutes les sentinelles endormies. En conséquence, il détruisit la mine sans obstacle, et en renversa une partie sur les mineurs qui y étaient. Après cet exploit, Morfouace et ses hommes résolurent courageusement de réveiller les sentinelles de garde dans le camp près de la ville ; ils fondirent donc sur les tentes l'épée en main, en poussant leurs cris de guerre, et, après avoir tué et blessé une quantité d'Anglais, ils rentrèrent sans perte dans la ville. Les troupes anglaises, tout effrayées, s'armèrent et se rassemblèrent autour de la tente du duc de Lancastre, qui fut très-étonné de tout ce mouvement et qui voulut en connaître la cause. Quand il sut que non-seulement l'attaque de nuit du camp, mais encore la destruction de la mine venaient du défaut de vigilance de la part des sentinelles de garde, il manda le comte d'Arundel devant lui et devant le comte de Cambridge, et le réprimanda sévèrement de sa négligence. Le comte d'Arundel en fut très-honteux, et il aurait préféré perdre cent mille francs.

La destruction de la mine et l'approche de l'hiver obligèrent les chefs anglais à lever le siége de Saint-Malo, de sorte que tous les préparatifs, les dépenses et le déploiement de cette expédition n'aboutirent absolument à rien de ce qu'on s'était promis. Arrivés chez eux, les chefs ne purent échapper aux murmures du peuple, dont une bonne partie revint de droit au comte d'Arundel. Après le départ des Anglais le connétable approvisionna la ville et le château de Saint-Malo, et résolut ensuite de faire le siége de Cherbourg. Il licencia la plus grande partie de son armée, en permettant aux chefs, parmi lesquels étaient les ducs de Berry, de Bourgogne et de Bourbon, le comte de la Marche et le dauphin d'Auvergne, de retourner chez eux avec leurs troupes; et il ne garda avec lui que le sire de la Rivière, avec environ trois cents gens d'armes bretons et normands.

Cherbourg était, à cette époque, une des plus fortes places du monde; et, comme elle ne pouvait être réduite par la famine, elle était à l'abri des attaques des Français, puisque les Anglais étaient maîtres de la mer et qu'elle pouvait être facilement approvisionnée de ce côté.

Néanmoins, le connétable l'investit étroitement par terre et employa tous les moyens dont il pouvait disposer pour s'en s'en rendre maître; mais la solidité des fortifications et la résistance de la garnison déjouèrent complétement tous ses efforts.

Pendant le siége, qui dura tout le reste de la saison, messire Olivier Du Guesclin, frère du connétable, sortit de Valognes avec quarante lances environ et s'approcha des murs de Cherbourg pour examiner les fortifications. Le même jour, sir John Arundel parcourait la ville à cheval en compagnie d'un écuyer Navarrois nommé Jean Cocq, lorsqu'il vint aux oreilles de celui-ci qu'on pouvait voir des remparts quelques troupes françaises.

« Messire, dit Jean de Cocq s'adressant à sir John Arundel, je viens d'apprendre que messire Olivier Du Guesclin, frère du connétable, a passé les bois pour venir examiner notre forteresse. Au nom de Dieu, faites-le poursuivre. Je saurai vous conduire de manière qu'il ne pourra pas nous échapper, et nous partagerons le butin ensemble. » Le chevalier anglais y consentit immédiatement; lui et l'écuyer navarrois s'armèrent à la hâte, montèrent à cheval et, avec environ cent lances d'élite, sortirent de la ville et entrèrent dans le bois où on avait vu les Français.

Quand messire Olivier Du Guesclin eut suffisamment examiné les fortifications pour se convaincre qu'elles étaient imprenables, il retourna à Valognes par la même route qu'il avait prise pour venir. Il n'avait pas fait deux lieues qu'il fut attaqué par sir John Arundel et ses troupes, qui chargèrent immédiatement les Français en poussant leurs cris de guerre : Notre Dame ! Arundel ! Les Français ne firent aucune résistance. Ils se dispersèrent dans toutes les directions et s'enfuirent dans les bois, chacun cherchant à se sauver ; mais, à la fin, messire Olivier Du Guesclin fut pris par Jean de Cocq, et dix ou douze de ses hommes faits prisonniers par les Anglais et emmenés à Cherbourg.

Le roi de France, ayant alors chassé le roi de Navarre du

comté d'Évreux et réduit ses possessions en Normandie à la seule ville de Cherbourg, était décidé à l'anéantir tout à fait en engageant son allié, le roi de Castille, à l'attaquer du côté de la Navarre. Henri de Castille répugnait d'abord à se mettre en hostilités avec Charles le Mauvais, son fils et héritier, Jean, ayant épousé l'année précédente Léonora, fille du roi de Navarre ; mais quand il sut la conduite de Charles le Mauvais à l'égard du roi de France, et qu'il se fut rappelé l'insulte qui lui avait été faite l'année d'auparavant par le traité conclu entre la Navarre et l'Angleterre, il envoya son fils Jean avec une armée assiéger Pampelune ; mais le sire de Neufville, sénéchal de Bordeaux, ayant appris l'invasion projetée de la Navarre, envoya messire Thomas Trivet, avec une force de cinq cents gens d'armes et de mille archers, au secours de Charles le Mauvais, qu'il trouva à Saint-Jean-Pied-de-Port. Le chevalier anglais réunit ses troupes à celles du Navarrois, et l'armée combinée marcha au secours de Pampelune. Les Castillans, après une courte délibération, jugèrent plus prudent de ne pas attendre l'approche du roi de Navarre et de ses alliés ; et, en conséquence, ils levèrent le siége et retournèrent en Castille.

L'obstacle que rencontra à Cherbourg le progrès de ses armes et l'invasion infructueuse de la Navarre par son allié, Henri de Castille, ne furent pas les seuls incidents de cette campagne qui contrarièrent le roi de France. D'autres événements de plus ou moins d'importance firent de cette année un point d'arrêt aux succès ininterrompus qui avaient accompagné les projets et la politique de Charles V depuis que Bertrand Du Guesclin était revenu d'Espagne. Parmi ceux de moindre importance fut la défection d'un autre des seigneurs gascons faits prisonniers à Aymet l'année précédente. Des quatre barons qui avaient été relâchés sans rançon, à la condition de prêter les serments de foi et d'hommage au roi de France, deux d'entre eux, les sires de Duras et de Rosem, se replacèrent de nouveau immédiatement après sous l'obéissance du roi d'Angleterre. Le sire de Mucidant resta avec le duc d'Anjou jusqu'à la fin de la campagne, et il alla ensuite à Paris, où il demeura plus d'un an. Soit qu'il fût mécontent de la manière dont on le traita ou qu'il trouvât les choses à la cour de Charles V différentes de ce qu'il avait espéré, il commença à se repentir d'avoir abandonné le service du roi d'Angleterre. Après s'être consulté avec ses amis, il partit donc secrètement de Paris, et, accompagné de quatre serviteurs seulement, il se rendit à Bordeaux où ses gens le rejoignirent petit à petit. Il se présenta à messire Jean Neufville, sénéchal de Bordeaux, et lui déclara qu'il préférait renoncer à son obéissance au roi de France plutôt qu'à celle de son seigneur naturel le roi d'Angleterre. Cet acte de mauvaise foi du sire de Mucident irrita tout particulièrement le duc d'Anjou, devant lequel les serments avaient été prêtés ; et il jura que, s'il prenait de nouveau le sire de Mucident, il lui ferait trancher la tête. Le baron gascon apprit cette menace du duc d'Anjou ; et, dans la suite, il eut grand soin d'éviter qu'elle pût être mise à exécution.

Le sire de Langurant, qui avait été fait prisonnier en même temps que les autres seigneurs gascons, non-seulement garda sa fidélité aux Français, mais il fit de fréquentes courses sur les terres de ses anciens compagnons d'armes, les sires de Duras, de Rosem et de Mucident, dont il était extrêmement mécontent, à cause de la légèreté avec laquelle ils avaient traité leurs serments. C'était un chevalier adroit et téméraire ; et, un jour qu'il voyageait à cheval avec quarante lances de sa suite, il arriva au château de Carvilac, alors commandé, pour la famille du captal de Buch, par un écuyer nommé Bernard Courant. Cachant ses hommes dans un bois près du château, le sire de Langurant courut aux barrières et demanda au garde :

« Où est Bernard Courant, votre capitaine ? Dites-lui que

le sire de Langurant demande à se mesurer avec lui. Il est trop brave homme d'armes pour refuser cela à l'amour de sa dame. S'il le refuse, je m'en irai à son grand préjudice ; car je publierai partout où j'irai qu'il a refusé par lâcheté une joute avec moi à la pointe de la lance. » Ce défi fut donné à l'oreille d'un valet de Bernard Courant, qui alla immédiatement raconter à son maître ce qui s'était passé.

L'écuyer fut très-irrité en apprenant le ton méprisant du message, et il cria à ses serviteurs : « Ici, mes armes, sellez-moi un cheval ; il ne partira pas avec un refus. » Il s'arma immédiatement, monta à cheval ; et, prenant son bouclier et sa lance, il fit ouvrir la porte et les barrières et s'élança dans la plaine devant le château.

Quand le sire de Langurant vit l'écuyer sortir pour le combattre, il éprouva une grande joie. Il abaissa sa lance et se prépara au combat. Courant en fit autant, et, sans plus de formes, ils poussèrent leurs chevaux l'un contre l'autre. Les lances furent si bien dirigées dans le choc, qu'elles se brisèrent en éclats sur les boucliers. Néanmoins, en passant, Courant atteignit l'épaule du sire de Langurant, qui fut désarçonné et renversé à terre. Quand l'écuyer vit son adversaire démonté, il fondit vivement sur lui, et, avant qu'il pût se remettre, Courant, qui était fort et vigoureux, lui saisit son bassinet avec les deux mains, le lui ôta de la tête et renversa le chevalier sous son cheval. En ce moment les soldats de Langurant, qui étaient en embuscade, voyant le danger de leur maître, accoururent à son secours ; mais Courant, ayant regardé par hasard de ce côté, s'aperçut de leurs mouvements, et, tirant son épée, il dit au sire de Langurant :

« Rendez-vous, sire de Langurant, secouru ou non secouru, ou vous êtes mort. »

Le baron gascon, qui espérait encore que ses hommes pourraient arriver à temps pour le sauver, ne fit aucune réponse.

Courant, n'ayant rien pu obtenir et voyant qu'il n'avait pas un moment à perdre, frappa le baron sur sa tête nue avec son épée, qu'il enfonça jusqu'à la garde, et, la retirant ensuite, il éperonna son cheval, s'élança par dessus les barrières, entra dans le château et en mit la garnison en état de défense, pour le cas de besoin.

Quand les soldats de Langurant arrivèrent près de leur maître, ils le trouvèrent mortellement blessé. Ils le relevèrent et l'emportèrent le mieux qu'ils purent à son château, où il mourut le lendemain (1).

(1) Froissart, liv. II, pp. 30-54. — Ayala, *Cronica del rey don Enrique segundo*, pp. 85-90.

CHAPITRE XXIII.

Le roi de France se résout à annexer le duché de Bretagne à la couronne. — Il obtient un arrêt du Parlement de Paris contre le duc de Bretagne. — Les Bretons s'opposent à cette mesure.

La défection d'un des seigneurs gascons et la mort de l'autre, avec la perte de quelques forteresses en Gascogne, qui avaient été récemment reprises par les Anglais sur quelques seigneurs bretons, ne furent que des points d'arrêt sans importance dans le cours heureux qu'avait eu jusque-là la politique du roi de France; mais, dans la conduite qu'il tint ensuite envers le duc de Bretagne, pour s'être exagéré à lui-même ce qu'il pouvait réellement et mépris sur les sentiments des Bretons à son égard, il commit une faute, et ne vécut pas assez longtemps pour la réparer.

Charles V méditait depuis quelques années le projet d'annexer la Bretagne à la couronne, à raison de la facilité avec laquelle les Anglais pouvaient être introduits dans le royaume par tout propriétaire du duché se croyant lésé par le roi de France. Le moment ne parut jamais plus favorable à l'exécution de ses desseins que celui où les Anglais avaient perdu presque toutes leurs possessions françaises, à l'exception de

Bordeaux et de Calais ; où le roi de Navarre avait été chassé de toutes ses places importantes de la Normandie, excepté Cherbourg ; où le duc de Bretagne, par la perte d'Auray (1), était réduit à l'unique forteresse de Brest ; où la plupart des nobles bretons, par des faveurs distinguées ou par des séductions ouvertes, avaient été gagnés aux intérêts de la France, et où la grande masse du peuple était fortement attachée au connétable, sous lequel la plupart de leurs combattants avaient servi en guerre. Décidé par ces consideraitions, le roi de France résolut de mettre sans plus de retard son projet à exécution.

Il est probable que sa résolution fut confirmée, et la réalisation de son dessein hâtée par un événement qui arriva vers cette époque et irrita davantage le roi contre le duc de Bretagne. Charles V, afin de donner de l'occupation aux Anglais chez eux et les détourner de la pensée de reconquérir les châteaux récemment pris sur eux en Gascogne, envoya le sire de Bournisel en Ecosse pour persuader au roi de faire la guerre à l'Angleterre. Ce Bournisel, qui était un homme vain et léger, alla jusqu'à l'Écluse, en Flandre, où il fut obligé d'attendre pendant quelque temps un vent favorable. Par son luxe fastueux et ses autres folies, il attira sur lui l'attention du peuple et enfin celle du bailli de la ville, qui informa de cette conduite le comte de Flandre. Celui-ci ordonna immédiatement son arrestation, et Bournisel fut emmené à Bruges. Traduit en présence du comte, il mit un genou à terre devant lui et lui dit :

« Monseigneur, je suis votre prisonnier. »

Le comte fut très-courroucé des paroles et des manières de Bournisel, et il répondit avec colère :

« Comment, ribaud, dis-tu que tu es mon prisonnier pour ce que je t'ai mandé à venir me parler ? Les gens de mon seigneur peuvent bien venir parler à moi, et tu ne t'es pas bien

---

(1) Froissart, liv. I, part. II, p. 719. — *Cronicon Briocense*, col. 49.

acquitté, quand, demeurant si près de moi à l'Écluse, tu n'as pas daigné venir me voir.

— Monseigneur, sauve-la votre grâce ! » fut la seule réponse de Bournisel à la brusque sortie du comte.

Le duc de Bretagne, qui était présent en cette occasion, comme hôte du comte, s'entremit alors et dit :

« Entre vous, bourdeurs et langageurs, vendeurs de bourdes et de langages au palais à Paris et en la chambre de monseigneur, vous mettez le royaume en votre volonté, et jouez du roi à votre entente, et en faites bien et mal et quoi que vous voulez ; ni nul haut prince de son sang, depuis que vous l'avez enchargé en haine, ne peut estre ouï ; et on en pendra encore tant de tels gens que les gibets en seront tous remplis. »

Bournisel ne fit de réponse ni au duc ni au comte, et se retira de leur présence aussitôt qu'il le put. Il retourna à l'Écluse, où il fut détourné de son projet d'aller en Écosse par la crainte d'être fait prisonnier des Anglais, qui, disait-on, avaient l'œil sur lui, et il rentra ensuite à Paris.

Le roi de France fut très-surpris de voir revenir sitôt son envoyé. Bournisel fut mandé devant lui et invité à faire connaître pourquoi sa mission avait échoué. Il attribua tout à son arrestation par le comte de Flandre, et il fit un long récit de son aventure et de la manière dont il avait été traité par le comte et le duc de Bretagne. Ce rapport eut lieu en présence de plusieurs gentilshommes de la chambre, parmi lesquels était messire Jean de Ghistilles, du Hainaut, cousin du comte de Flandre. Ce chevalier contint difficilement sa colère tandis que Bournisel parlait ; mais, dès qu'il eut fini, il lui dit :

« Je ne puis, sire, entendre parler de la sorte du comte de Flandre : si vous voulez, chevalier, soutenir ce que vous avez dit, à savoir que le comte a empêché votre voyage, je vous défie au combat, et voici mon gage.

— Sire Jean, répondit Bournisel sans hésitation, j'affirme que j'ai été pris par le bailli de l'Écluse et mené devant le comte de Flandre, et que toutes les paroles que j'ai répétées ont été dites par le comte et le duc de Bretagne ; et, si vous soutenez le contraire, je relèverai votre gage.

— Je le soutiens, reprit le chevalier de Hainaut.

— Allons, allons ! interrompit le roi ; nous ne voulons plus entendre parler de cela. »

Charles se retira ensuite dans son cabinet et exprima à quelques-uns de ses courtisans le plaisir qu'il avait eu de voir Bournisel répondre avec tant d'à-propos à messire Jean de Ghistilles.

« Il lui a bravement répondu, dit le roi en riant ; je ne voudrais pas, pour vingt mille francs, que cela ne fût pas arrivé. »

Là se termina la querelle des deux chevaliers ; mais messire Jean de Ghistilles se trouva dès lors si peu en faveur à la cour de Charles, pour avoir épousé si chaleureusement la cause d'une personne avec laquelle le roi était brouillé, qu'il quitta Paris bientôt après et alla en Brabant.

Sur le rapport que fit Bournisel de la manière dont il avait été traité en Flandre, le roi de France écrivit au comte une lettre menaçante, l'accusant, entre autres choses, de donner asile à son ennemi, le duc de Bretagne. Dans sa réponse à cette lettre, le comte s'efforça de justifier sa conduite le mieux qu'il put ; mais le roi ne voulut rien entendre et récrivit au comte une lettre plus menaçante encore que la première, lui disant tout simplement, que si le duc n'était pas immédiatement renvoyé de sa cour, il tirerait vengeance de cet affront.

Le comte, voyant que l'affaire paraissait vouloir prendre une tournure grave, assembla les bourgeois des villes de Flandre, pour demander quelle réponse il devait faire à cette menace du roi de France. Quand ils furent réunis à Gand, le comte leur apprit qu'il avait encouru le déplaisir du roi en refusant de mettre à la porte de sa maison et de chasser de ses états son ami et parent, le duc de Bretagne ; et il leur demanda s'ils le soutiendraient dans l'attitude qu'il avait prise. A cette question, les bourgeois répondirent unanimement :

« Oui, monseigneur, et nous ne connaissons pas de souverain, quel qu'il soit, qui, s'il vous faisait la guerre, ne trouvât dans notre pays deux cent mille hommes complétement armés et bien préparés à se défendre. »

Cette réponse de défi des villes de Flandre aux menaces du roi de France, quoique fort désagréable à Charles V, quand il en fut informé, ne provoqua cependant de sa part que cette remarque méchante : que le comte de Flandre était le prince le plus orgueilleux et le plus présomptueux qu'il connût, et qu'il serait bien aise de voir humilier son orgueil. Le duc de Bretagne, après avoir demeuré quelque temps à Bruges, sans être inquiété, passa en Angleterre (1).

Charles, ayant résolu dès lors de dépouiller ce prince de ses domaines, procéda à l'exécution de cette mesure sous la sanction de certaines formalités légales ; et en conséquence, le 4 septembre 1378, il réunit les pairs de son royaume en parlement à Paris, et leur exposa que messire Jean de Montfort, chevalier, « ci-devant duc de Bretagne, » s'étant révolté contre lui et ayant traversé ses États avec un corps nombreux de gens armés ; pillé ses sujets et brûlé quelques cités et villes du royaume ; défié son souverain et seigneur-lige, qu'il avait dénoncé comme usurpateur de la couronne de France, pour ces motifs et à raison de beaucoup d'autres délits, devait être dépossédé de son duché et comté, et ses domaines réunis à la couronne (2).

Après quelques délibérations, le parlement décida que le duc serait cité personnellement et sommé de répondre à ces accusa-

---

(1) Froissart, liv. I, part. II, pp. 52, 53.
(2) *Cronicon Briocense*, col. 49. — Guil. de Saint-André, v. 2502. — *Actes de Bretagne*, t. II, col. 201.

tions à Paris, devant le roi, le 9 décembre suivant ; et ces citations furent proclamées dans les villes de Rennes, de Nantes et de Dinan, dans le duché de Bretagne. Le jour fixé pour la comparution du duc, le roi tint son lit de justice, pour résoudre l'importante question de la confiscation du duché de Bretagne. Il était entouré du dauphin, de six pairs ecclésiastiques, de quatre pairs laïques, de six évêques, de quatre abbés, du comte d'Harcourt, d'un comte allemand et de messire Jean d'Harcourt. Après six jours de délibération, le parlement décida que, le duc ne s'étant pas présenté devant le roi, il devait être dépouillé du duché de Bretagne et du comté de Montfort, qui seraient tenus pour confisqués à raison des délits commis par le duc, et que le duché et le comté seraient réunis aux domaines de la couronne de France. Pour mettre cette sentence à exécution, le roi ordonna au duc de Bourbon, à messire Louis de Sancerre, maréchal, à messire Jean de Vienne, amiral de France, et à d'autres chefs, d'entrer en Bretagne et de prendre possession du duché au nom du roi.

Cet arrêt du parlement de Paris ne passa pas sans rencontrer une forte opposition de la part des représentants de la comtesse de Penthièvre (1), veuve de Charles de Blois, qui soutinrent que l'arrêt était illégal, attendu que le duc ne pouvait être ainsi dépossédé de ses domaines ; que, en admettant même qu'il fût légal par rapport au duc, le duché ne pouvait en droit être confisqué au préjudice de la comtesse de Penthièvre et de ses enfants, qui, par le traité de Guérande, étaient déclarés ses héritiers, dans le cas où il mourrait sans descendance mâle. D'au-

---

(1) La comtesse de Penthièvre, qui portait toujours le titre de duchesse de Bretagne, avait été préalablement informée du dessein du roi, et elle envoya Guy de Cleder et Raoul de Keradreux, docteurs en droit, avec Hue des Fossés, Olivier de La Villeon, Geoffroy de La Motte et Jean Le Vayer, pour défendre ses droits au duché. Morice, *Hist. de Bretagne*, t. I, p. 362.

tres motifs, tirés du droit et du fait, furent produits à l'appui des prétentions de la comtesse de Penthièvre, mais on n'en tint aucun compte, et ses représentants s'en retournèrent en Bretagne, où ils apprirent à leur maîtresse la perte de sa cause devant le parlement de Paris, en se récriant contre l'illégalité et l'injustice de l'arrêt.

Du côté du duc de Bretagne, la sentence fut tenue pour contraire au droit, attendu que la citation n'avait point été signifiée dans les formes, le duc n'ayant été sommé qu'une seule fois, quand la loi exigeait trois sommations avant qu'on pût être considéré comme évidemment contumace. En outre, on prétendit que la citation n'avait été faite que dans le royaume de France, dans des lieux où le duc n'avait ni domicile, ni procureur, quand on savait très-bien qu'il résidait en Angleterre depuis plus d'un an, et qu'il n'avait connu la citation que quelques mois après la promulgation de l'arrêt pris contre lui. Il fut dit, en outre, qu'aucun sauf-conduit ne lui avait été envoyé par le roi, et qu'on ne pouvait raisonnablement espérer qu'il s'exposât au danger de mort, au milieu de ses ennemis personnels, sans aucune garantie pour sa propre sûreté (1).

Le roi de France s'était entièrement mépris sur la cause et l'étendue de l'opposition faite au duc de Bretagne par ses sujets bretons, et il s'était grandement trompé en s'imaginant que leur conduite passée venait de leur amour pour sa personne plutôt que de la haine des Anglais, et que les Bretons désiraient autre chose que la punition de leur maître pour avoir employé à son service des étrangers, au lieu de ses sujets. Charles fut donc tout à fait surpris, quand il vit toutes les classes de la population du duché à peu près unanimes dans leur opposition à une mesure arbitraire de son parlement, adoptée sans qu'on se fût enquis de leurs vœux ni qu'on les eût consultés, et exécu-

(1) *Cronicon Briocense*, col. 50, 51.

tée contre toutes les formes de droit, mesure par laquelle leur seigneur-lige était dépouillé de ses États et son duché confisqué et annexé à la couronne.

Pour remédier à cet état de choses inattendu en Bretagne, le roi de France manda auprès de lui quatre des nobles bretons les plus influents, qu'il croyait tout dévoués à ses intérêts et les plus attachés à sa personne. Il pensait que, avec l'appui du connétable Bertrand Du Guesclin, du sire de Clisson, du vicomte de Rohan et du sire de Laval, il lui serait facile d'étouffer ce qu'il ne regardait que comme une explosion d'un moment du mécontentement populaire. Ces seigneurs se rendirent immédiatement à ses ordres et arrivèrent à Paris, où le roi les informa des mesures qu'il avait prises pour déposséder le duc de Bretagne de ses États; et il leur demanda jusqu'à quel point il pouvait compter sur eux pour l'aider contre le duc et ses partisans, et, de plus, s'ils seraient disposés à livrer à ses troupes, au cas où ils en seraient requis, certaines villes et châteaux appartenant au duc, qu'ils tenaient alors.

Le connétable et Clisson, qui haïssaient le duc de Bretagne, promirent sans hésiter de faire ce que le roi demandait d'eux; le vicomte de Rohan, effrayé des conséquences d'un refus, dissimula ses vrais sentiments et prêta le serment que le roi exigea de lui; mais le sire de Laval agit avec plus de fermeté, et déclara qu'il garderait lui-même les forteresses qu'il avait sous son commandement, ne pouvant, disait-il, prêter les mains à la ruine du duc, son parent; mais qu'il serait toujours sujet loyal du roi.

Charles se tint pour satisfait de toutes leurs promesses, et prit congé des gentilshommes bretons, qui retournèrent dans leurs commandements respectifs, excepté le connétable, qui resta plus longtemps à Paris. Néanmoins, le roi s'aperçut bientôt que, même avec l'appui des plus hauts barons bretons, il ne lui serait pas facile d'apaiser la fermentation qu'il avait soulevée en Bretagne (1).

Quand l'arrêt du parlement de Paris fut connu dans tout le duché, une foule de seigneurs bretons commencèrent, par des alliances secrètes et ensuite par des associations ouvertes, à résister à la confiscation, et Raoul, sire de Montfort, se mit à la tête d'un mouvement, à Rennes, par un acte en date du 25 avril, que signèrent quarante chevaliers. Dans ce document, les signataires s'engagèrent à s'aider mutuellement à défendre les droits du duché de Bretagne contre quiconque essaierait de s'en emparer, hors ceux à qui il appartiendrait en ligne de succession, et sauf la suzeraineté du roi de France. Afin de payer les troupes destinées à la défense du pays, ils imposèrent une levée d'un franc par feu dans tout le duché, et ils nommèrent quatre chevaliers, Amaury de Fontenay, Geoffroy de Kerimel, Etienne Goyon et Eustache de la Houssaye, maréchaux de Bretagne. Pour montrer qu'ils agissaient sérieusement, ils déclarèrent, en outre, que, si quelqu'un des associés faisait rien de contraire à l'acte de confédération, tous les autres se prononceraient contre lui, et que, s'il entrait en composition avec les ennemis du pays sans le consentement des autres, il serait considéré comme traître et parjure ; que tous étaient tenus d'obéir implicitement aux chefs qu'ils avaient nommés pour la défense du pays, et que les revenus du duché seraient administrés sous la direction des sires de Montfort, de Montafilant, de Beaumanoir et de la Hunandie, qui étaient les quatre principaux chefs de la ligue.

Les confédérés ne bornèrent pas là leurs efforts d'union ; ils invitèrent encore les bourgeois de Rennes à se joindre à eux, et, le même jour, tous les chevaliers, écuyers et bourgeois de

---

(1) *Cronicon Briocense*, col. 52. — Guil. de Saint-André, vv. 2888-2974.

cette ville signèrent un autre acte, dans lequel ils s'engageaient
de même à soutenir les droits du duché, et nommèrent messire
Amaury de Fontenay, sire de la Motte-au-Vicomte, capitaine
de la cité et du château de Rennes, lui adjoignant vingt-deux
gentilshommes de l'association (1).

Le roi de France, s'apercevant que l'arrêt de son parlement
rencontrerait une forte opposition, envoya en Anjou le duc de
Bourbon, qui s'avança jusqu'à Champtoceaux, avec une grande
armée, pour prendre possession de la Bretagne. Sa première
pensée se porta sur Nantes, alors sous le commandement du
sire de Clisson. Les Bretons, en apprenant l'approche du duc
de Bourbon, résolurent de lui résister par tous les moyens en
leur pouvoir, déclarant unanimement qu'ils ne souffriraient pas
que le roi de France usurpât le duché et dépossédât leur duc
de son héritage. Aussi, quand le sire de Clisson essaya d'obtenir des bourgeois de Nantes qu'ils consentissent à ce qu'il livrât
la ville au duc de Bourbon, au nom du roi, ils s'y refusèrent
positivement, et lui rappelèrent en termes soumis, mais fermes,
que, lorsqu'il avait été investi, avec leur adhésion, du commandement de la ville, il leur avait promis de ne la rendre à
personne qu'au duc de Bretagne, leur seigneur naturel, s'il venait la réclamer sans être accompagné d'Anglais. Clisson convint de cette promesse et déclara qu'il la remplirait. Se voyant
désormais sans influence à Nantes, il abandonna précipitamment la ville, emportant tout ce qu'il y avait, et alla rejoindre
le duc de Bourbon à Champtoceaux. Il l'informa que la Bretagne
entière était en armes contre le roi de France, et que les bourgeois de Nantes l'avaient mis, lui, à la porte de leur ville. Il
déclara ne savoir que conseiller, et pria le duc de l'excuser
auprès du roi de n'avoir pu lui livrer Nantes comme il l'avait
promis. En apprenant ces fâcheuses nouvelles, le duc de Bour-

(1) *Actes de Bretagne*, t. II, col. 214-216.

bon quitta Champtoceaux, ramena son armée à Angers, et, bientôt après, retourna à Paris, pour prendre auprès du roi des instructions ultérieures (1).

Après la retraite du duc de Bourbon, les Bretons ne s'en tinrent pas seulement à la défensive; ils entrèrent dans l'Anjou avec une armée considérable, prirent les forteresses de Pouancé, de Rochediré, et ravagèrent toute la campagne des environs, sans rencontrer, de la part des Français, la moindre résistance (2).

Ces actes d'hostilité ouverte des Bretons contre le roi de France déterminèrent les chefs de la ligue à envoyer des députés au duc de Bretagne, alors en Angleterre, pour hâter son retour dans ses Etats; et Etienne Goyon, Rolland de Kersallion, Berthelet d'Engouelvent et Jean de Quélen furent chargés de cette mission. Leurs lettres de créance étaient datées de Bretagne, le 4 mai 1379.

Le duc reçut avec beaucoup de plaisir cette députation de son peuple, à laquelle il n'avait pas lieu de s'attendre, d'après leur conduite passée; et il chercha aussitôt à former une alliance avec les Anglais pour pouvoir rentrer en possession de ses Etats. Le conseil du jeune roi d'Angleterre, apprenant par les députés bretons la tournure favorable que les choses, en Bretagne, avaient prise depuis peu pour le duc, se laissa facilement persuader de lui accorder ce qu'il demandait, convaincu qu'il était, d'ailleurs, des avantages qui devaient en résulter. En conséquence, de pleins pouvoirs furent donnés à sir Thomas Percy, à Hugh Calverly et à d'autres, pour traiter avec le duc et les prélats, barons, nobles et communautés de Bretagne. Une convention, en vertu de laquelle le duc devait recevoir un secours de deux mille gens d'armes et deux mille archers, avec

(1) *Cronicon Briocense*, col. 52.
(2) *Cronicon Briocense*, col. 53. — Guil. de Saint-André, v. 3257.

payement de la solde de ces troupes et de la sienne propre pour quatre mois et demi, fut signée, le 3 juillet 1379. En échange, le duc de Bretagne s'engageait, pour le cas où le roi d'Angleterre traverserait la mer en personne, à lui fournir, à ses frais et dépens l'espace de neuf mois, un corps de mille gens d'armes et un pareil nombre d'autres combattants. Avec cette force, le duc s'embarqua à Southampton, et entra dans la rivière de Ranche, près de Saint-Malo, le 3 août 1379 (1).

Le bruit de l'arrivée du duc de Bretagne dans son duché s'étant répandu au loin, les Bretons qui, pendant sept ans, avaient été soumis à la couronne de France, contre laquelle ils venaient de se mettre en guerre ouverte, se sentirent tellement enhardis par la présence de leur seigneur naturel, qu'ils en étaient comme fous de joie. Dans une assemblée du clergé et du peuple, tenue à Dinan, le duc fut reçu par les habitants de toutes les classes avec les plus vives démonstrations d'amour et de respect. Dans cette assemblée, composée de presque tous les barons de Bretagne, et où le vicomte de Rohan lui-même se trouva, car le duc avait invité tous les nobles bretons, à l'exception de Bertrand Du Guesclin et du sire de Clisson (2), on se plaignit que le roi de France, par un décret illégal, eût voulu s'annexer la Bretagne et réduire les Bretons en servitude. Le duc écouta avec la plus grande complaisance toutes ces agréables plaintes contre le roi de France, puis, dans une salle appartenant aux Frères prêcheurs de Dinan, dont il était en ce moment l'hôte, il fit une harangue en forme, dans laquelle il déclara qu'il était venu à

---

(1) *Actes de Bretagne*, t. II, col. 219, 220. — *Cronicon Briocense*, col. 54. — Guil. de Saint-André, v. 2780. — Froissart, liv. II, p. 84, évalue les forces du duc à deux cents gens d'armes et deux cents lances seulement.

(2) *Lettre de Bertrand Du Guesclin au duc d'Anjou*, dans les *Actes de Bretagne*, t. II, col. 225.

leur prière, pour défendre leurs libertés communes et le pays contre les empiètements du roi (1).

La comtesse de Penthièvre répondit au duc par un discours très-chaleureux, applaudi de beaucoup de seigneurs bretons, entr'autres du sire de Malestroit, qui déclara être prêt à fournir quatre cents combattants pour continuer la guerre. Le vicomte de Rohan promit trois cents gens d'armes, Jean de Beaumanoir offrit cent-vingt hommes, et plusieurs autres seigneurs et chevaliers jurèrent qu'ils mourraient pour la cause du duc.

Voyant ses sujets si unanimement disposés en sa faveur, dans un accord aussi agréable pour lui qu'inespéré, le duc de Bretagne les invita à retourner chez eux, leur ordonnant de se tenir prêts à entrer en campagne et à venir le rejoindre à Nantes, le jour qu'il leur fixerait, pour marcher de là contre les ducs d'Anjou et de Bourbon et le connétable de France, alors à Pontorson.

Charles V fut aussi surpris qu'irrité d'apprendre l'union des Bretons et l'audace qu'ils avaient eue de s'emparer des châteaux de Pouancé et de Rochediré, en Anjou. Craignant d'éprouver de plus grandes pertes, il fit immédiatement fortifier toutes les places qu'il avait sur les frontières de Bretagne. Malgré ces précautions, le sire de Beaumanoir entra en Normandie avec deux cents gens d'armes, passa au fil de l'épée quantité d'habitants, dévasta le pays ouvert et rentra triomphant en Bretagne.

Personne ne suivit tous ces événements avec plus de sollicitude que Bertrand Du Guesclin. A part son éloignement pour le duc de Bretagne, qu'il ne considéra jamais comme le possesseur légitime du duché, le connétable était trop loyal Français pour regarder autrement que comme un ennemi l'homme qui avait toujours été en guerre avec ses propres compatriotes. Mais il était aussi Breton, et il vit avec beaucoup d'inquiétude cette ex-

---

(1) *Cronicon Briocense*, col. 54. — Guil. de Saint-André, v. 3062.

plosion du mécontentement populaire et les progrès rapides d'un mouvement qui devait aboutir à une rupture générale avec le roi de France et au rétablissement du duc dans la confiance de ses sujets. Le connétable savait très-bien que la guerre civile finirait par sortir de là, et, quel que dût être le vainqueur, il souffrait de cette perspective de nouvelles calamités.

Un des premiers effets de ce revirement des dispositions des Bretons à l'égard de leur duc fut de faire perdre au connétable l'influence qu'il avait eue jusque-là sur l'esprit de ceux qui l'avaient partout suivi. Et, comme l'enthousiasme populaire pour la cause nationale ne fit que croître, il ne fut pas seulement abandonné de la plupart des vétérans formés par lui, mais même de ses amis personnels et de ses parents, entraînés par le sentiment patriotique, qui se récrièrent contre l'opiniâtreté de sa résistance à ce qu'ils regardaient comme le droit incontestable de son seigneur-lige.

Le sire de Clisson, qui fut aussi ferme que le connétable dans son opposition au duc, perdit également toute autorité en Bretagne, et, après avoir assisté à la perte de Guérande, qu'il ne put empêcher, et à la reddition de Baaz, de Saint-Nazaire, de l'île Rancoet et du pays environnant, qui se livrèrent au duc, il rejoignit le connétable et le duc d'Anjou à Pontorson (1).

(1) *Cronicon Briocense*, col. 55. — Guil. de Saint-André, vv. 3106-3126.

CHAPITRE XXIV.

Le roi de France conçoit des soupçons sur la loyauté du connétable. — Indignation du connétable contre l'imputation d'être partisan du duc de Bretagne. — Il rend au roi l'épée de connétable. — Il est envoyé dans le Midi de la France. — Sa mort.

Dans le courant du mois d'octobre de l'an 1379, une tentative fut faite pour amener une réconciliation entre le roi de France et le duc de Bretagne, dont le différend fut soumis au duc d'Anjou, comme représentant du roi, et au comte de Flandre, au sire de Laval et à d'autres, comme représentants du duc; mais Charles V resta si obstinément attaché à l'exécution de l'arrêt de confiscation, que les négociations n'eurent aucun résultat. Quelques-uns de ses courtisans flattaient toujours le roi de l'assurance qu'il réussirait dans ses efforts à réunir la Bretagne à la couronne, et son premier chambellan, Bureau de la Rivière, chercha à le persuader que l'insuccès de son entreprise en Bretagne venait du relâchement du connétable, qui s'était abstenu d'employer à l'égard de ses compatriotes sa vigueur et son zèle accoutumés. Le sire de la Rivière avait des préventions contre Bertrand Du Guesclin, et il aurait voulu éveiller des soupçons sur sa fidélité, pour faire nommer connétable le sire de Clisson (1).

(1) *Actes de Bretagne*, t. II, col. 233. — Guil. de Saint-André, v. 3226. — D'Orronville, *Vie de Louis de Bourbon*, chap. XXXVII, p. 138.

Le connétable ne tarda pas à savoir que le roi avait prêté l'oreille à des insinuations malveillantes pour lui et, ayant la conscience de l'avoir servi toujours avec le plus entier dévouement, il ne put, en chevalier de cœur, contenir un mouvement d'honnête indignation, et dit, avec un sentiment de profonde amertume, à ses amis :

« Puisque le roi, que j'ai si fidèlement servi, se défie de moi, je ne resterai pas davantage en son royaume. J'irai en Espagne, où je suis encore considéré, et je rendrai au roi mon épée. »

Charles ne tarda pas à être instruit de la résolution du connétable, et, convaincu du tort qu'il avait eu d'entretenir un instant des soupçons sur un homme à qui il était si redevable, il voulut réparer le mal qu'il avait fait et s'empressa d'envoyer auprès du connétable les ducs d'Anjou et de Bourbon, pour apaiser ses ressentiments.

Ces deux grands seigneurs acceptèrent volontiers cette mission, car ils avaient toujours témoigné la plus grande estime pour Bertrand Du Guesclin. Ils le trouvèrent à Pontorson. Le duc d'Anjou ouvrit la conversation en lui disant que le roi de France avait appris l'indignation manifestée par lui contre l'imputation qui lui était faite d'être partisan du duc de Bretagne, et qu'il l'avait envoyé, avec le duc de Bourbon, pour lui donner l'assurance qu'il n'avait jamais ajouté foi à cette calomnie. « Voici, continua le duc, l'épée d'honneur de votre charge; reprenez-la, le roi le désire, et revenez avec nous. »

Le connétable répondit avec fermeté et dignité, mais en même temps avec le plus grand respect, qu'il remerciait le duc de cette communication et le roi de n'avoir pas cru à l'accusation dirigée contre lui, malgré tout le bruit qui en avait été fait. Il repoussa avec vivacité l'imputation qu'il pût jamais servir le duc de Bretagne; car il désirait, dit-il, conserver intact le peu d'honneur qu'il avait acquis dans le monde, et il exprima le vœu que le roi sût qu'il préférait sa réputation à toutes les récompenses qu'il était en son pouvoir d'accorder; enfin, il conclut en déclarant qu'il ne lui était pas possible de reprendre l'épée. « Donnez-la, dit-il, à un autre à qui il plaira de l'avoir; pour moi, afin d'éloigner les soupçons, j'irai en Espagne. » Le duc d'Anjou insista, le suppliant de ne pas persister dans sa résolution ; et le duc de Bourbon y joignit ses prières et le conjura de ne pas abandonner ainsi le roi. Rien n'y fit ; le connétable demeura inébranlable, et les ducs le quittèrent sans avoir obtenu l'objet de leur mission (1).

Quelqu'inflexible que parût être la résolution du connétable, sous la première impression de sa colère, en se voyant ainsi attaqué dans son honneur, le roi ne tarda pas à le ramener à lui. En ce moment même, il se présenta une occasion favorable d'envoyer le connétable dans le midi de la France. Le duc d'Anjou, par son excessive sévérité et ses exactions sans mesure, s'était rendu très-impopulaire dans son gouvernement de Languedoc. En 1378, pour payer les troupes qu'il avait levées dans le dessein de faire le siége de Bordeaux, il avait imposé la province pour une contribution de deux cent mille francs ; et, quoique l'entreprise eût été abandonnée ensuite, il ne fut pas rendu un seul denier de leur argent aux populations, qui avaient eu beaucoup de peine, surchargées qu'elles étaient déjà, à ramasser une somme si considérable. Cette lourde taxe et quelques autres actes arbitraires de son administration furent cause que, en 1380, les communes de Toulouse et d'autres cités et villes du Languedoc supplièrent le roi de France de retirer le duc et de leur en-

---

(1) D'Orronville, *Vie de Louis de Bourbon*, chap. xxxviii, pp. 138, 139, dit que Bertrand Du Guesclin resta inébranlable dans sa résolution de ne pas reprendre l'épée de sa charge, et qu'il était en route pour l'Espagne quand il alla mettre le siége devant Châteauneuf-Randon; mais Morice a prouvé sans réplique que le connétable n'abandonna jamais le service de la France. *Histoire de Bretagne*, t. I, p. 1008, note 65.

voyer, à sa place, le connétable Bertrand Du Guesclin (1).

Le roi profita de cette requête de ses sujets de Languedoc pour déplacer le duc d'Anjou et éloigner le connétable de la Bretagne, où il se trouvait souvent en conflit avec ses anciens compagnons d'armes, et l'envoya dans une autre partie du royaume où ses services pouvaient être plus convenablement et aussi avantageusement employés contre les chefs des grandes compagnies, qui venaient de se jeter encore sur les provinces de Languedoc, d'Auvergne et de Limousin.

Parmi ces pillards, le plus redoutable était un Breton appelé Geoffroy Tête-Noire, qui avait obtenu, par la trahison d'un serviteur, le château-fort de Mont-Ventadour, en Auvergne. Le comte de Mont-Ventadour et de Montpensier était un gentilhomme d'un âge mûr, probe et expérimenté, qui avait passé la période des armes et vivait tranquille dans son château. Il avait pour valet un écuyer du nom de Pons Du Bois, qui l'avait longtemps servi pour peu de chose, à ce que prétendait le valet, et qui résolut de s'indemniser de ses services passés en convenant avec Geoffroy Tête-Noire de lui livrer le château pour six mille francs, à la condition que son maître serait épargné, ainsi que sa famille. De cette manière, Geoffroy Tête-Noire entra en possession de Mont-Ventadour, d'où il ravagea et mit à contribution tout le pays environnant.

Amerigot Marcel était un autre hardi brigand, qui occupa de force ou par ruse les châteaux de Caluset, d'Alais et de Vallon. D'autres chefs, de moindre importance, se joignirent à ceux-ci; et, quand toutes leurs forces étaient réunies, ils avaient ensemble cinq ou six cents lances environ, et ils couraient le pays sans rencontrer d'obstacles, car personne n'était assez fort pour leur résister (2).

(1) Miguel del Vermes, *Chroniques Béarnaises*, p. 588. — Froissart, liv. II, p. 29.

(2) Froissart, liv. II, part. II, pp. 57, 58.

Ce fut pour mettre ordre à cet état de choses, que le connétable fut envoyé en Languedoc, avec un corps suffisant de gens d'armes. En quittant la Bretagne pour aller prendre son nouveau gouvernement, il eut une entrevue avec le roi de France. Dans une allusion touchante à sa propre situation, car le connétable n'était pas sans avoir dans l'esprit le tour poétique, il dit au roi, que l'aigle accoutumé aux vols hardis ne pouvait plus prendre son essor; qu'il avait perdu les meilleures plumes de ses ailes; et il supplia, en conséquence, le roi de faire sa paix avec les Bretons, afin que l'aigle pût reprendre son vol (1).

Le connétable ne fit pas long séjour à Paris : dès que ses préparatifs furent terminés, il partit avec son armée pour le Languedoc (2). A peine arrivé dans cette province, il alla mettre le siége devant la forteresse de Châteauneuf-Randon, située à cinq lieues environ de la ville de Mende, dans le département actuel de la Lozère. Le château appartenait aux Anglais, et il était abondamment pourvu de provisions et de moyens de défense. Le connétable poussa le siége avec sa vigueur accoutumée; mais la forteresse était occupée par une garnison nombreuse, qui se défendit avec beaucoup de courage. Cette résistance de la garnison ne fit qu'exciter l'ardeur du connétable, qui jura de n'abandonner la place que lorsque le château se serait rendu. Comme les Anglais savaient qu'il était homme à exécuter ce qu'il avait promis et qu'ils n'avaient, d'ailleurs, aucun motif d'espérer de nulle part ni approvisionnements ni secours, ils finirent par demander à traiter avec le connétable de la reddition de la forteresse; et ils offrirent de capituler, si, à un jour

---

(1) Guil. de Saint-André, v. 3538. Le connétable faisait ici allusion à l'aigle à deux têtes qu'il portait dans ses armes et aux Bretons qui l'avaient abandonné pour le service du duc de Bretagne.

(2) Le connétable passa la revue de ses hommes à Paris le 8 mai 1380. *Actes de Bretagne*, t. II, col. 419.

fixé, ils n'étaient secourus par une force suffisante du roi d'Angleterre. En garantie de cet engagement, le connétable demanda des otages, qui lui furent livrés par la garnison (1).

Il y avait quinze jours que le siège était commencé, quand le connétable, qui avait pris une part active aux assauts donnés au château, par les plus fortes chaleurs d'un mois de juillet ardent, fut porté dans son lit atteint d'une maladie mortelle. Il devint bientôt évident, pour lui comme pour tout le monde, que sa carrière touchait à son terme. Lorsqu'il reconnut que la vie allait lui échapper, il fit ses préparatifs de départ avec beaucoup de fermeté, de présence d'esprit et de résignation. Il dicta son testament, qui est daté du 9 juillet 1380, et il reçut avec un profond recueillement les derniers sacrements de l'Église. Il fit à ses amis en pleurs ses dernières recommandations ; mais jusque dans ces moments solennels, ses pensées furent tournées vers le siége dont il était occupé, et il put rappeler que ce même jour était le jour fixé pour la capitulation du château. Il donna au maréchal de Sancerre ses derniers ordres, pour en exiger la remise, et il assembla ensuite les chefs de son armée autour de son lit, pour les rendre témoins du dernier acte de sa vie. Quand ils furent tous là, il fit apporter l'épée de connétable, et, la prenant dans ses mains, il dit :

« Mes seigneurs, parmi vous j'ai joui des récompenses de la valeur terrestre, dont j'étais peu digne. Il me faut maintenant payer le tribut à la mort, qui n'épargne personne. Je vous prie, avant toutes choses, de me recommander à Dieu. Et à vous, messire Louis de Sancerre, maréchal de France, qui avez mérité de plus grands honneurs encore, je recommande ma femme et mes enfants. Recommandez-moi aussi au roi de France, mon souverain et seigneur ; et cette épée, rendez-la lui pour moi ; je

---

(1) Froissart, liv. II, p. 93. — *Chronique* (anonyme) *de Du Guesclin*, chap. CXLV, p. 93.

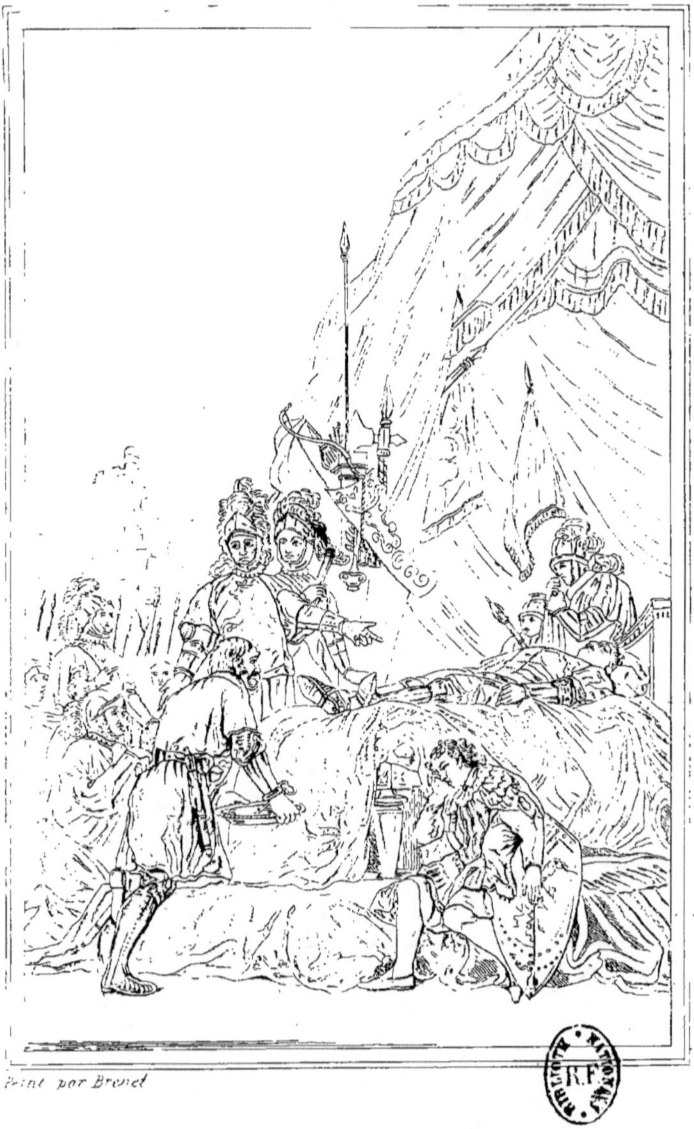

Peint par Brenet

Prise de Châteauneuf-de-Randon et mort de Du Guesclin.

13 juillet 1380.

ne puis la confier aux mains de quelqu'un de plus loyal et de plus capable que vous (1). »

En disant ces mots, Bertrand Du Guesclin fit le signe de la croix, et rendit le dernier soupir.

Ainsi trépassa l'esprit d'un homme sérieux, loyal et brave, qui trouva à s'occuper dans ce monde et y employa toutes ses forces.

Peu après que le connétable eut expiré, la garnison de Châteauneuf-Randon, qui avait juré de ne livrer la forteresse qu'à lui seul, en apprenant sa mort, sortit du château, capitaine en tête, et, conduite par le maréchal de Sancerre, elle entra dans la tente où gisait le corps du connétable défunt, et déposa les clefs du château sur son cercueil.

Bertrand Du Guesclin mourut le 13 juillet 1380, dans la soixante-unième année de son âge. Dans son testament, il avait choisi pour lieu de sa sépulture « la chapelle de ses aïeux, » dans l'église de Dinan; mais Charles V, qui regrettait beaucoup sa mort, lui destina un plus noble tombeau. Quand le roi sut que son neveu, Olivier de Mauny, et d'autres chevaliers faisaient transporter en Bretagne, pour l'y enterrer, le corps du connétable, il leur envoya dire de l'amener à Saint-Denis, où il désirait qu'il fût inhumé.

Le deuil du monarque, à la mort du plus grand de ses sujets, fut également partagé par le peuple; car, dans toutes les villes où passa le funèbre cortège, le clergé et les habitants venaient en procession au devant du cercueil, l'accompagnaient à l'église, où un service solennel était célébré, et le reconduisaient ensuite l'espace d'une lieue, toujours avec les plus vives démonstrations de douleur. Le corps atteignit enfin le monastère de Saint-

---

(1) D'Orronville, *Vie de Louis de Bourbon*, chap. xxxix, p. 140. — *Actes de Bretagne*, t. II, col. 288. — *Chronique* (anonyme) *de Du Guesclin*, chap. clxvi, p. 93.

Denis, où il fut inhumé au pied du tombeau que le roi s'était fait préparer pour lui-même, au milieu des regrets universels et sincères de tout le royaume de France (1).

Jeanne de Laval, seconde femme du connétable, survécut à son mari, qui non-seulement lui laissa de grands biens par son testament, rédigé peu avant sa mort, mais encore la faculté de conférer la dignité de chevalier à André de Laval, qu'elle ceignit, dit-on, de l'épée que le connétable avait coutume de porter dans ses combats (2).

Bertrand Du Guesclin ne laissa d'enfants d'aucune de ses femmes. Il eut un fils naturel, appelé Michel, qui servit en Normandie en 1379 et qui reçut du roi de France, en 1381, la somme de cent quatre-vingts livres tournois en récompense des services qu'il avait rendus pendant la guerre (3).

Olivier Du Guesclin, frère du connétable, hérita de lui du

---

(1) Froissart, liv. II, p. 95. — *Chronique* (anonyme) *de Du Guesclin*, chap. CLXVIII, p. 95. — D'Orronville, *Vie de Louis de Bourbon*, chap. XXXIX, p. 140. — Christine de Pisan, part. III, chap. LXIX. — Charles V ne tarda pas à suivre le connétable au tombeau : il mourut à Beauté-sur-Marne, près Vincennes, le 16 septembre 1380, à l'âge de quarante-six ans, après en avoir régné près de dix-sept.

(2) *Actes de Bretagne*, t. II, col. 288. — Du Chastelet, *Hist. de Du Guesclin*, p. 273. — Sainte-Palaye, *Mémoires sur l'ancienne chevalerie*, t. I, p. 33, note 14.

(3) Du Chastelet, *Preuves de Du Guesclin*, p. 466. — Morice, *Hist. de Bretagne*, t. I, p. 374. — Du Chastelet dit, sur l'autorité du *Nobiliario de Espana* d'Alonso Lopez, que Du Guesclin eut deux fils naturels d'une servante de la ville de Soria en Castille, dont un, appelé Bertrand de Toreuz, fut chevalier de l'ordre de Calatrava et commandant de Mudela, et l'autre, que l'on ne nomme pas, fut l'ancêtre du marquis de Fuentes. *Preuves de Du Guesclin*, 465.

titre de comte de Longueville et des seigneuries de Broon et de Rochetesson. On sait que le nom de Du Guesclin s'est perpétué jusqu'en l'année 1660, où Bertrand Du Guesclin, conseiller du parlement de Bretagne, épousa en secondes noces Renée, fille de René, sire de Fretay, qui lui donna un fils, nommé également Bertrand (1).

(1) Morice, *Hist. de Bretagne*, t. I, p. 374. — Du Chastelet, *Généalogie de Du Guesclin*, p. 280.

FIN.

NOTE

Sur la bataille de Poitiers ou Maupertuis (1356).

La bataille gagnée le 19 septembre 1356 sur le roi *Jean le Bon* par le prince de *Galles* est connue dans l'histoire sous le nom de *bataille de Poitiers*. En effet, d'après *Froissart*, le seul historien dont les chroniques fassent autorité, elle fut livrée à deux petites lieues de cette importante cité, dans les champs de *Maupertuis*.

On a ignoré longtemps la position de cette dernière localité; mais il est maintenant hors de doute que c'est une ferme de la commune de *Mignaloux*, située sur le chemin de grande communication de *Poitiers* à *Noaillé*, et à deux kilomètres environ de ce dernier village. Quant à l'emplacement exact de la position choisie par le Prince-Noir, c'est seulement il y a quelques années que l'on a eu à cet égard des données que l'on puisse regarder comme certaines.

On raconte dans le pays que deux Anglais sont venus il y a une cinquantaine d'années dans les environs de la *Cardinerie* (*Maupertuis*), et ont demandé des renseignements sur la position de certains lieux dits. Le lendemain les deux voyageurs avaient disparu, et un paysan trouva au fond d'un trou creusé pendant la nuit, au pied de la croix dite *Croix-de-la-Garde*, un petit tonneau défoncé renfermant encore quelques pièces d'or. On supposa naturellement que les deux visiteurs avaient enlevé un trésor caché là à l'époque de la bataille, ce qui s'accordait d'ailleurs avec les traditions locales.

Un habitant de *Poitiers* a eu depuis entre les mains un manuscrit où il est fait mention de trois trésors enfouis par les Anglais, avant le jour de la bataille, en certains lieux désignés. Il a supposé que le premier avait été enlevé par les deux voyageurs inconnus. Soit dans l'espoir de trouver les deux autres, soit par un autre motif, il a fait creuser tout près de la *Cardinerie* (*Maupertuis*), dans un endroit appelé *Champ-de-*

la-Bataille, qui fait partie de la pièce dite des *Grimaudières*, commune de *Saint-Benoît*, un trou conique de 10 à 12 mètres de profondeur, et de 12 à 15 mètres d'ouverture, qu'il a fait revêtir en pierres sèches. En creusant ce trou, on a trouvé un ancien fossé large de 4 mètres, et d'une profondeur moyenne de 3 mètres. Pour connaître la direction de ce fossé, on l'a déblayé sur une longueur de 30 à 40 mètres. Au fond on a trouvé de la cendre et des charbons. Ce fossé n'a donc pas été creusé pour l'écoulement des eaux, et nul doute, dès lors, que ce n'ait été une des défenses accessoires destinées à couvrir le front des Anglais. D'autres raisons d'ailleurs viennent appuyer cette opinion.

En allant de *Poitiers* à *Noaillé* par le chemin de grande communication qui suit presque exactement le tracé de l'ancien chemin, on trouve à sa gauche, après avoir fait 5 à 6 kilomètres, une ferme appelée la *Modurerie*. Le chemin qui va de cette ferme à la route se prolonge de l'autre côté, et, à l'angle de ce chemin et de la route, se trouve le dé en pierre d'une ancienne croix, connue dans le pays sous le nom de *Pierre-du-roi-Jean*. La tradition veut que ce soit en cet endroit que le roi ait été fait prisonnier. C'est à environ 700 mètres plus loin, et à 50 mètres à droite du grand chemin, que se trouve le grand trou conique. A 180 mètres en deçà du trou on voit, à environ 40 mètres à droite du grand chemin, un espace circulaire de 20 mètres de diamètre, compris entre deux petits arbres, et vers le centre duquel le sol est déprimé; puis à environ 120 mètres au-delà, sur la gauche du grand chemin, une fosse très-profonde formant un rectangle de 8 à 10 mètres sur une vingtaine. Les débris qu'on y a trouvés font penser que c'est en ces deux endroits que la plupart des morts ont été enterrés. De plus, l'endroit où a été creusé le grand trou conique est connu de temps immémorial dans le pays sous le nom de *Champ-de-la-Bataille*, et il est constant que tout le terrain situé au sud était autrefois couvert de vignes. On y a trouvé récemment des souches annonçant plusieurs siècles d'existence, et, d'après les renseignements fournis par les vieillards du pays, les restes de ces vignes ont été arrachés il y a environ cinquante ans.

Il y a donc à peu près certitude que le fossé qui couvrait le front des Anglais passait par l'emplacement actuel du grand trou conique; mais on ne pourra connaître exactement sa direction qu'en faisant de nouvelles fouilles. Cependant, d'après les habitudes défensives des Anglais, qui s'établissaient toujours sur des plateaux dont les pentes descendent vers leurs ennemis, et d'après le récit très-circonstancié de

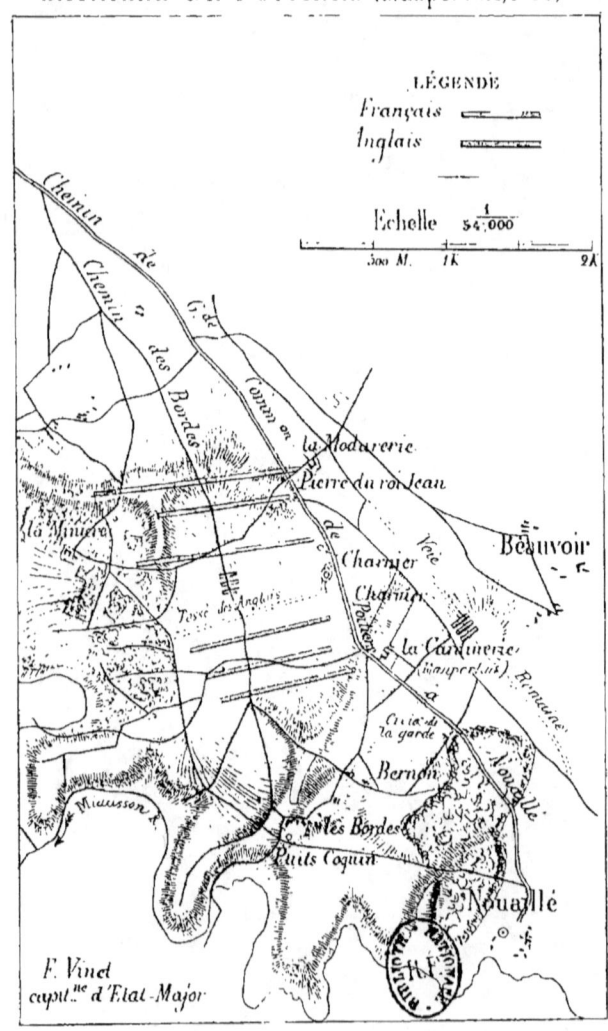

Froissart, on ne peut guère donner qu'une seule position à l'armée du Prince-Noir. Elle devait s'appuyer à droite sur le grand chemin de *Poitiers* à *Noaillé*, qui est encore bordé de petits chênes et de fortes haies en beaucoup d'endroits, et s'étendre à gauche jusqu'au chemin de la *Minière* aux *Bordes*. Son front était alors protégé par des haies et un large fossé, son flanc gauche par des bois, et son flanc droit d'abord par les haies qui bordent le chemin de *Noaillé*, ensuite par des chariots, et enfin plus à droite par un corps de 300 gens d'armes et autant d'archers. Leur front se serait ainsi développé sur une largeur d'environ 1200 mètres, occupant le bord d'un large plateau dont les pentes descendaient au nord vers l'armée ennemie. Les Français ne pouvaient entrer dans ce camp retranché, et les Anglais n'en pouvaient sortir aisément que par le chemin qui va de *Poitiers* aux *Bordes*. Ce chemin est encore fort large aujourd'hui, et pourrait aisément donner passage à quatre cavaliers de front. Il était alors bordé naturellement et artificiellement de haies très-épaisses et de fossés derrière lesquels les archers anglais pouvaient tirer en toute sécurité.

A environ 400 mètres en arrière et presque parallèlement au front se trouve un chemin qui conduit à la *Cardinerie* (*Maupertuis*), et qui suit l'autre crête du plateau. C'est en avant et en arrière de ce chemin que se trouvaient les trois lignes des Anglais. La première devait être à environ 150 mètres du front. Pour rompre cette première ligne formée de gens d'armes ayant devant eux des archers, la bataille des maréchaux dut s'engager dans le chemin des *Bordes* sur quatre cavaliers de front, et c'est là qu'elle fut culbutée par les archers anglais, qui tiraient à bout portant des deux côtés.

Après avoir passé devant la *Modurerie*, la route de *Noaillé* descend dans un petit vallon parallèle au front des Anglais, et à environ 500 mètres. C'est au fond de ce vallon qu'était la deuxième ligne des Français, celle du duc de *Normandie*; car *Froissart* la place au pied de la montagne ou plutôt de la pente au haut de laquelle était le corps des 300 gens d'armes et 300 archers anglais. La première, celle du duc d'*Orléans*, devait être à 200 ou 300 mètres en avant sur les pentes de la position anglaise, et la troisième, celle du roi, à 200 mètres en arrière sur les pentes opposées, à hauteur de la *Modurerie*. Le corps des 300 gens d'armes et 300 archers destinés à opérer contre le flanc gauche de la deuxième ligne des Français devait se trouver entre la *Cardinerie* (*Maupertuis*) et *Beauvoir*, sur la voie romaine de *Limoges*. Il y a encore aujourd'hui assez de bois, d'arbres et de haies pour dérober la marche de ce petit corps, et lui permettre de descendre à couvert les pentes du vallon au fond duquel se trouvait le duc de *Normandie*.

 Cet emplacement des troupes du Prince-Noir et de celles du roi *Jean* s'accorde tellement avec la topographie des lieux décrits par *Froissart* qu'on ne peut guère en admettre un différent. En tout cas, on peut considérer comme à peu près certain, d'après ce qui vient d'être dit, que la bataille de 1356 a eu lieu, sinon à l'Est, du moins sur le chemin de grande communication de *Poitiers* à *Noaillé*, entre la ferme de la *Modurerie* et celle de la *Cardinerie*, anciennement nommée *Maupertuis*.

F. VINET.
Capitaine d'état-major.

NOTES

Le poëme qui comprend l'histoire de Bertrand Du Guesclin depuis l'année 1314 jusqu'à la mort du connétable, en 1380, renferme environ 18,400 vers. Un point assez curieux à éclaircir, c'est de savoir quel est le véritable nom de l'auteur. Ceux-ci l'ont appelé *Cuveliers*, ceux-là *Truëller*; d'autres encore, tels que les éditeurs de la première collection universelle des mémoires relatifs à l'histoire de France, ont supposé deux ouvrages, qu'ils ont attribués, l'un à Truëller, l'autre à Cuveliers. Toutefois, il ne faut pas confondre ce Cuveliers, comme l'a fait La Monnoi dans ses notes sur Duverdier, avec Jéhan Li Cuneliers, auteur de six chansons, dont quatre se trouvent dans le ms. du Vatican, une dans un ms. de la Bibliothèque royale (impériale), et une autre dans les mss. fonds de Paulmi, de Sainte-Palaie et de Clairambault. Jéhan Li Cuneliers, originaire d'Arras, vivait sous saint Louis, et se trouve cité par Fauchet dans sa série des cent vingt-sept poètes morts avant 1300; il ne peut donc être l'auteur d'un ouvrage qui finit avec l'année 1380.

Les manuscrits les plus anciens et les plus corrects, que nous ayons eu l'occasion de consulter, portent, au 23e vers, lisiblement écrit le nom de *Cuveliers*; on lit, il est vrai, sur l'exemplaire de la bibliothèque du Mans, au 22e vers, le nom de *Truëller*, mais c'est un feuillet endommagé et recopié par une main moderne; nous ne balançons donc pas à adopter la première leçon. Cuveliers mourut vers 1384.

Liste des différents manuscrits du roman de messire Bertran Du Glaiequin.

1° Deux exemplaires, Bibliothèque royale, sous les n°s 7224-2, in-fol., et 18,418, avec le nom de Cuveliers.

2° Un, bibliothèque de l'Arsenal, n° 168, in-9° vélin, écriture du commencement du xve siècle, avec le nom de Cuveliers.

3° Un, bibliothèque du Mans, n° 14, in-4° papier, xve siècle, avec le nom de Truëller.

4° Il en existait un dans la bibliothèque de La Vallière, n° 2778 du catalogue (belles-lettres). En voici la description : vélin, contenant 288 feuillets, écriture en ancienne bâtarde, à longues lignes, du xve siècle, décoré de 14 miniatures peintes en camaïeu, lettres tourneures rehaussées d'or, avec le nom de Cuveliers.

5° Le président Bouhier en possédait un. (Voir la *Croix du Maine*, t. I, p. 484, note.)

6° Celui du comte d'Urfé, divisé en deux volumes sur vélin, portait le nom de Truëller.

7° Un dans la bibliothèque du président de Bourbonne, à Dijon, n° 0.72, avec le nom de Caveliers (pour Cuveliers).

8° Le catalogue de Gaignat en annonce un, sous le n° 3041, in-fol. vélin, avec miniature.

9° Le catalogue de la bibliothèque du château d'Anet, p. 19, en porte un, in-8°.

10° Du Cange, dans son Glossaire sur Villehardouin, au mot *Demainés*, cite aussi une chronique en vers de Bertrand Du Guesclin.

11° Enfin, dom Lobineau en possédait un portant le nom de Truëller. Ce manuscrit pourrait bien être celui que l'on conserve dans la bibliothèque publique du Mans.

NOTE. Cette notice, précédant la description de la bataille de Pontvallain, extraite du roman de messire Bertrand Du Glaicquin, chronique du xive siècle, est de Ch.-J. Richelet. Ce petit ouvrage, sorti des presses de Monnoi (du Maine) (J. Techener, place du Louvre, n° 12, à Paris, éditeur), n'a été tiré qu'à quinze exemplaires.

Extrait de l'ouvrage de J.-R. Pesche sur le Maine et le département de la Sarthe.

Bataille de Pontvallain et siége du château de Vaas (1370).

La bataille de Pontvallain, livrée aux Anglais par le connétable B. Du G., en 1370, fut, par ses résultats, beaucoup plus importante que considérable en elle-même, puisque 5 ou 6000 hommes seulement des deux nations se trouvèrent en présence. Provoqué avec légèreté et comme par une espèce de bravade par les Anglais, ceux-ci se trouvèrent pris et engagés, néanmoins, comme au dépourvu, avec le connétable, dans une campagne de quelques mois, dont le résultat fut leur expulsion du Maine, de l'Anjou et du Poitou. Or, cette campagne, par le premier échec de Pontvallain, prépara la ruine et la fin de leur domination en France, en les forçant d'en sortir, par une guerre qui ne dura pas moins de dix ans... L'histoire ne faisant mention que de Du Guesclin et de ses fidèles Bretons, J.-R. Pesche pense pouvoir affirmer qu'à l'appel du connétable, quelques gens de guerre du Maine, envahi depuis les rives du Loir jusqu'aux environs du Mans, ont dû se joindre aux Bretons et aux Normands. Il prévient que, pour ce récit, il suit presque pas à pas *Hay Du Chastelet*, historien de Du Guesclin, *qu'on*

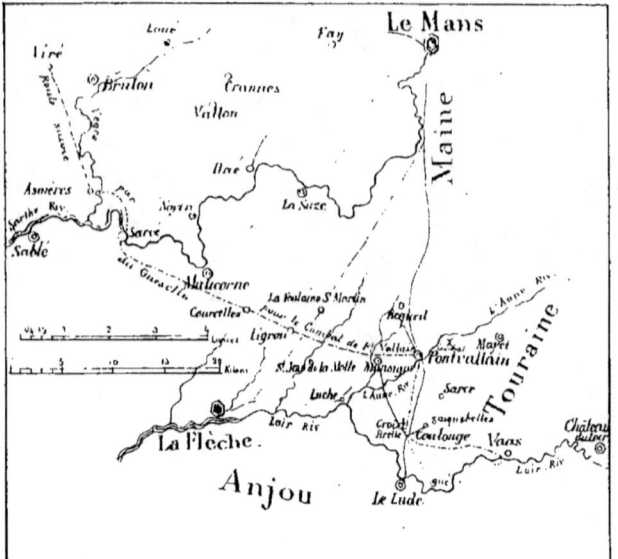

Carte
pour l'intelligence du récit de la
Bataille de Pontvallain
et du Siège de
VAAS
1370

Ducté statist. de la Sarthe
T. IV. page 524

N°. Après le Combat de Pontvallain, du Guesclin se mit à la poursuite des Anglais, s'arrêta probablement à la Croix-Brette près de Coulangé où se trouvait une abbaye (Les Aiguerbelles) dépendant de l'Évêché du Mans et se dirigea sur Vaas soit directement par la ligne brisée, soit par la ligne pointillée en passant le Gué *peut consulter.* Les Anglais étaient aux environs de Pontvallain au nombre de quarante mille, tous gens d'élite. Thomas de Grandson envoya un héraut au connétable pour lui demander la bataille, mais après avoir écrit à tous les capitaines sous ses ordres dispersés à peu de distance autour de lui. Le héraut anglais ayant été rencontré dans son chemin par un héraut du connétable, qui revenait de porter un message au Mans, celui-ci offrit à l'Anglais de marcher de compagnie et de lui servir de guide jusqu'au château de *Viré*, où se trouvait son maître, et où ils arrivèrent au soir.

Tous les historiens, dit Pesche, à l'exception de Hay Du Chastelet, ont commis une grave erreur en indiquant le lieu où Du Guesclin se rendit en sortant du Mans, les uns ayant nommé *Vire*, les autres *Vitré*; *Vire*, situé en Normandie, est éloigné de plus de trente-huit lieues de poste, en ligne droite de Pontvallain; et *Vitré*, en Bretagne, de plus de trente-deux lieues. Il est facile de concevoir l'impossibilité d'un tel trajet en une nuit. Hay Du Chastelet nomme bien *Viré*, mais ajoute un commentaire à ce nom, qui fait voir combien il est embarrassé pour déterminer la position de ce lieu. *Viré* est un très-petit bourg de la province du Maine, du diocèse du Mans et de l'élection de la Flèche, actuellement département de la Sarthe. La carte (que nous joignons ici) fait connaître sa position topographique par rapport à ces deux villes et sa distance de Pontvallain, qui est de 46 kil. à vol d'oiseau, et doit être de 48 kil. au moins, ou douze lieues de poste, par les chemins qu'il fallut suivre pour arriver au lieu du combat. Il est incompréhensible que cette distance ait pu être franchie en une nuit, par une pluie battante et par des chemins presque impraticables encore de nos jours, à très-peu d'exceptions près.

De Viré, il fallut venir passer la petite rivière de Vègre à Asnières (voir la carte) et la Sarthe à Parcé, où existait alors un pont; puis gagner Malicorne, Saint-Jean de la Motte, pour arriver à Pontvallain à travers des chemins bas et marécageux sur quelques points.

Viré possède encore son ancien château-fort, bâti sur un coteau élevé, dominant à pic une petite rivière nommée le Treulen. Une chaussée pavée conduit du bourg au château, dont il est distant d'un kilomètre environ (Pesche).

Pontvallain, Pontvallin, Pons Valens, Pons Valenum, improprement appelé Pont-Vollant et Pont-Boulair par Froissart, est actuellement un joli et assez gros bourg, chef-lieu de canton du département de la Sarthe, situé, comme son nom l'indique, dans un vallon, sur le bord d'une petite rivière appelée l'Aune, vulgairement Lone, qu'on y passe sur un pont... Entre Pontvallain et Mayet, autre gros et joli bourg situé 6 kil. à l'est, se trouve la lande de Rigalet et la pelouse de Gandelain, citées par les chroniqueurs comme ayant été le théâtre du combat. Un petit bois entre les fermes de Rigalet et de Broussin est peut-être celui dont ils font également mention, à moins qu'ils n'aient voulu parler plutôt du bois de Fautereau, qui se trouve à 1 kil. et demi au sud, un peu vers l'est du bourg de Pontvallain, et qui serait plus dans la direction par laquelle les Anglais firent leur retraite. Quoi qu'il en soit, les Français durent être obligés, pour atteindre les Anglais, de passer l'Aune au gué, près duquel était une planche servant de pont pour les gens de pied, remplacée depuis peu par un pont en pierre, qui se trouve derrière le bourg. Ou bien doit-on supposer que les Français passèrent l'Aune plus bas que le bourg, un peu au-dessous du confluent du ruisseau de Gandelin dans l'Aune, sur un pont qui est d'une haute antiquité? Cela semble assez probable, si ce n'est pour le corps qui attaqua le premier les Anglais, celui du connétable, du moins pour l'arrière-garde, commandée par Clisson.

Siège et prise de Vaas. — Une partie des Anglais échappés à la défaite de Pontvallain se retira au château de Vaas, petite place forte, où existait alors une abbaye située sur la rive droite du Loir, éloignée au plus de deux lieues et demie au sud-ouest du champ de bataille. Du Guesclin les y suivit et finit par emporter cette place.

Vaas est un joli bourg du département de la Sarthe, situé dans un lieu bas, comme l'indique son nom, qui signifie vase, boue. On y passe le Loir sur un pont, au-delà duquel on entre sur l'ancienne province d'Anjou. Quelques antiquaires placent sur la rive gauche du Loir un *Fines*, que je crois avoir dû exister un peu plus en amont de cette rivière (Pesche).

Après la bataille de Pontvallain, Du Guesclin n'a pas dû se retirer sur le Mans, c'est-à-dire à dix lieues de poste de Vaas : il aura suivi certainement les traces de son ennemi vaincu. D'ailleurs, cela serait prouvé, ce nous semble, par le seul monument qui reste dans le pays de la bataille de Pontvallain. A 8 kil. au sud de ce bourg et de la plaine de Rigalet se trouvait une croix en bois plantée sur la vaste hécatombe où furent inhumés les fidèles Bretons ou autres gens d'armes de Du Guesclin. Elle avait toujours été entretenue par les habitants du pays. En 1828, elle fut remplacée par le propriétaire du château de Cherbon, sur le territoire duquel elle était plantée, par un obélisque en pierre. Du Guesclin a dû y passer pour se rendre à Vaas et y faire enterrer les blessés qui étaient morts dans le trajet, et alors il tournait positivement le dos à la ville du Mans.

C. DE MONTZEY.

FIN DES NOTES.

TABLE DES MATIÈRES.

	Pages.
Avertissement du Traducteur.	I
Préface de l'Auteur.	III

LIVRE PREMIER

CHAPITRE PREMIER. — Naissance, extraction et première éducation de Bertrand Du Guesclin. — Son premier exploit dans un tournoi donné à Rennes. 3

CHAPITRE II. — État de la Bretagne. — Prétentions rivales du comte de Montfort et de Charles de Blois au duché. 19

CHAPITRE III. — Continuation de la guerre de Bretagne. — La comtesse de Montfort. — Edouard III et la comtesse de Salisbury. — Messire Robert d'Artois. 29

CHAPITRE IV. — Mort de messire Robert d'Artois. — Bertrand Du Guesclin reparaît. — Son aventure avec le chevalier anglais. — Edouard III recommence la guerre avec la France. — Messire Geoffroy d'Harcourt. 47

CHAPITRE V. — Bataille de Crécy. — Défaite et captivité de Charles de Blois. — Jeanne la Boiteuse. — La grande peste. — Tentative infructueuse des Français pour reprendre Calais. 61

CHAPITRE VI. — Mort de Philippe de Valois. — Avénement de Jean, duc de Normandie. — Combat des Trente. — Bertrand Du Guesclin est fait chevalier. — Il prend le château de Fougeray. — Il passe en Angleterre. 75

CHAPITRE VII. — Expédition du Prince-Noir en Languedoc. — Convocation des États-Généraux. — Arrestation du roi de Navarre, et exécution du comte d'Harcourt et autres par ordre du roi de France. — Conséquences de cette mesure. — Bataille de Poitiers. 87

CHAPITRE VIII. — Conséquences désastreuses de la bataille de Poitiers. — Convocation des Etats-Généraux. — Dissentiments entre le Dauphin et l'Assemblée. — Bertrand Du Guesclin au siége de Rennes. — Il accepte le défi de messire Guillaume Blancbourg. — Combat avec Troussel. 107

CHAPITRE IX. — Nouveaux dissentiments entre le Dauphin et les États-Généraux. — Contraste entre les Français et les Anglais dans la formation de leurs constitutions respectives. — Mise en liberté de Charles le Mauvais. — Insolence d'Etienne Marcel. — Insurrection de la Jacquerie. — Mort de Marcel. 119

CHAPITRE X. — Traité de Londres entre les rois d'Angleterre et de France. — Rejet du traité par les Etats-Généraux. — Dépit d'Edouard III. — Invasion de la Bretagne par le duc de Lancastre. — Siége de Dinan. — Combat à vie et à mort entre Bertrand Du Guesclin et Thomas de Cantorbéry. — Résultat de ce combat. 131

Chapitre XI. — Affaires de Bretagne. — Mariage de Du Guesclin. — Ses exploits au siége de Melun. — Traité de Vernon entre le Dauphin et Charles le Mauvais. — Invasion de la France par Edouard III. — Traité de Bretigny. — Retour du roi de France. — Traité de la Lande d'Evian entre Charles de Blois et le comte de Montfort. — Défi. 143

Chapitre XII. — Bertrand Du Guesclin prend les châteaux de Peslivien et de Trougof en Bretagne. — Le roi de France retourne en Angleterre, où il meurt. — Caractère de Jean. — Charles le Mauvais déclare la guerre au roi de France. — Du Guesclin prend les villes de Mantes et de Meulan sur le Navarrais et le château de Rilleboise. 158

Chapitre XIII. — Bataille de Cocherel entre les Français, sous les ordres de Bertrand Du Guesclin, et les Navarrois commandés par le captal de Buch. — Victoire des Français. 167

Chapitre XIV. — Résultats de la bataille de Cocherel. — Couronnement de Charles V. — Succès de Bertrand Du Guesclin en Normandie. — Il va en Bretagne assister Charles de Blois. — Bataille d'Auray. — Défaite des Français et captivité de Du Guesclin. 181

Chapitre XV. — Traité de Guérande. — Paix entre les rois de France et de Navarre. — Délivrance du captal de Buch. — Délivrance de Du Guesclin. — Les grandes compagnies. 202

Chapitre XVI. — Récit du bascot de Mauléon, un des chefs des grandes compagnies, à Froissart. — Efforts du roi de France pour éloigner du royaume les grandes compagnies. 218

Chapitre XVII. — Affaires d'Espagne. — Alphonse XI. — Léonore de Guzman. — Albuquerque. — Pierre le Cruel. — Blanche de Bourbon. — Maria de Padilla. — Henri de Transtamare. 230

Chapitre XVIII. — Bertrand Du Guesclin entreprend d'emmener les grandes compagnies hors de France. — Son entrevue avec les chefs. — Les compagnies se réunissent à Chalon. — L'armée marche sur Avignon. — Le pape accorde l'absolution et fournit pour la solde des troupes une forte somme d'argent. 239

Chapitre XIX. — Bertrand Du Guesclin passe les Pyrénées avec son armée et arrive en Espagne. — Il déclare ses intentions en entrant dans ce royaume. — Henri de Transtamare est proclamé roi de Castille à Calahorra. — Pierre le Cruel fortifie d'abord et abandonne ensuite Burgos. — Il se retire en Andalousie. 248

Chapitre XX. — Burgos se rend, et Henri de Transtamare est couronné roi de Castille et de Léon. — Pierre quitte Séville avec ses enfants et ses trésors; il va en Galice en traversant le Portugal, et s'embarque à la Corogne pour Bayonne. 258

LIVRE SECOND

Chapitre premier. — Marche triomphale d'Henri de Tolède à Séville. — Sir Mathieu Gournay à la cour de Portugal. — Henri licencie les grandes compagnies. 269

Chapitre II. — Le Prince-Noir. — Il embrasse avec chaleur la cause de Pierre le Cruel. — Il réussit dans ses négociations avec Charles le Mauvais pour traverser les Pyrénées au pas de Roncevaux. — Il fait de

TABLE. 585

grands préparatifs d'hommes et d'argent pour son expédition en Espagne. 277
CHAPITRE III. — Henri se dispose à repousser l'invasion de la Castille. — Bertrand Du Guesclin retourne en France pour y faire de nouvelles recrues. — Le prince de Galles commence sa marche à travers les Pyrénées. — Le comte de Foix. 290
CHAPITRE IV. — Le Prince-Noir traverse les Pyrénées et entre en Espagne. — Henri se décide, contre l'opinion de Du Guesclin, à livrer bataille aux envahisseurs. — Premiers avantages remportés par les Castillans. — Bataille de Navarrete ou Najaro. — Défaite d'Henri. — Bertrand Du Guesclin est fait prisonnier. 306
CHAPITRE V. — Jugement du maréchal d'Audeneham en présence d'un jury de chévaliers, pour violation d'un serment militaire. — Cruauté et mauvaise foi de Pierre après la bataille de Navarrete. — Querelle entre lui et le Prince-Noir. — Edouard quitte l'Espagne de dégoût. — Henri se réfugie en France, obtient des secours de Charles V et retourne en Castille. 321
CHAPITRE VI. — Bertrand Du Guesclin est mis en liberté, moyennant une forte rançon. — Il rassemble des troupes et aide le duc d'Anjou à reprendre la ville de Tarascon en Provence. — Il traverse les Pyrénées avec cinq cents lances, et rejoint Henri dans son camp près de Tolède. . . . 338
CHAPITRE VII. — Bataille de Montiel. — Défaite et mort de Pierre le Cruel. 353
CHAPITRE VIII. — Charles V provoque une rupture avec l'Angleterre. — Il accueille l'appel qui lui est adressé par les nobles de Gascogne refusant de payer une taxe que leur avait imposée le Prince-Noir. 362
CHAPITRE IX. — Charles V cite le Prince-Noir à comparaître devant la chambre des Pairs à Paris, sur l'interjection d'appel des nobles gascons. — Irritation du prince en recevant cette citation. — Charles déclare la guerre à l'Angleterre. 374
CHAPITRE X. — Changement dans la fortune d'Edouard III. — Mort de sir John Chandos. — Bertrand Du Guesclin est rappelé d'Espagne. — Ses premiers exploits après son retour en France. 383
CHAPITRE XI. — Sac de Limoges par le Prince-Noir. — Bertrand Du Guesclin est créé connétable de France. 395
CHAPITRE XII. — Bertrand du Guesclin, après avoir été revêtu de la charge de connétable, réunit des troupes et marche contre les Anglais. — Bataille de Pontvalain. 404
CHAPITRE XIII. — Résultats de la victoire de Pontvalain pour les Français. — Le Prince-Noir quitte la France et passe en Angleterre. — Siège de Montpaon. — Succès de Bertrand Du Guesclin en Poitou et en Auvergne. — Mort de Thiphaine Ravenel, femme du connétable. 413
CHAPITRE XIV. — Combat naval de La Rochelle. — Les Anglais échouent sur terre et sur mer. — Le roi de France ordonne de nouvelles levées de troupes — Le connétable entre en Poitou et prend le château-fort de Montcontour. — Sainte-Sévère est emportée d'assaut. 425
CHAPITRE XV. — La ville de Poitiers se rend volontairement aux Français. — Prise et captivité du captal de Buch. — Conquêtes importantes des

Français dans le Poitou, la Saintonge et l'Angoumois. — Capitulation de
La Rochelle.. 44
Chapitre XVI. — Le connétable prend les châteaux de Benon, de Maran
et de Surgières près de la Rochelle, et la ville de Fontenay-le-Comte.
— Négociations secrètes entre le duc de Bretagne et le roi d'Angleterre.
— Le connétable fait le siége de Thouars. — Tentative infructueuse
d'Edouard pour secourir cette ville.......................... 456
Chapitre XVII. — Le connétable envahit la Bretagne. — Campagne
de 1373. — Bataille de Chizé. — Défaite et prise de messire Jean
d'Evreux. — Le connétable prend Niort. — Flatteuse réception faite au
connétable, à son retour à Paris, par le peuple............. 467
Chapitre XVIII. — Le roi de France se résout à chasser le duc de Bretagne de son duché. — Le connétable envahit la Bretagne avec une grande
armée, et force le duc à se réfugier en Angleterre. — Siéges de Brest et
de Derval.. 480
Chapitre XIX. — Les Anglais envahissent la France sous les ducs de Lancastre et de Bretagne. — Le roi de France adopte une politique entièrement défensive. — Résultats infructueux de l'expédition........ 493
Chapitre XX. — Efforts du pape pour rétablir la paix entre les rois de
France et d'Angleterre. — Succès des Français commandés par le connétable en Gascogne. — Le duc de Bretagne obtient des troupes d'Edouard III
et rentre dans son duché..................................... 503
Chapitre XXI. — Les légats du pape prolongent la trêve entre la France
et l'Angleterre pendant une année encore. — Mort du Prince-Noir,
Edouard. — Charles V se prépare à envahir l'Angleterre par mer. —
— Mort d'Edouard III. — Couronnement de Richard II. — Succès des
armes françaises en Picardie et en Aquitaine................ 520
Chapitre XXII. — Charles V se résout à chasser le roi de Navarre de ses
possessions en Normandie. — Assassinat d'Evan de Galles. — Tentative
infructueuse des Anglais pour envahir la France, sous le commandement
du duc de Lancastre et du comte de Cambridge. — Le connétable fait
lever le siége de Cherbourg.................................. 534
Chapitre XXIII. — Le roi de France se résout à annexer le duché de Bretagne à la couronne. — Il obtient un arrêt du parlement de Paris contre
le duc de Bretagne. — Les Bretons s'opposent à cette mesure. 551
Chapitre XXIV. — Le roi de France conçoit des soupçons sur la loyauté
du connétable. — Indignation du connétable contre l'imputation d'être
partisan du duc de Bretagne. — Il rend au roi l'épée de connétable. —
Il est envoyé dans le midi de la France. — Sa mort.......... 565
Note sur la bataille de Poitiers ou Maupertuis (1356)........ 575
Notes communiquées par M. de Montzey........................ 579

FIN DE LA TABLE DES MATIÈRES.

TABLE DES GRAVURES

ÉDITION ORDINAIRE

	PAGES.
Portrait de Bertrand Du Guesclin, *en face le titre*.	
Le combat des Trente. (*Listes des noms*).	78
La croix Brette et le lieu de l'Ormeau a Pontvallain.	410
Plan de la bataille de Poitiers.	577
Plan de la bataille de Pontvallain.	581

ÉDITION ILLUSTRÉE

Portrait de Bertrand Du Guesclin, *en face le titre*.	
Un tournoi a Rennes	16
Jeanne de Montfort.	32
Les bourgeois de Calais.	63
Le combat des Trente	77
— — (*Liste des noms*).	78
Le roi Jean a Poitiers.	100
Jean II, *dit* le Bon.	161
Du Guesclin a la bataille de Cocherel	179
Charles V, *dit* le Sage	182
Du Guesclin (*Buste à Versailles*).	269
La croix Brette et le lieu de l'Ormeau a Pontvallain.	410
Prise de Chateauneuf et mort de Du Guesclin.	571
Plan de la bataille de Poitiers.	577
Plan de la bataille de Pontvallain.	581

Sceaux (Seine). — Typographie de E. Dépée.

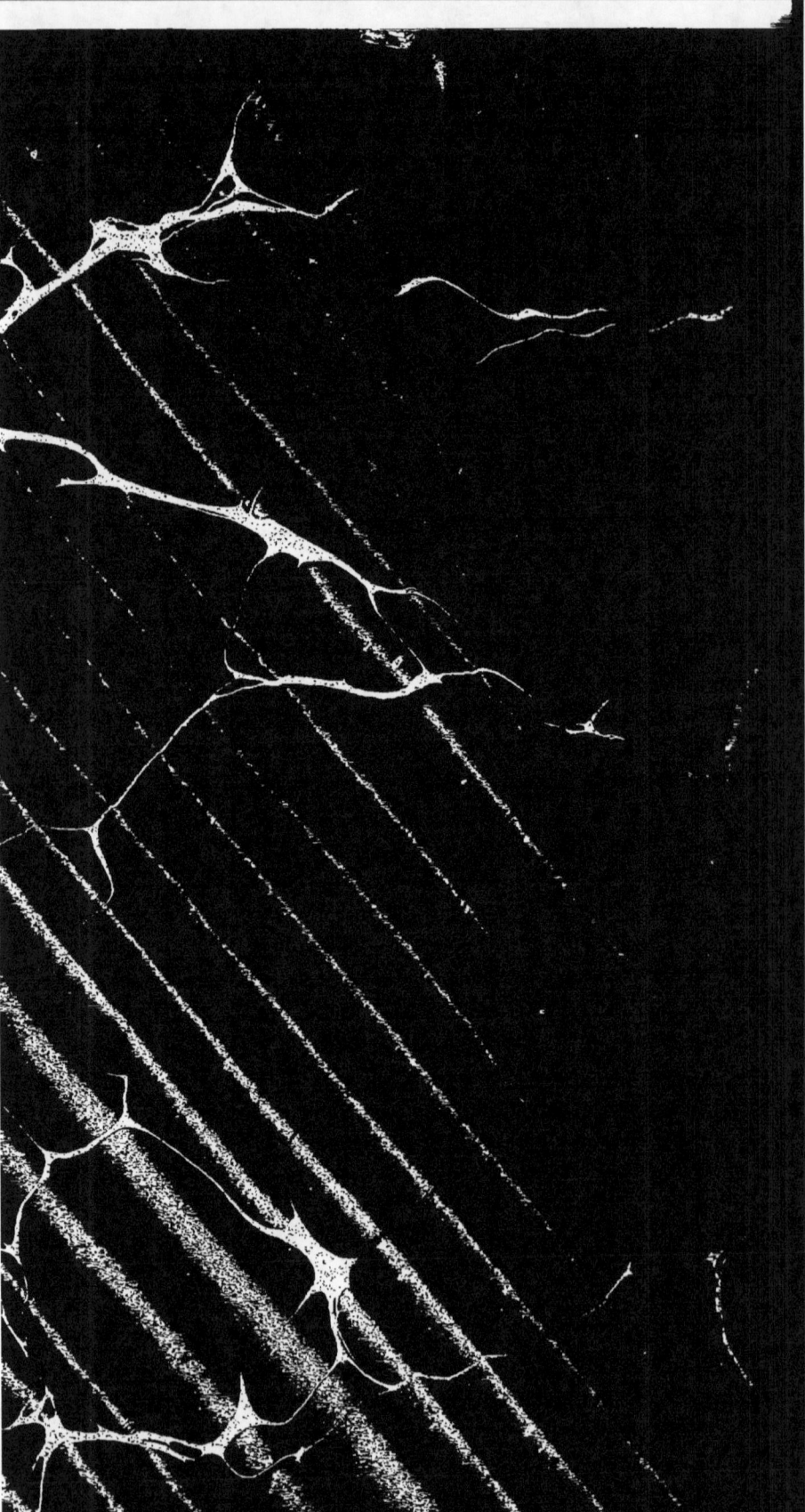

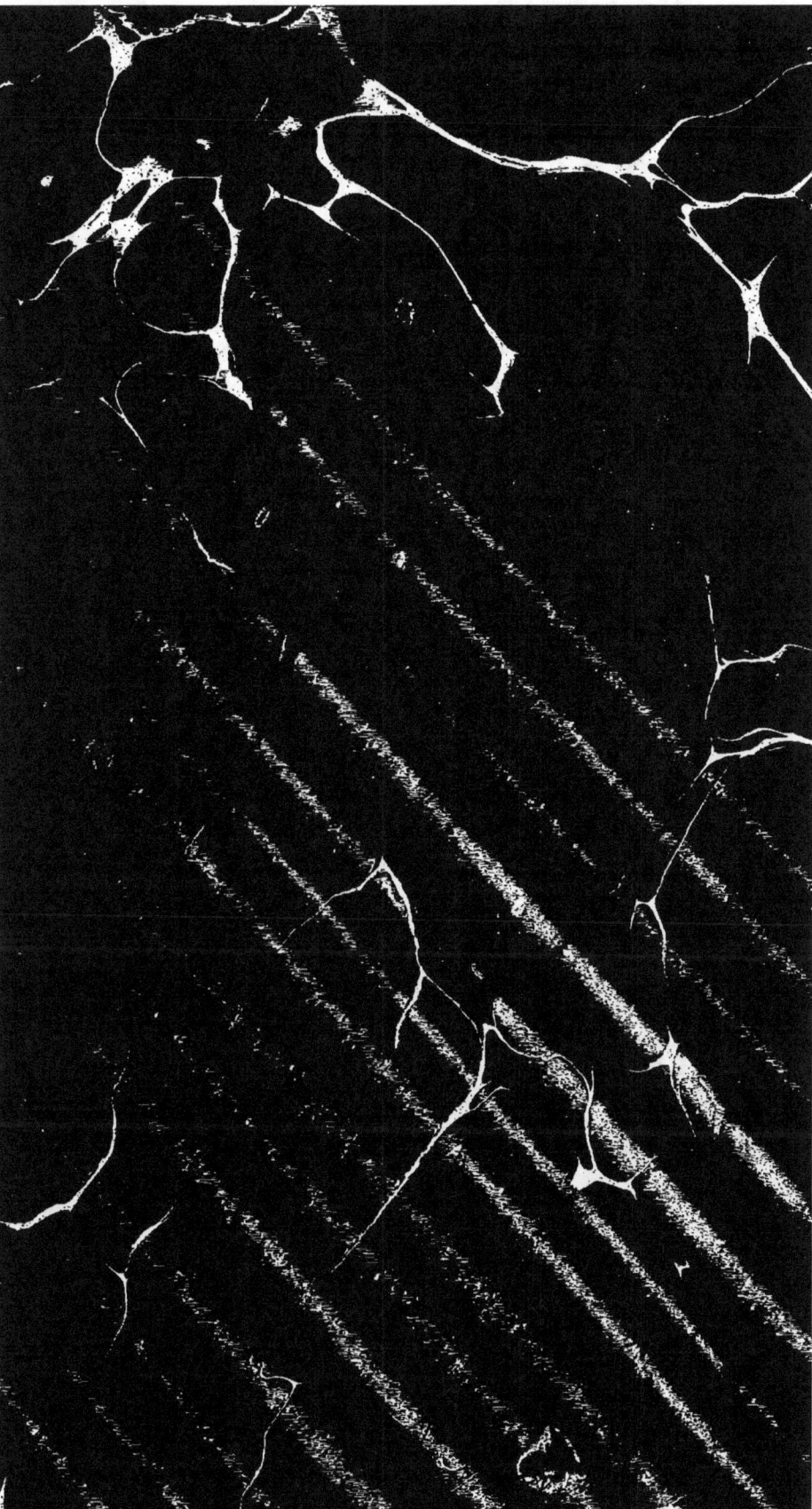

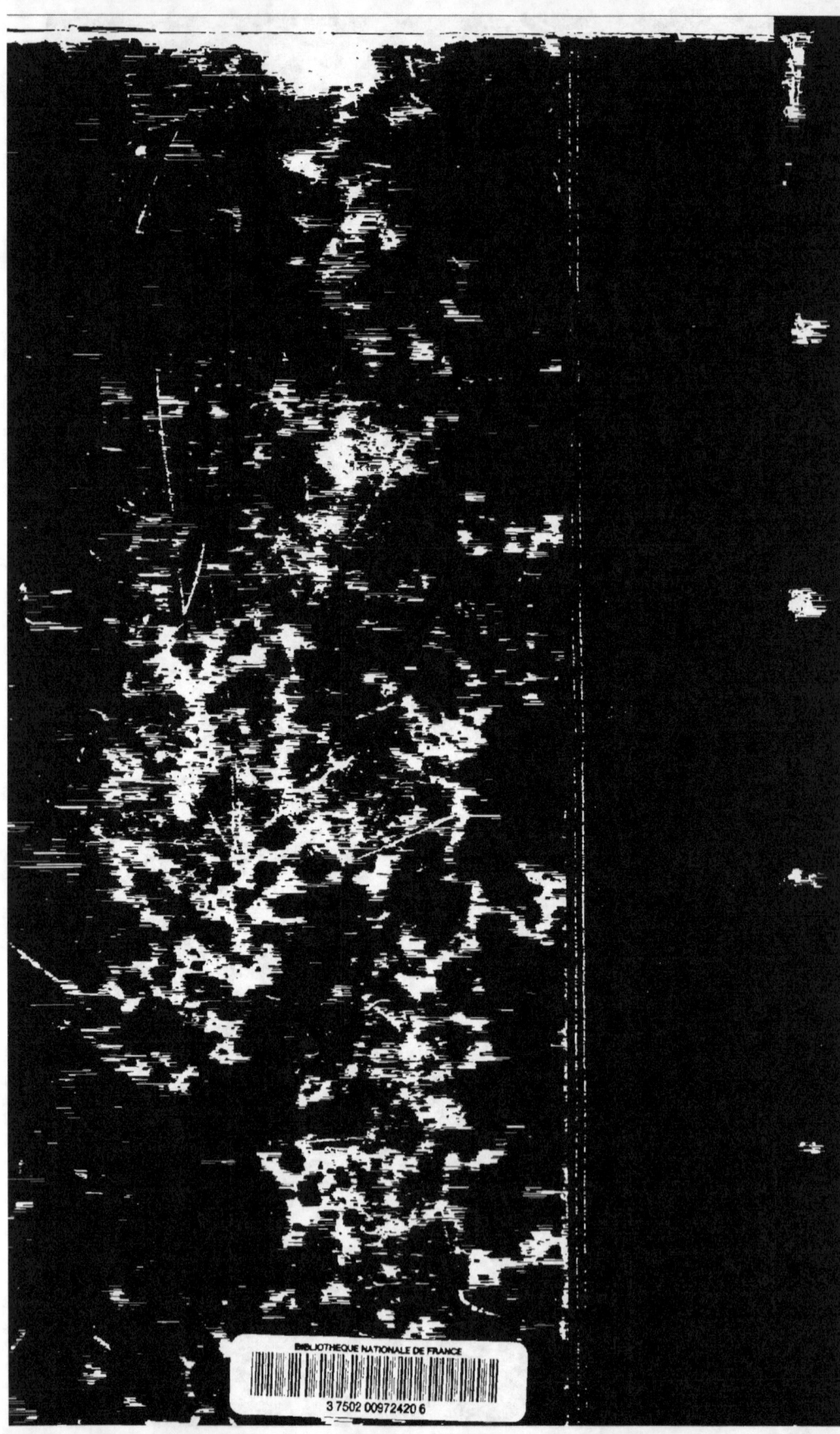

www.ingramcontent.com/pod-product-compliance
Lightning Source LLC
Chambersburg PA
CBHW071150230426
43668CB00009B/902